OPENING

INTEGRATING

INTERACTING

INTERNALIZING

Opening, Integrating,
Interacting and Internalizing
Excellent Cases of the First "Flipped Classrooms"
of Universities in Zhejiang Province

开放、融合、互动、内化

浙江省高校首批"翻转课堂"优秀案例

陆国栋　楼程富 /主编

ZHEJIANG UNIVERSITY PRESS
浙江大学出版社

前　言

　　课堂是教育教学的主战场,是高校人才培养的主渠道,为进一步推进课堂教学改革,提高人才培养质量,2014 年浙江省教育厅印发了《浙江省高校课堂教学创新行动计划(2014—2016 年)》,三年多来,各高校积极响应省教育厅号召,制订校级课堂创新行动计划,修订相关制度政策,加强教师教学培训,强化教学质量意识,完善教学激励机制,深入推进教学改革,全省各高校共立项省级课堂教学改革项目达 3000 余项。通过一大批省级和校级教育教学改革和课堂教学创新项目的实施,充分调动了广大教师参与课程建设和课堂教学改革的积极性,取得了显著的阶段性成果,对推动课堂教学创新和促进人才培养质量提升起到了积极的作用。

　　近年来,翻转课堂被认为是尊重学生学习主体,改变传统授课方式,增强课堂师生互动,促进学生深度学习的有效方法之一。通过翻转课堂与探究性教学、项目化教学、情景式教学、混合式教学等方法的有机结合,以及充分利用 MOOC、SPOC 等在线教育资源,可以有效促进课堂教学效果的提升。为总结近年来各高校课堂教学创新取得的成果,扩大高校间教学改革经验的交流,浙江省高教学会教学管理专业委员会在 2015 年和 2016 年举办了"翻转课堂与混合式教学改革研讨会",受到了各高校和广大教师的好评。为此,在教育厅高教处指导下,教学管理专业委员会结合 2017 年度各高校开展的省级课堂教学改革项目结题验收工作,特向高校广大教师征集"翻转课堂"改革优秀案例,通过教师申报,所在学校推荐,共收到各类翻转课堂优秀案例 146 份,经过学科和教学管理专家评审,有 121 个翻转课堂优秀案例入选,其中本科院校优秀案例 70 个,高职高专院校 51 个,改革课程涉及人文社科和理工农医各学科专业。入选的翻转课堂优秀案例,根据不同课程内容和教学对象,探索多样化的翻转课堂改革,呈现出百花齐放、多元发展的良好态势。为使翻转课堂优秀案例的交流展示更具直观性,各优秀案例还录制了翻转课堂的示范性教学视频,并以二维码的形式附在相关案例之后。相信浙江省高校首批翻转课堂优秀案例的征集出版,不仅可以扩大高校同行间教学改革经验交流,而且对进一步推进课堂教学创新、提高课程质量具有重要的现实意义。

　　首批翻转课堂优秀案例的征集评选和编辑出版得到了浙江大学出版社的大力支持,在此表示衷心感谢。

浙江省高教学会教学管理专业委员会

2017 年 12 月

目　录

本科人文社科类

本科理工农医类

高职高专人文社科类

高职高专理工农医类

本科人文社科类

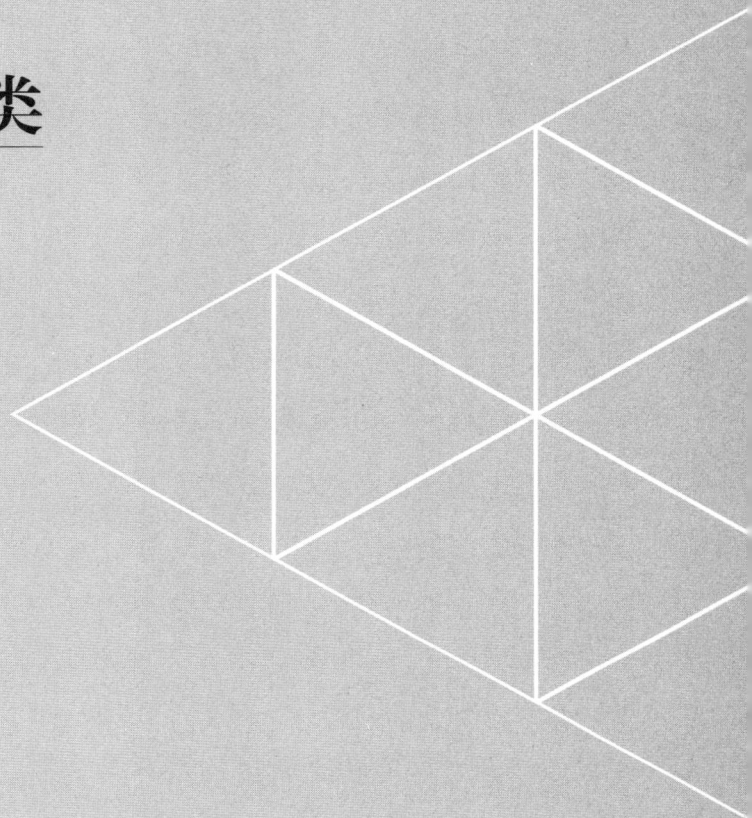

"翻转课堂"教学案例：
心理与安慰剂(Psychology and Placebo)

陈　珺　刘晓红　等

杭州电子科技大学外国语学院

一、课程基本情况

课程名称:大学英语精读 2。

课程学分:2。

课程性质:公共基础课。

面向专业:全校非英语专业。

面向年级:本科一年级。

教学班规模:30 人左右。

使用教材:《新编大学英语综合教程》,应惠兰主编,外语教学与研究出版社 2012 年出版。

已开展"翻转课堂"教学实践轮数:2。

已开展"翻转课堂"教学实践学时数:198。

依托在线教育平台:泛雅平台(http://www.elearning.hdu.edu.cn/portal/)。

2015 年 3 月,杭州电子科技大学"大学英语精读"课程组着手建设在线课程,目标是为学生课前自主学习提供资源丰富且有吸引力的学习环境,进而实施课堂教学改革。在线课程建设得到了杭州电子科技大学"基于 MOOCs 的翻转课堂课程"改革项目的资助。2015 年 9 月,在线课程建设完成并正式上线(http://www.elearning.hdu.edu.cn/portal/)。依托这一在线课程,我们已实施了两轮"翻转课堂"教学改革。在新的教学模式下,教师将动画、故事讲解、趣味提问等元素综合融入微视频的制作当中,使学生摆脱了枯燥乏味的课本学习,不再受限于呆板的教材内容,寓教于乐,更能激发学生对大学英语的学习兴趣。由于视频短小精悍,消除了传统课堂授课时间长而易使学生注意力分散的弊端,学生可在课下进行集中回放、暂停或重复播放等操作,这就等同于传统课堂中教师传递知识的过程。学生在课前全神贯注预先观看教学微视频,完成在线练习以自检初学情况,同时可根据自身对新知识的消化吸收情况决定是否再次进行观看。这就克服了传统课堂知识传递的单向性,节省了知识传递的时间。

教师在课前一周布置学习任务单。学生在课前通过平台自主完成知识学习,发现问题并在线交流。在课堂教学环节,则以解决问题为主,安排答疑解惑、质疑纠错、小组协作、个性化指导等形式多样的教学活动,将重难点内容讲解穿插其中。这一改革充分利用了学生的碎片化时间,显著提高了课程的教学质量,大学英语四级通过率也有大幅度提高。课程教学内容和方法的研究一直得到教师及学校相关部门的重视,因为大学英语作为一门重要的基础课程,教学质量涉及面广、影响大,杭州电子科技大学每年有 4000 多人进行"翻转课堂"学习,学生反映较好。

二、教学改革背景与思路

随着科技的日新月异,数字化浪潮席卷教育领域,微课、慕课等对传统课堂影响较大。在此背景下,"翻转课堂"教学理念应运而生。在该教学理念的指导下,学生在课堂之外,通过观看视频的方式进行知识点学习,从而节省出宝贵的课堂时间,进行对知识点的巩固、运用和学习讨论。"翻转课堂"教学理念对传统课堂进行了大刀阔斧的改造,使教师成为学生学习的辅导者、评价者,让学生真正成为课堂的主人,把课堂变成讨论、实践、实验的阵地。

"大学英语精读"课程面向全校非英语专业大一新生开设,对打好学生的英语基础具有较为重要的意义。该课程涵盖不少知识点,包括文化信息、词汇讲解、课文结构、写作技巧等。在"翻转课堂"教学理念指导下,教师尝试将部分知识点制作成微课视频,要求学生课前观看,完成对知识点的初步掌握,从而节省出宝贵的课堂时间,供学生巩固视频中所学的知识点,运用这些知识点进行语言输出实践,并开展相关问题的讨论。针对外语教学,文秋芳曾提出"输出驱动—输入促成假设",指出输出既是语言学习的动力,又是语言习得的目标。由此可见,"翻转课堂"的教学理念适用于"大学英语精读"课程。如果运用得好,可以在很大程度上改善教学效果。

在此次教学改革中,教师选取了课程的导入(lead-in)和生词讲解部分,运用 camtasia 软件制作成微课视频。每个视频大约为 15 分钟。学生在线观看视频,并完成相应的练习。在课堂上,教师设计多种活动,以帮助学生最大限度地将视频中所学的知识点应用于语言实践之中,从而达到巩固知识点、提高语言运用能力的目的。

三、"翻转课堂"教学设计

本课程涵盖两册教材的教学内容,每册教材学习 7 个单元,平均每两周(4 个学时)学习1 个单元。每个单元配有两个相关微课视频,供学生在线学习。团队教师分工协作、精心设计,高效率、高质量地完成了微课制作任务,充分体现了大数据时代的英语教学中团队协作的优势和重要性。在线下课堂教学中,教师设计的教学环节则包括针对具体知识点和语言技能的造句、速写、翻译、角色扮演、讨论等。现以第 4 单元"心理学(psychology)"的前两个学时为例,对"翻转课堂"教学实践做具体呈现。

(一) 教学内容

第 4 单元"psychology"。

（二）学时

2 学时。

（三）教学目的

1. 知识目标

（1）巩固微课所学单词，掌握其拼写，并能灵活运用。

（2）了解心理学相关知识，如常见心理征候、心理之于现实的作用、安慰剂的作用原理等。

2. 能力目标

（1）自如地讨论心理相关话题，提高口语表达能力，尤其是英文叙事能力。

（2）增强快速阅读、理顺文章结构、把握文章大意的能力。

（四）教学重点

（1）掌握并灵活运用微课中讲授的重点单词，如 prescription，relieve，placebo，reassurance 等。

（2）训练英语叙事能力。

（五）教学难点

（1）掌握关于心理征候的词汇（pica，schizophrenia，claustrophobia 等）。

（2）探讨安慰剂的作用机制，以及心理与身体之间的微妙关系。

（六）教学准备

要求学生课前完成在线学习，观看这个单元的导入视频和单词讲解视频。

（七）在线视频简介

（1）导入性微课：一开始，教师介绍一个利用心理学知识推销产品的例子，要求学生举出类似例子。然后，视频转入对异食癖、强迫症、偷盗癖等一系列心理症候的介绍，要求学生思考另外还有哪些心理症候，并对其进行详细介绍。最后，教师向学生讲述杯弓蛇影和望梅止渴的故事，引出课文话题"安慰剂"，并要求学生讲述类似的心理影响现实的案例。

（2）单词讲解微课：由于本单元涉及较多医学词汇，所以便将"医学相关词汇"设为本微课的主题，设计有"诊断、开处方、治疗、缓解、治愈"5 个阶段，将本单元重要单词归入这 5 个阶段，逐一讲解。

（八）教学过程

（1）教师将针对导入微课的第一个问题：你还知道哪些利用心理学知识推销产品的例子吗？（Can you site examples in which psychological insight is used to promote products?)引导学生开展讨论。

（2）教师展示一系列图片，要求学生说出相应的心理症候（如 pica, shopaholic 等），再进行拼写，并用英语解释相关含义，以复习微课中所介绍的心理症候词汇。

（3）教师请学生描述课后了解到的其他心理征候的表现（Do you know other psychological conditions besides those that we have discussed in the video?）。待一位学生描述完成之后，要求其他学生猜是什么征候。最后大家一起学习该征候的英文说法，并学会拼写。

（4）教师请学生互相分享"心理状态对现实产生重大影响"的例子（Have you ever heard or experienced certain event, in which psychological state influences their behavior or mood, etc.?），并以角色扮演的形式在课堂中展示这些例子，由此引入课文主题"安慰剂"。

（5）教师帮助学生梳理《身体里住着一位医生吗？》这篇课文的逻辑、结构，与学生一起探讨安慰剂的历史、作用机制、适用范围以及可能产生的副作用等，深化学生对课文的理解。

（6）教师通过 PPT 向学生展示一系列与微课中所讲单词相关的图片，要求学生运用微课所学单词描述图片，进行口头造句。然后教师对该词汇的用法进行适当讲解补充。

（7）教师向学生展示一段关于"相思病"的中文段落，要求同学翻译。段落内容如下："谁能治好相思这种疾病呢？医生是开不出处方的。一切都取决于那一个人。他（她）的笑容带给我宽慰，让我觉得生活依旧美好。只有他（她）能让我的悲伤平复。没有他（她），谁也不能够减轻我灵魂的痛苦。"

该段落包含微课中和课文中提到的大多数重点单词。通过这个练习，学生将再次运用微课所学进行语言输出。

（九）教学反思

"翻转课堂"的教学方法将线上教学与线下教学结合在一起，形成一种与传统课堂迥然不同的教学形式。这就要求教师在教学设计中充分考虑"翻转课堂"与传统课堂的差异，在教学策略和教学设计上做出相应的调整与创新。该教学案例秉持"翻转课堂"的教学理念，紧密围绕在线视频展开，运用了包括描述图片、讨论、猜谜、角色扮演、翻译等多种形式，尽可能多地为学生营造运用、实践线上所学的机会。

该案例充分发挥了"翻转课堂"教学模式下学生在课堂中的中心地位。以语言实践、语言输出为主的课堂活动充分尊重学生个性，亦能调动学生的学习积极性，培养创新能力、独立思考能力，使其在课堂中处于一种感觉"既轻松又很充实"的理想学习状态，真正掌握学习的主导权。讨论、表演等课堂形式亦有利于增加学生之间的交流互动，建立良性的合作式学习关系。同时，由于学生课前已经对视频末尾布置的部分课堂任务做过思考和准备，所以课堂讨论和活动能够深入开展，基础较差的同学也有自信与能力参与其中。

该教学案例也存在诸多不足。譬如，该部分的课堂实践中，曾出现过超时的情况。由此可见，对于每一流程时间的精准把握是成功完成这两个学时教学任务的关键。又如，这两节课围绕微课展开，对于课文的处理显得有些浅显仓促，学生对于课文的把握可能依旧不够深刻。为了弥补这一不足，在该单元的另外两节课中，教师需要进一步强化学生对于课文的学习,辅以对于部分课文精彩段落的细读和精读,帮助学生领会文章的写作特色,总结其写作技巧并加以掌握。

四、"翻转课堂"具体实施

在具体的教学实践中,教师一般提前一周开放每个单元的教学视频,要求学生在一周时间内完成视频学习,对视频中提出的思考题进行思考和准备,同时完成相应的单词测试题。在课堂教学中,教师就视频中的思考题进行提问,引导学生就这些问题开展积极的课堂讨论。同时,教师设计各种课堂环节,创造尽量多的机会,让学生将视频涉及的知识点用于语言输出。

网络平台会将学生的视频学习情况以具体分数形式反馈给教师。教师会将这个分数以及学生的课堂表现一起纳入考核之中,以引起学生的重视,激励学生的学习。

由于"翻转课堂"是一种新的教学模式,很多学生在初期接触时会感觉难以适应。一小部分学生甚至表现出较为强烈的抵触情绪。为了帮助学生更好地接受"翻转课堂"教学方式,教师在班级中开展了自制微课评比活动,要求每位学生按照自己的兴趣,自制一段微课。学期末的时候班级中开展评比,选出最受欢迎的微课。这个活动让学生代入教师角色,体会微课教学的艰辛和意义,从而有效地帮助学生适应和接受"翻转课堂"的教学形式。

五、取得成效分析与体会

实行"翻转课堂"教学以来,教师发现学生的课堂参与度和学习积极性有了较大幅度的提升,对于单词的掌握更为深入,综合语言运用能力亦有明显提高。大部分学生能够接受并较好地适应"翻转课堂"这种新型的教学形式。学期末进行的问卷调查结果显示,大部分学生认为该课程的"翻转课堂"教学实践是成功且有效的。

同时,这两轮"翻转课堂"教学也存在诸多不足之处,有待进一步改进提高。首先,教师应当提高微课制作水平,在改善微课的声音、画面质量的同时,优化微课的知识容量以及知识点讲解的清晰度,增强微课的生动性和趣味性。其次,教师应尝试设计更多的课堂活动形式,为学生创造更加丰富的知识运用情境和机会,提高其学习的热情和兴趣。再次,教师可以进一步尝试加大课程的翻转程度,譬如,尝试以微课教学的形式呈现课文讲解。这样的尝试对于进一步探索"翻转课堂"与大学英语类课程的结合形式具有重要意义。

作者简介

陈珺,毕业于南京大学英语系,获得硕士学位。毕业后,就职于杭州电子科技大学,从事大学英语相关教学工作 6 年。近 3 年来,共制作过 250 分钟左右的微课视频,具有一定的微课制作和"翻转课堂"教学经验,曾获得"外研社杯"外语教学大赛(浙江赛区)视听说组一等奖、浙江省本科高校第二届微课教学比赛三等奖。

"翻转课堂"
示范性
教学视频

实施外语"翻转课堂":从理念到实践

——以下沙高校校际课"现场英语口语"为例

潘月明

浙江理工大学外国语学院

一、课程基本情况

课程名称:现场英语口语(Live Spoken English)。

课程负责人:潘月明博士/教授。

课程对象:本科生、专科生。

课程性质:公共课,2 学时 。

班级规模:50 人/班(每所高校限定 4 个名额)。

教材/视频名称:《最新流行英语口语》,潘月明、郑秀恋主编,国防工业出版社 2013 年出版;*Popular Spoken English*。

首期开课时间:2014 年 9 月。

课程开设期次:已开设 5 期,线上线下学习时间各半。

课程网站:http://yyzy.jpkc.zstu.edu.cn/pse。

二、教学改革背景与思路

长期以来,"大学英语"是国内高校占比例最高的单一课程,也一直是教学改革的实验田;而英语口语教学又是教改工作的重中之重;正因为如此,教育部始终致力于解决大学生中存在的"哑巴英语"现象,而浙江理工大学(以下简称"理工")也把解决这一难题视为提升大学生跨文化交际能力的突破口。

鉴于此,本人基于已开设的"现场英语口语"课程,向校教务处提出申请,面向杭州下沙诸多高校开设校际课,经过学校审核后获得批准,该课程于 2014 年秋正式开课;首批 50 名学员分别来自下沙 15 所高校。

伊始,本人已考虑到校际课会遇到难题,而真正走进校际课堂后所面临的实际困难要比预想大得多。难题之一:学生英语口语表达能力参差不齐。在 50 名大学生中,有本科生,也有大专生;有英语专业大学生,也有非英语专业大学生;有的大学生曾在本省外语比赛中获过奖,而有的则是英语口语表达能力较差的学生。难题之二:校际课的大学生普遍对授课教师的"期待值"过高,认为教授校际课的教师一定会比本校的教师强很多,一旦没能达到预期的效果,会毫不犹豫地选择放弃学习这门课程。

为寻求解决这一难题的办法,本人采用问题导向法边授课边根据校际课大学生的实际水平以及距离教师"远"的特点等,跟部分大学生和外籍教师共同努力,自制 15 集教学视频,并借助"翻转课堂"教学模式,为校际大学生开辟"24 小时不关门"的新型课堂。

然而,新的难题又不期而遇:

一是自制教学视频的定位是什么?

二是一套教学视频能否满足需求?

三是自制的教学视频往哪里上传?

四是大学生课下不看视频怎么办?

三、"翻转课堂"教学设计

现如今,对于国内大学生而言,当英语口语达到一定程度时,很难再进步。究其原因主要有以下两方面:一是缺乏有效的英语沟通渠道,结果交流往往只停留在课堂上;二是英语口语学习,主要依赖每学期外教所上的十几节课,由于这些课难以贴近学生的实际需求,又没有合适的教材等,大学生很难通过课下学习来巩固和延伸课堂所学的内容,结果是普遍反映学习效果欠佳。

同样,若单纯依靠中方教师学习口语,存在的弊端也很突出,其中最大的问题是难以从"课堂英语"向"现实生活英语"转变;同时,语言交流缺乏"信息沟"(information gap),缺乏时下话题,更缺乏地道的口语表达方式等。

鉴于此,本人跟外籍教师澳大利亚籍 Tanya、美国籍 Hannah 和英国籍 Steve 等一起努力,向大学生发放调查表,了解他们的实际需求,并按照他们的思路设计和录制教学视频课程。

(一)视频目标:说一口流利英语

(1)每一讲设定一个主题,要求学生掌握相关话题所涉及的词汇、短语和口语句型,并进行"命题演讲"和"即兴发言"练习。

(2)通过课堂讨论,并邀请学生登台演讲,使其从过去不擅长用英语与人交谈到喜欢主动交流。

（3）通过开展"关闭母语、打开英语"（turn off Chinese and turn on English）的练习方式，帮助学生逐步养成用英语思考问题的习惯，并且在用英语沟通时学会"直奔主题"（come to the point），避免转弯抹角兜圈子。

（二）授课特色：贴近西方人思维

由于英语书面语和口语存在很大的差别，学习"非正式英语"的表达方式，深刻领会"美国人从来不用说的方式写，也不用写的方式说"（Americans never write the way we speak, and we never speak the way we write）的真正含义，确保学说"地道"英语。

（三）教学模式：实施"翻转课堂"

为了有效实施"翻转课堂"，自制的"必修"教学视频将与各高校的教学进度同步。同时，为了兼顾个性化差异的需求，还上传了多部"非视频资源"，确保开办的"24小时不关门"的"翻转课堂"能让英语程度好的同学"吃得好"，程度欠佳的同学跷跷脚也能"吃得饱"，以此拓展大学生的自由学习空间和时间。

（四）课程平台：开设全天候课堂

（1）本人将自制的15集"必修"视频课程上传到浙江理工大学外国语学院"浙江省重点英语专业建设网"平台：http://yyzy.jpkc.zstu.edu.cn/pse。

（2）将多部"非视频资源"上传到"百度云"大容量网盘，为学生提供更加丰富的网络学习资源；并通过"网盘"、QQ和微信等渠道，开展线上"微互动""课程答疑""作业测试"等教学活动。

百度云网站：http://pan.baidu.com；

用户名：pymspokenenglish@163.com，密码：pym123456。

四、"翻转课堂"具体实施

为了有效实施"翻转课堂"，本课程已有了自制的教学视频，及从国内外网站下载的一定数量的相关视频（上传到"百度云盘"，确保每一位大学生能够及时下载收看）。接下来的难题是：大学生不情愿课下收看相关教学视频时，教师该怎么办？

（一）融合线上线下、翻转外语课堂

在过去的5个学期中，本人基于自制与下载的教学视频，并"基于项目学习"和"基于问题学习"的教学方法，实施"线上学习＋线下练习＋课下巩固"混合式的教学策略，做好以下工作。

1. 初次见面：做好课前准备工作

前面已提到，跟教授本校大学生相比，教授校际课难度会明显加大。一方面，授课学生是由多所高校的本科生和专科生组成，英语口语水平明显参差不齐；另一方面，由于新知识

学习要依靠学生在网上完成,这就要求他们自己要赢在第一堂"见面课"上。

第一,要向学生详细介绍主修课程的登录方法、"百度云"的用户名与密码、配套教材、辅助视频、讲义课件、学习进度、作业测试等。

第二,要建立班级学习QQ群,并告知教师的联系方法,采用多渠道与学生进行沟通。

第三,要向学生介绍清楚学习的进度,包括每周"线上"要收看哪些"必修"教学视频和要完成哪些相关作业和测试等,以及"线下"要围绕哪些话题展开讨论等。

2.线上学习:关注课中学习状况

"翻转课堂"之所以不是"在线视频"的代名词,是因为学生在收看视频时,若遇到难题不用等到见面课再解决,而是可以通过"线上"或"邮件"等联系方式向教师寻求帮助;另外,要提前向学生们介绍每一单元的重点和难点,使其在收看时能特别关注所要掌握的内容。

譬如,在学生收看"中餐与西餐"单元之前,本人会提出以下问题:

(1)现如今,越来越多的人已意识到像热狗、汉堡包和披萨等快餐是不健康食品,很容易引起肥胖病等;那么,为什么还是有许多人愿意吃快餐呢?

(2)作为中国人,我们是否需要回归到传统的饮食习惯上来? 换句话说,还是吃祖辈常吃的食物,包括选择喝豆浆,而不是可乐等,你认为这是一种好的选择吗?

总之,让学生明确课程的走向,不仅能调动其收看视频的积极性,而且还能帮其带着批判性思考和创造性思维去接受这种新型教学模式。

3.线下内化:关注课后解惑答疑

实施"翻转课堂",除了要重视"线上"学习之外,更需要积极开展"线下"高质量的师生互动环节,包括师生共同创建讨论内容、探讨解决实际问题的方法,并且确保让每一位同学都能积极主动参与课堂讨论。

以视频"日常用品"单元为例,命题演讲的题目是"现代人的生活已离不开手机",而即兴发言的话题包括:

(1)作为一名大学生,该不该追随时代潮流,譬如购买iPhone等?

(2)大学生应不应该带手机进教室?

(3)如果大学每周设立一天"无手机日",你是否愿意参加?

除此之外,还会定期举办"小型讲座",将平时学生最关切的问题进行详细阐述;同时,不定期实施"个别辅导",有针对性地解决个性化问题,消除本课程中存在的死角。

(二)巧用"隐形学习",促进"显性学习"

在实施大学英语教学中,强调"显性学习"是指让学生有意识性学习,并在计划中获取相关知识;而"隐性学习"是指无意识习得,即平日将知识储存在个体思维体系中,应用时可自动提取。

本课程基于"翻转课堂"教学模式,在发挥传统"显性教学"优势的同时,通过课上用"全英文"讲解、讨论与交流,充分发挥"隐性教学"在教授英语口语中的作用与价值,使学生在有意识学习英语口语表达所需的词汇、短语和句型的同时,通过"师生"和"生生"之间的深度交往,逐渐习得英语口语表达中所需要掌握的"隐性知识",最终对英语口语教学产生深刻的影响。

五、取得成效分析与体会

基于此,本课程经过不断调整和完善,归纳起来,有以下几个体会。

(一)"翻转课堂"对教师提出了更高的要求

以开设"现场英语口语"为例,本人除了需要自制学生"必修"教学视频,以及从网络下载"非教学视频"之外,还要通过大容量的"网盘"上传相关视频;此外,还要在课前向学生详细介绍相关章节的重点、难点和欲讨论的话题等,避免部分学生不在课前积极主动收看视频、学习新知识等;更主要的是,还要在课上对学生提出的各种问题给出实时解答,而在课上一时解决不了的问题还要实施个别辅导,避免学生失去课外自主学习的积极性。

(二)"翻转课堂"提高了学生自主学习的能力

在传统英语口语课上,很容易出现两极分化现象,即口语程度越好的同学就越愿意张口,反之亦然,这样会使口语薄弱的同学产生自我否定和归类意识,其结果是课上"抬头率"不高,课下很难开展自主学习活动。然而,"翻转课堂"则不同,它会帮助学生在教师的引领下,通过视频学习掌控自己的学习节奏,在自主学习中发现问题、解决问题,并记录难以解决的问题,通过课堂或其他渠道等向教师寻求答案。

(三)"翻转课堂"增加了师生之间多元互动

事实上,"翻转课堂"将传统的"满堂灌"授课方式转变成"以学定教、顺学而导"的新型教学模式。由于学生已在课前通过视频学习了新知识,他们会在课上通过交流和沟通对要学的内容进行深度学习。换言之,"翻转课堂"主要是学生提问、教师解惑和学生之间进行学习交流与互动等,充分彰显"以学生为中心"的教学理念,使其能够积极参与到整个学习的过程中。

作者简介

"翻转课堂"
示范性
教学视频

潘月明,男,教授,毕业于美国俄克拉荷马州立大学(Oklahoma State University),获教育学博士学位。曾在中国医科大学、泰国暹罗大学任教,现在浙江理工大学外国语学院工作。2014年完成了教育部全国高校教师网培中心立项的"全英文授课直通车"教学视频课题;2016年完成了浙江省高校首届精品在线开放课程"英语口语直通车"。教授英语专业研究生、本科生以及下沙高校校际课,同时,从2012年起至今,从事本校以及杭州其他高校全英文授课的师资培训工作。

基于去过饱和策略的"服装流行分析与预测"课堂教学改革与实践

刘丽娴　任　力　支阿玲

浙江理工大学国际教育学院

一、课程基本情况

课程名称:服装流行分析与预测。

课程学分:3。

课程性质:专业核心课、校际公选课。

面向专业:服装与服饰设计、服装设计与营销、服装设计与工程。

教学班规模:专业核心课 30 人/班、校际公选课 120 人/班,每年合计 450 人。

使用教材:《服装流行分析与预测双语讲义》(浙江省新形态教材建设项目资助,已与浙江大学出版社签约拟定出版进程,自编课程双语资料已投入使用 5 轮)。

已开展"翻转课堂"教学实践轮数:2。

课程学时:32。

依托在线教育平台:

(1)浙江省高等学校在线开放课程共享平台(http://zjedu. moocollege. com)。

(2)浙江理工大学 4A 教学平台(http://4A. zstu. edu. cn)。

本课程已有基础:

(1)浙江省在线开放课程建设项目申报,2017 年。

(2)省级课堂教学改革项目立项,2016 年。

(3)教育部第二期来华留学英语授课品牌课程,2016 年。

(4)校级教改一类项目立项,2015 年。

(5)校级教材建设项目立项,2016 年。

(6)浙江省新形态教材建设项目,2016 年。

(7)校级全外文课程建设群项目立项,2016 年。

二、教学改革背景与思路

"过饱和"一词原属化学术语,指在一定温度压力下,当溶液中溶质的浓度已经超过该温度、压力下的溶质的溶解度,而溶质仍不析出的现象。学生学习过程中的"过饱和"现象是指学生因中外授课方式差异、文化语境不同、英语理解能力不足、语言信息量大、课程时间安排紧、作业安排密集、课程知识点衔接无序等多方面问题共同造成知识点零乱和琐碎,无法准确并快速理解吸收课程相关知识的现象。

EMC(English Media Course)课程是对学生课程专业知识和英语水平的双重挑战,同时也对教师提出更高的要求。浙江理工大学国际教育学院引进美国纽约州立大学时装技术学院(FIT)专业课程体系。其中,服装流行分析与预测(Fashion Forecasting and Prediction),是中美合作项目三个专业的必修课与选修课,也是国际教育学院的特色课程。美方授课内容与中方授课内容由于国情、产业发展状况差异本身存在资料、授课案例、产业背景等多方面不对接的问题,从而造成了学生上课兴趣不浓厚,教学进度滞后,教学效果欠佳。面对这一系列"过饱和"现象,提出以混合式教学方式为抓手的"去过饱和"策略,以课程知识单元 1 为例,见图 1。

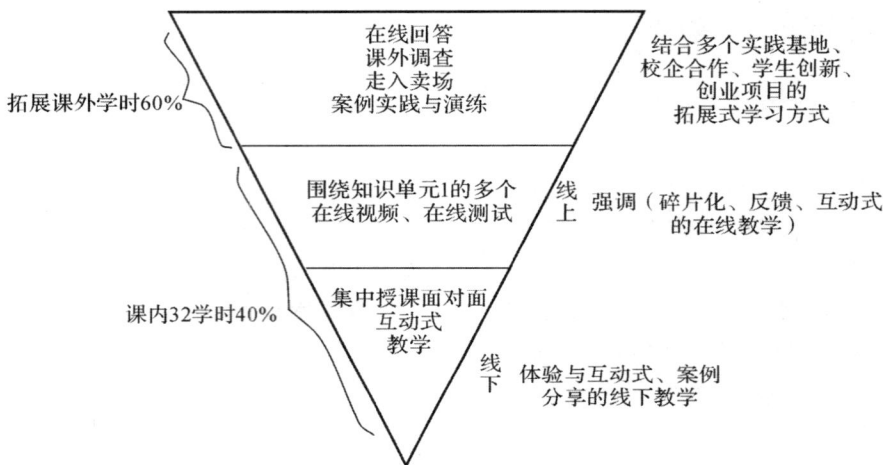

图 1 "服装流行分析与预测"的混合式教学方式(以知识单元 1 为例)

三、"翻转课堂"教学设计

(一)总体设计

本课程引入 MOOC 及 SPOC 的"翻转式"课堂辅以现代化的信息技术手段,形成强调学习体验的总体设计思路。

(1)视觉体验在先。为了使这门名为"服装流行分析与预测"的在线开放课程实至名归,从课程的内容到形式上都追求时尚与美感,利用高品质的视频录播以及课堂视觉设计方面的优势,保证课程的视觉体验效果处于国内较高水平,力争与国际上的同类课程接轨。

(2)视频既自成一体,又有机联系。本课程的 52 个视频既相对独立又前后关联,是点与面、碎与整的关系;既可单独穿插学习,亦可连贯而成课程全貌。这一设计思路顺应了未来碎片化学习的趋势,也为后续的移动端教学奠定了基础。

(3)强化通识性。在已有教学资源储备中的知识点、视频库及案例库基础上升级换代。升级指根据时尚动态将原有时尚资讯链接等进行与时俱进的调整;换代指将原专业知识点通识化处理,以适应扩大的授课群体——由本校服装设计专业学生扩展到省内多所高校的服装类、设计类以及所有对流行与时尚感兴趣的学生。

(4)互动与实践。借助主讲人自身的产学研优势,深入优秀的品牌卖场,实地分析卖场中的当季流行元素。根据不同知识点的要求,不断变换授课场景,把课堂拉进企业中,放到商场里。运用模拟操作、分组讨论、有奖竞赛、扮演角色、任务驱动等手段促进学生的课内外互动,鼓励学生动手体验、动脑思考、动口交流,形成传统课堂所不具备的"学习知识→体验知识→模拟运用知识"模式。

(5)移动课堂。借助微信、微博等现代通信技术,进行移动端的在线授课服务,结合在线平台与现场教学,进一步提升在线开放课程的 open 与 online 特性。

本课程的章节划分详见表1。

表1 "服装流行分析与预测"课程章节划分

知识单元名称	课时安排	主要内容	编排思路
1.服装流行与趋势	4课时 视频数:8 视频时间:50′	探讨流行的基本特性与时尚的生命周期; 剖析时尚的基本组成元素; 掌握流行资讯的获取方法与途径	流行的基本原理与特性
2.色彩理论与色彩流行	4课时 视频数:6 视频时间:55′	色环与色彩的关系; 色彩趋势与品牌、市场、价格的关系	
3.服装史与流行的演变	10课时 视频数:13 视频时间:80′	时代精神; 以十年为一个跨度分析服装史与特定文化背景下的流行	流行、时尚、品牌、文化的结合,虚实结合
4.流行趋势预测与信息收集	4课时 视频数:4 视频时间:30′	讲解流行信息收集的渠道、方法; 当季趋势出现的必然性与内在规律	
5.探讨流行	4课时 视频数:6 视频时间:30′	跨界与融合; 流行与社会; 时尚与文化; 时尚之都的必然条件	
6.影响流行的因素	4课时 视频数:5 视频时间:35′	社会、文化、心理、自然、经济与科技因素对流行的影响	
7.当代艺术、服装与流行	4课时 视频数:8 视频时间:45′	20世纪以来艺术流派与流行的对应关系	流行信息的收集、整理、表述与利用
8.流行趋势的收集、整理与表述	2课时 视频数:3 视频时间:15′	流行的内容与流行趋势的表现形式,通过流行的结合,提升品牌时尚度	

(二)具体设计(以知识单元1服装流行分析与趋势为例)

1. 教学目标:课程导入部分

介绍课程的主要内容以及时间安排;作业与考试要求;流行的基础知识。通过详解服装流行趋势的核心元素,让学生掌握追踪流行趋势,了解预测和分析流行趋势的渠道。分别从大众生活角度和专业角度探讨获取未来时尚流行资讯的方法与途径;解读风格、时尚、流行的差异、联系与内在逻辑。

2. 教学设计与方法

课前:线上观看本单元视频:《流行趋势的内容与定义》《课程介绍与主要内容》《流行趋势的专业机构》《流行的周期与发展》《流行的生命周期》等8个视频。

课内:结合当下具体实践案例与品牌案例,联系实时信息,完成知识点讲演;本单元核心内容如下:

(1)时尚的定义、流行的定义;

(2)时尚流行的元素:颜色、面料、廓形、细节和图案;

(3)如何获得时尚流行信息——预测流行趋势的方法;

(4)风格、流行与时尚;

(5)各种流行预测的方法、流行体系、流行体系中的预测公式与方法;

(6)结合波浪理论,探讨色彩循环现象,并将趋势预测与市场应用、价格、品牌对接,进一步探讨流行生命周期与价格、消费者流行感知之间的内在关系。

课后:课外实践——现场指导学生在卖场中寻找当季的时尚风格。

在线教学部分——观看三个在线视频,进行"单元1和单元2"的复习和预习;浏览相关流行网站,并提交趋势分析资料一篇(300字以上的汇总报告);完成在线测试1;在论坛发布帖子进行互动问答。

3. 教学活动与评价

(1)运用对比分析方法,学生自己讲解使用时尚流行趋势进行设计开发的体会,训练学生的表达能力,使学生更深入地参与课堂学习。

(2)以优秀作业为实例,通过分析点评的方式查漏补缺,引导学习者对预测、搜集、整理、合理使用时尚流行信息进行产品开发的过程的掌握。

(3)理论教学、案例分析、动手实践三者相结合,拓展学生的学习思路。带领学生到商场动手实践,让学生按照所收集的流行情报与目标消费群分析方法对商场中多个品牌展开流行程度与流行点分析。这既检验了课堂学习的效果,又提升了学习者的兴趣。

(4)与各大流行趋势咨询公司联合推出流行产品,铸造本课程鲜明的时尚基因。

四、"翻转课堂"具体实施

为了进一步明确服装类专业的课程在双语或全英文教学过程中遇到的问题,面向三个专业的100位至少曾经上过一次双语或全英文专业课的大二以上同学进行调研,通过个人访谈（personal survey）与焦点小组（focus group）的方式进行前测，确定问卷内容，通过100份问卷的发放、收回、数据整理，根据权重分析与排序，得到以下结论：学生自身语言能力、专业基础知识能力、教师授课方法与技巧是影响双语与全英文营销类课程最为重要的三个问题。

根据问卷结果分析与学生意见反馈情况提出优化方案，并对课程体系内的所有课程进行整理与分析。首先是关于授课方式、流程设计的改革。在后续教学过程中计划融入改革后的教学方法，并通过授课前、授课中、授课后三次焦点小组调查与问卷调查评估教学效果。在授课前补充专业词汇与课程体系介绍；授课中重点内容讲解；授课后整体效果评估，评价教学改革实施效果。多采用互动式、交触式的强调动手、实践、团队、合作、系统思考的教学，新设计的"合作学习"（cooperative learning）的"小组工作"（teamwork）环节中方教师与美方教师的联合指导能引发学生更多的思考，并贯穿运用中西方思维方式与文化语境。重新规划课程环节设计，采用"翻转"与"进阶"并举的方式。基于4A网络平台和浙江省高等学校在线精品课程网站完成课程系统设计，系统地梳理知识点、视频库、案例视频链接库，并将视频预习与课堂教学有机结合。采用进阶式教学，每个章节都设有问题或测试，类似游戏中的通关设置，只有答对了才能进阶，进入下一个知识单元的学习。增添学生学习趣味，使学生牢牢地被课程内容吸引。为了增强课程的实践性，借助主讲人与项目组的产学研优势，深入优秀的企业部门与卖场，根据不同的知识点，不断变换授课场景，把课堂拉进企业，走入商场，运用模拟操作、分组讨论、角色扮演、任务驱动，鼓励学生动手体验、动脑思考、动口交流。形成传统课堂所不具备的"学习知识——体验知识——模拟运用知识——互动浸入式理解"模式。图2详解了课程改革进阶。

五、取得成效分析与体会

通过课程改革，优化授课方案、授课形式与学生的学习方式，结合课程从授课前、授课中、授课后三个阶段的评价与反馈意见，优化课程授课方式与内容设置，提升授课质量。同时，课程结合学生创新创业项目的辅导，有助于学生将所学课堂知识与企业的实际需求结合，在各项进展中进行全程辅导，并与课程内容对接。在强调教学实践的过程中启发学生理解时尚理念，培养学生创新设计思维能力，提高创新思维与企业实际运作的契合度。提升此类EMC课程的教学质量与效果。

结合去过饱和策略的课程课堂教学改革与实践，运用在线视频植入，与线下教学形成互补，丰富教学资源与手段，迎合学生碎片化的新形态学习方式，提升课堂教学效果。

具体课程改革进阶如图2所示。

"去过饱和"策略应用	课程多知识单元的进阶	多元学习自愿结合
基础阶段（一）课前八个单元核心知识点的中文梳理讲解（排除语言与知识双重信息过饱和）核心词汇讲解与英文资料的熟悉	第一单元 服装流行与趋势(Introduction of fashion and forecasting)	现场指导学生在卖场中寻找当季的时尚风格
	第二单元 色彩理论与色彩流行(The theory and popularity of color)	（1）当下时尚色彩与色彩趋势的发展轨迹，结合品牌新季产品开发设计的流行色捕捉调研（2）市场中当季流行色捕捉训练
初级阶段（二）通过作业完成逐步阶段，并形成对课程的系统认识（中美作业形式与标准差异带来学生理解困难与信息过饱和）	第三单元 服装史与流行演变(Trend's rule & element)	（1）通过小组讨论的方式确定调研品牌，包括利用现场讨论以及进行课外实践（2）课堂上安排分组讨论，学生自行设计品牌案例，进行组间分享；或者邀请企业资深人员参与教学研讨等
	第四单元 流行趋势预测与信息收集(Trend forecast and information collection)	结合实际店铺调研分析并撰写报告，进行小组Presentation。带学生到实体店铺去现场教学，同时邀请杭州银泰百货和万象城购物中心从事零售管理的校友，指导学生在商场进行实训实践
中级阶段（三）结合某目标品牌的消费者购物行为分析（通过具体品牌案例的结合实现理论点消化和去饱和）	第五单元 探讨流行(Discussions about the popularity)	带领留学生走访河坊街、中国丝绸博物馆等展示区域，通过民族文化、纹样、色彩的结合使留学生加深对流行的差异性、民族性等方面内容的理解
	第六单元 影响流行的因素(Prevalence and influence factors)	前往服装（国际）学院留学生实训实习基地阿里巴巴和网易总部培训部门，学习了解全球最大的时尚电商淘宝网以及网易公司的考拉海购网的管理运营知识，了解国际时尚流行体系的流程与基本运转方式
高级阶段（四）设计激发目标消费者购物欲的沟通方式（通过实践应用显示信息接受与去过饱和）	第七单元 当代艺术、服装与流行(Contemporary art, clothing and fashion)	寻找当代品牌，结合某一艺术流派的设计实例进行分析
	第八单元 流行趋势的收集、整理与表述(Collection, arrangement ,expression of new trend)	（1）了解国际一线时尚品牌在流行趋势中的位置，以及采纳新的流行的时间；了解相关品牌的历史、背景和发展情况（2）结合艺术表现、陈列方式、表述形式探讨如何准确地组织与表现趋势方案

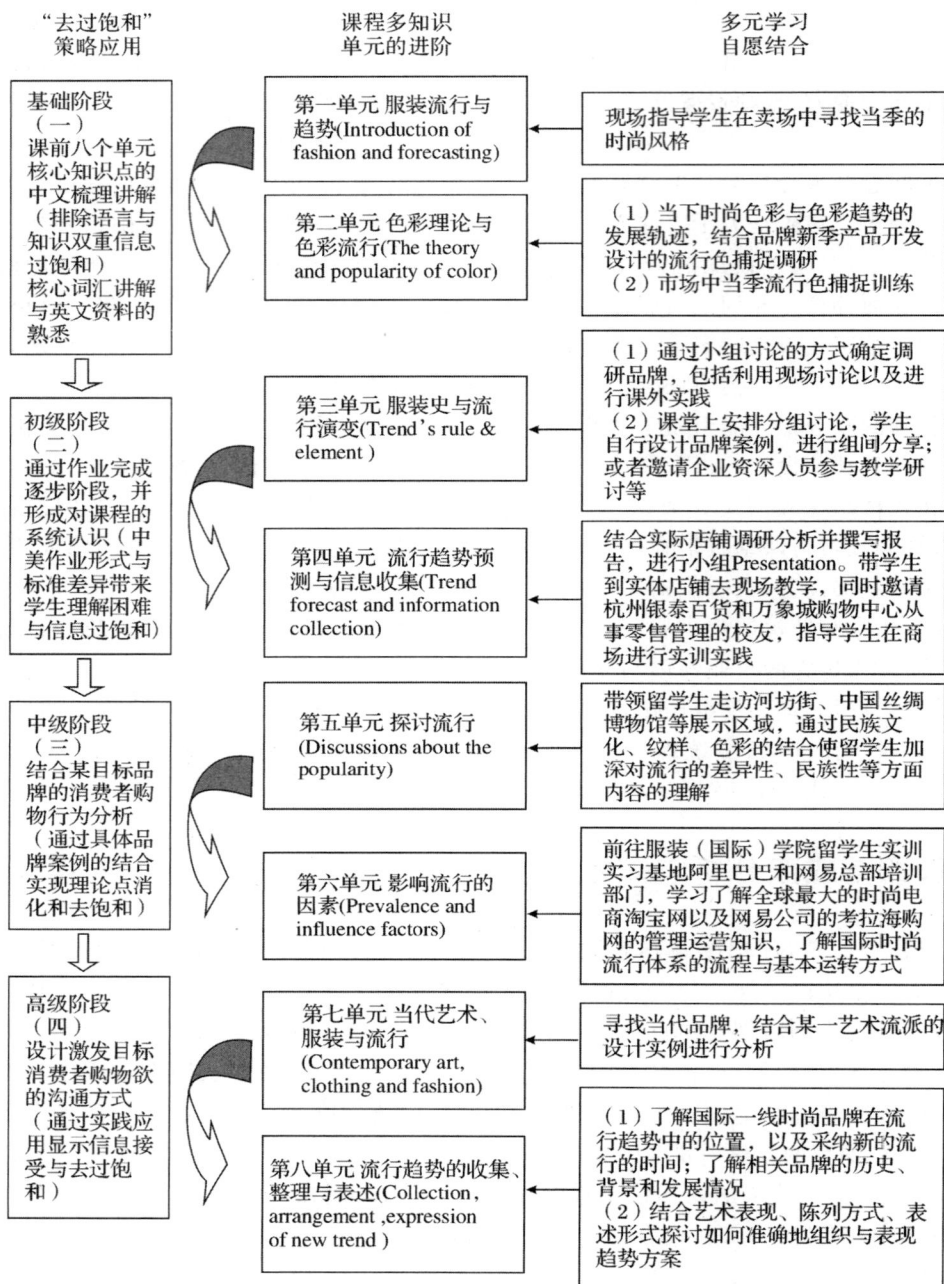

图 2 课程改革进阶图解

作者简介

刘丽娟,副教授,博士后,中国纺织工程学会服饰专业委员会副主任,服饰流行文化研究中心主任,中国美术学院博士后流动站工作人员。曾主持国家社科基金艺术学项目、浙江省社科规划重点课题、浙江省哲学社会科学项目、浙江省社科联项目、浙江省文化厅项目、浙江省高校人文社科重大规划项目等课题 30 余项。

　　曾主持浙江省教育厅课堂教学改革项目,任"服装流行分析与预测"课程负责人和第一主讲,该课程于 2016 年被评为教育部来华留学品牌课程。依托课程建设,获 2017 年度中国纺织工业联合会教学成果一等奖 2 项,二等奖 1 项。

　　作为核心人员参与国家社科基金艺术学重大项目,发表高水平论文 40 余篇,出版著作 4 部,获浙江理工大学 521 人才项目及浙江省科协育才工程项目资助。

"翻转课堂"
示范性
教学视频

"大学生心理健康教育"课程
"翻转课堂"教学案例

包陶迅 杨 盈

浙江海洋大学心理健康教育咨询中心

一、课程基本情况

课程名称:大学生心理健康教育。

课程学分:1。

课程性质:公共必修课。

面向专业:全校大一新生。

教学班规模:小班 40 人左右或两班合班 60~80 人。

使用教材:《当代生活与心理健康》(自编),高等教育出版社 2014 年第 2 版。

翻转实践:2014—2017 年,共 4 轮,每年 8~16 个班,每班 16 课时,共 200 余课时。

依托在线教育平台:浙江省高校精品在线课程共享平台、超星泛雅平台。

二、教学改革背景与思路

教育部(教思政厅〔2011〕5 号)明确指出,高校学生心理健康教育课程是集知识传授、心理体验与行为训练为一体的公共课程,要采用理论与体验教学相结合、讲授与训练相结合的教学方法,充分调动学生参与的积极性与主动性,培养学生实际应用能力。该文件还要求教师充分运用各种资源,利用图书资料、影视资料、心理测评工具等,通过课堂讲授、案例分析、小组讨论、心理测试、团体训练、情景表演、角色扮演、体验活动等方式,开展互动式课堂教学。

鉴于教育部文件精神,结合当代大学生作为数字土著一代的数字化生活特点,传统的教学方法已经不能满足心理健康课程的教学需要,慕课背景下的"翻转课堂"教学法则为教学改革提供了新的思路。一方面,互联网上海量的信息和资源,对学生具有强烈的吸引力,学生上课玩手机现象禁而不止。与其逆潮而行,不如顺势而为,把网络和手机引入课堂教学,成为学习的辅助工具,让学生在课堂上理所当然地使用手机。另一方面,现在大学生更自我,爱张扬,不喜欢当听众,任由教师摆布,喜欢主动、独立、展示自我,传统课堂无法满足学生的这些需求,而"翻转课堂"可以把课堂这个舞台交给学生,让学生当主角,参与讨论、展示个人风采,学生成为课堂的主体,能够很好地满足现代学生自我展现的个性化需求。

本团队自 2014 年开始采用翻转课题教学法进行"大学生心理健康教育"课程改革,让学生利用网络先以在线方式进行课前学习,完成课前作业,然后在课堂上进行讨论、重难点分析、作业展示等,充分调动了学生的课堂参与度和学习积极性。

三、"翻转课堂"教学设计

本课程共有 8 次课,分为 3 个阶段。第 1 阶段为第 1 次课,主要任务有 2 个:介绍本课程"翻转课堂"教学的方法和讲授第一章主要内容,教学方法主要是讲授、小组讨论。第 2 至第 7 次课,采用课前学习、课内讨论和课后深化的"翻转课堂"教学模式。第 8 次课的第一部分为最后一章内容的讨论和整个课程的总结。

主要教学方法:采用慕课教学与"翻转课堂"教学混合教学方法。课前网上学习:用时约 100 分钟/周,学习材料提前发布,个人在网上学习,限时完成。内容包括:视频学习、心理测验、单元作业、论坛讨论等。

教师定时在线辅导,鼓励探索,引导学生讨论。

课上活动:检查课前作业,讲授释疑,个案分析讨论,小组作业,话题演讲、心理测验、心理训练、角色扮演、活动展示,交流与互评等。

课程考核与成绩评定:学生成绩采用形成性评价的方法,根据学生课前作业完成情况、课内讨论表现、小组互评分数、课程群内发言情况等,对学生的课程学习进行评价。

课程考核包括课前学习、课上活动、期末测验 3 部分:课前学习 50 分,包括课前视频学习、资料阅读、网上作业、心理测验等。课上活动 30 分,包括学习检查、回答问题、课堂小测验,课堂讨论、小组活动、成果展示等。期末测验 20 分。总成绩采用百分制,60 分及格,上述 3 项中有 1 项不及格即为总成绩不及格。

授课前及整个进程中多次教学研讨,教案公开,集体说课评课,针对教学重点难点的把握、教学方法的突破与创新等主要问题进行分析探讨。课后教师个人小结,自评教学质量,检讨存在问题,及时调整改进。课程进行中以及课程全部结束后,进行学生调研,对存在的问题进行评价反馈,及时调整。

四、"翻转课堂"具体实施

"翻转课堂"的具体实施步骤如附录所示。

附录:"大学生心理健康教育"课程"翻转课堂"具体实施方案

1.课前任务设计与安排

1.1　课前学习材料、任务与评分

总体课前学习难度中等,设计原则:突出重点难点,难易结合,难题占 10%,鼓励批判与创新。学习时间平均为 60 分钟,总分 100 分。

1.1.1　教材

《当代生活与心理健康》第四章。

1.1.2　视频学习(20 分钟)

(1)应对的分类与作用机制

解决问题应对,情绪应对(否认、回避、转移、忍耐、自责、宣泄、自我隔离),寻求支持,祈求神灵,物质利用。内容覆盖全部类型,个案包含混合复杂型;生活中应对的使用与效果,包括不同性质事件,不同效果,条件限制因素。

(2)其他调节压力的方法

理性认知、放松技术、日记、阅读与影视生活方式调节。

1.1.3　心理测验——应对策略与分析

在问卷网上完成应对自测,要求凭第一印象选答案,对照课本和 PPT,对自己选择的答案进行分类,分类结果填入表格。完成计分。

1.1.4　习题

共 15 题。其中简单选择题 7 题;多选题 3 题,其中 1 题嵌套混合型复杂的难题,要求能正确对应对方式进行分类;简答题 5 题:个案综合分析两题,要求说明压力源、压力强度、应对策略、效果评价,考察理解与掌握程度。

1.2　发布课前任务

1.2.1　发布课前任务说明

以上内容通过课前作业单列出,指明教学目标、重点难点;五天前在班级课程 QQ 群公告上发布。测验通过扫二维码进入问卷网完成,视频与习题通过账号登录泛雅平台完成,于上课前一天晚上 22:00 截止提交。

1.2.2　教师在学生提交作业前一天晚上与学生在 QQ 群互动,提供分析线索,辅导难题,调动学生讨论,鼓励学生自主探索,肯定努力后的结果,鼓励互助,督促个别学生。

1.2.3　批作业,分析评估学生总体自学情况、存在的主要问题,分析错误率高的问题,分析收集作业改进的信息;摘录理解困难的概念、难题类型、混淆中的实质因素,摘录有创见的作业、有代表性的倾向观念;编写设计课上讨论的问题与引导思路。

2.课上活动流程(90 分钟)

2.1　课前作业评价与问题考查(10 分钟)

(1)反馈总体课前学习情况,优长与问题评价,肯定激励学生学习自主性,表扬作业出色的学生,示范好的作业。

(2)列出掌握程度存在问题的、错误率高作业 1~2 题,先设问,启发思考,允许商量,鼓励举手回答,引导得出正确的结果,每个小组随机抽查一个人(30 人小班共 5 组),回答教师提出的相关问题,回答正确或有自己的想法都可得满分 5 分,简单回答无创意 3 分。

2.2 问题讲解（10～15 分钟）

作业中反映出来重要概念模糊之处，或上述问题如果没能产生理想结果，或有争论点，由教师讲解。教师再设类似问题让全体学生各自通过 QQ 群回答，使全体学生真正理解掌握重要概念原理与相关技术。

2.3 小组学习交流（20～25 分钟）

小组由 6 个学生组成。小组学习讨论约 15 分钟，交流 10 分钟。

教师布置 2 个讨论题：

(1)难度中等个案

分析一次复杂压力事件后的应对，填空（时间、持续时间、事件、性质、情绪、强度——复习上次课内容），填空（应对方式、机制、效果评价、调节设想）。

(2)难度比较大的案例题分析

学生自己做题，鼓励小组内讨论，建议通过角色模拟反应方式反观情绪与应对表现，继而分析压力性质，可能的情绪反应，可能的应对方法的交替组合使用情况。

交流：各小组把两题答案上传 QQ 群，要求语言简练。教师对答案进行点评、提示。

小组继续讨论，要求能进一步分析说明，做出判断，对前面提交过的答案进行修改，然后上传 QQ 群。

教师选优秀组上来陈述是怎样得出这样的结果的，组员和其他组可以补充纠正。

2.4 分析自己（10～15 分钟）

分析自己的测验结果，学习对自己的心理状态进行评价。分析自己应对测验结果中分数最高的——使用最多的前 2 项，各写一个事例，并做近期效果评价和远期效果预估，效果不好到好为1～5级。

小组内交流自我分析结果，小组统计全组使用最多的两项上传 QQ 群，使其了解个人与全体同学的差异与共同性。

教师简单小结应对策略的相对功能与使用策略调整。

2.5 心理训练（15 分钟）

教师简单讲解呼吸放松原理，带领全班一起练习体验。

2.6 组内组间学习评价（5 分钟）

学习准确公正评价，理解掌握的程度。

小组内个人自评与互评：按任务完成、参与度、贡献度、帮助、创新等打分，记 0、1、2、3 四级。最高各为 3 分，去掉最高和最低分，取中间分，个人得分为自评与小组所评两项相加的得分，最高为 6 分。组长把各人总分抄给教师。

小组间互相评价，按创新、逻辑、陈述条理打分，分小组的自评与互评，各组先做出小组自评和组间评价结果，写到黑板上。班长与学委统计各组学习得分，交给教师。评价方法同上，相加最高 6 分。

2.7 教师小结（3 分钟）

整合知识，促进对整体知识体系有良好认知；对整个学习过程进行评价，鼓励为主。

2.8 学生自我评价本次课收获、体会（2 分钟）

15～30 字，每个同学上传到 QQ 群。

五、取得成效分析与体会

本课程基于慕课的"翻转课堂"教学实践已经进行了两个学期,这种切合时代特点、学生特点的教学模式既得到了教学管理者和教师同行的认可与肯定,也得到了学生的积极响应和一致好评。

基于慕课的"翻转课堂"教学法,整合了传统教学与慕课时代教学的优点。一方面,这种教学模式确保了教学中教师与学生面对面互动的传统优势,使得教师和学生在课堂上进行充分的情感交流、互动体验、思想激荡,避免了单纯网络学习无法当面交流的缺陷。另一方面,这种教学模式充分发挥了慕课的优势,利用互联网技术通过有趣的媒体传递最前沿、最经典的知识,满足学生对互联网技术、智能手机等丰富多彩的数字化生活的体验需求,学生在整个教与学的过程中有充分的自主选择性和临场体验感。

学生在完成心理健康课的学习后,纷纷表示受益匪浅,95%以上的学生表示收获很大或者有所收获。有的学生说"这是我唯一上过的一门没有动过逃课念头的课",有的学生说"希望全校的所有课程都能采用这种教学方法",不少学生甚至"迷上了"心理学专业,想继续学习心理学类课程。在课程结束后,许多学生觉得意犹未尽,没有课前学习材料和测验而觉得不习惯。学生是课程的主体,来自学生的积极响应充分说明了基于慕课的翻转课堂教学法非常切合当代学生数字化生活的特点。

学生总结该课程的最大特点:"兴奋,不打瞌睡!"因为整个课堂节奏紧凑,动静结合、张弛变换,学生的注意力和思维一直在课堂上,学生积极投入,课堂效率很高。

作者简介

"翻转课堂"
示范性
教学视频

包陶迅,原浙江海洋大学心理教育中心主任。2001年开始组织大学生心理健康课程建设,2014年主编教材《当代生活与心理健康》,2014年开始进行"翻转课堂"教学。曾多次主持省级以上研究课题,发表论文20余篇,获省级教学成果奖、科研与优秀论文奖多项。曾获全国大学生心理健康教育先进个人、浙江省大学生心理健康教育先进个人、浙江省的三育人奖等荣誉。

杨盈,男,浙江海洋大学心理健康教育咨询中心主任,讲师,国家二级心理咨询师。主要研究方向为心理健康教育。发表论文9篇(含一篇SSCI论文),主持厅局级以上课题两项,参编教材一部,获得校级教学成果奖一项,2017年荣获浙江省师德先进个人称号。

浪尖上的海洋体育

——海岛野外生存

傅纪良

浙江海洋大学体育与军训教育部

一、课程基本情况

本课程是我校率先在国内开设的。它是基于学校涉海类专业人才培养目标的要求，充分利用地方自然人文资源与区位优势而开发的一类新型活动类特色体育必修选项课程和公共选修课程。

本课程2016年被列为浙江省首批精品在线开放课程，借助"浙江省高等学校精品在线开放课程共享平台"（网址：http://zjedu.moocollege.com/），已开展网络选修和实施"翻转课堂"两期，每期2学分，总30学时（"翻转课堂"12学时），第1期有266人、第2期有656人选课，涉及海洋科学、海洋人文等20余个涉海专业。同时，通过海洋生物和海岛生态等专业野外实习，将课程线上与线下结合，覆盖到中国海洋大学、浙江大学、华东师范大学、大连海洋大学、上海海洋大学等20余所高校。

课程有专门的配套教材——自编的《海岛野外生存生活拓展训练教程》（高等教育出版社2017年5月修订版），是国内首部有关"海岛野外生存"的教材，被列为"十二五"国家级规划教材和2017年浙江省"十二五"优秀教材。

二、教学改革背景与思路

当前社会各界已达成一个共识：教育的真正指向是学生素质的提高。遗憾的是，这样的共识却并没有变为现实。相对于德育和智育，体育在人才培养中的重要性和价值尚未引起人们的足够重视。尤其是体育课程的过度"竞技化"、"体能化"、学生体质健康下滑、心理抗挫能力和社会适应性较差、实践能力和协作共处意识不强、专业培养与职业发展不协调等问题，使大学体育俨然成为高校素质教育的软肋。

浙江海洋大学以学校区域资源为依托，充分结合学校地处海岛的地域优势和鲜明的海洋办学特色，以涉海类专业人才培养目标为导向，构建了海岛野外生存特色课程与教学体系，经过10年的教学实践与创新改革，已成为实施学校课程教学改革的一项成功案例，得到了中央电视台、《环球时报》、《中国教育报》等主流媒体的专题报道。2014年获浙江省教学成果一等奖并被推荐至国家级的评选，自编的教材被列为"十二五"国家级规划教材。

随着微课、慕课、"翻转课堂"的兴起,本课程自 2014 年立项校级的核心课程(慕课)。一方面课程团队有丰富的微课和在线开放课程教学经验,使"翻转课堂"教学改革成为可能,近 5 年先后获得浙江省高校微课教学比赛一等奖、全国多媒体大赛二等奖等 15 个奖项,2017 年被浙江省教育厅推荐申报国家级在线开放课程。另一方面,教育的信息化趋势迫使本课程需要与时俱进发展。特别是学校 2014 年获批浙江省数字校园示范建设学校,2015 年建设基于慕课和移动学习的自主学习中心,同时学校加入全国地方高校优课联盟和涉海高校慕课联盟。2016 年建设智慧教室。信息技术与本课程教学的深度融合势在必行。

三、"翻转课堂"教学设计

海岛野外生存课程作为学校的一门特色体育课程,由实用游泳、定向运动、拓展训练、涉海运动、海岛野外训练、安全体系和海洋意识教育等 7 个知识和技能模块构成。海上溜索是涉海运动知识模块的一个代表性内容,通过合理运用案例导入、技术讲解示范、学生学习体验等方法和手段来进行教学,能够很好地诠释海岛野外生存课程的理念和目标。

(一)教材和目标分析

海上溜索是依据海岛野外生存课程涉海运动模块要求,参照课程组自编的高教版"十二五"国家级规划教材——《海岛野外生存生活拓展训练教程》而开展学习的海上脱险基础性逃生技能教学内容。

这项技能的掌握和使用,能够减少体能消耗从容应对渡海难的问题,达到海上应急状况下学以致用的认知目标,掌握有效利用保护装备或身边随手拿到的漂浮工具进行溜索的技能目标,实现增强自身体质、勇于挑战的积极的人生态度等目标。

(二)课前学习环节

1. 自主学习任务

主要从"技能直观认识、技能视频教学、器械认知使用、课堂学习形式预告"4 个部分来进行。

(1)技能直观认识

搜集溜索的视频片断和海上溜索实景作业过程,形成直观的教学情景。这一任务能够让学生了解(壕)沟、江(河)、海上、野外逃生和救护等不同情形和用途的溜索,如横渡云南怒江的溜索(电影《走路上学》)。

(2)技能视频教学

观看省在线平台教学视频,结合阅读课程组自编的高教版《海岛野外生存生活拓展训练教程》,学习整个海上溜索的技能教学。

(3)器械认知使用

要与所学的器材的维护与使用、绳结的用途、海上泅渡的技能综合性结合起来,形成海上溜索的器械组合运用概念。

（4）课堂学习形式预告

自主学习阶段要提前告知学生课堂学习的形式。海上溜索课堂学习主要分 4 个环节。第 1 环节：选择海上溜索器械。第 2 环节：自主设计搭建海上溜索的索道。第 3 环节：学习和操作海上溜索技能。第 4 环节：展示评价和分享交流。课堂学习形式的预告，使学生自主学习与课堂学习衔接起来，形成目标管理。

2. 教学视频设计

教学视频是帮助学生完成自主学习任务的重要配套学习资源。本课视频由"案例导入、学习体验、分享交流"三个部分组成。

（1）案例导入

结合 PPT 导入法进行教学。让学生建立溜索的直观印象，引出海上溜索的概念、分类、重要性、相关的技术及要求。

（2）学习体验

通过讲解示范，让学生对徒手溜索的三个步骤"挂绳—移动—借力"的技术要领进行学习和体验。

（3）分享交流

让学生从"技能掌握""勇于挑战""意志品质""体能分配"等方面来进行分享交流。

学生课前观看微视频，学习兴趣高，自主性强，自由度大，体现了个体差异性。结合课堂学习形式的预告让学生带着个体的思考走入课堂，使得课堂学习深度得以拓展。

四、"翻转课堂"具体实施

（一）设计思路

按照课堂学习形式预告，"海上溜索"课堂学习主要分四个环节。先进行课堂检测，让每位学生在小组里进行交流，创设溜索的各种情景及海上溜索特点用途，从而讨论和选择海上溜索的器械。然后，按平溜和陡溜两种形式为任务，以小组为单位开展讨论与操作，设计"海上溜索"的索道并完成搭建。接着，模拟海上情景，小组开展"海上溜索"3 种技能的学习和操作。最后，每小组按分配展示不同的溜索技能，其他小组进行评价、提问或者质疑，这是要求学生分析、综合梳理探究成果，分享经验，取得成就感的重要环节。

（二）教学过程

1. 课堂检测和准备活动

本课属于体育类活动课程，要符合"安全第一、健康第一"的基本原则。因此，团队讨论本课的"安全三要素""安全三阶段"，自然引出学生对溜索和海上溜索的理解，练习前的热身活动、安全把控、能够独立选择本课所需要的器械和相关的技能，尤其是器械的使用和绳结技能的运用。

这一环节要求每位学生都必须在小组里进行交流和讨论，并选派一名队员进行全班汇报。汇报完成后,全体以小组为单位进行相应的准备活动和专项热身、器械的正确选取。

2.索道的设计与搭建

根据溜索的位置类别:平溜和陡溜,让小组进行抽签进行索道的设计与搭建的讨论,要求在白板纸上画出设计的简易图和操作的流程。特别是对器械组合而成的"收紧系统"既要有直观认识,又要知道组合使用原理。

小组操作练习:根据设计图和操作流程自我摸索,允许失败,并不断地修正设计。教师要关注学生是否合理规范地使用器械。

索道展示与汇报:学生展示设计图和操作流程,并检查索道的拉紧程度和引发其他小组成员的质疑和借鉴。

3.海上溜索的教学练习

根据操作技能由易到难、由简到繁、循序渐进的原则,根据制定的"徒手溜索""保护溜索"和"借助漂浮工具溜索"三部曲让学生分别进行讨论,回顾教学视频中的技能动作要领和操作方法,并导出保护帮助的动作要求。

学生分小组进行练习:每位学生依次完成徒手溜索,体验这种溜索手脚异侧移动"累、吃力、容易掉落"等对身体素质要求高、危险系数大的感觉;继而引出"保护溜索"的必要性和进行练习;最后是借助水上浮具轻松溜索的体验。使学生深度感受到从蛮力困难至专业轻松,从危险到安全的整个练习过程。

保护与监控:提醒学生要按照讨论的进行合理保护,主要是溜前和溜后身体的协助控制;对安全带与主锁的正确科学使用、溜索的全程安全监控。

4.展示评价与分享交流

以小组形式对三种溜索方式分别按照操作流程进行展示;展示的同时,同步进行解说并说明优点在哪里。

展示和解说完成后,引导其他组学生进行提问和质疑,并进行打分评价。

分享交流:让学生围绕海上大风大浪实景、紧急逃生、器械不全等情况下进行溜索来讨论,结合本课的教学体验展开分享。如海上溜索技能的熟练掌握程度、克服海上恐惧敢于挑战的心理承受能力、体力不支的现状等。

课后要求:让学生明确"自身掌握技能"是紧急逃生的核心,要去挑战并熟练之;同时引导学生课后进行锻炼以增强体力。

五、取得成效分析与体会

(一)创设情景化教学,增强实践体验感

本课程遵循"教育即生活"的理念,以学生的实践活动为主要途径,拓展课程教学的时空环境,让学生体会到心理愉悦感和学习成效。本课中,我们将海上实践活动作为"引子"实操案例,让学生形成身临其境的感觉,从而对动作技能有直观的了解和认识;在体验练习过程中,设置真实的水环境,模拟海上情景,让学生在体验互动过程中掌握动作要领。

（二）以项目为导向，促进自主学习

在教学实践中，让学生经历"自主探索—自我分析—体验完善"的自主学习过程，强化过程意识。本课中，我们通过完成课前学习的任务，产生任务驱动，对整个海上溜索的学习过程有所了解和认识。课堂中，设置相应的项目情景任务，让学生自主体验、自主调整、自主完善；而且整堂课师生之间、生生之间的交往互动一直处于高频。教师有的放矢地引导并保证安全；学生自由讨论，在思想的碰撞中交往互动，达成共识，共同发展。

（三）有效评价，提升课程品质

本课程注重作为参与者的学生在评估中的权利和参与机会，更注重形成性评价，倡导"让学生去经历"。课中既关注学生知识与技能的理解和掌握（如设计与搭建索道、海上溜索的技能操作等），更关注他们情感与态度的形成和发展（如是否积极主动地参与设计过程和学习活动，能否服从团队或尊重他人找到有效解决问题的方法等）；既关注学生项目完成的学习结果（如验证索道符合练习的要求等），更关注他们在学习过程中的变化和发展，不断激励学生的学习热情，保持和提升学习动力。

作者简介

傅纪良，教授，体育人文社会学硕士，浙江省教坛新秀、浙江省"151人才工程"第三层次、校级教学名师，曾获浙江省教学成果一等奖、"十二五"国家级规划教材、浙江省高校首届微课比赛一等奖等。主讲的海岛野外生存课程，每年教学质量评估都保持"优秀"，受到学生的"秒杀"抢课，得到中央电视台、《中国教育报》、《环球日报》(英文版)等主流媒体报道。2017年又应邀担任"CCTV10"《地理·中国》栏目的海洋体育专家。

"翻转课堂"
示范性
教学视频

"造型设计基础"课程"翻转课堂"教学改革实践

陈国东　傅桂涛　潘　荣　陈思宇　王　军

浙江农林大学工程学院

一、课程基本情况

"造型设计基础"为工业设计专业基础必修课,48 学时,2 学分,是联系基础课和专业课的桥梁。通过探讨产品造型的设计原理,学生应具备基本的造型鉴赏和设计能力,建立产品造型设计的系统观,能针对性地进行造型塑造。

课程面向二年级学生开设,使用教材为自编的《产品形态设计》(中国水利水电出版社 2013 年出版)。在省、校两级多个课堂教改项目支持下,依托本校教务处在线教育平台,"造型设计基础"课程已开展 3 轮"翻转课堂"教学实践,共计 128 学时。

二、教学改革背景与思路

(一)教学改革背景

虽然"造型设计基础"课程教学日趋完善,但从长远发展角度来看,还存在一些问题,具体表现如下。

1. 教学模式需要创新发展

课程教学模式遵循"讲概念—案例讲解—练习—教师评价"的方式,重演示现象与知识传授,轻揭示过程和能力培养,学生个性得不到发展,创新潜能得不到挖掘,不利于学生灵活掌握造型设计知识。

2. 课堂互动单一,氛围需要加强

课堂教学中强调教师的"教"和学生"接受",学生主体地位不明显,师生之间、生生之间、师生与教学资源之间互动单一,导致学生学习的自主性与积极性不高,课堂氛围一般。

3. 课程内容教学体系有待优化

当前的课程教学偏重于造型设计理性知识方面,而对感性知识方面缺乏系统的研究,使得学生运用课程知识解决专业问题能力弱,综合创意能力一般。

"翻转课堂"教学模式由美国化学教师乔纳森·伯尔曼和亚伦·萨姆斯于 2007 年创立,

近年来引起众多学者的重视,相关学者在"翻转课堂"的内涵与特点、案例分析、教学流程与设计等方面都进行了大量研究,并应用在小学、中学和大学等层次教育中,取得了一定的成效,值得学习和借鉴。

"翻转课堂"教学模式下,学生在课前自主学习教师提供的教学资源,完成知识的"信息传递";教师在课中组织学生讨论、答疑和实践,完成知识的"吸收内化"。通过"翻转课堂"教学模式,教师可引导学生进行针对性的深入讨论,翻转学生的学习习惯,更加有效地利用课堂时间,进而激发学生的兴趣,促进学生协作与师生互动。

因此,将"翻转课堂"教学模式引入"造型设计基础"教学中,对改变学生学习态度、提高学生学习积极性、提升学生综合知识水平和造型设计能力具有重要作用。

(二)教学改革思路

1.进一步明确课程知识内容体系

首先梳理分析课程在专业中的定位、理性与感性的知识体系,重点分析感性知识构成;然后结合课程学时与现有课程安排,对原先综合主题模块单元进行改革,代之以融入感性知识的综合课题教学内容。

2."造型感性知识"的"翻转课堂"构建

首先重点研究翻转过程中学生学习过程结构和教师教学过程结构,课内与课外教学内容的设置方式、教学内容呈现形式与时间分配,翻转后的前后内容衔接等;然后探索设计案例法、情境法、观摩模仿法、实践互动法等教学方法在翻转教学过程中的运用,以增进课堂教学氛围与效果。

3.教学实践

基于上述研究,展开教学实践,通过每一轮的实践不断改进造型感性知识"翻转课堂"教学模式。

三、"翻转课堂"教学设计

(一)总体设计

造型感性知识"翻转课堂"教学是以一个综合主题设计的方式进行,综合主题下面又划分为多个子主题,最终形式是设计出符合感性需求的产品造型方案。在进行教学总体设计时,我们从确立教学目标、划分子主题内容、安排各子主题的翻转内容、设定课时分配、拟定教学方法和教学活动等方面展开,方案如表1所示。

表 1 "造型感性知识"的"翻转课堂"总体设计方案

	时间	主题内容	学时	主要教学活动	主要教学方法	互动主体
造型感性知识吸收↓抽取转化↓设计符合感性认知需求的产品造型方案	课前	造型感性知识	1	学习造型感性知识构成	案例法 情境法 互动讨论	学生—学生 学生—教师
	课中		1	讨论造型感性知识内涵、定义、特征		
	课前	感性产品选题	2	学生学习感性产品选择流程与方法	案例法 实地调研 互动讨论	学生—小组—教师—社会环境
	课中		6	讨论吸收流程与方法,小组协作		
	课前	感性概念产生	2	学习感性概念获取筛选方法	情境 观摩模仿 互动讨论 实践训练	学生—小组—教师—受访者
	课中		6	讨论吸收感性概念产生方法,小组协作实践		
	课前	感性概念外显	1	学习感性概念图示外显方法,小组收集整理感性素材	案例法 互动讨论 实践训练	学生—小组—教师
	课中		1	小组讨论吸收并实践图示外显方法		
	课前	产品感性造型设计	6	感性造型设计流程与方法	观摩模仿 互动讨论 实践训练	学生—小组—教师
	课中		8	讨论掌握感性造型设计流程方法,独立设计,小组协作完成设计方案,展示成果		

根据总体设计方案,我们设计了"造型感性知识"的"翻转课堂"教学模型,如图 1 所示。

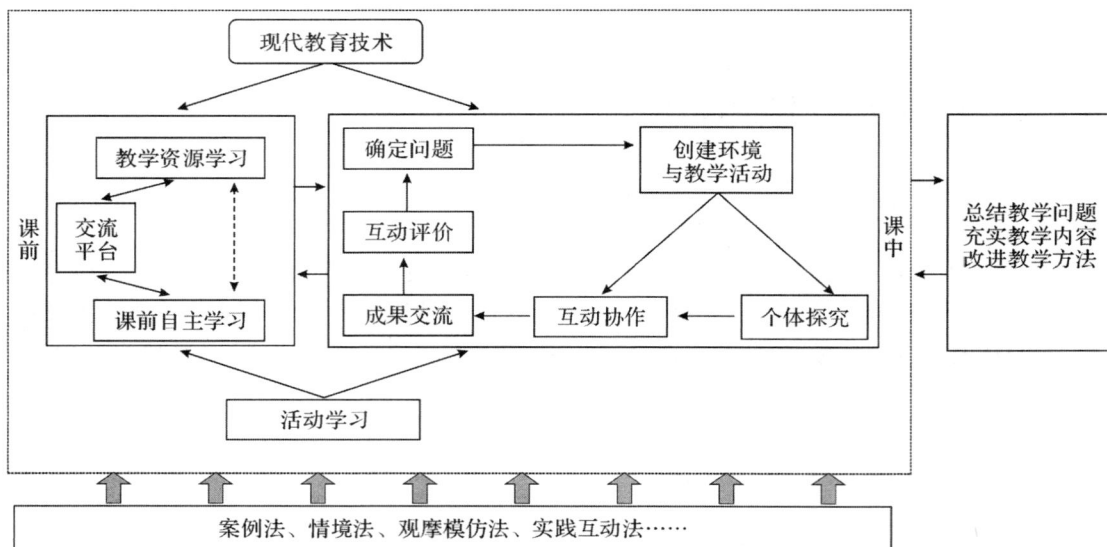

图 1 "造型感性知识"的"翻转课堂"基本模型设计

课前环节。教师需要明确教学目标,确定主题知识点,然后收集整理教学素材,综合利用文稿演示、动画展示、视频演示等手段将教学内容形象地表现出来,并按照教学顺序制作成课件,随后通过网络平台传递给学生。学生根据要求进行课前学习,辅以课题任务训练,并将问题记录下来以便后续讨论。

课中环节。教师通过不同教学方法展开教学活动,创设有益于学生解决问题和完成课题任务的教学环境。学生则在相应的教学情境中,经过独立探索、协作学习之后,完成个人或者小组的作业,并根据不同课题要求进行互动交流。在成果交流的同时,个体、小组、教师对成果进行互动评价,加强学生的知识吸收。

课后环节。教师总结教学问题、充实教学内容、改进教学方法,为下一轮教学做准备。学生根据课中环节的任务完成情况,优化课题任务成果。

(二)具体设计——以感性概念外显为例

具体教学设计如表 2 所示。

表 2 "感性概念外显"一节的具体教学设计

课程名称	造型设计基础	教学内容	感性概念外显
该内容总学时	2	翻转学时	1

一、学习内容分析

感性概念外显主题内容是"造型感性知识"综合教学一章中的重要环节,其承接第三节"感性概念产生"课程,同时又是后续第五节具体"造型感性设计"课程的创意出发点,即讨论感性概念产生与感性概念外显的关系,感性概念外显的流程与方法,加深对造型感性概念的认知
教学重点、难点:基于氛围图版感性概念外显的学习与制作

二、学习目标分析

1.通过学习,正确认识感性概念外显的内涵与特点
2.能从产品造型感性认知与设计的全过程角度理解感性概念外显的作用
3.通过合理的教学安排增强学生探索造型感性认知的积极主动性
4.通过课堂实践操作以及学生对问题的反馈,检验是否达到感性概念的外显效果

三、学习者特征分析

基本特征:学生在课前通过教师的教学资源对学习内容进行了解,完成收集感性素材任务,并把学习过程中的疑问记录下来
可能出现的问题:1.自主学习过程中,可能会忽略一些重要的细节 2.对氛围图版的理解可能不是很透彻

四、课前任务设计

1.教师准备教学资源上传到在线教育平台,并设定作业要求
2.学生自主学习基于氛围图版的感性概念外显方法
3.学生根据作业要求,完成课前收集感性素材图片的任务

五、课上任务设计

1.以小组为单位提出学习过程中的问题,共性问题面向全班一起解答,个性问题面向小组分别指导
2.各小组根据本组前期设定的感性概念,小组成员讨论筛选图片素材,制作氛围图版
3.从色彩、质感和形状三个方面分析生成的氛围图版的特点
4.小组代表展示制作成果,大家取长补短,评价并进一步优化氛围图版

续　表

六、教学设计反思
根据实际教学过程的反馈总结经验和教训,在今后的课程中要继承和发扬课程教学过程中的优点,同时针对出现的问题,如一些学生可能课前没做功课、课中过程中研讨不顺利等,要及时地分析归纳原因,寻找解决方案,从而进一步提升课堂教学效果

四、"翻转课堂"具体实施

(一)感性产品选题

要求:调查分析生活中的产品。

阶段成果:明确课题所要设计的产品选题。

在学生课前学习基础上,课堂中先讨论学生问题,并适时导入课题基本要求。接下来4～6个学生组成小组,走出教室进行调查,调查方法主要是观察产品售卖与使用情况,并记录下来。在调查的基础上,大家回到教室,由小组讨论选择2～3个产品和目标人群,然后同教师讨论并最终选择一类产品和用户人群,完成选题。

(二)感性概念产生

要求:通过口语访谈实地调查目标用户对产品的感性需求概念。

阶段成果:解析出用户的产品感性概念。

在课前学习的基础上,教师在课堂上采用情景模拟的方式,结合以往案例强化学生对口语访谈的理解。接下来各组根据产品选题设定口语访谈的调查形式、成员分工情况等具体方案。为符合教学时间安排,在这一阶段我们要求每组学生调研人数为5～10人,每次大约30分钟。然后各小组就依据选定的产品与目标人群赴实地具体调研。调查完后集中到教室里,对口语访谈调查的内容进行讨论和分析,找出感性概念,如有小组针对音箱和在校女生提炼出"可爱"感性需求。

(三)感性概念外显

要求:课前收集大量产品图片,课中研讨筛选符合感性概念的图片并分析。

阶段成果:制作生成与分析产品造型感性概念氛围图版。

首先,课前学生学习氛围图版方法,收集各类产品的清晰图片作为感性概念外显的初期样本。其次,各组内部讨论,依次决定每张产品图片是否符合感性概念,如果认为某一图片符合就将该图保留,反之剔除。各组在生成氛围图版后,还要进一步从色彩、质感和形状三个方面分析生成的氛围图版的特点。最终,完成本组感性概念的外显。每组至少要带一台笔记本电脑,研讨形式以小组内部自主讨论为主,教师引导为辅。

(四)产品造型感性设计

要求:通过手绘、互动研讨、电脑软件等方式推进造型方案。

阶段成果:表达符合感性概念的产品造型感性方案。

首先,课前学习感性设计的流程和方法,而课堂中每位学生以本组氛围图版为感性方案的创意原点,参考学习这些图片中造型元素,进行发散性设计,每位同学至少要出 20 个初步设计方案。其次,初步设计方案完成后,组内研讨为每位成员筛选出比较匹配感性概念需求的方案,然后每位学生将各自的优选方案再次细化,教师要适时参与每组的研讨。接下来,经讨论纸面方案细化确认后,学生开始进行三维建模和效果渲染,教师要适时地指导和演示模型及渲染效果的优化。

五、取得成效分析与体会

(一)取得的成效分析

相比较之前的课程体系与教学模式,经过几轮的教学改革实践,学生的综合造型设计能力都有明显提升,主要表现为:

(1)学生反馈方面,通过对往届实施教学改革之前的学生反馈与实施教学改革之后的学生反馈对比分析,实施教改后的学生对课程的教学满意度明显提高,教学改革提高了学生课堂学习的积极性和主动性。

(2)学生作业方面,实施"翻转课堂"教学改革后学生的综合设计创意能力明显提升,设计作品质量明显提高,以此为依托,一些学生获得了浙江省大学生工业设计大赛、中国创意林业产品大赛、中国玩具和婴童用品创意设计大赛等大赛的多个奖项,两组同学分别获得全国大学生创新项目和浙江省新苗人才计划项目的支持。

(3)项目的有序实施也得到了专业教师的肯定,推动了相关课程的发展,相关教学模式与方法已在"产品设计Ⅰ""模型制作Ⅱ"等课程中推广实施。

(4)在本项目及相关教改项目顺利实施与努力下,本专业"竹木特色多元联动工业设计专业人才培养的探索与实践"成果获 2016 年校级教学成果二等奖。

(二)体会

(1)基于理性知识与感性知识的教学体系研究,让我们在课程教学过程中更清晰地针对各阶段内容重点展开教学设计。

(2)设计类的课程,当面研讨是非常有效的问题解决方式,"翻转课堂"的实施使师生在课堂中有更多的时间解决具体问题。同时,这也为个性化的教学提供了一种新的教学视角。

(3)"翻转课堂"是一种理念和想法,需要具体结合课程实际展开。并且单纯的课程内容翻转作用是有限的,需要更多地借助现代技术和设计适合课程的教学方法才能更好地发挥"翻转课堂"的优势。

(4)分组合作学习是我们实施"翻转课堂"主要的学习组织形式,师生互动、生生互动对课堂教学起到了很大的推动作用,也有助于形成良好的课堂教学氛围。

(5)在小组协作的组织形式中,我们发现有个别同学偷懒,寻找合适的方法与措施激励全组同学协同学习,是今后我们课堂教学特别需要关注的。

作者简介

"翻转课堂"
示范性
教学视频

陈国东,硕士,讲师,2010 年毕业于浙江大学。一直从事工业设计教学与研究工作,分别主持和参与省级课堂教改项目各 1 项,主持校级教改项目 3 项,参与校教改项目 5 项,主编教材 1 部,发表教改论文 8 篇,其中核心期刊 1 篇。指导学生获各类设计竞赛奖项数十项,指导学生完成全国大学生创新项目 2 项,省新苗人才计划 1 项。依托近年来的教学实践研究,作为主要参与人获 2013 年校级人才培养质量年优秀基层教学组织和 2016 年校级教学成果二等奖。

基于"翻转课堂"理念的"大学英语"教学改革与实践

陈艳君　郑　榕　冯　锦
浙江农林大学外国语学院

一、课程基本情况

"大学英语"是一门公共基础课程,"翻转课堂"教学实践主要在"大学英语"基础段(大学英语 I、大学英语 II)中开展,共 8 个学分,分 2 个学期进行。目前已分别在 2014、2015、2016 级学生中开展了 3 轮"翻转课堂"教学实践,约 384 学时,面向专业包括:林学、生物技术、人文地理与城乡规划、风景园林、工商管理、国际经济与贸易、法学等。每个教学班学生规模在 60 人左右,使用教材为《新编大学英语(第二版)》(外语教学与研究出版社 2006 年出版)、《新视野大学英语(第二版)》(外语教学与研究出版社 2011 年出版),线上学习主要依托浙江农林大学蓝鸽语言学习平台。

二、教学改革背景与思路

(一)教学改革背景

随着信息网络技术的发展,"翻转课堂"、MOOC 等基于现代教育技术的教学模式受到越来越多的关注。这一数字信息时代的新型教育范式,利用现代网络技术,改变了传统课堂的教学流程,为学生提供了更加多元化的学习条件与自主学习环境,也为推动高等教育教学改革,开辟了新方向。

在此背景下,"大学英语"作为一门公共基础课程,也面临着新的改革需求:(1)高等教育招生规模持续增长,不同程度上影响了大学生源质量,不同学科、不同层次学生对英语学习的需求呈现多元化趋势。(2)学生可通过不同信息渠道获取英语学习资源,但往往因信息庞杂而无所适从,自主学习需要必要引导。(3)"培养学生的英语应用能力""提供优质外语教育"是当前深化"大学英语"教学改革的重要目标,然而目前"重语言知识传授、轻应用能力培养"的教学观念依然存在。观念与教学重心的转变势在必行。

满足多元化学习需要、培养自主学习能力、提供优质教育,这些改革需求与"翻转课堂"倡导的理念高度契合。因此,教学团队在本校"大学英语"课程基础阶段开展了基于"翻转课堂"理念的教学改革实践。

(二)教学改革思路

结合学校实际情况,教学团队从"翻转课堂"教学理念出发,拟定了如下改革思路(见图1)。

首先,团队对"大学英语I、II"的课程教学内容与学习资源进行重新整合,制作单元学习指南与微课视频等教学资源;其次,对教学设计进行重新架构。改变传统英语课堂"先教后练"的教学方式,依托网络学习平台进行线上自学,以多元评价为手段,开展"先学后教、讨论演练"的互动合作式教学。把课堂还给学生,以语言应用为教学核心,以语言内化为教学目的,充分调动学生的学习主动性,有效提升课堂教学效果。最后,在"翻转课堂"教学实践基础之上进行教学反思,为进一步完善课程资源与教学设计、开展新一轮"翻转课堂"教学实践提供经验借鉴。

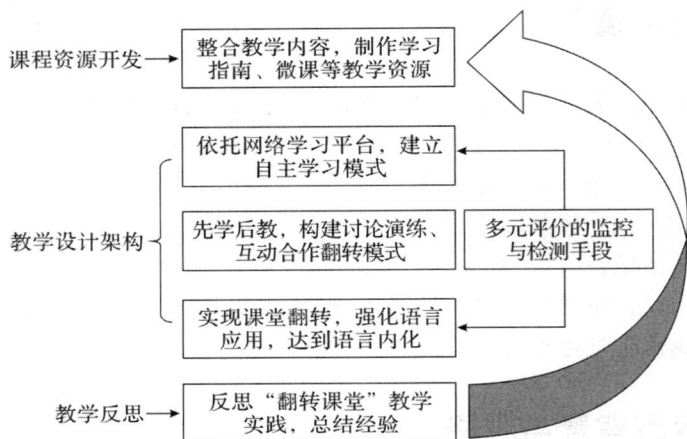

图1 "大学英语"课程的"翻转课堂"教学改革思路

三、"翻转课堂"教学设计

(一)总体设计

教学团队经过认真分析与讨论,将"翻转课堂"总体设计为"三个阶段、一项保障"的教学模式(见图2)。

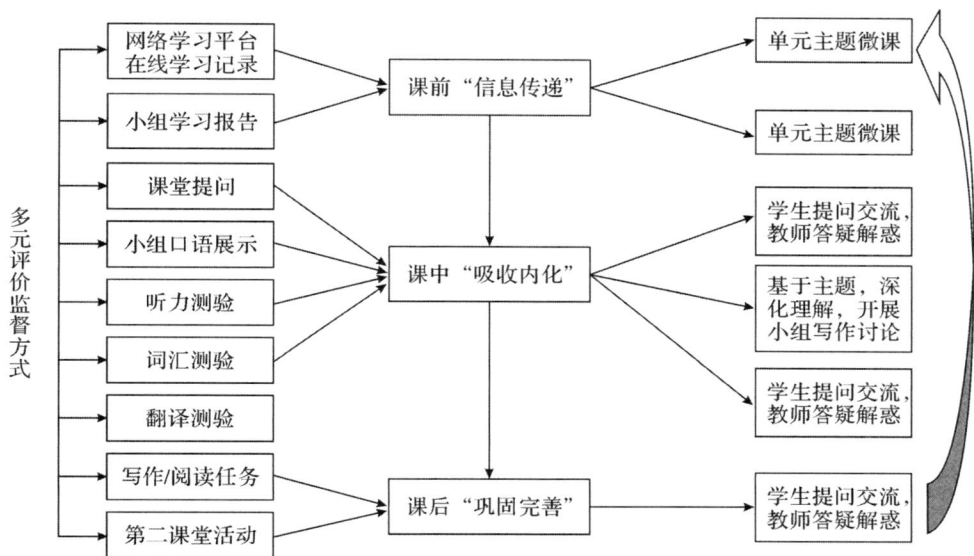

图 2 "翻转课堂"教学模式

1. 课前学习——"信息传递"阶段

（1）教师对教学内容进行重新整合，制作单元自主学习指南或微课视频，提供针对性的在线学习资源，布置学习任务。

（2）学生根据教师布置的任务在学习过程中记录遇到的难点，通过小组协作学习或网络平台等方式探讨疑难，与教师交流，协作准备小组汇报或口语展示。

2. 课中活动——"吸收内化"阶段

（1）学生进行小组讨论，交流课前学习结果，并提出存在的困惑，师生共同探讨。教师就学生提出的普遍性问题进行集中解答。

（2）基于学生课前学习情况，进一步布置话题讨论、随堂练习等任务，学生协作完成学习任务。

（3）进行词汇、难句、课文篇章理解等方面的测试，进一步了解学生对知识的掌握程度。

3. 课后复习——"巩固完善"阶段

学生进一步复习巩固，完成语言任务，教师反思教学过程，进一步完善教学设计。

4. "多元化"评价方式的构建——有效学习的保障

在"翻转课堂"教学模式下，为保证学生课外、课内学习达到预期效果，教学团队建立了多元化的评价考核体系，主要包括以下几个方面。

（1）学生"课外"学习情况（含网络学习平台在线学习时间、练习完成情况等相关数据记录）。

（2）学生"课内"活动情况（含学生小组学习汇报和口语展示情况）以及课堂测试情况（含词汇、听力、翻译等不同类型测试成绩）。

（3）课后读写任务完成情况以及参与第二课堂活动与竞赛情况等。

(二)具体案例

教学团队以非英语专业大学一年级新生作为教学对象,以《新视野大学英语》第一册第一单元(Unit One Fresh Start)2个学时(90分钟)的课堂设计为例,开展如下"翻转课堂"教学实践。

1. 课前"信息传递"

(1)课前发布本单元学习指南,包括文章结构以及文章各个段落语言点的预习任务,要求学生在课前按照学习指南完成"Section A Toward a brighter future for all"文章结构与词汇学习的自学任务,并记录学习难点。

(2)通过网络平台学生预习的信息反馈,教师设定课堂教学4项教学目标:

① 通过对课前预习内容的讨论答疑,理解文章结构,巩固语言要点。

② 通过对文章结构的讨论与解析,熟悉英语演讲语篇的特点与写作技巧。

③ 通过对文章典型段落的讨论分析,掌握推论式段落写作技能。

④ 通过课堂语言操练与检测,灵活运用课文重点句型与核心词汇。

2. 课中"吸收内化"

(1)在课堂上,学生以小组为单位,提出篇章内容理解以及语言点学习的问题,教师进行统一解答。通过小组讨论与教师答疑解惑,为知识进一步内化吸收奠定基础,从而达成第1项教学目标。(15分钟)

(2)本单元是一篇"大学校长对新生的开学演讲",基于学生对该篇章的理解,教师引导学生对语篇的开头与结尾进行演讲语篇写作特点的分析与讨论,并通过补充其他典型的演讲开篇文本及结尾视频片段,组织学生通过小组讨论,总结演讲开篇与结尾的特点与写作技巧(如以个人经历、名句、排比、提问方式开篇,以号召行动、强调重点、首尾呼应结尾等),以达到第2项教学目标。(20分钟)

(3)引导学生对文章主体段落进行进一步分析讨论。教师以文中第4段为例,指出段落写作的典型特点之一:即先由"主题句"点明段落主旨;再由若干细节紧随其后,对主题句进行解释或拓展;最后以一句话总结前文内容或引发读者进一步思考。学生以小组为单位,讨论分析文章中其他段落的写作思路,找出各段"主题句→细节→总结"部分。(10分钟)

(4)基于"主题句→细节→总结"段落模式,教师以"How to succeed in college(如何在大学中获得成功)"为题,给出段落写作主题句"There are three things you can do to succeed in college",并给出3个关键提示词组"pursuing passions""seizing opportunities""taking responsibilities",组织学生以小组为单位,分别围绕3个关键词,讨论"大学生活中应培养哪些兴趣""大学生活要把握什么机遇""大学生需承担什么责任",激发学生以自身生活体验,围绕3个方面展开讨论,然后结合总结句型,由学生合作完成1个完整段落。最后,教师总结给出示范段落,供学生参考。通过以上第3、4步的教学设计,完成第3项教学目标。(20分钟)

(5)引导学生发现课文中出现的常用句子结构和核心词组搭配,并通过仿写练习,进行句子写作的语言操练;然后教师以1篇由核心词汇与句子结构构成的语篇,对学生进行翻译测试,检测学生对主题核心词汇与句子结构的掌握程度,实现第4项教学目标。(22分钟)

3. 课后"巩固完善"

布置课后线上学习任务:要求学生以教师发布的微课"A New Journey——the First Day on Campus"为参考,完成本课核心词汇串讲故事的口语训练任务,准备下堂课要进行的口语展示,进一步巩固所学内容。(3分钟)

四、"翻转课堂"具体实施

第1阶段(2014年10月—2015年6月):本阶段为教学改革筹划及试点启动阶段。教学团队在2014级新生的2个班级:经管创新141班、林学142和生物技术142合班启动了改革试点工作,进行重新建构学生学习流程的尝试。学生基本能按预期在课前进行"信息传递"——初步完成知识的接受、理解过程,并在课堂上通过互动来完成"吸收内化"——进一步完成知识的消化、吸收过程,做到"先学后练",实现课堂翻转。

第2阶段(2015年6月—2016年12月):本阶段为更新教学理念、扩大改革范围阶段。教学团队在第1轮改革试点的基础上总结经验,丰富教学资源,更加有效地转换师生角色,并在2015级资源环境与城乡规划管理、风景园林、法学等专业的新生中继续扩大改革范围。

第3阶段(2017年1月至今):本阶段为改革的辐射推广、资源整理共享阶段。前两阶段的"翻转课堂"改革实践,为改革的辐射与推广积累了较为丰富的经验与课程资源(如学习指南、微课视频等)。目前我校"大学英语"课程基础阶段的教学班级,都在着手开展以"翻转课堂"为理念的教学改革与实践活动。

五、取得成效分析与体会

"翻转课堂"实施3年来,"大学英语"教学取得明显成效,主要体现在以下3个方面。

(1)教学质量提升、课堂满意度高。教学团队教师所有试点班级的大学英语四级一次性通过率平均为91.6%,远远超过全年级3年来四级平均一次性通过率72.8%。对参与"翻转课堂"实践的505名学生抽样调查显示:学生对于"先学后练""以学生为主体"的"翻转课堂"教学模式总体满意度达到90.0%。

(2)"大学英语"基础课程建设得以进一步丰富完善。在教学内容上,课程内容通过教学设计得以重新整合,并进一步修订了新的课程教学大纲;在教学模式上,改变"先教后学、巩固操练"的传统课堂教学模式,实行"先学后教、演练展示"的"翻转课堂"教学模式,实施有效教学;在课程资源建设上,制作了文化背景知识、语法知识、课文长难句讲解等微课资源31个,单元自主学习指南17个。

(3)教师更新教学理念,促进自身发展。团队教师参加校内外有关"翻转课堂"教学研讨会议数十次,指导学生获得各级各类奖项25人次,获得校级教学成果奖二等奖1项,获得各类教学比赛与个人荣誉6项,实现了教学相长的效果。

"翻转课堂"教学模式实施以来,团队教师普遍感受到:这一教学模式把课堂内的宝贵时间还给学生,使学生能够更专注于主动学习、解决学习中面临的问题。教师不再占用课堂时间讲授语言知识,而用更多时间与学生交流,使课堂教学效率得到提升,增加了课堂有效互动。同时,在改革实施过程中,我们也看到了自身的一些不足:如对学生课前自主学习任务的设计,曾出现任务量过大而影响课堂教学效果的状况;另外,在网络平台使用方面,也曾因平台接入限制的问题一定程度上影响了在线资源使用。这些都需要教学团队在今后进一步改进。只有不断发现并解决实践中产生的问题,才能更好地实现平台、教师、学习者和学习资源的密切联动,推进"翻转课堂"的深入开展。

作者简介

"翻转课堂"
示范性
教学视频

陈艳君,女,浙江农林大学外国语学院教师,曾获得第二届浙江省高校外语微课大赛本科英语组一等奖,外研社"教学之星"大赛复赛一等奖,校级、院级青年教师教学技能比赛奖项数次,校级"我心目中的好老师"提名奖。

郑榕,女,浙江农林大学外国语学院教师,曾获得2015年外研社"教学之星"大赛全国总决赛一等奖。

冯锦,女,浙江农林大学外国语学院教师,副教授,曾4次获评省、市级优秀教师;获得校级教学成果二等奖一项(排名第二)。

基于 MOOC 课程"江南古镇与水乡文化"的"翻转课堂"教学探索

陈国灿　陈彩云　郑微微　王　涛

浙江师范大学中国历史研究所

一、课程基本情况

在"十三五"规划中,浙江师范大学确立"人文特色、师范品牌"的发展定位,以江南文化传播、浙学研究作为人文社科研究的优势品牌领域,服务中华文化复兴的国家战略需求,以陈国灿为代表的本校学者在该领域取得了一大批有国内外重大影响力的研究成果,同时积极思考如何及时把丰富成熟的研究成果、国内外学术动态和研究方法融入教材,融入课堂、融入学生实践活动中,使之成为优质的教学课程资源。

而 MOOC 这一革命性的教育理念席卷我国高等教育,为上述思考实现的可能性提供了更好的机遇。MOOC 这一教学模式依托于互联网为知识和信息传播提供的强有力的工具,促进了世界范围内知识内容的分享,为不同学科的教和学创造了大量的机会。MOOC 的革命性在于打破原有的教育体系和组织结构,为高校进行教学改革提供了优质的教育平台。

基于深入的专业思考和新的教育理念的创新应用的背景,"江南古镇与水乡文化"这门课程经过周密计划筹建完成。课程系统化重构模块化"江南文化"课程体系,以 MOOC"互联网"思维连通历史、地理、学术、文学、文献、艺术等诸领域,有效建构多种学术资源互动、互补,积极适应当代大学生对江南文化通识课程的精神需求。

二、教学改革背景与思路

(一)教学改革背景

"江南古镇与水乡文化"为面向所有专业大一学生开设的公选课,每个学期开设 4 个班级,班级规模 40 人左右。目前课程已经运行到第三个周期。课程每三周发布一讲,共 5 讲,45 小节,课程共持续 15 周。

这门课程从古镇的视角出发,以古今结合的方式解读江南地区丰富多彩而又别具特色的水乡文化。课程对古镇的水乡文化既有较为系统和完整的勾画,又突出古镇水乡的特色内容和特点;既有重点名镇的细致梳理,也有江南水乡古镇的整体阐述;既有优美简练的文字,也有精选的高清、唯美插图。

从教学方法和教学管理上说,该课程采取线上线下结合的方式。在线学习主要是依托于 MOOC 平台提供的各种服务。学生在线观看对应的教学视频后,根据教材内容和视频在线完成作业。同时教师可以进行网上作业在线批改,建立起基于移动互联网技术的在线多元化学习评价体系。学生可在讨论区发帖咨询教师和同学,教师可以在线反馈答疑,也可以在互动专区发起讨论。为激励学生积极参与,将讨论区发帖和精品笔记作为教学评价的重要依据。"翻转课堂"则在线上学习完相关章节后进行,共两次,一次 90 分钟。

(二)教学改革思路

"江南古镇与水乡文化"这门课程,线上教学内容丰富,易于引起学生探究兴趣,而教师团队又有强大的专业指导能力,把线上 MOOC 资源的优势与线下"翻转课堂"的优势结合起来,让学生在课堂外部完成基础知识学习,回到课堂提炼升华。将传统的"教—学"模式翻转为"学—教"模式,让学生成为课堂教学的主体。

三、"翻转课堂"教学设计

(一)教学设计基本原则

MOOC"翻转课堂"与普通视频"翻转课堂"有所区别,普通视频"翻转课堂"不具备 MOOC 平台提供的拓展资料、交互平台等功能,因此线下成为主要的师生交流平台。MOOC 本身已经提供了较丰富的师生交流机会,因此线下"翻转课堂"应更有效利用课堂时间,解决线上讨论无法解决的问题和实现线上教学无法实现的教学效果。目前线上无法完成的重要教学内容和教学环节包括:学生合作学习、普遍难点问题解析、对话型探究讨论。因此在"翻转课堂"设计中,主要将重点放在这些内容的设计上。

(二)教学设计基本思路

首先,在学生线上充分学习、教师线上管理和线上过程性评价、师生线上充分讨论都已实现的情况下,任课教师依据线上学习情况,在"翻转课堂"中简明扼要地对重难点相关知识进行讲解。其次,结合课程目标与课程知识体系,提出一些有探究价值的问题或设计一些富有研究意义的议题。再次,教师创设问题情境,学生根据自己的兴趣爱好选择相应的探究问题。最后,学生根据议题或情境组建学习团队,成员进行分工协作,共同完成任务。

期间,学生遇到问题可以采用相互学习、共同研讨的方式解决,也可以与教师进行一对一或是一对多的交流,对于学生存在的共性问题,教师可以统一示范,集体解决。教师在回答学生问题并适当点拨理论知识的同时,不断引导学生思考更深层次的问题。最后教师对整个教学过程进行归纳、评价、总结,反馈问题至下一次教学设计中。

(三)实施过程

课程"翻转课堂"的具体实施包含三个环节,一是课前任务的布置,利用 MOOC 平台推送课堂任务,督促学生完成相关视频观看与测验。发布"翻转课堂"涉及的议题,督促学生完成指定拓展资料的阅读;二是课中"翻转课堂"内容的具体展开,包括知识讲授、小组讨论、角色表演和主题辩论等;三是对学生表现的过程性评价,并课后进行知识补救,如作业练习、拓展课堂资源等。

四、"翻转课堂"具体实施

下面以第一讲"江南水乡环境与古镇形态"、第二讲"江南古镇的水乡商贸文化"线上学习后的"翻转课堂"教学设计为例,具体说明。

(一)教学内容与学情分析

这两章内容一方面对江南古镇所依托的水环境、古镇的分布特征进行了概述,又介绍了江南古镇的商贸文化,重点对江南古镇最具特色的商贸街市、商贸路线进行了讲述。从讨论区学生询问的问题情况来看,学生对于这两章内容做到了基本的理解,并且表现出浓厚的兴趣。但是,由于学生来自于全国不同区域、不同生活背景,对水乡商业活动没有直观感受,因此很多同学不能理解商贸活动与水环境的关系,比如有同学就问道"对一河两岸商业分布不同的困惑,为什么有的市镇只在河流一边有市场,而另外一边没有市场",这其实反映了同学们限于认知、知识学习表面化、无法将知识进行有效串联的困境。

(二)探究专题设计

基于以上分析,设计一堂探究课程。设置的教学场景和问题是,"假如我是一位清代商人,要去古镇购货……"让学生从茶商、棉商、丝商、米商、布商等中选择角色,完成目标市镇选择、采购路线设计、路上景观、目标市镇环境与商贸特征等的探究。

(三)实施过程

课前任务:

(1)采用课堂移动教学助手督促学生观看 MOOC 视频和完成课中测验。

(2)推送课程任务,让学生对"翻转课堂"探究主题有清楚认识。

(3)利用 MOOC 平台已上传的拓展文献资源,让学生完成相关文献的阅读。本课中重点推荐学生阅读《浙江城镇发展史》(陈国灿)、《江南古镇》(阮仪三)中相关章节内容。

(4)发布"翻转课堂"涉及的环节,提醒同学选择好角色,为课堂分组做准备,并鼓励同学通过教学平台或 QQ 群提前进行讨论。

课中实施阶段:

(1)导入阶段——知识重难点解决过程同时完成角色分配(10 分钟)。

以学生反映知识重难点中部分问题作为引子,一边解答问题一边引出探究问题,引导学生做角色选择,一个角色为一个团队,团队内部进行任务细化分配,可以按照同一采购路线中的不同路段进行分配,也可以按照市场初高级分销结构进行分配。

(2)展开阶段——角色扮演汇报(50 分钟)。

学生讨论和准备后,分组进行角色扮演汇报展示。分成 5～6 个小组,每组 5～6 分钟时间。学生在汇报过程中,如遇到实在不能解决的问题,可以询问教师,但只有两次机会。学生准备时间短,可能会发生一些错误,每组表演完时,其他组同学有 1 分钟时间来进行评价,提出不合理之处。

(3)评价——教师评价(10 分钟)。

全部小组汇报表演完,教师对每一组同学的汇报进行评价,对其中暴露出来的知识盲点或错误进行修正和补充,并对其他小组评价内容进行评价。

(4)进一步探究阶段——对话教学(15 分钟)。

这一阶段学生可以针对教师的评价进行反馈,同时之前的过程可能已经促发他们对于另外一些问题的思考,在这里,学生可以直接询问教师,教师可以直接进行作答,学生也可以代替教师回答。教师要对学生提出的具有研究意义的问题作基础引导,以便学生课下进行相关课题论证和探索。

(5)课后作业布置与后续课程导入(5 分钟)。

教师在对翻转课堂内容进行总结后,需要对学生知识薄弱点进行巩固。这时需要告知学生相关巩固作业的发布时间和截止时间,并对将学知识内容与已完成课程之间关系进行知识链接,引导学生进入下一部分内容学习。

课后评价与反馈:

针对学生课堂表现进行教学评价和知识补救。主要是完成"翻转课堂"学生过程性评价,并发布相关测验的发布、批改,在此基础上,全面把握"翻转课堂"教学效果,总结经验教训。

五、取得成效分析与体会

基于 MOOC 线上学习进行的"翻转课堂"教学,能很好地弥补线上课程对话互动不足、教学反馈不及时、学生探究不足、无法进行因材施教等缺陷,很好地提高了学生的学习效率,优化了学习效果。通过"翻转课堂",学生不仅对视频课程中的重点、难点有了更加深刻的认识和掌握,而且通过把自己置身于历史场景中,对于知识的整体性的认识也得到了大大加强,学生开始将自己视为"局中人",就会对一些新的更深入的问题进行思考,而这些问题是学生探究历史的开始,也可能帮助他们开启历史研究之路。

在进行现有"翻转课堂"教学过程中,课题组不断总结已有经验,并计划进一步完善课程,进行更多历史场景模拟、历史论题辩论等的设计开发,而且依托于"翻转课堂"的经验总结,对线上课程进行进一步优化。另外,积极参与相关学术研讨,与高等教育界同仁一起学习和分享混合式教学经验。

总结"翻转课堂"教学,可以发现,课堂教学效果主要取决于几个因素:第一是强大的专业知识储备。任何"翻转课堂"的设计、实施过程中,都涉及对于知识的全面深刻的认识。能否良好地把握好课堂、能否进行有效的师生沟通、能否真正发挥学生主动性进行研究式探究,关键还在于教师的专业素养和知识储备。第二是创新意识。只有不断更新教学理念,适应"互联网+"时代的特点,才能更好地了解学生学习的时代需求,创建与时俱进的课堂教学。第三是充分认识学生为主体教师为主导的真正意义。以论题为导向,在一个论题的讨论过程中,不断引发新的问题,碰撞出思维火花,引发师生共同思考,真正实现教学相长的良性互动。

作者简介

陈国灿,四川大学研究生毕业,历史学博士。浙江师范大学中国历史研究所所长、浙江省社科重点研究基地"江南文化研究中心"首席专家、教授,浙江省新世纪"151"人才工程第一层次人才,浙江省优秀教师。主要从事中国城市史与城市化、江南历史与文化研究,所提出的中国东南沿海地区城市化历史道路和乡村城镇化模式理论,引起学界及相关部门的重视。主持多项国家和省部级科研项目,先后发表研究论文百余篇,出版著作近二十部。

"翻转课堂"
示范性
教学视频

解决真实的问题，实现教学的反哺

——"小学语文教学设计"课程"翻转课堂"教学案例

吕　映

杭州师范大学教育学院

一、课程基本情况

"小学语文教学设计"是《教师教育课程标准（试行）》中规定的小学职前教师教育主干课程，是国家级特色专业和浙江省优势专业小学教育专业的核心课程，是浙江省高等学校首批精品在线开放课程。

该课程在小学教育专业（本科）三年级春季开设，32 学时，2 学分，采用小班化教学，每班人数为 25～30 人。自 2014 年春季始，开展"翻转课堂"教学改革，至今已完成 3 轮实践。目前，课程主要依托浙江省高校精品在线开放课程共享平台运行，其中，"翻转课堂"学时数为 16 学时，占课程总学时数 1/2。

二、教学改革背景与思路

（一）教学改革背景

"小学语文教学设计"是与基础教育课程教学改革紧密相关的课程，要求学生掌握语文教学设计的基本原理、主要内容、策略和方法，并能运用于语文教学实践，初步形成语文教学设计、实施和评价能力。

但是，以往的教学中，由于教师对课程性质的错误定位，导致课堂教学沦为知识灌输，学习过程沦为死记硬背，学生既无法感受课程学习的价值，又不能形成问题解决的能力，产生厌学甚至恨学情绪，学习效果很不理想。针对上述问题，我们从 2013 年起开展课堂教学改革，构建"自主·合作·实践·探究"课程教学模式（浙江省高校课堂教学改革项目），并借助学校网络教学平台和浙江省高校精品在线开放课程共享平台尝试"翻转课堂"，取得了显著成效；与此同时，教学改革的思路也逐渐明晰。

（二）教学改革思路

1. 基于学情的教学设计

教学内容的改革，是教学改革的核心，是实现"教为中心"向"学为中心"转变的关键。

基于真实的学情(真实的学习需求、真实的学习能力等)来设计学习内容,是本课程教学改革的基本思路。课前,我们会发布学习任务卡,并提供匹配任务完成的学习资源,包括视频、课件、案例、文献等,指导学生开展自主学习,再搜集、分析、整理学习反馈情况,发现学生的已知与未知,尤其关注学生在学习过程中产生的真实问题,并基于学生的真实问题来设计课堂教学内容,使教学契合学生的需要,使"教"真正服务于"学"。

2.基于项目的协作学习

教学的根本目的不是掌握学科知识,而是能够综合应用知识解决实际问题。基于语文教学实践中可能遭遇的真实问题,我们精心设计学习项目。学习项目包括教材解读、观点报告、课题研究、教学实践四种类型,凸显挑战性、综合性、创新性三大特征。学生以学习小组为单位,基于项目开展协作学习,提交项目报告,展示交流学习成果,教师主动参与协作学习,并强化过程性指导和个性化学习评价。基于项目的协作学习,体现学为主体,培养学生发现问题、探究问题和解决问题的能力,并提升学生自主学习及与他人协作的能力。

3.基于体验的实践反哺

本课程学习者是小学教育专业师范生,是未来的小学语文教师。"翻转课堂"教学改革,能够使学生积累宝贵的学习体验,包括学习情境体验、学习策略体验、学习方式体验、学习评价体验等,并获得积极的情绪体验,感受学习过程的艰辛和享受学习成功的快乐。这样的学习体验和情绪体验将反哺师范生将来的教学实践,帮助他们从"学"的视角思考"教"的改进,提升教学实践能力,并有助于师范生感受职业快乐,树立职业愿景。

三、"翻转课堂"教学设计

(一)总体设计

基于真实的问题,二度"翻转课堂",这是教学设计的基本思路。真实的问题一是来源于学生,是学生在学习过程中生成的、发现的困惑和疑难;二是来源于实践,是学生在语文教学实践中需要面对的、解决的问题和情境。

一度"翻转课堂":教师下发学习任务卡和匹配任务完成的学习资源(微课视频、教学课件、学习测验等),组织学生开展自主学习和自我检测,并通过网络在线学习平台对学生进行过程性学习监控和个别化学习指导。这一环节,旨在课前解决基础性的知识传递,使课堂专注于学后问题的解决。自主学习后,学生提出自己不能解决的困惑、疑难,教师归整、分析学生反馈的问题,形成"问题树",从而确定课堂教学内容,体现基于学情的教学设计。课堂教学中,主要采用案例分析、交流研讨等方式,围绕学后反馈的核心问题开展师生对话、生生对话,解决关键问题,突破学习难点。

二度"翻转课堂":掌握知识不是课程最终目的,运用知识解决实际问题才是课程价值导向。基于语文教学实践中真实的、复杂的问题情境,教师设计并发布学习项目,提供配套学习资源(文献资料、教学案例、课堂实录等),学习小组以任务为驱动,课前开展协作学习、主体探究,教师则对项目学习进行过程性指导、针对性指导,帮助学习小组创造性地解决问题,合作完成项目报告。课堂教学中,各学习小组汇报展示成果,学生自评、互评,教师点评与指导修改,并就项目学习中暴露出来的普遍问题开展后续教学,使"依学而教,顺学而导"的课程理念得以落实。

详见图1。

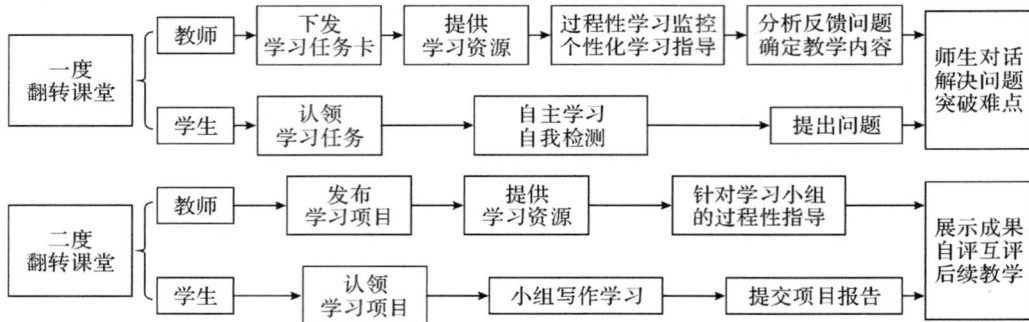

图1 "小学语文教学设计"课程"翻转课堂"教学流程

(二)"群文阅读"单元设计

1. 教学目标

(1)通过自主学习,理解群文阅读的内涵、特征与价值。

(2)通过案例研讨和项目学习,掌握群文阅读中文本选择、议题确立以及问题设计的基本策略,并能依据多元指向设计群文阅读教学。

(3)在翻转学习过程中,体验群文阅读的无穷魅力,感受群文阅读的巨大挑战,享受学习成功的快乐。

2. 教学时数

4学时,采用全班教学(大班课)和分组指导(小班课)相结合的方式。

具体流程:大班课1学时(针对学生学后反馈的问题,进行全班教学)—小班课1学时(指导学习小组开展项目学习)—小班课1学时(指导学习小组修改、完善项目报告)—大班课1学时(学习小组代表汇报项目研究成果,师生评价与后续教学)。

3. 大班课教学设计(1学时+1学时)

第一次大班课:群文阅读的实践策略(1学时)。

教学流程如下:

(1)梳理、归整问题,构建"问题树"。

①PPT出示:课前学习后学生提出的18个问题。

②学生小组讨论,归类、统整问题,构建"问题树"。

详见图2。

③依据"问题树",提炼核心问题,明确学习重点。

核心问题:

● 群文阅读中,如何依据"议题"来组建"文本群"?

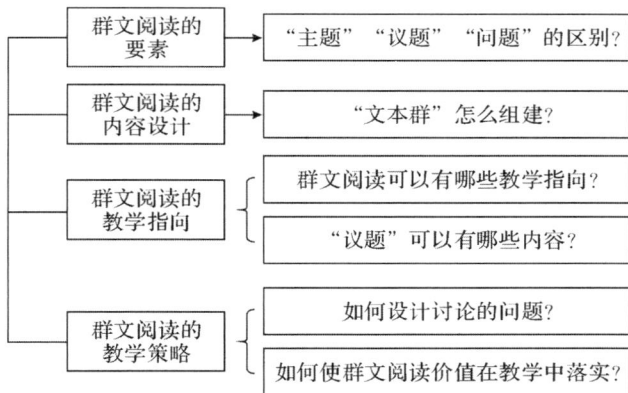

图 2 "群文阅读单元"问题树

● 群文阅读中,如何设计讨论的"问题"?

(2)研讨经典案例,突破核心问题。

①研读经典案例:《"反复结构的童话"群文阅读教学设计》(高利佳)、《"玩童母题"群文阅读教学实录》(张祖庆)

②讨论与交流:两个案例的"议题""问题"分别是什么? 从两个案例中,提炼组建"文本群"和设计"问题"的有效策略。

(3)总结规律,拓展延伸。

①总结:群文阅读的核心特征和基本教学策略。

②拓展:还可以从哪些角度设计"议题",体现群文阅读的多元指向?

(4)发布学习项目。

学习项目:以学习小组为单位,设计一则群文阅读教学案例。

第二次大班课:群文阅读的项目汇报(1 学时)。

教学流程如下:

(1)小组汇报学习成果。

项目学习成果:

● 送别诗群文阅读教学设计(第 2 组)。

●《学会看病》《剥豆》群文阅读教学设计(第 5 组)。

(2)评价学习成果,完善学习成果。

通过学生自评、互评,教师点评等方式,发现项目学习成果的优点和存在的问题,提出修改建议,使学生在体验学习成就的同时,明确改进的方向。

(3)反思学习过程,发现疑难问题,开展后续教学。

①回顾学习过程,交流学习收获。

②反思学习成果,发现实践过程中产生的"新问题"。

"新问题":

● 如何使"文本群"更具张力?

● 如何围绕"问题",引导讨论持续深入?

③围绕"新问题",进行后续教学。

教学重点：

- 互文性"文本群"的构建。
- 阅读交流中的讨论策略。

（4）发布学习项目。

学习项目：以学习小组为单位，修改、完善并提交群文阅读教学案例。

四、"翻转课堂"具体实施

实施步骤如下：

（1）任务布置和课前针对性指导，详见图3。

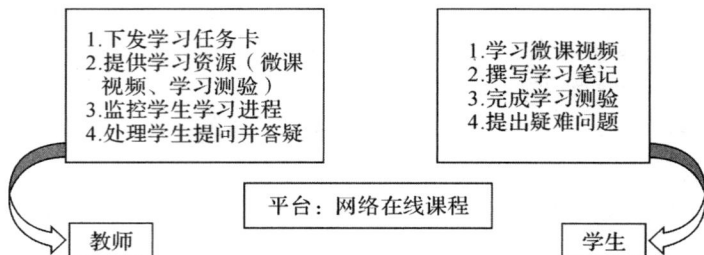

图3　"群文阅读单元"任务布置和课前指导

（2）全班教学。针对反馈问题，突破学习难点，发布学习项目（即"群文阅读的实践策略"）。

（3）分组指导。厘清项目研究内容，明晰项目研究方法，详见图4。

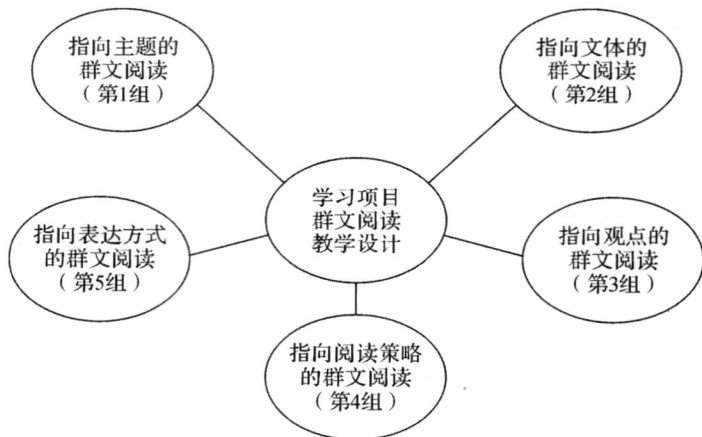

图4　"群文阅读单元"学习项目分组情况

（4）分组指导。分析项目报告，提出修改意见。

（5）全班教学。汇报项目成果，开展后续教学，指导完善成果（即"群文阅读的项目汇报"）。

（6）提交项目报告，完成学习评价。

五、取得成效分析与体会

（1）学生自主学习时间成倍增加（见图5）。

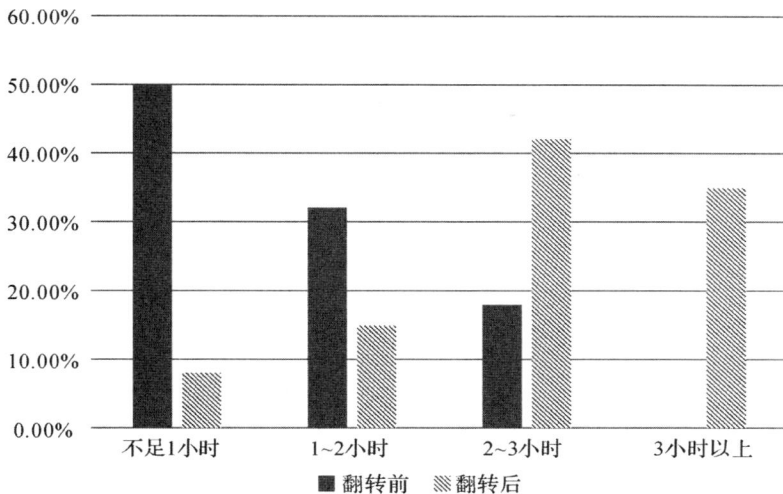

图5　"翻转课堂"前后学生自主学习时间统计

（2）学生课堂参与程度显著提升（见图6）。

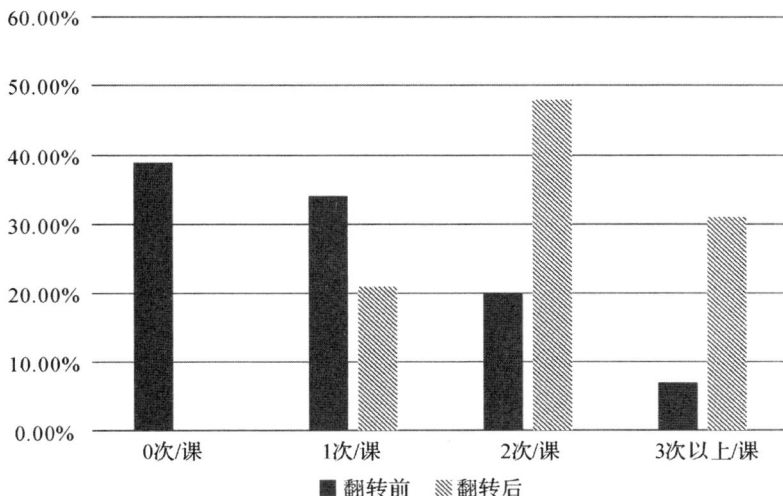

图6　"翻转课堂"前后学生主动发言与参与讨论次数统计

（3）学生能力提升明显。调查结果显示，"翻转课堂"显著提升了学生的学习能力、合作能力、研究能力和实践能力，学生在全国和浙江省师范生教学技能大赛中屡获大奖，并在各级教学期刊发表多篇研究论文。

（4）学生对"翻转课堂"满意度极高（见表1）。

表1 "翻转课堂"以来学生评教和教学考核情况

学年	2013—2014 学年	2014—2015 学年	2015—2016 学年	2016—2017 学年
学生评教	97.2755 分	97.4365 分	96.71 分	97.71 分
教学考核	优秀	优秀	优秀	优秀

作者简介

"翻转课堂"示范性教学视频

吕映,女,教授,杭州师范大学教育学院小教系副主任。主持浙江省教育科学规划课题、浙江省高等教育课堂教学改革项目、浙江省精品在线开放课程等 15 项课题,主编《小学语文教学技能实训》《小学语文课题研究与论文写作》等多部教材,在《人大复印资料》《杭州师范大学学报(社会科学版)》等核心刊物发表论文 30 余篇。潜心教学改革和教学研究,教学风格鲜明,深受学生喜爱,被评为杭州市高校教学名师培养人选、杭州市教育系统优秀教师、杭州师范大学教学卓越奖提名、杭州师范大学教学十佳。

"英语阅读"自上而下式翻转任务型课堂教学改革

贺学勤

湖州师范学院外国语学院英语系

一、课程基本情况

课程名称：英语阅读。

课程学分：8。

课程性质：英语专业大类基础课，必修。

课程开设年级、学期：一、二年级；一至四学期。

教学班规模：小班教学，30 人左右。

使用教材：《泛读教程》(修订版)，王守仁等编，上海外语教育出版社 2005 年出版。

"翻转课堂"教学实践开展基本情况：英语专业英语阅读课程翻转任务型教学模式于 2014 年下半年正式开始实施，至 2016—2017 学年为止已完成一个大阶段共 2 轮的教改实验，其中 2014—2015 学年为第一轮，属于尝试阶段，之后的两个学年为第二轮，是完整实施阶段，共计 180 课时左右。本课程教学模式依托的在线教育平台为 QQ 教学交流群和微信群。

二、教学改革背景与思路

在传统的课堂教学中，学生受制于听讲，缺乏主动学习和独立思考，批判性分析判断等高阶思辨能力等难以得到开发，处于教学的非主体地位，而教师是支配课堂的主角，违背了教育主体观和主体间性基本思想，而一些交际类教学法只能局部和部分地改变这种局面。另外，常规课堂对当代日益发达的网络科技利用不够，而"翻转课堂"的教学理念和它把网络或电子工具作为教学的必要条件和手段为改变常规课堂教学的不足提供了很好的机遇。

三、"翻转课堂"教学设计

自上而下式翻转任务型外语教学模式在"翻转课堂"和任务型教学的共同教学理念及教学核心要素的基础上，根据高校学生已具有外语学习的基本语言基础和基本学习能力这一有效条件，利用"翻转课堂"和任务型教学两种类型的教学模式差异，突出分析判断高阶认知对基础认知的助推和覆盖,对两种教学模式进行有效互补,构建形成新型教学模式。

第一,采用了"翻转课堂"的教学流程,课前的目标任务学习附带式帮助解决常规课堂上知识的基本理解记忆,课堂教学则解决常规课堂在课外巩固过程中所出现的问题。

第二,利用了"翻转课堂"的基础性必要技术条件——虚拟网络。

第三,吸取了"翻转课堂"强调个体差异化学习及在此基础上的互动交流的理念,结合了任务型教学强调在完成任务的过程中学习个体间的互动协作交流的理念。

第四,结合了"翻转课堂"的显性学习和任务型教学强调交流的语言知识的隐性学习思想。接受了"翻转课堂"问题主导型教学思想,把解决学生知识学习中的问题作为教学的重要内容和主要目标,再用任务来设置教学目标,把交流任务作为学习的主要目标,就任务及学习材料交换意见,通过学习解决相关问题。

第五,整合了"翻转课堂"和任务型教学的测评观念。既发挥"翻转课堂"把测评作为过程的优势,把测评作为课堂教学的必备前提要素,把从中发现的问题作为课堂教学的重要内容,且及时反馈,又以能否成功完成任务这一任务型教学结果式测评来评估学习。

第六,发挥了"翻转课堂"目标化管理和任务型语言教学的目标实现途径理念的长处。通过设定掌握知识的程度来实施目标化管理,通过设置学习任务来分解和达到学习目标,强调以意义表达为语言学习的主旨,强调语言知识的综合使用,并且可以使用后任务,专门针对语言使用中的相关语言现象做补强性学习和练习,达到消解"翻转课堂"模式中笼统的达成知识学习目标的现象,将学习目标具体化,实施以突出意义交流为前提的语言学习。

四、"翻转课堂"具体实施

英语专业"英语阅读"自上而下式翻转任务型教学模式是一种任务目标型的自上而下式"翻转课堂",它按照"翻转课堂"的基本教学流程实施任务型教学,以学习材料的主题内容为基础设立教学目标,并且将目标分解成不同层次的多个任务,由学生自由组成人数相当的小组在课前合作完成学习任务,课上展示所完成任务的亮点,并且将主要精力集中于讨论学生解决任务时所遇到的困难,课后则对主题做适当的拓展学习和反思总结。该教学模式流程见图1。

该模式教学的基本条件是共享网络媒介,整个教学过程由课前、课中和课后三个阶段组成,目标任务则贯穿课程教学的全过程。目标任务为学习材料主题下的学习任务,分成两个部分:基本任务和扩展任务。基本任务主要覆盖课前和课中两个阶段,扩展任务置于课后或主课堂之后的环节,是主题的深入或拓宽。另外,为保证学习的有效进行,评价贯穿整个教学过程。

课前阶段的任务设计是教师工作的重头戏,是以一定主题内容为总任务,根据学生的接受程度和课中学习的课堂可能饱和度,将主题分解成若干分项任务。任务经由网络教学平台发布后,学生自由组成4人左右的小组,合作完成主题内容的基本学习任务,提交到教学平台,由教师做出初步评估。评估时,教师审查所完成任务的整体情况,找出共同性问题,必要时,及时反馈,要求重新加工,加工后重新评估,形成课前阶段的基本学习成果。整个课前阶段是该模式教学成功的关键环节,没有该环节的成功执行,后续教学则难以成功,

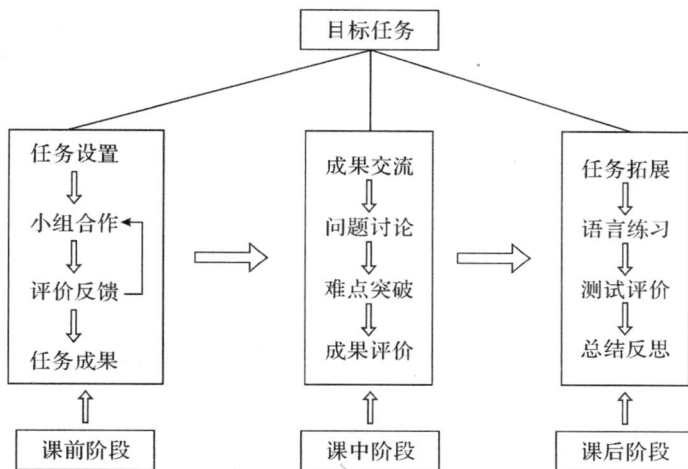

图 1　翻转任务型教学模式

甚至难以进行。

课中阶段是集中交流任务,突破难点,达成理想成果的阶段。该阶段的重点在于互动讨论,解决共同性的难题,在达不成一致意见时,教师给予帮助,提出参照解决方案。成果互动讨论在不同结果的组别间展开;成果趋同时,则主要展示其突出和特别之处,比如完成任务的独特方法、独到的观点等,既彰显其成功,增强组员的自信心,又可让其他各组同学体会、领悟和学习他们的独到之处,改进自己的不足。课堂交流和问题解决之后,全班可以实施小组成果评价,共同评判各组成果的优劣,评判的结果则作为各组成员平时学习成绩的主要参考依据之一,以此促进合作学习。

课后阶段主要是拓宽和加深主题任务,对围绕主题任务的活动及其成效做总结反思,以吸取优点,改进不足。在以意义交流为主导的任务完成之后,巩固语言学习,并适当辅之以语言测试,以显性语言学习作为补充性的后任务。

课堂教学设计案例

第一阶段:

课前目标任务型小组讨论学习,提交学习结果。

第二阶段:

课中围绕学习任务设计和提交的结果小组和集体讨论学习(2 学时)。

第三阶段:

课后围绕主题的后任务设计,巩固和补充 Text II 的学习。

Unit 4, Book 4

Pre-Tasks for Text Study

I Give the meaning of the following words in your own words and particularly, the matching context in the essay for the meaning.

hazardous /ˈhæzədəs/

steerage /ˈstirɪʤ/

indentured servants

【to pay the】passage【of any man】

II Understand and analyze the text.

1. Give a sentence outline of the part before the three reasons of immigration to America.

2. Make your detailed analysis and evaluation of the part starting from the economic factor to the end of the article. Make your idea clear and logical.

TEXT A　Why They Came（课文及补充材料略去）

Post-reading task

Make an investigation into the emigration of Chinese into the US：history，causes，status and its change in the US，the present state of emigration into the US，etc. Finish it in any way you can devise.

五、取得成效分析与体会

（一）第一轮新模式教学成效

第一轮教改实验对象为两个二年级三本班级。对比班有两个同年级班级，其中一个为二本班，其英语基础总体上较高，另一个为三本班。四个班级的课程设置相同，教学同步，其中两个对比班的阅读课分别由不同的授课教师执教，授课方法为常规性教师讲解为主。

实验的基本结果是，同为三本班级，在一般方面基本持平外，在课文概要写作方面呈现显著差异。实验班与三本班的平均值分别为 68.4 和 48.8，呈现独立样本 T 检验 P 值为 0.000 的显著差异，参照班与二本班也呈现 P 值为 0.025 的显著性差异。这表明，两个实验班的课文理解结果明显强于对比班。

实验班的课堂学习总结评价及访谈表明，所有人均赞同该模式教学，认为该模式优于常规教学模式。学生们对新模式教学的支持和赞同主要体现在以下几个方面：（1）教学方法新颖，形式多样，内容丰富，课堂氛围较好。（2）任务翻转学习较深入有效，能较好地提升语言能力和理解分析能力等。（3）能使学习者互动合作，交流讨论，加深思考。

基本结论：（1）该教学模式受到实验班所有学生的欢迎，说明是切实可行的。（2）该模式没有专门词汇学习任务，但能基本保证达到常规教学的词汇习得效果，且比常规教学更能较大程度地提高学生对课文学习的理解程度。（3）该模式能较好地提升学生的学习品质和良好的社会化意识等。

（二）第二轮新模式教学实验结果

第二阶段的教学模式与第一阶段基本相同，仅仅在技术层面做了适当微调，与第一学年属于同一阶段。由于教学班级与课程的变化，仅有一个班级接受了为期两个学年的改革模式的教学。除了有类似于以上的较好结果外,该班级在课程行将结束的期末考查中表现出了另一种较为显著的结果:阅读独立分析问题的能力显著高于同类型班级。

在2016—2017学年的三个对比班级中,一个是二本,两个是三本,其中一个三本班级由另一名同事执教。期末考试结果总体上二本高于三本,但新模式教学班的阅读独立分析问题的能力显著高于其他班级。考查该能力的题是:阅读短文,简要回答问题,总计10分。该题需要对短文的总体做出理解、分析和判断,有两个小题,分别是:(1)阅读判断短文是不是同一个主题,并给出所认为的主题。(2)给出该部分的中心观点(内容)。

该题四个班的平均分为:新模式班3.5,二本班3.6,另两个班分别为2.0和1.8。新模式班的平均分与英语水平最高的二本班基本持平,但超出其他两个三本班近一倍左右,其整体差异显著。个体分差表明,二本班级主要是凭借英语总体水平取胜,个体高分值表现不及新模式班:新模式班7分以上、6分以上和5分以上的人数比例在三个班中最高。

从数据结果可以推测如下结论:(1)任务“翻转课堂”的成效总体上不低于常规课堂。(2)“翻转课堂”对于培养学生的阅读分析理解和论证判断的高阶认知能力明显胜过常规课堂。(3)这种方式可能会导致较为明显的两个极端,一部分学生的分析判断能力可以获得较为理想的发展,但另一部分学生这种能力的发展效果欠佳。由此,“翻转课堂”的广泛有效性还有待继续发掘和探索。

在这个阶段的教改完成以后的期末考查中,相同课程教学的一位同事在我的要求下,和我一起共同批改了我们两人所教班级试卷中以上所述的分析判断题,之后,受此次批改结果的触动和我的邀请,该同事也决定采取该模式教学,这印证了该模式教学是有较好效果的。

作者简介

贺学勤,湖州师范学院外国语学院教师,副教授,从事高等教育近20年,执教过不少课程,其中执教英语阅读课程近10年。在教学中,深感常规教学的不足,于是在不断的学习和摸索中,结合自己的研究,走上了“翻转课堂”教学之路,并且就此做了理论和实践研究,将这方面的初步研究成果发表在《外语界》2016年第4期。目前,正在沿此道路做进一步的理论研究设计,希望能将此研究向前推进,取得更为理想的教学成效。

“翻转课堂”
示范性
教学视频

普通话前后鼻韵母发音辨正

吕小君

温州大学教师教育学院

一、课程基本情况

课程名称:教师语言技能。

课程学分及总学时:1 学分,24 学时。

课程性质:公共基础课。

面向专业:全校师范教育专业。

教学班规模:35~55 人/班。

使用教材:

(1)自编教材。

(2)《教师口语》,教育部师范教育司主编,北京师范大学出版社 2006 年出版。

(3)《普通话培训测试指南》,浙江省语委编,浙江大学出版社 2012 年出版。

已开展"翻转课堂"教学实践情况:2 轮,每轮约 10 学时。

依托在线教育平台或课程网站:浙江省高等学校精品在线开放课程共享平台精品在线课程"教师语言技能"。

相关教学项目:

(1)浙江省高等教育课堂教学改革研究项目"基于 T.E.T.课程理念的'教师语言技能'翻转教学创新与实践"(2016 年立项,在建)。

(2)国家级教师教育精品资源共享课"教师语言技能(五年制专科)"(2012 年立项,已完成)。

(3)浙江省教育厅精品在线开放课程"教师语言技能(通识类)"(2016 年,在建)。

二、教学改革背景与思路

温州大学"教师语言技能"于 2016 年 9 月在浙江省高等学校精品在线开放课程共享平台建成在线开放课程,目前已上线 46 个授课视频,总时长达 7 个小时,覆盖所有的教学内容。截至 2017 年 6 月,本在线课程已开放 2 轮,共有 15 个班约 600 多人参与学习。

"教师语言技能"为温州大学教师教育类通识课,曾名"教师口语""教师语言艺术",是研究教师口语运用规律、培养学员在教育、教学等工作中口语运用能力的实践性课程,每年面向 15 个师范专业学生授课。

我国高校师范专业普遍于 1993 年以后开设"教师语言技能"课程,教学通常以"师范生仿、口耳相传"的面授为主。

2009 年以后,"90"后的大学生进入"教师语言技能"课程学习之前,普通话语音已基本达到二乙或接近二乙水平。另外,多媒体教学手段普遍进入课堂。"师范生仿、口耳相传"教学模式和大量的普通话语音训练,已经不能满足新一批学生的学习需要。

(一)当前国内"教师语言技能"课程普遍存在的问题

(1)教学内容重设计和教师"想教什么",而轻学生"最需要学什么";重教予学生"什么知识和技能",而轻教予学生"怎样探究和学习"。

(2)当代相关领域的重要研究成果没有及时吸收。配套教材,至今沿用 20 世纪 90 年代初的版本。21 世纪以来,在教育、心理、语言学领域获取的,促进学生发展的相关重要成果,基本上没有进入课程,例如,情感智慧及基于情感智慧建立起来的师生沟通技巧等。

(3)原有的教学评价忽视学习过程,缺乏针对性,对不同起点的学生的学习积极性及自主学习、合作学习能力的提高,没有起到较大的促进作用。

(二)本课程运用信息技术在课程体系、教学内容和教学方法等方面的改革

1. 课程教学内容

构建"规范、实用、先进、可模仿、可迁移"的教师语言训练体系。内容主要分成四章(四个模块):第一章"普通话语音基础"模块,第二章"声音和体态控制技巧"模块,第三章"倾听和传达技巧"模块,第四章"师生沟通技巧"模块。即,第一章为语音基础学习模块,第二章为口语交际"信息传递"基础学习模块,第三章为教师一般口语运用学习模块,第四章为基于人文主义的"师生沟通技巧"学习模块。由此构成的课程内容体系既遵循口语技能课程自身的内在逻辑,同时又紧扣师范专业的特点,凸显了课程的针对性、实用性、科学性和艺术性。具体如图 1 所示。

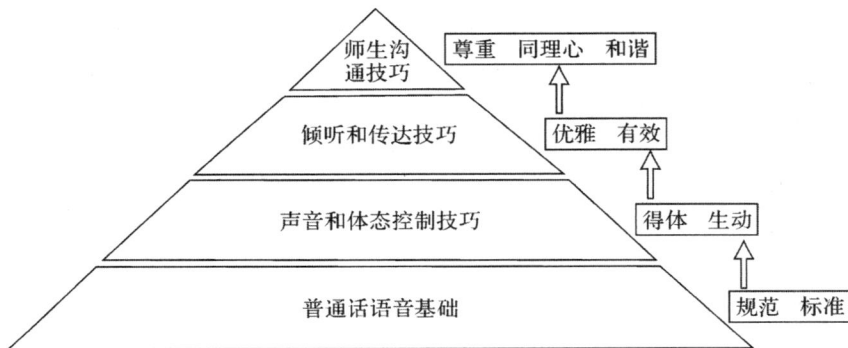

图 1 "教师语言技能"(通识教育课)教学内容体系

2. 课程教学目标

根据教师这一职业专业性和专门性的特点，同时借鉴国家精品资源共享建设经验和MOOC课程设计的特点，我们的课程教学目标设计如下。

（1）职前和在职教师普通话规范发音和良好正音能力培养。

（2）职前和在职教师声音和体态良好控制和表现能力培养。

（3）职前和在职教师准确倾听和立体化口语传达能力培养。

（4）职前和在职教师掌握基于尊重、信任的先进沟通技巧。

（5）职前和在职教师掌握科学、高效、有趣的语言训练法。

3. 课程教学方法

（1）创建教学共同体。创建"师生、生生"互动的教学共同体，建立协作学习小组，通过相互学习、相互激励，提升学习效果；利用线上线下互动空间，实现教师与学生一对一交流及个性化的指导，帮助学生更好地掌握知识点和技能点。

（2）翻转教学。开展"理论知识学生自主学习＋实践操练教师协助学习"相结合的教学活动。与此同时，鼓励学生探寻高效、有趣、个性化的教师语言训练方法，切实提高学生自主学习、探究性学习能力和积极性，以显著提高课程的教学效果。

（3）建立多元化评价体系。通过"协作学习小组"实施学生自评、组内互评、教师评价等多种评价策略；通过网络论坛、音频和视频作业全程关注每个学生的训练情况。期末提交"小组合作编、导、演一个教学事件"视频，全面考查学生在语音、声音、体态、沟通技巧等方面存在的问题，帮助学生明确持续性的训练目标。

（三）本课程改革之后逐步形成的优势及特点

本课程对课堂教学内容、方法进行了全面调整之后，目前正逐步建成具有以下特点的优质课程。

（1）整合教师口语、教育学、心理学、大学语文等课程优势，构建了满足高素质中小学教师培养要求的课程训练体系。

（2）以任务化协作学习为手段，创作了"师师、师生、生生"互动的教学共同体。

（3）建设"在线课堂＋资源库"在线精品课程平台，开展了多层面语言能力训练。

（4）开发相关竞赛活动的共育功能，创建了"教师—学生—专家"多主体教学模式，努力研制适于本课程的基于过程的评价机制。

三、"翻转课堂"教学设计

（一）总体设计

"教师语言技能"课程教学内容主要分成四章（四个模块）12个专题，根据近三年学生口语基础、重点和难点以及"翻转课堂"教学的实施效果列表如表1所示。

表1 "教师语言技能"课程教学内容设计

教学模块	专题	学时(线下)	重点、难点	翻转情况
普通话语音基础	难点声母	1	尖音和平翘舌辨正	/
	难点韵母	2	鼻韵母辨正	翻转
	语调偏误	1	声调辨正 语调偏误纠正	/
声音和体态控制技巧	声音技巧	4	控制声音的意义与要点 清晰达意(重音和停连技巧) 生动传情(语阶和语气技巧)	翻转
	体态技巧	3	体态的解读和运用要点	/
	声音、体态综合运用		声音和体态综合运用要点	/
倾听和传达技巧	叙述		叙述的要素和训练要点	/
	描述		描述训练的要点	/
	复述		复述的类型、要点	/
师生沟通技巧	积极倾听		区分"问题区" 积极倾听技术	翻转
	我信息		分辨"你信息" 我信息技术	翻转
	双赢模式		沟通中的"输赢模式" 双赢模式技术	翻转

(二) 2 学时具体设计

请见"附件"——《"普通话前后鼻韵母发音辨正"翻转教学设计》。

四、"翻转课堂"具体实施

(一)建立协作学习小组

4～5 人组成协作学习小组,开展"协作学习""一帮多"活动。

(二)"翻转课堂"活动主要形式和任务

"课前":看视频、探究学习、实践尝试;"课内":解释、答疑、针对训练及反思等。

(三)"翻转课堂"实施时间

1. 实施 1∶3 翻转,即课程三分之一的课堂实施翻转教学

第一轮:2016 年 9—12 月;

第二轮:2017 年 2—6 月;

第三轮:2017 年 9—12 月。

2. 实施 1∶1 翻转教学

计划于 2018 年 3 月开始,尝试进行"1∶1"翻转,即学生线上自主学习和教师线下协助学习时间比为 1∶1。依托省级精品在线开放课程平台等教学项目的建设,大胆尝试把传统课堂教学的二分之一学时完全留给学生,学生可以自由选择地点在规定的时间内学习指定教学视频。另外二分之一的学时,师生共同回到线下的教室,面对面,答疑、检查训练情况及开展深入的反思、探索性学习。学时安排上具体运作方式:两周为一次循环,其中,第一周开展学生线上自主学习,第二周进行师生线下教学活动。

实施学生线上自主学习和教师线下协助学习时间比为 1∶1 的翻转教学,大大节省了教师原先用于重复教学的时间,使教师的教学效率最大化。同时,提高学生自主学习、探究性学习的能力和积极性,使教学活动真正落实"因材施教"。

五、取得成效分析与体会

近年来本课程教学成效主要体现如下。

(1)学生实习进入教师角色快,毕业后适应教学工作快。近几年,学生的教师口语表达能力得到了好评。在实习中,指导师认为学生态势大方,语言规范、得体,进入教师角色快;毕业后适应教学工作环境快。

(2)促进课程建设及教学团队的成长。经过长期的探索与完善,提升了学生的语言素养和自我发展意识,形成优秀的专业化教学团队和教师口语课程改革的研究成果。

(3)师范生技能竞赛与普通话水平测试成绩显著。通过我们的探索和实践,学生教师参与语言艺术相关活动的情况非常活跃,师范专业学生在各项竞赛活动中取得优异成绩,取得教育部"中华诵·经典诵读全国决赛"一等奖,浙江省语委、浙江省教育厅"浙江省大学生汉语口语竞赛"一、二、三届二等奖 2 名、三等奖 4 名、优胜奖 2 名,浙江省语委、浙江省教育厅"浙江省大学生经典诗文诵读"银奖,浙江省语委、浙江省教育厅"浙江省普通话形象大使"最佳上镜奖,等等。近年来,师范专业毕业生普通话水平测试二级通过率达到了 99.9%。

附件

"普通话前后鼻韵母发音辨正"翻转教学设计

一、学时

"9+90"(线上 9 分钟微课,线下 90 分钟,即 2 学时训练)。

二、课型

讲授、训练、讨论。

三、教学理念

"教师语言技能"是培养师范生教育教学语言能力的一门课程。课程以训练为主,系统介绍方法性知识,重视培养学生运用基本理论指导语言实践的能力。

在吴闽方言区,学生普遍不能在短时间内掌握鼻韵母的准确发音,通常需要在课内外进行较长时间的正音活动。因此,教师是否能清晰、准确说明普通话前后鼻韵母发音混淆的主要表现、原因及有效的训练方法,对学生能否全员性、高质量地完成学习任务,至关重要。

本次9分钟微课教学目的:一是介绍"前后鼻韵母发音最常见问题",帮助学生"磨耳朵"——提高听辨能力,以更准确地了解和辨识自己及同伴前后鼻韵母发音存在的问题;二是介绍"前后鼻韵辨正四法",帮助学生针对自己和同伴的发音问题,选择恰当的方法,进行有效的正音活动。

本次90分钟线下教学目的:一是训练听辨能力——能分辨"前后鼻韵母发音"问题类型;二是运用正音方法提高"前后鼻韵母发音"质量;三是培养"方法意识",学会探寻,借助方法进行高效训练。

四、教学内容分析

鼻韵母的发音是普通话教学中的一个难点。普通话前鼻韵母和后鼻韵母存在对应的关系,例如 an 和 ang、uan 和 uang、en 和 eng、uen 和 ueng、in 和 ing 的对应,这些对应的前鼻韵母和后鼻韵母发音有一定的相似性。汉语的一些方言存在缺少部分或者大部分前后鼻韵母的现象,例如吴方言的鼻韵母以后鼻韵占优势,前鼻韵较少,缺乏存在对应关系的前后鼻韵母。闽南方言以厦门话为例,鼻韵尾有 n、ng、m 三个,有丰富的鼻化韵,不过前鼻韵母(an、in、ian、un、oan)和后鼻韵母(eng、ang、ong、iang、iong)的对应关系同样不显著。这些地区的学员在普通话学习过程中,常常会把前后鼻韵母音节混淆起来或发音存在明显的缺陷。

普通话正音方法并非单一、一成不变。教师的教授旨在引导学生积极发现、总结有效的训练方法。在本次教学活动中,教师引导学生利用教材的示意图、已掌握的语音及方言资料进行训练,帮助学生消除普通话语音与方言语音时完全对立的偏见。

本次微课教学主要内容包括以下几个方面:

1. 梳理普通话发音最易混淆的五组前后鼻韵母。
2. 强调五组前后鼻韵母最常见的发音问题。
3. 结合例子介绍前后鼻韵母发音辨正四法。

五、学习对象的分析

我校学生大多来自吴方言区和闽南方言区,大部分学生对前后鼻韵发音区别不敏感。前后鼻韵母的发音问题,既是目前影响我校师范生普通话水平提高的最大障碍,又是挫伤学生学习积极性和自信心的重要原因。

本教学活动主要为化学、物理、生物、美术、心理等师范专业学生开放。普通话语音是本课程的第一个教学模块,大部分学生对普通话易混语音的发音不够敏感,对训练过程容易出现的问题及相应的训练方法,没有形成系统的认知,还没有拥有较强的正音能力,教师不仅需要给予学生发音的示范,还需要为学生探寻容易掌握、行之有效的训练方法,帮助他们不断提高独立训练的意识和技能。

六、教学目标

（一）知识目标

掌握前后鼻韵母发音辨正的四种方法。

（二）能力目标

1. 掌握前后鼻韵母韵尾的准确发音

2. 掌握前后鼻韵母韵腹的发音要点

3. 能应用恰当的方法进行鼻韵母正音

（三）重点和难点

1. 重点

（1）前后鼻韵母发音辨正"四法"。

（2）前后鼻韵母发音辨正。

2. 难点：前后鼻韵母韵尾和韵腹的发音

七、教学方法

讲授＋训练＋讨论。

八、教学过程

（一）微课教学过程（在线，线下课堂训练前）

（讲解的过程中，适当举例，重在让学员学会方法，并能根据自身语音的情况，选择有效的正音法。）

1. 罗列普通话 16 个鼻韵母及 5 组最易混淆的鼻韵母

2. 易混前后鼻韵母发音的常见问题

混淆鼻韵尾-n 和-ng。

韵腹发音不饱满，例如：an、en、in、ing 韵腹的发音。

3. 前后鼻韵母发音辨正四法（结合例子）

（1）借图法：借助语言学著作、教材中的图进行发音辨正。

（2）方音法：借助方言中相同的音素进行发音练习。

（3）相关声韵引导法：借助普通话相关的声母、韵母进行引导发音。

（4）发音要点暗示法：发音过程中，通过韵母内部各部位发音要点的暗示从而达到有效正音。

4. 朗读普通话五组最常混淆的前后鼻韵母，小结本次课强调的发音问题及辨正方法

（二）线下课堂教学过程

1. 活动 1：单音节"你读我听"（约 15 分钟）

教学材料：100 个单音节（"浙江省普通话水平测试样卷"第一题）。

活动步骤：

（1）学生以协作学习小组（4～5 人）为单位围坐。

（2）组内学生轮流朗读，每人每次读 20 个音节，其他学生记录发音人前后鼻韵母发音存在的问题（教师巡视，按需参与小组活动）。

（3）组内针对每个学生的发音交流、讨论听辨的结果，必要时，可反复进行"发音——听

辨记录——听辨结果交流"活动(教师巡视,按需参与小组活动)。

(4)教师组织学生组间交流听辨结果和感受,必要时,可邀请典型发音人朗读音节。

2.活动2:单音节"互助正音"(约25分钟)

教学材料:100个单音节中的前后鼻韵母难点音节。

活动步骤:

(1)教师组织全班学生复习"前后鼻韵母发音辨正四法"。

(2)以协作学习小组为单位,针对性地进行前后鼻韵母的正音(教师巡视,按需参与小组正音训练)。

(3)教师组织全班学生检查正音效果(发音情况和现场正音效果,作为评价协作小组学习质量的一项内容):邀请2~3位典型发音人朗读难点音节,其他学生听辨;随机邀请其他学生讲讲发音人是否存在发音问题,若有,是哪种类型的发音问题,并用针对性的辨正方法,帮助发音人进行正音。教师示范正音。

3.活动3:双音节"互助正音"(约20分钟)

教学材料:50个双音节词。

活动步骤:

(1)以协作学习小组为单位,组员轮流朗读双音节,其他学生记录发音问题,讨论双音节中前后鼻韵母出现错误、缺陷的类型和规律,小组针对性地进行前后鼻韵母的正音(教师巡视,按需参与小组正音训练)。

(2)教师组织全班学生汇报双音节中前后鼻韵母出现错误、缺陷的类型和规律,邀请2~3位典型发音人朗读难点词语,其他学生听辨,讨论发音人存在的前后鼻韵母发音问题及成因,试采用针对性的辨正方法,帮助发音人进行正音。教师示范正音。

4.活动4:语段训练(约20分钟)

教学材料:任选富含前后鼻韵音节的"普通话水平测试用作品"一个语段。

活动步骤:

(1)以协作学习小组为单位,学生轮流朗读语段,其他学生记录发音问题,小组针对性地进行句中前后鼻韵母的正音(教师巡视,按需参与小组正音训练)。

(2)教师组织全班学生汇报语段中前后鼻韵母的训练效果,邀请1~2位典型发音人朗读语段,教师示范句中前后鼻韵母正音方法(注意提醒学生避免"回读"及"强调非重音")。

5.活动5:"说说发现"(约10分钟)

活动步骤:

以协作学习小组为单位,组员分享这次鼻韵母正音的学习收获和感受。

以全班为单位,教师引导学生着重总结个性化的难点音训练方法、同伴互助的作用及对翻转教学活动的感受。

九、板书

前后鼻韵母发音辨正

常见发音问题：
混淆鼻韵尾-n和-ng
韵腹发音不饱满

正音"四法"：
借图法
方音法
相关声韵引导法
发音要点暗示法
你发现的方法：

作者简介

"翻转课堂"
示范性
教学视频

吕小君，国家级普通话水平测试员，温州市朗诵考级培训师，温州大学"教师语言技能""小学语文课文朗读研究""儿童文学"课程教师，国家认证亲子沟通训练师、国家认证情商训练师；曾获教育部语言文字应用管理司"中华诵·经典诵读大赛"优秀指导师、省级和校级教学成果奖、温州市优秀班主任等荣誉；主持浙江省精品在线开放课程"教师语言技能"，浙江省课堂教学改革项目"基于T.E.T课程理念的'教师语言技能'翻转教学创新与实践"，国家语委科研规划项目"汉语朗读语感培养过程的眼动研究"，校项目"教师口语立体表达能力培养的探索与实践"等；任国家级精品资源共享课"教师语言技能"主讲教师；曾指导学生获浙江省大学生朗诵大赛银奖、浙江省推普形象大使、全国"中华诵·经典诵读大赛"集体项目一等奖。

"幼儿园教育环境创设"课程主题实验教学模式改革实践

叶萍恺

丽水学院教师教育学院

一、课程基本情况

"幼儿园教育环境创设"是学前教育专业必修课程,3学分48学时,安排在大三第二学期开设。本课程依托超星尔雅的"幼儿园教育环境创设实验"SPOCs课程,2012年开始尝试混合式"翻转课堂"教学,已经过4轮教学实践,每年1~2个教学班规模。

"幼儿园教育环境创设"课程的混合式"翻转课堂"教学,依据陶行知生活教育理论,特别是"教学做合一"的方法论思想,创新构建并有效实施了主题实验教学模式。

2015年开始采用自编教材《幼儿园教育环境创设学与教》教学,2017年6月《幼儿园教育环境创设学与教》一书在浙江大学出版社正式出版。

二、教学改革背景与思路

(一)课程教学面对的问题与改革取向

"幼儿园教育环境创设"是学前教育专业的一门实践操作类专业课程,要求学生掌握幼儿园教育环境创设基本理论、培养其实践操作能力,其核心在于幼儿园教育环境设计与实践操作的教学。

学术理性主导的传统课程教学,在面对实践操作类课程时存在诸多自身难以解决的困难,近些年实践取向的课程教学理念逐渐被人们所接受,因其专注于实践意识、发展实践能力和形成实践智慧,有望克服学术理性主导教学面对的问题,为实践操作类课程教学指明了改革方向。

教学改革实践表明,以陶行知"教学做合一"思想为核心的"幼儿园教育环境创设"课程改革,把教学重心锁定在幼儿园教育环境的模拟创设上,让学生在做中学、教师在做中教,可以高效达成幼儿园教育环境创设理论学习、实践操作能力培养的课程教学目标。很明显,这样的教学设计本质上就是"翻转课堂"提倡的学习流程,是探索实践取向课程改革实施途径的有意尝试,更是陶行知生活教育理论在学前教育课程建设中的一次创新实践。

(二)教学改革的思路与基本途径

"幼儿园教育环境创设"课程主题实验教学模式改革,就是依据陶行知"教学做合一"教学方法论、主题式教学理论和实验教学范式,聚焦幼儿园班级教育环境创设,借力线上"幼儿园教育环境创设实验"SPOCs课程,以"接受主题任务—组建学习小组—环境设计交流—环境创设汇报—学习评价考核"为基本教学流程,开展混合式"翻转课堂"教学。

在主题式教学实践中,主题的选择,是决定主题式教学成败的关键所在。根据陶行知"教学做合一"教学方法论和主题式教学理论,把主题墙、区角、生活区域等班级教育环境创设作为任务,学生在做中学,教师在做中教。

"幼儿园教育环境创设"课程的主题实验教学、课堂教学组织、师生互动交流和课程考核等方面都发生了颠覆性的变化,"幼儿园教育环境创设实验"SPOCs课程的特色功能,可较好适应这样的变化实现课程改革预设目标:以在线实时操作方式实现主题式教学的课堂教学组织,构建在线讨论、PBL和小组学习情境展示等互动交流渠道,强化在线学习状态监控,用实验教学范式规范线下课堂教学行为和课程考核。

三、"翻转课堂"教学设计

"幼儿园教育环境创设"课程的教学设计,着眼于实现课程教学目标和落实主题实验教学模式,构建全课程视角的混合式"翻转课堂"。

(一)总体设计

1. 课程目标

掌握幼儿园教育环境创设的理论基础与原则。主要包括幼儿园教育环境的概念、意义和分类,幼儿园教育环境创设的教育科学依据和创设原则,现阶段各类幼儿园教育环境创设的具体案例、特色分析和发展趋势。

培养幼儿园班级教育环境创设能力。主要包括学习领域、主题活动、区域活动和特色活动等幼儿园教育活动环境创设的基本特点、要求和实施操作方法。

以幼儿园教育环境视角体验和认识中国学前教育发展,特别是现阶段前所未有的中国学前教育发展大好形势。

2. 课程内容

课程内容主要由四个主题实验任务组成。

主题实验一:小班《春天来了》主题墙环境创设。

主题实验二:中班《我探索 我快乐》区角活动环境创设。

主题实验三:大班《动物世界》主题教育教学环境创设。

主题实验四:特色活动教育教学环境创设。

每个主题实验任务包括主题活动说明、任务要求、学习活动平台和学习活动要求等内容,主题实验任务可以根据教学实际需要进行调整或另行拟定。

3. 教学流程

课程以四个主题实验任务为课堂教学主线,依托幼儿园教育环境创设实验 SPOCs 课程,以小组学习、线上线下混合的"翻转课堂"方式,构建全课程视角的课程教学流程。

每个主题实验任务,主要安排幼儿园环境创设现场案例教学、环境创设方案设计与交流、环境创设实践操作与成果汇报、主题实验评价等线上线下混合的"翻转课堂"教学活动。

4. 课程考核

课程考核由线上课程学习情况和线下课程教学活动等两个方面考核组成,按一定比例(如 2∶8)计算课程考核总评成绩。

线上课程学习情况考核,一般从在线课程提供的在线视频完成率、课程测验、访问数、参加讨论、签到等方面,按事先设定规则由在线课程自动统计完成。

线下课程教学活动考核,以四个主题实验任务的主题实验评价成绩为基础,按适当方式(如平均分)计算成绩。

(二)教学案例:中班《我探索　我快乐》区角活动环境创设成果汇报

中班《我探索　我快乐》区角活动环境创设成果汇报,是主题实验二教学流程的一个重要环节,2 学时。

1. 教学目标

(1)以小组汇报的形式,展示中班《我探索　我快乐》区角活动环境创设成果,反思区角活动环境创设实践。

(2)通过互动交流和点评活动,加深相互了解,促进相互学习,进一步提高区角活动环境创设能力和水平。

(3)为本主题实验任务的学习评价考核环节做好准备。

2. 教学形式

线下课堂集体交流、讨论教学,线上课程互动评价。

3. 教学准备

(1)在本主题实验任务中预先安排好汇报环节的时间、地点和形式。

(2)邀请教学团队成员参与教学活动。

(3)通过线上互动交流明确展示环境的要求和注意问题:简要回顾主题实验二学习过程,着重汇报区角活动环境创设意图、内容和使用说明等,自我评述主题实验二学习成效。

(4)课前抽签确定各学习小组汇报的先后顺序。

4. 教学流程

(1)教师简要说明本主题实验汇报环节要求。

(2)每个学习小组汇报本主题实验环境创设成果,同时开展互动交流,教师现场点评。

(3)现场布置本主题实验评价环节要求和注意事项。

5. 线上纪实、点评与考核

(1)各学习小组通过幼儿园教育环境创设实验 SPOCs 课程的"主题实验汇报"栏目编辑

展示实验报告。

（2）教师在 SPOCs 课程的相应栏目回顾主题实验二教学过程，点评各小组表现。

（3）根据课程确定的学习评价办法，师生共同完成本主题实验的评价考核环节工作，并在 SPOCs 课程上公布主题实验二考核成绩。

四、"翻转课堂"具体实施

本课程教学工作由课程准备、主题实验教学和课程考核等三个阶段组成。

（一）课程准备

课程准备包括课前准备和课程导学等教学工作。

课前准备。创建 SPOCs 教学平台，组建教学团队，以及拟定主题实验任务等。

课程导学。线上线下结合的方式，介绍课程地位、教学目标、教学流程和考核方法等内容，熟悉课程教学要求。一般安排 2 学时。

（二）主题实验教学

主题实验教学要完成 4 个主题实验任务，每个主题实验任务一般安排 10～12 学时，分为 5 个教学环节，课外开展在线教学活动，课内进行线下教学活动。

环节一：幼儿园环境创设现场案例教学，2 学时。在线学习 SPOCs 课程的主题实验任务与解读，熟悉主题实验任务内容和要求；在线组建学习小组，5～8 人一个小组，自由组合，SPOCs 课程在线注册，协作完成主题实验任务；到幼儿园或通过远程实时观摩，开展相应环境创设的现场教学活动；在 SPOCs 课程的"现场教学活动"栏目记录、反思活动过程与心得。

环节二：环境创设方案设计与交流，2～4 学时。学生以小组为单位自主开展环境创设方案设计，线下安排 2 学时的集中汇报交流时间，在 SPOCs 课程的"学习设计交流"栏目编辑展示方案和交流情况。

环节三：环境创设实践操作，2～4 学时。学生以小组为单位自主开展环境创设活动，并在 SPOCs 课程的"小组学习活动"栏目编辑展示小组活动情况。

环节四：环境创设成果汇报，2～3 学时。线下安排 2 学时的环境创设成果集中汇报交流时间，在 SPOCs 课程的"主题实验汇报"栏目编辑展示实验报告。

环节五：主题实验教学评价，0～1 学时。根据考核要求，开展小组成员之间、小组之间、小组长和教师等四种不同形式的考核评价，教师在 SPOCs 课程的相应栏目点评主题实验任务完成情况、公布主题实验任务考核成绩。

（三）课程考核

课程考核可按以下方式进行，也可以在此基础上根据实际需要做适当调整。

课程总评成绩：线上课程学习情况考核成绩占 20%、线下课程教学活动考核成绩占 80%。

线上课程学习情况考核成绩：在线视频完成率 60%、课程测验 10%，访问数 10%、参加讨论 10％、签到 10％，以上成绩由在线课程自动统计所得。

线下课程教学活动考核成绩：四个主题实验任务考核成绩的平均分。每个主题实验过程考核又由小组成员之间相互评价 20％、小组长评价 20％、小组之间相互评价 20％和教师评价 40％等四个方面组成，每种考核都以百分制计分。为避免同质化评价，每一种评分限定 90 分以上人数不超过 20％。

五、取得成效分析与体会

（一）促进学前教育专业学生环境创设能力有效提升

本课程的主题实验式课堂教学模式，从本质上就已经确立了实践取向的改革路径，从而确保了课程学习始终把环境创设能力训练的落实，学生的学习品质、学习成效和环创实践智慧得到有效提升。在学生评课活动中，本课程教学质量连续多年获得优秀评价。

（二）扩大幼儿园教育环境创设课程在同行和社会上的影响

本课程的教学改革实践，特别是 SPOC 课程建设与实施，得到同行的认可和赞许。2016 年 12 月代表丽水学院参加浙江省本科院校第二届"翻转课堂"与混合式教学研讨会，获得与会者好评。2017 年 9 月初，与北京超星尔雅教育科技有限公司成功签订课程合作与服务协议。

（三）推动教师教育特别是学前教育专业课程的教学改革

本课程自 2013 年开展混合式"翻转课堂"教学改革以来，先后有"'幼儿园教育环境创设'主题实验教学模式改革实践"等 4 项省级、校级教改项目立项，有力推动了教师教育特别是学前教育专业课程的教学改革实践工作，2015 年被学校确定为丽水学院示范课程。

作者简介

叶萍恺，教授，现任丽水学院学前教育学系主任，丽水学院学术委员会委员，中小学教师资格考试面试浙江省首席考官。

"翻转课堂"
示范性
教学视频

案例挖掘与决策模拟双轮驱动，知识传授与能力培养双维导向的"管理学原理"课程"翻转课堂"教学模式改革

向 荣

浙江工商大学工商管理学院

一、课程基本情况

(一)"管理学原理"课程基本情况

"管理学原理"是管理类和部分经济类专业的最重要基础课程。本课程的系统学习使学生了解管理的一般运行过程，掌握管理的一般原理和方法，深刻理解经典的管理四大模块：计划—组织—领导—控制，为后续的专业学习打下扎实的基础。"管理学原理"的开课率高，受众覆盖面广，因此尝试"翻转课堂"教学模式改革具有重要的现实意义。

(二)"管理学原理"课程"翻转课堂"教学模式实践情况

浙江工商大学每年约30个本科班级开设"管理学原理"，本人每年承担上下两个学期共4个班级的"管理学原理"教学任务，自2015年开始尝试"翻转课堂"教学模式改革，3年来面向12个班级实施"翻转课堂"教学模式，共实施6轮，覆盖学员共约480人，如表1所示。

表1 "管理学原理"课程"翻转课堂"教学实践基本情况

课程名称	管理学原理	学分	3	课程性质	专业基础课
面向专业	管理类各专业大一或大二学生			教学班规模	40人/班
已开展"翻转课堂"教学实践轮次	累计6轮，12个本科班级，每个班级40人，共约480人				
课时安排与分配	课堂互动与教学：每周3课时，总计48课时； 课外翻转：每周3课时，总计48课时				
依托的在线教育平台	1.浙江省精品在线开放课程共享平台(http://zjedu.moocollege.com/) 课程依托网站，有完备的学习资源，包括课程介绍、章节知识要点、章节学习PPT、知识点视频、章节自测题、试题库、配套案例分析材料等。本网站侧重于知识点的学习和自测				
	2.Global challenge企业决策在线模拟平台(http://sim.cesim.cn/) 在线决策模拟平台上，参与者在网络上组建并运营自己的虚拟公司，像现实生活中一样相互竞争，以获取市场份额。为在竞争中获胜，需要应用管理学相关的知识和理论，通过充分的小组讨论制定决策，同时也提升了沟通技能，培养团队合作意识				

续 表

依托的在线教育平台	3.微信公众号:浙商管理评论 该公众号发表任课教师的原创管理理论思想和管理最佳实践评述文章,传递浙商发展中的经验与教训,拓展受众视野,是"翻转课堂"教学模式的重要载体
使用教材	郝云宏、向荣主编,《管理学》,机械工业出版社 2013 年出版 郝云宏、向荣主编,《管理学学习指导》,机械工业出版社 2014 年出版 本教材入选浙江省"十二五"优秀教材,浙江省首批新形态教材

二、教学改革背景与思路

(一)教学改革背景

"互联网+"全方位信息时代,学生自主获取知识的渠道显著增多,便捷性也大大提高,降低了对以传播"静态"知识为主的传统课堂教学的需要,而对于"动态"的知识应用和分析实践能力的提升有着极为迫切的需求。因此,突破传统的"管理学原理"教学模式,丰富教学内容,满足"互联网+"时代的学员需求,是一个具有重大现实意义的课题。

(二)"管理学原理"课程"翻转课堂"教学实践改革思路

本人自 2015 年以来,以"管理学原理"课程为依托,尝试"翻转课堂"教学实践改革,共进行 6 轮 12 个班级。通过线上线下教学资源的深度融合,基于案例深度挖掘和案例续写,引入在线仿真决策模拟等教学手段,期望达到知识传授与能力培养的双维目标(见表2)。

表 2 "管理学原理"课程"翻转课堂"教学实践改革思路

	课前	课中	课后	课程末尾段
特点	自主与个性化学习	协作与互动学习	开放与延伸学习	团队与仿真模拟
学习目标	领会知识	内化知识	延伸阅读	知识应用与能力提升
翻转支撑资源	课程网站(省精品在线课程联盟) (线上资源)	深度互动式课堂教学 (线下课堂)	公众号文章学习 学术科技竞赛 (线上线下结合)	global challenge 企业决策在线模拟平台 (线上线下结合)
学习活动	● 观看在线视频 ● 完成在线自测题 ● 阅读案例材料 ● 提出疑问 ● 自我归纳重难点	● 知识点汇报 ● 案例材料总结 ● 案例问题回答 ● 小组讨论 ● 同类案例学习	● 复看知识视频 ● 案例延伸总结 ● 案例续写 ● 公众号文章学习 ● 学术科技竞赛	● 在线决策模拟 ● 专题知识总结 ● 模拟结果分析 ● 决策过程复盘 ● 小组讨论分享

续　表

	课前	课中	课后	课程末尾段
教学活动	● 布置任务清单 ● 视频微型化 ● 教学内容主体化 ● 教学载体问题化 ● 教学任务多元化 ● 学习情况统计	● 知识点总结 ● 案例梳理讲解 ● 案例问题分析 ● 行业背景深化 ● 同类企业探讨 ● 重点小组关注	● 案例总结 ● 同类案例延伸 ● "浙商管理评论"文章点评与讨论 ● 竞赛报告点评 ● 竞赛报告完善	● 总结回顾课程体系 ● 决策模拟规则讲解 ● 专题知识总结分享 ● 管理工具讲解 ● 决策过程复盘 ● 模拟结果深度讨论
教学观测点	知识点学习 重难点识别 聚集知识学习 培养自学能力	知识点深化 案例分析能力 知识深化为主 分析能力为辅	开阔视野 案例延伸 知识提炼、创新思维、分析能力	应用知识,虚拟仿真 模拟竞争,团队学习 知识应用、创新思维、决策能力、创业能力
学员参与	旁听者	参与者	反思者	决策者

三、"翻转课堂"教学设计

(一)"管理学原理"课程"翻转课堂"教学模式总体设计

根据前述"翻转课堂"教学改革思路,结合管理学原理课程知识体系,结合互联网＋时代的学员需求特征,从管理基础、计划、组织、领导、控制和创新创业六个模块进行"翻转课堂"教学总体设计。

(二)"企业危机与管理沟通"2学时"翻转课堂"具体设计

根据表3中的"翻转课堂"教学总体设计,以"企业危机与管理沟通"这一知识点为例,进行2学时"翻转课堂"教学具体设计,如表4所示。

学员在线完成该知识点的课前全部共5个环节后,按照下面8个步骤展开"翻转课堂"的教学环节,共计2学时90分钟,其中教师讲解时间为40分钟,学员自主讲解与分析讨论共50分钟。

表 3 "管理学原理"课程"翻转课堂"教学总体设计

教学设计	模块	知识点	翻转知识点	匹配案例
课前(自主) (30分钟) ● 教师提供学习清单 ● 学生课前预习 ● 知识点视频观看 ● 完成自测题 ● 案例阅读 ↓ 课中(互动) (2课时90分钟) ● 学员复述知识点(10分钟) ● 在线案例梳理(10分钟) ● 教师总结和串讲知识点(10分钟) ● 案例背景分析(5分钟) ● 案例小组讨论(25分钟) ● 小组回答案例问题(10分钟) ● 案例行业背景分析(10分钟) ● 教师总结与同类案例延伸(10分钟) ↓ 课后(延伸) (30分钟) ● 公众号文章阅读 ● 复习章节知识点 ● 案例续写 ● 同类案例点评 ● 能力提升	管理基础	● 管理与管理者 ● 管理职能 ● 管理技能 ● 组织环境 ● 决策方法	● 管理的本质 ● 管理的四大职能 ● 管理的三大技能 ● 国家间文化差异 ● 决策影响因素	● 云南产妇事故 ● 北京产妇事故 ● 两则案例对比 ● 七人分粥 ● 电影《十二怒汗》
	目标与计划	● 目标体系 ● 目标管理 ● 计划类型 ● 计划编制 ● 战略类型 ● 战略实施	● 目标管理背景 ● 目标管理方法 ● 计划类型对比 ● 常见战略类型 ● 战略管理过程	● 万科的目标体系 ● 西南航空的低成本战略 ● 哈根达斯的差异化战略
	组织模块	● 组织结构 ● 组织变革 ● 权力配置 ● 招聘甄选 ● 绩效管理	● 不同类型组织结构 ● 绩效管理理论 ● 不同绩效管理机制优劣势比较	● 杜邦公司的组织结构变迁 ● 杭州元成园林公司绩效管理体系介绍
	领导模块	● 领导与领导者 ● 领导理论 ● 激励理论 ● 沟通基础 ● 人际沟通 ● 组织沟通	● 需要、动机与行为 ● 领导理论比较 ● 激励理论比较 ● 不同绩效管理机制优劣势比较 ● 沟通技巧总结	● 国企与名企的激励机制对比分析 ● 杭州电信公司与100位教授的投诉沟通事件点评
	控制模块	● 控制过程 ● 控制原则 ● 常用控制方法 ● 质量控制 ● 管理信息系统	● PDCA控制体系 ● 全面质量管理 ● 管理信息系统	● 巨化集团控制体系分析 ● 日本企业的质量控制体系 ● 实地参观杭州松下家用电器公司
	创新创业	● 创新管理体系 ● 创新战略 ● 创业要素与创业精神	● 创新思维 ● 创新战略 ● 创业精神 ● 商业模式	● 上海两鲜生鲜电商公司的精益创业之路
课程尾端,在线模拟虚拟仿真,团队竞争	在线模拟平台上,组建并运营虚拟公司,相互竞争以获取市场份额。需要应用管理学相关的知识和理论,通过充分的小组讨论制定决策,提升沟通技能,培养团队合作意识			

表 4 "企业危机与管理沟通"2 学时"翻转课堂"教学设计

环节	翻转教学流程	具体内容
课前自主预习环节	企业危机与管理沟通	● 课程网站观看三个视频,分别是: ①危机的界定及其本质;②危机管理的分析框架与整体认识;③管理沟通——危机解决之道 ● 完成自测题 ● 自我总结重点和难点 ● 案例阅读:101 位教授的投诉与杭州电信公司沟通解决之道
课堂互动分享	①学员复述知识点(10 分钟)	● 不同视角的危机界定比较 ● 危机的本质是什么? ● 危机管理的整体过程包括哪几个环节? ● 如何解决危机? 常见沟通方法包括哪些?
	②在线案例梳理(10 分钟)	● 请 1～3 位同学简要复核本章案例
	③教师总结和串讲知识点(10 分钟)	● 教师串讲本章知识点 ①危机不仅仅是一个事件,危机的静态观点与动态观点比较 ②危机的三阶段整体分析框架 ③危机的解决——管理沟通的常用方法
	④案例背景分析(5 分钟)	● 杭州电信公司面临 101 位教授的集体投诉 ● 10 位教授为什么投诉? 杭州电信为什么被投诉? ● 描述杭州电信当时面临的市场环境
	⑤案例小组讨论(25 分钟)	● 101 位教授的投诉的合理性分析 ● 杭州电信公司三次沟通的技巧评价 ● 本案例的关键点是什么? ● 如果你负责沟通事务,你的解决之道是什么?
	⑥小组回答案例问题(10 分钟)	● 分小组简要回答上述问题
	⑦案例待业背景分析(10 分钟)	● 杭州电信公司当时面临的市场环境如何? ● 侧重于从市场竞争格局的变化来总结和提升
课堂互动分享	⑧教师总结(10 分钟)	● 危机的本质是常态的异化过程 ● 危机管理不是应急管理 ● 危机管理沟通的常见技巧(换位思考、沟通的程序特征与个性特征、内部沟通的重要性)
课后延伸	"浙商管理评论"公众号文章	"负荆请罪"——对此及前后事件的管理学解读 结合危机管理与沟通知识点,围绕此文讨论及分析

四、"翻转课堂"具体实施

"管理学原理"的"翻转课堂"教学实践,按照上述课前学习—互动式"翻转课堂"教学—

课后阅读延伸、案例续写、同类案例分析—在线仿真决策模拟的流程展开,在学习效果上达到从学习知识—内化知识—知识反思,最后通过仿真模拟达到综合应用能力提升的效果。

(一)强调自主学习与个性学习的课前环节

按照教师提供的学习清单,学员看自主看完知识点视频、完成配套的自测题,检查学习效果。同时提前阅读案例材料,并思考附后的问题,为后续的课堂互动讨论打好基础。

本阶段主要以认知性学习为主,教师基于网站大数据统计得到每章节的学习难点和兴趣点,为后续课堂教学的针对性和互动式教学做好全方位准备。

(二)倡导深度互动与小组协作的课堂教学环节

在课前自主学习的基础上,通过线上线下教学资源的深度契合,课堂环节完成知识点的总结和深入挖掘,希望实现知识传授与能力培养的双维目标。基于网站大数据统计识别学员自主学习的章节难点,教师据此相应调整课堂教学计划和方案。本环节可以分为教与学相互交叉渗透的三个阶段:学员主讲阶段、教师主讲阶段、深化讨论互动阶段,最后教师总结与点评。

(三)提倡深入思考开放延伸的课后延伸环节

主要围绕教师提供的阅读清单泛读和精读"浙商管理评论"(微信公众号)的任课教师原创文章,结合所学理论知识,写出阅读反思。

结合本章知识点和课堂案例,分析同类案例,教师选出部分高质量分析报告,修改完善提升,条件成熟后参加各级各类学生科技作品竞赛。

(四)提升团队合作与决策能力的在线决策模拟

课程最后 2 周,在理论知识学习、案例分析、案例续写和延伸阅读的基础上,进入在线仿真模拟决策阶段。借助 global challenge 模拟系统展开仿真模拟。

本环节是对所学知识灵活应用的考验,需要高水平决策能力,也有助于培养相关的软技能,如沟通技巧、解决问题的能力和团队合作能力等。

五、取得成效分析与体会

通过近 3 年共 6 轮"翻转课堂"教学的实施,获得了良好的教与学效果。

(一)激发学生学习兴趣,学习成绩同步提升

学生的学习兴趣与学习热情,参与广度和深度同时提高。"翻转课堂"的讨论环节和后续的仿真模拟环节,从单纯的知识获取转向了知识与能力并举,学生实现了从旁听者到参与者到决策者的转换。在学习成绩上也有一定的提升,尤其是案例分析的得分率明显提升。具体如图 1 所示。

	课堂平均 互动讨论 时间（分钟）	主动发言 人数（人）	课程期末 平均成绩 （分）	优秀率 （%）	及格率 （%）	案例分析 题平均 得分（分）
传统教学模式班级	5	3	77	23	86	12
翻转课堂班级	20	15	82	35	90	17

■ 传统教学模式班级　■ 翻转课堂班级

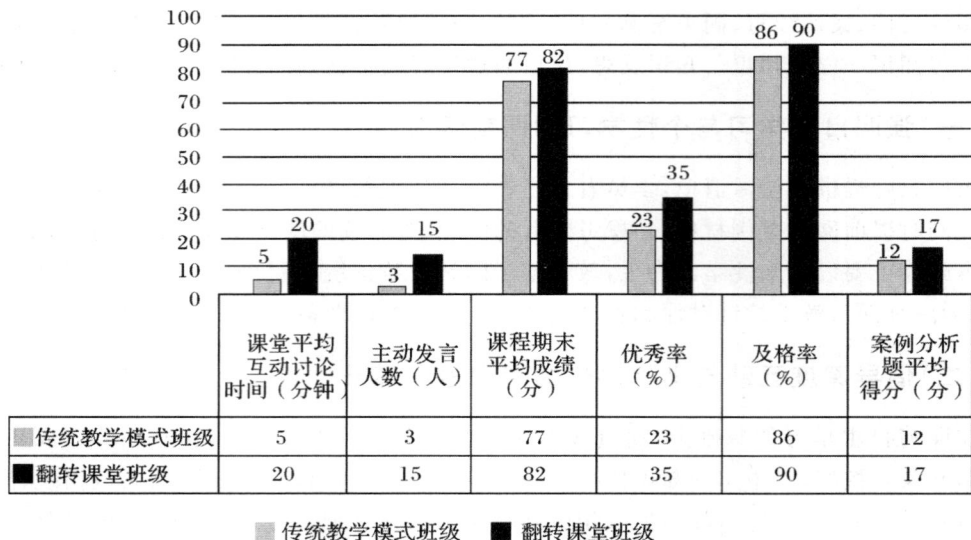

图 1 "翻转课堂"教学班级与传统课堂教学班级对比

（二）教师教学手段丰富、针对性更强、教学设计清晰度更高

"翻转课堂"教学模式中,学生的在线自主学习与检测使教师在课堂教学前基于网站大数据统计了解学生学习的难点与兴趣点,从而相应调整教学计划,针对性强,效果好。层层递进的教学安排符合学生的认知规律,教学过程主线清晰,重点突出。教学手段得到极大丰富:课程网站在线资源、微信公众号、在线模拟系统,实现了线上和线下资源的深度融合。

（三）特色、亮点与成绩

表现在两个方面,一是案例的互动分析讨论和案例续写环节,提高了学生案例分析和案例报告撰写能力。3 年来,以课堂案例分析和同类案例分析报告为基础,学生累计获得国家级创新创业项目立项 1 项,学校和学院级别学生科技作品大赛立项共 4 项。二是通过在线决策模拟环节的教学,学生分别获得第八届和第九届"尖峰时刻"商业模拟大赛全国总决赛一等奖和二等奖。

在线模拟决策环节,突破追求标准答案的局限性,不再是空洞乏味的接受企业管理的概念和理论,而是将"碎片化的知识"理性梳理并构建起系统思维的智慧,从中感悟失败的经验和领会管理的精髓,为未来创业打下良好的基础。

具体如表 5 所示。

表 5 "管理学原理"课程"翻转课堂"教学实践特色与亮点

	方法与成效	特色与亮点
学习端	● 激发兴趣,成绩提升	● 学员从传统教学的旁听者到模拟环节的决策者
教学端	● 教学手段丰富 ● 教学针对性更强 ● 教学设计清晰度更高	● 基于课程网站大数据统计功能,识别学生学习难点和兴趣点,教学更有针对性 ● 教学资源丰富:课程网站在线资源、微信公众号、在线模拟系统,线上和线下资源的深度融合
特色与亮点	● 案例续写 ● 同类案例分析	● 以课堂案例分析和同类案例分析报告为基础,参加各级各类学生学术科技作品竞赛
	● 在线仿真决策模拟	● 知识应用,市场判断,决策能力,团队学习与合作 ● 参加全国决策模拟大赛

总之,3 年的"管理学原理"课程"翻转课堂"教学改革,以知识传送与能力培养双维为导向、以线上资源与线下资源深度融合为依托,尤其是基于案例深度挖掘和在线仿真模拟等新颖教学方式的应用,使学生从自主学习到探究学习,使教学从单向传授到双向互动,从而达到"教师走下来,学生动起来,课堂活起来"的良好效果。

作者简介

向荣,浙江工商大学工商管理学院副教授,主讲"管理学原理""企业战略管理"等课程。"管理学原理"课程"翻转课堂"教学改革负责人。自 2012 年至 2016 年连续 5 年教学业绩考核为 A 等,获得 2017 年决策模拟实验教学大赛全国总决赛一等奖,2017 年浙江工商大学优秀教师。主编的《管理学》(机械工业出版社 2013 年出版)荣获浙江省"十二五"优秀教材,入选浙江省普通高校"十三五"新形态教材。

"翻转课堂"
示范性
教学视频

以教导学　以学定教

——基于 Moodle 平台的"中国近现代史纲要"课程"翻转课堂"教学改革与实践

肖意贞

浙江万里学院马克思主义学院

一、课程基本情况

课程名称：中国近现代史纲要。

课程学分：1。

总学时：32（理论学时：16，实践学时：16）。

课程性质：公共基础课。

面向年级和专业：一年级各专业。

教学班规模：100～180 人。

使用教材：《中国近现代史纲要》，高等教育出版社 2015 年修订版。

已实践"翻转课堂"教学轮数：5。

"翻转课堂"教学学时：16。

依托在线教育平台：Moodle。

二、教学改革背景与思路

（一）教学改革背景

第一，教学环境的变化：教育进入全球化、信息化。

教育全球化、信息化促进数字化校园建设，在线教育资源与日俱增，思政课教改融合新媒体新技术势在必行。

第二，教学对象的变化：学生是追求自主个性的"数字原居民"。

当代大学生追求自主、个性和自我，是"数字原居民"，知识获取途径和学习方式趋向多元化、便捷化和移动化。

第三，教学效果的弱化：课堂教学存在"难解之痛"。

传统教学模式下，"中国近现代史纲要"（简称"纲要"）课堂教学存在诸多痛点：教学互动难，"到课率""抬头率"和"点头率"低，评价方式单一，教学反馈慢，教学数据统计难，课堂上出现教师与手机抢学生的窘境。

第四,学习理论的转化:"以学为中心"教学理念的确立。

20世纪20年代以来,著名的学习理论经历了行为主义、认知主义和建构主义的发展,教学理念从"以教为中心"向"以学为中心"转化,学生由被动接受者变成主动建构者。

因此,2014年本校引入了 Moodle 平台,鼓励开展混合式教学改革;2015年基于 Moodle 平台的"纲要"课程"翻转课堂"教学改革启动试点,2016年全面实施。

(二)教学改革思路

贯彻"以学为中心"的教学理念,转变师生角色,开展教学内容、教学方法、教学评价、教学环境等改革,构筑线下课堂、实践课堂和网络课堂三位一体思政教育主阵地;按照"课前知识学习—课中研讨内化"的教学流程,实施"翻转课堂"教学改革。

三、"翻转课堂"教学设计

(一)总体教学设计

根据"翻转课堂"教学模型,结合本校实际及课程特点,"中国近现代史纲要"课程"翻转课堂"教学总设计见表1所示。

表1 "中国近现代史纲要"教学设计

课程名称	中国近现代史纲要	授课对象	一年级各专业
总学时	32	翻转学时	16

一、学习内容分析

课程以"实现中华民族伟大复兴"为主题,以两大历史任务为主线,讲述近代以来中国人民抵御外来侵略、争取民族独立、推翻反动统治、实现人民解放、推进中国特色社会主义现代化建设的历史。通过史论结合,实现以史为鉴、转知为信

二、学习目标分析

知识目标	了解国史、国情,了解中国近现代史的主流、本质和发展规律,领悟"四大选择"
能力目标	培育科学思维,增强历史关照现实、理论联系实践、技术服务学习的能力;提升自主学习、团队协作能力
情感目标	增强爱国情怀,实现情感认同和政治认同,树立"四大自信"

三、学生特征分析

对近现代历史发展有了解,但掌握程度不一且有历史观偏差

追求自主个性、喜好新媒体新技术,但自主学习和协作学习能力、运用技术服务学习能力不强;有一定理解分析能力,但科学思维和历史思维能力有待提高

拥有爱国热情,但对课程的价值认同、对国家的政治认同有待加强

续　表

四、课前教学任务设计

教师：以教导学	学生
1.设计任务单导学：学什么、如何学、实现什么目标 2.参与交互导学：引导讨论方向和深度 3.创设情境导学：设计协作学习研讨主题和实施方案 4.利用学习分析技术导学：监测学习进度和效果	1.个人自主学习 　完成视频学习、文献阅读、在线测试 　整理学习疑问，记录学习笔记 　发布学习困惑和参与讨论交流 2.小组协作学习 　根据研讨主题合作探究，准备课堂研讨学习交流

五、课中教学任务设计

教师：以学定教	学生
1.以课前学习情况定课堂反馈和检测 2.以教学重点、学生疑点和易错点、时政热点定研讨主题和形式 3.以协作学习情况定研讨引导和评价 4.以个性化疑问定针对性辅导 5.以教学成效定完善措施	1.查：自查课前学习情况 2.考：参与学习效果检测和协作学习 3.亮：小组展示探究成果 4.评：参与讨论交流和互评 5.帮：有疑问寻求教师或同伴帮助 6.省：总结反思，改进学习策略

六、评价方式设计

实行动态化、多元化评价，重过程性评价

（二）具体教学设计

具体教学设计见表2。

表 2　具体教学设计

课程名称	中国近现代史纲要	教学内容	戊戌变法为什么没有成功	
总学时	2	课前自主学习	1	课中研讨学习	1
授课对象	教学班：法学161～163班（111人） 研讨班：法学161班（38人）、法学162班（36人）、法学163班（37人）				

一、学习内容分析

本讲是教材第二章第三节内容，讲述资产阶级维新派意图用改良手段实现国家独立富强但终失败。本讲内容承上启下：一则承"技术学习"实现自强求富，启革命手段推翻旧体制；二则承古代历次变法，启当今全面深化改革

教学重点：戊戌变法失败的原因和教训

教学难点：戊戌变法为什么会失败及对当今改革有哪些启示？

续 表

二、学习目标分析	
知识目标	了解戊戌变法的背景、内容、结果和意义,理解失败的原因和教训
能力目标	1.增强团队协作学习和个人自主学习能力 2.正确运用辩证思维和历史思维评价历史事件和历史人物 3.提升综合分析能力和历史启迪现实能力
情感目标	感受仁人志士百折不挠的探索精神和献身精神,增强改革信心和践行改革决心

三、学生特征分析

学生对戊戌变法的历史事件和相关历史人物有一定"知"的了解,把握历史发展规律和以史为鉴还需引导启发

四、课前教学任务设计

1. 个人自主学习(30分钟)

①观看视频(12分钟)

体制的改良:维新运动的兴起和夭折

②阅读文献(10分钟)

梁启超《变法通义·论变法不知本原之害》

③自我检测(5分钟)

④整理疑问和笔记,发布学习困惑和参与讨论交流(3分钟)

2. 小组协作学习(15分钟)

各研讨班分6小组,6人左右一组,以组为单位,围绕研讨主题,查阅资料,准备课堂协作学习和研讨交流

研讨题:对比明治维新,戊戌变法为什么会失败和带给当今改革哪些启示?

注:各任务时长可根据自身实际调整,如视频播放速度、自测次数等

五、课中教学任务设计

1. 查:自查课前学习情况(2分钟)

教师反馈课前学习情况,个人自查

2. 考:学习效果速测(5分钟)

发布课堂测试,师生共同探讨易错题

3. 亮:协作学习和效果展示(15分钟)

本次研讨形式是"头脑风暴式主题讨论",将研讨主题进行分解,层层深入,促进知识内化。小组抽取其中一题,快速整理观点进行展示。课前发布的研讨题被分解为:

①是因为统治者变法意愿不强或不一致吗?

②是因为组织者领导无方吗?

③是因为没有得到实权人物慈禧的支持吗?

④是因为没有发动群众吗?

⑤改革变法成功需具备哪些条件?

⑥给当今改革带来哪些启示?

续 表

4.评:对各组观点进行交流和互评、教师总结点评(15分钟)

5.帮:个性化疑问请求同伴和教师帮助,教师进行针对性辅导(5分钟)

6.省:师生总结反思,组长记录研讨情况、评价组员协作表现(3分钟)

六、评价方式设计

评价项目	评价途径	评价主体	分数	成绩类别
视频、文献	Moodle 教程	自我评价	10	自主性学习评价成绩
在线测试(含课前课中)	Moodle 测试		5	
研讨汇报	Moodle 讨论区	教师评价和全员互评	10	过程性学习评价成绩
研讨参与			5	
协作表现	组长手册	组长评价	5	

七、教学反思

课前自主学习设计侧重认知;课中研讨学习立足内化,研讨主题情境创设和研讨形式需结合专业特点、教学重点难点、学生疑点和时代热点。本讲研讨主题的设计结合法学专业特点,鼓励学生查阅古今中外变法和改革实例,对教学内容进行深入探讨,总结规律,以史为鉴,关照改革现实

三、"翻转课堂"具体实施

(一)教学实施

教学时长为 8 周 16 学时,一学期分班级在前后 8 周实施两轮。以 2016—2017 学期法学 161 班、162 班、163 班为例,该教学班分成 3 个研讨班,各研讨班自主学习和小班研讨交错进行,进行 3 次共 6 周。具体实施如表 3 所示。

表 3　具体实施情况

时间	内容与要求	班级	地点
第 1 周	教学班理论授课: 1.课程导航和分组 2.历史发展脉络总介绍	周三 1~2 节: 法学 161 班、162 班、163 班	教室
第 2~3 周 第 4~5 周 第 6~7 周	课前自主学习: 1.个人自主学习 完成视频观看、文献阅读、自测和在线交互,整理学习笔记和疑问 2.小组协作学习 根据研讨主题开展协作学习	第 2/4/6 周: 法学 161 班/162 班 第 3/5/7 周: 法学 163 班	自定地址

时间	内容与要求	班级	地点
第2～3周 第4～5周 第6～7周	课中研讨学习： 按"查、考、亮、评、帮、省"六环节开展合作探究 研讨形式： 第2～3周：头脑风暴式主题讨论 如：戊戌变法为什么会失败？ 第4～5周：唇枪舌剑的辩论 如：李鸿章是中国近代化的功臣还是大清帝国的裱糊匠？ 第6～7周：慷慨激昂的演讲 如：我的中国梦	第2/4/6周： 周三1～2节：法学 163班 第3/5/7周： 周三1～2节：法学 161班 周三8～9节：法学 162班	教室
第8周	课程总结及期末考核	周三1～2节： 法学161班、162 班、163班	教室

（二）评价实施

评价实施如表4所示。

表 4　评价实施

平时成绩（100分×80%）									期末 成绩 （100分× 20%）
自主性学习评价（100分×50%）				过程性学习评价（100分×50%）					
视频 教材 （45分）	经典 文献 （15分）	在线 测试 （30分）	网络 活跃度 （10分）	协作 表现 （20分）	研讨 主讲 （40分）	研讨 参与 （20分）	学习 笔记 （20分）	课堂参与 和考勤 （额外±）	

四、取得成效分析与体会

（一）取得成效

第一，彰显了学习的个性化和自主性。

突破教学时空限制，实现自主掌控学习和个性化学习。调查显示，80%以上学生认为"翻转课堂"能提高自主学习能力。

第二，增强了教学的互动性和精准性。

通过Moodle平台、社交媒体和课堂交流实现多维教学互动；Moodle平台统计报表和插件实现快速精准统计。

第三，实现了评价的多元化和过程性。

评价主体、评价项目、评价方法实行多元，侧重过程性评价。调查显示，99%学生满意课程评价体系。

第四，促进了师生共同发展和教学模式认可。

学生成绩优秀率大幅提高,如改革前的新闻专业 2014 级比改革后的 2016 级优秀率低52.76％;教师实现了从教学者向教育者转变;88％的学生愿意在其他课中再次参与"翻转课堂"教学。

(二)教学体会

习近平总书记指出:"改革是由问题倒逼而产生,又在不断解决问题中而深化。"课堂教学的痛点,倒逼我们立足问题、因时而进、不断改革。经过两年多改革实践,"翻转课堂"教学模式在增强自主性、互动性、过程性、精准性、多元性等方面有强大优势。但也还存在视频用挂机、作业用百度、学习用枪手等诚信问题和有效学习问题,这些问题只有进一步改革才能解决。以立德树人为根本任务,以"内容为王,创新为要"为基本准则,"纲要"课教学改革永远在路上。

作者简介

肖意贞,女,讲师,中共党员,2001 年以来就职于浙江万里学院,一直从事高校思想政治理论课教学,积极投入教学改革创新,主持浙江省 2015 年度课堂教学改革项目:Moodle 平台下中国近现代史纲要的"翻转课堂"教学模式研究;主持校级和院级教改项目多项;主持学校 Moodle 平台示范课建设;发表多篇关于"翻转课堂"和 Moodle 的教改论文;近两年获得宁波市"精彩一课"教学比赛一等奖、宁波市十佳思想政治理论课、宁波市优秀思想政治课教师、浙江省三育人先进工作者等荣誉。

"翻转课堂"
示范性
教学视频

"翻转课堂",翻转学生

——"管理沟通"课程学生案例教学改革

莫群俐

宁波工程学院经济与管理学院

一、课程基本情况

"管理沟通"课程是经管类学生的专业课,不同专业分别有 48 课时 3 学分和 32 课时 2 学分两个设置,通常在大学三年级开设,教学班级 35～65 人不等,使用教材是詹姆斯·S. 奥罗克编著的《管理沟通(英文版·第 4 版)》(中国人民大学出版社 2010 年出版)。本课程已开展"翻转课堂"教学实践 3 轮(144 课时),其主要环节是安排学生进行案例教学。依托的课程网站是:http://mooc1.chaoxing.com/course/80552225.html。

二、教学改革背景与思路

(一)教学改革背景

"管理沟通"课程在 20 世纪 70 年代末全球经济一体化和信息技术革命浪潮的推动下应运而生,在国外已经发展得较为成熟。我国直到 20 世纪末才开始为 MBA(工商管理硕士)开设此课程。随着企业结构调整和改革转型,管理层和员工都承受着巨大压力,沟通问题日益成为企业管理的重大问题,"管理沟通"课程逐渐受到重视,近年来不少高校陆续开设了这门课程。

根据已有的研究,"管理沟通"课程的教学现状及主要问题表现如下。

1. 传统管理类课程以教师讲授为主的课堂教学不适合本门课程

管理类课程的课堂教学基本上采用教师讲授书本理论。但"管理沟通"课程有其独特的教学特点:它是一门能力培养的课程,其主要的教学目标是让学生通过系统学习沟通过程中的思想、行为、技能和方法,把得到的感悟和方法应用到实际工作中去,培养既掌握管理沟通理论又了解管理沟通技能的应用型人才。因此,如果采用简单的课堂讲授方式进行理论教学,本课程的学习就失去 90% 以上的价值。

2. 本土管理沟通案例缺乏

"管理沟通"课程需要大量的案例进行教学才能吸引学生并让学生理解和记忆深刻。

直到 20 世纪末才引入的"管理沟通"课程的教材和案例大多来自国外。由于中西方文化的差异,市场经济发展的不平衡,国外的企业环境与我国的实际也相差甚远,所以如果全部采用国外案例教学将很难达到理想的效果。如何寻找到比较理想的本土管理沟通案例始终是这门课程需要不断探索和改进的地方。

3.学生学完本门课程普遍反映收获不多

对于这门重沟通实践的课程来说,背熟书本上的理论知识不代表学生的实际沟通能力得到了很大提高。也有教师注意选取案例辅助理论讲解,但学生理解、感受和记住的知识和技巧也是有限的,更没有由管理沟通理论学习向沟通实践与积累过渡。笔者曾经对接受过普通"管理沟通"课程教学的学生做过问卷调查,调查结果显示,54%的同学认为学完本门课程收获"很少";5%的同学选择"几乎没有",这些同学认为这门课程学不学都没关系;31%的同学选择有"一些"收获;只有10%的同学选择了收获"很多"。

(二)教学改革思路

案例教学法由于其具有实践性和启发性而被视为管理类课程比较合适的一种教学方式。教学中通常是教师讲授和分析案例。

受"翻转课堂"的理念所影响,又由于"管理沟通"课程不仅要求学生娴熟地掌握管理沟通的理论,更要求他们掌握管理沟通技巧并能灵活运用,因此本项改革的主体思路是"翻转课堂、翻转学生":让学生课前先学习并准备案例,课中学生讲解和分析案例,从而实现学生由管理沟通理论学习向管理沟通实践过渡,从而实现这门课程的学习目标。

三、"翻转课堂"教学设计

(一)基于"翻转课堂"教学理念的总体设计

1. 总体设计

(1)教学目标的设计:既然"管理沟通"课程的主要任务不是灌输沟通知识,而是基于沟通隐性知识转移的沟通能力开发,是要培养学生实际沟通的才能,那我们利用"翻转课堂"的核心理念就是突出先学后教,强调"以学生为中心",就可以较好地达到这一教学目的。所以,本项目设计的教学目标是:利用"翻转课堂"的教学理念布置和引导学生先学习,使其主动探索、发现和思考,然后在课堂担当"管理"和"沟通"的主人,在教师的指导和帮助下,比较成功地掌握管理沟通技巧。

(2)教学内容的设计:此项学生案例教学意味着首先安排学生去主动学习,让学生像教师一样备课,去网上寻找案例;其次让学生取代传统课堂中的教师在课堂中唱主角,讲授案例,回答其他同学的提问。这种设计不仅翻转了平时学生在传统课堂中的角色和任务,也最大限度地做到了"以学生为中心"。

(二)学时具体设计

学习"冲突管理"主题时其中 2 学时的具体设计如下。

(1)教学目标的设计：①让学生了解冲突管理的五种处理倾向。②让学生思考在处理以冲突形式出现的挑战时，采用什么方法最有效。③在处理冲突时，我们还有哪些需要关注和考虑的方面。

(2)教学内容的设计：课堂开始的半个小时由两个同学进行案例教学，他们讲解冲突的五个处理类型，播放案例，和同学们一起分析案例里用了什么方法以及各自的利弊，并分析需要关注和考虑的因素。接着教师总结讲解，补充相关知识。最后再给学生一两个冲突的情境（可以从尚未进行讲解的学生的案例里选取），学生讨论如何管理这个冲突，在这个过程中进一步熟悉和掌握冲突管理的五种处理倾向以及具体选用方法。

四、"翻转课堂"具体实施

"管理沟通"课程学生案例教学方法的具体实施步骤如下。

1. 学生通过网络寻找案例

课前让学生去准备课堂要用的管理沟通案例。这项任务在整个学期的最开始两周就交代清楚，布置学生从目录中选取自己最感兴趣的（也可以是教师建议、指定）2 个主题（一共 13 个主题）去准备案例。并要求他们透彻了解案例，以备课堂讲解分析。这样的任务使得每个学生至少会非常认真地通读这两章的内容；而在确定案例的过程中，他们必然会学习到多个案例。

2. 学生在课堂上讲解案例

教师提前了解有多少学生准备了这一主题的案例，有多少学生愿意来讲解案例，并进行协调，以决定这两个课时由哪几个（2～3 个）同学来讲解案例。案例教学设计将知识传授型课堂变为以学生为主体的 4 个步骤：某学生的案例讲解—学生讨论分析案例（主要是讲解案例的同学回答其他同学的问题）—教师总结补充—所有学生情景练习。

学生像传统课堂的教师一样站到了讲台上，为大家展示、讲解案例，讲解完了之后还必须回答 1～3 个问题。这些问题可以由学生自由提问，也可以由教师随机点名抽问。这个环节不仅要求讲解案例的学生认真学习自己选取的案例，而且也确保了其他学生认真学习案例。

教师引导学生寻找和多角度分析案例的关键知识点，在学生讨论完之后，教师根据需要进行进一步的整理和拓展，最后安排学生进行情景操练，即以规范方式在包含知识的场景和应用中呈现，以激发学习者的认知需要。学生情景练习中的情景有部分来自学生准备的未讲解的案例。

五、取得成效分析与体会

此项学生案例教学法已实施三轮，每一个学生都至少有一次走上讲台进行案例教学的实践经历。学生对此项教学实践记忆深刻，也反映良好。笔者曾在实施学生案例教学的 2013 级和 2014 级中美会计班发放了 200 份问卷进行调查。大多数学生描述本门课程教学的有趣性、独特性和收获超过了他们的预期。回答"本课程最感兴趣或印象最深刻的教学方式"时,80%的同学选择了学生案例教学。回答"本课程你觉得收获了管理和沟通技能吗?"53%的同学选择了"很多",35%的同学选择了"一些",12%的同学选择了"比较少",没有同学选择"没有"。改革实践表明,学生案例教学在培养学生管理沟通意识和实际沟通能力方面起到了十分显著的作用。

(一)成效

1. 最大限度地保证教学目标的实现

学生案例教学模式符合我国"管理沟通"课程的特点,通过学生的主动学习和探索,以及学生动手、动脑、动嘴的实践,实现了"管理沟通"课程的专业能力与应用能力的有机融合。

实践中学生通常搜寻到的视频案例最多,这也正符合当代社会环境下教学的需要。因为多媒体以形象具体的"图、文、声、像"来创造教学情景,使抽象的教学内容具体化、清晰化,会使学生思维活跃,兴趣盎然地参与教学活动。而且由于案例是学生自己通过学习寻找到的,与他们有相关性,会极大地调动他们学习的积极性和主动性,所以他们也会更积极地参与到案例分析讨论中去,他们的认识因而也是比较深刻的。而让学生通过个人及集体分析案例中所描述的沟通问题,得出解决这些问题的对策,归纳与领悟出一套适合自己特点的有效思维方法,无疑是掌握沟通技能的最好方法。

2. 学生案例教学改革是"翻转课堂"的实践和延伸

学生案例教学改革是在"翻转课堂"教学理念指导下的尝试,但它又不局限于"翻转课堂"。它不仅实现了"翻转课堂"的精髓:课前让学生自主学习,课中以学生为中心,而且在课堂上翻转了学生的传统角色和任务,让学生充当教师的角色,这时的教师最大限度地充当了"学习的指导者和促进者"。在这里,学生自己寻找的视频案例和学生的讲解是当下盛行的"翻转课堂"的一种延伸。

学生案例教学是一个灵活运用"翻转课堂"理念进行改革的比较成功的案例。

(二)体会

1. 要做好对学生的引导和监督工作

这项改革实践在某种程度上翻转了师生的角色,但是,如何激励学生网络学习的热情,如何监督他们按质按量完成任务,如何引导他们主动学习去发现问题,如何指导他们进行沟通管理等,对教师来说是一项长期的艰巨任务。

2. 对教师的专业和管理水平以及奉献精神提出了更高的要求

在学生案例教学过程中,学生是主体、主角、主要的参与者,而教师的角色是组织者、引导者、巡视员。在学生案例教学的实施过程中,对学生案例的熟悉、对学生交流的指导、对学习时间的安排、对课堂活动的组织等,需要教师比传统课堂付出更多的时间和精力,也需要教师有较高的专业水平和比较出色的管理水平。

我们设计的学生案例教学方法不仅翻转了课堂,也翻转了学生传统的角色和任务,实践证明:在"翻转课堂"教学理念指导下的"管理沟通"课程中,学生案例教学的设计和实施既生动有趣又富有教学效果,是管理沟通理论学习向管理沟通实践过渡的最有效途径。

我们进行此项学生案例教学实践,不仅旨在探讨符合我国"管理沟通"课程特点的新型案例教学模式,同时也希望学生案例教学能实现管理类课程教学中的专业能力培养目标与应用能力培养目标的有机结合。

作者简介

莫群俐,硕士,副教授,近几年主要取得以下教学改革实践的相关成果。

课题:

1.2016 年至今,主持浙江省高等教育课堂教学改革项目一项:"基于 O2O 模式的翻转课堂——'管理沟通'案例教学新实践"(kg20160461)。

2.2015—2016 年主持完成宁波市教育规划研究课题一项:"管理类课程 SPOC 教学模式的设计与实施"(2015YGH022)。

3.2015 年至今,在宁波市高校慕课联盟平台建设对社会开放式 MOOC 课程一门:"国际商务英语"(http://moocl-1.chaoxing.com/course/80430604.html)。

"翻转课堂"
示范性
教学视频

教改论文:

1.《管理沟通课程学生案例教学改革探析》,发表于《宁波工程学院学报》2017 年第 2 期。

2.《在校大学生对 O2O 教学模式的反馈研究》,发表于《新校园》2017 年第 2 期。

3.《"管理沟通"SPOC 教学探索与实践》,发表于《才智》2016 年第 6 期。

"翻转"的"大学英语听说"课堂

邱瑜毅

浙江财经大学外国语学院

一、课程基本情况

课程名称:大学英语听说。

课程学分:4。

课程性质:公共必修课。

教学班规模:48 人/班(6 个班/学期)。

使用教材:《新编大学英语视听说教程》(第三版),何莲珍主编,外语教学与研究出版社 2012 年出版。

实践周期:已开展"翻转课堂"教学实践 3 年共 6 个学期,约 180 学时。

依托在线教育平台:http://newnce.zufe.edu.cn,http://zjedu.moocollege.com。

二、课程基本情况

(一)教学改革背景

在"互联网+"概念盛行的背景下,学生必须学会有效利用网络平台积极主动地搜集信息、处理信息、利用信息。同时,大学英语教学一直在探索新的教学模式,将现代化技术与教学活动相结合,强调学生自主学习习惯、重视学生个体差异、培养学生技术操作水平、提高学生语言运用能力。浙江财经大学自 2004 年起,即对大学英语教学进行了网络自主学习模式的探索,多年来的实践给大学英语课堂带来了深刻转变,也为进一步开展大学英语听说课程的"翻转课堂"教学改革提供了宝贵经验,奠定了坚实基础。

(二)教学改革思路

以"翻转课堂"理念指导"大学英语听说"课程教学模式的建构,以更广阔的视角和更深入的方式进行改革,完善大学英语网络自主教学模式。具体思路包括:

第一,根据"翻转课堂"教学理念对教学进行改革,以微课视频及网络资源的预先学习为前提帮助学生提高自主学习能力和网络操作能力,利用移动互联手段激发学生的学习兴趣,培养学生的学习习惯。

第二，在课堂教学中，突出"以学生为中心"的特色，转变师生角色，设置新型的教学活动，着重发现学生学习中的问题，检验学生的学习效果，了解学生的学习心得。

第三，以互联网思维为指导，开创基于网络平台的第二课堂，扩展教学空间、延展教学时间；将基于智能手机、手提电脑、平板电脑的互动平台及 App 与课堂教学相结合，促进师生交流，开阔学生的视野，深化学生对文化的理解，拓展学生的思维。

第四，完善基于"翻转课堂"的评价系统，将形成性评价与总结性评价、相对性评价与绝对性评价相结合，充分考虑学生的个体差异性，对其真实的听说水平做出客观的测评。

三、"翻转课堂"教学设计

（一）总体设计

1. 教学目标

利用数字教育资源及在线教育平台，提高学生的英语实用能力和综合文化素养，调动学生积极性，增强学生自主学习能力。具体如下。

（1）知识技能目标：掌握 4500 个单词和 700 个词组；听懂英语授课、日常对话、英语讲座、英语广播电视节目；掌握正确的语音语调，顺畅表达个人意见、情感、观点，陈述事实、事件、理由等，能进行流利的会话，并就某一主题展开讨论。

（2）学习策略目标：熟悉元认知策略，灵活运用内容预测、模拟交际、积极构思等认知策略进行自主学习。

（3）情感态度策略：增强学生自主解决问题的能力，培养学生的合作意识、竞争意识及探索意识。

2. 教材分析

本课程选用《新编大学英语视听说教程》（第三版）进行教学。该教材包括 10 个单元，每单元分 4 个板块，围绕主题提供听说材料。主题与校园、社会生活息息相关，思想性强、语言精良。

3. 学情分析

本课程教学对象为大学一年级非英语专业学生，具有一定的英语基础和计算机操作能力，但水平差异明显，英语听说能力和实用能力有所欠缺。

4. 教学策略与方法

以建构主义和体验式学习理论为基础，灵活使用"翻转课堂"教学模式，将微课视频和听力材料提前布置于在线教育平台，保证学生在课堂上进行充分的实践练习和学习评测。具体方法如下。

（1）任务驱动法：课前为学生布置具体的学习任务，明确学习目的，促使学生在完成任务的过程中掌握相应的知识点。

（2）协作学习法：将学生分为小组，课前某些任务以小组形式完成，课堂以小组活动等方式开展教学活动。

（3）讨论交流法：课堂进行各种形式的讨论，共同发现问题、解决问题。

5. 教学重点难点

（1）合理布置课后任务，科学设计课堂环节。

（2）引导学生养成主动积极的学习习惯，提高其运用网络等设备开展自主学习的能力。

（3）客观评价学生的真实听说水平，切实把握学生的学习动态。

6. 教学过程

（1）课前准备阶段：观看上传至 zjedu. moocollege. com 的微课视频，完成 newnce. zufe. edu. cn 上的相应任务。

（2）课堂教学阶段：①准备阶段——回顾微课内容，检查听力完成情况；②实践阶段——进行语言训练；③信息阶段——延展知识点；④启迪阶段——培养思辨性。

（二）2 学时具体设计

What Is Language? 教学设计

1. 教材内容

《新编大学英语视听说教程》（第三版）Book 3，Unit 5。

2. 授课对象

大学一年级非英语专业学生。

3. 教学内容分析

本次课以 Helen Keller 学习语言的过程为例，探讨了语言习得方法，比较了英式英语与美式英语的区别，并挖掘出语言与文化的关系。

4. 教学目标

（1）知识目标：英语学习要点；英式英语与美式英语的区别；语言对文化的反映。

（2）能力目标：掌握英语和美语的地道表达，理解相关听力材料，加深学生对语言的理解。

（3）情感价值目标：客观对待英语学习，加强英语学习自信心。

5. 学习对象分析

通过上一节课的学习，学生对语言有了初步认识，为本节课进一步加深对语言本质的了解打下基础；对本堂课内容，学生抱有一定的兴趣，但由于语言概念较为抽象，需要教师设置内容丰富、形象有趣的活动引导学生积极思索，形成自己的知识体系。

6. 教学策略

充分发挥学生的主观能动性，引导学生进行探究式学习，具体方法如下。

（1）在课前布置学生观看发布在 zjedu. moocollege. com 上的微课视频，了解"方言与口音""语言与文化""英语与美语"三方面细节，并完成 www. newnce. zufe. edu. cn 上的听力任务，熟悉本次课的学习内容。

（2）在课堂上，引导学生以小组为单位总结微课视频所探讨的主题思想，结合自身经验发表看法,开展小组 presentation、辩论、角色扮演等活动,并抽选 newnce. zufe. edu. cn 上的内容进行抽测,检查学生的预习情况。

7. 教学重点及难点

如何理解抽象的语言,思考语言之间的不同之处,以及语言如何反映文化,运用英语表达自己的观点。

8. 教学过程

教学过程如表 1 所示。

表 1　教学过程

教师活动	学生活动	设计意图
回顾微课视频内容,明确"Accent and Dialects"	分组比较不同地区的方言特色	用生活经验引发学生的兴趣,提高学生探究主动性
播放听力材料,总结方言对个人信息的反映	角色扮演	让学生直观感受抽象感念
展示《窈窕淑女》片段,提出问题:为何语言能改变一个人的印象?如何学习语言?	小组讨论	引导学生自主发掘问题关键
播放视频,讲解英语在不同地区存在的差异	分组思考	带领学生集思广益,开阔思路
播放听力材料,比较英语和美语的区别	总结概括	锻炼听力能力和总结能力
总结课前学习中所列出的英美差别	回顾反思	检验学生课前学习效果
英语和美语的区别会如何影响生活	思考讨论	开拓学生思维,深入理解语言文化

9. 教学反思

本次课依据"翻转课堂"教学理念,借助在线教育平台,通过将学习任务提前布置给学生提高学生的自主学习能力,延展学生的学习时间和空间,培养学生正确的学习习惯。在课堂上,展现"以学生为中心"的教学方法,灵活运用多媒体技术和各种教学材料集图文、音频、视频于一体,丰富教学内容、活跃课堂氛围,并通过组织学生在形式多样的活动中就不同主题畅所欲言,锻炼了口语交流能力和听力能力,取得了理想的教学效果。

四、翻转课堂具体实施

本课程的教学依托在线教育平台,切实体现"翻转课堂"的特色。

(1)教师根据具体教学目标将教学分为课堂面授与自主学习两个部分。

(2)在课前将相关资源分享于在线教育平台上,并布置相应的学习任务。学生需要根据任务量和学习目的制订符合自身情况的学习计划,运用各种学习策略完成任务。在此过程中,教师进行实时指导与监控。

(3)在课堂上,教师通过设计各种活动检测学生学习效果,总结其学习成果,并对学生的疑惑予以解答反馈,并在此基础上输入新的信息,深化学习内容。

(4)结合学生课前学习和课堂表现两方面综合评价学生的真实水平。

学生评价体系如图1所示。

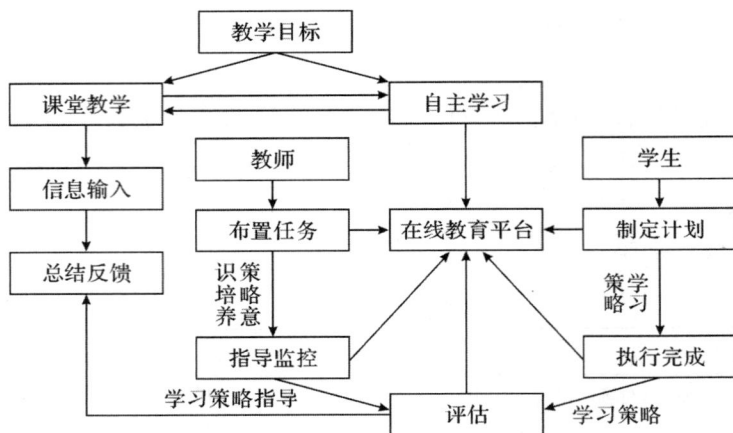

图1 学生评价体系

五、取得成效分析与体会

在长期的"翻转课堂"实践中,通过对近2000名学生所做的问卷调查可以发现新模式在课堂氛围、运用能力、交流互动和文化了解四个方面对学生产生了较大影响,学生满意度有了明显提升(见图2),而对新的教学模式满意度调查则体现出学生较为理想的适应性和接受度(见图3)。

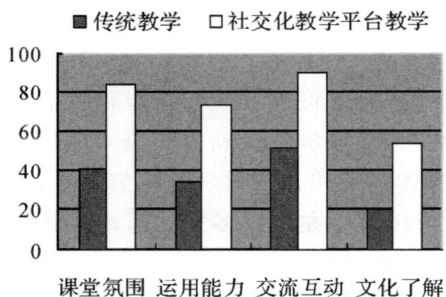

图2 学生满意度问卷调查结果一

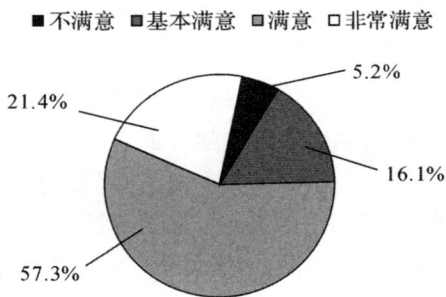

图3 学生满意度问卷调查结果二

"翻转"的"大学英语听说"课程提高了学生综合素质和英语听说能力,具体优势可总结为以下几点。

(1)最大限度地尊重了学生差异:在课前学习中,学生可按照自己的节奏和需求来学习,让学生产生强烈的满足感和成就感,提高学习效率。

(2)切合了学生的学习原理:"翻转"的"大学英语听说"课程将学习内容发布在网络平台上,课堂教学以任务型教学法为主,有效解决了学生课堂注意力不易集中的问题。同时,将教、学、用加以融合,将个体、行为、环境相结合,为学生创造交互式学习环境,引导学生不断巩固知识,建构自己的知识体系。

(3)摆脱了教学的时间空间限制:在线教育平台为学生的自主学习提供了渠道,学生可以任意选择学习时间和空间,激发了学生的学习热情。

（4）强化了学生的主动性与责任感：在"翻转"的教学模式下,学生必须主动面对学习挑战。因此,学生的学习态度更为积极,对学习能力也更为自信。

（5）增强了交流与互动："翻转课堂"保证了学生课前的学习,也将教师从枯燥冗长的课堂讲解中解放出来,通过组织活动,帮助学生答疑解惑,加强了师生交流,从而形成了积极的情感关系,使教学活动进入良性循环。

（6）突出了评价考核的真实性与客观性："翻转"的"大学英语听说"课程强调学生的实际运用能力,学生通过在线教育平台学习的过程被如实记录,教师可及时了解评价学生的表现,并结合学生课堂表现真实客观地考核学生的水平,体现教与学的实际情况。

作者简介

邱瑜毅,女,浙江财经大学外国语学院教师。长期致力于大学英语教学范式改革研究,主持浙江省新世纪高等教育教学改革项目"基于社交化教学平台的互动式大学英语教学",并在核心期刊上发表论文《翻转课堂理论指导下社交化教学平台的运用》《基于社交化教学平台的大学英语学习策略》。参编多本教材,并参与浙江省精品课程的建设工作。

"翻转课堂"
示范性
教学视频

"思想道德修养"课程"翻转课堂"案例解析

傅雅婷

浙江警察学院社会科学部

一、课程基本情况

"思想道德修养"总学时为 28 学时,2 学分,公共基础课,面向所有专业大一新生,每班 30～40 人,使用教材为《思想道德修养与法律基础》(高等教育出版社 2015 出版),已开展"翻转课堂"教学实践两轮,学时占总学时的 1/3,为 10 学时,依托 CCTV 央视网中国公开课网站及浙江警察学院网络课程资源。

二、教学改革背景与思路

"翻转课堂"起源于美国科罗拉多州落基山的一个山区镇学校——林地公园高中。那里许多学生由于各种原因时常错过正常的学校活动,且学生过多的时间花费在往返学校的巴士上,这样导致很多学生由于缺课而学习跟不上,直到有一天情况发生了变化。两位教师开创了教师创建视频,学生在家中或课外观看视频中教师的讲解,回到课堂上师生面对面交流和完成作业的教学形态的"翻转课堂"。

"翻转课堂"引入中国后,中国多地高校、中小学相继实践,成效颇丰,但是,我们也不禁思考,是否所有高校都有采取"翻转课堂"的必要? 是否所有课程都可使用"翻转课堂"? "翻转课堂"是否运用于一门课程的所有课时? 是否所有学生都能受益于"翻转课堂"? 因此,我们利用"思想道德修养"这门思政理论课提出了运用"翻转课堂"进行教学实践的思路与分析。

(一)教学目的

明确"理论自信教育"是思政课的重要着力点。理论自信的前提是理论确信。理论确信既要以符合社会发展规律的具体历史实践为认识来源和支撑,又要在此基础上,加强对理想信念的坚守。

高校思政课教学要不断开展理论、理想教育,厘清科学社会主义与其他社会主义流派的关系,正确认识科学社会主义的真理性,引导广大师生做马克思主义的坚定信仰者。大学生需要具备宽阔的知识面,需要拓展知识面,更需要掌握马克思主义中国化的最新理论成果和党中央治国理政新理念新思想新战略的系统性和全局性。若是固化的"翻转课堂",

虽有利于培养学生的探索意识、创新意识等价值观,但不得不指出,它同时影响了理论的系统化知识与技能的提高。

(二)教学方法

作为思想政治工作主渠道,思想政治理论课是课堂教学主渠道的重要课程。从学习主体的角度看,大学教学过程是大学生独立性、自主性和探索性逐渐增强的过程,是学生从单纯学习吸收知识向学用结合、创新发展的过程。因此,"思想道德修养"课注重启发式教学,通过小班化、讨论式、学导式等教学方法调动学生独立思考问题的积极性。教师应尽可能地扮演材料供给的角色,旁征博引,向学生介绍各种学术观点,提供各种分析问题的思路,推荐各种参考文献,以丰富的材料让学生加工,然后进行归纳、评析,指导学生深化知识。

(三)教学管理

思政理论课是反映教育思想观念转变和教学改革成效的渠道之一。"翻转课堂"使得每一门课程都进一步精选、整合和精简。新的内容是讲不完的,关键是要善于从广而博中选择重构少而精的教学内容,给学生留下一定的自学时间,让学生有选择学习内容、自我组建知识、发展个人兴趣爱好和能力的机会。学生获得知识,一靠教师传授,二靠自学。通过自学获取的知识更为牢固。

三、"翻转课堂"教学设计

我们应该明确:"翻转课堂"不过是一种"工具",其背后的教育思想和教育理念才是最关键的,它混合了直接讲解与建构主义学习。

针对思政理论课的课程特点、重要意义,我们既要吸收"翻转课堂"的"以学生为中心"的创新教学方式,翻转传统教学结构、教学方式以及教学模式,使教师由指挥者变成学生学习的组织者、指导者和帮助者等利于教育人性化、重构和谐的师生关系的优势,又应该结合课程实际、校情实际、学生实际,使其有益地补充我们现行的教学方式,根据各科班级对比试验结果逐步调整教学方式,循序渐进地提高学生的自我管理能力、自主学习能力,具体问题具体分析。

"思想道德修养"课总学时为 28 学时,其中,理论讲授 24 学时,实训 4 学时;"翻转课堂"模式为 10 学时。在"绪论:珍惜大学生活 开拓新的境界""第一章:追求远大理想 坚定崇高信念""第二章:弘扬中国精神 共筑精神家园""第三章:领悟人生真谛 创造人生价值""第五章:遵守行为规范 锤炼高尚品格"等共五个章节中分别利用 2 个课时开展"翻转课堂"。

以第二章"弘扬中国精神 共筑精神家园"的第三节"以改革创新为核心的时代精神"为例(见表 1)。

表1 "翻转课堂"教学设计

学科	思想道德修养	教学内容(课名)	第二章 第三节 以改革创新为核心的时代精神
该内容总学时	4	翻转学时	2

一、学习内容分析

本节内容是高校思想政治理论课"思想道德修养与法律基础"第二章第三节的内容。它是在学习本章第一节"中国精神的传承与价值"和第二节"以爱国主义为核心的民族精神"后,结合当今时代特征和实际的国情、社情、省情,学习以改革创新为核心的时代精神

内容特色:时代精神落地浙江实际

重点:改革创新的重要意义

难点:以改革创新为核心的时代精神——以浙江精神为例

二、学习目标分析

1.正确理解以改革创新为核心的时代精神的深刻内涵

2.引导学生将远大的理想与对祖国的高度责任感、使命感结合起来

3.将以改革创新为核心的时代精神与浙江实际相结合,学习用联系的观点和具体问题具体分析的辩证思想分析问题

4.思考大学生应如何真正成为改革创新的生力军

5.通过完成教师布置的主题式演讲,以及学生对问题的反馈作为达到学习目标的标准

三、课前任务设计

教师提供的资源内容:

1.《思想道德修养与法律基础》(高等教育出版社2015出版)

2.CCTV央视中国公开课网:上海交通大学施索华副教授"思想道德修养与文化素质"第1讲

3.浙江警察学院教师傅雅婷的"爱国主义"微课视频

学生课前的准备:

1.认真看完所有视频,理解以改革创新为核心的时代精神的深刻内涵

2.书本有两道思考题,让学生进行测试以了解自己掌握知识的程度。每题50分共100分。60分以上说明基本掌握学习内容,80分以上大部分掌握学习内容,90分即是完全掌握学习内容,而60分以下应该继续认真地观看视频

3.教师布置拓展题:结合理论与实际,谈谈对浙江精神的理解。让学生准备相关材料,用于上课讨论

四、课上任务设计

教学流程(共2课时、90分钟):

1.交流视频观后心得,学生提出各自的问题。(10分钟)

2.教师回答问题、分析思考题,再次讲解和强调知识点。(15分钟)

3.30人班级,按5人一组形成小组,与小组成员互相讨论教师布置拓展题:结合理论与实际,谈谈对浙江精神的理解,遇到小组解决不了的问题,由教师适当地引导、点拨。(10分钟)

4.小组合作共同完成学习任务,各派1名小组代表将本组的讨论成果与全班共享。(35分钟)

5.最后教师对学生汇报进行点评,并进行归纳总结。(20分钟)

五、教学设计反思
在课上出现一些同学没有看过视频或者没有看完视频,因此无法参与个人提问题和小组讨论环节的情况。教师应关注课前学生对学习内容的掌握程度,并且及时与学生沟通
在归纳总结环节,对于学生的汇报着重评价,鼓励学生多思考,从自己的思考中找到学习的乐趣

四、"翻转课堂"具体实施

（1）根据绝大多数学生能力选取适合学生自主学习的知识点,明确学生必须达到的学习目标,考虑不同教师和专业的差异来收集和创建视频;同时,视频的制作和选取过程中必须考虑到不同学生的学习方法和学习习惯。

（2）针对视频观后思考题的学生成绩,在课堂上教师进行集中讲评,并加以巩固训练,保证学生当堂掌握相关知识点。

（3）针对章节重点、难点内容进行知识拓展,结合省情、校情,引导学生思考,相互讨论得出结论。本校以 30 人和 40 人的班级为主。按 5 人一组随机形成小组,与小组成员互相讨论,教师布置拓展题。

（4）当堂总结评价学生参与情况,由教师或学生自己完成,并通过量化评价来激发学生的学习积极性。学生自主评价方式可利用学生学习积极性最高的时刻,讲解的同时也提高了自身的语言表达能力;上台评价的学生应该已经把这部分知识掌握好了。

（5）根据本节课的重点、难点知识,布置少量有针对性的作业,从而达到复习巩固的目的。

五、取得成效分析与体会

思想政治理论课是巩固马克思主义在高校意识形态领域指导地位、坚持社会主义办学方向的重要阵地,是全面贯彻落实党的教育方针和立德育人根本任务的主干渠道,是进行社会主义核心价值观教育的核心课程。它与其他职业类课程、技术类课程不同,有其独特的系统性、理论性,注重情感态度价值观培养,更具有因事而化、因时而进、因势而新的特征。因此,"翻转课堂"在思政理论课的应用应该是现行教学方式的补充,是一种"工具",其背后注重个性化教学的教育思想和教育理念才是最关键,通过"翻转课堂"培养的是有温度、会思考的人,而不是考试机器;培养学生深层理解、举一反三的能力,而不是机械地训练等。

信息技术的加入为个性化学习提供了可能性。因此,思政理论课可以利用"翻转课堂",在各种新媒体阵地上推送形式活泼的正面声音,积极组织和引导学生发挥主观能动性展开理论探讨、辨析错误观点、传播正能量。

通过"翻转课堂"的开设,"思想道德修养"课已成为本校最受欢迎的课程之一,课程组75％的教师均获得过"浙江警察学院最受学生欢迎老师"称号。思政课暑期实践社会调研环节"全面开花":"公安廉政教育调查研究""人民警察核心价值观调查研究""人民警察'污名化'现象研究""农村留守儿童生存状况调研"……一个个鲜活而有意义的选题均在省部级、校级大学生创业创新比赛中立项获奖,"翻转课堂"中部分小组的汇报作品经教师指导,代表浙江省参加"践行核心价值观·凝聚最美中国梦"——全国高校学生讲思政课比赛和"我心中的思政课"——全国高校学生微电影比赛等全国高校学生思想政治理论课学习成果展示系列主题活动。

作者简介

傅雅婷,女,浙江金华人,浙江警察学院社会科学部副主任科员。研究方向:社会发展和大学生思想政治教育、公安政工理论。主持浙江警察学院"战时思想政治工作研究——以杭州滨江公安分局为例""基层民警职业满意度问题研究——基于杭州公安民警的调查"等课题,参与浙江警察学院与台州市公安局校局合作课题"'心防'工程建设及实施研究"等。

"翻转课堂"
示范性
教学视频

以 MOOC 形式翻转催眠教学

张伟诗

浙江警察学院社科部

"催眠理论与实践"系公安院校首创课程,而以 MOOC 形式进行催眠教学的翻转,在其他高校亦不多见。

一、课程基本情况

本门课程为"催眠理论与实践",计 2 学分,属于通识选修(人文社科类),面向大一所有专业开放,亦适合其他高校大部分年级的大部分专业。教学班规模直接受益学生数一般是每学年 120 人以上,间接受益学生数 380 人以上,合计每学年 500 人以上。所使用的教材为《催眠术——一种奇妙的心理疗法》(邰启扬著,社会科学文献出版社 2005 年出版),2018 年始使用自编教材。截至目前,本课程已开展 3 轮"翻转课堂"教学实践,每轮 16 课时,占总课时 50%。课程依托的在线教育平台为浙江省高等学校精品在线课程共享平台和浙江警察学院校内网。

二、教学改革背景与思路

(一)教学改革背景

1. 国内催眠教学匮乏

(1)催眠教学人才匮乏。科学催眠体系主要来源于美国,因此催眠理念、理论和技术往往掌握在少数留美归来的催眠师身上。这类催眠师的催眠教学方式基本上为高价收费的当面传授,这就使得大量催眠爱好者限于费用、语言及在线内容匮乏等原因,难以深入了解和掌握催眠。另外,掌握一定催眠技术的少部分高校教师,也往往将催眠应用于实验室和理论研究,较少讲授催眠。

(2)催眠教学途径匮乏。催眠教学人才的匮乏是导致催眠教学途径匮乏的重要原因。此外,尽管互联网带来了信息革命,但互联网上催眠教学视频、催眠教学文字和催眠教学图片等还比较零散,且往往带有吸引眼球的神秘色彩,不仅在思维方面不够科学严谨,在内容方面也常常相互矛盾,学习者很难通过它们掌握实战性较强的催眠手法。最后,系统的 MOOC 形式的催眠教学视频几乎没有。

2. 传统教学和现代教学较少关注学生在多种意识状态下的教学对接

传统教学注重以教师为中心、以传授书本知识为主、以教室为基本场地,而以杜威为代表并加以发展的现代教学法主要特征有以学生为本、以发展智能为中心、重视培养非智力因素等特征、重视现代心理学的研究、重视现代教学技术的运用、重视科学研究方法等。[①]但不管怎样,这两种教学在学生多种意识状态方面的探索都比较薄弱,即催眠教学所提倡的关注学生在意识状态和意识替代状态下的教学对接是这两者所欠缺的。

(二)教学改革思路

"催眠理论与实践"教学改革的基本思路为:依托 MOOC 形式,借鉴催眠理念,对催眠教学内容和催眠教学形式进行翻转。

1. MOOC 形式

MOOC 指 Massive Open Online Course(大量开发在线课程),是"翻转课堂"的一种重要形式。MOOC 形式的翻转思路为:网上普适,网下公安;碎片学习,系统认知;答疑解惑,多样考核。其中,网上普适指代催眠内容适于高等院校的大部分年级和大部分专业的学习。网下公安指代涉及与公安业务相关的催眠教学则用于公安院校学生的线下学习。

2. 催眠理念借鉴

催眠理念指顺其自然、关注反应和具身思想。顺其自然指催眠的发生不拘泥传统,可顺时、顺境和顺势。关注反应指催眠前后关注的重点应放在催眠互动关系特别是被催眠者对催眠的反应上,而不是催眠者的催眠策略或者催眠技巧上,这与传统的催眠观点相异。具身思想通过具身认知表达,研究者(Stuart,2004[②];Derbyshire,2008[③];Angier,2010[④];叶浩生,2011[⑤],2015[⑥])等从社会认知与行为实验、脑和神经及生理学等实验证明了催眠的具身内涵。

催眠理念对催眠教学上的借鉴,主要表现为:(1)重视教师的指导作用,推进催眠教学教育的顺其自然;(2)强调以学生为本,促使学生反应与教学目标的和谐统一;(3)倡导具身认知在教育中的应用。

因此,借鉴催眠理念的翻转思路为:顺学生天性和教育天职之自然融合,关注学生与教学互动之积极反应,鼓励教育神经之合理塑造。

三、"翻转课堂"教学设计

"翻转课堂"之所以翻转传统,主要基于师生互动方式的完善、学生自主学习权重的提

---

① 李方. 对立与融合:传统教学方法与现代教学方法. 华南师范大学学报(社会科学版),2003(1):91-97.

② Stuart, W. G., Derbyshire, W. G., Whalley, V., Andrew, S. & David, A. O. Cerebral activation during hypnotically induced and imagined pain. Neuroimage, 2004(23):392-401.

③ Derbyshire, W. S. Hypnosis and the analgesic effect of suggestions. Pain, 34 , 2008(34):1-2.

④ Angier, N. Abstract thoughts? The body takes them literally. The New York Times, 2010, 2(2):159.

⑤ 叶浩生. 有关具身认知思潮的理论心理学思考. 心理学报,2011(5):589-598.

⑥ 叶浩生. 身体与学习:具身认知及其对传统教育观的挑战. 教育研究,2015(4):104-114.

高、教师直接指导和学生自主学习的结合以及教学内容具永久回看性等特点,结合"催眠理论与实践"的学科特点,设计如下。

(一)总体设计

(1)基于学生需求与教育预期的和谐统一,完善"为什么学"的教学目标设计。有时候,学生的需求并不总是与教育预期相符,这时,教师应发挥巧妙引导作用,促成教学目标的完成。

(2)基于学科特点和发展趋势的共同要求,完善"学什么"的教学内容设计。催眠教学目标是提高催眠理论水平,掌握催眠基本技术,普及推广催眠应用。因此,催眠教学内容为:催眠简史、催眠理论、催眠技术、催眠应用和催眠大家等。

(3)基于学生反应和教学内容的有效互动,完善"怎么学"的教学策略设计。即多种心理效应激发学习、多种意识状态轮流学习和多次引导发展教育神经学习等试催眠教改的主要策略设计。

(4)基于学习效果和教学改进的可持续性,完善"怎么评价"的教学考核设计。在保持学生学习动机高度卷入的前提下,考核要以提高学生的学习效果和教师的教学水准为根本,促进"教师指导、学生创造"的翻转形式的可持续性。

(二)2学时具体设计

以《催眠绪论》为例,采用"催眠体验＋MOOC学习"形式。

1. 第1学时:催眠体验

教学目标:走近和认识催眠。

教学内容:现场催眠体验,现场科学演示,现场答疑解惑。

教学策略:实训＋讲授。

教学作业:撰写催眠体验报告。

2. 第2学时:MOOC学习

基于第1学时的催眠体验,第2学时的MOOC讲授内容设计如下:

MOOC-1:为什么学习催眠?

教学目标:端正催眠学习动机,以利于个体身心健康和社会发展进步为衡量。

教学内容:指向他人的催眠学习动机、指向自我的催眠学习动机、指向群体的催眠学习动机、指向效益的催眠学习动机和指向神秘的催眠学习动机。

教学策略:MOOC讲授＋MOOC思考。

教学作业:简要谈一谈个人催眠的学习动机。

MOOC-2:催眠是什么?

教学目标:认识催眠定义,深化催眠认知。

教学内容:催眠的巫术、暗示、通磁、病态、睡眠、缺血、解离、多重、扮演、状态、非状态、具身等定义,其中,以巫术、睡眠和解离为重点。

教学策略:MOOC讲授＋MOOC思考。

教学作业：这些催眠定义和你最初对催眠的认知有冲突吗？为什么？

MOOC-3：催眠是一门科学吗？

教学目标：认识催眠的科学内涵，坚定催眠的科学发展。

教学内容：什么是科学，催眠如何符合科学的基本特征。

教学策略：MOOC 讲授＋MOOC 思考。

教学作业：万一将来科研表明，催眠不是一门科学，该怎么办？

MOOC-4：瞬间催眠，真倒还是假倒？

教学目标：认识瞬间催眠的特殊性及其发生的相关条件。

教学内容：瞬间催眠的定义、应用领域和注意事项。

教学策略：MOOC 讲授＋MOOC 思考。

教学作业：请简要谈一谈瞬间催眠是真倒还是假倒？

四、"翻转课堂"具体实施

(一) 制作 MOOC

按照"催眠理论与实践"的大纲要求和学科特点，细分催眠相关知识点，录制成科学的、严谨的、有趣的 MOOC 小视频，提高教学效率，增强学习兴趣，完善答疑解惑。

(二) 自编教材

催眠培训市场鱼龙混杂，舞台催眠表演自降身份，巫术色彩和神秘性质的"精神感应"及"前世今生"催眠等极易误导学习者，因此，基于科学的思维、理念和实践，自编教材解决学生难以科学、系统学习催眠的需求。

(三) 多态学习

多态指意识的多种状态，包括意识状态和催眠所引发的意识替代状态等，具体表现为第一堂课的现场催眠体验学习、MOOC 中的内隐与暗示学习、传统意识状态的学习和线下催眠治疗学习等。

(四) 多维考核

按照"教师指导，学生创造"这一互联网思维在催眠教学中的应用，考核标准为：作业完成占 20％，关注学习态度和学习反馈；作品创新占 20％，关注催眠作品的创新性；技术展示占 30％，关注催眠技术的流畅表达；论文撰写占 30％，关注催眠思维训练和理论提升。同时，个性化催眠学习附加 10％，依据学生自陈的任何有助于催眠学习的合理理由，给予加分鼓励。

五、取得成效分析与体会

（一）成效分析

（1）目前,校级精品课程"催眠理论与实践"已立项。

（2）"催眠理论与实践"激发学生学习热情,切实提高学生催眠水准（见表1）。

表1 "催眠理论与实践"课程效果

内　容	结　果
借阅与购买催眠书籍	频率提高
他人催眠	效果良好
自我催眠	渐入佳境
催眠应用	疼痛的自我缓解,冬天冷水浴增多,锻炼疲劳时高效恢复等

（3）"催眠理论与实践"获得多方良好评价（见表2）。

表2 "催眠理论与实践"课程获得的评价

内　容	结　果
学生评价	震撼、有趣、"可怕"和一定难度,是学生对本课程的常见描述
同行评价	坚持科学催眠理念,用心做好催眠教学与治疗,难能可贵
其他公安院校评价	值得学习和借鉴（有相关专业教师前来听课和交流）
其他综合高校评价	思维开阔,大胆创新,收获良多（来源于多人次、多场合的交流）

（二）个人体会

催眠体系的建立、催眠教材的编著、催眠MOOC的制作、催眠教学的完善和催眠互动的共进等,是催眠学科发展的必然要求,个人对此深有体会。

（1）对饱受争议的催眠现象应恪守科学解读。几千年来,由于巫术深入骨髓的影响,使得催眠极易让人联想起旁门左道和歪门邪术,尽管它早已从巫术中分离并迅速超越巫术,成为一门以临床催眠治疗为核心的学科。但是,大众对它的认知往往是延迟、非理性或者矛盾的。幸运的是,顶级科学家包括让内、巴甫洛夫和希尔加德等,特别是艾瑞克森一生的努力,使得催眠终于跨越笛卡尔鸿沟,成为身心医学的重大变革。

（2）对独具挑战的催眠教学应保持勤勉之心。包括部分科学家在内的公众,尚未扭转对催眠的错误认知前,从事催眠教学需要一定的勇气;同时,在课堂现场众目睽睽之下进行催眠麻醉、在咨询室里进行催眠治疗以及在线上进行永久性保留的MOOC讲授等,也需要底气。若违背科学精神,将留给听众有关催眠的消极印象和消极影响,实属不该。因此,在坚持科学催眠理念和科学思维实践的前提下,必须保持勤勤恳恳、兢兢业业。

（3）对尚待挖掘的催眠研究应注重量性结合。近200多年来催眠的科学研究,最大的贡献在于,它广泛且深入地抹去了延续千年的神秘色彩,但在催眠本身的内在机制方面,却仍未达成一致认可,甚至出现相互矛盾的解释。对此,要有正确而清醒的认识,即今后催眠的基础研究和应用研究都应坚持定量和定性相结合的实证思维,尤其可借鉴脑与神经的研究成果。

作者简介

"翻转课堂"
示范性
教学视频

张伟诗,男,1982年出生,现为浙江警察学院社科部心理学教师,主讲"催眠理论与实践"和"大学生心理健康教育"等课程。

教学方面,曾执教全国首任公安局长班心理课;获浙江省公安厅嘉奖,浙江省首届微课大赛二等奖,浙江省高校教育技术成果三等奖,校教学质量奖、教书育人奖、新星奖和优秀导师称号等;指导学生创业创新项目(国家级,已结),获校创业大赛一等奖等。

科研方面,参编《G20峰会安保民警心理调适小手册》(已出版发行14万册),主持"全省民警心理健康工作制度设计"课题(已结)和参与厅级课题"G20峰会安保民警心理调适和工作的创新实践"(已结),另外主持和参与多个校级课题并发表多篇论文。

图片轮播在网页美化设计中的应用

龚文芳

衢州学院教师教育学院

一、课程基本情况

课程名称:网页设计。

课程学分:4。

课程性质:专业基础课。

面向专业:视觉传达设计。

教学班规模:单班。

使用教材:《Dreamweaver CS6 网页制作》,九州书源编著,清华大学出版社 2015 年出版。

依托泛雅教学平台,已开展"翻转课堂"教学实践 2 轮,目前是第 3 轮,每轮约 24 学时。

二、教学改革背景和思路

"网页设计"是我校视觉传达设计专业的一门专业基础课程,系统介绍网站构思规划、整合开发设计以及维护推广,主要培养能综合运用网页制作主流工具 Dreamweaver、Flash、Photoshop 和艺术设计制作技巧,进行网站设计和开发的专业人才。这门课程具有综合性强、实践性强、技术和艺术有机融合的特点。

以前,"网页设计"在课堂教学中虽然也有教师引导分析、个性化辅导、讨论交流、成果展示等环节,但从教学效果的分析看来,还存在着一些问题有待于解决。受到课堂时间的限制,教学活动还是以教师为核心,学生的主体地位不突出,课堂互动不够,教学资源有限;课内、课外的教学体系不连贯,难以体现个性化差异;学生自主学习动力不足,在制作作品时重模仿轻创新,融会贯通能力偏弱,综合设计创新能力不够。这种现象是无法适应学生实践创新能力培养的现实需求的,要充分体现出学生学习的主动性,培养出高素质应用型人才,对现有的课堂教学模式进行改革显得很有必要。

基于此,拟在该门课程中尝试开展"翻转课堂"的教学,通过引入微课,在面对面课堂教学和在线学习有机组合的前提下,综合运用传统教学、自主探究学习、协作学习等模式开展教学,激发学生学习的积极性,让学生主动探索,发现问题,解决问题,这种主体体验、开放实践性的学习活动,将有助于提高学生进行知识的融合和再创造,从而提高"网页设计"课程的教学效果。

2015 年 8 月,主持"基于微课的计算机多媒体制作课程混合式教学模式的改革与实践"项目获得浙江省课堂教学改革项目立项,正式启动了"翻转课堂"的教学改革。

三、"翻转课堂"教学设计

(一)总体设计

选择一些重要且便于开展讨论的教学环节,采取"翻转课堂"的教学组织形式,课前抛出问题、布置预学,课上自学反馈、分析讨论、小组协作、教师点拨辅导难点、亮点分享、总结,课后拓展提高练习,对课程内容进行重新编排设计。具体如图 1 所示。

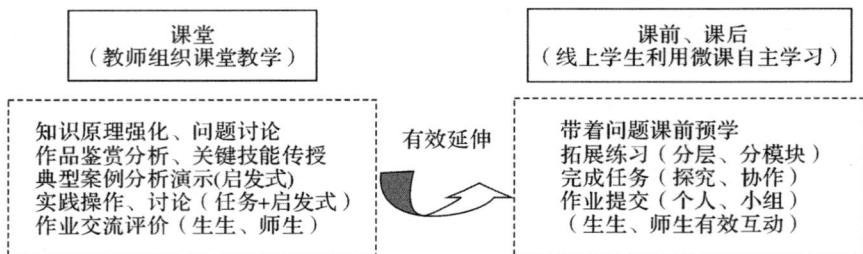

图 1　课程内容编排

1. 课前活动

(1)教师录制微课,注意抛出问题,激发学生的学习兴趣。

(2)学生自主进行课前预学。

2. 课堂活动

(1)自学反馈,师生共同分析探究问题。

(2)学生讨论、分组协作探究。

(3)教师注重思路引导,进行合理点拨、辅导。

(4)成果展示交流,教师进行教学反馈及总结。

3. 课后活动

拓展提高练习,分个人或小组作业。教师对每份作业都进行个性化批改点评。

(二)图片轮播在网页美化设计中的应用(2学时具体设计)

章节名称	网页美化设计	课程内容	图片轮播效果的制作
教学背景			"网页设计"是视觉传达专业的一门专业基础课,该课程的主要目的和任务是使学生在熟悉计算机和互联网的基础上,通过网页设计软件的教学,融会以前专业基础课的知识,能够达到独立设计和制作美观完整网页的能力。在学习该课程时,学生应具备平面图像处理、动画制作的能力。该课程的教学对象为大学三年级学生,他们之前已经初步学习了 PhotoShop、Flash,具备了一定的图片处理能力和动画制作能力。 该课程以培养学生掌握各类网站设计方法和制作技巧为主。网页的美观直接影响网站的效果,通过前期课程学生已经掌握了网站的常规制作流程、网页布局的方法以及运用 CSS 样式对网页进行美化,本次"翻转课堂"通过学习应用 Flash 技术,掌握图片轮播的设计方法及应用技能,对网页 Banner 进行进一步美化设计,增强网页的视觉效果

表格继续：

教学目标	1.知识目标 掌握影片剪辑元件、按钮元件、交互语句的设计方法 2.能力目标 掌握网页中图片轮播的设计方法和制作应用技能,能够运用网页三剑客之一 Flash 制作出图片轮播的效果 3.情感目标 认识到图片轮播制作与应用的重要性。培养学生良好的操作习惯和创新思维,能运用所学知识解决实际问题,体会设计的乐趣
教学特色	网页美化在整个网页设计中非常重要,而图片轮播又是非常重要的一个内容,运用 Javascript 语句来实现美观实用的图片轮播效果对于大部分同学来说是有难度的。在这 2 学时的课程中,首创完全可以灵活运用 Flash 技术,实现美观实用的图片轮播效果,大大地提高了学生的学习兴趣和自信心
教学方法	本"翻转课堂"的基本落脚点是让学生在分析案例的基础上,激发学习积极性,在预学、思考、讨论、协同操作等的基础上,合理运用教师的讲、演和适当点拨,丰富设计方法和积累技巧。在教学中采用案例教学法、讨论法、讲授法、演示法、启发式教学法、任务驱动法、经验分享等多种方法,由浅入深、循序渐进地对学生进行知识传授和能力培养,使学生掌握利用 Flash 设计制作出图片轮播效果的技能

教学过程

教学环节	教学内容(师生活动)	设计意图
课前预学——提出问题	教师提前录制视频上传到网络教学平台,请同学们进行课前预学。 抛出问题: (1)大家平时浏览网页,在一些页面中肯定看到过不同种类的图片轮播效果,大家有没有想过这是如何实现的? (2)观察并总结出图片轮播一般具有哪些特点 (3)运用我们现在掌握的知识可以实现吗?大家尝试做一做示例效果"图片按照一定时间间隔,淡入效果循环播放"	通过产生疑问"如何实现?"来激发学生的学习兴趣和探求新知的欲望

续　表

教学环节	教学内容(师生活动)	设计意图
自学反馈——分析问题	第一课时 同学们课前已经看过视频了,现在请大家来回答教师提出的问题。 1.设疑 图片轮播一般具有哪些特点? 提问、讨论后得出: (1)图片按照一定时间间隔循环播放 (2)数字类导航随图片一起播放,并能控制图片的展示 (3)数字加亮提示 是否一定要掌握 Javascript 语句? 有同学尝试过吗? 2.释疑 答问、分享环节 究竟应用了什么技术,能让 Banner 播放这么美观? 我们进行变通,运用网页三剑客之一 Flash 来实现。 3.再一次设疑 如何用 Flash 设计图片轮播效果? **分析示例:** (1)图片过渡效果可以怎样实现? (2)数字导航怎么添加? (3)数字导航如何控制图片展示?	运用案例分析,启发式教学法揭示利用 Flash 设计制作图片轮播效果的方法,激发学生掌握新技术的渴望
引思解疑——解决问题	第二课时 1.思路点拨,从最简单的入手 (1)实现"图片按照一定时间间隔,淡入效果循环播放" (2)实例操作演示: Flash 中新建 3 个元件,导入 3 幅图片,制作运动动画,通过修改 alpha 值,适当地延长帧数,实现图片淡入的过渡效果,导出 swf 文件。进而证明运用 Flash 是可以实现的 2.层层深入,启发式教学 (1)进一步分析,带有数字导航的图片轮播如何实现 讨论、小组协作,得出关键点: ①数字导航添加 ②数字导航控制图片展示 (2)教师介绍设计思路,引入按钮元件、影片剪辑元件、交互语句控制,同学们协作 ①设计图片过渡效果的影片剪辑元件,设计按钮元件 ②在场景中加入按钮,添加交互控制语句,实现数字导航并控制图片展示 ③小组代表分享 (3)进一步分析,数字如何加亮提示以增强导航效果 按钮覆盖实现加亮显示: ①在之前的源程序上制作覆盖按钮 ②导出 swf 文件 (4)在 Dreamweaver 中导入 Flash 元素,保存 F12 预览测试	启发式教学,层层深入,在分析、讨论和小组协同操作的基础上,验证利用 Flash 设计制作图片轮播效果的方便性及艺术性

续　表

教学环节	教学内容(师生活动)	设计意图
归纳总结	同学们总结得出结论,利用 Flash 技术完全可以制作出美观实用的图片轮播效果。操作步骤如下: (1)收集处理素材 (2)Flash 设计:元件的创建、运动动画的设计(如修改 alpha 值等)、按钮的制作、交互语句的添加、导出 swf 文件 (3)在 Dreamweaver 中导入 Flash 元素	课程内容回顾,掌握设计方法和应用技能
拓展创新	课后拓展作业 (1)各学习小组在上次的新书发布网页上设计一款图片轮播的 Banner 效果,并尝试加入链接 (2)学有余力的同学可以尝试用 JS 代码来实现(源代码网上下载,做适当修改)	任务驱动与自主探究
教学评价及总结	作为一门实践性很强的课程,需要学生树立自信心,掌握设计的方法技巧及操作应用技能。 整个教学由浅入深,层层递进。课程首先从问题入手,产生疑问,激发学生的学习兴趣和探求新知的欲望。通过对典型案例进行分析、启发式教学、演示制作,循序渐进地引导学生掌握网页美化设计中图片轮播的设计方法及应用技能,课后拓展通过小组协作学习,进一步提高学生在设计应用方面实践的能力,整体教学效果预见良好	

四、"翻转课堂"具体实施

(一)课前

录制微视频,上传到网络教学平台,提前布置学生进行课前预学。

(二)课堂

1. 第一课时(思路点拨,从最简单的入手)

(1)自学情况反馈:请同学们总结分析案例中图片轮播的特点。

(2)展示示例轮播效果,以"图片按照一定时间间隔,淡入效果循环播放"效果为例,分析关键步骤,并进行合理的点拨。

(3)让同学们分小组尝试制作,并请同学代表上来演示。

2. 第二课时(层层深入,启发式教学)

(1)如何给轮播图片加上数字导航?

①讨论得出数字导航其实就是按钮。

②小组协作:添加示例的 3 个灰—红圆形按钮。

③教师在巡视指导的过程中,收集问题、易犯错误、亮点,最后进行统一的演示和总结。

（2）数字如何加亮提示以增强导航效果？

①小组协作尝试。

②教师巡视并做出适当点拨。

③总结得出：对按钮进行覆盖处理可以实现数字的加亮提示。

小结：利用 Flash 技术制作美观实用的图片轮播效果的步骤和关键制作技巧，在转场效果和按钮提示上可以下功夫。

（三）课后

小组作业：为上次新书发布会首页设计一款图片轮播效果的 Banner。

个人作业：学有余力的同学可以尝试用 Javascript 代码实现。

五、取得成效分析与体会

图片轮播在网页设计中是非常重要的一个内容，常规运用 Javascript 语句来实现图片轮播对于大部分同学来说有难度。在这 2 学时"翻转课堂"的教学过程中，首创完全可以灵活运用 Flash 技术，实现美观实用的图片轮播效果，大大地提高了学生的学习兴趣和自信心。将网络环境下的学习活动作为课堂教学的补充，实现课堂、课外的协调和优势互补，同学们在探究问题、讨论碰撞、协同操作的环节中，主动地参与了课堂，并且在不知不觉中攻克了难题，收获科学探索精神，享受成功的喜悦。

自从对该门课程的课堂教学进行改革之后，学生的自主学习能力得到了有效的促进，每位学生都最大可能地参与到课堂教学中，课堂教学氛围更为活跃，通过网上任务点的学习、课堂的思考和讨论、小组间的协作配合、与其他组进行有益竞争等环节，最大程度地调动学生的兴趣和学习积极性，发挥学生的主体作用和主观能动性，增强设计能力。而在整个教学过程中，教师灵活运用了多种教学方法，积极启发学生，引导他们独立思考、分析和解决问题，也充分发挥了教师的引导作用，教学相长，收获颇多。

作者简介

"翻转课堂"
示范性
教学视频

龚文芳，衢州学院教师，硕士学位，讲师职称，研究方向为教育技术应用、多媒体艺术设计。主持浙江省高等教育课堂教学改革研究项目"基于微课的计算机多媒体制作课程混合式教学模式的改革与实践"，完成"计算机多媒体设计课程项目教学法的研究与实践""高校课程通用网络教学支持平台的研究与构建""协作学习模式在多媒体设计类课程中的应用研究"等多项教学改革项目的探究和实施。

MOOC 视阈下基于"翻转课堂"模式"音乐与健康"教学案例

王　蕾　况丽霞

宁波大学音乐学院

一、课程基本情况

课程:音乐与健康。

课程学分:2。

课程性质:高校音乐公选课,教学班规模 60 个人左右。

使用教材:自编教材《音乐与健康》(已经立项浙江省普通高校"十三五"新形态教材项目,将于 2018 年出版)。

课程进展情况:已经开展"翻转课堂"教学实践 4 轮,约 32 个学时,依托在全国优课联盟和清华大学的学堂在线网站进行"翻转课堂"教学,并于 2017 年 9 月在台湾的中华开放教育平台上开课,全国选课人数超过 25000 人(包含 14000 余名大学生和 300 余名高中生以及社会人员)。

二、教学改革背景与思路

(一)教学改革背景

"翻转课堂"是对传统课堂教学结构与教学流程的彻底颠覆,由此引发教师角色、课程模式、管理模式等一系列变革,"线上＋线下"的混合式教学是慕课的主要教学模式。本课程全面介绍音乐养生的基本理论与操作方法,利用全国优课联盟和清华大学学堂在线等国内知名慕课平台,向高校学生与社会公众传播音乐与健康的理念,使其在学习音乐的过程中净化心灵、陶冶情操、完善人格,对当前的美育教育和高校公共艺术教育均具有一定借鉴与示范效应。

(二)教学改革思路

(1)集文字、图像、视频、音频、演奏示范、即兴表演等融为一体,形成音乐通识课程的听觉化、视觉化、表演化和立体化教学,力图打造一个有生命力和活力的音乐课堂,专门录制由专业演奏家和演唱家的现场表演视频和采访花絮,加强听众的直观感受,有着强烈的听觉和视觉冲击力。

（2）在教学结构上做到一纲多点，以点带面；在教学内容的思想性深度上进行开掘，以正确的思维方法在更广阔的社会文化视野中认识音乐与医学之间的关联，拓宽受众的视野，提高其艺术鉴赏能力，增进其心理健康。

（3）利用网络在线开放课程平台，调动学生的积极性，建立起全面活跃的师生互动、生生互动的教学讨论模式。在网络讨论的过程中通过发动学生把自己的音乐体验和感悟（包括照片和视频）上传到课程平台，作为本课程的网络教学资源进行共享，实现课程理论学习和生活实践、体验的结合。

（4）积极进行本课程的教材建设，本课程配套教材《音乐与健康》已立项 2018 年浙江省"新形态教材"项目，通过引入"翻转课堂"模式与在线课程资源共享，达成新形态教材的编写要求，让学生获得丰富的教学案例和深层次的理论知识。

三、"翻转课堂"教学设计

一是转变高校"重技轻艺"的传统音乐教学观，提出"审美导向，重在体验，能力本位，回归人本"的音乐教学理念。

二是变传统封闭式线性教学过程为开放式教学过程，推行分层教学，拓展课程体系，形成"网络学习库＋课堂引领＋自主建构"信息化模式的教学策略。

三是创新教学评价体系，变技术导向为素质导向，提高学生探究式学习能力，引导教师关注学生人格养成与素质提升。

具体如图 1 所示。

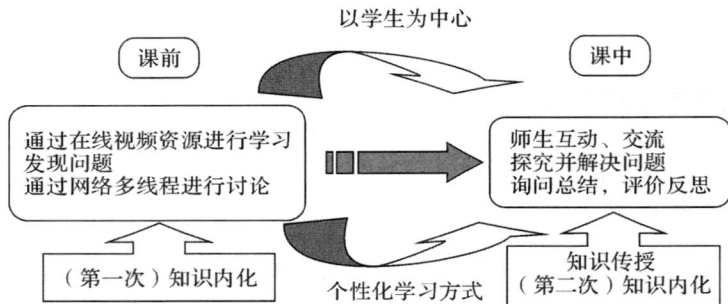

图 1　教学路径

四、"翻转课堂"具体实施

（一）创立 MEA 教学模式

MEA 教学模式是以音乐（music）为核心、体验（experience）为方法，即兴表演（act）为形式，采取"节奏、律动、欣赏、表演、创造"五结合的以实践为导向的教学过程设计，探索出与"翻转课堂"模式相结合、行之有效的教学方法，发掘学生音乐潜能，培养创造性思维，达到人格提升与自我超越，形成与之配套的"情境导入—音乐感知—听辨视唱—即兴表演—审美表现"的五步教学法,用情感构建起学生与音乐沟通的桥梁,让学生在对音乐的整体感受中自然形成个性化音乐体验,产生持久的学习动力,将音乐技能、审美素养、人格养成贯穿于教学全过程,使学生在音乐审美过程中获得深刻的情感体验,促进其对音乐观念与价值的理解,传递正能量,达到人格提升与自我超越。如图 2 所示。

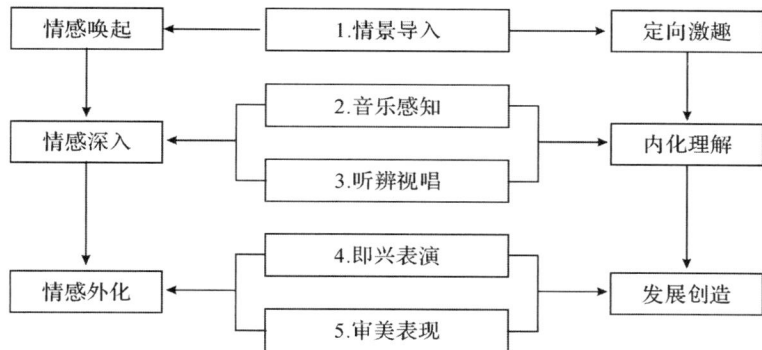

图 2 五步教学法示意

(二)有效实施在线交互式开放教学

"翻转课堂"实现了"以教师单向式知识传授"向"交互式、个性化、自我学习"的转变,借助互联网技术,突破"时空围城"和专业限制,推行在线互动式开放教学。在课程开始阶段,对所使用的网络教学平台予以详细介绍,并布置相应的作业项目。在教学过程中,教师积极主动引导学生通过自主学习,解决学习中的疑难问题,展开自由讨论,分享学习心得,全方位开展师生、生生交互式教学,把知识传授放在网络平台上,把知识内化置于教学过程中,实现师生、生生之间的无阻碍、全时空沟通和交流。

(三)"音乐与健康"教学案例

1. 课前准备阶段

首先,根据教学目标制定教学任务。教师根据教学大纲制定详细的教学任务,必须以独立的知识点为单位,将整个"音乐与健康"课程按照知识结构组织为若干模块,每个模块再划分为若干小的知识点,将本课程内容划分为 8 个模块,模块之间具有耦合性,各模块串联起来便构成完整系统。

其次,建立课程教学资源。教师根据教学知识点制作教学 PPT、教学视频、微课等多种形式的教学资源,并收集与教学知识点相关的网络资源,将资源发布于在线教学平台,供学生下载和学习。为了进一步激发学生学习积极性,将历届学生中优秀的作业、视频置于在线教学平台中,对学生进行展览。

最后,在线教学平台培训。在课程开始之前,对本课程所使用的网络教学平台——超星数字网络教学平台的使用做详细介绍,目前在教学中全程使用超星的手机学习通平台进行教学。

2. 课堂教学实施阶段

依据上述"翻转课堂"的构建方法进行教学活动的实施,基于我校超星数字平台模拟演示一次课程的教学实施过程,该过程体现出教师、学生在网络教学平台和课堂的活动,教学实施过程如图 3 所示。

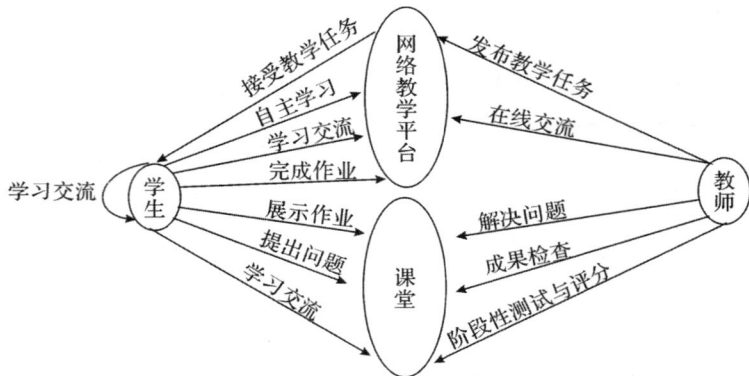

图 3　基于超星数字平台的"翻转课堂"模拟演示

"翻转课堂"教学的最有效环节是课堂中生生、师生之间的"协作学习",并且在教学中,根据原先学生音乐基础的不同,实施分类分组教学,组与组之间进行互评和讨论,力求内容新颖,带有一定的愉悦性和较强的专业性,使得公选的学生对音乐专业知识的学习能够做到深入浅出,学有收获。

在"翻转课堂"的课堂教学中,我们将动态的生成性课堂作为知识内化的有效教学手段。在课堂教学中,我们秉承"精细预设,期待生成;弹性空间,自由生成;积极互动,共同生成;总结延伸,升华生成"的教学理念,努力找寻课堂教学的生成点,把备课的中心定位在关注过程多元、结论多元、方法多元上,分析知识的发生和形成的过程,挖掘、拓展教学内容中学生容易产生疑问和感兴趣的问题,关注学生的喜好,重视音乐养生知识在生产生活与医疗科技中的应用,有意识拓宽学生的视野,把学习的视野拓展到课前积累、课中碰撞、课后更新,设计出与教学内容相匹配的课堂活动情境,如"快乐的杯子歌""青花瓷"等,给学生提供最合适的实践场所,鼓励学生大胆地用自己的学习习惯、方式与生活世界进行对话,利用课程网路平台沟通课内课外、线上线下,对教学内容进行整合重组,通过教师的课前建构与课堂生成,不断激发学生对课程知识的内化与应用。

3. 教学评价阶段

教师在完成上述三个教学阶段之后,需要整理之前各阶段学生提交的作品,除了归纳比较集中的问题进行课堂讲解外,还要为每一个学生建立个人文件夹,将小组讨论过程中产生的过程性评价以及教师的结果性评价放入其中,分享至网络平台提供学生下载。值得注意的是,教师要根据每一个学生作品展示的不同状况,给出不仅包括语态、教学目标的完成、教学流程的设计等基础的评价;同时也要针对学生的特点,提出专业性的建议,从而增强学生作品展示的自信心。此外,还需注重过程性评价,过程性评价可以包括修改阶段同学互评以及学生自评时所产生的评价,也可以包括教师在前期讨论中所给出的评价,但结果性评价必须由教师给出，最终以个人汇报、成果展示、小组讨论、网络或课堂中交流的活跃度等作为课程评价标准，使得对学生的评价更客观、准确。评价过程如表1所示。

表1 学生课程评价

分组教学法：(根据学生音乐基础差异，采取分组教学)	学号	姓名	到课率(10%)	平时表现(10%即兴表演课间音乐会)	作业1(5%)	作业2(5%)	研讨和交流1(选择其中一次10%)	研讨和交流2	研讨和交流3	网络视频观看(10%)分钟	成果展示(音乐活动表演10%)	期末考试(40%)	总评
A			全勤	A	85	87	A			612.9	A	86	86.1
			全勤	A	85	87	A			953.6	A	88	90.3
			缺课1	B	80	76	B			1049.3	B	83	84.7

利用混合式教学模式的优势来建构"音乐与健康"，是教育技术与高校音乐公选课堂相结合的一个重要探索，既保留了教学中强调学生理解和内化过程的重要性，同时也凸显了混合式教学资源共享、形式多样的特点，为高校公共音乐教育提供了更为便捷有效的教学模式。

五、取得成效分析与体会

(一)成效分析

"翻转课堂"教学模式促成学生从接受式学习向研究性学习的转变，"学生中心"逐渐取代"教师中心"，激发学生自主学习积极性，以达成预期的教学目标。在教学过程中，我们尝试采用以下方法，并取得了一定的成效。

(1)在课程学习起步阶段，注重灌输式教学法，给学生提供各类教学资源和作业项目，对其予以有效引导。

(2)在学生学习过程中，注重启发式教学，利用网络课程平台进行师生交流沟通，指导学生完成课程的自主学习。

(3)在师生互动中，注重讨论与案例教学，为学生提供更多个性化选择，以达到既传授知识又训练思维方法的目的。

(4)在教师备课环节，注重发现式教学法，以研究的态度对待教学，不断更新课程内容与网络资源，保持教学的连贯性与创新性。

(5)在整个教学环节中，注重各种教学方法的融会贯通，推行移动式学习（M-Learning），实现教学活动的"Anyone, Anytime, Anywhere, Any style"（4A化），为学生毕生发展提供助力。

(二)教学体会

一是突出教学重点。在"翻转课堂"模式下，课堂上使用精简的视频来丰富教学，如何在有限的时间内有效发挥视频的教育功效，需要教师从细节出发，让微课视频有效贯彻教学目标。教师用自身的知识储备帮助学生提炼知识核心，将知识细化整合，从细节的处理上展现重点,让微课视频直观展示教学思路与逻辑。

二是有效吸引学生。教师利用课程网络平台,上传微课视频,督促学生完成线下观看与线上讨论。微课视频要不断与时俱进,让学生在轻松愉悦的氛围中接受新知识。对教师而言,备课的过程中可以搜罗与教学内容相关的各种素材,对所搜集的资料进行剪辑加工,使其与教学内容更加贴合。学生提前的预习过程也是发现问题的过程,让学生自主掌控学习进度,建立"自主、探究、合作"的全新学习理念,构建课程动态学习模块和教学交互板块。

三是增加师生互动。微课视频在课堂上的再现是为了巩固学生的记忆点,用数字化的多媒体手段帮助学生反复"咀嚼"知识点。在视频与音乐的双重刺激下,强化学生对知识的理解。同时,教师还需要注意课堂上师生互动,用问题牵引学生参与,帮助学生完成自我思考和探究式学习的过程,与学生进行良性互动,让学生增加存在感,防止学生过度的人机交互与网络依赖。师生有效互动对学生而言,是在互动中分享学习状态、提升其学习兴趣的有效手段。

四是学生切实感受收获很大。学生反馈如图4所示。

音乐与健康 课程门户

课程评价 平均评分: ★★★★★ 3.6

👤 王地晓 学生 ★★★★★ 5.0
讲课很有趣,以前认为音乐应该很枯燥,现在看来并不是的,用心去体会,自会发现音乐的奇妙之处
发表于2016-03-31 10:23:00

👤 陈瑛琪 学生 ★★★★★ 5.0
老师讲课生动有趣,富有感情,知识耐人寻味会对自己有很多帮助!
发表于2016-03-30 20:21:45

👤 陈瑜 学生 ★★★★★ 5.0
老师上课很生动,可以充分的调动学生的积极性,有室内的室外的多种课程,课程形式不受拘束,可以让同学很大程度的学到很多东西。
发表于2016-03-30 16:25:05

👤 林佩丽 学生 ★★★★★ 5.0
超级棒,课程很有趣,也学到了很多,本身就很喜欢音乐,现在,更加喜欢了
发表于2016-03-29 09:41:16

👤 刘颖 学生 ★★★★★ 5.0
我是第一次上这种网络课,感觉特别有意思。真希望其他的课也能这样,既能学习到只是又能让学习者身心愉悦!很赞!!
发表于2016-03-28 08:17:53

👤 王也可 学生 ★★★★☆ 4.5
老师讲课很有趣
发表于2016-03-27 21:39:25

图 4 学生反馈

音乐作为一门表达人类情感的艺术,在"翻转课堂"模式教学中应当充分利用其独特的艺术魅力,深入研究音乐美育在人格培养方面所具有其他课程无法比拟的优势与独特的教学策略,使学生艺术美的熏陶中建立正确的世界观、人生观、价值观,逐步推行教师混合学

习工作坊、学生混合式学习课程改革、通识公选课学分认证、国际课程合作计划等有针对性的"翻转课堂"教学模式改革。

作者简介

王蕾，女，宁波大学音乐学院教师，长期从事音乐欣赏、音乐教学法、音乐治疗等方面的教学，先后荣获浙江省高校第二届微课教学比赛一等奖、浙江省高校青年教师教学技能大赛特等奖、浙江省教育系统"三育人"先进个人、浙江省师德先进个人等省级奖项与荣誉。多年来一直致力于推广经典音乐的普及化和生活化，被誉为是宁波大学最快乐的"杯子"老师，授课风格激情幽默，师生互动积极自然。2016 年 11 月参与录制山东卫视中国首档优秀文化宣导类节目《我是先生》第二季，迄今为止已经为国内各类教学平台（全国优课联盟、浙江省高校精品在线平台、清华大学的学堂在线网站）录制了超过 1500 多分钟的优秀视频，目前全国选课人数超过 25000 人，引发广泛的社会反响。

"翻转课堂"
示范性
教学视频

"翻转课堂"在"视听语言"课程中的实践与探索

俞 洁

浙江传媒学院文学院

一、课程基本情况

课程名称:视听语言。

课程学分:4。

课程性质:专业课。

面向专业:全校影视相关专业本科一、二年级学生。

教学班规模:40～50人。

使用教材:《视听语言》(第2版),邵清风、李骏、俞洁等著,中国传媒大学出版社2013年出版。

已开展"翻转课堂"教学实践:3轮,约440学时。

课程学时:4。

依托在线教育平台:超星慕课平台的"视听语言"课程网站。

二、教学改革背景与思路

"视听语言"课程的主要任务是讲述影视作品的语言构成及一般语法规则。课程的设计之初,就定位于课堂讲授与视听实训相结合,但由于当时的历史条件和经济基础有限,我们的教学体系实际上偏向于理论教学,强调知识的传授,因而缺少实际的视听元素训练。虽然也安排学生课外实训,但由于课程设置上没有安排足够的实训点评和讨论的时间,所以影响课程学习的实际效果。鉴于此,如何使理论与实践真正有机地结合起来,就成为本课程教改工作的核心环节。

要改变这种状态,我们就要考虑利用"翻转课堂"的教学模式,建设一个层次明确、步骤清晰、系统化的课程方案,以培养和激发学生的专业才能。

三、"翻转课堂"教学设计

(一)总体设计思路

"视听语言"课程的教学改革力图通过"翻转课堂"将知识的学习前移至课外,而把知识的内化、讨论交流和解决问题放在课内;同时通过"视听元素训练＋摹拍＋短片创作"逐步递进的手段提高学生对视听语言的理解和运用。

1. 课前设计

本课程组利用超星在线学习平台建设"视听语言"课程网络学习平台来帮助学生自主学习。学生可以通过电脑或手机在课余随时上网学习课程。我们尤其加强了资料库建设。资料库建设主要分为三个部分。

(1)录制并上传微课。我们在每个章节挑出几个重点、难点,分别录制了 7～10 分钟的微课。现已发布相关知识点的微课有 15 个。发布微课的目的是帮助学生攻克难点,更有效地进行课前预习,以及完成课前任务,教师也可以及时监测和了解学生对任务点掌握的情况,在课上有针对性地组织讨论和答疑解惑。

(2)发布课前预习单、课件。每次课前教师将下次课要学习的章节内容的"主题任务单"(预习作业)发布于"视听语言"网络教学平台上。课前学习后,学生完成教师事先布置的课前"预习作业",及时将学习中遇到的问题告知教师,并通过微信群与同学们进行沟通与讨论,从而完成从理论知识到实际操作的转换。所有的课件(15 个章节)均已上传平台。

(3)学习资料发布。我们每次课前与课后结合知识点上传了大量与章节内容有关的经典影片段落和学习文档,以便让学生提前看到,课后也能自主复习,帮助学生巩固和加深对该知识点的理解。

2. 课堂活动设计

教师根据学生课前视频学习及做练习时所提出的疑惑,提出一些具有代表性的问题供学生们在课堂上进行讨论。学生根据教师提出的理论及实训问题,上讲台演练或用 PPT 汇报,然后进行课堂讨论。

3. 课后反馈评价

我们建立了"光影之眼"公众号,定期传播视听语言知识,推送学生作品。课程结束后,教师会要求学生对某一视听元素进行拉片分析,并在实践周指导学生分小组进行视听元素拍摄实训,并将优秀的拉片分析作业和小组拍摄作品在"光影之眼"公众号上推送。

(二)具体教学案例

"违反连续时空连续原则的剪辑——非连贯剪辑"教学设计

1. 教学内容分析

本次课教学内容是《视听语言》的第三章"剪辑"的第二节"剪辑的基本原则"的第二次课"时间和空间的非连贯性剪辑"。连贯性剪辑,一种创造时空连续性幻觉的剪辑手法,好莱坞经典叙事的重要手段之一。但有时导演会采用非连贯性剪辑有意打破时间连续性和空间封闭性,来提醒观众对时空的关注,从而突破叙事层面,彰显时间、空间自身的含义。

这部分内容是在前一节"连贯性剪辑法"的学习基础上认识"非连贯性剪辑法"的方法和意义,重点介绍非连贯性剪辑打破时间连续性的几种主要方法,使学生对全章"剪辑"有一个更加全面和深入的认识。

2. 学习目标分析

本次课基于"视听语言"超星网络教学平台,引导学生课前自主学习微课并完成学习任务单,课上教师将组织学生进行小组合作学习,师生共同讨论,理解非连贯性剪辑的思维表达,旨在推行一种适合"视听语言"课程教学的"翻转课堂"教学模式。

3. 学习者特征分析

学生对连贯性剪辑法并不陌生,但对非连贯性剪辑法有意打破时空连续性的意义并不是很理解,对于不同情境中如何灵活运用非连贯性剪辑的几种主要方法实现特定的效果并不熟悉。本次学习任务难度为中等,但应用性较强,课中讨论分享的部分问题是大部分同学都曾遇见或思考的,预想学生的学习积极性会比较高。

4. 课前任务设计

(1)登录超星教学平台,结合教材观看教学微课视频《非连贯性剪辑(一)》。

(2)从超星教学平台下载并查看教学用 PPT 课件及相关视频资料。

(3)每位同学以 PPT 的形式拉片分析当代某一影片片段对于非连贯性剪辑法的运用。

(4)各组组长收集好组员作品,并组织分享,推选出最好的作品。同时收集组员在观看视频和完成作业的过程中思考的问题及遇到的困难,写在 A4 纸上。

5. 课上任务设计

总体设计思路:什么是非连贯性剪辑法? →有哪几种主要方法? →什么时候用哪种方法?

大体流程是从案例及学生课前作业入手,通过分享作品、介绍方法来检测课前作业和回顾重要知识点,然后针对课前任务中遇到的问题组织团队(小组)讨论,并开展相关练习。

(1)团队最优作品展示(30～40 分钟)。在课前微课中给学生讲解了非连贯性剪辑的几种主要方法,分享了相关的片例,也布置了相应的课前任务。课前各位组长已将本组作业汇集并带领大家一起选出了最优的作品,课前已上传超星网络教学平台供教师审核,课上每组派代表进行分享交流。

(2)课堂讨论(30～40 分钟)。分享完优秀作品之后,讨论大家在完成作品过程中所遇到的问题。各小组轮流提出问题,每组 1 次只提 1 个,其他组讨论思考后给出解决方法,讨论在微信群进行。由于小组数量有 7～8 个,不可能每组都有机会提问,拟讨论 4～5 个问题,其余问题由组长汇总交学委,发布到超星网络平台供课后讨论。

(3)小结及作业(3～5 分钟)。教师总结课堂的学习情况并要求大家在课后继续完善自己的 PPT 拉片作业,同时要求登录超星课堂平台积极参与课后讨论。

6. 教学评价设计

主要评价方式:一是课前的作业检查(由组长协助),二是课堂提问(检查问题收集),三是讨论中的课堂观察,四是课后的作业检查,五是网络讨论评价量规。

7. 教学设计反思

选择"非连贯性剪辑"这一节做"翻转课堂"教学探索,一是该内容具有代表性:需要理解非连贯性剪辑法超越经典叙事的意义,更需要理解如何运用恰当的技术和方法针对性地使用;二是教学内容具有非常大的可延伸性,适合讨论:不同的情境有不同的需求,剪辑方法各异,各种问题也随之而来,对于激发学生思考,提升其分析问题、解决问题的能力有非常好的效果。团队协作在发现、分析、解决问题的过程中,能够做到举一反三,大大提高学习质量。而这些都是传统的讲授与演示所无法解决的和实现的。

在课堂汇报讨论问题这个环节,教师还需要事先跟学生进行沟通,鼓励汇报人更积极地与同学展开讨论,教师只需起到引导的作用。

四、"翻转课堂"具体实施

(一)课前设计

我们利用超星泛雅慕课平台建设了"视听语言"慕课学习平台,帮助学生自主学习。学生在课前不仅可以用电脑上网学习"视听语言"慕课,还可以下载超星泛雅手机客户端,注册后通过手机也可以随时上网学习本课程的慕课和相关知识点。学生使用后反响很好,学习的主动性和积极性明显提高。

(二)课堂活动设计

教师根据学生课前视频学习及做练习时所提出的疑惑,选出一些具有代表性的问题供学生们在课堂上进行讨论。教师将班级学生分成若干讨论小组。每一小组的组员控制在 5 人左右,同组的学生围成圆桌一起进行协作研究。根据教师提出的理论及实训问题,学生上讲台演练或用 PPT 汇报。学生说这样富于个性的课堂学习环境可激励他们自主学习。

我们还积极探索形式多样的课堂教学讨论方式,比如邀请设计艺术学院的虞思聪老师给戏文专业的学生做了关于微电影拍摄的讲座,在实践课上请摄像老师专业指导学生如何操作摄像器材。

(三)课后反馈评价

我们建立了"光影之眼"公众号,定期传播视听语言知识,推送学生作品。课程结束后,教师会要求学生对某一视听元素进行拉片分析并及时打分反馈意见,在实践周指导学生分小组进行视听元素拍摄实训,并将优秀的拉片分析作业和小组拍摄作品在"光影之眼"公众号上推送。

(四)课程考试改革

为调动学生课程实践的积极性和主动性,本课程进行了课程考试改革。这门课程的主要目的是培养学生的视听思维能力,以及对所学相关知识点的应用能力。所以每次的视听实训作为平时成绩的重要组成部分,期末考试也以影像作品的摄制代替卷面考试,综合考虑学生分组提交的实践作品来给出最终成绩。

五、取得成效分析与体会

"视听语言"作为浙江省课堂教改项目、校精品课程、浙江传媒学院的校级重点课程以及戏文专业的核心课程,近两年以来,本课程组成员一直在探索和实行"翻转课堂"模式的教学,网络平台使用情况良好,课堂反响相当不错。通过每年的考试考查,反映出学生对该课程的掌握情况良好,成绩分布正常,基础知识和应用能力掌握均衡,也说明这是一种适合新媒体环境下的新型教学手段,值得继续推行。在省级课改开题与中期检查时获得了校内外专家的一致好评。

我们在学期结束前安排了期末作品展映、评比的师生交流环节,学生公开展示自己的期末作品和讲解自己的创作思路,师生共同点评、讨论作品具体的优缺点,进行个性化的指导。之后将学生的作品、拍摄总结和教师点评都发布在"光影之眼"公众号上,使得整个过程更加充实,也激励了学生的创作热情。2016 年 9 月,2015 编剧班王佛玲导演的短片《礼拜二午睡时刻》入围乌镇戏剧节短片展映,2015 戏文 2 班李素涵导演的纪录片《糍粑》获新浪四川举办的 2016 年"纯净的坚守"怡宝微视频大赛二等奖。这两部短片都是"视听语言"课程改革的教学成果。

作者简介

俞洁,浙江传媒学院文学院副教授,浙江大学博士。主讲"视听语言""影视作品解读""纪录片研究""纪录片创作"等课程。出版教材《视听语言》《视听语言实训教材》《影视作品解读》。研究方向为影视理论与文化批评,主持和参与国家及省部级课题多项,在核心刊物上发表论文 10 余篇。

"翻转课堂"
示范性
教学视频

混合式教学实现分层次、自主化学习

——以"电视剪辑"网络公选课为例

李 琳

浙江传媒学院电视艺术学院

一、课程基本情况

课程名称:电视剪辑。

课程学分:1.5。

课程学时:32。

课程性质:选修课。

面向专业:全校非影视摄制相关专业,大二、大三年级。

教学班规模:每班 30 人。

使用教材:《影视剪辑实训教材》,李琳编著,高等教育出版社 2015 年出版。

已开展"翻转课堂"教学实践轮数:2。

依托在线教育平台:浙江省高等学校精品在线开放课程共享平台。

二、教学改革背景与思路

随着视觉文化的普及,短视频制作在我们日常生活中越来越普遍,通过短视频进行宣传、说明被应用得越来越广泛。很多学生渴望学习如何制作视频节目。这些学生都是非电视艺术学院的学生,没有学过相关课程,大多数属于零基础;学生来自不同学院,个人喜好以及学习基础也有很大的差异。传统的课内教学只能满足平均水平的学生,水平高的学生会觉得进度太慢,程度太浅;水平低的学生会觉得进度太快,程度太深。从而影响了这两个层次学生的学习积极性和学习效果。在互联网普及的情况下,可以充分运用互联网平台实现分层次人才培养。通过"电视剪辑"在线课程这一学习平台,将教学资料通过平台整合聚齐,让自学变得便捷和可操作。基础好的学生可以利用碎片化的时间完成预习、复习;觉得学习麻烦的学生会对学习产生新的兴趣;基础相对薄弱但又对影视剪辑感兴趣的同学,可以通过学习内容的重复浏览,扎实掌握相应的知识点。在教学平台上可以提供不同层次的学习套餐,在确保课程基础知识的学习基础上,学有余力的学生可以选择更高层次的学习内容,完成较高要求的课程作业,相应的不同的学习套餐可以给学生额外的总评加分。通过网络在线自学、线下课堂内集中讨论和答疑的混合式教学模式实现了学习的多元化和自主化。

三、"翻转课堂"教学设计

（一）总体设计

电视剪辑,包括其他影像的剪辑是视频制作后期阶段的一个重要环节,是作品主题风格得以呈现的关键。课程内容除了相关理论知识的讲解外,操作技巧的传授尤其重要,而且操作技巧方面的教学更需要点对点、面对面的教学方式才能取得最佳的教学效果。因此,根据影视剪辑的实践需要,从剪辑的流程出发,选取了"电视剪辑"课程中和实践操作关系最密切的五个章节构成了在线课程的主干部分。

教学设计与方法:

先让学生进行相关理论知识的预习,然后观看相关微课视频。学生在观摩完视频教程后,需要同步浏览课程的课件以及指定的文字资料,并回答指定问题。每个章节都会推荐具有代表性的影视作品让学生课后观摩。学生的学习评价由是否观看完全部视频和相关资料以及答题准确率两部分组成。问题的设计建立在学生必须完成观看任务才能正确完成作业的基础上。观看情况、在线答题的正确率会作为每次课程的成绩并计入课程的总评成绩。

在学习理论的基础上,每个章节会设计两三个问答题以及一个和知识点相关的实验,实验的完成时间大约在 3 小时左右,整个课程设计五个实验。实验结果可以在线提交,教师在线批改。

另外,学生需要完成指定的笔记任务,笔记完成情况较好会被加为精华笔记,精华笔记得分占总分的 5%。这是为学习特别认真的学生设定的加分成绩。

每学期安排两三次线下集中讨论,一是让学生提出学习过程中的问题,通过师生共同讨论的形式解决问题;二是教师提出一些提高性问题,让学生进行讨论,在讨论过程中掌握更高层次的知识点。

期末测试采用试题库形式,电脑自动评分,和其他项目一起最终形式一个总评分。

（二）具体 2 课时教学设计

1. 教学目标

让学生了解什么是镜头的裁剪和重组,理解镜头的裁剪和重组的作用,掌握镜头的裁剪和重组的基本方法,能够在实践中应用这种剪辑技巧。

2. 课程学习内容

（1）观看 8 分钟的微课视频,具体内容如下。

第一步:课程导入。

明确提出课程的内容是剪辑的一个基本任务:镜头的裁剪和重组。然后,通过一个电影史上的小故事提出本次课程讲授的理论点要点,调动学生的兴趣。中间插入电影海报,加深学生印象。

第二步：知识点讲解。

具体深入讲解如何进行镜头的裁剪与重组这一剪辑技巧，教师讲解和 PPT 穿插，教授镜头中景和近景交替使用。

第三步：案例分析。

通过具体案例，理论联系实践，加强学生对理论的感性认识。通过录屏视频演示实验过程。案例选择是授课教师自己亲身参与创作的例子电视电影《盖世武生》中的一段对话剪辑。之后通过反面例证——剪辑不合理的一个例子，再次强调并总结本次课程的核心知识点：合理的裁剪镜头并进行合乎逻辑的重组是作品成功的一个关键。

视频中会穿插一些问题，学生需要正确回答问题后才能进入后续内容的观看，确保学生的学习效果，避免刷时间的无效学习。

（2）学习拓展资料 1 课时左右。

这部分内容包括相关知识点的课件以及对应的视频案例，便于学生更系统完整地掌握知识点。

（3）完成课后作业 3 课时左右。

实训：通过结构调整改变叙事情节（二选一）

①选择电影《千与千寻》剪辑出两个以上和原片情节不同的新的故事。如千寻和某某的故事，或千寻如何进入神隐世界。

②任选一期《奔跑吧，兄弟》，通过剪辑调整撕名牌环节原片的叙事方式。

问题：镜头的裁剪与重组是任意的吗，需要受到哪些限制？

（4）延伸学习资料推荐

参考书目《电影津梁》《电影导演方法》。

典型影视案例《阮玲玉》《记忆碎片》《战舰波将金号》《乔家大院》。

四、"翻转课堂"具体实施

（一）教学目的和要求

课程的教学目的是希望学生能在掌握影视视听元素的特性以及基本的操作技能的基础上，熟练应用素材剪辑出逻辑严密、结构合理、视觉流畅、声画和谐的影视作品。

（二）学时安排

周学时：2 学时；总学时：32 学时，其中网络课程自学 22 学时，线下集中讨论 6 学时，考试 4 学时。

（三）教学方式

线上自主学习：学生通过阅读电子教材、浏览课程 PPT、观摩指定视频，了解各个章节的知识概念，建立对相关理论的初步认知。教师通过预习自测，检查学生的预习深入程度。学生通过互动讨论，触类旁通，能深入理解相关理论和实践经验。

录频展示拉片实验过程：让学生通过感性的方式发现剪辑点的奥妙，通过剪辑技巧的展示，在反复观摩中达到点对点教学的效果。

验证性实验设计：让学生自我解构理论并进行认同，通过实验的方式让学生对理论建立深刻的认知，修正认识偏差。

（四）评分标准

（1）线上自学占总分 20％，包括在线阅读电子教材、观看教学视频等。合格要求浏览观看所有教学资料的 50％，满分要求浏览观看所有教学资料的 80％以上。

（2）平时作业占总分 10％。合格要求完成每个单元客观题和主观题 3 题以上，满分要求完成每个单元客观题和主观题 5 题以上。

（3）实验作业占总分 10％。合格要求完成 3 个以上单元实验练习，满分要求完成 5 个以上单元实验练习。

（4）论坛讨论占总分 20％。合格要求论坛发帖 3 次以上，并完成学员互评 2 次以上；优秀要求论坛发帖 5 次以上，并完成学员互评 4 次以上。

（5）期末测试占总分 40％。笔试部分占总分 20％，由学生在网上进行试题库答题，系统评分；期末综合实验占总分 20％。

（6）优秀学员要求最后总评成绩在前 30％。鉴于课程实践要求较强，如果总评成绩不在前 30％，但实验成绩在前三名的学员可以获得优秀学员资格。论坛发帖数量在前三名的学员也可以申请优秀学员；总优秀率不超过 35％。

五、取得成效分析与体会

2016 年，"电视剪辑"课程在浙江省高等学校精品在线开放课程共享平台进行开放运行，并获得"浙江省高等学校精品在线开放课程"荣誉称号。课程开放后已经运行两期，共计 582 名学生选择学习。其中，有 97 名学生以网络公选课的形式进行学习，通过完成指定学习任务和最终测试并获得了学分认定，其余学生以线下课程的补充形式进行学习，使用了除测试之外的各个模块。通过"翻转课堂"，取得了比传统单一课内教学更好的教学效果，总结起来，主要有以下三点。

（一）实现了系列课程间的融合，构建了完整的知识体系

充分发挥互联网的联通优势，以"电视剪辑"课程为核心，整合了其他课程的教学资源，在课程资源中提供"非线性编辑""广播电视编导业务"等在线课程的链接，便于学生进行延伸性学习。开放课程提供了大量和课程相关的拓展性知识，包括大量参考资料的链接，构建了更为完整合理的知识体系，最大限度地发挥了在线教育的优势，解决了学生知识结构不完整的问题。

（二）实现教学内容多元化

充分发挥在线课程自主化学习模式的优势，构建了"电视剪辑"在线课程单元化、套餐

式的教学内容体系,解决了不同学生个人差异化发展带来的多样化需求。在线课程提供了不同层次的学习套餐,在确保课程基础知识的学习基础上,学有余力的学生可以选择更高层次的学习内容,完成较高要求的课程作业,相应的不同的学习套餐可以给学生额外的总评加分。学生可以根据自身情况选择不同的学习套餐,各取所需进行学习,实现了分层次人才培养目标。

(三)多样化的教学方法提升学习兴趣,实现自由化学习

学习的便捷化提高学生的学习积极性。通过 PC 端网络平台、微信公众号、QQ 群、微信群真正实现教学的线下和线上无缝对接。教学资料获取便利化,在线咨询实时化。学生通过手机、iPad 等随身联网工具就能进行课程的学习、资料的获取、作业的提交等。

通过微课方式解决全员"点对点"教学的难题。"电视剪辑"课程强调理论联系实际,课程中关于操作性技巧的内容在课程中占有较大的比重。在线课程将教学重点、难点进行分解。教师拍摄制作成相应的微视频放到网络中共享,每个学生可以反复观摩相关知识点以及操作技巧的微视频,实现"点对点"的教学效果。

作者简介

李琳,硕士学位,副教授,浙江省新兴特色专业影视摄影与制作专业负责人。长期致力于教学改革,不断探索将新技术应用于教学的可能性并在此基础上进行教学模式的革新。主持参与了大量课程建设与教改项目,编著的教材《影视剪辑实训教材》于 2012 年入选"十二五"普通高等教育本科国家级规划教材,2017 年获浙江省微课比赛二等奖。

"翻转课堂"
示范性
教学视频

让学生带着收获走出教室
——基于慕课的"翻转课堂"教学设计与实践

贝洪俊

宁波大红鹰学院财富管理学院

一、课程基本情况

课程名称:中级财务会计Ⅱ。

课程学分:3。

课程性质:专业必修课。

面向专业或年级:财务管理,大二第 2 学期开设。

教学班规模:6 个教学班,每班 50 人。

使用教材:《中级财务会计》,贝洪俊、白玉华等主编,高等教育出版社 2015 年出版。

已开展"翻转课堂"教学实践:3 轮,约 105 学时。

依托在线教育平台:宁波市高校 MOOC 联盟(http://ningbo.nbdl.gov.cn/portal)。

二、教学改革背景与思路

(一)教学改革背景

为进一步贯彻落实浙江省教育厅关于《高校课堂教学创新三年行动计划》的实施要求,加大信息技术与课程教学的深度融合,促进课堂教学方法改革,提高课堂教学质量。同时,《教育部国家发展改革委财政部关于引导部分地方普通本科高校向应用型转变的指导意见》(教发〔2015〕7 号)指出:"扩大学生的学习自主权,实施以学生为中心的启发式、合作式、参与式教学。"可见,课堂教学改革已经成为一个受到普遍关注的热门话题,通过改革进一步发挥学生在学习中的主观能动作用和教师在课堂中教书育人的重要作用,为学生学习成长创造良好环境。

(二)教学改革思路

"中级财务会计"是专业核心课,在专业教学体系中具有统领地位和辐射功能,对学生职业能力和专业素养的形成起支撑和促进作用。本课程要求学生掌握会计基本理论与方法,胜任企业会计工作,具有分析解决问题及团队合作能力。

本课程具有教学内容多、学习难度大和知识更新快等特点,加上传统教学以教师为主体的讲授方式,导致学生不愿学、不善学和不会学,使得课堂教学效率极其低下,课程教学目标难以实现。为解决上述问题,我们提出了"翻转课堂"教学改革,经过几年的教学实践,取得了一定成效。

课程组借助宁波市高校慕课平台建立自己的网络课程,创设课下和课上两个教学环境。在课下环境中,以课前领会知识和课后提升知识为教学目标,以慕课平台为学习平台,通过学习任务单引导学生自主学习;在课上环境中以"翻转课堂"为载体,以知识应用为教学目标,学生在课堂上以课内作业、讨论和汇报等形式参与学习活动。为此,我们将教学活动分为教师活动和学生活动,在每一个环节中明确教师和学生的工作与学习任务,教学模型如图 1 所示。

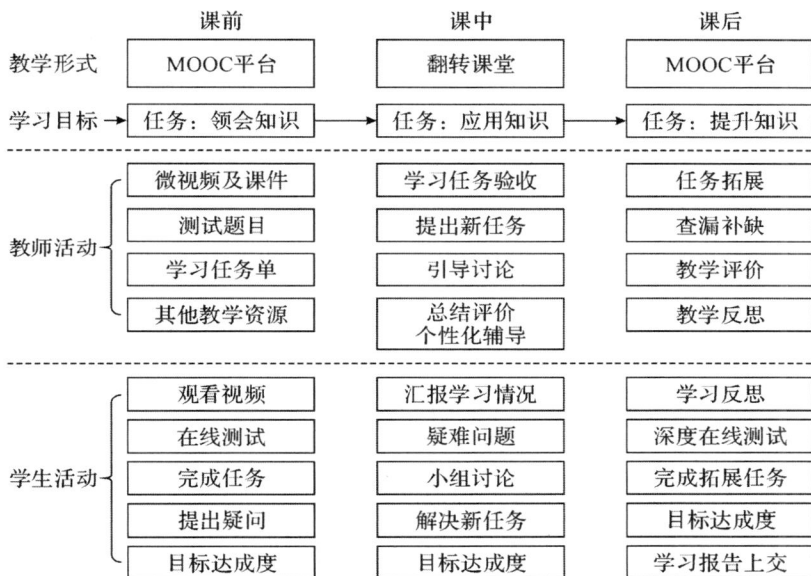

图 1　MOOC 情景下的"翻转课堂"教学模型

三、"翻转课堂"教学设计

(一)总体设计

我们根据"中级财务会计Ⅱ"的教学内容及其教学特点,将其分为四个相互独立又螺旋迭代的项目,从中选取七个知识点进行"翻转课堂"教学,具体如图 2 所示。

(二)2 学时具体教学设计

教学内容:应付职工薪酬。

教学目标:要求学生领会职工薪酬的内容、确认条件与计量原则,能够对职工薪酬进行会计处理,分析职工薪酬对企业财务状况与经营业绩的影响。

能力	项目	知识点	翻转课堂学习内容	翻转课堂环节设计

领会知识：能够对经济业务进行可靠合理的说明，能够对所学内容发表自己的看法

负债：
短期借款 应付款项 应交税费 应付职工薪酬 → 应付职工薪酬

长期借款 借款费用 应付债券

所有者权益：
实收资本 资本公积 留存收益 → 留存收益

应用知识：能够在给定的情境中进行实际操作

收入、费用和利润：
销售商品收入 提供劳务收入 → 委托代销业务 / 分期收款业务售后回购业务

期间费用

营业利润 利润总额 净利润

提升知识：解决复杂问题深化学习能力

会计报表：
资产负债表 → 编制资产负债表

利润表 → 编制利润表

现金流量表 → 编制现金流量表

翻转课堂环节设计：
教师理清学习目标及知识点

学生汇报课前学习的知识点

学生以小组为单位完成教师布置的任务

小组成果汇报

组间讨论释疑；教师点评，提炼升华

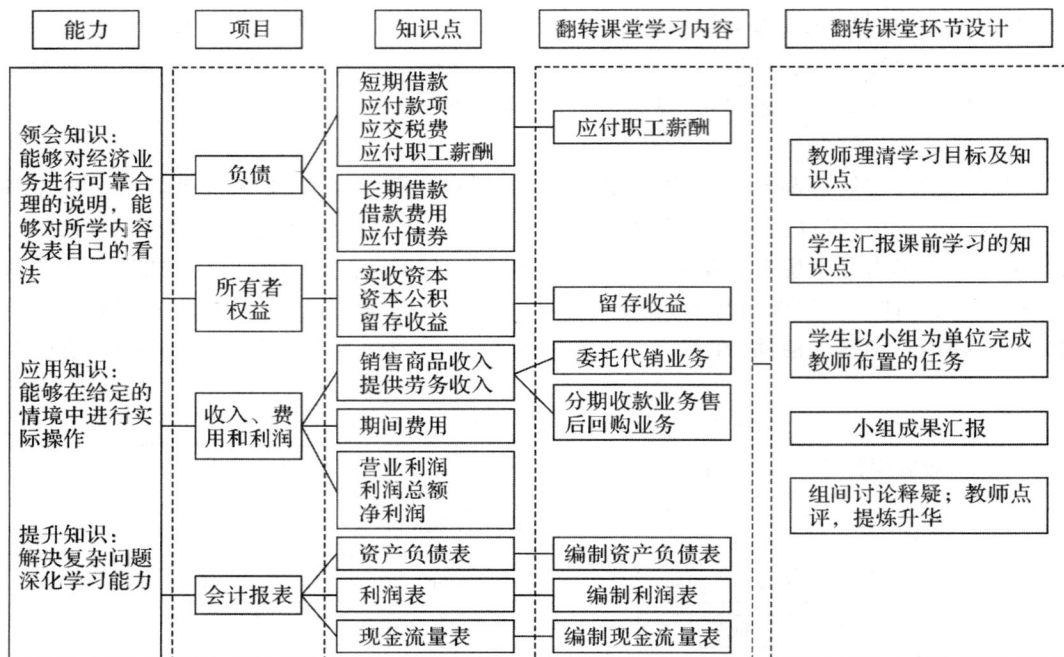

图2　"中级财务会计Ⅱ"课程"翻转课堂"教学设计方案

课堂教学环节又可分为三个小节：

第一小节：横向比较，了解学习动态（10分钟）。

第二小节：协助交流，共同提升（70分钟）。

（1）导入案例：提出新任务（10分钟）。

（2）讨论方案：小组讨论，谋划思路（10分钟）。

（3）任务实施：学生操作，教师指导（10分钟）。

（4）总结评价：成果展示，巩固提高（40分钟）。

第三小节：总结提升——教师总结（10分钟）。

四、"翻转课堂"具体实施

（一）课前：自主学习环节

自主学习不是传统教学中没有组织的随意预习，是在学习资源全部上传的基础上，教师向学生下达自主学习任务单，学生实现领会知识、解决问题的目标。学习任务的下达非常重要，直接关系到学生自主学习的效果和效率，是教师有效组织"翻转课堂"的重要保障。课前，学生按照教师下达的任务单要求，观看视频、阅读教材、在线测试、小组讨论，同时完成自主学习任务单的相关任务。

课前自主学习环节主要以学生对基本知识的认知学习为主，帮助学生逐步向更高层级的认知目标进行探究性学习。课前自主学习必须在教师可控范围内进行，教师通过慕课平

台大数据充分了解学生在学习过程中存在的问题,从而决定"翻转课堂"教学策略和课堂组织形式,使课堂教学中探讨的问题更有针对性。

(二)课中:"翻转课堂"环节

课堂教学应遵循"发现问题—探究问题—解决问题—发现问题"的基本程式。通过课前学习,学生积累了不少问题,教师每次课应该结合学生存在的问题和课堂教学目标进行动态设计。通过课堂,师生协作解决了课前的疑问,进一步探究之后又增加了新的疑点,实现"让学生带着问题走进教室",同时也"让学生带着问题走出教室",实现学习的延伸、知识的升华。

1. 第一小节:课前学习情况通告——横向比较,了解学习动态(10 分钟)

以小组为单位,教师收集学生遇到的问题,与学生互动、讨论,鼓励学生分组合作探究,解决问题的过程实际上就是学生知识再次内化的过程,学生对知识的理解更深刻。

2. 第二小节:协助交流,共同提升(70 分钟)

(1)导入案例:提出新任务(10 分钟)。

利用课前知识的学习与掌握情况,随机抽取学生回答案例中所涉及的知识点,带动全班同学共同回顾。要求汇报的学生用语言描述相关知识,一方面让学生感受到课前学习知识的过程;另一方面通过学生个性化的解读,使知识到达每个人,同时也体现出学生对知识吸收与理解的多元化和个性化。教师应依据信息反馈,关注个体差异。然后在此基础上给学生布置新任务,任务的布置应注重知识的进一步应用,并激发出新的问题。

(2)讨论方案:小组讨论,谋划思路(10 分钟)。

小组成员利用课前学习的知识点,借助于教材等其他学习资源,形成解决问题的思路,然后进行沟通交流。一方面组内成员之间相互交流观点及成果,拟提出解决任务的方案;另一方面,组内成员之间互相解决各自的问题或困惑。

(3)任务实施:学生操作,教师指导(10 分钟)。

基于小组讨论结果,小组成员协同合作,完成教师布置的新任务。

(4)总结评价:成果展示,巩固提高(40 分钟)。

通过成果的展示,检验学生的认知情况。随机抽取学生就任务完成情况进行汇报,同伴可以补充。汇报完成后其他小组提问,汇报小组成员进行回答,若回答不上来,可以请其他小组帮助回答或由教师进行引导;最后针对疑难问题进行组间讨论、师生讨论,在探讨过程中巩固释疑。

在互动环节,教师对学生的好奇心要给予正确引导;对学生提出的问题,要耐心解释,尽可能使他们得到搞懂问题获得知识的满足感。比如在课堂上经常使用"非常好""你真棒"等激励语言或激励目光,以及采用奖励、小组对抗赛等灵活多变的方法,调动学生的情绪,激发学生的兴趣,培养学生良好的学习动机。

教师对学生的评价应以过程为导向,评价内容尽量细致全面。在以过程为导向的评价中,课前自主学习反馈情况、小组讨论情况、小组汇报情况以及提问频率和提问质量等都可以作为对学生评价的重要依据。

3. 第三小节：总结提升——教师总结（10分钟）

该板块教师对整个课堂学习过程和知识内容进行总结，梳理重点、难点知识，最好通过知识结构图的方式进行展示，帮助学生加深对知识点的整体把握；教师根据学生任务完成情况进行分析、归纳、整理，对"翻转课堂"进行点评，对表现突出的个人和小组给予表扬，以此激励学生，让学生分享"翻转课堂"学习的感受。经过"翻转课堂"任务完成情况的汇报展示和教师的启发引导，学生不仅掌握了知识，而且能够将所学知识转化为能力，实现领会知识向应用知识的转变。最后，向学生布置课后学习任务，进一步探讨拓展和深化内容，实现知识的升华与迁移。

（三）课后巩固提升环节：教与学的反思

本环节要求学生在课前知识学习、课堂知识内化两阶段基础上，实现进一步运用所学知识解决复杂问题，达到能力提升的目的。在慕课平台上，教师要进一步答疑解惑、个性化辅导，给出拓展资料，帮助学生完成综合能力的提升。同时要求学生对整个教学过程进行反思，上交完整的"翻转课堂"学习报告。

五、取得成效分析与体会

实践证明，基于慕课的"翻转课堂"教学模式不仅对激发学生学习兴趣、培养学生学习主动性与团队合作能力，以及自主学习能力、实践能力的养成和学业成绩的提升等具有显著成效，而且对教师教学能力的提高也具有积极作用。

（一）取得成效分析

1. "翻转课堂"激发了学生的学习内驱力

"翻转课堂"解决了学生不愿学、不善学和不会学的问题，学生的学习主动性和学习热情明显提高，师生互动更多，学生课堂参与度更深、参与面更广。通过学生访谈，大部分学生认为"翻转课堂"改变了他们的学习习惯，学习内驱力得到较大提高。2014财务4班姜殊婧同学认为"翻转课堂"教学改变了她对课堂教学的看法，与教师的适时交流锻炼了她的思维能力，该班缪燕玲同学认为"翻转课堂"教学提高了她的问题意识和创新意识，每次翻转课都在思考、分析、探索、提高的状态中，原来听教师讲课从来没有这么深入思考过。

2. "翻转课堂"提高了学生的学习成绩

课程组通过分析"翻转课堂"试点班和传统对照班学生的测试成绩，对学生的学习态度、学习能力、对知识的理解程度等方面进行统计，以此来检验"翻转课堂"教学应用于财务会计类课程是否有效，如图3所示。

从图3看出，测试结果主要差别表现在两个分数段上：100分的学生数对照班级为0人，试点班级有10人；80～89分的学生数对照班级为14人，试点班级只有2人，其他分数段两个班级的差距均不大。可以推断，试点班级80～89分人数较少的原因是有10位同学达到了100分。从90分及以上的学生数占全班人数的比重来看，对照班级30人，占比为

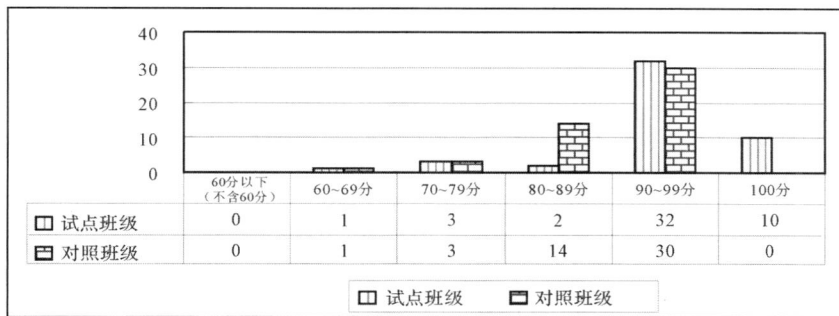

图 3　试点班级和对照班级单元测试成绩分布

62.5％，试点班级 43 人，占比为 87.5％，说明"翻转课堂"的教学效果明显好于传统的课堂教学，尤其对具有一定学习能力的学生而言。

3."翻转课堂"改变了教师的教学理念和教学模式

"翻转课堂"颠覆了传统的教学模式，教师的角色发生了根本转变，教师由原来课堂的统领者"退居"为课堂的指导者和促进者。教师不再是高高在上的知识传授者，而是走到学生中去，更多地与学生探讨、沟通、交流，并对学生进行引导。

4."翻转课堂"提升了教师的教学技能和课堂掌控能力

"翻转课堂"需要教师付出更多的时间和精力，同时也提升了自己的技能，例如强化了课件制作技术，提高了多媒体应用水平，通过录制微视频提高了语言凝练能力，提高了对课堂的掌控能力。当学生对某些知识产生疑问时，个别学生会在乎自己的面子，不懂装懂。所以教师平时要与学生多沟通、多交流，为学生提供更多的信任感、亲切感，引导他们将问题表达出来，促进良性的循环和互动。

（二）教学体会

慕课背景下的"翻转课堂"教学，将教学分为课前、课中和课后三个阶段，充分融合线上与线下、课内与课外的优势，真正实现了"让教师成为学生身边的引导者"。从教学实践看，"翻转课堂"不是一次性的教学实践，不存在统一模式，良好的教学效果需要长期的实践积累。总之，"翻转课堂"教学还处于起步阶段，技术掌握和教学理念转变对于教师而言具有一定的挑战性，而且课程和学生学习能力的差异性也要求教师对"翻转课堂"的教学过程进行适时调整。

作者简介

贝洪俊，宁波大红鹰学院财富管理学院教授、副院长，上市公司独立董事。从事会计教学工作 30 余年，教学深受学生欢迎，被学生评为"我心目中的好老师"。主持省级教改和教学建设项目多项，出版专著与教材多部。是学校首批实施"翻转课堂"教学改革的教师，多次做经验介绍。

"翻转课堂"
示范性
教学视频

"苏格拉底对话式"的"翻转课堂"

张鑫焱

浙江大学城市学院法学院思政中心

一、课程基本情况

课程名称:古典哲学与现代生活。

课程学分:2。

课程性质:公共选修课。

面向专业或年级:所有学生。

教学班规模:60 人。

已开展"翻转课堂"教学实践轮数:3。

课程学时:14。

课程网站:https://bb. zucc. edu. cn/webapps/blackboard/content/list Content Editable. jsp? content_id=_682714_1&course_id=_20811_1&mode=reset。

二、教学改革背景与思路

(一)教学改革背景

"古典哲学与现代生活"课程试图将哲学与心理学相结合,让学生不仅能感受到哲学作为思辨方式的现实作用,而且能与心理学结合解决现实生活中遇到的问题。如果仅仅介绍枯燥的哲学理论,而不将这些理论应用到实践中去,就失去了理论的现实力量。要做好理论与现实的结合,就要结合学生个人的具体要求,只是单方面的以教师为中心的理论介绍是无法达成本课程的教学目标的。

故而,本课程尝试将以"教师为中心"的灌输式学习向以"生—生、生—师互为中心"的互动式学习转变,舍弃传统的教师课堂灌输式的教学方法,采用"翻转课堂"教学法。为了完成教学方法上的转变,课程负责人自主学习了北京大学开办的"翻转课堂"教学法与"教你如何做 MOOC"两门课程,成绩优秀。

(二)教学改革思路:SPOC+"翻转课堂"教学法

SPOC(small private online course)是一种小规模的、因有准入机制而有相对私密性的(相对于 MOOC 来说)针对在校学生的 MOOC 课程(SPOC=MOOC+线下交流与考试)。通过 SPOC,教师真正实现了线上+线下、课上+课外的混合式教育。由于面向学生人数较少,教师能够更为充分地介入学生学习的进程,可以完成作业的批改、分数的计算,并且与学生进行充分的答疑和讨论;与 MOOC 不同,SPOC 实现了对学生本人的身份验证,学生本人既能够在线上讨论和听课,又能够在线下进行讨论和考试。

首先,将上课的知识点提取出来做成视频。

其次,要在课堂上检测学生观看学习的成果,并针对不同学生的学习情况给出有针对性的答疑和进一步的启发。

最后,课后在讨论版上进行答疑与讨论,将课堂教学延伸至课堂之外,真正实现线上与线下教学的结合。

三、"翻转课堂"教学设计

(一)总体设计

1. 使用软件 Camtasia Studio,按照知识点制作视频

将课程内容分割成为 12 分钟以下的片段,方便学生利用碎片时间进行学习。而且这种方式也照顾到了学习速度不同的学生,学生可以按照自己的接受速度重看、反复、快进听取教师的讲解,学习自由度更大。

为了检测学生对于教师视频的观看情况以及学习进程,对其进行随堂测试。在课堂开始时,用一些针对视频内容的习题对学生进行随堂检测,鞭策学生观看视频、准备课堂学习,并提升自主学习的能力。

2. 在课上形成小组,并组织小组内部讨论及课堂发言

在课堂上,教师提出 2~3 个针对文本的问题引导学生进行讨论,讨论时间 15 分钟左右。教师可以随机走入不同小组之中即时参加讨论。小组代表(组员轮流成为小组代表)总结阐述组员意见,5 分钟。教师引导讨论的进行并对普遍性的问题做出回应,尽可能让每一个同学受到教师的关注并参与到课程中来。

3. 以小组为单位展示讨论成果。

通过进行小组作业展示的方式,小组完成 PPT、prezi、电子书、视频等展示课件,并在课堂上进行展示。例如:头脑风暴——苹果。创新就是用不同的视角观看习以为常的事物并发现其新的用途,请学生创造出属于自己的苹果。本主题由教师评分。

学生面对这种开放性题目往往有些不知所措,导致畏难情绪而放弃作业。教师针对性地做出示范,将会有助于学生完成作业。故而,我画出苹果并写一首故事诗以赋予苹果意义,如图 1 所示。

图 1　苹果素描

4. 讨论版答疑与深入讨论

即便离开课堂之后,学生还是可以在教学平台的讨论版中提出疑问或者自己的看法。教师对讨论版的主题进行适当的引导和回复,让问题得以深入。通过学生在讨论版提交作业、教师回复的方式展开课下的学习与思考。

(二)2 学时具体设计

教学内容(课名):人生舞台的大小由谁决定? ——反思曾奇峰教授的"三角形理论"。

1. 学习内容分析

"存在主义哲学"是对于人之存在问题的思考,由四个相互关联的基本命题构成——"死亡不可避免""无法逃避的自由""孤独的个体""人生无明显的意义可言"。本节课程是对影响自身存在领域因素的思考,进而让学生思考人生的意义。不论其思考得是否深入,只要开始思考,就是改变的开始。所以,本节课位于整学期课程的中心位置。

教学内容的特色:曾奇峰教授的"三角形理论"认为,人生舞台的大小由"生、死、父母"三个点决定。可是,即便是心理学教授的观点也并不一定完全正确。而且,每个同学对自己的人生也有一定的思考。于是,这就是一个值得讨论的话题。通过这个话题的讨论,可以让学生反思自己的人生意义和价值。

难点:三角形理论。

重点:反思三角形理论,思考自己人生的意义。

2. 学习目标分析

根据布鲁姆模型,将本堂翻转课的学习目标制订如下。

(1)认识三角形理论。

（2）掌握弗洛伊德精神分析模式："父母"决定论。

（3）比较弗洛伊德谨慎分析模式与欧文·亚隆存在主义心理治疗模式之间的差异。

（4）应用弗洛伊德模式，或应用欧文·亚隆心理治疗模式，对个体存在进行反思。

（5）反思弗洛伊德精神分析模式的问题。

（6）创造并刻画自我成长的人生舞台。

3. 学习者特征分析

本课程为大学公选课。课程对象是大学本科学生，他们具备一定的思考能力，但对哲学有着习常的误解：高深莫测、枯燥乏味、毫无现实意义。本次"翻转课堂"以曾奇峰教授的"三角形理论"为对象，让学生结合自身成长经历对这一模型进行阐释和思考，并引发进一步讨论。与自身经历有所结合的话题，应当会引起学生讨论的兴趣，只要能够引发讨论，就会引发反思自己人生经历的作用。

可能出现的问题：（1）学生不参加课前的准备任务；（2）在课堂讨论中不积极。

4. 课前任务设计

（1）阅读文章：曾奇峰，《学习活着》，3886 字。

链接：https://bb. zucc. edu. cn/webapps/blackboard/content/listContentEditable. jsp? content_id＝_682713_1＆course_id＝_20811_1＆mode＝reset。

（2）观看视频：《三角形理论》，时长 8 分 59 秒。

链接：https://bb. zucc. edu. cn/courses/1/171-220012-C11027-1/content/_682757_1/％E4％B8％89％E8％A7％92％E5％BD％A2％E7％90％86％E8％AE％BA. mp4。

5. 课上任务设计

（1）测试（10 分钟）。

针对预习文档和视频的内容设计题目，测试学生是否完成课前任务。

测试链接：https://bb. zucc. edu. cn/webapps/assessment/take/launch. jsp? course_assessment_id＝_88735_1＆course_id＝_20811_1＆content_id＝_695375_1＆step＝null。

评价方式：2 分/题。

（2）教师提出问题 1 引发讨论（5 分钟）。

问题 1：你是否赞同曾奇峰的"三角形理论"，请结合自身的成长经历，说明赞同或不赞同的原因。

（3）随机抽取几位同学谈谈看法（15 分钟）。

结合自身经历的谈论是现实感的，对于个人经历的分享也有助于引发其他学生的讨论兴趣。

（4）教师结合现实案例，对测试题目进行讲解，指出"三角形理论"的问题，将问题深入（10 分钟）。

曾奇峰的三角形理论中决定人生舞台的三个点是"生、死、父母"，其致命的弱点是："我"的人生舞台没有"我"，所有外在于"我"的因素决定了我的人生。

（5）教师提出问题 2 引发进一步讨论（5 分钟）。

问题 2：请在黑板上画出属于你自己的"人生舞台"，它是三角形吗，还有可能是什么样的?

(6)小组讨论(10 分钟)。

10 个小组各选出一位同学总结小组发言。在学生讨论的过程中,教师要进入各个小组倾听并一起讨论。

(7)发言(30 分钟)。

针对问题 1 或者问题 2,总结本小组观点并发表看法,时长 3 分钟。

评价方式:发言人给分 5 分。

(8)教师总结,并进一步将问题引入学术研究领域(5 分钟)。

"三角形理论"的"生、死、父母"三个点构成的人生舞台,父母或者环境对于我们的影响是毋庸置疑的,这是弗洛伊德精神分析对每个人人生的定义。但是,个人的努力和勤奋工作也是不可或缺的。自由无法逃避,每项决定都是自我选择的结果。因此,我要为我的选择负责。这就是欧文·亚隆存在四个基本假设之一"自由—责任"的含义。这也是存在主义心理治疗与弗洛伊德精神分析之间的差别。

可进一步学习教师写作的研究论文《对曾奇峰"三角形理论"的反思》,该论文发表于黑龙江社会科学主办的刊物《知与行》2016 年 2 月第 2 期,如图 2 所示。

2016 年 2 月　　　　　　　知　与　行　　　　　Feb. 2016
总第 7 期　第 2 期　　　　Cognition and Practice　　Serial No.7　No.2

博士硕士论坛

对曾奇峰"三角形理论"的反思

张鑫焱

(浙江大学城市学院 法学院,杭州 310015)

[摘　要]曾奇峰将欧文·亚隆的存在主义心理治疗理论与弗洛伊德的精神分析理论相融合,提出了"三角形理论":每个人的"人生舞台"就像三角形,"生""死"为其中两点,决定面积的另外一点是"父母",而"心理治疗师"可以替代"父母"的位置——成为"修正父母笔误的人"。但是,"三角形理论"存在着一个巨大的缺陷:"我的人生舞台"没有"我"的位置。造成"三角形理论"无法整圆的原因是两种理论传统无法融合,两者之间的差异可以归纳为以下三个方面:首先,弗洛伊德的精神分析传统是性压抑的决定论,而欧文·亚隆的存在心理治疗则是关于存在四个基本事实的非决定论。其次,弗洛伊德的精神分析传统强调治疗师对病人过去的诠释,却忽略了病人自身的非决意态。而欧文·亚隆的存在心理治疗则强调病人的自我觉察。最后,弗洛伊德将治疗师的功能设定为诠释,治疗师成为病人的"再造父母"。而欧文·亚隆则将病人—治疗师真诚地相会作为有治愈能力的关键环节,治疗师是病人灵魂的助产士。

[关键词]"三角形理论";精神分析;存在主义心理治疗

[中图分类号]B84-0　[文献标志码]A　[文章编号]1000-8284(2016)02-0137-07

图 2　论文《对曾奇峰"三角形理论"的反思》

6. 教学设计反思

用 ARCS 模型进行反思,即:

Attention(吸引注意)。"三角形理论"是一个简单易懂的模型,学生自我成长经历的分享将会引发学生讨论的兴趣。

Relevance(关联性)。每个人的成长经历都是不完全一样的,对于其他同学经历的兴趣,也会关联到对于自身成长经历的思考。

Confidence(获得信心)。通过质疑和反思,学生们很快会发现作为权威的观点也并不一定完全正确。通过批判,学生获得了独立思考的信心。

Satisfaction(满足)。通过自己的思考获得了关于自身成长的结论,学生会收获满足感。

四、"翻转课堂"具体实施

(一) 课前

观看视频(已录制视频 21 个,总时长 120 多分钟),如图 3 所示。

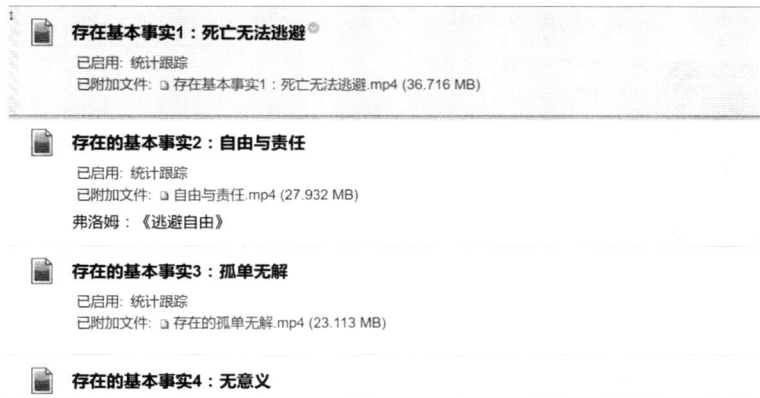

图 3 "翻转课堂"视频目录

(二)课上

(1)课堂测验,如图 4 所示。

图 4 课堂测验截屏

(2)课堂讨论,如图 5 所示。

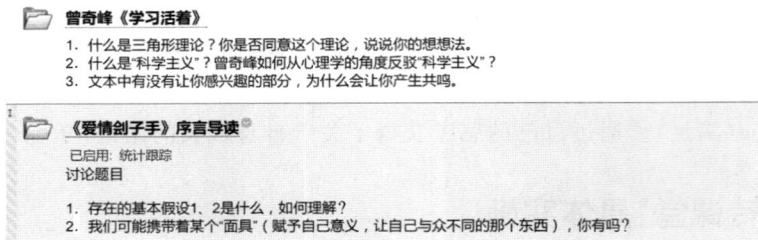

曾奇峰《学习活着》
1. 什么是三角形理论？你是否同意这个理论，说说你的想想法。
2. 什么是"科学主义"？曾奇峰如何从心理学的角度反驳"科学主义"？
3. 文本中有没有让你感兴趣的部分，为什么会让你产生共鸣。

《爱情刽子手》序言导读
已启用：统计跟踪
讨论题目
1. 存在的基本假设1、2是什么，如何理解？
2. 我们可能携带着某个"面具"（赋予自己意义，让自己与众不同的那个东西），你有吗？

图 5　课堂讨论题截屏

(三)课后

在论坛进一步深入讨论，如图 6 所示。

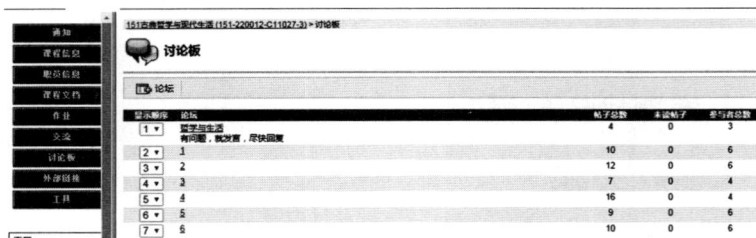

图 6　论坛讨论

五、取得成效分析与体会

以 2016—2017 学年第 2 学期的学生为例，共有 51 位学生接受了问卷调查，如图 7 所示。

选项	小计	比例	
男	33		64.71%
女	18		35.29%
本题有效填写人次	51	38	

图 7　问卷调查人数

学生对于"古典哲学与现代生活"课程的满意度统计结果如图 8 所示。
学生对于课程使用的 SPOC 教学方法改革的感受统计结果如图 9 所示。
学生对 SPOC 这个新的教学模式的满意度统计结果如图 10 所示。

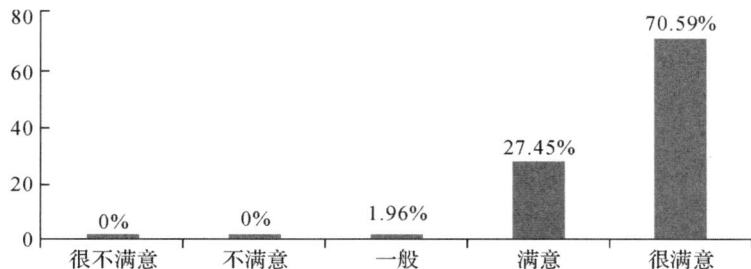

图 8　学生对"古典哲学与现代生活"课程的满意度统计

选项	小计	比例
改变了教师单向讲授的枯燥	31	60.78%
更方便随时随地的学习	32	62.75%
还是习惯传统的教学模式	8	15.69%
新方法很好，只是我不愿意在课堂上进行讨论	13	25.49%
课外看视频是个额外的负担	11	21.57%
本题有效填写人次	51	

图 9　学生对于课程使用的 SPOC 教学方法改革的感受统计

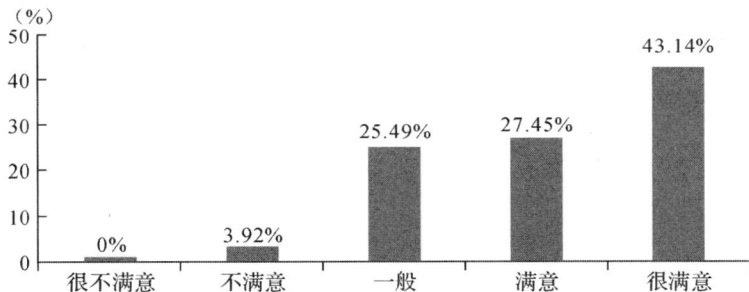

图 10　学生对 SPOC 的满意度统计

作者简介

　　张鑫焱，浙江大学外国哲学博士毕业。自 2011 年进入浙江大学城市学院以来，出版译著 1 部 40 万字（独译），个人著作 1 部（即将出版），发表论文 17 篇，主持省级课题 2 项，省台办调研课题 1 项并获二等奖。共获得教学质量一等奖 10 个，二等奖 2 个。2016 年，获得浙江大学城市学院"教学优秀奖"。主讲的"马克思主义基本原理"课程于 2016 年获杭州市精品课程建设项目立项。主讲的"古典哲学与现代生活"课程获得 2016 年城市学院"在线开放课程"建设立项。2017 年，获得浙江大学"师德先进个人"与浙江大学城市学院"三育人先进个人"称号。

"翻转课堂"
示范性
教学视频

提高文化素养，增强语言能力，享受自主学习

——基于元认知理论的"大学英语3"课程"翻转课堂"教学改革

戴清娥

宁波大学科学技术学院

一、课程基本情况

"大学英语3"为4学分，是非英语专业本科生的一门公共基础课和人文素质课程，面向英语为3级的一年级学生开设，每班约有40人，每个学期都有开课，使用的教材是《新视野大学英语读写教程2(第三版)》(郑树棠总主编，外语教学与研究出版社2015年出版)。本课程自2016年2月至今，已经完成3轮"翻转课堂"的教学实践，每轮约64课时，所依托的在线教育平台是：宁波大学数字化学习网络平台(http://study. nbu. edu. cn/portal/)和超星学习通。"翻转课堂"约占总课时65％。

二、教学改革背景与思路

(一)教学改革背景

"翻转课堂"模式(Flipped Classroom Model，FCM)融合认知主义、行为主义及建构主义等理论，其作为一种融合教师讲授、语言实践和网络教学等三种因素的新型教学模式在国内外引起诸多关注。FCM突破传统教学模式的时间和空间限制，极大地提高了教师的教学效率和学生的学习效率，对学生的自主学习能力培养有显著促进意义。一直以来，"大学英语"课程作为公共必修课，在本科院校都面临课时紧张、授课内容和学习任务繁重的困扰。一方面社会对学生英语综合运用能力的要求不断提高，另一方面学生在专业课程和公共英语课程学习方面的时间安排存在极大不均衡，学生花在英语学习方面的时间不断减少。如何打破时间和空间限制，最大化学生的英语学习效率和教师的授课效率成为"大学英语"课程改革亟待解决的问题。因此，本课题组借助网络教学平台和手机App，基于元认知理论，对"大学英语3"进行了3轮"翻转课堂"教学模式探索。

(二)教学改革思路

元认知指人类以自身的认知系统为认知对象，是对主体认知过程的自我意识和自我调节。元认知策略是学习策略中的一种，指学习者作为主体有意识地使用元认知知识对学习

进行合理的计划、安排、监控、调整和评价。元认知策略培养对学生自主学习能力提高有显著效果。基于该理论，FCM 的具体改革思路分三部分：改革线上教学、改革课堂教学方法和改革评测模式。

线上教学不再拘泥于连接互联网的电脑，而是转向依托手机 App 软件（超星学习通）来完成各项学习任务。课题组成员结合宁波大学网络精品课程平台和超星学习通手机软件，为本学院学生量身打造一系列线上学习资源，师生交流和生生交流彻底打破时空限制，使线上学习具有实效性和时效性。

课堂教学以巩固线上学习成果、加深线上学习成效、解决线上学习疑问为核心展开各种教学活动，建立学生为主体，教师为导体的新型师生关系，改变"教师—教材—学生"师生关系为"学生—教材—教师"新型师生关系。课堂教学内容和方式以"按需供给"为原则来展开，既要尊重学生的主体地位，也不能忽视教师的主导功能。因此，在课堂教学中教师向学生提供和讲解他们需要了解的知识，解答他们的疑惑，引导学生自我学习和自我管理，真正学会自主学习。

本课程的评测方法在延续和遵守学院教务部门各项统一规定的前提下，主要针对平时成绩的评测方法进行改革，体现本课程对学生学习过程的动态监控和评测，将师生评价、生生评价和自我评价三者合一。

三、"翻转课堂"教学设计

（一）总体设计

本课 FCM 的教学总设计主要依据"两个目标、三个环节"展开。"两个目标"指以提高学生英语综合运用能力和自主学习能力为教学目标，"三个环节"指的是"线上环节辅助线下环节，课堂环节巩固提升线上学习，评测环节检测和促进线上线下环节"。据此，课题组将传统课堂的课文导入材料、基础语言知识讲解视频及测验和课后拓展材料等放在网络平台，以供学生自主学习。课堂授课主要围绕学生在线上学习中发现的疑难问题、重要的知识点以及课文拓展知识的深度挖掘等内容展开。此外，课堂教学会定期让学生展示其学习成果，并交流学习问题。这种面对面的交流极大地提升了线上学习时师生和生生交流的深度，有益于师生关系和同学关系的融洽。

（二）两学时的具体设计

Unit 3　Discovery of A New Life Stage

教学目标：（1）了解希腊神话中的奥德修斯，并理解奥德修斯少年与成长之路；（2）掌握文章的重要语言点并应用；（3）长句翻译技巧。

教学设计与方法：

（1）Warming up：——学生提前在线观看《奥德修斯》相关英文视频，阅读相关的希腊神话资料，做好笔记，完成相关线上作业。课堂上教师以奥德修斯之归途殊遇与成长心路为引子，引入话题：①奥德修斯归家之旅具有哪些特征，他是如何应对这些层出不穷的问题,反映了奥德修斯的哪些品性? ②当代大学生的成长之路有哪些疑惑和困难? ③奥德修斯的这些品性对我们大学生的成长之路有何种启示? 本环节通过结合自身经历反思,既让同学们了解希腊文化,又提升了自我认识。(10～15 分钟)

(2) Detailed study of the text—— 提前发布预习作业,学生根据预习作业完成在线自学。预习资料内容包括:课文重点词汇、短语、文章框架结构、经典句型翻译及课文内容问答题。课堂教学结合学生在线预习作业的完成情况展开课文内容及知识点的讲解。对较多学生出现错误和提问的地方,教师会详细深入讲解,对学生掌握情况较好的地方,稍作提及。对于课文难点内容讲解部分,教师结合学生个人成长经历和名人成长经历,以提问方式引导学生逐步掌握文章重点、难点,以问促学。(45～50 分钟)

(3) Translation——本课主要操练长句翻译技巧之拆译法与转换法,课件提前发布在网络课程上,要求学生自学并完成相关练习。课堂上教师对收集的在线翻译作业中存在的典型问题进行讲解,以讲练结合为主,学生互评和教师点评结合,让学生在反复练习和修改中提升翻译能力。(20～30 分钟)

(4) Free talk——给学生 5 分钟的自由交流时间,可以向教师和同学提问,也可以整理笔记,或让学生对本次课堂教学提出意见和点评。

四、"翻转课堂"具体实施

(一)线上教学平台建设:网络资源配对手机 App

课题组将通过宁波大学网络课程平台:http://www.study.nbu.edu.cn 建立"大学英语3"网络课程。该网络课程资源包括:课程目录、资料、讨论、作业、通知、考试等栏目。课程目录主要以单元模块展开,包含每一个单元的教学内容相关资料:音频、视频、课件。资料库的子目录有:课程公共资源、听力音频、试题库及推荐视频和音乐。讨论区已经有至少45 个主题,还将继续增加更多跟社会热点和教材主题相关的材料。教师定期在线解答学生疑问和参与学生讨论。作业主要涉及每个单元要求的写作、翻译及其他作业,学生通过手机随时提交作业,随时查看批阅情况。通知栏里教师根据教学实际发放通知,安排教学任务等。考试栏目主要以大学英语四、六级考试模拟题和真题为主。

(二)课堂教学模式:建立"学生—教材—教师"新型师生关系

首先,基础知识内容改为在线授课,线上预习资料引导学生课前自主预习。预习资料的讲解与课文重点内容讲解同步进行,避免单纯性的题目讲解带来的枯燥,对学生的听课注意力集中度也有一定的促进作用。其次,教学内容的重点体现在对线上学生自学的疑难和收获进行解答和梳理。因此,课堂教学采用集中讨论与展示等方式展开。教师对教学大纲和日历中规定的单元主题进行任务布置,学生在完成主题相关视频、音频、课件等材料的自主学习后,分小组在课堂上展示学习成果,互相点评、提问及答疑。教师则对学生的成果展示及学生无法解决的疑惑进行点评、回答,并对下一个学习任务给出建议和意见。最后,课堂教学应该体现自主学习能动性对英语基础应用能力的促进作用。线上学习主要以无声、静态和个体为主要特征,课堂教学则更多体现有声、动态和团队的特征。因此,课堂教学更多的是引导学生开口说,上台讲甚至是团队上台演。这样一方面能提高学生的英语综合应用能力,另一方面能提高学生的团队合作能力。这对于学生将来的就业也能产生一定的积极作用。

(三)评测体系的改革:平时成绩(50%)+考核成绩(50%)

本课程平时成绩由过程评测子项目组成,主要包括:(1)线上学习评测,由手机 App"超星学习"学习过程进行评测,如:课堂考勤、线上学习、线上学习效率的评测等;(2)教师评价,教师主要通过对学生课堂学习、线上学习效果及课后作业进行评测;(3)学生互评,主要体现在学生对于同组同学的学习(如团队合作中的参与度)及小组间成果展示进行评价。目前已经确定了构成平时成绩为 14 个子项,并在全院推广该计分模式。

总之,课题组对该课程"翻转课堂"改革借助掌上互动软件,以"按需供给"为原则,实现建立"学生—教材—教师"的新型师生关系,以提高学生自主学习能力和英语综合应用能力为最终目标。

五、取得成效分析与体会

(一)取得的成效

有效帮助学生提高学习自主性和自我管理能力(见表 1);有效提高学生参与课堂教学的积极性,师生互动得以加强,课堂教学效率明显提高(见表 2);对学生的学习成绩提高有明显积极作用(见表 3、表 4);提升教师教学能力和教研水平。

表 1　学生自主学习能力

问题类别	个案分析	N	均值	标准差	均值的标准误	Sig.(双侧)
1.我了解每一个单元的教学目标	对比班	116	3.85	1.119	0.500	0.000
	实验班	56	4.89	0.424	0.082	0.000
2.我有详细的学习计划和明确的学习目标	对比班	116	3.65	0.886	0.047	0.001
	实验班	56	4.25	1.005	0.218	0.005
3.我每周在线学习时间不少于 4 小时	对比班	116	3.65	0.963	0.043	0.001
	实验班	56	4.29	0.897	0.169	0.001
4.我喜欢在线独立完成作业	对比班	116	4.43	0.835	0.037	0.075
	实验班	56	4.71	0.606	0.113	0.023

表 2　课堂教学效果的评价

1.这堂课的教学气氛很活跃	平均情况	116	3.77	0.972	0.043	0.000
	个案分析	56	4.54	0.744	0.141	0.000
2.我能清楚说出老师讲课的内容重点	平均情况	116	3.65	0.893	0.040	0.005
	个案分析	56	4.44	0.891	0.168	0.004
3.老师所讲案例有助我解答疑难	平均情况	116	3.99	0.783	0.035	0.016
	个案分析	56	4.64	0.870	0.164	0.036
4.课堂上有很多表现自我的机会	平均情况	116	3.25	1.105	0.049	0.002
	个案分析	56	3.93	1.184	0.224	0.006
5.上课时我记录了要点和难点	平均情况	116	3.43	1.012	0.045	0.006
	个案分析	56	4.05	0.943	0.178	0.005

表 3　实验前成绩分析

分数档	平时成绩		结果考核成绩		总评成绩	
	人数	%	人数	%	人数	%
90～100（优秀）	4	6.25	0	0	2	3.12
80～89（良好）	16	25.00	12	18.75	14	21.88
70～79（中等）	26	40.63	24	37.50	28	43.75
60～69（及格）	14	21.87	20	31.25	16	25.00
60 分以下（不及格，不含 60 分）	4	6.25	8	12.50	4	6.25

表 4　实验后成绩分析

分数档	平时成绩		结果考核成绩		总评成绩	
	人数	%	人数	%	人数	%
90～100（优秀）	18	28.13	5	7.82	12	18.75
80～89（良好）	29	45.32	25	39.06	28	43.75
70～79（中等）	15	23.43	24	37.50	22	34.37
60～69（及格）	2	3.12	8	12.50	2	3.13
60 分以下（不及格，不含 60 分）	0	0.00	2	3.12	0	0.00

（二）体会

FCM 并没有削弱教师在教学中的主导地位，相反，真正的"翻转课堂"在强调学生自主性的同时,进一步加强教师对整个教学过程的主导性,教师的工作量并没有因为网络教学软件的辅助而减少,反而是工作量增加,工作难度增大。因此,作为"翻转课堂"教学的教师应该不断更新专业知识,提高教学能力。

FCM 的效果受学生自主学习能力的影响而不同,自主能力强的学生更适应该模式,自主学习能力差的同学在开始阶段应该得到教师和同组同学更多的帮助,以逐渐适应该模式。因此,教师在教学过程中一定要因材施教,区别对待,在线上学习任务和学习资料的难易程度方面避免一刀切,一定要有层级性的体现,既能满足能力强的同学展现学习成果,又能照顾和培养能力差的同学。

一路走来,只想对我的学生和自己说:"坚持到底,总会找到脚底的路。"

教研课题成果:

(1)"基于元认知理论的独立学院大学英语探究式教学模式研究",浙江省教育厅2014—2016 年,已结题。

(2)宁波大学探究式示范建设课程"大学英语 2",宁波大学 2014—2015 年,已结题。课程验收为优秀。

(3)宁波大学混合式课程建设"大学英语 3",宁波大学 2015—2017 年,在研。

(4)"十三五"课程建设"基于掌上互动的'大学英语'自主学习模式研究",宁波大学科学技术学院,2017 年 2 月至今,在研。

论文:《基于元认知的大学英语翻转课堂模式实证研究》,宁波大学学报(教科版),2016 年 10 月。

作者简介

戴清娥,宁波大学科学技术学院讲师,研究方向:认知语言学与英语教学法。2012 年开始尝试"翻转课堂"教学模式的实证研究,先后主持完成浙江省课堂教学改革项目 1 项;宁波大学探究式示范建设课程"大学英语 2",该课程被评为探究式优秀示范课程;宁波大学第一批混合式课程改革项目 1 项,并完成建设网络课程"大学英语 3"。2016 年在核心期刊发表《基于元认知理论的大学英语翻转课堂教学模式实证研究》。

"翻转课堂"
示范性
教学视频

生活与专业的碰撞

——"民法学 1:总论"情境教学"翻转课堂"

庞　欢

宁波大学科学技术学院

一、课程基本情况

"民法学 1:总论"为 3 学分,51 学时,是法学专业核心课程,针对法学专业学生大一下学期开设。学生已经学习过法学导论课程,有初步基础,刚刚开始涉猎民法领域。学生情况属于一般本科,本身理解能力、学习方法、学习兴趣等在本科层次中属于较弱。目前本学院法学专业每年级有两个班,每班 40 人左右。该课程已经开展"翻转课堂"教学实践 3 轮,"翻转课堂"约占课时 70%,依托超星学习通在线教育平台开展相关教学工作。

二、教学改革背景与思路

民法是调整市民社会的基本法,涉及市民生活的方方面面。在传统民法学教学模式下,民法学教学遭遇教学过程不可控、教学体验不快乐、教学效果不理想、教学评价不准确等困惑与困境,传统民法学教学模式无法适应千变万化的民事生活。

民法学教学改革应该打破教师和学生将注意力集中在对知识的传授、理解和记忆上的传统观念,开展情境教学。情境教学融合了当代和传统的很多教学策略以及学习原理,这些教学策略和学习原理也许可以追溯到中世纪的学徒制和苏格拉底的教学法,但其最主要的资源是进步主义教育哲学和实践、皮亚杰学派的认知发展理论、学习的构建主义原理、多元智能理论以及有效教学的有关研究。诸如服务性学习、研究性学习、真实评价和基于问题的学习、基于项目的学习以及自我导向学习等,都可以追溯到情境教学的研究。

本人在"民法学 1:总论"课堂授课中采用开放式情境教学,在实施情境教学改革中碰到诸如学生学习程度差异很大、课堂专业讨论难以深入、课程教学学时严重不足、教学过程组织管理困难等问题。"翻转课堂"所具有的优势,有助于解决在现有民法学情境教学改革中碰到的困难,实现民法学情境教学。

综上所述,在民法学教学中采用情境教学可以激发学生学习的积极性,促进学生自主学习和个性化学习,增强学生运用知识解决实际问题的能力,从而实现有意义的教学。"翻转课堂"是实现民法学情境教学的有效途径。

三、"翻转课堂"教学设计

（一）课程总体设计

1. 设计思路

改革传统"课堂学习知识，课外内化知识"的教学结构，形成"课外学习知识，课堂内化知识"的新型教学结构。在民法学课堂教学改革中改变学生课前预习、教师课堂讲授、学生课后练习的传统教学，改为学生课前观看教师的教学视频，课堂师生互动交流，课后拓展深化专业学习。经过改革，民法学教学安排分为以下三步：教师录制视频课程；学生课前观看视频协作学习；师生"翻转课堂"专业探究。

首先根据每节课的内容预先为学生录制视频课程和制作相应的学习材料。其次将该视频课程放到网络上和学生共享。在上课前，学生可以利用在线网络、U 盘、DVD 等观看视频和 PPT 等学习资料。在观看时，学生可以根据自己学习情况暂停、回放，也可反复观看，观看的同时还可以做笔记、阅读并记录相应问题。再次学生互相回答问题，解决基础知识的记忆与理解。最后学生带着问题和所学专业知识回到课堂，教师设计真实情境任务，课堂教学采用开放式情境探究教学法，组织学生课堂讨论，检测学生应用知识的能力，并且深入专业问题的讨论和提供个性化辅导。

课堂教学过程包括设置背景、扩充情境、提出问题、解决问题四个主要步骤，主要思路为：教师设置大背景，背景的选择一定要贴近学生生活，引起学生兴趣；学生根据生活经验设定具体情境，由教师和学生共同创造完成开放式情境案例；在这一过程教师引导学生联系生活针对各种具体情境提出可能存在的问题，设置悬念，引起学生探究的欲望；最后对情境案例进行专业分析，帮助学生掌握专业基础问题，对问题从法律角度给予理论分析和解答，将学生探究的热情引导到专业领域，激发学生的专业思考，促使教学目标的达成。

2. 课程总体安排

"民法学 1：总论"课程共分为 22 个专题，每个专题 2 学时，导论 2 学时，复习 2 学时，机动 3 学时，共 51 学时。在这门课程中总共设计了 15 个开放式情境探究场景，开展"翻转课堂"，约占 70%。"翻转课堂"开放式情境设计结合日常生活例如"天下遗赠第一案""生前与死后""由谁来监护""自然人失踪""苹果公司历史""飞车党抢劫""请把手机给我""代收快递""人身伤害缔结娃娃亲"等展开。

（二）具体设计——民事权利行使与救济

1. 课堂教学目标

理解权利行使的含义，掌握民事权利行使的基本原则和限制；理解现代社会权利救济的主要方式为公力救济，以及私力救济存在的必要性；掌握私力救济的方式、适用构成要件、法律效力等。

2. 教学内容选择与难度把握

作为"民法学 1:总论"的教学内容,对民事权利行使的基本原则做基本介绍,具体权利的行使由后续课程教授,重点教授民事权利的私力救济方式。结合我国《民法总则》的最新规定,讲授私力救济:正当防卫、紧急避险和自助行为。

3. "翻转课堂"实施步骤

在上课前学生观看相关视频(约 15 分钟),预习教材中关于民事权利行使与救济相关内容,具体见网络课程。进行"翻转课堂"教学,主要对民事权利私力救济进行专业探讨,查漏补缺,巩固专业学习。留下拓展作业,让学生进一步深化专业学习。

4. 课堂教学(2 学时)

(1)基本知识检测:测试权利行使、权利主张、权利实现的不同含义;现代社会权利受到损害的主要救济方式。

(2)开放式情境导入——权利受侵害时如何救济。

案例编制要求:典型、有趣、有讨论空间、涵盖重要知识点。

基本情境:甲和乙走在马路的花坛旁边,忽然丙驾驶摩托车向甲冲过来,准备抢走甲的背包,千钧一发之际……

(3)基本情境扩充(逐渐深入)。

第一轮:私力救济存在的必要性。

扩充情境,接下来会发生什么事情?

学生:
①甲主动回击,抢起背包砸翻丙;
②乙帮忙踹翻丙的摩托车;
③甲跳上花坛逃跑,踩死鲜花; —— 引导学生得出,与后续相关
④甲拉过乙挡在自己面前,乙受伤;
⑤打电话报警;

……(根据同学们现场讨论罗列,可能会有意想不到的情况或者思维的火花!)

教师引导理论探讨如下:

如果你是甲,你会采取何种救济方式?为何不采用打电话报警方式?从讨论中得出打电话报警根本不可能,因此可以得出结论:虽然现代社会公力救济是权利救济的主要方式,但在情况紧急时私力救济有存在的必要性。

第二轮:正当防卫与紧急避险的认定与责任承担。

请对上述救济方式进行归类,并说明依据,见表1。

表 1　救济方式及责任承担

情形	救济方式	构成要件	责任承担	拓展
①	正当防卫:指为了使公共的、自己或者他人的人身或者财产免受正在进行的不法侵害,对不法侵害人采取的未超出必要限度的损害行为。《民法通则》第128条;《民法总则》第181条	①针对不法侵害实施者②须为现时不法侵害③须为防卫自己或他人的权利或公共利益④须针对不法侵害采取必要措施⑤须不超出必要限度	丙受伤责任谁承担? 甲受伤责任谁承担?	①关于"于欢案"中正当防卫与防卫过当问题的探讨②关于"假想防卫"的探讨③民法总则中关于"好人条款"的规定
②			丙受伤责任谁承担? 乙受伤责任谁承担?	
③其他			……	

　　紧急避险按照正当防卫形式进行,对于概念、构成要件、责任承担等问题进行探讨,由于篇幅字数限制,表格省略。

　　第三轮:自助行为的适用与责任承担(拓展作业)。

　　如果包被抢走,两日后发现抢包人拎着包在街上走,是否能抢回来? 如果抢的过程中导致抢包人受伤,是否需要承担责任?

　　按照上述要求进行,详细阐述省略。

　　从自助行为转向公力救济。

四、"翻转课堂"具体实施

　　"民法学1:总论"课程"翻转课堂"研究与实践始于2013年,具体包括:试点、改进、再实践、拓展。首先在2013级法学专业学生"民法学1:总论"课程中尝试采用"翻转课堂"进行情境教学。其次制作部分教学视频和搜集部分网络授课视频,对2014级法学专业学生开展第一轮"翻转课堂"教学。通过分班教学、问卷调查、访谈、沙龙等形式对教学效果进行跟踪调查。接下来,根据课程教学和调查情况对翻转课堂实施情况进行改进,制作"民法学1:总论"整体课程的教学视频。在2015级法学专业该课程教学中开展第二轮"翻转课堂"情境教学,对教学效果继续跟踪调查。2016级法学专业学生第三轮"翻转课堂"教学过程中由于正好碰到《民法总则》颁布,大量规则进行修改,又全面重新制作视频等课程资料,目前仍然在更新中。另外"民法学2:债法与合同法"更进一步,由学生设置情境、拍摄视频,进行讲解,互相评价,"翻转课堂"进一步翻转。

五、取得成效分析与体会

　　开展多轮"翻转课堂"教学体会很多,最重要的是"翻转课堂"促进了教师和学生共同成长。

　　从学生角度看,学生专业学习的积极性大为增加,学科竞赛成绩喜人。浙江省法律职业能力竞赛,2014年共有2人获三等奖;2015年共有5人获奖;2016年共有8人获奖,其中

2 人获二等奖；另外 2015 级法学大一就有 7 个团队参加学生 SRIP 项目并获得立项，2015 级目前有 10 名学生，2016 级法学 6 名学生报名 2017 年浙江省法律职业能力大赛。法学班级中基本形成了用专业知识解读现实生活的良性学习氛围。

从教师角度看，教师的教学能力和科研能力都得到了提升。从事"翻转课堂"教学以来主持的教学研究课题：

（1）2013 浙江省高等教育课堂教学改革研究项目：民法情境教学改革翻转课堂模式探索与实践。

（2）2013 浙江省教育规划项目：服务学习在法学人才培养中的探索与实践。

（3）宁波大学探究式示范课程——民法学 1：总论。

（4）宁波大学混合式教学课程——民法学 1：总论。

发表的教学研究论文：

（1）《法学人才培养服务学习模式探索与实践》，发表于《中国发展》，2014 年第 4 期。

（2）《互联网环境下翻转课堂存在的价值与建设重点研究》，发表于《中国发展》，2016 年第 12 期。

获得的教学表彰与奖励：

（1）2013 年获浙江省微课大赛省二等奖。

（2）2017 年获宁波大学青年教师教学技能比赛二等奖。

作者简介

"翻转课堂"
示范性
教学视频

庞欢，浙江衢州人，副教授，毕业于厦门大学法学院民商法专业，主要讲授民法总论、亲属法、物权法、合同法等。曾主持省厅校多项教学研究项目，发布教学研究论文多篇。热爱教学，根据法学专业特点，采用"翻转课堂"开展开放式情境教学，从专业和生活的碰撞中发现教学和研究的乐趣，激发学生学习兴趣，深受学生喜爱。

"思想道德修养与法律基础"课程实行混合式 "翻转课堂"教学模式研究

——以"人的本质与人生的态度"为例

彭金玉

浙江农林大学暨阳学院

一、课程基本情况

"思想道德修养与法律基础"是一门面向全校大一所有专业开设的公共基础课,共计48学时,3学分,教学班规模约为120人左右,使用的是2015年8月由高等教育出版社出版的全国统编教材——《思想道德修养与法律基础(2015年修订版)》,同时使用由我校本课程全体任课教师编写、2016年8月由中国农业出版社出版的配套辅助教材——《思想道德修养与法律基础学习指导书》。我校已在2015、2016级大一新生所有本科专业中开展二轮"翻转课堂"教学实践,约12学时;"思想道德修养与法律基础"课2013年被立为校级资源共享课程,并依托我校网络在线课程平台(课程网址 http://zjyc.benke.chaoxing.com/)进行课程资源建设和网上教学互动,录制微课教学视频,开展"翻转课堂"教学实践。

二、教学改革背景与思路

2016年12月,习近平总书记在全国高校思政工作会议中指出:"要运用新媒体新技术使工作活起来,推动思想政治工作传统优势同信息技术高度融合,增强时代感和吸引力。""思想道德修养与法律基础"课程是高校思想政治理论课的四门主干课程之一,也是高校思想政治工作的主渠道之一,它是一门以马克思主义、毛泽东思想、邓小平理论、"三个代表"重要思想和科学发展观为指导,对大学生进行思想道德修养和法律基础知识教育的一门必修课程。但传统的"思想道德修养与法律基础"课程教学一直以来采取以教师为中心、学生被动接受的教学模式和班级集体教学的传统教学流程,教学效果并不理想。与党的十八大"立德树人"这一根本任务的要求还有一定距离,据2015年思想政治理论课教材编写委员会关于"思想政治理论课对大学生的影响力"的调查,只有10.6%的大学生认为思想政治理论课对自己的思想品德发展有积极作用;有的高校通过学生座谈会、问卷调查等方式了解到大学生对思想政治理论课教学效果的评价是:不好的40%、一般的20%、收获不大的20%、有收获的仅占20%。可见,目前"思想道德修养与法律基础"课程课最突出的问题是课程教学的"低效、弱效甚至无效"。高校如何顺应信息化发展潮流,在"思想道德修养与法律基础"课程中引入"翻转课堂"教学模式,既是创新"思想道德修养与法律基础"课程教学模式的现实需要,也是提升"思想道德修养与法律基础"课程教学实效性的价值诉求。

高校"思想道德修养与法律基础"课程"翻转课堂"教学模式旨在适应互联网＋与大数据时代的知识革命,融在线教育与课堂讨论于一体。其实质不仅仅在于网络平台和教学视频的开发与使用,更在于教学理念创新与教学逻辑重构,转变学生被动学习甚至不愿学生的现实状况,打破在大班教学条件下教学互动难以开展的困境、改变课程教学效果不太理想的局面,实现以"教"为中心的课堂向以"学"为中心的学堂的转化,实现形式与内容的互动。

我们以"思想道德修养与法律基础"课程大班教学为例,设计初步的基于"翻转课堂"模式的教学方案,并加以探索,不断提升"基础"课程教学的吸引力和参与度。教学改革的基本思路主要包括以下几个方面:(1)坚持"以学生为主体、尊重个性、知行合一",充分发挥学生的主体作用,强调学生的自主学习、主动参与和合作探究;(2)以问题为导向,打破教材原有的章节体系,开展专题教学,调整和重构课程教学内容体系;(3)以小组合作学习的形式开展课堂内外教学,学生在自愿的基础上分成6～8人组成的学习小组,让学生在小组合作学习、课堂汇报交流、教师的点评与引导中对有关社会热点和大学生实际相关的现实问题进行深入思考;(4)注重考核学生平时课程参与及小组合作学习的表现,以形成性评价为主、结合期末理论考试与实践教学考核,进行综合性的课程成绩评定。

三、"翻转课堂"教学设计

基于"思想道德修养与法律基础"课程的政治理论性与思想教育性的特点,我校"思想道德修养与法律基础"课程实行的是混合式"翻转课堂"教学模式,根据"思想道德修养与法律基础"课程教学内容的逻辑体系和知识结构,将本课程分为6个专题,每个专题设置4个主题,每个主题1次课(2学时,每学时为45分钟,共90分钟),每个主题又划分为若干问题,并以问题为引导、以小组合作探究的方式开展课堂内外的教与学,具体情况见图1。

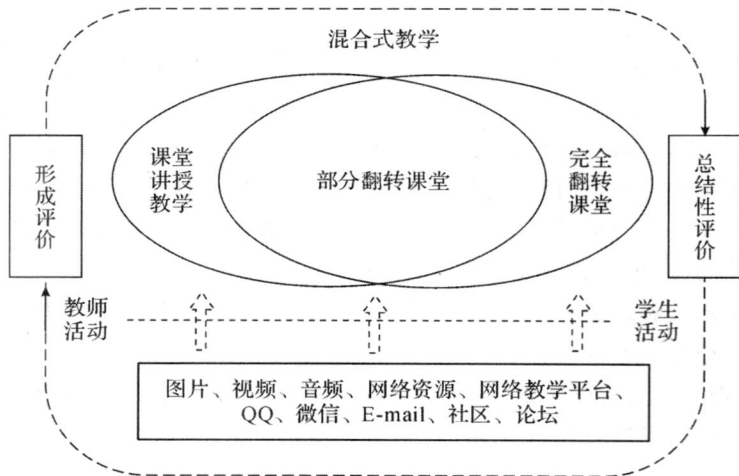

图1 "思想道德修养与法律基础"课程混合式"翻转课堂"教学模式

下面以"思想道德修养与法律基础"课程"专题四:人生观价值观教育"中的"人的本质与人生的态度"为例,展示我校"思想道德修养与法律基础"课程混合式"翻转课堂"教学模式的基本运作。

首先,教师将本堂课的基本教学任务与要求以及要达成的教学目标向大家作一简要的介绍,并从"斯芬克斯之谜"导入新课,让学生们思考人的本质是什么? 我们应以什么样的人生态度去面对人生路上的风风雨雨?(约 10 分钟)

其次,各小组对课后的小组学习成果进行汇报与展示(每个小组汇报与展示的时间约10 分钟),其他小组可以针对他们汇报中存在的问题提出质疑、提出自己的不同见解(每次提问时间约 5 分钟)。

对于"人的本质与人生的态度"这一主题,要求四个小组进行课堂汇报展示。分为两个大的问题:第一个问题——人的本质,第一小组主要是汇报"中国古代与西方近代对人的本质的探索",第二小组主要是汇报"马克思主义关于人的本质的基本观点";第二个问题——人生的态度,两个小组分别从积极的或消极的人生态度,以案例的形式向大家汇报"有什么人生态度,你就会有什么样的人生未来"。(约 60 分钟)

最后,在各小组汇报展示与学生们讨论的基础上,教师进行引导、点评与总结。在这一环节,教师要对本次课的教学内容进行全面的梳理;对汇报与讨论中的错误观点进行纠正,如在第一小组汇报时提出"人的本质是自私的"是不是对的,班上很多学生就认为是正确的,而且还举了现实中的例子来加以佐证,这就需要教师加以正确的引导;对整个教学活动加以总结,对参与汇报与讨论的小组及个人记入平时成绩册、进行加分奖励;还要布置课后思考题,让学生巩固本次的教学内容,并进一步落实好下次课的学习任务。(约 20 分钟)

四、"翻转课堂"具体实施

根据"思想道德修养与法律基础"课程混合式"翻转课堂"教学模式的总体教学设计,分为三个阶段和九个环节开展课堂内外的教与学,具体情况见图 2。

第一阶段:课前准备。包括录制 10 分钟左右的微课视频上传到网络课堂和教学班级QQ 群;划分学习小组并分配学习任务后,在教师的指导下以学习小组为单元开展学习与讨论,合作完成课堂汇报展示作业。

第二阶段:课中汇报。首先教师对教师将本堂课的基本教学任务与要求以及要达成的教学目标向大家作一简要的介绍,并对教学重点难点进行导引;然后各小组对课后的小组学习成果进行汇报与展示,形式可以是 PPT、视频,还可以合唱、朗诵、小品、三句半等表演形式,可以是 1~2 人上台汇报,也可以是全组部分或全部成员上台表演,形式不限,但必须将课前分配到各组的问题在课堂进行解答,并将各组合作学习的情况展示出来;汇报结束后,其他小组可以针对他们汇报中存在的问题提出质疑,并要求他们继续解答,也可以提出自己对此问题的不同见解。

第三阶段:课后巩固。在各小组汇报展示与讨论的基础上,教师进行引导、点评、总结与考核。教师要对本次课的教学内容进行全面的梳理;对汇报与讨论中的错误观点进行正向引导和纠正;对整个教学活动加以总结和教学反馈,对参与汇报与讨论的小组及个人记入平时成绩册、进行加分奖励;还要布置课后思考题,让学生巩固本次的教学内容,并进一步落实好下次课的学习任务。

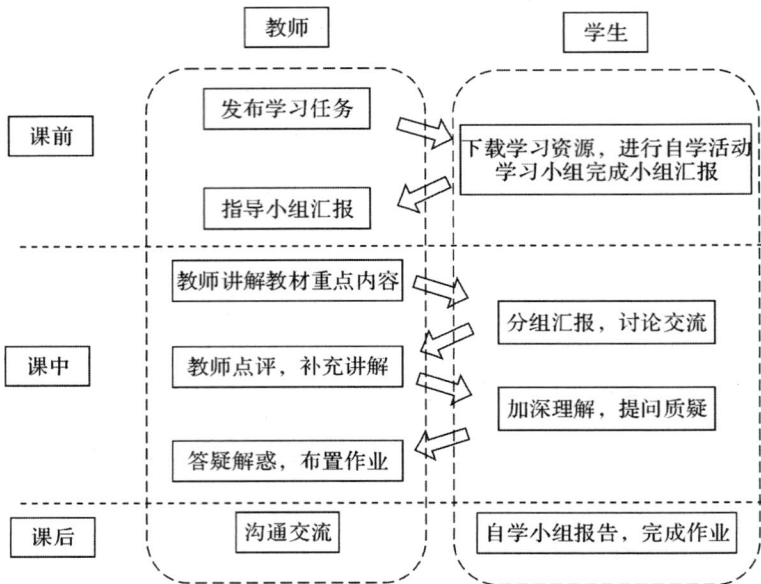

图 2 "思想道德修养与法律基础"课程"三阶段九环节"混合式"翻转课堂"教学模式

五、取得成效分析与体会

(一)取得了较好的教学效果

为了掌握我院实施"思想道德修养与法律基础"课程"三阶段九环节"混合式"翻转课堂"教学模式的教学效果,我们对学生与任课教师进行了问卷调查,调查结果如下。

(1)从学生视角来看,80.2%的学生认为促进了他们参与课程教学,激发了对学习"思想道德修养与法律基础"课程的主动性;79.8%的学生认为相比传统教学,对课程知识掌握得更深入和长久;89.6%的学生认为提高了自主学习和获取知识、探究和解决问题的能力;82.4%的学生认为锻炼了团队合作意识和能力。

(2)从教师视角来看,促进了教师投入更多的时间与精力到课程教学中,需要不断地学习、掌握新的知识和技能,更多地去关注学生的所思所想,深入把握学情,了解社会热点和学生关心的现实问题,并与课程教学内容相结合;要求教师改变传统的单一听讲模式,采取参与式、探究式等多种教学模式。

(二)二点体会

(1)实施"翻转课堂"教学对任课教师而言是一个新的挑战,也是一个系统工程。它不仅需要任课教师转变观念,投入更多的时间与精力;更需要学校各部门的配合,特别是教务部门与信息技术管理部门的支持。

（2）基于"思想道德修养与法律基础"课程的特点，任课教师的马克思主义理论水平及对教学问题的理解和把握，直接影响到学生的思想认识和教学效果。"打铁还须自身硬"，因此，需要"思想道德修养与法律基础"课教师不断提高自己的理论素养，在价值多元并存的现实面前，明辨是非、坚持真理，树立"四个自信"，引导学生树立正确的人生观、价值观和道德观。

作者简介

彭金玉，女，副教授，硕士生导师。担任全国劳动经济学会理事，省高校"思想道德修养与法律基础""中国近现代史纲要"课程研究会理事；主要承担"思想道德修养与法律基础""中国近现代史纲要"等课程的教学；主持各类项目近 20 项，主编教材 3 部，公开发表论文近 50 篇；指导学生获第四届浙江省大学生职规大赛三等奖；指导本科生和研究生科研项目多项、公开发表论文多篇；曾获浙江省教育工委"精彩一课"教学片断设计征文二等奖、校级教学成果一等奖及其他各类奖励多项。

"翻转课堂"
示范性
教学视频

心理健康情绪管理专题之"翻转课堂"教学探索

来　燕

浙江中医药大学心理健康教育中心

一、课程基本情况

"大学生心理健康"是集知识传授、心理体验与行为训练为一体的公共通识课,共 2 学分,面向大一新生开课,每班 70 人左右。课程自 2013 年开展"翻转课堂"教学改革以来,已连续实践 5 年,共 10 轮,约 300 学时。课程采用校编教材《大学生心理健康"微"教程》(电子工业出版社 2015 年出版),并将课程资源依托于电子工业出版社资源平台,以及浙江省高等学校精品在线开放课程共享平台,学生可直接二维码扫描点播学习。

二、教学改革背景与思路

(一)教学改革背景

2011 年教育部办公厅印发了《普通高等学校学生心理健康教育课程教学基本要求》的通知(教思政厅〔2011〕5 号),将心理健康课从选修课提升到了必修课的层次,对课程教学提出了新的要求,如何发挥好课堂的主渠道作用成为心理健康教学改革的重中之重。与此同时,随着多媒体、移动互联网等信息技术的迅猛发展,移动学习成为教育领域的热点。学生的学习方式正不断发生变革,如何在移动学习环境下,运用新工具、新方法,开辟新阵地来改进传统的心理健康教学,也是当前心理健康课程所要积极应对的问题。

对此,浙江中医药大学从 2013 年开始了"大学生心理健康"课程教学改革,以当代积极心理学理论为指导,采用"翻转课堂"的教学模式,推进互动、体验式课堂,构建心理健康微课资源,充分借助网络互动技术为学生提供便捷而个性化的心理健康教育服务,开辟虚拟与实体相互补充的心理健康教育新局面。

(二)教学改革思路

课程团队在分析"翻转课堂"的定义与特征,了解国内外"翻转课堂"的教学模型,并结合心理健康课程特点的基础上,拟定了教改思路。

1. 构建"大学生心理健康"课程"翻转课堂"教学模式

如图 1 所示,"大学生心理健康"课程"翻转课堂"模式将"翻转课堂"分为课前、课堂、课后三个模块。通过课前微视频自学与小组讨论、课堂分享与反馈、教师答疑与深化、案例教学与训练、课后反馈与评价,帮助学生掌握并应用心理健康知识,培养积极的思维方式和自主学习能力。由于将知识传授过程放在了课外,课堂就有了更多的时间用于开展比较耗时和个别化的互动式、探究式教学,实现学生"接受知识、改变态度、训练行为"的学习目标,这也是"翻转课堂"改革的期望所在。

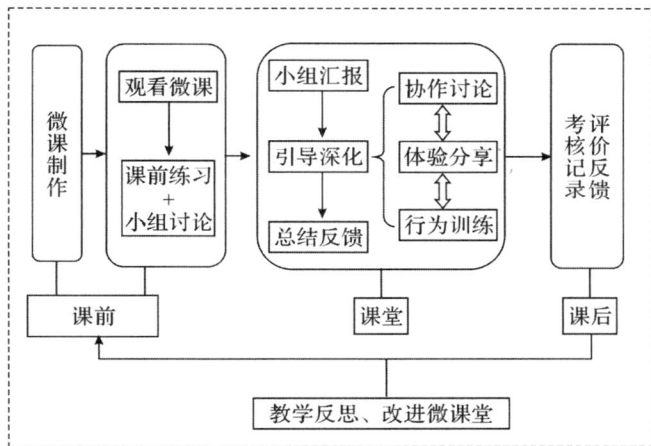

图 1 "大学生心理健康"课程"翻转课堂"教学模式

2. 开发制作课程资源作为教与学的支架

课程团队共同开发制作了心理健康系列"微课程",并编制学生"翻转课堂"自主学习指导手册,用于指导学生自主学习过程。在教学实践的基础上编写出版配套教材,保证教改有效实施。

3. 组织教师参加各类教学培训和技术学习

为"翻转课堂"教学方法的创新提供新思维与活力。

4. 多途径改进考评机制,注重过程性评价

不断细化平时成绩考核,重视学生在课外自学与小组讨论学习中的贡献度。

三、"翻转课堂"教学设计

(一)教学目标

知识:学生能够说出情绪 ABC 理论的基本内涵,阐述情绪 ABC 理论调节情绪的机制,以及非理性信念的三种特点。

能力:学生能运用所学理论分析自身情绪的某个片段,列举影响情绪的多种想法,并分析其中的非理性特点。

情感：学生能够对自身的情绪状态有所觉察，体验并接纳不同的情绪。

（二）教学分析

1. 学情分析

大一新生，正处于由青春期向成年早期过渡的心理阶段，仍可能受到"自我同一性"危机的影响，情绪波动较大，因而希望能够学习情绪管理的方法，教学内容恰好符合这一阶段的需要，能较好地吸引学习兴趣。并且，情绪管理方法的相互分享也有助于他们更多地掌握一些处理情绪的方法。

学生对心理学课程抱有很大的兴趣，但缺乏相应的知识储备，因此教师在设计过程中结合实例，通过设疑和讨论分析等方式，进一步提升兴趣，引发思考。

学生正在适应从高中到大学学习方式的转换，教师需要在课堂中有意识地传递自主学习的理念，促进翻转课堂的实施。

2. 重点、难点分析

重点：对情绪 ABC 理论的理解；对非理性信念特点的理解。

难点：从理性与情感上接纳"情绪是由人对事件的理解引发的，而非事件本身"这一观点；能够运用非理性信念的特点来分析想法。

（三）教学策略与方法

1. 开展课前自主学习，保障"翻转课堂"的有效开展

要求学生在课前完成"情绪 ABC"和"非理性信念"两讲微课自学，并进行小组讨论，提出各自的疑问，完成微课自主学习单，提交教师。

2. 强化课外自主学习与课堂教学内容紧密结合，实现课堂翻转

课堂上，教师在检查微课自学情况的基础上，就学生所提出的问题进行有针对性地讲解，使学生能够更好地获得问题解决策略。学生在自学、讨论后听讲的目的性更强，在课外自学—课堂深化之间形成良性循环。

在具体的教学步骤上，采用目前北美地区最流行的 BOPPPS 有效教学策略，它将教学活动程序分为"Bridge-in 导入—Objective 目标—Pre-assessment 前测—Participation 参与式学习—Post-assessment 后测—Summary 总结"这 6 个阶段。从认知心理学角度出发，充分关注学生在课堂上学习专注力的变化，激发学习动机，注重认知规律，合理规划时间，并给予学生足够的互动参与机会。

教学流程如图 2 所示。

（四）考核与评价

1. 课堂评价与反馈

通过出席率、微课自主学习单完成情况、小组讨论发言及随堂测评回答等情况进行形成性评价。

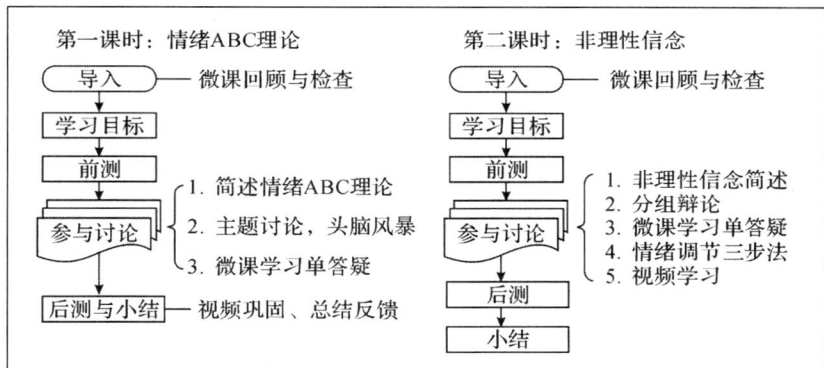

图 2　教学流程

2. 课后作业

(1)两人成组,相互分析一次近期的负性情绪,分析其中的 ABC 为何,带来负性情绪的想法是否带有非理性信念的特点? 若有,可做哪些调整?

(2)学习下一讲两堂微课。

四、"翻转课堂"具体实施

"翻转课堂"的教学步骤见表 1 和表 2。

表 1　第一课时 情绪 ABC 理论

		教师活动	学生活动	设计意图
教学步骤	导入约8分钟	微课回顾: 1.情绪 ABC 理论中的 ABC 分别代表了什么? 2.ABC 理论是如何进行情绪管理的?	1.回忆课前微课内容 2.针对教师提出的问题,参与讨论	1.抽查微课学习情况 2.通过提问和个人案例分析,引入教学目标
	目标约1分钟	学习目标简介: 1.说出情绪 ABC 理论的基本内涵 2.阐述情绪 ABC 理论调节情绪的机制 3.能够觉察自身的情绪状态 4.运用理论分析自身某个负性事件	对学习内容有宏观地了解	呈现学习目标,便于学生理解与记忆
	前测约8分钟	1.练习: 列举一件近期在学校带给你负面情绪的事件,并分析其中的 ABC 是什么? 事件(A):_____ 想法(B):_____ 结果(C):_____ 2.再次澄清"事件"与"想法"之间的区别	回忆并写下令其感到不愉快的负面事件,作为后续分析材料	1.书面练习,让每个人都复习微课内容 2.再次澄清"事件"与"想法"的区别,是难点

续　表

		教师活动	学生活动	设计意图
教学步骤	参与式讨论 约25分钟	1.简述情绪 ABC 理论 诱发事件（A）→ 观念、想法（B）→ 情绪、行为（C） 我们的烦恼，不是源于我们的遭遇，而是源于我们对世界的看法！ 2.头脑风暴，小组讨论与分享 3.微课自主学习单答疑	1.倾听理解教师讲解，随时提出疑问 2.参与小组讨论	1.复述理论，强调难点 2.借用学生案例讨论分析，应用 ABC 理论 3.回应学生微课单中的疑问，加强课内外联动
	总结 约3分钟	1.视频:想法改变，人生跟着改变 2.总结情绪 ABC 理论 3.鼓励同学对内容进行提问和评价	1.小结内容 2.对课堂内容提问和评价	1.巩固知识 2.通过提问和答疑激发更多思考

表 2　第二课时 非理性信念与情绪调节

		教师活动	学生活动	设计意图
教学步骤	导入 约5分钟	微课回顾: 回顾"非理性信念"微课，并举例说明	回忆课前微课内容并回答问题	以小组为单位,抽查微课学习情况
	目标 约1分钟	学习目标简介: 1.说出非理性信念的三种特点 2.能举例,分析其中的非理性信念 3.理解情绪 ABC 理论情绪调节三步骤	对学习内容有宏观地了解	呈现学习目标,便于学生理解与记忆
	前测 约3分钟	练习:下面这些想法中,都可能存在哪些非理性信念,为什么? "我一定得通过这次考试。" "我对她那么好,她怎么能不领情?" "你从来不考虑我的感受。"	思考并回答问题	课堂互动,检验微课掌握情况
	参与式讨论 约30分钟	1.简述非理性信念的特征 2.分组辩论: 辩题:非理性信念一定是不好的 VS 非理性信念有其价值所在 4.情绪调节三步法:识别情绪、识别想法、挑战想法 5.视频学习:幸福课——本沙哈尔的故事,了解"相同的事实,不同的诠释"的内在意义	1.倾听理解教师讲解,随时提出疑问 2.参与分组辩论 3.观看视频	1.再次复述非理性信念的知识点 2.借助课堂辩论,澄清非理性信念的价值和缺陷,解释在什么样的情况下才需要调节非理性信念 3.回应学生微课单中的疑问,加强课内外联动 4.通过视频强化认知调节理念

续　表

		教师活动	学生活动	设计意图
教学步骤	后测 约3 分钟	课堂提问：情绪 ABC 理论作为认知疗法的理论之一，它是如何帮助人进行情绪调节的？	回忆与思考，进行理论分析与应用	评估学习效果，巩固所学知识
	总结 约3 分钟	1.总结非理性信念特点 2.布置下一讲课前微课学习	回顾本节内容，记录课前微课练习	梳理巩固知识，布置微课学习

五、取得成效分析与体会

开展"翻转课堂"教学改革 5 年以来，在以下几个方面取得了较好的成效。

(一)学生投入积极，参与度高

每讲微课的平均点播次数超过 4000 次，观看学生近万人，微课程总访问量超 10 万人次。在 2015 年年底课程教学效果调查中，近 90% 的学生对课程的教学效果感到满意，87% 的学生认为课程能够帮助他们将所学的理论知识应用到实践中去，具有指导作用。

(二)教学改革成果丰富

教学团队先后获得了多项校级教改课题和浙江省教育科学规划课题立项资助，发表论文多篇。团队成员开发制作的系列微课程作品，先后获得校微课大赛一等奖、浙江省教师教育技术成果二等奖、第十四届全国多媒体课件大赛微课组二等奖等荣誉。

(三)改革成效影响浙江省内多所高校

课程负责人曾多次代表学校在省级学术会议中做主题报告。浙江省教育厅宣教处曾专门组织兄弟院校心理健康专职教师来学校观摩研讨。有数所省内高校在此影响下开始尝试相关的改革。学校首页、教育厅网站、《浙江教育报》等媒体均进行了专题报道。

作者简介

来燕，女，教育学硕士，现为浙江中医药大学心理健康教育中心专职教师，国家二级心理咨询师，浙江省高校心理咨询委员会委员。连续多年从事大学生心理健康教育工作，主讲"大学生心理健康""社会心理学"等课程，曾荣获 2014 年校优秀授课教师、2015 年全国心理健康教育"优秀青年工作者"等荣誉。

"翻转课堂"
示范性
教学视频

"PS 不规则选区"的"翻转课堂"实践与探索

金贵朝

杭州师范大学钱江学院

一、课程基本情况

课程名称:网站设计与制作。

课程学分:2.5。

课程性质:电子商务专业基础课。

面向对象:电子商务专业大二学生,两个班,每班 36 人。

教材:《Dreamweaver cs6/Flash cs6/Photoshop cs6 网页设计完全学习手册》,金景文化编著,人民邮电出版社 2015 年出版。

开展情况:已开展"翻转课堂"3 轮,约 75 个学时。

依托平台:钱江学院网络教学平台。

二、教学改革背景与思路

(一)教学改革背景

1."齐步走"的教学模式容易产生"优生吃不饱、差生吃不了"的现象

目前"网站设计与制作"的课堂教学大多实施的是"齐步走"的教学模式,要求不同的个体跟上"大一统"的教学进度,容易造成"优生吃不饱,差生吃不了"的现象。

同时,"网站设计与制作"是一门技术性较强的课程,如果个别学生在课程前期不能及时跟上教学的进度,易挫伤学生的学习积极性,影响后续内容的学习效果。如果不改变现有的传统课堂教学模式,就难以使学生获得个性化发展。

2."课后练习"阶段常常缺少教师的个性化辅导

为巩固课堂的学习成果,教师常常布置一些课后练习作业,但由于"课后练习阶段"缺少教师的个性化辅导和同伴的帮助,学生练习碰到困难时,容易产生挫败感,丧失学习的动机与成就感。

3.传统教学模式不利于自主学习意识与能力的培养

大多数学生习惯了被动地学习,被动地听讲,被动完成作业,适应了以教师讲授为主的课堂教学模式。如果继续采用传统的教学模式,将很难让学生掌握获取新知识的方法和技能,无法适应网络技术不断更新的环境。

(二)教学改革思路

本次教改采用"翻转课堂"教学模式,基本思路是在信息技术的环境中将"网站设计与制作"课程由原来的"课内传授知识,课后完成作业"的教学过程彻底翻转过来,如图1所示。

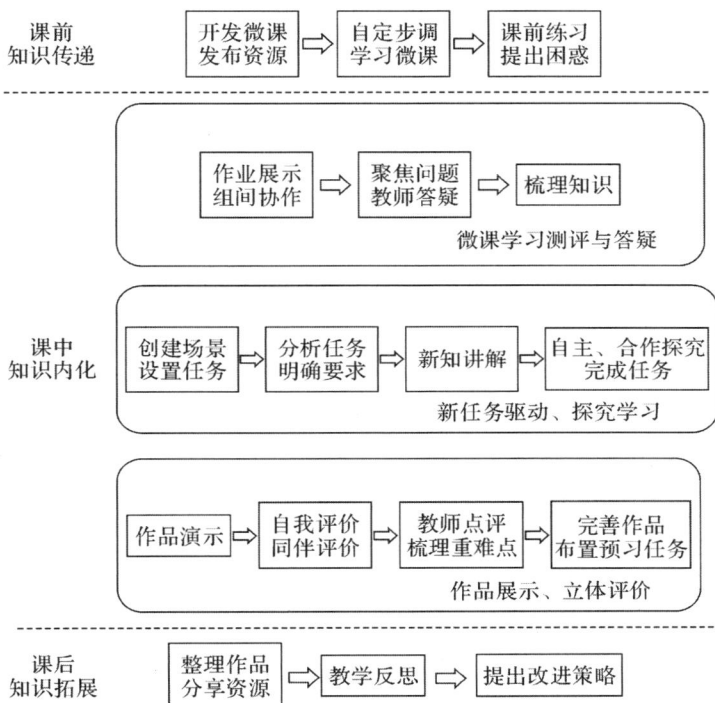

图1 "翻转课堂"教学结构

学生在课前观看教师发布的微课、PPT及素材等资源,通过与教师同学在线交流等方式进行知识的学习,并进行针对性的课前练习;课堂上,分三个阶段开展教学,即"微课学习测评与答疑""新任务驱动、探究学习""作品展示、立体评价"等。

"翻转课堂"将实现知识传授和知识内化的翻转,将传统课堂中知识的传授转移至课前完成,知识的内化则由原先课后做作业的活动转移至课堂中的学习活动。

三、"翻转课堂"教学设计

"翻转课堂"的教学设计如表1所示。

表1 "翻转课堂"教学设计

课程	网站设计与制作	教学内容	PS不规则选区
该内容学时	3	翻转学时	2

续 表

一、学习内容分析

1.内容及重要性分析

本内容是第二章"图像处理与制作"中的第三节内容,是 PS 中最基本的操作,也是最重要的知识点。只有掌握了选区,学生才能将所需要处理的部分从图像中选出来进行单独处理,从而能进行导航栏的制作、logo 和 banner 的设计、网站页面设计,才能进行网店装修(后续课程),是否能明确掌握本次课的相关知识点,直接影响到后面内容的学习

2.重点

学会综合使用多种选择工具,掌握图像合成的一般技巧,掌握网络广告的制作

3.难点

图像合成,精细选区的处理

二、学习目标分析

1.知识目标

通过本次课,学生学会综合使用选择工具选取图像,同时学会合成图像,掌握精细选区的操作

2.能力目标

通过本次课,提高学生 PS 实践动手能力,培养学生创作网络广告的能力

3 情感目标

培养学生自主学习、协作学习、大胆探索的意识,提高学生的审美情趣

三、学习者特征分析

1.知识水平

学生在大一期间学习了"计算机文化基础课",具备了学习本课程的基础。同时,通过本课程前面章节的学习,学生也已掌握了规则选区的单个应用技能。但学生缺乏不规则选区及选区的综合应用经验,同时欠缺精细选和复杂选区的知识

2.思维和学习习惯

优势:思维较活跃,接受新事物的能力较强

不足:不善于主动思考问题,分析问题和解决问题能力欠缺,学习专注力不够

四、课前知识获取环节的设计

通过微课学习"PS 不规则选区"

具体学习任务:

1.仔细观看微课,学习微课中的选区相关的知识点

2.完成微课中所有案例的操作,掌握不规则选区的使用

3.完成一个小作业:通过选区,合成两个图像(详见微课)

五、课中知识内化环节的设计

第一环节,效果诊断、个性指导 20 分钟

1.查看学生课前提交到网络教学平台的针对性练习作业

2.通过随机抽查的方式,进行作业的展示、组间的评价和教师的点评,了解学生普遍存在的共性问题,开展补充性讲解;对于个性问题,进行个别有针对性的辅导

第二环节,新任务驱动,探究学习　35分钟

1.提出任务、明确目标(5分钟)

给定素材,制作购物网站的网络广告

教学方法:任务驱动法

设计意图:吸引学生注意力,明确任务,引出课题

2.分组讨论、实践操作(30分钟)

(1)分组讨论

分小组讨论项目如何分解?

分析实现效果要用到哪些工具?

教学方法:启发式教学

设计意图:引导学生分析问题、讨论解决问题,培养学生思考并进行动手实践操作的习惯

(2)实践操作

教学方法:小组讨论法、实践操作法

设计意图:采用分组方式,营造学生团结协作,协作学习的氛围

第三环节,作品展示,立体评价　35分钟

1.项目评价、讲解新知(16分钟)

(1)抽取典型小组代表进行演示,对自己的作品进行阐述

(2)其他学生评价

(3)教师小结,找出小组实践操作中的亮点,提炼共性问题和难点

教学方法:课堂讨论法

设计意图:调控课堂气氛,提高演示学生的表达能力与总结能力,便于其他学生看到别人的长处也看到自己的不足

(4)难点讲解

如何选择头发,尤其是发梢?

精细抠图——需运用“通道”面板,回顾通道面板概念和基本原理

教学方法:案例教学、演示法

设计意图:讲解通道面板在精细抠图中的具体应用,提供学习支持,突破难点

2.突破难点、完善作品（16分钟）

(1)提出改进建议

(2)各小组分别完善作品

教学方法:实践操作法

设计意图:完善作品,巩固新的知识点:精细抠图等

3.课堂小结、作业布置(3分钟)

设计意图:进一步梳理巩固知识,同时,调动学生课外学习的积极性,在实践中巩固所学的知识,提高软件操作的熟练程度,留给学生创作的空间,培养学生的设计能力

六、教学特色

将课堂打造成“以学生为主体,微课为基础,课前自学和课上强化为主要形式的混合式学习模式”

四、"翻转课堂"具体实施

(一)课前知识获取环节的设计

生动有趣、目标性强、能吸引学生注意力的优质微课开发是实施"翻转课堂"教学模式的关键。本项目将课前的知识获取分为以下两个主要环节:一是微课开发与发布,二是自主学习和在线交流。

1. 微课的开发与发布

微课是实施"翻转课堂"的基础,微课的设计与开发主要包括以下几个步骤。

(1)第一步,学习主题的选择与知识点的细分。

微课"Photoshop 不规则选区"的知识点分成以下几个部分:①手绘套索;②多边形套索;③磁性套索。这些知识点将是学生们课前观看视频的内容。

(2)第二步,微教案的设计与课件的制作。

微教案的设计要做到目标明确、内容精炼,使学生的学习更加聚焦,同时体现"任务驱动、问题导向、反馈互动"的原则,要促进学生思考,提高学习目标准确度,使学生理解和掌握相关知识点。

(3)第三步,微课的录制与后期编辑。

本次"翻转课堂"我们主要使用 Camtasia Studio 软件录制,便于清晰完整展示教学内容和教学过程。微课录制完成后进行后期编辑,包括添加片头片尾,添加关键环节的提示并对文件进行格式转换,如 MP4 或 FLV。

(4)第四步,形成微课的资源包并发布。

教师将制作好的微课、PPT 课件、相关素材及自主学习任务单等材料,一并发布到网络教学平台中,如图 2 所示,供学生自定步调开展学习。自主学习任务单用于帮助学生明确课前自主学习的目标与内容,告知学习方式,并说明与课堂的衔接问题等。

图 2　网络教学平台中发布的微课资源包

2. 自主学习和在线交流

学生在课前自主观看微课和 PPT,完成学习任务单中的任务,通过社交工具(如 QQ,微信等)向同伴或教师反馈自己所不能独立解决的问题,并将练习作业上传到网络教学平台。如表 2 所示。

表 2 "PS 不规则选区"自主学习任务单

"PS 不规则选区"自主学习任务单
一、学习目标
掌握套索工具、磁性套索工具、多边形套索工具的使用及操作技巧
二、学习资源
1.微课 "PS 不规则选区"
2.相关资料:PPT 课件、案例及相关素材
三、学习方法
1.案例学习法
2.实践操作法
3.小组讨论法
四、学习任务
1.仔细观看微课,学习微课中的选区相关的知识点
2.完成微课中所有案例的操作,掌握不规则选区的使用
3.完成一个小作业:通过选区,合成两个图像(详见微课)
五、后续学习预告
在课堂中,将通过多个综合案例,学会综合使用选择工具选取图像,同时学会合成图像;提高 PS 实践动手能力,培养网络广告的创作能力
六、学习困惑(提示:此处由学生填写)
通过本次微课程学习,你还有哪些疑惑或者产生了哪些问题,请写下来

(二)课中知识内化环节的设计

"翻转课堂"教学活动的实施,需要在课中进行高质量的线下学习活动,"翻转课堂"理念下的知识内化环节分为三个主要环节:第一环节,效果诊断、个性指导;第二环节,新任务驱动、探究学习;第三环节,作品展示、立体评价。

1.效果诊断、个性指导

"翻转课堂"的实施,要求学生在课前开展自主充分的学习,如果能利用好,是提高课堂教学效果的助力剂。但要避免有些学生不主动学习的情况,本项目采取以下两个措施:一要求学生将课前的针对性练习作业传到网络教学平台中;二在课内通过随机抽查的方式,进行作业的展示、组间的评价和教师的点评,有利于教师检验课前自主学习效果,掌握学生普遍存在的共性问题,开展补充性讲解;对于个性问题,进行个别有针对性的辅导,使得效果可测可控。

2.新任务驱动、探究学习

新任务的设计是"翻转课堂"教学模式改革能否取得成功的另一个关键因素。新任务的设计注意与微课教学中案例有不同点和相似点,在知识结构上要有一定的连续性,难度要适中。

（1）第一步，创设新任务，明确目标。

在 PS 不规则选区学习中，教师在课堂上给学生提供素材，要求制作购物网站的网络广告。该任务具有以下两个特点。

①联系实际。本任务是一个实际的案例，通过联系实际，吸引学生的注意，调动学生积极性。

②知识综合。该案例是针对学生综合应用选区工具能力比较弱的特点，为学生量身定做，包含了常用的规则与不规则的选择工具。本案例还涉及头发的选择，属于精细选区的处理范畴。

（2）第二步，合作探究，实践操作。

教师提出两个问题，由学生进行分组讨论，合作探究。

①思考该项目如何分解，需哪些操作步骤？

②分析实现效果要用到哪些工具？

通过启发式教学，引导学生分析问题、讨论解决问题，培养他们思考并进行动手实践操作的习惯。采用分组方式进行实践操作，营造学生团结协作的学习氛围。

3. 作品展示、立体评价

（1）第一步，作品演示、组间评价。

①抽取典型小组代表进行演示，对自己的作品进行阐述。

②其他学生评价。

通过项目的演示与评价，调控课堂气氛，提高演示学生的表达能力与总结能力，也便于其他学生看到别人的长处，了解自己的不足。

（2）第二步，教师点评、梳理重难点。

教师小结，找出小组实践操作中的亮点，提炼共性问题和难点。一方面引导学生对图片素材进行分析，学会使用正确的选择工具，同时，较详细分析精细选择的一些常用方法，如通道抠图法。

（3）第三步，突破难点、完善作品。

①提出改进建议。

②各小组分别完善作品，通过完善作品，巩固新的知识点。

（三）课后知识拓展环节的设计

"翻转课堂"侧重于学生课前知识吸收和课中知识内化的两个部分，但并不是说就不重视学生课后知识拓展部分的设计。

教师在课后也会布置一些开放式作业，并对学生的作品进行整理，同时分享一些教学资源供学生进行知识的拓展。一方面，调动学生课外学习的积极性，在实践中巩固所学的知识，提高软件操作的熟练程度；另一方面，留给学生创作的空间，培养学生的设计能力。

五、取得成效分析与体会

(一)"翻转课堂"有利于学生自定步调开展个性化学习

"翻转课堂"的最大特点在于其对传统的课堂教学结构进行了大胆突破,能较好地避免传统课堂"一刀切、齐步走"情形,使得不同层次的学生可以根据自身的学习习惯、学习能力和学习风格自定步调开展个性化学习。

(二)通过微课,有利于培养学生的自主学习能力

"翻转课堂"是以学生为中心的学习模式,由于"翻转课堂"把对知识的学习这一阶段交给学生,由学生自己安排学习进度、知识点、时间管理,最大限度地体现了学习者的个性,充分发挥了学生的主观能动性,这对锻炼和培养学生的自主学习能力有重要作用。

(三)课堂上多元的学习活动,有利于培养协作意识与精神

"翻转课堂"模式在课上采用丰富多元的学习活动,如提问答疑、合作讨论、同伴协作、项目实践和完成作业等,无不体现了学生的主体地位。同时,师生之间、生生之间的多元互动机制对于深化师生关系和强化学生的协作意识都有一定的积极作用。

作者简介

金贵朝,男,副教授,杭州师范大学钱江学院经济管理分院副院长,电子商务专业专任教师。现主要从事 Web 前端开发、跨境电商等方面的研究,主持和参与省部级、市厅级课题 10 项,发表学术论文 20 篇。承接 10 多项政府、企业网站设计与网店美工项目。

教学方面,率先在学院探索并实践"翻转课堂"教学新模式,主持了多项省级教改项目及杭师大重点教改项目,曾荣获浙江省首届微课教学比赛一等奖、全国微课教学比赛优秀奖、浙江省高校青年教师教学技能竞赛优秀奖等。

"翻转课堂"
示范性
教学视频

基于工作任务课程化的"园林花卉学"课程"翻转课堂"实践

王国夫

绍兴文理学院元培学院建工分院

一、课程基本情况介绍

"园林花卉学"是园林和风景园林专业核心课程,主要讲述园林花卉的繁殖、日常栽培管理、花期调控技术、花卉应用等内容,在人才培养课程体系中具有重要作用,是花卉从业人员必须掌握的一门技术课程。绍兴文理学院元培学院的"园林花卉学"是园林专业大三第一学期的学习课程,教学班人数 80 人左右,总学分 3 分,包括 34 学时理论课,30 学时实验课,目前使用车代弟主编的"十一五"国家级规划教材《园林花卉学》(中国建筑工业出版社 2009 年出版)。

"园林花卉学"2012 年成为学院首批自主—合作学习项目课程,2013 年成为浙江省高等教育课堂教学改革项目课程。《园林花卉学》2015 年成为绍兴文理学院元培学院主持的绍兴市重点建设教材。2017 年,"园林花卉学"又成为浙江省精品在线开放课程共享平台申报课程。从 2012 年起依托学院课程网站平台、园林专业课程平台以及浙江省精品在线开放课程共享平台,结合"园林花卉学"的课程特点,尝试基于工作任务课程化的"翻转课堂"实践,共进行了 6 轮,"翻转课堂"学时数占总学时的 2/3 以上,较好地扭转了课堂学习氛围,重塑了学生的学习兴趣,提高了学生花卉种植管理的能力,课程改革取得了较好的效果。

二、教学改革背景与思路

(一)教学改革背景

1. 传统教学引起课堂视听觉疲倦

智能手机的出现、无线网络的覆盖、4G 时代的到来,俘虏了年轻人的心。"互联网+"时代对"园林花卉学"课堂教学形成了巨大的挑战,传统课堂,上课不是睡觉,就是玩手机,这种课堂严重影响教学效果。

2. 教学内容和花卉业工作任务不符

"园林花卉学"教学的主要目的是掌握花卉栽培技术,灵活应用花卉造景。现行教材一般都是按照知识点来划分章节,这样编写的优点是知识成体系,条理清晰,但理论性太强,缺乏应用针对性,学生看得懂却学不会,实际不会种。比如"花卉的生长发育与环境"这一章,教材分温度、光照、水分来讲解环境因子与花卉的关系,而企业工作任务则是要求掌握花卉播种技术,做好花卉幼苗期、开花结果期的管理,每一项工作都是温度、光照、水分等环境因子的综合调控,这种传统教学内容安排和企业工作实际的错位,直接导致大学毕业生不适应企业生产的需要,难以独力地完成工作任务。

3. 学校评价与行业评价脱节

"园林花卉学"课程评价传统上是由平时成绩、实验成绩和期末考试成绩组成。平时成绩包括出勤率、预习、作业完成度、课堂回答情况等,课堂提问由于大班上课,学时紧张,覆盖面不大,频率也不高,平时成绩常以书面作业形式来考核;实验成绩多以小组实验结果、实验报告来考核,差异不大;期末成绩则更多的是反映期末阶段学生复习的程度以及复习方法的有效性,难以真实地反映学生知识和技能的掌握情况,成绩好,不一定技术好,更与就业没有相关性。

4. 个性化学习要求难以满足

"90后"的大学生普遍具有个性,内心更有对个性化教学的需求,在"园林花卉学"课程学习中,有的同学知识消化慢,有的消化快,有的兴趣一般,有的兴趣浓烈,而我们把学生召集到同一个课堂,在同一种形式下教学,直接的结果就是人才培养模式化,犹如工业化的大生产,限制了个性化学习的发展。

(二)教学改革思路

"园林花卉学"课程教学与行业实际相对接,产教融合,打破《园林花卉学》原有的章节次序,对照花卉业实际工作要求,重构课程教学内容,利用互联网平台,将课堂进行翻转,重新设计教学方法、手段以及评价体系。整个教学过程营造出一种企业工作任务氛围的教学情境,注重学生自主合作学习能力的培养,引导学生在任务化学习中自觉解决花卉学问题,使教学成为一个探究的过程,成为一个解决问题、又不断发现问题的过程,使学生在完成花卉种植管理的同时,实现综合素质的提升。

三、"翻转课堂"教学设计

(一)总体设计(见图 1)

把学习的决定权还给学生。根据花卉业工作任务课程化要求,编写教学 PPT,并录制教学视频。PPT 划定教学内容,视频主要是知识点的解读和创新思维引导,两者互补。课前上传教学计划,并要求同学按照教学进度,以小组形式开展自主合作学习;课后开展工作化项目实践,通过线上线下师生互动交流,解决花卉学相关问题,从而获得更深层次的理解。

课堂上教师不再讲授全部知识点,腾出更多的时间参与学生交流,并根据前期学生学

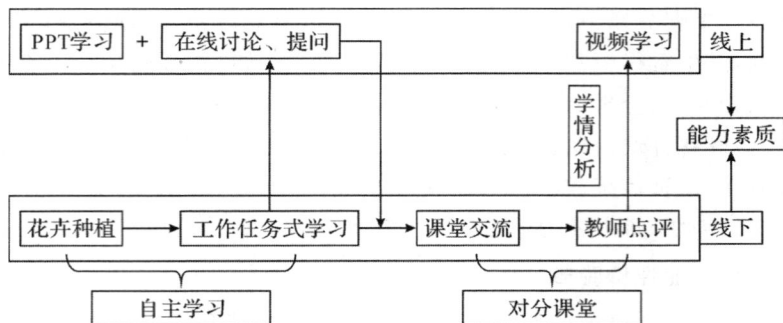

图1 "园林花卉学"课程"翻转课堂"教学设计

习情况解难释惑。课后的工作任务实践可以让学生通过实践获得更真实的学习,尚有疑惑的同学可以观看教学视频加深理解或参与在线讨论。

(二)教学设计举例(2学时)——以花卉种子播种及管理内容为例

(1)根据花卉种子播种任务要求编写教学PPT,录制与PPT互补的教学视频,包括:种子播种影响因素、种子播种成功的原理、种子播种的前期准备、种子播种技术、种子播后管理。

(2)根据教学PPT编写本节学习要点、评价考核要求以及在线学习思考题,上传到SPOC平台,主要思考题目有:

①把影响种子播种的内因和外因具体化,了解它们影响的机理。

②种子播种成功的实质是什么?关键因素是什么?因素之间有没有替补性?

③根据花卉种子播种成功的原理,你有没有想到一些改良的播种技术?家庭DIY时,怎么样利用生活废弃物来营造良好的种子播种环境?

④打破种子休眠的办法除了PPT上讲的,你有没有要补充的?

⑤湿巾催芽播种发的技术关键是什么?请你搜集一下淘宝网上的种子播种设备,并分析它们各自的播种原理和优缺点。

⑥种子播种期温度因子如何调控?

(3)课前要求同学们以小组学习的形式做好预习,学习PPT,观看教学视频,学习内容不仅要看得懂,而且要能解读,在此基础上完成本节思考题,要求学生参与在线讨论,讨论的范围可以适当扩大。

(4)课堂教学采用"对分"形式,第1节课抽取3~4个小组交流种子播种这一节内容的学习情况,包括学习亮点、学习拓展、学习困惑,其他同学参与讨论和回答,教师需要及时做点评,第2节课教师根据第1节课小组讨论式学习的情况,结合SPOC平台在线学习的问题进行引导学习,并选择花卉种子播种的一些案例一起分析,深化学习。

(5)课后布置企业化工作任务——草本花卉种子播种,开展分层教学,一般同学可以选择易播种花卉种植,学习能力强的可以选择难萌发种子播种,在实践中也可以有不同的学习要求。

(6)实际播种过程中遇到问题可以在线求助或一起讨论,也可以观看一下种子播种一节的教学视频。

（7）种子播种阶段性任务结束后，根据课程考核要求，利用 SPOC 平台大数据统计功能和工作任务完成情况，给小组和小组成员打分，进行阶段性评价。

四、"翻转课堂"具体实施

（一）教学内容重组

从花卉业工作任务出发，沿着花卉种子的发育进程，讲解种子播种、幼苗生长、营养生长、生殖生长、开花结果等各阶段的栽培管理要点，把原来分章节讲授改为分阶段讲授，把分知识点讲授改为分任务讲授，以花卉生长发育为主线，让课堂教学真正接轨花卉业生产实际。

图 2 为"园林花卉学"课程教学内容重组示例。

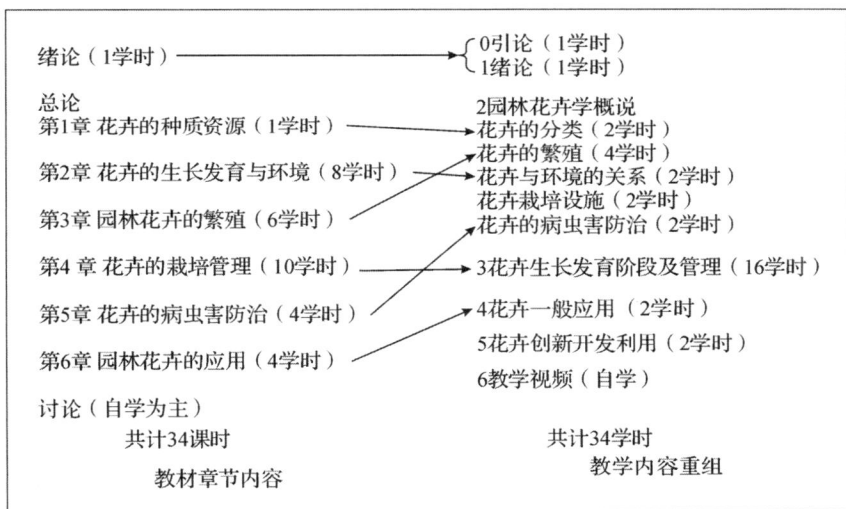

图 2 "园林花卉学"课程教学内容重组

（二）"翻转课堂"教学

（1）先学后教：让学生根据 PPT 提纲自学章节内容，并围绕是什么、为什么、做什么来开展相关资料的搜集、整理工作，做好学习笔记，便于课堂交流，另外在 SPOC 平台开展在线讨论学习，既可以是教师命题，也可以是学生在学习时遇到的问题。

（2）以学定教：利用在线学习平台提供的大数据统计功能，分析学生对花卉阶段性工作任务的完成情况，把岗位工作任务作为教学的基本点，把学生层面的学习难点作为课堂教学的重点。同时开展差异化、分层式教学，对个别学习困难的同学开展针对性的辅导，向学习兴趣浓厚并有学习潜能的同学推介一些花卉种植难题，以此提高课程教学的有效性和针对性。

（3）对分课堂：一次教学两节课，第一节课安排学生相互交流学习，以小组为单位分享学习心得,提出学习问题,通过小组间的课堂互动,梳理知识点,解决部分学习困惑;第二节课教师点评加启发式学习提问,教师全程参与小组互动学习,并对各小组的学习观点做点评,在此基础上,引入一些花卉业实际问题,引导学生做进一步思考,通过排除法、假设法等,教授学习方法,掌握学习本领。

(4)线上线下互动:线下配以第二课堂同步花卉种植实践,仿真企业花卉种植工作任务,把课堂教学和课后仿真教学结合起来,实施以工作任务为载体的课程教学,用任务搭建知识与能力的桥梁,调动起学生的学习兴趣与学习主动性,提高教学效果。

(三)教学评价配套

建立动态、灵活、操作性强的"园林花卉学"课程考核评价机制。实施以小组为单位的线上线下任务化教学,不仅要考核小组,更要考核到每个学生个人,不仅要考核课堂,也要关注课后花卉种植工作任务完成情况以及 SPOC 平台学习,不仅要考核花卉学知识的掌握、能力的拥有,还要考核花卉栽培创新思想的培养。

"园林花卉学"课程考核的成绩由四部分组成:平时成绩占 20%,工作任务成绩占 20%,SPOC 平台学习成绩占 20%,期末成绩占 40%。平时成绩主要由出勤率、课堂学习情况组成;工作任务成绩由工作过程考核、最终完成情况以及工作任务总结汇报组成;SPOC 平台学习成绩由在线学习情况、作业完成情况、在线互动讨论参与程度等组成;期末考试的内容从学生最熟悉的花卉种植工作任务中提取素材,让考试真正发挥作用。

五、取得成效分析与体会

(一)"翻转课堂"翻转了师生关系

从教师讲到学生讲、教师引导点评,突出了学生学习的主体地位,让学生学习有了更大的主动权,能照顾到全体同学的学习兴趣。从实践结果看,学习风气明显改善,课堂抬头率明显提高,对专业要解决的问题有了较好的了解,学习目标明确,花卉种植管理的实践能力水平达到企业要求,顶岗实习受到好评。

(二)"翻转课堂"翻转了学习模式

以小组为单位,分工负责找资料,先自学,再讨论式学习,然后由教师根据学生情况进行学习点评和学习引导,最后布置工作任务进行实践,符合人类的认知规律。学生可在课外轻松地观看教学视频,不必担心教学节奏的快慢,如遇到不理解的问题还可以实时在线寻求帮助。

(三)"翻转课堂"亟待翻转管理制度

比如学生的学习考核制度、课堂日常教学管理制度、教师的考核奖励制度等都有待同步完善。好的教学方法需要有好的制度做保障,才可以促进教师教学能力的提高,才能完成既定的教学任务,达到预期的教学效果。

作者简介

王国夫,男,副教授,主讲"园林花卉学""园林树木学"等课程,从事园林植物分子和生理研究,近年来在核心期刊以上发表论文 10 余篇,主持科技部、浙江省、绍兴市科技项目累计 5 项,主持浙江省课堂教学改革项目、浙江省高等教育学会实验室工作研究项目、绍兴市精品课程和绍兴市重点建设教材等多个项目。

"翻转课堂"
示范性
教学视频

基于"互联网＋"的"英语口译"课程"翻转课堂"教学实践研究

王鉴莺

绍兴文理学元培学院语言文学分院

一、课程基本情况

"英语口译"是英语专业开设的一门面向大三学生的专业必修课,学生通过一个学年,即两个学期的学习,了解口译的特点和职业要求,掌握口译的基本技巧,并初步具备一定的英汉口头互译能力。"英语口译Ⅰ"采用的教材是上海外语教育出版社 2014 年出版的《交替传译实践教程(上)》,"英语口译Ⅱ"采用的教材是上海外语教育出版社 2010 年出版的《中级口译教程》。该课程依托移动互联网平台——蓝墨云班课,针对英语 2013 级和英语 2014 级的学生开展了两轮共 112 个学时的"翻转课堂"教学实践,教学班规模约为 65 人。

二、教学改革背景与思路

2015 年,李克强总理在《2015 年政府工作报告》中提出要制定"互联网＋"的行动计划,"互联网＋教学"不仅意味着互联网成为一种重要的教学工具,而且要求教师要有新的教学理念和方法,学生也要有新的学习观念。在互联网技术平台的支持下,教师通过合理利用大数据信息引导学生自主学习并启发他们自主解决问题。同时,学生将依托网络平台,根据自身需求、学习兴趣和学习基础,自主选择适合自己的学习路径。"翻转课堂"正是信息技术和课堂教学深度融合的契机。

传统的口译教学存在着很多制约,既有课程本身的因素,也有时代背景的原因,这些制约无疑影响着高校学生口译实践能力的养成。以"互联网＋"为依托的"翻转课堂"实践可以在一定程度上打破这些制约,提升教学效率,增进学习兴趣。首先,"翻转课堂"帮助打破了课堂时空的限制,大大缓解了本科有限的口译课时量和繁多的口译教学内容之间的矛盾。教师把口译理论、口译技巧介绍、词汇讲解以及主题知识引入等内容录制成视频,供学生在课前自主学习。正如哈佛大学的 Eric Mazur 教授提出,"新网络科技让知识的传授变得便捷和容易"。其次,"翻转课堂"极大地突出了教学过程中的知识内化阶段。具体来说,"翻转"后的口译课堂重点是教师在遵循口译规律的基础上,有计划、有步骤、有指导地安排口译技能训练,监督学生的学习进度,发现他们在口译中的问题并帮助解决;学生能举一反三,逐步建立起口译的宏观意识、养成口译能力。

在互联网技术平台的支持下,"英语口译"课程的教学从教学内容、教学组织和教学评价这三个方面进行了"翻转"。

从教学内容来看,"翻转课堂"后,课程中的理论部分可以制作成教学微视频上传教学管理平台供学生观看学习。这些教学视频是集体探讨精心制作的结晶,运用的例子典型,讲解深入浅出,可以帮助学生建立清晰的知识框架,比单个教师在课堂上的讲解要高效得多。同时,学生可以选择性地观看视频,实现个性化的高效学习。此外,教师在教学管理平台上设立口译学习练习资料库。学生根据自己的语言能力和学习特性从资料库中选择合适的材料进行练习,既保证口译练习的数量,也很好地保护了学习口译的信心以获得更好的学习效果。

从教学组织上看,"翻转课堂"突出强调了教师讲解(telling)和教师对学生进行考核(testing)这两个环节之间的空白地带——循序渐进的口译教学步骤,即在学生进行口译练习过程中发现问题,进行讲评,提供指导,同时对学生的学习进度进行检查和监督。这样,教师不仅可以在课堂的输出环节中充分发挥主观能动性,而且还能在一定程度上实现对学生课外学习的监督和指导。

从教学评价上看,在"翻转课堂"的思路下,教师可借助"互联网+"手段更加客观完整地记录学生实时操练的情况,无论是手机拍照、录音或是录像,都能使教师监控到每一位学生的课堂活动情况,方便教师做出形成性评估,并给予针对性指导。此外,互联网上的教学管理平台中的学习统计功能可以准确地记录每个学生的学习行为轨迹、观看学习资源情况、作业完成情况等,帮助教师了解学生的学习进度、监控学生的学习结果。

三、"翻转课堂"教学设计

本课程的教学理念是"以教师导学为保障,以学生学习为中心",将传统课堂教学和移动互动平台教学相结合,鼓励自主讨论、合作学习,使教师成为真正的助学者和促学者。

以本课程中礼仪祝词专题口译为例,教学目标包含三个方面,其知识目标为掌握礼仪祝词专题的高频表达以及一些常用的专业术语,了解礼仪祝词专题涉及的跨文化交际知识、礼仪常识,明确译员做该类口译之前需要完成的准备工作;其能力目标为强化学生口译记忆、口译笔记、口译中的源语理解以及目的语信息重组等技能,提高学生的口译实践能力,掌握礼仪祝词类口译的基本流程和方法。其情感目标为树立学生的自信心,激发他们的学习热情,能够联系生活实际,同时,通过对特定场景进行口译现场模拟,培养了学生团队精神和合作能力。

该专题的重点是熟练运用礼仪祝词专题下的一些高频模块单词、高频模板句型;而难点是在源语理解的基础上做出合理有效的口译笔记;明确中英两种语言在文化背景和表达习惯上的差异,保证目的语表达的自然、流畅。

教师参考"厦大"模式,把整个口译教学分成译前准备(preparing)、现场口译(performing)和译后评估(packaging)三个阶段,与实际的口译工作流程一一对应。其中,现场口译部分强调专题口译演练和口译技能训练的结合。

2个学时的教学过程安排如下。

(1)教师上传微课视频到蓝墨云班课平台上,通过展示李克强总理在博鳌亚洲论坛2014年年会开幕式上的讲话片段,要求学生思考"如果要给李克强总理做好该开幕式的口译,你需要做哪些准备工作",从而激发学生的探究兴趣,清楚口译工作的一般流程。教师通过提问的方式,使学生明确口译员要做的详细准备工作。包括:①What to prepare?(准备什么?)②How to prepare?(如何准备?)③Would you please prepare a question list for the organizer and the speaker?(跟主办方以及发言人事先要做好哪些沟通?)其次,教师仔细讲解礼仪祝词的几个组成部分以及各部分的一些固定表达、专业术语和高频词汇等,为学生的课堂口译实践练习做准备。

(2)在课堂上,教师要求学生完成礼仪祝词专题的段落口译练习。教师把整个口译过程拆分为"口译笔记+源语复述"和"信息重组表达"两大任务,使学生眼中"不可能完成的任务"变得"可望又可及",且充分体现了该课程以技巧(技能)训练为主的特点。在任务一中,学生需要抓住整篇演讲的关键点、主要意思及其语篇组织。具体表现为学生一边做复述,一边在教师的帮助下规范口译笔记的布局,厘清所听段落的逻辑关系。在任务二中,学生可根据所做的笔记,进行现场口译,教师挑选具有代表性的句子结合口译笔记进行讲解,注重内容的完整性和表达的自然流程。(1学时)

(3)让学生切实体验口译工作的完整流程。教师结合礼仪祝词专题,给学生两个场景,组织班里各学习小组模拟现场口译,组内各成员分别扮演中方代表、外方代表和口译员等角色。之后,邀请其中一个学习小组进行表演展示,其他学生根据教师所给的评估表从信息传递、语言使用、译文表达、综合素质四个方面对他们的表演进行评估。(1学时)

(4)教师通过微课视频对课堂内容进行总结。此外,要求学生完成该专题英译汉、汉译英口译各一篇,提供该练习的讲解和指导,以及参考译文供学生进行自我评估。

四、"翻转课堂"具体实施

本课程在进行"翻转课堂"时主要遵循以下几个步骤。

(1)根据口译测试、问卷调查和个别访谈,明确学生的口译认知发展水平,在此基础上对口译技能进行模块化整合,从最基本的听辨技能入手,到最后各项口译技能的综合运用。内容编排由浅及深、易于理解,凸显知识的实用性,注重理论和实践的结合,使其适用于"翻转课堂"式的教学。

(2)采用口译教学团队(2~3人)合作的方式,集体准备和编撰口译微课剧本,制定微课录制方案,并用视频、音频编辑软件制作微视频。这些微视频采用经典案例讲解,突出口译技能学习的精髓,上传至蓝墨云班平台后便于学生反复观看。

(3)教师要求学生在课堂上进行口译即时展示,检查学生的学习进度,发现他们在口译过程中遇到的问题,并及时给予针对性的指导。

(4)教师按教学进程在该平台上发布更多的学习资源,供学生自主选择材料并开展课外口译实践,实现口译技能的内化。同时,通过讨论、答疑等形式随时与学生展开教学互动。

(5)利用蓝墨云班课平台的数据分析和评价学习效果,定期导出平台数据,包括出勤、参加活动、观看视频、参与测验、头脑风暴和投票问卷等,从而分析学生的学习状态和学习效果,以调整教学进度、改进教学方法。

五、取得成效分析与体会

本课程在实施了"翻转课堂"之后,学生课前通过"微课"学习口译技能和相关背景知识,课堂上展示口译成果获得教师即时点评,课后根据教师布置的任务进行口译实战以巩固口译技能,实现了课内外学习的"无缝衔接",提高了教学效率。学生时刻都处于接受知识且不断内化知识的状态,在这一过程中,学生的口译学习目标更明确,学习也更主动,学生普遍反映这种学习方法有效地提高了他们的自主学习能力,让他们对口译学习更感兴趣,也变得更有信心。

与此同时,翻转后的口译课堂以口译展示为主,随时进行的课堂练习和提问极好地还原了口译现场的压力感,让学生不敢走神和懈怠;一堂课下来,几乎每个同学都有机会进行口译展示,并得到教师针对性指导。依托蓝墨云班课平台,学生上传口译成果,分享口译资源并进行交流互动,有助于培养学生自我督促和自主学习能力,教师也可据此对学生的课后练习进行监督,并及时给予个性化反馈。该平台能帮助记录学生的学习进度,统计分析学生的学习状态和学习效果,真正做到以评促教。总的来说,学生十分认可"翻转课堂"这种教学模式,认为其增强了口译学习的信心,增加了师生和生生之间的交流,有效地提高了学习效率和口译实践能力。

作者简介

王鉴莺,女,1983年3月出生,浙江绍兴人,绍兴文理学院元培学院讲师,具备全国翻译专业2级口译资格。自2009年8月起一直承担英语专业各种口译类课程。工作期间,已完成3项厅市级科研项目,并进行着多项市级教改项目,累计共发表6篇学术论文,出版1本译著,参编教辅材料8本。曾指导多名学生在各级口译大赛中获得佳绩。曾获得浙江省高等学校第八届青年教师教学技能比赛优秀奖、浙江省第二届外语微课比赛三等奖等。

"翻转课堂"
示范性
教学视频

"平面设计与制作"课堂双核驱动教学模式探索

王伟荣

浙江工商大学人文分院

一、课程基本情况

课程名称:平面设计与制作。

课程学分:3。

课程性质:专业课。

面向专业:广告。

开设年级:大三。

教学班规模:40 人/班、3 个平行班。

使用教材:无固定教材。

已开展"翻转课堂"教学实践情况:15 轮,约 1125 课时。

二、教学改革背景与思路

广告是一门实践性非常强的学科,"平面设计与制作"是广告专业的核心课程,综合性很强,该课程以广告策略为前提,在课程中综合运用广告的各个知识点。如果没有有效的方式,激励教师和学生的主观能动性,教学效果将直接大打折扣。目前,堡垒式课堂和满堂灌教学现象在高校相对比较普遍,教师关注的是学生对已有学科概念、命题、事实、方法等方面的接受和理解,教学中"教""学"分离现象比较普遍。其结果直接导致教师在教学中的"随意性"和学生在学习中的"应付性"的教学现象,教学质量可想而知。封闭式课堂示意见图 1。

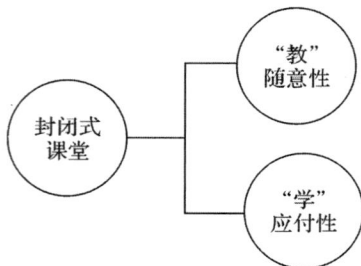

图 1 封闭式课堂

三、"翻转课堂"教学设计

(一)教学实施策略与方法

以课堂中的必要环节——作业和作品作为切入点,以学科竞赛和项目实践为教学目标双指向,通过作品交流长效机制建设,促建"双核驱动教学模式"。打破各种封闭式教学现象,杜绝教师在教学中的"随意性"和学生在学习中的"应付性"现象。充分调动教师和学生在教学过程中的最大主观能动性,从而推动教学质量的提高。双核驱动教学模式示意见图 2。

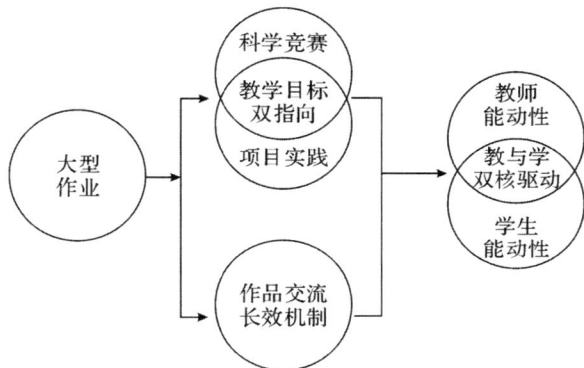

图 2　双核驱动教学模式

(二)教学方法特点分析

1."教"的核驱动

课内:教师的教学质量直接面临同事、同行、学生、学校的监督,教师唯有充分地增强多环节、多维度沟通交流的广度和深度,积极发挥主观能动性,才能赢得肯定和尊重。

课外:鼓励学生参加更多的学科竞赛,可以把作业选题与恰当的竞赛项目相结合,充分调动学生对作业的能动性;通过学科竞赛加强与全国各高校各专业之间的联系和学术交流,促进自身学术的提升。

2."学"的核驱动

课内:作品不再简单地面向特定的任课教师,而是直接面向班级、年级、其他专业、其他教师、企业主的点评和考评,从而确立对完成该作业的态度定位。

课外:通过学科竞赛的参加,扩大自己作品的交流广度,最主要的是确立对作品要求的高度定位,通过参与学科竞赛和实务项目的过程,夯实自身的专业知识。

四、"翻转课堂"具体实施

(一)教学目标双指向——以赛促学、项目促学的原则

充分激发学习的主观能动性：收集课程相关的学科竞赛选题和企业实践项目的信息，积极引导学生参加学科竞赛和企业项目促学，作为课程学习目标双指向，为学生对课业的重视度打下良好的基础。

(二)建立长效的作品交流机制

学生全程策划组织活动。内容包括作品交流策划、展示方式、交流时间、交流场地、系列宣传、海报设计和制作、文案设计、交流实施等系列的交流组织活动。活动本身就是一个全方位的广告项目促学，给学生提供了很好的专业实践机会，也是锻炼综合能力的机会。作品交流机制示意见图3。

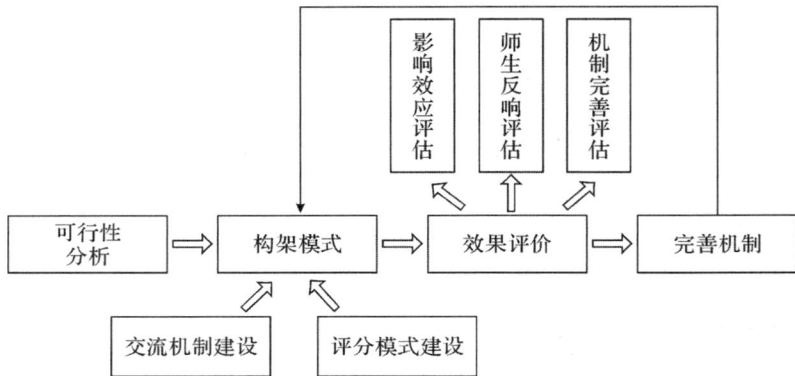

图3　作品交流机制

(三)建立作品互评机制

废除传统的任课教师个人打分的考评方式，建立实行学生互评成绩的考核办法，增强学生之间的学习交流，优化主观评分制，操作具有科学性。图4为"电脑图文设计"课程学生成绩互评剪影。

1. 评分方式

班级交换评分方式，即在任课教师主持下，组织班级之间相互考评作品成绩，尽量采用平行班交换打分方式，加强班级之间的学习交流。

2. 评分人员

由教师、班干部和学优组成评分团。参与评分的同学必须认真负责，任课教师和班干部审核评分同学，确保课程成绩的严肃性（见图4）。

图 4　电脑图文设计课程学生成绩互评剪影

3. 评分方法

采用截尾均值法和汇总评分法，即去掉 50% 的高分和低分的截尾均值法评分制度，保证考核的科学性。主观评分更需要制定客观科学的评分制度，确保课程成绩的合理性。

4. 评分标准

任课教师负责制定统一的评分标准，建立科学的综合评分项目表，让评分制度更加有效，确保课程成绩考核的规范性。

（四）课程延伸导向

以作品交流为平台，邀请同事和同行参与对作品的点评和考核，同时，以课程内容之间本身的有机联系，让已有作品在课程之间进一步延伸，不断地丰富内容、完善质量，完成从小作品到大作品的过程。专业课程之间的知识点被有机地串联起来，更加有利于学生对学科知识体系的领悟。图 5 和图 6 分别为广告 2004—2005 级学生作品展览活动剪影。

图 5　广告 2004 级学生作品展览活动剪影

图 6　广告 2005 级学生作品展览活动剪影

五、取得成效分析与体会

双核驱动教学模式以"电脑图文设计""广告设计""Flash 动画设计""数字出版技术"等实践类课程作为研究和探索点,在浙江工商大学广告学专业已经实施了 16 个学年。

(一)教学效果明显

(1)学生上课出勤率很高。

(2)学习自主性高、交流意识强。课内积极与教师交流,课后积极与同学交流。提高了学习自觉性,通过网络等方式搜索相关知识点,甚至把自己的作品放到网上与人交流。

(3)参加学科竞赛氛围浓厚。学生积极主动参加学科竞赛。获得省赛以上比赛的奖项不计其数,形成了良好的专业竞赛氛围;项目实务被企业采用的案例很多。广告学科竞赛成绩在省属高校中名列前茅,以广告学科竞赛公认的"时报金犊奖全球华人广告大赛"为例,2010 年、2011 年连续两年获奖的数量名列省属高校中第 2 位。

(4)实践意识强。学生主动联系企业,把社会课题与课堂作业相结合。如广告 2001 级钱茵莺、诸葛美英、王唯等同学为浙江红星户外用品有限公司设计系列广告方案,签订合作协议并且获得千元以上的报酬。

(5)"电脑图文设计""广告设计"从 2005 年度至今,在浙江工商大学课程考核中年年被评为优秀课程。

(6)课题主持人王伟荣老师在 2005 年获得浙江工商大学"优秀共产党员",2007 年获得"浙江工商大学首届教坛新秀"荣誉称号,连续多年教师年度考核名列全院第一。

(7)教师之间的课程教学探讨在学院里形成一定的交流氛围。

(8)各年级学生增进了各课程中的专业交流,形成良好的传帮带学习氛围。

(9)每年定点定时举办广告学生作品交流。从 2009 年,学院在此作品交流基础上,升级为人文与传播学院的一年一度的原创作品大赛,2012 年再增加一年一度的广告创意大赛,形成了两大学生作品交流活动。历届部分海报见图 7 至图 9。

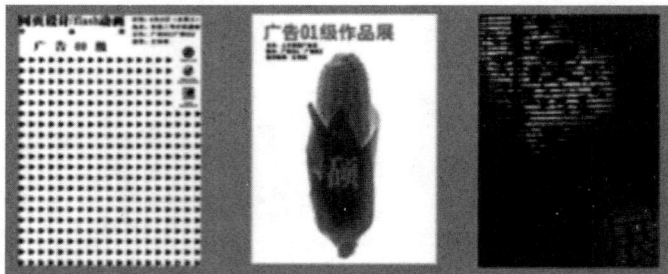

图 7 广告 2000 级、2001 级、2002 级作品展海报

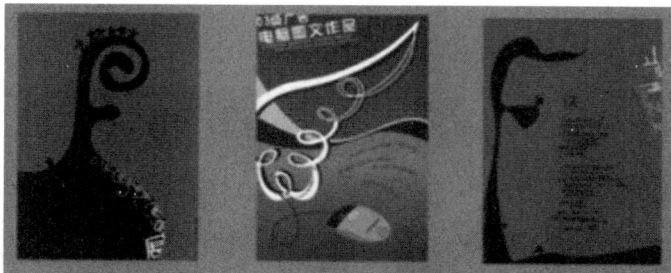

图 8　广告 2003 级作品展海报

图 9　广告 2004 级作品展海报

（二）推广性强

1. 教学模式的创新

打破封闭式的课堂教学，建立多维度交流机制，让课堂教学在无形中变得更加开放，促进校园学术氛围和学风建设。

2. 教与学能动性的创新

通过作品交流教学模式，让课堂教学更加开放，对教师和学生形成一定的教与学的压力和动力，从而达到提高教学质量的目的。

3. 教学成本低

良性整合现有的教学资源，深化教学效果，几乎不增加现有的教学成本，可行性强，效果明显。

4. 作品交流方式的多样性

结合线上线下作品交流方式，充分发挥互联网平台和移动平台交流作品，扩大交流广度，操作成本极低，可行性强。

5. 适用性强

适合各类有作业和作品的实践类课程，教学模式具有较强的借鉴性，"教"和"学"积极性促进明显。

优化现有的教学环节，充分激发教学环节的教师和学生的主观能动性，在达到教学效果显著提高的同时，不增加课堂教师更多的工作量，是确保此教学模式持之以恒的重要考量,便于此教学模式的推广和应用。图 10 和图 11 为 2007—2008 年校领导、学院领导和部分教师现场指导与交流照片。

图 10　2007 年校领导、学院领导和部分教师现场指导与交流

图 11　2008 年校领导、学院领导和部分教师现场指导与交流

作者简介

"翻转课堂"
示范性
教学视频

王伟荣,1977 年 2 月出生,浙江工商大学人文学院教师,讲师,硕士。1996 年 8 月参加工作。主要从事企业形象规划设计和教学。

获奖及课题立项情况如下:

(1)2007 年获浙江工商大学"首届教坛新秀"荣誉称号。

(2)浙江省 2013 年高等教育课堂教学改革项目。

(3)2012 年"基于作品展览教学模式的广告实践类课程创新"被评为浙江工商大学教学成果二等奖。

(4)2013 年"作品交流长效机制建设:广告专业实践类课程创新——以十一年实证研究为例"被立为校重点课题。

(5)获得浙江工商大学 2009 和 2012 年度"优秀共产党员"荣誉称号。

(6)2009—2016 年 8 次获得浙江工商大学"优秀科技导师"荣誉称号。

(7)2009—2016 年连续 8 年教学业绩考核为"A"。

基于 MOOC 资源的"管理沟通"课程"翻转课堂"教学实践探索

陈晓阳　李静　胡佳应

浙江财经大学东方学院工商管理分院

一、课程基本情况

(一)课程概况

现代管理实践证明,管理者大约有 70% 的时间用在与他人进行沟通上,沟通的技能直接决定了管理的绩效,沟通是管理者最为重要的职责之一。"管理沟通"课程的教学目标是让学生通过各种验证性、设计性和综合性的实训活动,把沟通的理念、技能和实践结合,掌握组织管理人员应当具备的管理沟通知识和能力。

(二)课程性质及教学对象

本课程为面向所有专业大二和大三学生开设的公选课,同时也为工商管理、市场营销专业开设专业选修课。每个学期开设 8～10 个班级,班级规模 36～48 人。

(三)课程教材和慕课资源

课程采用哈尔滨工业大学管理学院张莉、刘宝巍团队编写,高等教育出版社出版的《管理沟通》第三版。通过与哈工大张莉老师教学团队沟通,依托该团队在中国大学 MOOC 网上开设的"管理沟通:思维与技能"慕课进行线下"翻转课堂"的教学。2016 年秋季开始进行第一轮"翻转课堂"教改实践,目前已完成 2 轮,2017 年秋季正在进行第 3 轮的教改实践。本课程计划总课时为 32 课时,学生课外线上自学慕课(课程的周期为 17 周),每周约 2～3 小时的线上学习,线下"翻转课堂"的学时为 16 课时,占总课时的 1/2。

二、教学改革背景与思路

(一)教学改革背景

随着我国经济发展进入新常态,高等教育的结构性矛盾凸显,同质化倾向严重,毕业生就业难和就业质量低的问题日益突出。2015 年 4 月,浙江省教育厅出台《关于积极促进更多本科高校加强应用型建设的指导意见》，要求实现高校特色发展，大力培养高素质应用型人才。2015 年 12 月，浙江财经大学东方学院获批成为浙江省首批十所应用型建设试点示范高校之一。改变传统的灌输式课堂模式，激发学生的创新学习意识，寻求培养学生解决实际问题能力的教学方法和教学手段，成为应用型高校人才培养和课堂教学改革的重中之重。

慕课（MOOCs）自 2008 年在全球兴起以来，犹如一场海啸颠覆传统的教育观念，引发了一场教育的革命。一改过去只能被动地聆听教师授课，学生有了更加丰富的课程资源选择，可以利用碎片化的时间进行自主学习。无论是国外最有影响力的"三巨头"平台 Coursera、EdX 和 Udacity，还是国内的中国大学慕课网、学堂在线、清华在线等慕课平台，为学生提供了极为丰富的慕课资源。在这样的背景下，应用型高校根据自身的人才培养目标，利用丰富的慕课资源，有选择性地进行课程嫁接，既可以极大丰富课程的资源，又可以运用"翻转课堂"教学法提升学生的学习效率和能力，对应用型建设起到重要的支撑作用。

（二）教学改革思路

"管理沟通"课程因其课程的实践性，特别适合把线上慕课资源的优势，与线下"翻转课堂"的优势结合起来，让学生在课堂外部学习慕课，回到课堂将传统的"教—学"模式翻转为"学—教"模式，让学生成为课堂教学的主体。

具体思路是通过架构"管理沟通"课程学习的体系和重点，根据慕课资源的章节知识点分布，设计并发布学生课前学习单，让学生在课前"听课"，了解并掌握相关的知识点；回到"翻转课堂"检验学生课前学习效果后，教师把主要的精力放在指导学生进行沟通场景、案例、测试的体验、分析和探究上，着力培养学生的自主学习、钻研问题、探究创新的兴趣和能力。

三、"翻转课堂"教学设计

（一）"翻转课堂"的设计目标和思路

1.设计目标

突出强化管理沟通思维和提升技能的"翻转课堂"训练，通过课上课下，线上线下的自主式学习和团队互助合作学习，获得沟通知识的内化和沟通能力的提升。

2.设计思路

根据"管理沟通"课程从思维到技能、理念到行为的教学逻辑，选择强化理念、提升能力的关键环节和内容进行课堂的翻转，开发适合课堂互动、研讨、探究的沟通场景化案例、体验场景和游戏测试嵌入"翻转课堂"的教学中。

（二）"翻转课堂"内容设计

1.课前任务的设计和发布

依据"管理沟通"课程各部分的教学目标、教学难点和重点，设计并发布课前任务书，指导学生按进度学习慕课课程,利用移动终端推送课堂重点任务 PPT,督促学生完成慕课测验或课前实践任务。

2. "翻转课堂"的教学素材设计和制作

主要有三类素材,一是来源于视频网站、影视剧、各大新闻媒体的文字和视频案例,用于课内外讨论;二是来源于日常生活、面试、影视剧等各种素材,用于体验各种沟通场景;三是来源于测试网站、游戏工具书或自行编写设计的游戏化场景与问卷,用于课堂测试和互动游戏。

3. 设计学习环境、学习策略和学习评价方法

具体设计"翻转课堂"的学习环境,学生讨论的分组人数,设计师生和生生互动的内容、问题和形式,设计场景案例分析、探究学习和合作学习的思路、小组讨论汇报的内容,确定学生课堂表现的评价方法和评分手段,设计利用移动终端与学生互动、投票、跟帖的方法。

(三)2 学时课堂的具体设计说明

以《管理沟通》的第一章管理沟通基础为例,具体说明 2 课时的课堂设计。

1. 学习内容分析

主要内容包括 4 个方面:一是关于沟通的 2 个 70%(管理者 70% 的时间都用于沟通,70% 的问题都是源于沟通不畅导致),二是沟通的 3 个关键词(良好意愿、换位思考、可信度),三是管理沟通的内涵与过程,四是管理沟通的障碍。

2. 学习目标和学习者特征分析

学习目标是通过让学生了解管理沟通对管理者的重要意义,掌握管理沟通的三个关键词、内涵及其过程,分析掌握常见的沟通障碍。本课程面向的学生,已经具备课程学习的知识基础和认知能力,通过课堂进行场景体验和案例分析,可以激发他们的学习动力、学习热情和自主思考能力。

3. 课前任务设计

采用课堂移动教学助手发送课前学习任务单,观看慕课视频,完成课中测验,以"我最想在管理沟通课中学到什么"为题,要求学生设计课程学习计划。

4. 课上和课外任务设计

(1)导入阶段——用一个游戏导入管理沟通的概念(20 分钟)。

引导学生做"破冰游戏"——让学生分为 6~8 人的团队,依次自我介绍,并反复重复同组队友名字和典型的特征,通过游戏导入管理沟通的概念。

(2)展开阶段——探索管理沟通的内涵(20 分钟)。

采用探究式学习的方式,让学生进行"传递表情"游戏,从后往前传递表情,让最后的组员说出表情词组。完成游戏后让学生小组讨论,探究管理沟通的内涵。

(3)总结提炼阶段——架构管理沟通的过程(5 分钟)。

通过对管理沟通概念和管理沟通内涵的讲述和体验,构架出管理沟通过程的模型,让学生了解管理沟通是一个完整的双向沟通的过程。

(4)进一步体验和探究阶段——揭示管理沟通的障碍(20+20分钟)。

分析两个视频案例"Change Your Words,Change Your World"和"桑兰的保姆门事件",参与"撕纸"的游戏,体验"坚持自我"和"缺乏反馈"导致的沟通障碍,通过小组讨论,探究管理沟通的主要障碍及其原因。

(5)布置课外后续学习任务(5分钟)。

以自身一个典型的沟通场景为例,分析沟通目标和内涵,整个沟通的双向过程,分析主要的沟通障碍及其原因。

5. 课中学生活动评价方法

本课程采用"雨课堂"和"拇指课堂"两个课堂互动移动终端,用"雨课堂"推送课前资料,用"拇指课堂"进行师生互动、测试、投票、发红包等课堂评价和管理。

四、"翻转课堂"具体实施

(一)总体实施过程

课程"翻转课堂"的具体实施包含三个环节,一是课前任务的布置,课前学习单的发布,慕课相应章节的自主学习,二是课中"翻转课堂"内容的具体展开,包括案例分析,场景体验,游戏和测试的实施,三是对学生表现的过程性评价。

(二)"翻转课堂"的具体做法

"管理沟通"课程"翻转课堂"的每次课为90分钟,根据慕课每个章节的主要内容,以及沟通能力训练的重点,安排课堂练习。课堂练习的内容根据每个章节的特点,各有所不同。每次翻转课程的具体做法如下。

1. 测验阶段

慕课知识点小测验,每次利用5~10分钟的时间,对慕课的内容进行选择题和判断题的测试,并做简要的分析,了解学生对知识点的掌握情况。

2. 知识回顾阶段

用思维导图的形式,将管理沟通的重点内容进行系统化提炼和整合,让学生形成一个完整的知识体系。

3. 体验和分析互动阶段

进行小组情景游戏、模拟或演练,个人测试或书面练习,让学生体验各种沟通场景,通过小组讨论,展示个人和小组讨论成果。

4. 总结和课后任务布置阶段

对课程内容进行提纲挈领式的总结和提炼,并布置课后个人或团队联系,巩固学习的内容。

五、取得成效分析与体会

(一)教改取得的成效

1.取得了良好的课堂教学效果

本课程在实施"翻转课堂"的两轮实践中,学生乐于参与,学习积极性高,课堂教学充满挑战和趣味。采用"拇指课堂"和"雨课堂"移动教学助手,强化师生、生生的交流和互动,学习效率得到很大提升。

2.推进用于"翻转课堂"的教学素材编写

建立了一支教学团队,完成了"翻转课堂"版的"管理沟通"的教学大纲和实训教学大纲,编制用于"翻转课堂"教学的教学案例60个(其中视频案例28个,文字案例32个),组成学生团队参与沟通场景模拟练习和游戏开发小组,目前已经完成20多个沟通模拟场景和游戏的开发。

3.进行了多方的教改研讨和交流

本项目的经验和成果已参加多个学术会议进行交流。2016年11月参加全国经济管理院校工业技术学研究会沟通与谈判委员会第四届沟通与谈判学术年会,做了题为"基于MOOC资源的翻转课堂教学探索"的主题发言。2016年12月参加浙江省本科院校第二届"翻转课堂与混合式教学改革"研讨会,分享混合式教学模式经验,2017年7月参加第十七届全国管理沟通大会,做了题为"基于MOOC和翻转课堂的管理沟通混合式教学实践"的主题发言。

(二)教改的体会

总结几年以来的教改体会,主要有两点:一是要有责任意识,只有把教书育人作为自己人生职业理想的时候,才会有改变现状的内在动力,只有在责任心的驱动下,教师才会爱岗敬业、关爱学生,改革课堂教学模式;二是教师要有创新意识,要不断通过学习,更新观念,掌握慕课和"翻转课堂"的理念和具体操作方法,精心设计课堂场景和互动方法,与智能手机和移动互联网争夺课堂的制高点,让移动终端成为课堂互动学习的工具。

作者简介

课程团队于2014年秋季开始尝试课堂互动与"翻转课堂"的教改探索。2013—2014年陈晓阳指导的"易课——创新型师生交互式移动教学软件项目"获得创青春全国大学生创业大赛移动互联网专项赛银奖。团队成员参加中国大学MOOC网的"翻转课堂教学法""如何做MOOC""教师如何做研究"等慕课学习。2015年开始慕课与"翻转课堂"的混合式教学实践。2016年课程团队获得浙江省高等教育课堂教学改革研究项目立项。

"翻转课堂"
示范性
教学视频

SPOC背景下"西方音乐的多文化视角"课程"翻转课堂"教学改革

陈　晶

浙江外国语学院艺术学院

一、课程基本情况

课程名称:西方音乐的多文化视角。

课程学时:32(平台在线学习50%＋线下"翻转课堂"50%)。

课程负责人:陈晶。

课程性质:公共选修课(文化素养类)。

授课对象:所有在校大学生(无专业限制)。

教学规模:36～42人/每班。

使用教材:[美]保罗·亨利·朗著《西方文明中的音乐》,顾连理等译,贵州人民出版社2003年出版。

已开展翻转课堂教学实践情况轮数:5。

依托网络平台:2015.2—2015.9,校内智慧树平台。

2015.10—2016.5,校内超星泛雅平台。

2016.6至今,浙江省高等学校精品在线开放课程共享平台。

目前使用平台网址:http://zjedu.moocollege.com。

二、教学改革背景与思路

(一)教学改革背景

大规模开放线上课程(MOOC)早已在全球刮起了一阵颠覆性的旋风,以学习环境的开放性、学习内容的共享性、学习人数的大规模性为主要特征。在应用MOOC手段的背后,值得我们深思的是,如何保证教学质量,如何保证学习持续性,如何在高校校内课堂引入"互联网＋"技术,从而提高课堂教学质量,帮助学生真正掌握知识与技能。于是,校内SPOC课程,即线上线下相结合,以"翻转课堂"为主导的混合式教学模式就应运而生了。

"西方音乐的多文化视角"作为一门公共艺术课程,在实施以"翻转课堂"为主的混合式教学模式以前,作为传统讲授式课堂教学,已开设了4轮。前3轮的教学主要存在以下不足:(1)学生的多学科背景造成学生在聆听西方音乐时,无法把握音乐与西方文化脉络;(2)西方古典音乐的认同度不高,具有较大的文化差异,且缺乏热情;(3)教师讲授过多,学生参与度不高。在第4轮教学中,笔者尝试引入部分章节的"翻转课堂"教学,教学效果得到明显改观:(1)学生的活跃度大大提高;(2)学生基本都能参与课程教学过程;(3)学生自主学习、课后练习、课堂讨论的积极性得到了提高。

通过这几年的教学探索与局部"翻转课堂"的尝试,笔者发现"翻转课堂"可以有效地提高学生学习的积极性,唤醒沉睡在学生体内的学习"细胞"。为此,笔者根据课程的定位与特色,进一步明晰课程教学目标,并以2015年校级首批"精品在线开放课程——翻转课堂"改革项目和浙江省高校课堂教学改革项目——"西方音乐的多文化视角翻转课堂教学模式"的实施为契机,将课程所有知识点进行有效切割,拍摄了近40个微视频,并将课程先后上传我校智慧树、超星泛雅网络教学平台,目前课程已上线"浙江省首批精品在线开放课程"共享平台进行定期开课。

(二)教学改革思路

改革从"师生角色""教学模式""教学形式""评价方式"等四方面进行思考。

1.教学模式改革

本课程结合"翻转课堂"教学模式改革与实践,知识传授主要通过信息技术在线上完成,知识内化在课堂上经教师组织与学生互动来完成。

2.师生角色与课堂内容改革

课堂成为学生应用知识、发现问题、解决问题的场所。教师从传统的知识传授者变成学习促进者、课堂组织者。

3.教学形式改革

学生课前在线参与视频学习,即时在线上互动、测试等进行反馈,让每位学生参与学习。在见面课上,通过小组项目设计、讲演、辩论等展示学习成果。

4.评价方式改革

从传统的平时课堂表现成绩与期末纸质考试成绩相加得出的最终成绩革新为多角度、多元化评价方式。

三、"翻转课堂"教学设计

(一)总体设计

本课程进行"翻转课堂"教学改革的宗旨是通过有趣、有亲和力的视频来学习各种概念性、教条化的理论知识与各种案例,在见面课堂中通过师生互动,充分解决与提高学生对理论知识的运用能力、实践能力与举一反三的思辨力。

将知识点碎片化处理,以视频形式呈现,使学生自主把握学习进度,发掘学习潜能,梳理理论知识,提高学习积极性。见面课上,实际操作所学知识,将知识与技能通过小组讨论、多方辩论、内容呈现,进行内化、巩固,做到对知识扎实掌握与灵活应用。

本课程对"翻转课程"的改革设计理念主要遵循两点。第一,从"体验参与""概念探索""意义建构""展示应用""教学反馈"五方面进行教学理念革新。第二,以学生为"主体"的教学理念的运用,将课堂的主动权交还给学生,引导他们参与课堂,以期提高学习积极性和学习效果。图1为"西方音乐的多文化视角"课程"翻转课堂"教学模式设计。

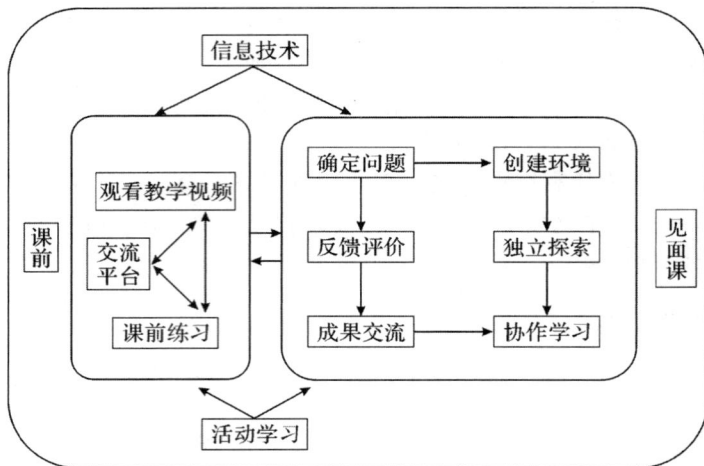

图1 "西方音乐的多文化视角"课程"翻转课堂"教学模式设计

(二)课程第二单元教学设计

"西方音乐的风格要素"这一单元,主要使用"三明治"教学法,将全班分成6个小组,每组以"西方音乐的风格要素"之一冠名,分别是"旋律组""节奏组""和声组""织体组""曲式组""音色组",每组6位学生,每组学生分别冠以序号1—6号。具体实施环节如表1所示。

表1 "西方音乐的风格要素"单元具体实施环节

	教学环节	教学内容与教学目的	教学时间 (分钟)
第一环节	知识回顾	引导学生回顾、总结知识点	3
	聆听音乐	聆听两段风格迥异的音乐片段	2
	头脑风暴	引导学生思考、联想、类比中国八大菜系中"色""香""味""烹饪法""拼盘法""纵向拼盘"等要素与音乐六大风格要素	5
	小组讨论 成果展示	引导学生对两个问题进行讨论互动: (1)讨论两段音乐的不同感受,产生差异的原因 (2)讨论"色""香""味""烹饪法""拼盘法""纵向拼盘"和音乐的"旋律""节奏""音色""和声""织体""曲式"的对应关系	25
	教师总结 发表观点	展示本人答案与看法	3

教学环节		教学内容与教学目的	教学时间（分钟）
第二环节	聆听音乐思考问题	播放一段音乐,以小组为单位,边听边思考其性格、节奏和音色（乐器）	1
	小组讨论	讨论音乐的性格特点、节奏、音色（乐器）,并用一个故事来描述此音乐	10
	交叉讨论	将每组1号、2号……6号分别归为一新小组,每位同学带着原小组所得出的结论,来到新小组,除分享自己的答案和想法外,聆听、思考别人的答案	10
	成果展示	带着收获和心得回到原小组,每组随机抽取一位同学进行汇报、展示	15
	教师总结	补充、总结、提炼、升华知识	3
	"金鱼缸"讨论	每组随机抽取一位同学代表代言本组音乐要素,与其他小组代表进行辩论、PK,证明本组的风格要素是最为重要的要素	10
	师生共同得出结论	教师总结并得出结论:音乐六大要素是相辅相成、缺一不可的,从而达到理解、应用、分析知识的较高层面	3

四、"翻转课堂"具体实施

"西方音乐的多文化视角"的"翻转课堂"教学模式改革与实践已进行了五轮完整教学,这五轮教学实践经历了从探索、反思、提升、总结与完善等五个阶段。在改革实践过程中,主要依托2015年"校级精品在线开放课程——翻转课堂"、浙江省课堂教学改革项目,以及2016年浙江省首批精品在线开放课程建设项目等。在探索的过程中,教学相长、共同进步、共同提高,将"以学生为中心"的理念贯穿始终,以翻转为主导的混合式教学模式为标杆,结合当代大学生对音乐鉴赏、音乐审美的特点,通过课程网络平台的建设,围绕培养学生"理解知识、内化知识、展示知识、应用知识"的目标,制定图2所示的"翻转课堂"具体实施方案,并进行多轮的课前、课中和课后的教学实践。

以下对"翻转课堂"(混合式教学模式)的具体实施做简要介绍。

(一)翻转课堂准备阶段

1.教学大纲、教学内容的整合

笔者对课程大纲、教学内容与知识点,进行有效、合理切割、重置与整合,对知识点进行进一步细化。

2.课程资源开发

(1)视频开发:以教师为主体,以信息技术为手段,对课程知识点进行切割,为每一知识点拍摄一个5~15分钟的微视频,加入合适的音响资源与知识素材,丰富教学视频。

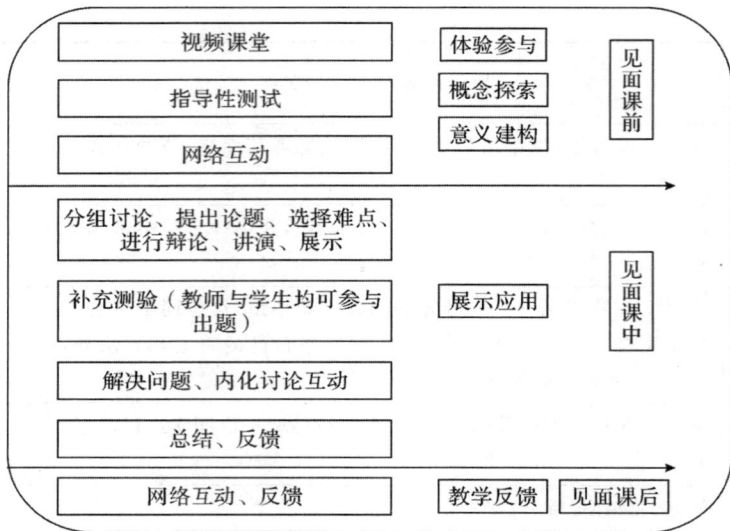

图 2 "翻转课堂"教学实施方案

（2）课程资料开发：围绕每一个视频（知识点）开发资料，包括题库、测试题、作业题与课外拓展材料。

3. 见面课授课模式（"翻转课堂"）

SPOC 背景下的教学模式被彻底颠覆，因此授课形式、教学模式必须彻底重置，并进行针对性备课。

（二）"翻转课堂"实施阶段

1. 线上学习阶段

线上学习课程从参与式的学习活动开始，例如通过平台的课前互动讨论、实验和一些艺术活动赏析等，学生自己通过观看教学视频、教学网站拓展资料、互动讨论区发帖等方式探索相关的知识概念与意义。之后，学生通过完成视频中的测试、在线作业、发帖、学生间隔空网络辩论、教师的网络评判来完成学生自己对意义的建构。

2. 线下学习阶段

线下见面课是"翻转课堂"教学的主要"阵地"，以学生为中心，让学生成为学习的主人，在教师的引导下，学生个体之间、小组之间抛出问题，进行思辨性的讨论、提问、辩论，教师参与其中，组织和安排各种活动的形式，帮助发现学生在互动过程中出现的不准确的思维与观点，解决遇到的难题，最终促进学生真正意义上的领会、理解、掌握。

（三）学习反馈与综合评级阶段

这是"翻转课堂"的落脚点，是对学生学习课程的综合考量，从中可以发现教学准备阶段的问题与不足，以便优化与完善后续教学与改革实践。

五、取得成效分析与体会

(一)取得成效分析

1. 对课程进行了重构与建设(见图3)

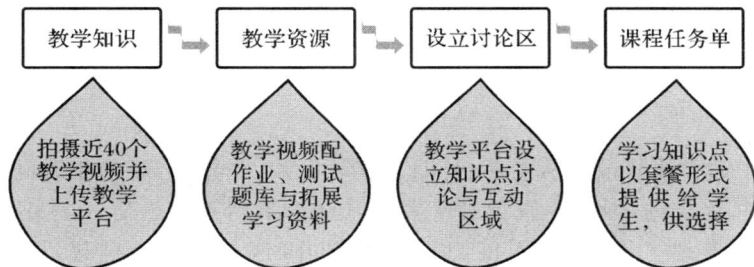

图3　课程重构与建设

2. 对课程教学设计的重构(见图4)

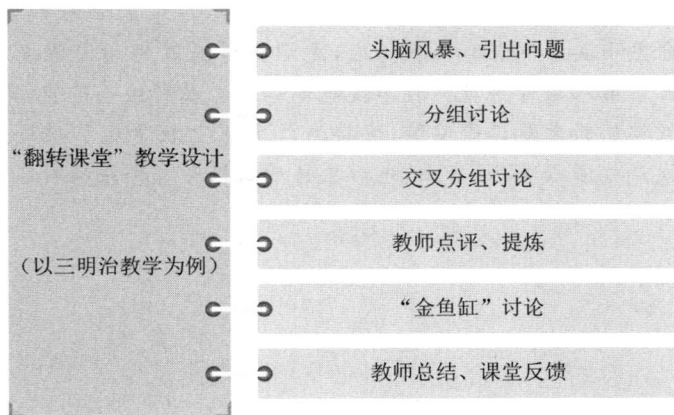

图4　课程教学设计重构

3. 学生主动学习的教学理念(见图5)

图5　学生主动学习的教学理念

4. 课程的评价

笔者以本课程的"翻转课堂"教学为案例参加了第二届西浦全国大学教师教学创新大

赛,获得了全国二等奖。在参赛期间,组委会作为第三方驻校对学生学习情况和课程学习效果、实施情况进行客观、严格、公正的考察与评价。通过大赛组委会测评,对学生进行深度访谈,学生普遍认为该课程应用"翻转课堂"教学具有良好的效果,以下为其中的评价片段之一:

"我认为本课程的混合式教学应用,能帮助我们提高学习效率,随时随地地学习,提高学习效率和学习兴趣。同时,"翻转课堂"教学模式,给我们更多的学习空间,启发我们的头脑风暴,培养我们的发散性思维,无论是线上还是线下,均给予了师生互动的机会。"——学生谢佳佳

(二)体会

"翻转课堂"教学模式改革从萌芽、行动、改革、实践、完善,历经四年时间,此间有艰辛、有迷茫、有退缩、有奋进,但是一直激励笔者的是对教学创新的热爱。在实践中,我发现学生的学习积极性得到了提高,学习能力得到了提升,这是我不断前进、不断研究的动力所在。

作者简介

"翻转课堂"
示范性
教学视频

陈晶,浙江外国语学院艺术学院教师,校级教坛新秀与睿达青年教师奖教金杰出奖获得者。任教以来,先后获得浙江省高校微课教学比赛一等奖、浙江省第八届青年教师教学技能竞赛人文社科组一等奖,第二届西浦全国大学教学创新大赛二等奖等;主持浙江省课堂教学改革项目、浙江省首批精品在线开放课程等;科研上,先后主持厅局级与省部级项目各1项。

外语专业高年级实用型课程"翻转课堂"探索

——以"经贸意大利语(一)"为例

马素文

浙江外国语学院西方语言文化学院

一、课程基本情况

课程名称:经贸意大利语(一)。

课程学分及学时:2 学分,32 学时。

课程性质:高年级专业课/核心选修课。

授课年级:大三(下)。

教学班级:意大利语专业;根据每届情况,实际上课人数 10～24 人。

使用教材:《意大利语经贸应用文》,张宇靖、李晓莉主编,对外经济贸易大学出版社 2009 年出版。

参考教材:Donatella Giovannini. *Italiano Corrispondenza Commerciale—Schemi, formule ed esempi per le lettere d'affari di oggi*. Casa editrice:Vallardi,2009(原版参考书)。

已开展"翻转课堂"教学实践情况:2 轮。

第一轮:2016 年 2 月—2016 年 7 月,2013 级意语学生,20 人,约 16 学时。

第二轮:2017 年 2 月—2017 年 7 月,2014 级意语学生,15 人,约 32 学时。

在线平台:浙江外国语学院网络教学平台——超星泛雅平台。

课程地址:http://mooc1.chaoxing.com/course/86901638.html。

二、教学改革背景与思路

(一) 教学改革背景之课程特点

目前全国共有近三十余所高校开设意大利语本科专业,各个学校根据自身情况相应开设不同的高年级专业课程,并非所有高校都开设经贸意大利语课程。

学生在两年半的基础语言学习后,掌握基本语法及一定数量的词汇,能正确熟练地进行听说读写,了解意大利国家的社会概况,阅读报刊短文等材料。

具体教学工作中,普遍较为集中地体现为以下方面。

1. 商务基础知识缺乏

高年级学生由于在前两年的专业学习中基本只涉及语言类课程,因此缺乏最基础的经贸知识。这对于涉及经贸术语类的讲解和学习,带来极大的障碍。学生首先需要用中文自学相应内容后,再用意大利语学习对应的贸易术语。而语言专业的授课教师,在国际贸易实务部分的授课,也无法全面细致到基本贸易知识点的讲授。因此知识点前期准备工作量比较大,基础内容需要学生基本以自学为主,难度较大。

2. 配套教材缺乏,教学资源单一

目前国内各所高校开设经贸语言课程时,授课教材基本以《意大利语经贸应用文》为主,单元设置相对详细,但是每个知识点的具体范例内容较少,无法满足学生对知识点全面理解的需求。

3. 学时过少,课程实际内容量大

因为学分学时限制,经贸课程每周只有两节共 90 分钟的授课时间,作为一门实用性较强的课程,如果课堂时间均用来解释商务术语、固定搭配及商务句式,学生就没有时间进行语言实际操练,教师也缺乏足够时间点评作业和检验教学结果。因此,利用"翻转课堂"的教学形式,将主要知识点前置,实际授课前学生已经了解基本知识点,如此,课堂教学则可集中时间精力来提炼重点内容和检验学生吸收内化的水平。

（二）教学改革背景之外部条件

1. 学校支持

浙江外国语学院与时俱进,积极营造课改环境,以适应当前全球网络化的教学特点,为培养顺应时代的复合型人才勇于探索。

学校通过教师培训发展中心,组织教师外出听课、访学,观摩上海等高校"翻转课堂"和 MOOC 建设进展情况,学习取经。

同时举办多种培训课程和工作坊,不断开拓我校教师的眼界,促进教学改革理念和技能提升。

2. 教师支持

本课程主要授课教师及负责人,自入校工作后,多次参与青年教师教学技能竞赛,以及浙江省级高校微课比赛,均获得优秀的成绩。同时曾经参与基于网络平台的全国校际间在线课程的本校助理工作,观摩主讲教授"翻转课堂"组织形式,受益匪浅。

（三）教学改革思路

"翻转课堂"改革模式,依托网络平台和教学微课视频,将授课分为线上和线下两部分。

线上学习部分,通过平台发布相应教学视频和课外阅读材料,并且布置网络作业,以论坛群组的方式方便学生分享交流。

线下授课部分,由集中授课和分组项目等多种模式相结合,并且打破一份书面试卷决定期末成绩的模式,采取开放性、连贯性的综合评价机制。提高学生对经贸意大利语课程的兴趣和自主学习的能力,提升实际工作交际中的语言应用能力,满足学生在未来职业生涯中的专业外语需求。

三、"翻转课堂"教学设计

(一)总体设计:导学课+线上自主学习(50%)+线下课堂教学(50%)

1.导学课

正式开课前统一组织进行导学课,介绍"翻转课堂"特点;介绍网络平台;课程描述说明;课程评价考核标准。

2.线上平台学习(50%课时)

(1)微课视频:根据每章节知识点,制作微课视频,以"知识碎片化"为目的,同时关注知识点相应的练习。学生在网络平台上,充分利用课余时间,观看视频,理解知识点。

(2)阅读材料:与微课视频中相关知识点对应的补充材料,通过网络平台,扩大学生词汇量与阅读量,作为教材内容的延展性补充。尤其针对商务基础知识部分,扩充学生的背景知识,增强语言联动性。

(3)网络作业:附有相关知识点的检测作业,供学生完成并且按照课程进度进行网络提交,及时检测其对于视频内容的理解程度。

(4)网络群组:建立课程专属QQ群,方便学生就有关课程内容进行联系和分享。

3.线下课堂教学(50%课时)

(1)集中授课:针对难度系数较大的内容,进行线下集中授课。通过知识点回顾、作业集中讲解分析和直接提问当场回答等方式,层层递进,加深学生理解(比如"订单内容""支付信函"等章节)。

(2)分组项目:根据每届班级人数情况,以3~5名学生为单位,分为5~6组,各自取名,设立组长。

①案例讨论:提前给予相关书面信函案例,分组指出其优缺点和待修正改进之处。不同组之间可以互相点评提问。教师就讨论过程及结论进行点评,进一步提出深层问题,使学生认识到自己分析和评价中的正确与不足之处(比如"商务感谢信函""商务求助与回复信函"等章节)。

②模拟演示:通过场景模拟、角色演练等课堂教学形式,模拟真实工作环境下使用经贸意大利语进行商务沟通谈判。通过对经贸专业意大利语口语表达的模拟锻炼,加强学生的专业应用能力,同时关注模拟细节(比如"招工招聘""求职应聘"等章节)。

③合作展示:小组进行前期准备,确认分工,收集资料,准备PPT讲稿。派代表介绍小组作业成果。锻炼学生辩证思维能力和分析概括能力(比如"保险与运输""支付条款"等章节)。

(3)课外讲座:通过联系江浙地区的意大利企业或从事意大利贸易的专业人员,参与线下讲座。以实际工作为出发点,向学生举例讲解经贸意大利语的运用;分析市场需求的人才类型及要求。拉近学生与劳动力市场的距离;激发学生的学习动力;调动学生的学习积极性。

(二)具体设计:以"招聘/简历"单元为例,线下课程各小组均携带电脑

1. 线上学习

学习招聘启事的基本类型、意语版简历的基本格式及专业术语。

线上作业:

(1)各小组分别从意大利招聘网站上寻找各个行业和岗位的招聘启事。(行业及岗位涉及:销售、财会、管理、教育等,每个小组均不同。)

(2)根据所给的一篇招聘启事,各小组编写个人简历。

2. 线下课堂:讲解+模拟投简历

(1)集中复习专业术语,检查学生知识点的掌握情况。检查方式以小组同学轮流回答为主,并记分,最后计入小组成绩。

(2)根据各小组提交的简历作业,教师当场讲评优缺点,归纳作业中较为集中出现的错误,突出较为个性的简历,共同学习。

(3)各小组轮流展示收集的招聘启事,负责向全班讲解其中的主要岗位、职责、要求及待遇。教师记录,并做对应补充。

(4)抽签方式,小组间循环,当场编写一份与对应小组寻找到的招聘启事所对应的个人简历,限时提交,公开展示。小组间互相点评简历的优缺点,招聘启事小组对应为之打分,教师同时记录、补充及打分。

(5)按组准备和简历相关的面试自我介绍,训练实际口语能力。

四、"翻转课堂"具体实施

目前本课程已经实施两轮翻转实践。

(1)2016 年 2 月—2016 年 7 月,尝试"半翻转",即一半学时内容,录制微课,引导学生在线学习。课堂授课部分,引导学生进行分组汇报演示,并邀请纺织行业意大利语外贸从业人员为学生开展讲座。

(2)2017 年 2 月—2017 年 7 月,补充完善剩余章节的微课视频,根据学生反馈,及时调整课堂教学讨论的模式方式,加强授课教师"二次备课"和提高业务水平,丰富课堂教学多样性。邀请了外贸从业人员为学生开展讲座。

目前根据两轮翻转实践所获得的学生反馈,正调整改进微课视频内容,完善知识点背景介绍及相关拓展材料补充,完整丰富题库建设,总结提炼改革方法和经验,准备撰写相关论文。

五、取得成效分析与体会

(一)成效分析

1. 创立学生自主学习环境

扭转学生依赖式学习的惯性,加强师生间教学互动沟通,体现个性化教学的特点。鼓励学生利用碎片时间进行网络学习,通过小组讨论及互联网方式进行探索性学习。目前通过调查问卷,大部分学生已经接受并逐渐适应了网络学习,相对减少了传统"填鸭式"教学的比例。

2. 建设完整的在线课程资源

经过两轮"翻转课堂"实践,目前"经贸意大利语(一)"基本完成知识点教学材料准备,因小语种高年级专业课参考资料的局限性,正在逐步完善题库,并且配合不同单元知识点进行相应教学方案设计。

3. 总结适宜的课程改革经验

通过改革实践及问卷调查,本专业学生对于其他专业课程的改革呼声也相应高涨,通过对经贸课程的经验总结、教研室及学院内部的交流会议等多种交流渠道,正积极影响其他专业课程改革形式及范围。

(二)体会

1. 实用型外语课程相当适合"翻转课堂"形式

实用型的外语专业课程,通常开设在中高年级,学分、学时都受到局限,因此"翻转课堂"是非常理想的课程形式。将语言类知识点和背景概念用微课及网络材料阅读等形式提前发布,学生经过学习,扫清语法及术语的障碍,而在现实授课中,学生可以更加专注于语言的运用,教师可以当场检验知识点,提高学生知识内化程度,从而使得课程的"实用型"特点更为突出。

2. 精良组织"线下课程"是成功的关键

线下课程对教师的"二次备课"能力有极大的挑战。"线下课程"应避免简单的知识点重复,否则将影响学生课堂注意力。

课堂形式多样化是必需的手段,特别是小组间的互相点评和评分,较好地促进学生取长补短,验证自我知识点掌握程度。同时能在最短的课堂时间内呈现出最多元化的学习内容。学生搜集材料和整理加工的能力,远在教师预期范围之外,教学相长,能促进富有互动的收获。

3. 分组及评分体系需要更加完善

通过调查问卷,学生普遍反映希望增加"动态分组",即整学期课程的分组,在一定阶段后进行适当改组,以便和班级其他成员合作。同时,关于作业布置评分,学生反映希望能将个体和小组作业方式相结合,以便获得更全面的语言运用机会。

作者简介

"翻转课堂"
示范性
教学视频

马素文,毕业于意大利米兰大学公共传播与企业交流专业。

自 2013 年 9 月入校工作,主讲课程涵盖大一到大四的"意大利语专业基础/高级课程""基础/高级视听说""经贸意大利语"等多门课程。

积极参加各项教学技能竞赛以及教学改革项目。

先后获得本校青年教师教学技能比赛二等奖、特等奖;浙江省第二届高校外语微课大赛小语种组一等奖;浙江省第二届本科高校微课大赛三等奖。

主持校级精品课程——"翻转课堂"项目建设,并获得浙江省高等教育课堂教学改革研究项目立项。

本科理工农医类

改变程序，设计课堂

——"C 语言程序设计"课程"翻转课堂"

夏一行　韩建平　张桦 等

杭州电子科技大学计算机学院

一、课程基本情况

"C 语言程序设计"是我校理工类非计算机专业一门重要的必修公共基础课程。学生根据专业培养计划，在一年级第一或第二学期修读。本课程总学时 80（含学时实验）。2014 年年初，课程组着手建设 MOOC 课程，课程于 2014 年 5 月在玩课网（http://www.wanke001.com）上线。依托在线开放课程，课程组目前已实施 7 轮"翻转课堂"教学实践，取得显著的教学效果。

二、教学改革背景与思路

（一）教学改革背景

程序设计课程是非计算机专业计算机基础教学的核心课程，其教学目标是使学生掌握程序设计的思想和方法，能够编写和调试程序，具备初步的利用计算机求解问题的能力。程序设计课程教学涉及面广、影响大，我校每年有 30 余个专业、近 4000 名学生在第一学年学习该课程。有效提升课程的教学质量，可以为学生后续专业课程学习以及工作奠定信息技术基础，也为我校"电子信息特色突出"的人才培养目标的实现提供保证。

近年来，程序设计课程面临的形势不断发生着变化，对课程教学提出了新的要求。一方面，学生的基本素质和学习能力参差不齐；另一方面，各地区中小学计算机教育的不均衡造成大学新生的计算机知识和能力悬殊。传统教学存在着一定的问题：以知识传授为重点，能力培养重视不足；互动交流不足；课后的知识吸收内化，缺少支持和帮助。改变传统课堂的固定程序模式，研究设计"以学生为中心"的新颖课堂，激发学生的学习兴趣，引导学生的自主学习，提高学生的应用实践能力和创新能力，成为程序设计课程课堂教学改革的方向。

（二）教学改革思路

程序设计课程对学生的培养要求是达到能够编写程序，解决实际应用问题的目的。传统的教学常态一般是:讲程序、读程序、一筹莫展写程序。我们必须引入新鲜灵活的手段,使之改变成:理解程序、探讨程序、飞跃程序,让学生在编程中体会新奇和成就感。

开展"翻转课堂"教学,设计更有利于让学生融入教学过程的课堂,其核心是"弱化以教定学的授课模式,强调以问题为中心,调动学生以学为主",避免课堂陷入"独角戏、满堂灌,一考定乾坤"的泥坑。基于 MOOC 等资源,运用"翻转课堂"等形式扩展与延伸课堂教学,探索建立新型教学关系,使课堂教学侧重于以知识内化吸收为目标的互动、协作、探究和实践,让学生在思维碰撞中、协作实践中深化知识、提升能力。主要从以下三个思路实现"改变程序,设计课堂"。

(1)课内外联动,提升学生课程学习的参与性和投入程度。面向课堂教学开发在线课程资源,为学生课前自主学习提供资源丰富且具备监督、考核和评价等多种功能的在线环境。课前知识学习使课堂教学有更大的自由度,让课堂教学更具针对性,而课堂上形式多样的教学活动也促进学生将课前学习落到实处。

(2)以学生为中心,从学生学习体验出发改进教学方式。在课前环节,以简洁、生动的微视频展现课程中的知识点和案例,既使得学生的学习活动更易于安排,也有助于学生在有限时间内集中注意力,高效获得相关知识;而在课堂环节,将重难点内容讲解穿插在教学活动中,有利于挖掘学生的兴趣点进而提升学生对课程的关注度,对教学效果有显著改善作用。

(3)多元评价、全程反馈,促进教学过程持续改进。建立了线上与线下相结合、形成性与终结性相结合的多元化评价体系,从多角度全面评价学生的学习行为,引导学生落实线上学习、积极参与课堂活动。通过信息技术与课程深度融合,不仅可以有效跟踪、分析学生线上线下环节学习进度,也可以即时向学生反馈,促进教学过程不断改进。

三、"翻转课堂"具体实施

实施方案如图1所示。教师在课前一周通过在线课程平台发布微视频等课程资源及学习任务单。学生在课前通过平台自主完成知识点视频学习和闯关测试,发现问题并在线交流。在课堂教学环节,则以解决问题为中心,展开形式多样的教学活动。

该模式不仅在于前置的线上知识学习所带来的自主化、个性化体验,更在于课堂上挤压了知识传授的空间,放大了学生思考的空间,给知识内化方式的优化带来了潜力。课堂教学围绕每个研讨主题包括四种形式:课堂小测验,答疑纠错、质疑解惑、小组协作讨论,个人编程实践。

(1)课堂小测验。安排在课堂教学的开始阶段,时长在 10 分钟左右。测验内容围绕课前任务;题型为客观题(判断题或选择题);学生用手机上网答题。通过课堂测验,既可以及时了解学生对知识的掌握情况,又可以督促学生把课前学习落到实处。

(2)答疑纠错,质疑解惑(以任务为索引,穿插进行)。教师在课前根据知识点,将语法规范融入典型性实例,从提出问题、解决问题,到拓展问题,再到解决问题、评价问题,在层层推进中逐步引入教学知识点,将重难点内容讲解穿插其中,使得学生课前知识学习落到实处,课堂知识内化到位。教师还可设计"问题"、制造"BUG"和悬念,吸引学生在课堂上参与程序的改进和调试。

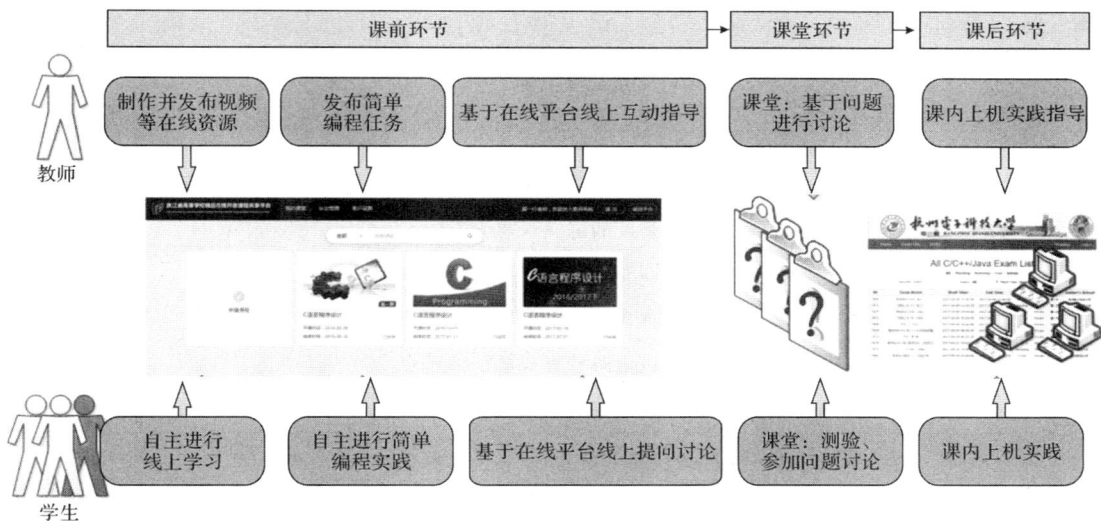

图 1 程序设计课程"翻转课堂"实施方案

（3）小组协作讨论。以小组协作的方式来组织问题讨论，在课堂上形成组内合作、组间竞争的氛围。一般安排 20 分钟，提出一个问题，要求以小组为单位讨论并发表意见。小组提交编程结果后，教师会随机抽取该小组成员来分析、解释。教师对每组提交的编程结果，在课堂上进行评价打分，并针对问题讲解。

（4）个人编程实践。分散穿插在课堂讨论中进行，教师可以选择 1～2 个围绕主题的典型问题，让学生在课堂上进行编程实践。教师对典型的问题进行统一讲解。对每个学生最后提交的编程结果，教师可在课后进行评价打分。

四、"翻转课堂"教学设计

每周的教学安排包括 1 次理论研讨课（3 学时）和 1 次实践课（2 学时）。在理论研讨课上，学生以小组为单位就座，围绕课前任务，进行多种形式的教学活动。实践课安排在机房，一人一机，采用程序在线评测的方式，教师针对具体问题进行讲解。

以知识点"一维数组"的一周授课为例，其各部分组织如表 1 所示。

表 1 "一维数组"一周授课安排

主题	一维数组
教学目标	掌握顺序查找、二分（折半）查找、冒泡排序和选择排序算法，在算法理解的基础上实现编码，并可以根据实际情况灵活改写代码
重点、难点	二分查找、冒泡排序
课前任务	微视频 （1）一维数组的定义与引用　（2）一维数组应用实例 （3）顺序查找　（4）二分查找 （5）冒泡排序　（6）选择排序

续　表

序号	课堂活动	时间（分钟）
1	课堂小测验与讲解	20
2	对还是错：从一个统计班级课程成绩的问题出发，讨论使用数组的必要性，以及数组长度的定义(C89/C99)	10
3	编程实践(进制转换问题)：讨论如何使用数组	15
4	小组讨论：发现顺序查找算法程序中的逻辑错误	20
5	讨论二分查找算法；讨论两种查找算法的特点	20
6	讨论冒泡排序算法，改进算法思路及实现方法	20
7	课堂作业：编程实践(数的交换、一次选择排序)	10
8	讨论选择排序算法，改进算法思路及实现方法，提出算法的不稳定性	20

课堂安排（左侧合并单元格）

序号	实践内容
1	编程实践：奖金究竟归谁？
2	编程实践：删除数列中的指定值，拓展应用顺序查找
3	编程实践：数列有序，拓展插入排序思想
4	编程实践：电梯问题，应用排序算法

实践安排（左侧合并单元格）

课后拓展	编程实践：约瑟夫环问题

具体课堂教学内容如下：

（1）课堂小测验。

围绕查找和排序问题中一维数组的定义和使用，设计 5~6 个选择题进行课堂小测验。10 分钟后结束小测验，在线自动评判，查看结果。然后逐题分析。

（2）使用数组的必要性。

问题：输入 10 个学生的成绩，求平均分，并统计达到平均分的学生人数。

讨论：使用数组的必要性。

问题变换：如果学生人数由键盘输入，讨论：标准 C89 和 C99 两种不同数组长度定义的方法。

（3）编程实践（进制转换问题）。

问题：输入一个 32 位 int 类型的十进制整数，转换成二进制输出。

讨论：一维数组的长度取值，以及一维数组元素的逆序输出。

（4）小组讨论：发现顺序查找算法程序中的逻辑错误。

设置一个存在"BUG"的代码，比如查找过程中比较两数的时候使用 if - else 结构，让学生分析会产生怎样的"BUG"。

（5）二分查找算法。

讨论：查找范围 top、bot 和 mid 的设置，查找过程中怎么实现二分来缩小查找范围。讨论代码中的一些关键语句,引导学生展开头脑风暴,讨论是否有其他的实现方法。

(6)讨论冒泡排序算法。

以生动的例子引出冒泡排序算法,着重让学生理解算法的二重循环。引导学生改进冒泡排序算法,如果冒泡排序过程中未发生交换,可通过记录未排序位置来提高排序效率。

(7)讨论选择排序算法。

先进行课堂作业,编写代码:查找一组数据的最小值,并将最小值和第一个数交换位置。从课堂作业中引出选择排序算法,着重让学生理解算法二重循环的实现。

比较冒泡排序和选择排序两种算法的特点,分析选择排序算法的不稳定性。

课内、课外的实践安排针对查找和排序的知识点,布置编程任务,进行数组应用相关的程序设计训练。

五、取得成效分析与体会

2014—2015 学年上学期,为了对"翻转课堂"教学方法有客观的评价,我们抽取 3 个教学班进行"翻转课堂"的实践,另外 3 个班仍然按以往传统的方式组织教学,这 6 个教学班学生的学习习惯和能力没有明显差异。承担教学任务的 4 位教师均具有多年教学经验,具备较强的教学能力与责任心。

表 2 和表 3 给出了各教学班期中与期末测试的成绩,期中测试采用上机考试形式,期末测试也重点考察学生的编程实践能力。不管是期中测试还是期末测试,试点班的平均分、优秀率和及格率等指标总体优于普通班。从教师 A 和教师 B 分别承担的几个教学班数据可以看出,实施"翻转课堂"教学改革的显著优势。

表 2   2014—2015 学年上学期期中测试成绩及比较

教师	班级	平均分	优秀率(%)	及格率(%)
A	试点班 1	90.5	76	93
A	普通班 1	73.2	36	81
B	试点班 2	93.4	79	100
B	普通班 2	89.5	70	96
C	试点班 3	88.3	65	91
D	普通班 3	67.1	26	69

表 3   2014—2015 学年上学期期末测试成绩及比较

教师	班级	平均分	优秀率(%)	及格率(%)
A	试点班 1	76.3	29	85
A	普通班 1	64.7	7	72
B	试点班 2	73.5	11	84
B	普通班 2	70.0	16	78

续 表

教师	班级	平均分	优秀率(%)	及格率(%)
C	试点班3	74.7	23	93
D	普通班3	57.6	6	45

2014—2015学年下学期期末,我们对全体学生(翻转班及普通班)进行统一的上机测试。要求学生在60分钟内完成3道程序设计题的编写和调试(总分40分)。测试采用程序设计自动评测系统。学生完成程序后提交源代码,由自动评测系统的服务器端对提交的程序自动评判,实时反馈。测试分为三批,其中每批同时包含普通班和试点班。三个批次采用不同的测试题。表4给出了成绩的统计数据,"翻转课堂"教学改革的教学班的学生在平均分、满分率和及格率上都有显著优势。

表4 2014—2015学年下学期期末上机测试成绩及比较

批次	类型	平均分	满分率(%)	及格率(%)
1	试点班	30.1	24.4	86.7
	普通班	26.4	18.2	71.2
2	试点班	35.9	51.0	100.0
	普通班	20.3	15.3	49.3
3	试点班	32.9	18.5	90.2
	普通班	25.2	7.8	68.9

"翻转课堂"开展的非传统模式的教学,包括:课堂测试(检测课前学习效果)、答疑纠错(促进知识点内化)、小组协作(集思广益,相互促进)、个人编码实践(加深理解,加强能力培养)。该模式解决了三方面的问题:一是如何突破课堂教学的困境。教师为了按既有进度讲授,无暇顾及学生的个体需求;学生在课堂上忙于聆听、理解和记忆而缺乏互动探究和独立思考的机会。二是如何实现教学重心的转变,由"教"转向"学",由"知识传递"转向"能力培养"。三是如何让理论与实践教学紧密结合,让教学过程真正聚焦教学目标。程序设计课程具有鲜明的实践性,学生需要在大量的编程实践中掌握程序设计的思想和方法。

"翻转课堂"促进了我校"C语言程序设计"课程教学质量的显著提高。目前每学年校内受益学生人数近3000人,"翻转课堂"的实施深受大部分学生的欢迎,超过80%以上的同学认同课堂活动,并对所学知识的掌握更加全面和深入。我们在教学实践中始终关注学生的学习体验,不断提升MOOC质量、丰富MOOC资源,不断完善"改变程序,设计课堂"的"翻转课堂"教学模式。

作者简介

夏一行,讲师,2007年毕业于浙江大学,取得仪器科学与技术博士学位。毕业后进入杭州电子科技大学计算机学院,任职期间一直从事计算机公共基础类教学工作,承担多门计算机基础教育课程"C语言程序设计""程序设计基础""大学计算机基础"等。2014年年初开始参与"翻转课堂"教学改革,制作"C 语言程序设计"课程的 MOOC 资源,开展"翻转课堂"教学,实施效果优良,连续多年学评教排名名列前茅,并在期刊上发表相关论文多篇。

"翻转课堂"
示范性
教学视频

基于 SPOC 的"网络工程设计与管理"课程"翻转课堂"教学模式探究

黄亚平

浙江工业大学教育科学与技术学院

一、课程基本情况

课程名称:网络工程设计与管理。

课程学时及学分:64 学时(其中实验 32 学时),4 学分。

课程性质:专业基础必修课。

适用对象:计算机科学与技术(师范)、教育技术学、网络工程等专业本科大三学生。

教学班规模:每年 50～60 人。

使用教材:《网络工程设计与实施(第二版)》,朱宪花等编,机械工业出版社 2015 年出版。

课程网站:浙江工业大学网络教学平台(http://mooc1.chaoxing.com/course/92756405.html),学习通 App。

开展"翻转课堂"教学实践 2 轮,理论教学 24 学时、实验教学 28 学时采用"翻转课堂"。

二、教学改革背景与思路

(一)课程改革背景

随着计算机网络的普及,人们的学习、生活和工作越来越离不开网络,"网络工程设计与管理"是我校计算机科学与技术(师范)和教育技术学专业在"计算机网络原理"课程后开设的一门理论与实践相结合的实用性很强的专业基础必修课。"网络工程设计与管理"课程旨在通过学习使学生了解网络工程的基本概念,掌握网络工程设计与管理的基本理论和方法,掌握网络需求分析、逻辑网络设计、物理网络设计、综合布线系统工程施工技术,理解交换机、路由器、服务器等网络设备的配置(防火墙和无线局域网配置安排在网络工程大型实验中),以及网络工程测试验收与维护等知识。部分课程内容比较抽象,学生不易理解与掌握,为此课程教学团队从 2014 年开始拍摄微视频,现已完成 600 多分钟的理论与实验视频,用于"翻转课堂"教学,取得了较好的效果。

（二）课程改革思路

SPOC 是小规模限制性在线课程（Small Private Online Course）的简称，是大规模网络开放课程（Massive Open Online Course，MOOC）在高校范围的新发展，是专门针对在校大学生而设置的在线课程。"翻转课堂"教学结构如图 1 所示。

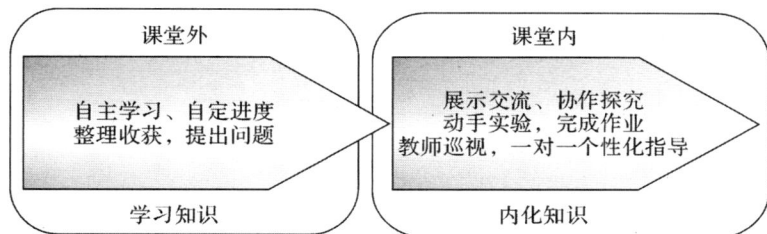

图 1 "翻转课堂"教学结构

下面介绍一下基于 SPOC 的"网络工程设计与管理"课程"翻转课堂"改革思路。

1. 优化课程教学内容与教学设计

（1）优化课程教学内容。"网络工程设计与管理"课程的特点是理论知识比较抽象，对学生的动手能力要求较高，网络设计、综合布线、交换机配置、路由器配置、服务器配置、防火墙配置、网络测试等都要求学生进行动手操作，因此"网络工程设计与管理"课程教学必须将理论教学与实践教学紧密融合。为了提高学生的动手能力，采用项目教学法组织课程内容，根据教育技术学专业和计算机科学与技术（师范）专业的特点选择应用广泛的企业网和校园网作为案例，将学生比较熟悉的校园网作为教学示范项目，将企业网——西安开元电子实业有限公司实际网络工程项目作为实训项目。为便于教学，将校园网络工程项目分解为如图 2 所示的九个教学项目，再将教学项目分解为若干工作任务，以工作任务为依托，首先对项目任务进行合理分解，把教学内容和教学目标巧妙地隐含在一个个任务之中，教学进程由学习任务来驱动。在"网络工程设计与管理"教学实施中，不再按照固定的章节进行线性教学，而是根据任务开展的需要对教学内容进行重新调整，围绕具体任务组织课程的教学内容，在"项目—任务—知识点"的分解过程中，理顺各知识点之间的关联性，再根据知识点进行微课设计。

（2）完善课程教学设计。根据项目、任务和知识点的分解，构建知识点表，已完成课程总体教学设计和九个项目的教学设计。

2. 课程资源库建设

（1）学习任务单与互动练习。为了提高"翻转课堂"教学效果，课程教学团队完成了九个项目的学习任务单与互动练习册，并上传至课程网站。"项目四 物理网络设计"学习任务单一（部分）如图 3 所示。课程网站中"项目四 物理网络设计"的学习任务单与互动练习如图 4 所示。

（2）拍摄课程微视频。

①拍摄理论知识微视频。根据浙江省精品在线开放课程微课录制技术指标及课程知识点完成微课设计，在微课教室采用专用的录播系统录制视频或结合 PPT 的演示过程用屏幕录制软件进行录制，视频编辑后再添加片头、片尾、字幕等信息。每个微视频时长控制在 10 分钟左右，有效解决教与学过程中的重点、难点问题。理论教学视频片断如图 5 所示。

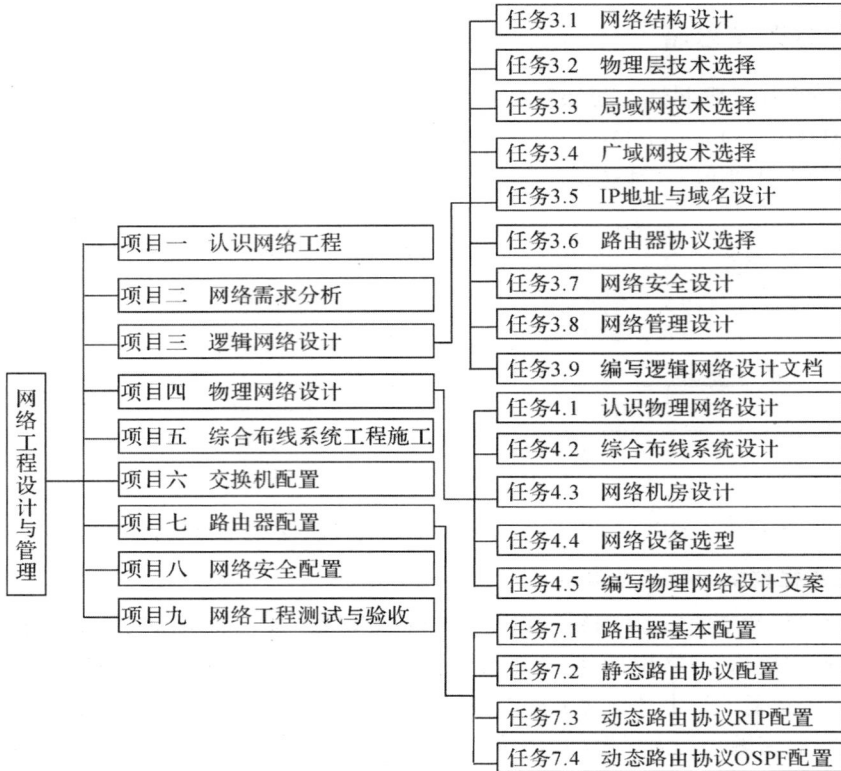

图 2　课程主要内容

图 3　"项目四　物理网络设计"
学习任务单（部分）

4.5　学习任务单
　　4.5.1 "项目四　物理网络设计"学习任务单一
　　4.5.2 "项目四　物理网络设计"学习任务单二
　　4.5.3 "项目四　物理网络设计"学习任务单三
4.6　互动练习题
　　4.6.1 互动练习 4-1 标示综合布线七个子系统
　　4.6.2 互动练习 4-2 编制信息点数统计表
　　4.6.3 互动练习 4-3 配线子系统设计
　　4.6.4 互动练习 4-4 编...机柜信息点端口对应表
　　4.6.5 互动练习 4-4 编...机柜信息点端口对应表
　　4.6.6 互动练习 4-4 编...机柜信息点端口对应表
　　4.6.7 互动练习 4-5 施工图设计
　　4.6.8 互动练习 4-6 网络综合布线工程系统图设计

图 4　课程网站中的学习任务单与互动练习

②拍摄实验操作微视频。为了使学生在有限的实验时间内顺利完成实验,提高实验成功率,课程教学团队已完成"综合布线系统施工技术""交换机配置""路由器配置""服务器配置"等 16 个课程实验中的 14 个实验操作视频拍摄,以及网络工程大型实验中的"语音配线架端接""光纤熔接视频"和"光纤冷接视频"等的拍摄。为了提高学生的动手能力,每个实验视频与实验指导书不完全相同,学生观看视频后还必须根据实验指导书动脑、动手才能完成实验内容。实验操作视频片断如图 6 所示。

图 5　理论教学视频片断

图 6　实验操作视频片断

(3)题库建设。"翻转课堂"教学实践要求学生课外根据学习任务单自学课程网站中的视频教程,课堂内以互动交流、练习、在线测试为主,这就要求每次课都必须有相应的在线试题供学生练习与测试,现已在课程网站创建在线题库,(见图 7)。输入的 279 个试题可用于实施"翻转课堂"时的前测与后测,以及期末测试。

题库|作业库|试卷库

难易度▼　是否使用▼　按标题搜索🔍　添加题目　添加目录

目录	题型	难易	题量	使用量	创建者	创建日期
项目一　认识网络工程	…	…	14	…	黄亚平	2017-02-24
项目二　网络需求分析	…	…	11	…	黄亚平	2017-02-24
项目三　逻辑网络设计	…	…	10	…	黄亚平	2017-02-24
项目四　物理网络设计	…	…	73	…	黄亚平	2017-02-24
项目五　综合布线系统工程施工	…	…	91	…	黄亚平	2017-02-24
项目六　交换机配置	…	…	27	…	黄亚平	2017-02-24
项目七　由器配置	…	…	28	…	黄亚平	2017-02-24
项目八　网络安全配置	…	…	25	…	黄亚平	2017-02-24

图 7　在线题库

3. 翻转课堂教学实践

利用"网络工程设计与管理"课程网站中的教学设计、教学课件、教学视频、作业库、题库等资源,进行"翻转课堂"教学实践。

三、“翻转课堂”教学设计

（一）“翻转课堂”教学模式总体设计

根据课程特点，“网络工程设计与管理”课程进行“翻转课堂”教学实践时采用如图 8 所示的“翻转课堂”教学模式。

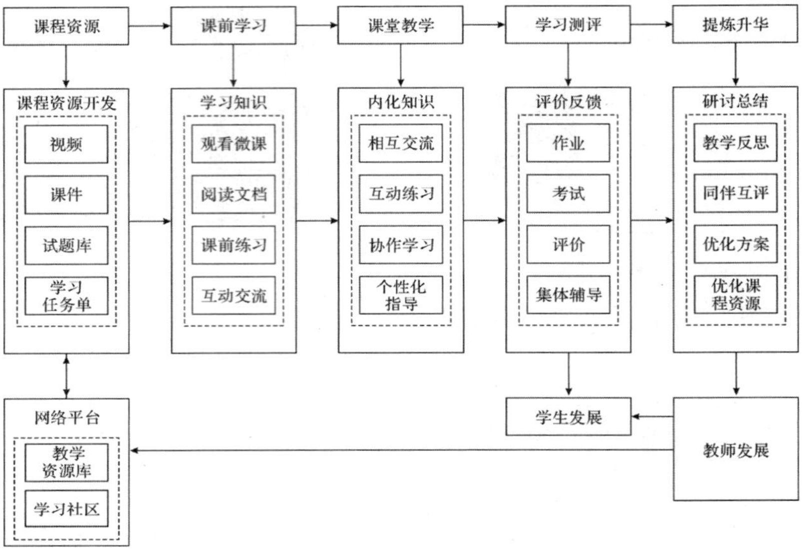

图 8 “翻转课堂”教学模式实施过程

（二）某次“翻转课堂”教学设计

“RIP、OSPF 路由协议配置”教学设计如表 1 所示。

表 1 “RIP、OSPF 路由协议配置”教学设计

<table>
<tr><td>项目名称</td><td colspan="6">项目七路由器配置</td><td>授课班级</td><td colspan="4">计算机科学与技术（师范）
教育技术学专业大三学生</td></tr>
<tr><td>任务名称</td><td colspan="6">任务 7.3 动态路由协议 RIP 配置
任务 7.4 动态路由协议 OSPF 配置</td><td>授课时间</td><td colspan="4">2017.4.7 34 节</td></tr>
<tr><td>总学时</td><td>2 学时</td><td>讲授</td><td>23 分钟</td><td>操作演示</td><td>20 分钟</td><td>观看视频</td><td>2 分钟</td><td>互动练习</td><td>32 分钟</td><td>测试</td><td>15 分钟</td></tr>
<tr><td colspan="12">内容简介</td></tr>
<tr><td colspan="12">本次课是在学生学习了路由器基本配置、静态路由协议配置基础上进行的教学活动，主要包括以下内容：
任务 7.3 动态路由协议 RIP 配置
任务 7.4 动态路由协议 OSPF 配置</td></tr>
</table>

教学目标	知识与技能目标	(1)熟悉动态路由协议 RIP 和 OSPF 基本配置命令 (2)能根据需求完成 RIP 和 OSPF 协议配置 (3)能在设备上查看 RIP 和 OSPF 路由信息
	过程与方法目标	(1)通过学习及动手操作,掌握 RIP 和 OSPF 协议配置过程 (2)通过学习,学会查看 RIP 和 OSPF 路由信息的方法
	情感与态度目标	(1)通过学习,激发学习兴趣 (2)在学习过程中养成主动参与、勤于动手、积极尝试的良好习惯
教学重点	(1)RIP 路由协议配置命令 (2)OSPF 路由协议配置命令	
教学难点	OSPF 路由协议配置	

学习者特征分析

(1)授课对象是计算机科学与技术(师范)和教育技术学专业学生,他们已学习过交换机配置及路由器基本配置、静态路由协议配置,已了解网络设备的配置过程
(2)课前已自学过相关内容,对 RIP、OSPF 路由协议配置命令有所了解,但掌握程度还有待提高

思维导图

本次课的思维导图:

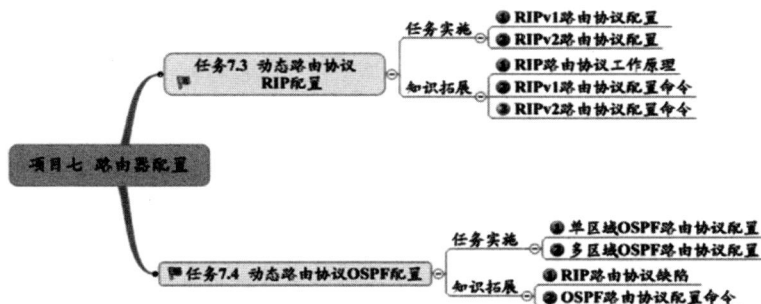

教学目标体系

章节顺序	知识点		教学目标层次							教学建议		计划学时（分钟）
			知识与能力		过程与方法		情感与态度					
	编号	内容	了解	理解	应用	模仿	独立操作	迁移	感受	反应	内化	重点	难点	
7.3	7.3-1	RIPv1 路由协议配置			√		√				√	√		6
7.3	7.3-2	查看路由配置信息			√		√				√	√		2
7.3	7.3-3	RIPv2 路由协议配置			√		√				√	√		10

续　表

章节顺序	知识点		教学目标层次								教学建议		计划学时（分钟）
			知识与能力			过程与方法		情感与态度					
	编号	内容	了解	理解	应用	模仿	独立操作	迁移	感受	反应	内化	重点	难点	
7.4	7.4-1	RIP路由协议缺陷	√					√	√					3
7.4	7.4-2	单区域OSPF路由协议配置			√			√			√	√	√	7
7.4	7.4-3	多区域OSPF路由协议配置			√			√			√	√	√	10

教学过程

任务名称	任务实施	教学方法	媒体类型	时间安排（分钟）
新课导入	导入新课	任务驱动教学法	视频	2
任务7.3 动态路由协议RIP配置	讲解动态路由协议RIP配置知识点：RIP协议基本配置；RIP版本配置；查看RIP路由信息	任务驱动教学法"翻转课堂"	课件视频	8
	模拟器配置演示	案例法	案例	10
任务7.4 动态路由协议OSPF配置	讲解动态路由协议OSPF配置知识点：单区域OSPF配置；多区域OSPF配置；OSPF配置中的常见错误及解决方法；模拟器配置演示	任务驱动教学法翻转课堂	课件视频	10
	模拟器配置演示	案例法	案例	10
互动练习	用互动方式完成练习题	任务驱动教学法		32
在线测试	学生用手机登录学习通App，在规定时间内完成在线测试题		课程网站	15
小结	总结课程内容		PPT	3

相关的学习网站

网站名称	网址	资源类型	备注
"网络工程设计与管理"课程网站	http://mooc 1.chaoxing.com/course/92756405.html	课件、视频教学设计、试题库学习任务单互动练习题	课程网站
"网络设备配置与管理"精品课程	http://jpkc016.wjezz.com.cn/index.htm	课件、视频、案例等	校外精品课程

对学生自主学习活动的建议

续 表

知识单元	活动主题	学习模式（策略）	资源
动态路由协议 RIP 配置	动态路由协议 RIP 配置	混合学习模式	课件、视频 学习任务单、互动练习题
动态路由协议 OSPF 配置	动态路由协议 OSPF 配置	混合学习模式	
教学反思			
市场上有 CISCO、华为、H3C 等多种路由器品牌，讲解"路由器配置"时让学生弄清楚各种设备配置命令之间的异同，以便学会一种品牌路由器的配置命令后能举一反三地掌握其他品牌路由器的配置			

四、"翻转课堂"具体实施

（一）基于 SPOC 的"翻转课堂"理论教学实践

已分别在 2015/2016 学年和 2016/2017 学年第一学期在计算机科学与技术（师范）、教育技术学 2013 级（小班化）、2014 级（合班）的"网络工程设计与管理"课程中开展了基于 SPOC 的"翻转课堂"教学实践，"翻转课堂"教学模式实施过程如图 8 所示。

1. 课前学习

课前学生根据网络学习平台中的学习任务单进行自主学习，观看微视频、完成互动练习题和单元测试，记录不懂和不会的题目，课堂教学时可与教师或同学交流解决存在的问题，也可以利用课程网站中的学习社区相互交流。学生根据自己的时间安排学习，听不懂的地方可以重复听、反复听，不用担心跟不上教师的节奏。微视频长度大多为 10 分钟左右，能够让学生集中精力学习。微视频的知识讲授与课堂知识的整合能够让学生产生积极思维，提高学习效果。网络学习平台能实时记录学生的学习过程，教育技术学专业 201401 班 2017 年 3 月和 4 月在线学习统计分别如图 9 和图 10 所示。

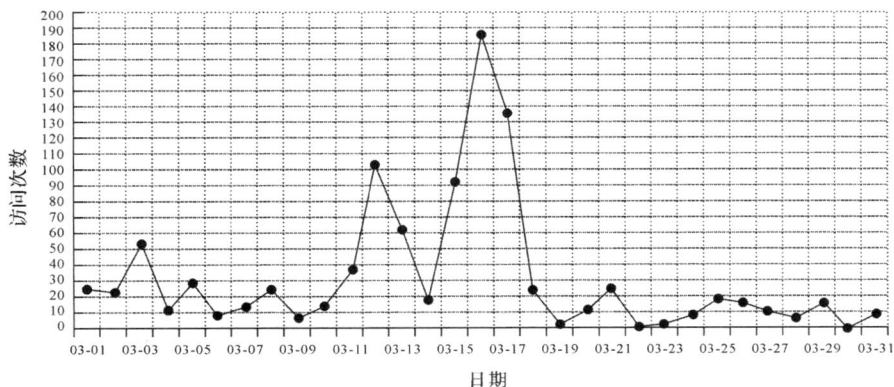

图 9 教育技术学专业 201401 班 2017 年 3 月在线学习统计

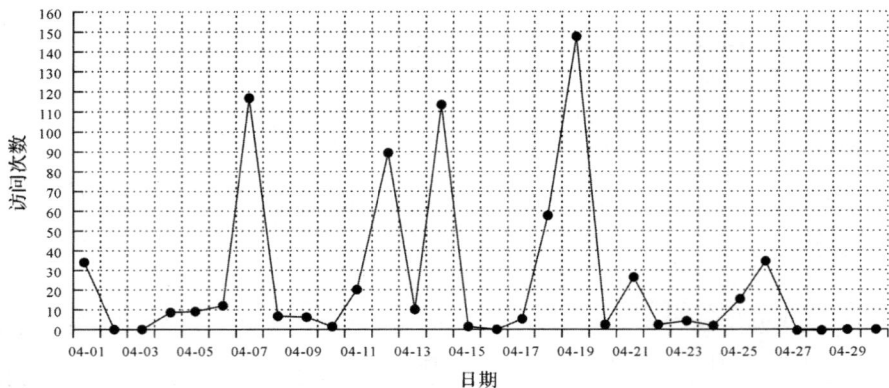

图 10　教育技术学专业 201401 班 2017 年 4 月在线学习统计

2. 课堂教学

课堂教学的主要任务是内化知识,由传统的教师讲授知识转变为问题的解决,教师转变为课堂活动的组织者,学习的主体变成了学生。主要包括学生相互交流、协作学习、完成互动练习题、教师个性化指导,通过这些方式帮助学生内化知识,掌握知识点。

3. 学习测评

根据课前要求进行在线测试,其测试结果界面如图 11 所示。测试的目的一方面督促学生在课前完成课程内容的学习,另一方面,通过课堂小测验让学生"获得信心和满足感",使学生真正感觉到通过自学也可以掌握所学课程内容。学生完成测验后,教师根据作业和测试中凸显出来的问题进行集中辅导,达到评价反馈的效果。学生由课前学习到课堂教学再到学习测评,即完成一次学习任务,在这个学习过程中不断内化、吸收、学习知识,促进了自身发展。最后,通过成果展示使学生对自己的学习结果感到满足和自豪,以便使学生对所学课程产生深厚的兴趣。

图 11　在线测试结果显示界面

4. 提炼升华

一次课程结束后,教师要对自己的教学过程进行反思,也可进行同伴互动,由其他旁听教师指出问题,相互交流、互帮互助,共同进步。发现问题后优化教学策略和课程资源,改进教学方法，在促进教师发展的同时，促进学生的发展，达到良性循环，使教师、学生、课程资源都有所提高。

（二）基于SPOC的"翻转课堂"实验教学实践

"网络工程设计与管理"是一门应用性和综合性的课程，需要设置设计型兼具研究型的实验项目，锻炼学生综合利用所学知识解决实践性问题的能力，培养学生分析问题和开拓创新的能力。根据课程大纲要求，课程教学团队设计了16个实验项目，实验所用学时为32学时，占课程学时的50%，其中，操作型实验项目1个、设计型实验项目2个、综合型实验项目13个，实验开出率100%。为了保证课程的实验教学效果，课程教学团队撰写了实验指导书。投资180多万元的网络实验室为实施"翻转课堂"提供了实验场所，拍摄的实验微视频为实施基于SPOC的"翻转课堂"实验教学改革提供了资源。"网络工程设计与管理"课程实验前要求学生在课程网站观看实验相关微视频、下载实验指导书，为了提高学生的动手能力，每个实验均要求学生在完成基本实验内容外，还必须完成"拓展实验"内容，实验结束后课程教学团队根据实验评价表评定学生的实验成绩。"拓展实验"内容大多采用网络技能大赛竞赛题或网络规划师、网络工程师考试内容，将理论教学与实践教学紧密融合，进一步促使学生将所学知识融会贯通。学生技能考试如图12所示，学生作品如图13所示。

图12 学生技能考试　　　图13 学生作品展示

五、取得成效分析与体会

（一）成效分析

课程教学团队积极配合，"翻转课堂"实施阶段取得了以下成果。

1. 论文

发表相关论文2篇：（1）"翻转课堂模式下的教学策略研究"，《中国教育信息化》，2016（21）：35-37；（2）"专题学习网站在'网络工程设计与管理'课程中的应用探究"，《中国教育技术装备》，2016（22）：24-25。

2. 出版教材

课程教学团队以精品开放课程建设为契机,在课程教学内容改革的基础上,按"任务驱动和项目训练"教材编写体例主编及参编了以下教材:

(1)优秀案例申请人与网络综合布线龙头企业——西安开元电子实业有限公司技术人员合作主编了《网络综合布线与施工技术》教材,参编了《计算机网络原理与技术》教材,完成"模块四 网络层"编写,都已交付上海交通大学出版社出版。

(2)课程教学团队李浩君老师完成了《路由与交换技术》教材的编写,已交付上海交通大学出版社出版。

3. 软件著作权

课程教学团队自主开发了"网络工程设计与管理"课程学习网站,并已申报成功软件著作权(2015SR100204)。

4. 课程资源

开发了"网络工程设计与管理"微视频、教学设计、学习任务单、互动练习题、实验指导书、题库等课程资源。

5. T 检测结果分析

计算机科学与技术(师范)2013 班与教育技术学 2013 班共 66 名学生,参与"翻转课堂"教学实践时先进行前测,根据前测成绩分成了实验组与控制组,每组 33 人,其中控制组采用常规教学模式、实验组采用"翻转课堂"教学模式,每周两次课,每次课 90 分钟,2 个月后(2016 年 3 月至 2016 年 5 月)进行后测,用 SPSS 软件分析两个独立样本 T 检测是否有差异。

全体学生、女生、男生的前测成绩不存在显著差异(见表2);在后测中全体学生、男生的成绩不存在显著差异(见表3),女生的实验组成绩在 0.05 水平时显著高于控制组($T=2.739,P=0.012$);在期末成绩中全体学生、男生的成绩不存在显著差异(见表4);女生的实验组成绩在 0.05 水平时显著高于控制组($T=2.389,P=0.026$)。这与男、女同学的在线学习时间、学习的努力程度相符,说明进行"翻转课堂"教学实践时,如果学生能按教师的要求课前认真观看视频、完成互动练习、课内积极参与,那么"翻转课堂"教学模式的教学效果明显优于传统教学。

表 2　控制组与实验组前测成绩 T 检测结果

变异来源	组别	N	平均数	标准偏差	T	P
全体学生	控制组	33	63.6101	22.53738	0.000	1.000
	实验组	33	63.6061	23.99471		
女生	控制组	11	71.9091	20.40811	0.376	0.710
	实验组	14	75.2857	23.64620		
男生	控制组	22	59.4545	22.83633	−0.648	0.521
	实验组	19	55.0000	20.86731		

表 3　控制组与实验组后测成绩 T 检测结果

变异来源	组别	N	平均数	标准偏差	T	P
全体学生	控制组	33	83.3333	10.30069	0.697	0.489
	实验组	33	85.3333	12.88329		
女生	控制组	11	85.0909	8.59598	2.739	0.012
	实验组	14	93.3571	6.51161		
男生	控制组	22	82.4545	11.13864	−0.794	0.432
	实验组	19	79.4211	13.32214		

表 4　控制组与实验组期末成绩 T 检测结果

变异来源	组别	N	平均数	标准偏差	T	P
全体学生	控制组	33	63.4545	10.70073	1.296	0.199
	实验组	33	67.0606	11.86628		
女生	控制组	11	66.0000	9.94987	2.389	0.026
	实验组	14	73.5714	5.77414		
男生	控制组	22	62.1818	11.05672	0.022	0.983
	实验组	19	62.2632	12.99933		

6. 学生满意度调查

在"网络课程设计与管理"课程实施"翻转课堂"教学改革期间,为了不断提高本课程的教学质量,课程教学团队于 2016 年在计算机科学与技术(师范)2013、教育技术学 2013 两个班级中进行了问卷调查;2017 年 3 月分别在教育技术学 2014、计算机科学与技术(师范)2014 两个班级中对课程及相关资源进行了问卷调查。另外,还在课程网站进行了问卷调查。从图 14 和图 15 可知,学生对课程微视频内容与作用的总体评价是满意或比较满意的。

8.您认为观看课程微视频是否对您的学习有帮助?
A.非常有帮助
B.有帮助
C.稍微有帮助
D.没有帮助

收起
A. 　14人(31.8%)
B. 　26人(59.1%)
C. 2人(4.5%)
D. 2人(4.5%)

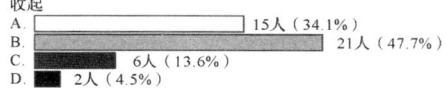

图 14　课程微视频是否对学习有帮助的调查结果

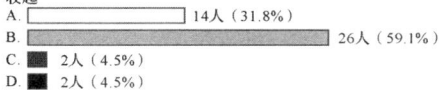

5.您觉得该课程的微视频能直接为您所用吗?
A.非常好
B.可以
C.一般
D.有所欠缺

收起
A. 　15人(34.1%)
B. 　21人(47.7%)
C. 6人(13.6%)
D. 2人(4.5%)

图 15　学生对课程微视频作用的评价

7. 受益面

"网络工程设计与管理"相关微视频、试题库、教学设计、学习任务单、互动练习已上传至课程网站，并已对校内外开放，截至 2017 年 10 月 18 日，累计访问量已达 54500 人次。2017 年上半年已申报浙江省精品在线开放课程，可向社会开放全部课程资源，网络工程相关专业教师与学生都可受益。

（二）体会

传统教学模式较为忽视学生的个性发展，难以适应社会发展对人才的需求，MOOC、SPOC 等在线学习方式的不断发展，引发了"教"与"学"方式的深层变革，基于 MOOC、SPOC 的"翻转课堂"教学模式有助于促进教学效果最优化，也有利于提高学生的创新思维与动手能力。"翻转课堂"教学模式在高等教学中的深入应用，还需要更多研究者和实践者的加入，模式的理论研究也需要在实践中不断进行检验和完善。

作者简介

"翻转课堂"
示范性
教学视频

黄亚平，女，硕士，副教授，浙江工业大学教育科学与技术学院教育信息技术系副系主任。主要从事网络教育应用、虚拟现实教育应用、教学系统设计与教育资源开发等方面的研究。主持过省部级项目 1 项、厅局级项目 10 多项，参与过省部级项目 5 项、厅局级项目 12 项。近五年发表论文 20 多篇。主编《计算机组成原理》和《网络综合布线与施工技术》教材，作为主要成员参编《网络施工与维护》和《计算机网络》教材，第一作者完成软件著作权 11 项。2009 年获第八届浙江省高校教师教学软件评比一等奖，"数据库原理与应用"教学设计与实践案例获 2012 年全国教育技术理论与实践作品大赛二等奖，"计算机组成原理"网络课程获 2012 年全国教育技术理论与实践作品大赛三等奖。

"翻转课堂"教学模式在"药理学"教学中的设计与实践

齐敏友

浙江工业大学药学院

一、课程基本情况

课程名称:药理学。

课程学时及学分:48学时,3学分。

课程类别:专业课程。

考试/查:考试。

面向专业:药学专业。

教学班规模:每个班级约60人。

所用教材:《药理学(第七版)》,朱依谆主编,人民卫生出版社2015年出版。

开展"翻转课堂"教学实践:2轮,约16学时。

依托平台:浙江工业大学网络教学平台。

二、教学改革背景与思路

"药理学"是一门基础医学与临床医学、医学与药学的重要桥梁学科。"药理学"需要以人体解剖学、生理学、生物化学、病理生理学、微生物学等多学科内容为基础,又与临床各种疾病预防及治疗相关联,涉及学科广、知识体量大,再加上药物种类繁多,内容抽象、枯燥,难以理解和记忆。因此"药理学"在医药院校历来被认为是较难的一门课程。长期以来,"药理学"教学采用的还是讲授教学模式,通过教师将学科的基本概念、基本理论和原理等基础知识传授给学生,学生通过教师的指导和引导,可以快速、集中、系统地获取大量知识,得到最快和最佳的发展。但是传统的课堂讲授知识传递方式单一,不利于调动学生学习的主体积极性,剥夺了学生在课堂教学中的情感生活,造成了课堂教学的沉闷局面,不利于发展学生的创新能力。

基于目前在"药理学"教学上的一些问题,我们在教学方法上,提出自己的改革理念和思路。在改革理念上,结合药学专业特点,对教学内容的合理性、实用性进一步优化完善;在教学上,遵循从形态到功能、从生理到病理、从疾病到治疗的步骤,形成多学科渗透,构建"翻转课堂"教学模式体系,提高药学专业"药理学"教学质量;在思路上,发挥"翻转课堂"教学的优势,改变单一的学习方式,激发学生的学习热情和主动性。经过两个班级的教学研究和实践,我们对"药理学"教学方法的改革探索思路做一总结。

三、"翻转课堂"教学设计

(一)总体设计

"药理学"是药学类专业本科生的一门必修课,我校开设在大学三年级上学期,共 48 课时,使用的教材为朱依谆等主编的《药理学》。该课程主要要求学生掌握药理学基本理论、基本概念,各类代表药的药理作用、作用机制、临床用途、主要不良反应;培养学生学习和更新药理知识的能力及运用药理知识独立思考、分析和解决实际问题的能力。对学生来讲,课程内容抽象、概念多、难以理解和记忆,学习难度较大,学习过程较为枯燥。为了解决教学困境,充分提高学生对课堂的参与度及学生的学习兴趣,提高教学效率,运用"翻转课堂"教学模式进行教学的教师主要采用了以下几种不同于传统方式的教学形式。

1. 充分利用网络教学平台和手机学习通 App

我们根据教学大纲,精选了 24 个知识点,录制了视频课程,补充完善网络教学资料。学生可以在线学习课件、在线互动、在线自由讨论;教师可以在线辅导,发起课堂讨论以及布置课后作业等。

2. 学生制作课件的展示

学生对教师布置的作业,在课堂上进行讲解汇报。教师通过这种方式来考查学生对知识的理解程度,并以此来评价学生的学习能力以及表达能力,对学生进行综合素质考查。

3. 形成性评价与总结性评价

定期让学生进行总结汇报。教师对学生进行评价时不仅要看重学生的学习成绩,同时还要结合学生的学习态度和学习能力。

教师可根据教学目标要求和不同章节教学内容的特点,分别选择合适的教学方式。药理学教学的整体规划和设计如表 1 所示。

表 1 "药理学"课程设计

教学方式	教学内容	学时	微课程	学习方式	作业	考核方式
课堂讲授＋翻转	总论	6	7	课堂听课 课前自学、微视频 个人或小组汇报 师生交流、梳理重点	1	形成性评价与总结性评价各占 50%
课堂讲授＋翻转	外周神经系统药理	8	5	同上	1	
课堂讲授＋翻转	中枢神经系统药理	8	4	同上	1	
课堂讲授＋翻转	内脏系统药理	12	3	同上	1	

教学方式	教学内容	学时	微课程	学习方式	作业	考核方式
课堂讲授＋翻转	激素类药物药理	4	1	同上	1	
课堂讲授＋翻转	抗病原微生物药物药理	8	1	同上	1	形成性评价与总结性评价各占50%
课堂讲授＋翻转	抗寄生虫药药理	1	1	同上	1	
课堂讲授＋翻转	抗恶性肿瘤药	1	1	同上	1	

从表1可以看出,基于讲授＋"翻转课堂"的教学模式始终贯穿在整个课程教学过程中,"翻转课堂"共有24个单元,占总学时的40%,在"翻转课堂"中,主要以学生个人和小组基于主题的探究和汇报活动为主,尽量让所有学生都参与到探究和汇报活动中,体验做学术研究并与他人分享的乐趣。

(二)具体章节教学过程设计案例

本文以"第二章　药物代谢动力学"为案例。教学学时为2学时。这一章主要分为药物的体内过程(1学时)以及药动学的基本原理和参数(1学时)两部分。这章的特点是概念多、抽象、难记。第一部分主要以教师讲授为主,上课前让学生复习细胞的跨膜转运,采用互动式教学方式。第二部分采用"翻转课堂"教学模式,教师提前让学生到学校网络教学平台上通过视频学习,结合教材内容,让每个小组介绍本章的主要理论知识、概念、药动学参数的计算方法及其应用,特别是对一些重点的概念,如半衰期、生物利用度、表观分布容积等,要理解、记忆。上课时,各小组汇报自己的学习成果,通过组间对比和辩论,教师适当地引导学生提问,补充讲解重点内容或是学生没讲到的内容,回答学生的提问。课后,学生可再次详细学习各小组的报告和资料,同时复习总结,完成作业。具体教学流程如图1所示。

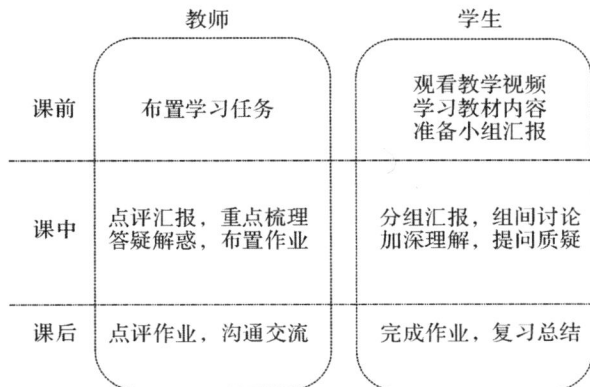

	教师	学生
课前	布置学习任务	观看教学视频 学习教材内容 准备小组汇报
课中	点评汇报,重点梳理 答疑解惑,布置作业	分组汇报,组间讨论 加深理解,提问质疑
课后	点评作业,沟通交流	完成作业,复习总结

图1　"翻转课堂"教学流程

四、"翻转课堂"具体实施

"药理学"课程教学遵循以学生为主体的原则,设计整个教学流程。本课程教授对象为大三学生,有一定的信息获取能力和自主学习能力;班级人数为 60 人,将学生分为 8 个小组,教师尽可能兼顾各个小组的协作交流过程并予以个性化指导,完成课前、课中和课后的三个学习和交流的过程。

(一)课前

教师课前在网络教学平台上准备教学资源,主要为学生提供相关的微视频和其他辅助资料,如电子课件、教案和参考书籍等。根据每节课的教学目标,为学生准备 1~3 个教学视频,每一个微视频介绍一个知识点,教师将课前学习任务明确告知学生,学生自学完毕后,统计学生完成任务的情况,及时了解学生的自学情况。

(二)课中

(1)首先由每个小组的学生代表总结本次课程的收获及已解决的疑难点。随后教师针对各小组出现的问题进行讲解,并将教材的重点知识点集中讲授,对整节课的知识进行系统化梳理,并对课程学习过程、内容进行总结。

(2)教师对学生的学习情况进行整体评价,重视评价的多元性和公平性,以激励为主。之后教师可以引导学生进行课后复习。同时,教师应注意引导学生的积极探索以及交流协作精神的培养,在潜移默化中提高学生的自学能力和问题解决能力。

(3)教师根据教学大纲、教学目标,布置相应的作业。

(三)课后

学生完成作业、复习总结。教师点评作业并通过网络教学平台的讨论区、手机学习通App、微信和 QQ 等交流渠道,与学生互动交流。

五、取得成效分析与体会

"翻转课堂"教学是一种新颖的教学模式,以其独有的特点,改变了传统"药理学"教学的枯燥、乏味,通过观看在线课程微视频,突出了重难点,增加了"药理学"教学、学习过程的趣味性,使学生们在这种全新的学习过程中,对于复杂的概念问题、理论问题能够很好地理解消化。2016—2017 年度第一学期,我们利用学校网络教学平台和手机学习通 App 进行"翻转课堂"的教学,2014 级药剂班 60 人课程登录共计 4700 余次,提交作业 400 余次,参加课程讨论的同学 46 人次。我们发现"翻转课堂"教学模式确实能极大地调动学生的学习积极性,丰富学生的学习体验,锻炼学生的文献查阅能力、学术汇报能力和语言表达能力,学生对课堂教学氛围和教学方式的满意度也大大提高,整体教学效果较之以前有所提升。

"翻转课堂"教学的几点体会:首先,设计好的课前学习材料和作业是关键。教师应该结合教学大纲及教学目标,突出重点和难点。整个课前学习材料必须以关键的知识点为核心,以点带面构建清晰明了的知识体系,每个知识点的微视频不宜超过 15 分钟,短小精悍、图文并茂,要能吸引学生的眼球,激发其学习兴趣。其次,设计合理的课堂教学活动。教师应该在充分了解学生学习过程的基础上,巧妙联系课前作业任务与存在的问题,以知识内化和拓展能力为教学目标,精心设计"翻转课堂"教学活动。最后,并不是每一个章节的"药理学"内容都适宜采用"翻转课堂"教学模式,教学大多数该是讲授+"翻转课堂"相结合的混合式教学。这需要教师根据教学内容、课时数和学生情况等因素,灵活创设教学活动,这样方能体现课堂"翻转课堂"应有的教学效果。

作者简介

齐敏友,副教授,博士。2006 年获得中国药科大学药理学博士学位,同年进入浙江工业大学药学院,从事药理学的教学与科研工作。教学效果优秀,获得浙江工业大学首届教书育人贡献奖,5 次获教学质量奖,3 次获学生最喜爱的老师称号。主持浙江省自然科学基金项目 1 项、浙江中医药管理局课题 1 项、浙江省教育厅重点课题 1 项、浙江省高校课堂教学方法改革项目 1 项、校级教改项目 5 项。发表 8 篇 SCI 论文、7 篇教改论文。

"翻转课堂"
示范性
教学视频

基于"以学生为中心"的"医用有机化学"课程"翻转课堂"设计

杨丽珠

温州医科大学药学院

一、课程基本情况

"医用有机化学"是我校面向临床医学(含 5+3)、眼视光(含 5+3)、医学影像、口腔、麻醉、精神医学、儿科学(含 5+3)等临床相关专业大一学生开设的专业基础课,总学分 2 学分,本学期共 9 个教学班(30 人/班),使用教材为周健民、黄祖良主编,江苏科学技术出版社出版的《有机化学》(本课程负责人为副主编)。本课程已经开展"翻转课堂"教学实践两轮,其中课程知识点的微视频全部上传网络供学生在线学习。采用以"翻转课堂"教学为主的混合式教学模式,共 40 学时,其中 16 学时为线下见面课,"翻转课堂"占 90%左右。

二、教学改革背景与思路

(一)教学改革背景

"医用有机化学"为医学各专业的必修课,既是医学、生命科学领域各专业的基础课,同时又是一门自然科学通识教育课程。其学习目标是让学生掌握有机化学的基本常识、有机物的结构、性质(反应机理)及有关应用,掌握与生命密切相关的有机化合物及其化学性质。随着信息时代的到来,知识更新换代速度加快,如何培养学生的自主学习能力以应对复杂的问题情境成为学校面临的挑战。"翻转课堂"的教学模式因为能为学生提供更多主动参与学习的机会,受到了教师的关注。受到新技术的推动,大多数参与"翻转课堂"教学的教师已经从资源的接受者过渡到资源的制作者,开始有意识地利用信息手段满足自己的教学需要。目前,"医用有机化学"的教学存在教学规模大、"以教师为中心"的教学模式、课时比较紧张和考核方式单一的现状,应用"翻转课堂",我们可以通过微视频等学习材料为学生的自主学习提供良好支持,实现对学生课外学习的全方位监控,以及课堂上数字技术支持下的课堂互动、教学评测与反馈。

(二)教学改革思路

以"翻转课堂"为主的混合式教学模式,探讨以学生为主体、教师为引导的教学模式,实现课程全部知识点的微课化,通过线上的课前自主学习和线下的练习讨论的有机结合,使学生可以更好地掌握枯燥的理论知识,并增强学生自主学习的能力;同时改革课程的考核方式,加强对学生学习过程的考察和监督,注重形成性的评价,避免通过一次考试即评定成绩的情况,从而提高学生学习的积极性。

（1）知识点的微课化。针对"医用有机化学"课程的特点,根据教学大纲,将授课内容划分为很多个知识点,并整合成以知识点为单元的教学微视频,应用于"翻转课堂"为主的混合式教学。

（2）以"翻转课堂"为主的混合式教学模式。把以知识点为单元的微视频上传至学习平台,并将课程的全部知识点都制作成短视频,让学生不用局限于课堂,随时随地可以学习。除了少数较难的知识点采用传统教学方法外,其他全部采用"翻转课堂"的教学方法,"翻转课堂"占90%左右。借助在线平台和手机移动端的在线 App 平台,可以实现师生互动、生生互动（在线学习社区）。通过在线讨论、在线答疑等形式,在师生间、生生间进行互动、互助和多向沟通,以完成知识点的巩固,并增加和教学内容相关的课外参考资料,增加学生学习的兴趣。

（3）对学生的学习情况进行全程监督。依托在线网络平台,在微视频中每隔 2～3 分钟,加入测试题,对学生的学习情况进行监督和评测,同时充分利用网络平台,对在线教学微视频及在线资料的学习、作业完成、测试题、在线访问、答疑、师生互动、生生互动等情况进行全程监督和评测。

（4）教学评价体系的改革。改革课程考核方式,注重形成性评价。充分利用在线的教学微视频及在线资料的学习,注重线上学习情况的监督和考核,形成平时成绩（如学生的在线学习情况,"翻转课堂"现场表现,视频的访问、讨论及平时测试作业的完成情况等）和期末成绩并重的考核方式,充分调动学生学习的积极性。

三、"翻转课堂"教学设计

（一）总体设计

我们主要从课前学习的设计、课中教学的设计、课外辅助教学、考核模式的改革几个方面开展"翻转课堂"的教学。

1. 课前学习的设计

课前学习的设计包括课堂教学设计、教学内容微视频的制作、课堂成绩评价权重设置、线上平台和移动端平台的建设、教室互联网系统等准备。

（1）知识点的微视频设计。教学视频是实施课堂教学法的重要内容,针对课程的特点,将授课内容整合为很多个知识点,录制以知识点为单元的教学视频,一般时间为 5～15 分钟,视频数共计 135 个,总时长约 1300 分钟,上传至在线平台。

（2）线上建课。课程资料的网上建课,除了上传制作好的微视频外,还包括课程说明、教案、教学大纲、教学课件、课程进度表、学习评定指导、教师团队介绍、作业题、测试题、试卷题库、教学案例、线上互动空间等相关在线参考资料。

（3）设置分数的权重比例。让学生在上课前一至两周的时间内完成微视频等在线资料的学习,以及完成相应的作业和测试题,并设置分数的权重。

2. 课中教学的设计

大部分内容采用"翻转课堂"教学方式,疑难点内容以传统面授的方式进行教学。"翻转课堂"的教学过程主要针对教学的知识点在手机端进行教学互动,每2学时设计15~25道题供学生练习及讨论。主要的互动模式包括:

(1)选人环节——"选人":教师在学习通手机端随机选一位同学答题。

(2)抢答环节——"抢答":教师发布一道抢答题,学生在学习通手机端抢到答题机会,可以设置多个学生,按顺序答题。

(3)问卷环节——"问卷":面向全体学生,全体学生都应当答题,可以现场发布答题的正确率和答题情况。

3. 课外学习模块设计

通过在线讨论、在线答疑等形式,在师生间、生生间进行互动、互助和多向沟通,完成知识点的巩固,并增加和教学内容相关的课外参考资料,提升学生学习的兴趣。

4. 考核评价体系设计

注重学生的形成性评价,即注重学生的在线学习情况,"翻转课堂"现场表现,视频网站的访问、讨论及平时测试作业完成情况等。平时成绩占50%(其中,视频学习占20%,在线作业占10%,访问占5%,讨论占5%,"翻转课堂"现场表现占10%),期末理论考试占50%。

(二)具体设计(2学时)——含氮有机化学物

含氮有机化合物是医用有机化学中的比较重要的一类有机化合物,也是学习的难点,因此特别选取有机含氮化合物作为"翻转课堂"的案例来进行教学内容的设计。

1. 教学目标,分为知识目标、能力目标和情感目标

(1)知识目标。

①了解:胺类化合物的物理性质。

②熟悉:胺类化合物的分类、结构和命名;重氮和偶氮化合物的结构和命名。

③掌握:胺类化合物的化学性质;重氮化合物的化学性质。

(2)能力目标。

①"以学生为中心"的"翻转课堂"教学模式,注重对学生自主学习能力和终身学习能力的培养。

②通过在线讨论互助学习,注重对学生合作学习能力的培养。

③通过案例学习,加强学生理论联系实际的能力。

(3)情感目标。

①面对学习难点内容,引导学生从现实生活体验出发,培养学生勇于探索、克服困难的意志,培养学生尊重科学的态度。

②帮助学生养成积极思考、独立思考的习惯,树立医学生的职业使命感。

2. 教学内容(有微视频)

第一节　胺

10.1.1　胺的分类

10.1.2　胺的命名

10.1.3　胺的结构

10.1.4　胺的物理性质

10.1.5　胺的化学性质:胺的碱性

10.1.6　胺的化学性质:酰化反应

10.1.7　胺的化学性质:与亚硝酸反应

10.1.8　胺的化学性质:芳香胺的亲电取代反应

第二节　重氮和偶氮化合物

10.2.1　重氮化合物的制备、结构和命名

10.2.2　重氮化合物的性质:重氮基被取代

10.2.3　重氮化合物的性质:偶联反应

3. 教学方法

首先让学生进行线上微视频的学习。在胺的化学性质中,我们以"复旦投毒案"进行导课,在重氮和偶氮化合物的性质中我们以"肯德基色素鸡翅事件"进行导课,将理论知识和生活中的具体事件结合起来,激发学生学习的兴趣,进一步巩固所学的知识点。

完成线上学习后,通过线下见面课的方式进行"翻转课堂"教学。我们在超星"学习通"App 平台上设计好 22 道练习题,设计成"选人""抢答"和"问卷"三种题型进行翻转互动教学,并现场对学生的练习完成情况进行实时评测和反馈。根据评测情况,教师可灵活调整教学的内容和进度,进一步巩固教学知识点。

四、"翻转课堂"具体实施

(一)在线平台

超星泛雅平台:第一轮、第二轮、第三轮,http://mooc1. chaoxing. com/course/92338488. html♯courseUnit。

浙江省高等学校精品在线开放课程共享平台:第三轮,http://zjedu. moocollege. com/course home/5001145(教师账号 yanglizh,密码 123456)。

"翻转课堂"互动手机平台:超星"学习通"手机 App 平台。

(二)开课情况

第一轮:2016—2017(1),选课班级 2016 级临床八年制Ⅰ系 1—2 班、临床八年制Ⅱ系 1班级,儿科 1 班,儿科八年制 1 班,精神医学 1—2 班,医学影像 1 班。

第二轮:2016—2017(2),选课班级:2016 级康复专业 1—2 班。

第三轮:2017—2018(2),正在进行中,课程共 40 课时,在线视频知识点占 100% ,混合式教学模式,16 课时为见面课(传统教学 2 课时,"翻转课堂"14 课时),"翻转课堂"占 90% 左右。

（三）教师团队的全程参与

为了保证以"翻转课堂"为主的混合式教学，在实施过程中，教师团队的全程参与是课程运行的关键。教师团队的日常工作包括：布置教学计划、发布课程公告、答疑（采用值班制，当日事当日毕）、处理争议和投诉、论坛管理等事务。

五、取得成效分析与体会

（一）取得成效分析

从前面两轮的教学实践来看，"翻转课堂"教学开展顺利，师生互动良好，在"翻转课堂"的最后部分，都设计了和期末考试难度相当的 4～5 道"问卷"题，对教学效果进行评测。学生的答对率一般能达到 90％左右，说明教学效果很好。总的来讲，学生对于这种教学改革模式普遍持欢迎态度，认为这种上课方式有创意，对教师制作的视频比较满意，认为知识点简短、视频清晰、声音清楚，并且可以重复学习。同时，"翻转课堂"教学模式改革了教学评价体系，平时成绩由原来的 20％增加到 50％，成绩评价呈正态分布，与往年的情况来比，不及格人数减少。

（二）教学体会

整个教学团队前期和课程维护投入的时间比较多，但整个教学过程比较顺利，学生的反响比较好，总体是不错的。教学过程中我们也学到了不少的知识和教学技巧，这是一个教学相长的过程。"翻转课堂"的教学主要有以下几个明显的优势。

（1）提高学生学习的兴趣，教学效果好。与传统的教学模式相比，"翻转课堂"增加了师生之间的互动和个性化的接触时间，提高了学生的学习兴趣，教学效果明显，与往年相比，不及格率有所降低。

（2）教师便于了解和监督学生。教师可以根据线上的数据进行实时动态监测，了解学生的学习情况，并对学生进行学习监督。

（3）翻转教学可以实现个性化学习，同时便于学生复习和补课。学生可以根据自己的进度进行选择性的学习，同时微视频和课堂教学的内容永久存档，便于学生复习和补课。

（4）平时成绩的评价合理。"翻转课堂"教学模式便于对学生的平时成绩进行评价，教师可以根据视频学习、社区讨论、平时作业和测试、"翻转课堂"现场表现等情况进行评价，注重形成性评价。

作者简介

"翻转课堂"示范性教学视频

杨丽珠，博士，副教授。从事教学工作 10 多年，"医用有机化学"课程负责人，主持国家自然科学基金、浙江省自然科学基金、温州市科技局项目及省（校）教改课题等多个项目，参与国家自然科学基金等项目。在国内外期刊发表论文 40 多篇，其中 20 多篇被 SCI 收录。获院、校教学技能比赛一、二等奖，获校微课比赛一等奖。校"翻转课堂教学示范课程"和校"混合式教学示范课程"负责人，药学院"最受学生欢迎的教师"，现为院、校两级教学督导专家。

"翻转课堂"教学法在七年制
"临床眼科学"中的应用与实践

俞阿勇　　潘安鹏

温州医科大学眼视光学院

一、课程基本情况

"临床眼科学"是面向眼视光学七年制专业的一门专业必修课,使用教材为《眼病学》,课程总学时 87 学时,其中理论课授课 54 学时(包含"翻转课堂"9 学时)、实践课 33 学时,总学分 5 分,每学期教学规模约 50 人(25 人/班,2 个班级),已开展"翻转课堂"教学实践 3 轮,每轮约 9 学时,依托人民卫生出版社的慕课平台:http://www.pmphmooc.com/。

二、教学改革背景与思路

温州医科大学眼视光学专业七年制"临床眼科学"教学过程主要存在以下两方面的矛盾。一是内容繁多与课时严重偏少之间的矛盾。七年制学生的学习任务繁重,课程数逐年增加,而课时量逐年压缩,教学总学时已由 2005 级七年制的 126 学时压缩到 2012 级七年制的 87 学时,其中,理论授课学时则由 84 学时下调到 54 学时。由此,要在一个学期内完成"临床眼科学"的教学与学习,快速、完整地吸收和掌握大量的理论知识,无论对教师还是学生都是一大挑战。二是传统以授课为基础的单向教学模式与学习效率相对低下之间的矛盾。作为临床主干课程之一,"临床眼科学"注重的是学生对知识的认知、理解与消化,强调理论与实践的有机结合。传统单一的"传授—接受"灌输式教学传授系统具有完整的知识体系,但学习过程单调枯燥,学生在繁重的学习任务下消极被动地学习和勉强应付考试,学习效率相对低下,临床思维能力薄弱,对眼科学知识的把握谈不上深度和广度,素质与能力培养更无从谈起。同时,这种教学模式也在一定程度上挫伤了教师的教学热情。

三、"翻转课堂"教学设计

(一)教学内容分析

1. 学情分析

本课程的教学对象为七年制眼视光学专业学生,他们已掌握了一定程度的眼科学基础理论知识,具有较强的学习潜能,容易在双向互动、启发式的教学中发挥学习主动性和创造性思维,能较好地适应"翻转课堂"教学的施行。但在面对具体临床病例时,他们尚未形成系统的诊断思维与分析模式,缺乏多学科知识的综合应用能力,因此教师需有效地将临床问题直观展示,由浅入深引导学生对临床病例的诊断与处理进行思考,潜移默化地进行渗透思维训练,培养学生良好的诊断思维和处理问题的能力,突破难点,达成教学目标。

2. 教学内容分析

眼外伤是由于机械性、物理性、化学性等因素直接作用于眼部,引起眼的结构和功能损害。眼外伤按致伤原因,可分为机械性和非机械性两类,前者包括钝挫伤、穿通伤和异物伤等;后者包括热烧伤、化学伤、辐射伤和毒气伤等。在临床处理中,眼外伤属于急诊范畴,临床医师需要在短时间内做出合理的判断,采取合适的治疗方式,尽最大努力挽救视功能,因此,在学习中需要培养学生良好的逻辑思维与清晰的诊断思路,对知识点的掌握力求准确、全面,对疾病的处理应规范、及时。

(二)教学目标

1. 知识与技能

(1)眼外伤的分类。

(2)眼外伤的检查。

(3)眼外伤的处理原则。

(4)眼球钝挫伤和穿通伤的区别。

(5)眼球异物伤常见的异物类型及处理。

(6)其他类型的眼外伤。

2. 过程与方法

(1)能运用详细病史采集的方式对临床问题进行系统化归纳与处理,初步形成诊断与治疗方案。

(2)通过模拟临床病例处理的过程,尝试疑难病例讨论,体验多学科合作诊治,增强小组合作意识。

(3)组织课外查阅文献资料和课堂讨论,引导学生掌握学习技能、发展思维,提高解决问题的能力,使其逐步成为独立自主的学习者和实践者。

3. 情感态度与价值观

(1)认识医生与患者间的关系。

(2)理解疾病和健康的关系。

(3)明确医生的义务和职责。

(4)了解医生在提高患者对疾病正确认识方面的作用。

(三)教学重点与难点

1. 教学重点

(1)眼球穿通伤、眼内异物的病理特点、临床表现、并发症。

(2)眼球穿通伤急救措施与治疗方法。

2.教学难点

(1)眼内异物常见的类型、临床表现及其处理原则。

(2)眼球穿通伤的一期、二期手术方式与时机选择。

(四)教学方法

"翻转课堂"共3学时,一次授课完成,授课内容围绕一个典型病例展开,授课前一周将病例第一篇内容(仅包含主诉)及思考题发放给授课对象,学生运用在线教学平台——人民卫生出版社的慕课平台(以下简称人卫慕课平台)自行进行知识点的学习,鼓励学生进行多方位扩展阅读,包括最新文献、临床指南等。课堂上,围绕该病例进行系统性、递进性的讨论,主要采用小组讨论的方式,学生对课前的思考题以及新的疑难问题进行深入的讨论总结,充分发挥学生的主观能动性,促使学生在学习中解决问题,培养学生团结协作的精神以及分析解决问题的能力,不断内化巩固所学知识,提高课堂效果。在第一篇内容充分讨论达成一致后,再进行下一篇内容的发放与学习,进行新一轮的针对性学习与讨论、答疑解惑,从而使学生获得对知识点更深层次的理解。

四、"翻转课堂"具体实施

(一)课前准备(自学)

(1)活动1:知识点学习。利用教材或教师提供的学习资源进行自主学习。相关资源包括:

①教材《眼病学》中关于"眼外伤"的对应章节内容。

②人卫慕课平台上的《眼科学》第16章"眼外伤"相关视频学习。

(2)活动2:病例内容针对学习。提前一周把病例第一篇内容及思考题发给学生,第一篇内容为:"方某,男,38岁,温州平阳某机械公司工人。右眼被碎片击中6小时。"信息量以能提供大方向为宜,以免限制学生的思维,鼓励学生多运用在线教学平台自行进行知识点的学习、梳理,思考可能的情况,并进行多方位扩展阅读,包括最新文献、临床指南等。提供参考的思考题包括:"①关于本例诊断,考虑可能的外伤性质;②开放性眼外伤和闭合性眼外伤的区别;③眼内异物常见的类型和临床表现;④需要进一步获得哪些病史信息;⑤需要完善哪些检查。"

(二)课堂教学

病例总体设计:将所选取的病例按照教学要求进行合理设计,总共分为3篇,每篇内容在逻辑上层层递进,涉及面由宽到窄,逐渐锁定知识点,病例分解后分3次发放给学生,分阶段进行讨论学习。学生分组,以7~8名同学为一小组,分教室同时展开讨论,每组1名学生主持、1名同学记录。

(1)活动1:课程导入。抛出问题:"你的眼睛受过伤吗?说说当时的情况。"教师引导学生进行思考,鼓励学生结合自身或身边人的经历分享对眼外伤的认识。教师根据学生的回答适时导入学习的知识点。

设计意图:通过一个问题迅速激活学生的思维,激发其学习兴趣和热情,以饱满的状态迎接课堂学习。

(2)活动2:病例回顾。主持人带领大家回顾第一篇病例内容,每位学生阐述各自认为的关键点,记录员做好记录。

设计意图:此环节是为了让学生迅速回顾病例内容,尽快进入到知识点的学习,同时对主持人和记录员的角色做好分工。

(3)活动3:针对第一篇内容发言讨论。同学们根据所掌握的病例内容以及在线学习、文献查阅情况展开讨论,针对思考题分别发言,最后形成共识,期间教师负责适当引导讨论,回答相关问题,并记录每位同学的表现,进行课后评分。在第一篇内容充分讨论形成结论后,教师根据授课进度发布第二篇内容。

设计意图:此环节是课程学习的重点内容,可对"翻转课堂"的自学阶段进行有效的反馈,了解学生对知识点的掌握情况和存在的问题。因学生在课前主要进行碎片化学习,知识较为零散,须通过相互讨论、记录的形式帮助学生理顺知识点之间的关系,为下一篇内容的发布做好准备。

(4)活动4:第二篇内容发布。第二篇内容是在第一篇内容的基础上对病例信息的补充,提供学生关心的现病史、既往史、专科检查以及辅助检查结果。思考题包括:"①本例视力下降的可能原因;②主要诊断;③诊断依据有哪些;④进一步检查的项目和意义。"学生在仔细阅读后继续进行讨论,教师适当对讨论方向和内容进行引导。

设计意图:此环节是课程学习的重点内容,在第一篇内容充分讨论的基础上,第二篇内容使讨论更进一步,提出了新的思考题,教师引导讨论、帮助学生掌握重难点,并为下一篇内容的发布做好准备。

(5)活动5:学生辩论赛。提出问题:"你同意他的观点吗?"对有争议的问题,鼓励学生进行辩论,提供支持证据,直到说服对方或被对方说服,进而形成一致共识。

设计意图:病例内容讨论过半,个别学生会有不同的观点,此时提供此环节可以提高学生的积极性,让讨论更加热烈。与此同时,通过列举支持证据的方式说服对方,可以培养学生对知识点的梳理能力、总结能力及表达能力。

(6)活动6:第三篇内容发布。在第二篇内容形成结论后,教师根据授课进度发布第三篇内容。第三篇内容是在第二篇完善病史和相关检查的基础上所采取的进一步治疗和处理,并提供了相关信息,引发学生思考。思考题包括:"①一期手术治疗注意事项;②经一期手术治疗后视力恢复欠佳的原因;③是否需要二次手术及其注意事项;④出院宣教注意事项。"学生在仔细阅读后继续进行发言和讨论,教师适当对讨论方向和内容进行引导。在第三篇内容形成结论后,教师总结。

设计意图:此环节是课程学习的难点内容,在前两篇内容的基础上提供新信息,提出新的思考题,以相互讨论的形式帮助学生掌握难点,拓展知识面。

(7)活动7:总结回顾。以问题总结:"下次碰到身边的人眼睛受伤了怎么办? 该注意些什么?"最后教师以问题为引导,鼓励学生从整体对知识点进行总结,分享体会。

设计意图:此环节以开放性问题结尾,帮助学生对所学知识进行最后的梳理与总结,同时检验学生对所学知识应用到实际情况的能力,同时活跃课堂气氛。

五、取得成效分析与体会

"翻转课堂"教学法,能在有限的时间内充分挖掘课程参与者(学生与教师)的学习潜能,教与学互动,课堂内外结合,最大限度地进行多角度、多层次的认知互动,从真正意义上实现学生对理论知识与应用实践的有机结合,达到"学有所获、教学相长、日学日进"的教育目的。

(1)在"翻转课堂"教学中,学生可以有效地运用已掌握的知识,对临床问题进行讨论分析,并在讨论基础上升华,使其学习主动性得到了很好的提升。以 2011 级(眼外伤未开展"翻转课堂")与 2012 级(眼外伤开展"翻转课堂")期末考核为例,在历年考试分析中发现,2011 级学生低分题为眼外伤相关知识,该部分内容临床表现复杂,知识点多,需要较强的理论结合实际的能力及病例分析能力,较难掌握,因此学生易出现得分不高的情况。2012 级对眼外伤知识点开展了"翻转课堂"教学,在理论考核的成绩中反映出学生对眼外伤知识点掌握较好,得分较高,体现了"翻转课堂"的教学优势。

(2)"翻转课堂"教学,教师更多的角色是"导",即适当地引导学生,更多的时间甚至是"学",与传统的学生角色互换。课堂上学生讨论翔实而激烈,常能碰撞出新的火花,教师在授课过程中也"学"到了新的知识。另外,教师在传统单向教学的基础上要学习和适应"翻转课堂"教学,课后认真总结,这对刚接触"翻转课堂"教学的教师而言是一个很好的学习过程。对学生而言,从传统的"学"到"翻转课堂"教学中的"讲",甚至是同学之间互相的"教",在角色上与教师进行了互换,学生的主体性得到了充分的体现。从授课情况来看,这种课堂形式深受学生和教师欢迎。

(3)在"翻转课堂"教学中,学生从传统单向教学中"孤军奋战"的身份中跳脱出来,组成一个"团队",角色分工明确:主持人、记录员以及组员。主持人和记录员的角色每次授课均进行轮换,有相应的评分制度,确保了每位学生均能积极地参与到讨论中,主持人的角色由熟悉的同学担当,便于了解每位同学的性格和特性,进一步保障了讨论的有序进行,使得每位同学都能发挥所长,最终达到教学目标。另外,在讨论中往往出现学生意见不一致的情况,双方需要列举支持自己观点的依据来说服对方,达成一致,该过程很好地锻炼了学生的表达能力和逻辑思维能力,对临床工作大有帮助。

作者简介

俞阿勇,医学博士、主任医师、教授、硕士生导师。现任温州医科大学附属眼视光医院白内障临床中心主任、伦理委员会(SIDCER-FERCAP 国际认证)主任。美国眼科学会(AAO)会员、国际眼科医师协会(ICO)会员、国际隐形眼镜教育者协会(IACLE)会员、中华眼科学会专科会员、中国老年医学学会眼科学分会委员、中国非公立医疗机构协会眼科专业委员会白内障分委会委员。*Eye and Vision* 执行编辑。温州市医德模范、浙江省优秀青年眼科医师、浙江省高校中青年学科带头人、浙江省医坛新秀。中国医师协会眼科青委会浙江省副主委。

"翻转课堂"
示范性
教学视频

基于蓝墨云班课的实验教学

支　绛

浙江中医药大学基础医学院

一、课程基本情况

课程名称：免疫学基础与病原生物学。

课程学分：3。

课程学时：51（理论课：39 学时，实验课：12 学时）。

课程性质：专业基础必修课。

教材：《免疫学基础与病原生物学（第二版）》，罗晶、郝钰主编，人民卫生出版社 2016 年出版。

教学班规模：15～130 人不等，1～4 个自然班。

实验班：1 个自然班，人数 15～40 人。

教学对象：中医学、针灸推拿、中医学七年制、护理学等专业的二年级学生。

本人在实验课中开展"翻转课堂"教学实践已经 6 轮，共约 72 学时。2015 年秋季学期开始正式依托于蓝墨云班课的 App，之前曾用过 BB 平台和微信公众号。

二、教学改革背景与思路

困境：首先，本课程的实验学时数相对较少，实验中需要演示和讲解的内容较多，通常教师讲解的部分太多，耗时长，而且因为操作比较琐碎，教师集中讲完后到操作的时候学生又忘记了，效率很低；其次，实验操作的示教演示通常只有一次，而围观的同学一般为 30～40 人，很多同学看得不清楚或看不明白导致实操时错误百出，在实验材料有限的情形下，实验结果不理想；最后，因为细节太多，操作混乱，学生对实验的意义不能掌握得很明确，导致实验结束后部分学生不知道自己到底学到了什么。

解决思路：基于上述的困境，根据翻转教学能够深度学习兼顾个性化学习的特点将传统的带教方式改成"翻转课堂"的教学模式，把原来由教师讲解和示教的部分做成几段短视频，投放在线上，让学生自主学习，释放出来的课堂时间，让学生利用当堂所学进行实验设计和讨论以解决具体问题。实验报告点评也制作成视频投放到线上供学生课后参考，这样学生们既能了解自己小组的得失，也能学习别组的优点。

支撑条件：全校 WiFi 全覆盖，能满足线上活动与线下活动相结合的需求；蓝墨云班课是一个免费使用的教学平台，兼有移动端与 PC 端的应用，经过多次迭代，能够满足各项课堂活动的设计要求，并留下网络痕迹和后台数据作为教学反馈。进行"翻转课堂"的教学模式无成本，学生支持度高。

三、"翻转课堂"教学设计

总体设计见图 1。

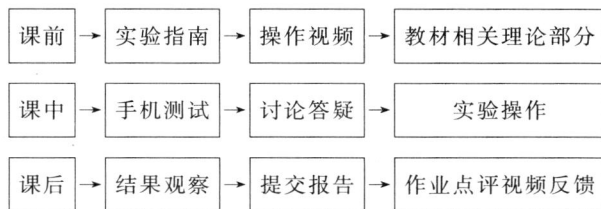

图 1　"翻转课堂"总体设计

具体设计：

以本课程"实验一：细菌在自然界中的分布和消毒灭菌实验"为例。本实验 4 学时。

（1）课前：提供实验指南（文本）、接种环的介绍及使用方法（文本）、平板划线接种（视频）、斜面接种（视频），并指定阅读教材"消毒灭菌"章节中关于紫外线杀菌的介绍。

要求：明确实验的目标，熟悉实验的基本流程和内容，掌握平板划线接种以及斜面取种、接种的操作要领，理解紫外线的杀菌原理。

（2）课中：手机测试（8 道选择题），5 分钟；点评测试，5 分钟。

针对本试验设计的问题，30 分钟：

（1）本实验属于验证性实验还是探索性实验？

（2）细菌在自然界中的分布规律，实验结果的预期是什么？

（3）紫外线照射后是否一定杀死所有的细菌？

（4）紫外线杀菌实验预期的结果是什么？

实验设计命题及讨论，30～40 分钟：

有患者投诉待煎中药被污染，导致服用后腹泻。请先初步判断有无污染并说明理由，然后设计实验证明你的判断。

抽查学生进行平板划线接种的操作演示，集体互评，教师总结操作要领。

实验操作及实验设计的研讨，找到最佳解决方法，90～120 分钟。

（3）课后：观察实验结果并拍照，提交实验报告，自主学习教师制作的作业点评。

四、"翻转课堂"具体实施

实验课前 5～7 天，在蓝墨云班课的"资源"里发布实验指南（文本）和接种环的使用说明（文本），上传操作短视频，发布任务单，要求学生掌握细菌在自然界分布的规律，掌握紫外线杀菌的原理及其穿透力弱、会损伤角膜等特点。

课中,直接用 5 分钟时间在手机上进行本实验内容的小测试,8 道题均为选择题。测试结束后,根据后台的测试分析结果,对得分率在 50% 以下的题目进行讲解。

然后对本次试验的内容,用手机抽签的方式随机选择学生进行提问。前两个问题比较简单,学生一般都能回答正确,第三个问题旨在提醒学生注意,紫外线照射不一定会杀死细菌,也有可能导致细菌变异。第四个问题注意引导学生明了紫外线杀菌实验其实是一个小的对照实验,所以描述实验结果及分析要从两个条件去考虑。

考虑到连续的提问和讨论,容易使学生疲劳,而且分析问题也需要一定的时间,所以在蓝墨云班课的"作业/分组"发布问题之后就用"摇一摇"功能抽一个学生上台演示平板划线接种的操作,并让大家集体点评,最后教师小结操作要领,如有必要,教师再做一次正确示范。

随后进入操作环节,学生需一边操作一边思考实验设计的问题。

操作基本结束,在等待紫外线照射、平板冷却的时候,学生以小组为单位对别组的设计进行互评和评分。

在实验设计题部分,一般学生开始的时候容易关注于中药药材是否致泻的问题上,要引导他们利用细菌在液体培养基中的生长现象来初步判断代煎药包有无被细菌污染的可能,然后思考怎样在液体样品中检测有无细菌的存在,可参考实验中的河水和泥水样本的细菌数检查的实验设计,并如法炮制药液中细菌的检测设计。这个部分采用集体讨论课的方式。过程中,教师组织全班讨论,引导学生思考。最后教师进行点评与小结。

在互评过程中,教师可以就学生的发言进行追问和质疑,引发思考。每个班级在这个部分用时长短不一。一般控制在 30~40 分钟。

实验次日,请学生自行到实验室观察结果并拍照填写实验报告,电子版提交在蓝墨云班课里,打印的纸质稿收齐统一上交。将学生的电子稿整理成统一的 Word 文档,标注错误及重点,制作录屏,上传至蓝墨云班课供学生们学习参考(见图 2)。

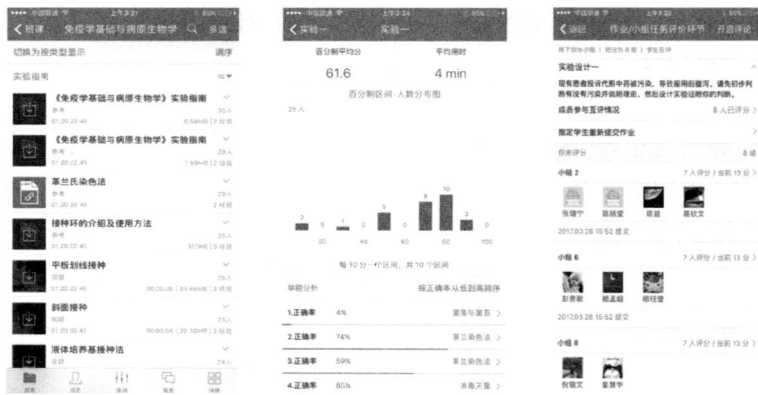

图 2　蓝墨云班课界面

五、取得成效分析与体会

第一，采用"翻转课堂"教学模式之后，最大的优点是将实验课还给了实验，由测试引导学生必须在课前进行自主学习，这样学生在进实验室的时候是带着明确目标来操作的，大大提高了学习成效和教学效率。

第二，由于操作视频一般不超过5分钟，学生会利用碎片化的时间反复观看，改变了以前只有一次机会看教师示教的情况，对实际操作的把握性大大提高，实验结果一般都能符合预期，操作能力大幅提高。

第三，加入了实验设计的讨论环节，学生用所学的实验技能去解决实际问题，这大大提高了学生对实验的兴趣，课堂变得生动且活跃。学生不仅要动手，还要动脑，参与度明显提升。

所以，翻转之后的实验课，一致受到学生好评，学习效果也明显提高了。在初次尝试的时候，"翻转课堂"教学模式用在实验课中就是成功的，之后的每一学期，翻转的实验课都受到了学生的一致好评。

唯一的难点就是控制时间和节奏。提问和实验设计研讨两个部分需要教师具备一定的组织和掌控课堂的能力。

教师视角：

进行"翻转课程"教学，对教师是有一定要求的。教师必须进行精心的准备，尤其是在课堂提问或讨论时，教师要能迅速捕捉到学生发言中的逻辑，能引导学生用专业的思维方式进行思考，要有一环扣一环的提问能力，思维要缜密，逻辑要清晰。

但是，"翻转课堂"对教师来说又是减负的，把重复的讲解部分做成视频，避免了某种重复劳动。同时将作业点评做成录屏，为日后的教学研究提供了第一手的原始资料。

学生在讨论过程中提出的问题有时也会反过来给教师以新的刺激和启发，对日常的教学也是一种有益的丰富，所谓教学相长。

学生视角：

课堂变得有趣，学生学会了小组合作的工作方式，更重要的是，实验课变得更有意义，理论真正联系实际了。另外，学生的学习行为本身都留下了网络痕迹和数据，成绩评定变得更公平、更客观了。

根据蓝墨云班课后台数据的多维分析，大部分学生还是很重视分数的，所以课堂内的小测试能有效地督促学生进行课前的自主学习。

研讨的方式拉近了师生关系，让更多的学生有机会得到教师一对一的指导，使教师更能对不同的学生进行个性化、差异化的教学，有利于培养学生的专业思维。

另外，专业的讨论也是需要训练和规范的，它也是一种学习。每学期开学之初，我就在蓝墨云班课里发布"讨论课的八大军规"：机会均等原则、立场明确原则、发言完整原则、限时限次原则、一时一件原则、文明表达原则、纠错原则和尊重原则。学生讨论的言行规范在翻转教学的过程中也逐步成熟起来，为日后的专业活动打下了基础，这是在传统的教学过程中无法得到的一种技能。

总之,进行"翻转课堂"教学,事半功倍,师生双方获益,值得推广,所以之后我将"翻转课堂"教学模式也推广到了理论课的教学中。

作者简介

"翻转课堂"
示范性
教学视频

支绛,1994 年毕业于温州医学院医疗系,2004—2006 年国家公派肯尼亚 Egerton 大学任教,2012 年毕业于浙江大学汉语国际教育硕士专业。2001、2002、2015、2016、2017 年度分别获校级优秀授课教师称号。2015 年所教授的"免疫学基础与病原生物学"获学校首批优质示范课程,2016 年获学校首批混合式教学示范课程,并被智启蓝墨公司聘为顾问专家。主持"翻转教学研究"厅局级及校级课题若干项。

改良"翻转课堂"设计与实践

应敏丽
浙江中医药大学第一临床医学院

一、课程基本情况

课程名称:中医妇科学。

课程学分:4.5。

课程学时:77。

课程性质:专业必修课。

面向专业:中医学专业。

教学班:1~3个自然班(拆班教学)。

使用教材:《中医妇科学(第3版)》,罗颂平、刘雁峰主编,人民卫生出版社2016年出版。

已开展"翻转课堂"教学实践:2轮,每轮12学时。

依托平台:对分易教学平台和微信平台。

二、教学改革背景与思路

Flipped Class Model 称为反转课堂式教学模式,简称"翻转课堂"或反转课堂。"翻转课堂"不但强调知识的传授,而且注重对知识的内化,培养学生的协作和自主能力、创新思维和表达能力,从而使其得到全面发展。"翻转课堂"实现了知识传授和知识内化的颠倒,在师生角色、教学形式、课堂内容和评价方式上颠覆了传统课堂。在"翻转课堂"中学生的学习动机更强,并乐于在课上进行提问和团队学习,"翻转课堂"有助于"自由的教育"理念下的具有表达能力和问题分析能力的自由人的培养。

"中医妇科学"是中医临床主干课程,以生殖健康为中心,主要特色与优势是调经、助孕、安胎。学生既要学习中医妇科学的基本理论、基本知识,又要在临证实践中掌握专科技能,并学会表达自己,发表和阐述自己的观点。只有能够同时实现对学生的价值塑造、能力培养、知识传授,这样的教育教学改革才是完整而有生命力的。

以笔者主持并完成的国家中医药管理局"十二五"中医药高等教育教学改革研究课题中建立的"典型病例角色扮演模块""专科技能操作训练模块""临床技能考核模块"为工作基础,以两年"翻转课堂"实践积累为前提,选取不孕症和早期自然流产这两个中医妇科优势病种,改良常规"翻转课堂"模式。

三、"翻转课堂"教学设计

"翻转课堂"的教学设计如表 1 所示。

表 1　教学设计

教学计划	课堂设计	
常规"翻转课堂"　1 班	课前观看教师提供的微视频 "翻转课堂"分组展开讨论	4 学时
改良"翻转课堂"　1 班	自主学习 (学生演练和录制视频)	4 学时
	"翻转课堂" (观看并评价视频,展开讨论)	4 学时
常规"翻转课堂"　2 班	课前观看教师提供的微视频 "翻转课堂"分组展开讨论	4 学时
改良"翻转课堂"　2 班	自主学习 (学生演练和录制视频)	4 学时
	"翻转课堂" (观看并评价视频,展开讨论)	4 学时
常规"翻转课堂"　3 班	课前观看教师提供的微视频 "翻转课堂"分组展开讨论	4 学时
改良"翻转课堂"　3 班	自主学习 (学生演练和录制视频)	4 学时
	"翻转课堂" (观看并评价视频,展开讨论)	4 学时

四、"翻转课堂"具体实施

(一)学生选择及分组

浙江中医药大学中医学专业的学生,一个自然班分成 4 组,每组 8～9 人。在课程内容中,选择早期自然流产和不孕症两块内容,以改良"翻转课堂"模式取代普通"翻转课堂"。每次"翻转课堂"分成两个教室,每个教室分甲组和乙组。

(二)案例设置及录制视频

从门诊或病房典型病例中取材,适当加工润色,编写案例脚本。把课前视频制作权交给学生,团队协作、角色扮演,模拟呈现就诊场景。

1. 案例设置

（1）早期自然流产案例。妊娠期阴道出血腹痛场景，考查妇科病史特点及采集方法、妇科检查、B超结果判读、血 β - HCG＋黄体酮结果判读，以及鉴别诊断能力。设置不同的场景：甲组先兆流产，考查保胎方案制订能力；乙组难免流产，在高级透明刮宫模型上进行清宫操作，涉及流产手术风险、并发症、术后注意事项及人文关怀等。

（2）不孕症案例。不孕症场景，考查妇科病史特点及采集方法、医患沟通技巧、不孕症原因分析、男女双方检查方法。主要涉及妇科检查、性激素检测与判读、B超结果判读、子宫输卵管造影读片、男性不育专科检查以及精液常规结果判读。设置不同场景：甲组原发性不孕；乙组继发性不孕。学会根据患者具体情况，有条理地分析不孕原因，合理制订诊疗计划。

2. 视频录制

甲、乙两组，8～9 人为 1 组，成员分工合作，依据案例脚本，呈现就诊情景。"翻转课堂"前 1 周发放案例，两组不同案例情景，1 人扮演患者，1 人接诊（病史采集及分析，包括中医望闻问切），1 人专科检查，1 人记录接诊过程，1～2 人书写门诊病历，2 人录制，1 人后期剪辑。学生充分预演后，预约时间到临床技能教学实验中心录制视频。录制前，教师在临床技能实验中心布置好模拟诊室、摆放好妇科检查模型、高级透明刮宫模型及训练器械。现场录制，后期剪辑，视频时长控制在 15 分钟之内。要求完成门诊病历书写。

（三）观看视频及组间评价

观看视频，甲组与乙组依据临床能力评价组间病史采集、体格检查、妇科检查、辅助检查结果判读、西医诊疗计划制订、中医四诊摘要与理法方药、病历书写情况。"翻转课堂"上公布临床能力评分，由评价者逐条阐述扣分理由。组间评分结束后，教师点评，并提出需进一步展开讨论的问题。

1. 组间互评

依据"临床能力评价表"，从问诊技巧与医患沟通、病史采集及书写能力、体格检查、妇科检查、辅助检查、西医诊治能力、中医四诊摘要及理法方药等方面对临床能力进行评估考核。

2. 教师点评

组间评分结束后，教师点评，提出需进一步展开讨论的问题。教师针对视频、病历以及互评中暴露出的薄弱点进行剖析。除了知识点的落实之外，在医患沟通技巧、人文关怀、团队协作等方面，给予相应的评价和指导。点评结束后，提出需在课堂上进一步展开讨论的问题。

（四）团队学习及过程评价

针对教师提出的问题，学生们协作学习，现场查找资料、制作 PPT，现场汇报。参考美国高等院校协会的 VALUE 评价量表，创建适合课堂需求的评价量表，用于学生团队学习的过程评价，而不是用于成绩的考核。

1. 团队合作

从个人在团队讨论中做出的贡献、促进队友做出团队贡献、团队讨论外的个人贡献、培养建设性的团队氛围以及对冲突的反应五个方面评估学生个体的团队合作能力,而不整体评估一个团队。相应指标反映学生对团队运作所做出的贡献,由外部观察者进行评价及反馈。毫无贡献者计 0 分。

2. 解决问题

从构建问题、策略运用、提出解决方案或假设、评价解决方案、实施解决方案以及评价结果六个方面,由外部观察者评估和反馈学生解决问题的能力。毫无贡献者计 0 分。

五、取得成效分析与体会

(一)改良"翻转课堂"模式

传统意义的"翻转课堂"长期依赖慕课平台以及系列微课,但微课制作耗时耗力,且很难确信学生完全投入观看和学习。因而我们改良了"翻转课堂"模式,在视频中融入学生行为,将典型病例角色扮演、模拟就诊场景和技能操作模型相结合,创建促发主动学习的情境。

(二)视频制作

为了实施"翻转课堂",很多教师把精力都放在视频的制作上,视频固然重要,但比视频更加重要的是如何支配"翻转课堂"。教师在课前应选择好典型病例,让学生分角色扮演,模拟呈现就诊场景。视频可由学生用手机拍摄,不必追求画质精美与过度修饰,而重在记录诊疗过程。

(三)临床能力培养

学生在演练和录制视频的过程中,协作学习该病种的病史特点、临床表现及诊疗常规,诊疗过程中涵盖中医望闻问切及专科查体,强调诊疗思路,突出中医诊疗特色。视频录制旨在帮助学生实现逐渐向临床医师角色的转变,培养其收集资料、书写病历及对患者进行专科检查的能力,提高其对资料进行综合分析、制定治疗措施并实施诊疗操作的能力。

(四)临床能力评价

针对录制的视频和书写完成的病历,进行临床技能评价。两组互评,学生在组间互评和讨论中获益。目的在于促使评分者深入研究被评组视频和病历,以学习为目的,去发现亮点和优势,指出不足和需要改进的地方。促使被评者重新思考自己和团队的学习与认知,反思病史采集、妇科检查及基本操作技能、西医诊治能力、中医四诊摘要、理法方药、沟通技能、人文医德等方面能否实现自我改进。学生观看视频后给出的评分明显比以往在就诊现场观摩评分更可靠,评价更为细致和客观。教师则能从视频和课堂互动讨论中发现学生的薄弱点,有针对性地给予指导。

(五)团队学习及过程评价

"翻转课堂"的学习评价有利于教师对学生的学习情况进行监督检查,发现学生学习中存在的问题和不足,提出改进措施和方法。参考美国高等院校协会 VALUE 评价量表,创建适合课堂需求的评价量表,用于学生团队学习的过程评价。从个人在团队讨论中做出的贡献、促进队友做出团队贡献、团队讨论外的个人贡献、培养建设性的团队氛围以及对冲突的反应五个方面评估学生个体的团队合作能力,由外部观察者进行评价及反馈。从构建问题、策略运用、提出解决方案或假设、评价解决方案、实施解决方案以及评价结果六个方面,由外部观察者评估和反馈学生解决问题的能力。目前已设计完成课堂评价量表并投入使用。计划在应用中收集信息、累积经验,精心修改细节,构建更为成熟稳定的评价体系。

作者简介

应敏丽,女,浙江宁波人。浙江中医药大学第五届师德先进个人,浙江中医药大学首批优质示范课程负责人;连续 6 年教学业绩考核 A 级,连续多年被评为优秀授课教师,两次获得浙江中医药大学教学竞赛一等奖。主持并完成国家中医药管理局"十二五"中医药高等教育教学改革研究课题 1 项,主持浙江省医药卫生科技计划项目 1 项、浙江省高等教育课堂改革项目 1 项、浙江中医药大学校级重点课题 2 项,担任《中医临床思维教程》编委;发表论文 6 篇,其中 SCI 论文 1 篇。

"翻转课堂"
示范性
教学视频

角色扮演与"翻转课堂"相结合的
大学生健康教育模式设计
——以"有效预防冠心病"为例

汝海龙　陈维亚

杭州师范大学医学院

一、课程基本情况

课程名称:行为生活方式与健康。

课程学分:2。

课程性质:公共选修课(通识课程)。

面向专业或年级:在校所有年级、专业的大学生。

教学班规模:90 人/班。

使用教材:自编讲义。

已开展"翻转课堂"教学实践:3 轮,每轮约 12 学时。

依托在线教育平台及课程网站:浙江省高校精品在线开放课程共享平台(以下简称"省平台"),http://zjedu.moocollege.com。

二、教学改革背景与思路

(一)教学改革背景

习近平总书记强调"没有全民健康,就没有全面小康"。健康是幸福快乐的基础,是国家文明的标志,是社会和谐的象征。针对慢性病的特点及多数大学生慢性病防治知识的匮乏现状,我们开设了通识课程"行为生活方式与健康",从医学角度讲述慢性病,为广大学生提供尽可能多的相关知识,强化健康意识,保持健康的生活方式,最终成为健康生活的受益者。

在传统的课堂教学中,一位教师要面对多达 90 名学生。教师以讲授为主,与学生互动的时间很少。教师按部就班、口干舌燥地讲课,很难调动学生的学习积极性,而且在有限的时间内,想对多名学生进行个别辅导是非常困难的。

如何"以学生为主",让学生成为学习的主人,是教学改革必须面对和解决的问题。

(二)教学改革思路

依托省平台,构建"角色扮演"与"翻转课堂"相结合的教学模式。基本思路是依托慕课平台,结合角色扮演,将传统的"课内传授知识,课后完成作业"的教学过程进行翻转,以便更好地满足大学生健康教育的现实需要。让学生在课前完成知识的传递,课堂上通过角色扮演完成知识的吸收与内化,在课后完成知识内容的反馈与分析。总体框架如图1所示。

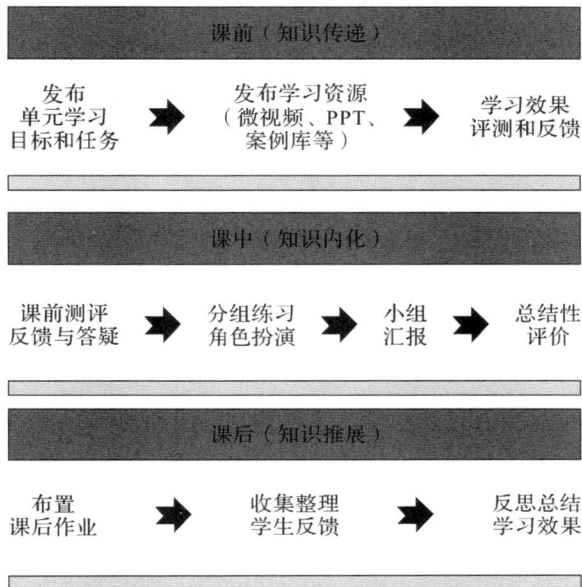

图1 "翻转课堂"示意

三、"翻转课堂"教学设计

(一)总体设计

角色扮演与"翻转课堂"相结合的教学模式,在课前由学生单独或协作完成在线学习实现知识传递,在课堂上通过小组讨论、角色扮演和小组汇报实现知识的内化,从而实现知识传授和知识内化的翻转。

课前,学生通过慕课平台依照学习目标和任务,观看教师发布的学习资源(包括微视频、PPT课件及案例库等资源),通过与教师、同学在线交流等方式进行知识的学习,并完成进行针对性的课前评测。课中,分四个阶段开展教学,即课前评测反馈与答疑、分组练习角色扮演、小组汇报、总结性评价。课后,教师收集整理学习反馈,总结反思,调整制定下次课的学习任务。如此不断改进,以期达到最佳的教学效果。

(二)2学时具体设计

课程:行为生活方式与健康。

单元教学内容:行为生活方式与心血管(3学时)。

"翻转课堂"教学内容:有效预防冠心病(2学时)。

1. 学习内容分析

(1)内容及重要性分析:本部分内容是第七章"行为生活方式与心血管"的核心。冠心病是最常见的心血管病,心绞痛是冠心病加重的症状,心肌梗死是冠心病最严重的后果。只有理解了冠心病、心绞痛和心肌梗死的基本概念及其相互之间的关系,学生才能更好地把握和理解冠心病的病因和发病机制,从而为如何有效预防冠心病打下基础。

(2)重点:冠心病、心绞痛、心肌梗死的概念;心绞痛和心肌梗死的发病机理和常见症状;行为生活方式与冠心病的关系。

(3)难点:心绞痛和心肌梗死的发病机理和常见症状;如何预防冠心病。

2. 学习目标分析

(1)知识目标:通过本次课,熟悉冠心病、心绞痛和心肌梗死的基本概念、症状,掌握预防冠心病的有效途径。

(2)能力目标:通过本次课,学生能正确区分心绞痛和心肌梗死,熟悉心肌梗死急救时的注意事项。

(3)情感目标:培养学生自主学习、协作学习的能力,培养学生珍爱生命、呵护健康的理念。

3. 学习者特征分析

学习者均为在校大学生,除高年级医学生外,普遍缺乏疾病与健康的基础知识。

优势:思维较活跃,接受新事物的能力较强。

不足:学习专注力不够,分析问题和解决问题能力欠缺。

4. 课前环节设计——知识获取(传递)

学生通过省平台在线学习第二章"行为生活方式与心血管"相关内容,并完成在线测试。

5. 课中环节设计——知识内化

(1)课前评测反馈与答疑(10分钟)。

教师了解学生学习状况的方式:①查看学生课前评测情况;②课中通过随机抽查的方式。对于普遍存在的共性问题,开展补充性讲解;对于个性问题,进行个别有针对性的辅导。

(2)分组练习角色扮演(65分钟)。

①提出课程组精心遴选的冠心病案例(5分钟)。

患者小陈,22岁,浙江××人。发病当日在朋友家聚餐,一群年轻人大吃大喝,喝了大量白酒、啤酒及黄酒,聚会从晚上7点钟开始到次日凌晨2点。凌晨3点左右,小陈觉得胃部一阵阵疼痛,当即呕吐出大量胃内容物,同时感觉胸痛、胸闷。家人赶紧送他到当地医院就诊,心电图提示心肌梗死。

发病前小陈相关的情况——身高:1.65米;体重:150多斤;职业:在内蒙古开餐馆;饮

食:爱吃又油又咸的,尤其是牛肉、羊肉、小笼包等,很少吃蔬菜,从来不喝白开水,渴了就是一瓶冰镇饮料当水喝;运动:平时用电瓶车代步,运动少;吸烟:每天2～3包烟,烟龄5年;饮酒:几乎天天饮酒;睡眠:习惯性熬夜(主要上网、打游戏),每天基本在凌晨2点以后入睡,睡前常吃夜宵。

教学方法:任务驱动法。

设计意图:吸引学生注意力,明确任务、引出课题。

②分组讨论、角色扮演(40分钟)。

分组讨论讨论围绕下面问题进行:什么是冠心病、心绞痛、心肌梗死? 导致心肌梗死的原因有哪些? 试分析引起患者"心肌梗死"的原因及可能机制。患者的哪些行为生活方式有悖于健康? 通过案例分析我们获得哪些警示?

教学方法:启发式教学。

设计意图:培养学生自主思考能力,引导学生分析问题、讨论解决问题。

角色扮演分两个步骤进行。

步骤一,角色分配:让学生扮演案例中涉及的角色,如患者、家属、护士、主治大夫、医疗团队等。每个角色分别承担并完成相应的任务。

步骤二,分析病情、解答问题:由扮演主治大夫的学生领导医疗团队负责分析病情、解答问题,扮演患者、家属及听众的学生可以不断提出质疑及补充。

教学方法:角色扮演法。

设计意图:采用分组方式,营造学生团结协作、协作学习的氛围。

(3)小组汇报(15分钟)。

①抽取典型小组代表进行角色演示。

②其他学生进行评价。

③教师小结,找出小组汇报的亮点,提炼共性问题。

教学方法:课堂讨论法。

设计意图:调控课堂气氛,提高演示学生的表达能力与总结能力,便于其他学生看到别人的长处,同时也发现自己的不足。

(4)教师点评、总结,作业布置(5分钟)。

教学方法:讲授法。

设计意图:梳理总结关键知识点;同时表扬各组的优秀学生,调动学生学习的积极性。

6.课后环节设计——知识拓展

(1)布置课后练习。布置1～2个思考题让有学有余力的学生进一步拓展知识。

(2)收集整理学生反馈信息,反思总结学习效果。收集整理学生的反馈信息,然后对翻转课堂实施的各环节进行反思,总结经验教训。

四、"翻转课堂"具体实施

(一)课前环节设计——知识获取(传递)

1.慕课建设与发布

微视频是慕课的核心,是课程资源建设的重点。微视频要体现"以学生为中心"的教学思想,每个微视频的时长控制在 5～10 分钟。

微视频、PPT 课件、案例库等素材准备好以后,在省平台进行发布,同步发布学习策略。

2.学生按要求自主在线学习,互动交流

课前,学生可通过省平台自主选择时间、地点进行在线学习(观看微视频、课件和案例库等相关资源),也可通过课程论坛及微信群等进行生生或生师交流,反馈自己的问题或心得,并完成在线评测。

(二)课中知识内化环节的设计

角色扮演与"翻转课堂"相结合的教学模式的关键就是课中完成高质量的线下学习活动(角色扮演)。学生进行角色扮演需要主动学习相关知识,从而激发其学习兴趣及动力。同时教师通过学生角色扮演的情况观察学生对知识的掌控,并且提供即时的帮助和反馈。

1.课前评测反馈与答疑

"翻转课堂"把知识的获取时间提前到课前,教师可通过查看学生课前评测情况、课中随机抽查的方式了解学生的课前自主学习效果。对于学生普遍存在的共性问题,在课堂上做补充性讲解;对于个性问题,进行个别有针对性的辅导,使得学习效果可测可控。

2.分组练习角色扮演

角色扮演是"翻转课堂"新教学模式改革能否取得成功的关键。角色扮演对部分理科生可能有一定难度,可以让不同专业的学生相互协作完成:

(1)提出课程组精心遴选的案例,明确角色目标。学生围绕问题展开讨论,角色分工,明确各自的任务,熟悉相关内容和台词。

(2)角色扮演。学生按分工分别扮演患者、家属、护士、医生和听众等,进行案例表演,完成相应的任务。由扮演主治大夫的学生领导医疗团队负责分析病情,扮演患者、家属及听众的学生可以不断提出质疑及补充。

3.小组汇报

抽取 2～3 个小组派代表进行角色演示,进行组内和组间评价,其他学生也可给出自己的评价。最后教师小结,找出小组汇报的亮点,提炼共性问题。

4.总结性评价

(1)通过学生的角色扮演对案例进行分析及问题解答,指出不足之处,并总结梳理主要的知识点。引导学生深入理解行为生活方式与慢性病的关系,摈弃不良习惯,强化健康意

识,养成健康生活方式。

(2)请2~3位学生分享活动的收获和体会。

(三)课后知识拓展环节的设计

"翻转课堂"在侧重学生课前知识获取和课中知识内化的同时,也不应忽视学生课后知识拓展部分的设计,这样的教学过程才是完整的。

1. 布置课后练习

教师在课后可布置1~2个思考题让有学有余力的学生深入学习,进一步拓展知识。同时可以把优秀的角色扮演录制成视频,发布到共享平台,供学生观摩。

2. 收集整理学生反馈信息、反思总结

通过课前评测、课中角色扮演、小组汇报及互动平台等渠道,收集整理学生的反馈信息,对"翻转课堂"实施的各环节进行反思,总结经验教训,为改进教学设计提供借鉴。

五、取得成效分析与体会

(一)取得的成效

"翻转课堂"的教学模式提高了学生的学习兴趣,学生由被动学习转为主动学习,对知识的理解掌握很有裨益。角色扮演与"翻转课堂"相结合的教学模式不仅改变了传统教学以教师为中心的模式,使学生真正成为学习的主角,激发学生兴趣,而且角色扮演进一步调动了学生的积极性和参与度。

参与角色扮演的学生普遍反映,角色扮演后对冠心病的症状、发病机制印象非常深刻,对案例中病人的不良行为习惯有了切身的体会,纷纷表示以后将控制或改变自己的态度和行为,逐渐迈向健康生活方式。调查问卷结果显示,实施角色扮演与"翻转课堂"相结合的教学模式后,学生对健康知识、健康理念的得分比对照组提高18%,健康生活方式养成的得分比对照组提高27%,说明在角色扮演中学生能更加主动地学习,身临其境、感同身受,原先枯燥的知识内容变成有血有肉的患者,所以能更好地实现知识的内化,让健康理念和健康行为深入到其内心深处,教学效果更好。

(二)一点体会

"以学生为中心"设计制作微视频,才能更好地激发学生的学习兴趣和动力,保质保量地完成课前知识获取,这是"翻转课堂"教学模式的基础。而角色扮演让学生参与其中,印象深刻。两者的有机结合能更好地实现知识的内化,让健康理念和健康行为深入到其内心深处,最终达到养成健康生活方式的目的。

作者简介

汝海龙,男,医学硕士,副教授,现任杭州师范大学医学院教师,从教33年。主要从事生

"翻转课堂"
示范性
教学视频

理学教学和健康教育。主持省部级教育研究项目2项、校级及以上教学建设与改革项目10余项；承担国家"863"计划子项目、浙江省科技厅重大项目等省部级项目6项，发表论文20余篇（其中SCI、EI收录4篇），副主编教材4部。先后获得杭州市"131人才"，市教育局"优秀教师"，校首届"教坛新秀"，第四届、第十五届"教学十佳"等荣誉称号，并获省、校级教学成果奖4项。

陈维亚，女，从事病理生理学教学和肿瘤病理生理与细胞分子毒理研究工作30余年。曾主持或参与国家级、省级、校级重点等各层次的课题研究，在国内各级专业杂志公开发表论文10余篇。近年来作为主编、副主编、编者参编并出版本科、专科教材10余部。教学考核连续8年以上获"优秀"。

基于 SPOC 的"组织学与胚胎学"课程"翻转课堂"教学模式

于宏伟

湖州师范学院医学院

一、课程基本情况

"组织学与胚胎学"是一门重要的医学公共基础课,面向五年制临床医学、口腔医学、药学、护理学、影像学等多个专业开设。教学班规模为 48～50 人,使用人民卫生出版社出版的全国统一规划教材。依托超星泛雅课程平台,开展基于 SPOC 的"组织学与胚胎学"课程"翻转课堂"教学。经过两轮的"翻转课堂"教学实践,"组织学与胚胎学"课程顺利地完成了教学任务,激发了学生的学习兴趣,提高了学生的自主学习能力、合作精神。这种线上线下结合的混合教学模式获得了很好的教学效果,值得在其他医学课程及留学生全英文教学中进一步推广。

二、教学改革背景与思路

"翻转课堂"教学模式(Flipped Class Model)颠倒了传统课堂的教学模式,即一种学生在观看教师发布的教学视频及教学课件等资料后回到课堂,师生面对面进行交流的教学模式。在"翻转课堂"教学模式中,每个学生可以自主安排时间学习。在课堂上,教师从传统课堂的讲授者转变为学生的指导者,与学生进行面对面的交流,参与学生研讨,回答学生问题并进行个别指导,全面提升课堂教学效果,形成"以学生为中心"的个性化课堂。随着互联网技术的迅猛发展及智能手机的全面使用,小规模限制性在线课程(Small Private Online Course,SPOC),在中国高校陆续使用。SPOC 对慕课进行了优化,增强了教师的教学手段、学生的掌握度以及课堂参与度。

本次教学设计依托超星泛雅平台,在建立"组织学与胚胎学"网络教学平台的基础上,开展"翻转课堂"教学,教师转换教学理念,更新知识结构,转变角色,学生可以根据课程进度自由学习。学习者根据自己的知识背景与能力水平,结合教学目标和教学重点,制订并实施适合自身的学习计划,实现学习路径选择的个性化。

三、"翻转课堂"教学设计

(一)"翻转课堂"的教学总体设计

总体设计分为课前、课中和课后三个阶段,相较于传统的线下教学,学生除了能与教师进行面对面交流外,还能进行人机、师生及生生的线上互动。SPOC采用混合学习模式,改变了传统课堂教学的流程,带给学习者完全不同的学习体验。它促进了线上学习(以吸取知识为主)与线下学习(以表达交流为主)、自主学习、合作学习、探究学习。

"翻转课堂"借助 SPOC 平台展开教学,其教学过程如图 1 所示。

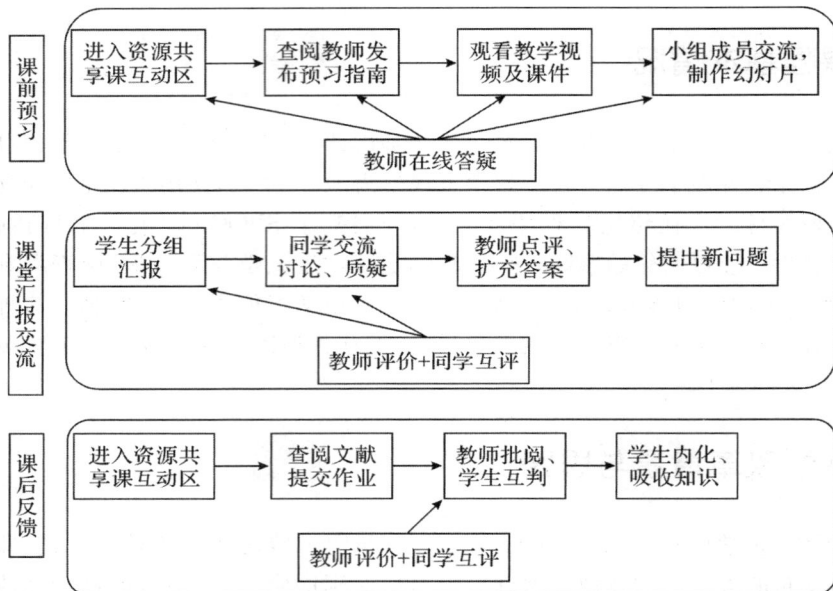

图 1 "翻转课堂"教学流程

第一阶段:课前设计阶段。教师根据教学大纲,设计本节课的教学计划,提炼本节课的知识点,制作以知识点为核心的微课视频。教师按照教学进度,上传教学资源,发布本节课的学习任务,引导学生观看微视频,吸收知识。学生在电脑或移动终端登录 SPOC 教学平台,查看教师预先发布的学习任务,观看教学视频及教学课件,小组成员之间交流信息,发表学习心得和疑问;教师在电脑或移动终端登录 SPOC 教学平台,随时查看学生的学习进度,记录学生学习中的难点和问题,在线答疑。"翻转课堂"依托 SPOC 平台,利用碎片化时间,使学生实现自主学习和个性化学习。

第二阶段:课堂汇报交流阶段。此阶段是教学设计的核心。教师根据教学内容及教学重点设计问题。学生结合课前学习的内容,提出问题,教师进行现场答疑;教师结合 SPOC 平台中学生反馈的问题及课程重难点,进行有针对性的答疑;学生之间讨论交流。在课堂汇报交流阶段,学生讲解知识结构,并回答其他同学及教师的提问,完成知识的内化吸收,在课堂上自主学习组织学切片结构,检验教学效果。在传统教学中,受到课堂时间的限制,师生互动交流少,并且互动形式局限于师生、生生的互动。在"翻转课堂"教学中,不再受到面对面互动的限制,交互媒体的引入实现了多向交互。在"翻转课堂"教学的整个过程中,教师通过交互媒体与学生的互动,了解学生的需求和进度,完善教学目标,学生一直处于积极自主的学习状态。在课堂汇报阶段,师生交流,生生互动更深入、更广泛、更具针对性。

第三阶段:课后反馈阶段。课程结束后,教师发布试题资源,检测教学效果。授课教师通过平台统计数据,查看学生学习成绩和排名,有针对性地对学生进行辅导。在此阶段,教师设计课堂调查问卷,了解学生对于"翻转课堂"的接受情况;师生通过交互媒体进行教学反馈与教学反思,对教学成败积极归因,提高教师的教学效能和学生的课堂参与度。

"翻转课堂"是一种新颖而有效的教学方法,结合现代技术,为教师的"教"和学生的"学"提供了新的方式,学生在课堂上不再是被动地接受知识,而是在教学的全过程中完全参与,学生在交流讨论中达到知识的内化吸收,激发了学生的学习自主性,提高了教学质量。

(二)教学内容及学时分配

教学内容及学时分配如表 1 所示。

表 1 教学内容及学时分配

序号	教学内容	授课形式	学时
1	绪论 上皮组织	传统授课	2
2	固有结缔组织	传统授课	2
3	血液	"翻转课堂"	2
4	软骨和骨	传统授课	2
5	肌组织	传统授课	2
6	神经组织	"翻转课堂"	2
7	神经系统	传统授课	2
8	循环系统	"翻转课堂"	2
9	免疫系统	传统授课	2
10	内分泌系统	传统授课	2
11	消化管	"翻转课堂"	2
12	消化腺	传统授课	2
13	呼吸系统	传统授课	2
14	泌尿系统	传统授课	2
15	男性生殖系统	传统授课	2
16	女性生殖系统	"翻转课堂"	2

序号	教学内容	授课形式	学时
17	胚胎学总论 1	传统授课	2
18	胚胎学总论 2	传统授课	2
19	颜面、消化系统、呼吸系统的发生	"翻转课堂"	2
20	泌尿生殖系统的发生	传统授课	2
21	心血管系统的发生	传统授课	2

(三)"翻转课堂"学时占总学时比例

"翻转课堂"学时占总学时比例如表 2 所示。

表 2 "翻转课堂"占总学时比例

授课形式	学时数	所占比例(%)
传统授课	28	66.7
"翻转课堂"	14	33.3

(三)学时具体教学设计

教学内容:皮肤。

教学对象:2016 级临床医学本科学生,2015 级实验技术专业学生。

四、"翻转课堂"具体实施

"翻转课堂"教学模式,以学生为主体,整个过程强调学生与教师的互动交流,通过教师的有序引导,学生主动地参与课堂。

(一)第一阶段:课前设计阶段

2016 级临床医学本科学生 7 班、8 班共 45 名学生,随机分成 11 个小组,每组 4 名学生,1 名同学为"翻转课堂"主持人。教师通过平台发布教学计划,如图 2 所示。各小组学生进行充分的课前预习阶段后,结合 PPT、教学模型、图表分别进行教学汇报。教师通过网络平台了解学生学习进度及综合成绩(见图 3),统计学生访问平台次数及方式(见图 4),在线辅导答疑。

学生分组讨论题目如下:

(1)从名称、细胞构成、特点三方面阐述表皮的基底层、棘层。

(2)从名称、细胞构成、特点三方面阐述表皮颗粒层、透明层、角质层。

(3)阐述黑素细胞的特点和功能,扩展不同人种间的肤色差异。

(4)阐述朗格汉斯细胞的特点和功能。

(5)阐述梅克尔细胞的特点和功能。

图 2　教师在平台通知群发布教学计划

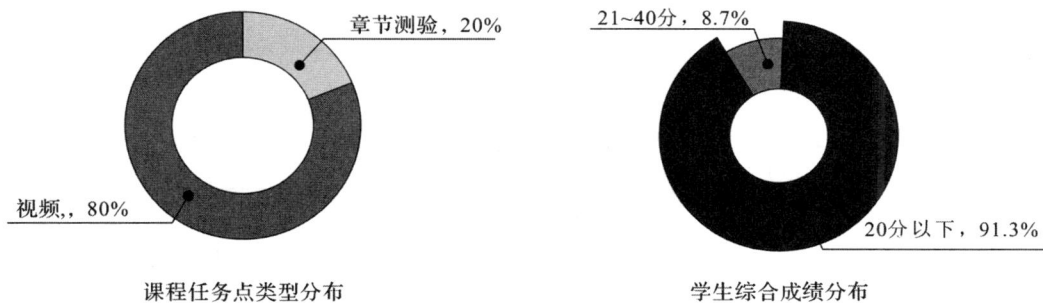

课程任务点类型分布

学生综合成绩分布

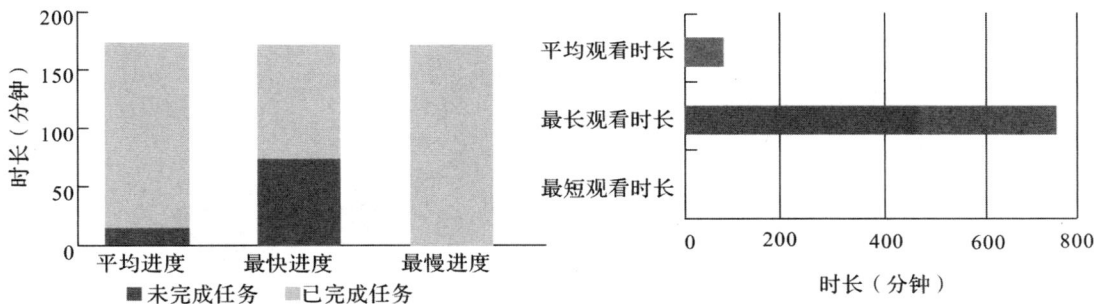

图 3　学生综合成绩分布情况

(6)真皮的分层及各层内的结构特点。

(7)毛的结构:各部位名称、毛囊的结构。

(8)毛的结构:毛球、毛母质、毛乳头。

(9)皮质腺的位置、分泌物和作用。

(10)汗腺的结构、位置、分泌物和作用。

(11)结合所学组织学知识,解释紫外线过敏皮肤病。

(二)第二阶段:课堂汇报交流阶段

主持人开场白 5 分钟,利用 PPT 概述皮肤的组织学特点及主要功能,引发学生的学习兴趣。在分组汇报环节,每组汇报时间为 5 分钟,回答现场问题时间为 2 分钟。教师进行课程点评与内容总结 8 分钟。学生课堂汇报交流举例如图 5 所示。

学生访问

- 移动客户端
- 电脑网页版

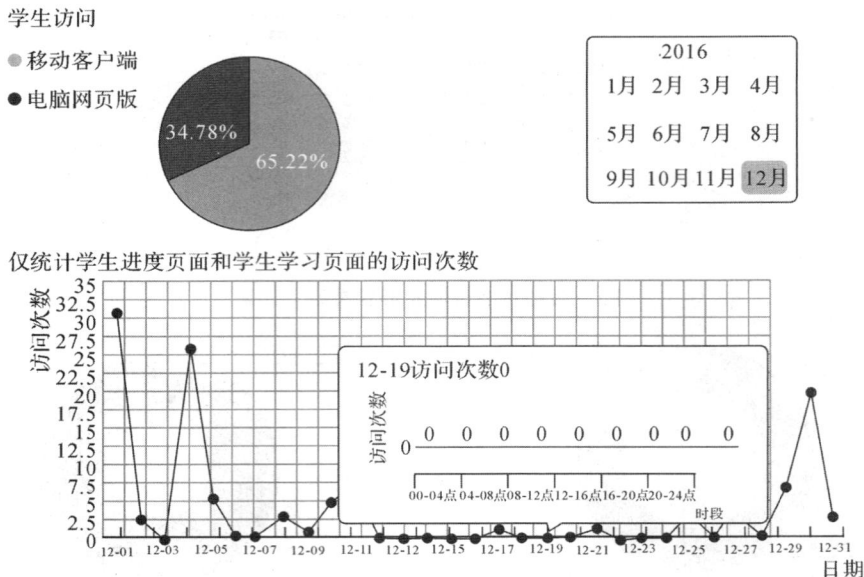

图 4 学生访问平台次数及方式统计

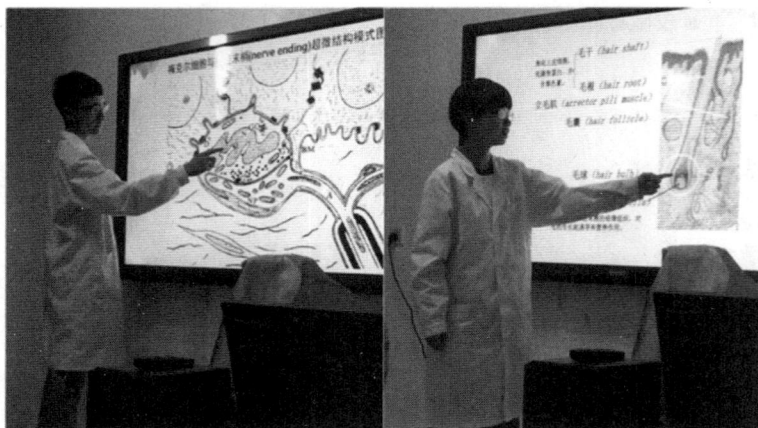

图 5 学生课堂汇报交流

五、取得成效分析与体会

基于 SPOC 的"组织学与胚胎学"课程"翻转课堂"教学模式是教学改革的方向,通过"翻转课堂"的形式让学生参与教学活动全过程,改变教师教、学生学的知识传授模式,有效提高了课堂教学质量。但这种模式对教师的教学水平和教学掌控能力等都提出了更高的要求,从课前设计、高质量微视频制作到课堂翻转教学,再到课后答疑,每个过程都需要教师付出更多的时间和精力,需要教师具有更加广博的知识储备和较强的课堂组织能力。

(1)不断优化课程资源。教师经过两轮的教学实践,总结经验,听取学生的反馈意见,进一步优化更新 SPOC 平台的课程资源,提高趣味性、实用性。进一步探究"翻转课堂"的教学规律,不断完善教学设计,改进教师教学方法,提升课程的趣味性,强化课程的吸引力。

(2)加强教师队伍建设。加强教师教学能力培训,提升教师专业水平和课堂组织能力。通过先进评选和奖励等措施,转换教师教学理念,调动教师的参与积极性,以教法的转变带动学法的转变。鼓励教师参加全国微课比赛,在更高的平台上与同行切磋、交流。

(3)增加学生学习激励措施。强化竞赛环节,让学生多参与。建立微信交流平台,增加师生的交流频度以及优秀作品展示的机会和渠道。通过更多的交流,对优秀作品给予鼓励,提升学生学习兴趣。

(4)加强实验室硬件建设,购置多媒体录播设备。改革设备管理机制,提升设备使用的便利性。

(5)课后调查问卷显示,90%的学生喜爱并积极参与基于 SPOC 的"组织学与胚胎学"课程"翻转课堂"教学模式,10%的学生更倾向于传统教学模式。"翻转课堂"教师团队成员讨论后认为,授课对象为大学一年级新生,学生在高中学习阶段一直接受传统的灌输式教学,在大学期间无法立刻接受这种新型的教学模式,是可以理解的。相信经过一段时间,学生会逐渐投入"翻转课堂"教学中,在学习中提高自身的思辨能力、交流表达能力、团队合作能力。

作者简介

于宏伟,女,副教授,博士,湖州师范学院医学院教师。长期从事临床医学教育教学研究,担任"组织胚胎学"和护理专业研究生的"英语口语"课程教学。日本横滨市立大学访问学者。获得黑龙江省教学成果一等奖 1 项,中国解剖学会第一届教学课件大赛优秀奖,第 13 届护理解剖学会教学课件优秀奖。主持国家自然科学基金面上项目 1 项,参与国家自然科学基金青年基金项目 1 项;主持和参与省、市级教改项目 3 项;发表论文 9 篇,其中 SCI 论文 5 篇。

"翻转课堂"
示范性
教学视频

基于平台的"免疫学"课程"翻转课堂"教学设计

陈永富

浙江万里学院生物与环境学院

一、课程基本情况

"免疫学"课程,2学分,专业基础课,面向生物技术专业、生物工程专业、生物制药专业二年级学生开设,每个专业人数约60人,使用的教材是陈永富主编的浙江省重点建设教材《免疫学》(浙江大学出版社2010年出版)。自2015年9月开始,已经开展了4轮"翻转课堂"实践,约90学时,依托宁波市数字图书馆—宁波市高校慕课联盟(http://ningbo.nbdl.gov.cn/portal)与浙江省高等学校精品在线开放课程共享平台(http://zjedu.moocollege.com/)。

二、教学改革背景与思路

(一)教学改革背景

"免疫学"教学内容因其深奥、抽象、晦涩难懂使初学者望而生畏,为了增强学生学习效果,自2007年开始实行合作研究性教学,并取得了良好的教学效果,增强了学生的团队协作能力、分工合作能力、沟通能力、分析及解决问题能力等。但仍以教师课堂讲授为主,学习的决定权还没有真正从教师转移给学生;学生在课外通过个性化学习、自主学习来完成学习任务的比例不够;课堂上师生之间、生生之间的交流互动不够。

以"免疫学"成为浙江省精品课程网站、宁波市MOOC课程和浙江省高等学校精品在线开放课程为契机,利用网络平台开展"翻转课堂"教学,学生可以通过平台上丰富的教学资源(总时长547分钟的微课、随堂教学录像、动画与图片、作业、在线测试等),在任何时间、地点进行自主学习与检测学习效果;课内、课外进行师生之间、生生之间的交流互动,教师不仅仅是知识的传递者,更是引导者,能有效地引导学生学习免疫学的相关知识,师生共同解决疑难问题,有利于师生在合作交流中共同长进;学生的学业评价,从过去的以应试为主转向注重过程性评价和综合评价,有利于激发学生的学习积极性,培养学生的自主学习能力和学习探究创新能力,提升教学效率和人才培养质量。

（二）教学改革思路

1. 更新教学理念，转变课堂角色

"翻转课堂"要求教师的角色由"知识传授者、课堂管理者"变为"学习指导者、促进者"，学生由"被动接受者"变为"主动研究者"，课堂形式由"课堂讲解，课后完成作业"变为"课前学习，课堂研究"，课堂内容由"知识讲解传授"变为"问题研究"。

2. 提供课前资源，课外知识传递

课前资源包括教学网站、学习任务单、微课、动画、视频等，达到自主学习、课前导学、知识传递的目的。

3. 课堂问题探究，课内知识内化

引导学生把课前学习过程中碰到的困惑、问题，"原生态"地呈现在课堂上，把学生存在的问题转化为课堂教学资源。通过自主探究和小组协作相结合的方式师生共同探究问题，展示交流探究成果，引导产生新的拓展性问题，达到知识内化、提升综合能力的目的。

4. 构建评价指标，注重过程评价

通过课前学习效果评价设计，以教学目标为依据，设计一些题目，供学生学习视频后去完成，并运用有效的方法，对学生的学习活动过程及结果进行测量，给予价值判断，以检测其知识掌握的程度。再结合课堂中的教师提问、学生提问、同伴互助、作业、小测验等进行综合性评价，注重学生在学习、探究中的过程性综合素质评价。

三、"翻转课堂"教学设计

（一）教学总体设计

1. 教学内容设计

整个"免疫学"教学内容分为绪论、第一篇"免疫系统与免疫活性分子"、第二篇"免疫刺激分子与免疫应答"、第三篇"免疫检测、免疫制剂制备与防治"4 个部分，又分为 45 个知识单元，按照动机激励模型（ARCS 模型）进行设计，即注意（知觉唤醒、探索欲、维持注意）、关联（与已有知识进行关联、与已有经验进行关联、与现实的问题进行关联）、信心（期望成功、挑战情景、归因原因）、满足（所学知识有用、我做得还不错、评价公正）。每一个知识单元包含知识目标、课前思考、知识拓展、课后作业四块内容。

2. 学习任务单的设计

学习任务单包含学习指南、学习任务、问题设计、学习资源、学习测试、学习档案和学习反思等内容。

3. 基于平台"翻转课堂"教学模式设计

"翻转课堂"教学模式设计见图 1。

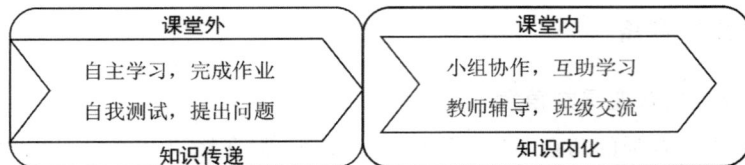

图 1   "翻转课堂"教学模式设计

4."翻转课堂"活动流程设计

"翻转课堂"活动流程设计与实施方式见表1。

表 1   "翻转课堂"活动流程设计与实施方式

方式	学生	教师
课前自主学习	根据学习内容和目标,通过平台自主学习,完成手写作业与手写笔记,在线交流,学习自测	布置学习任务,提供录像、微课视频、PPT、动画、图片、自测题等学习资料,在线交流、答疑
课内互助交流	个人:疑问提出 小组:互助交流 班级:成果展示	答疑解惑、难点内容讲解、重点内容梳理、总结、归纳

5.学习能力评价设计

学习能力评价以学生学习任务完成度、积极参与度、学习效果为主要指标。学习能力评价指标内涵见表2。

表 2   学习能力评价指标内涵

评价方式	课前自主学习	课堂表现	研究性学习	同伴互助答疑	随堂测验	期末考试
评价内容	视频观看时长、访问数、笔记、作业、在线交流等	到课率、回答问题正确率	3次研究性学习报告、课堂交流、PPT制作、课堂发言	提问、互助回答问题质量	2次随堂测验正确率	由论述题、案例设计题等7种题型构成
比例	30%	5%	10%	5%	10%	40%

(二)具体设计(以第二章免疫系统为例)

1.学习内容

学习免疫系统的三道防线,重点学习中枢免疫器官、外周免疫器官、免疫细胞,以第一章讲授的免疫功能、免疫的类型为基础。

2.学习目标

(1)知识目标:掌握免疫的三道防线,中枢免疫器官(骨髓、胸腺、法氏囊)、外周免疫器官(脾脏、淋巴结)的结构、功能,免疫细胞的种类、功能。

（2）能力目标：①宏观构建能力。构建免疫系统的结构图，从宏观层面理解机体抵御外界病原微生物的入侵有三道防卫系统。②概括分析能力。概括各种免疫细胞的作用，为第三章免疫球蛋白以及制备技术打下基础。③学习综合能力。通过研究性学习与合作讨论，培养学生自主学习、团队合作、分析交流、探索判断等综合能力。

（3）思维目标：通过学习免疫系统的结构与功能两者的关系，树立生物体的结构和功能、局部和整体相统一的观点，为后续教学内容（如免疫应答等）打下基础、做好铺垫。

3. 教学内容设计

本章分为机体的防卫系统（9 分 52 秒）、免疫器官（14 分 25 秒）、造血干细胞与 T 淋巴细胞（17 分 50 秒）、B 淋巴细胞与其他免疫细胞（20 分 54 秒）四个知识单元，每一个知识单元按照动机激励模型进行设计课件，制作微课。

4. 学习任务单的设计

第二章"免疫系统"学习任务单的内涵与案例见表 3。

表 3　第二章"免疫系统"学习任务单的内涵与案例

指标	学习任务单	具体内涵
学习指南	学习主题、达成目标、学习方法建议、课堂学习形式公布	学习主题：免疫系统 达成目标：掌握免疫系统的基本构成，能阐述抵御病原微生物入侵与体内细胞癌变的机理 学习方法建议：课前看微课，与国防系统相联系；观看"免疫系统"动画 课堂学习形式：同学提出学习中碰到的疑问，组员之间解答、讨论，师生交流，小组形成学习报告及发言报告
学习任务	包括整体把握和具体把握，使学生在自主学习中逐步学会提纲挈领的本领和具体把握某一个知识点的能力	整体把握：以免疫系统的基本构建为主线，掌握免疫器官、免疫细胞、免疫分子整体分布、功能 具体把握：中枢免疫器官与外周免疫器官的区别，B 淋巴细胞与 T 淋巴细胞的亚型与相应的功能以及产生的免疫活性分子
问题设计	将知识点转化为任务驱动、问题导向的思考题	与机体的其他组织系统一样，免疫系统由哪些组织、器官、细胞组成？ 各种免疫器官、细胞有何特征？ 在维护我们机体健康中各自起到怎样的作用？ 机体的免疫系统与国防系统有何相似之处？
学习资源	为达成学习目标而创设的情境、微课、网址、参考文献等	微课：4 个微课，时长约 63 分钟 视频：免疫系统与疾病 动画与图片：11 个动画、25 张图片 网址：http://mooc1.nbdl.gov.cn/mycourse/teacherstudy? chapterId=80691485&courseId=80362220&clazzid=2003460 参考文献：周光炎主编的《免疫学原理》、高晓明主编的《医学免疫学基础》

指标	学习任务单	具体内涵
学习测试	作业、课堂提问、小测试等	作业:详细叙述免疫系统的构成,骨髓、胸腺、淋巴结、脾脏的主要免疫功能,T、B淋巴细胞的分类及其作用 课堂提问:为什么牙疼时,颌下淋巴结会肿胀疼痛?与什么原因相关?注射疫苗的目的是产生抗体,抗体是由哪一类免疫细胞产生的?这类免疫细胞是否还有其他功能? 小测试:本章20道单选题、10道多选题测试
学习档案	记录疑问、提出开拓性问题	什么是骨髓移植?请你查阅资料阐述骨髓移植能应用于哪些疾病的治疗 你认为机体能尽职抵御病原微生物入侵吗?请对你的结论进行分析、阐述
学习反思	调整学习方法、完善教师指导途径、教学反思等	针对学生对知识的掌握程度,调整微课制作的方式,增强学生之间协作互助的学习意识

四、"翻转课堂"具体实施

(一)开展课前活动

MOOC平台准备教学资源(电子课件、教案、微课、动画、图片)、制定课前任务、学生观看教学视频、针对性练习、平台互动交流。

(二)组织课堂活动

小组合作探究(围绕课前问题小组同学合作交流)、个性化指导(教师解答)、学生进行成果展示与交流(将个人及小组的成果在课堂上进行展示)、总结梳理(针对一章所有的知识点、难点、重点内容进行梳理总结)。

五、取得成效分析与体会

(一)取得成效

已经连续4届开展了"翻转课堂"教学,截至2017年9月底,平台章节访问量23159人次,讨论数554次,学生反馈效果良好,效果好于传统教学方法。"首先这种教学方式鼓励自主学习,有助于培养我们独立思考的能力,课堂上教师的提问有针对性,课堂上的气氛活跃。""教学视频短小精悍,使我们的注意力比较集中,对课程接受度更高,有利于自主学习。在讲完一章内容后进行总结,使我们能系统地掌握。""增强了自学能力、自我理解和分析能力。课堂上相互交流,增强了自身表达能力,建议在课上,教师进行系统性的梳理,帮助回忆,加深理解。"

(二)体会

(1)班级人数偏多(60人),不能进行小班化(30人)教学,大班教学效果有所下降。

(2)部分学生的主动性、自律性不够。

(3)需要进一步更新、美化微课视频。

作者简介

陈永富,副教授,从事免疫学教学工作20多年,"免疫学"教学质量评价一直位于学院前五名。"免疫学"为浙江省高等学校精品在线开放课程入围课程(2016年)、宁波市数字图书馆高校网络入围课程(2015年);"多元互动模式下'免疫学'翻转课堂教学改革"为浙江省高等教育课堂教学改革项目(2015年);"免疫学"精品资源共享课程荣获浙江省高校教师教育技术成果评比二等奖(2013年);"免疫学"研究性教学示范建设课程考核优秀(1/4)(2013年)。作为主要的课程建设成果,荣获浙江省教学成果一等奖1项:"基于'能力核心、行业结合、项目驱动'的生物技术专业系列实验课程教学改革探索与实践"(2/5)(2014年)。

"翻转课堂"
示范性
教学视频

基于微课的"组织学与胚胎学"课程"翻转课堂"教学模式

张金萍

绍兴文理学院医学院

一、课程基本情况

课程基本情况如表 1 所示。

表 1　课程基本情况

课程名称	组织学与胚胎学	课程学分	3	课程性质	专业基础课
面向专业	临床医学	面向年级		2013、2014、2015 年级	
教学班规模	35～36 人/班	使用教材		《组织学与胚胎学》,邹仲之、李继承主编, (人民卫生出版社 2013 年出版)	
已开展"翻转课堂"教学实践轮数		3	学时		16
在线教育平台或课程网站	绍兴市高等院校精品课程——组织学与胚胎学、微信群、微助教				

二、教学改革背景与思路

"翻转课堂"是 2011 年在美国各地兴起的一种新型的教育教学形式,它颠覆了传统意义上的课堂教学模式,已成为教育信息化创新发展的热点话题之一。"知识传授"过程由课堂翻转为课前学生借助教师提供的微视频、网络资源、在线辅导等平台完成;"知识内化"过程由课后翻转为课堂教师通过设计教学活动,教师与学生、学生与学生之间互动完成。微课的出现与运用为课堂翻转提供了载体,基于微课的"翻转课堂"教学模式对促进信息技术与教育教学的深度融合提供了崭新的思路。

"组织学与胚胎学"是研究机体微细结构及功能和人体发生及其发育规律的学科,属于形态学课程,是临床医学专业的专业平台课,也是临床医学专业医学生的入门课程,学生对该课程的掌握程度直接关系到后续相关专业课程的学习。课程内容的理论构建主要以形态描述为特征,即将肉眼不可直接看到的微细结构用语言辅以图解进行表达,学生常感觉组织学与胚胎学内容枯燥乏味,甚至从一接触该课就丧失学习兴趣。由于生源个体差异等原因,学生的理解能力、对专业的兴趣、学习习惯和学习态度存在不同,课堂教学难以兼顾全面。

为探索适合医学形态学类课程特点的教学模式,提高组织学与胚胎学的学习效果,笔者结合十几年课程改革的经验，基于"互联网＋"的现代教育理念，以注重培养学生学习能力和科学思维为目标，结合医学教育和课程特点，于 2014 年 2 月起，先后在临床医学专业 2013 级、2014 级、2015 级的"组织学与胚胎学"课程中，将微课与"翻转课堂"融合，激发学生对形态学课程学习的兴趣和积极性，培养学生的自主学习能力，提高教学效果，探析基于微课的"翻转课堂"教学模式在医学形态学类课程中应用的效果，探索符合医学形态学类课程教学的新模式。

三、"翻转课堂"教学设计

(一)总体设计

通过"实践—研究—实践—研究—实践—研究"，构建了适合医学形态学类课程的基于微课的"翻转课堂"教学模式(见图 1)。

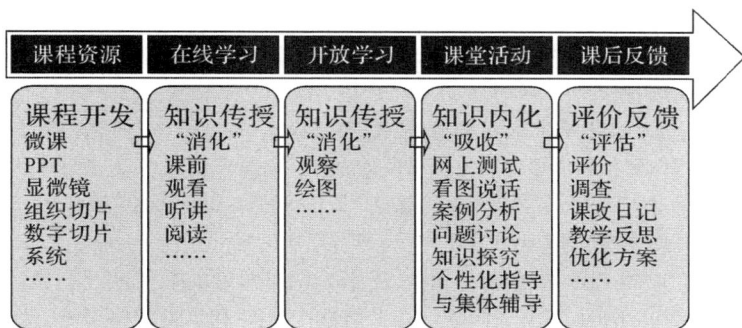

图 1　基于微课的"翻转课堂"教学模式

(二)具体设计

具体教学设计以"女性生殖系统"的"翻转课堂"教学设计为例，如表 2 所示。

表 2　"女性生殖系统"的"翻转课堂"教学设计

课程名称		组织学与胚胎学	专　业	临床医学专业
教学内容		女性生殖系统	"翻转课堂"学时(课中)	2
课前	学习任务单	通过课前学习，能运用基本知识分析归纳子宫内膜的周期性变化与卵巢周期性变化及激素的相互关系；用简图表示下丘脑—垂体—卵巢轴之间的关系		
	学情分析	临床医学专业的一年级学生，其思维较活跃，求知欲较强，但理解能力、空间想象能力等有待提高；学习态度认真，但主动学习和综合分析问题能力欠缺。通过前面系统解剖学的学习，对女性生殖系统的宏观结构已有一定的基础理论知识，对临床有浓厚的兴趣，但临床专业知识缺乏，实践认知少，临床思维能力欠缺		
	微课设计	根据课程教学目标，对整个单元内容进行分析，梳理知识点，每个知识点用一个"微课"进行讲解，去掉冗余信息。运用言语传递法，通过讲解或提问引导学生深入思考，借助于精选的图片，运用形象感知法、启发法引导学生获取知识，并配有相应的针对性练习，加以巩固		

续 表

课前	微课录制	应用录屏软件录制 4 个 5~15 分钟的微课,每个微课后有思考题。通过绍兴市高等院校精品课程"组织学与胚胎学"课程网站、微信群、微助教等途径提供学习资料以供学生下载、观看,同时学生还可以共享自己的学习资料
	在线学习	根据学习任务单,学生个人课前完成微课学习和思考题;团队(7 人/团队)完成"'大姨妈'的烦恼"案例问题的讨论
	开放学习	根据学习任务单,开放实验室,学生自主观察组织切片,完成绘图
	合作互学	围绕"月经是女性健康的晴雨表""怀孕的女性为什么不来月经",学生在线(平台、微信群、微助教)进行问题讨论,同学间进行互相探讨学习
课中	学习任务单	通过课中学习,进一步理清子宫内膜的周期性变化与卵巢周期性变化及激素的相互关系,能运用所学知识分析简单的临床案例。通过临床情境和角色互换,能培养医学生人文关怀素养
	在线测试	依托绍兴市高等院校精品课程网站——组织学与胚胎学,学生以"闭卷"形式独立完成在线网上测试(10 题),以检测学生是否完成相关内容的学习,并反映学生在某一知识点上的漏洞和误区,即时反馈。教师根据学生测试情况,对知识点的漏洞和误区,进行重点解析
	看图说话	选择"初级卵泡、次级卵泡、黄体、子宫内膜(月经周期)、卵泡的发育与成熟"5 幅图,团队随机抽取序号确定看图说话内容。以学习团队(7 人/团队)为单位,教师随机挑选团队某一成员对器官组织结构图进行阐释,团队其他成员补充。教师进行点评后,其他团队成员根据评分标准对其进行评分
	案例分析	TBL 与 PBL 结合,引导学生,设计临床情境,层层递进,引出问题,注重医学人文的融入,采取游戏竞赛形式结合案例进行分析,团队间提问交流。教师进行点评,根据评分标准对其进行评分
	知识探究	各学习团队结合案例及所学知识围绕着问题深入进行讨论分析,以问促思,以思生疑,以疑促学。团队间进行交流、探究,教师提供个别化的指导,对学生的学习进行引导、评价与反馈,帮助学生深刻内化所学的知识
	小结	用 6 个词语进行总结;用简图总结该案例的发病机制
课后	反馈评价	通过在线测试、问卷调查和课改日记,了解学生学习效果、学习态度和反馈意见,对教学模式、课堂互动环节进行修正
	课后反思	"女性生殖系统"采取了基于微课的"翻转课堂"教学模式。学生课前结合学习任务单,通过平台呈现的教学资源(微课、案例)完成知识的传授。"翻转课堂"的精髓是课中环节。课中以下丘脑—垂体—卵巢轴为主线,通过在线测试—看图说话—案例分析—知识探究四个环节交流和解决问题,达成学习目标。教学环节层层递进,环环相扣,情境有临床,案中有人文,符合学生的认知规律。案例分析和知识探究把课堂互动推向高潮,互动中问题不断生成,通过各团队间的辨析,实现学生积极思考、讨论、回答的目的,真正让课堂"活"了起来,学生"动"了起来,学生的主体作用渗透于教学过程中,学生的参与意识得到了增强,调动和激发了学生学习兴趣,是教师和学生共同学习、共同成长的课堂

四、"翻转课堂"具体实施

（1）先培训后实施。课程负责人于实施新教学模式前1～2周对实施班级全体学生进行认知培训，介绍基于微课的"翻转课堂"教学模式的教育理念、教学形式和教学流程。

（2）先对照后推广。

①对照施教如下：

2014.2—2014.6，以临床医学131班（36人）为教改班，132班（36人）为对照班，两个班级的基本情况相似，两者均由同一教师任教。教学内容为"女性生殖系统"。分别采用基于微课的"翻转课堂"教学模式和传统教学模式。

②推广实施如下：

2015.2—2015.6，临床医学141、142、143班（110人）实施基于微课的"翻转课堂"教学模式。

2016.2—2016.6，临床医学151、152、153班（105人）实施基于微课的"翻转课堂"教学模式。

③反馈修正如下：

通过在线测试、问卷调查和课改日记，及时了解学生学习效果、学习态度和反馈意见，对教学模式、课堂互动环节进行修正。

（3）教学流程——"女性生殖系统'翻转课堂'教学设计"。

五、取得成效分析与体会

（一）成效分析

在线测试表明，教改班平均成绩高于对照班，两者差异具有统计学意义（$p < 0.05$）。调查结果显示，80.56%的学生喜欢"翻转课堂"教学模式，对"翻转课堂"教学表示满意；90.59%的学生认为该教学模式提高了自学能力；68.24%的学生认为提高了学习兴趣和学习积极性；72.94%的学生认为有助于培养和提高分析问题和解决问题的能力。

学生们写道："在这次改革的过程中，我比较喜欢的是视频课程和看图说话环节。视频课程的一个好处是可以来回播放，看图说话的环节需要比较好的逻辑能力，经老师点拨后会完善自己的知识点和阐释的逻辑性。""看图说话反映了一个团队的合作能力以及逻辑能力。""在游戏中，我们主动分析案例，积极思考以求寻找答案，扩展自己的知识和思想。""组胚'翻转课堂'的活动生动有趣。课前的小测试考察了我们对知识的掌握情况，当堂的点评及时解决了我们心中的疑问，之后的小组竞赛，让每个人都参与其中，增加了我们的团队意识。在游戏中，我们主动分析案例，积极思考以求寻找答案，并在讨论中了解各位组员的想法，扩展自己的知识和思想。可以说改革的组胚课，充分调动了我们的学习积极性，让我们自主地学习，改变了原来枯燥的学习方式。"

"翻转课堂"是基于互联网时代的课堂，能体现混合式学习的优势；"翻转课堂"教学是学生认可的教学,更符合学生认知规律;"翻转课堂"教学是精准的个性化教学;"翻转课堂"教学有助于提高学生的自主学习能力和课堂的参与度,提高学生学习的兴趣和主动性,提升课程学习效果。

(二)体会

经过 3 年的"翻转课堂"教学实践,笔者认为,"翻转课堂"教学,不可原版复制或一刀切,要因课制宜,从课程自身特点、课程内容和需求出发,将"翻转课堂"与课程特点相结合,形成与课程内容相适应的"翻转课堂"教学模式。

"翻转课堂"是教师和学生共同学习、共同成长的课堂。

六、标志性成果

通过 3 年来的探索与实践,取得了以下一些标志性成果。

(一)主持并完成教改课题

(1)MOOC 视域下"翻转课堂"教学模式在医学教育中的应用研究。
绍兴文理学院教育教学改革招标项目,2014.5—2015.5,已验收。
(2)基于微课的"翻转课堂"在"组织学与胚胎学"教学中的应用研究。
2014 年绍兴市高等教育课堂教学改革项目,2014.12—2016.12,已验收。

(二)发表论文

(1)《翻转课堂与教学改革》发表于《基础医学教育》,2014,16(10):825 - 828。
(2)《微课支撑下的翻转课堂教学模式在"组织学与胚胎学"教学中的应用》发表于《解剖学》,2015,38(2):243 - 245。
(3)《基于微课的翻转课堂教学模式在"人体形态学"教学中的应用》发表于《重庆医学》,2015,44(17):2441 - 2442。

(三)获奖

(1)"组织学与胚胎学微课"获 2013 浙江省首届高校微课教学比赛本科组三等奖,2013年 8 月。
(2)《微课支撑下的翻转课堂教学模式在"组织学与胚胎学"教学中的应用》获全国 2015年度医学教育与医学教育管理"百篇优秀论文"三等奖,2016 年 12 月。
(3)"基于微课的翻转课堂教学模式在医学形态学类课程中的教学设计与应用研究"获2016 年校级教学成果二等奖,2016 年 4 月。
(4)《基于微课的翻转课堂教学模式在"组织学与胚胎学"教学中的应用》获中国解剖学会第十一届护理学解剖学学术年会优秀论文一等奖,2015 年 8 月。
(5)《子宫》获中国解剖学会第十一届护理学解剖学学术年会优秀课件、微课二等奖,2015 年 8 月。

（四）其他

2015 年 6 月面向学院开设"基于微课的翻转课堂"公开课。

作者简介

张金萍,女,绍兴文理学院医学院组织学与胚胎学教授,浙江省高等学校教学名师。中国细胞生物学学会医学细胞生物学分会委员,浙江省预防医学类、基础医学类及法医学类专业教学指导委员会委员,浙江省解剖学会理事,浙江省精品课程"人体解剖学"负责人,浙江省精品在线开放建设课程"生殖健康与优生"负责人,绍兴市高等院校精品课程"组织学与胚胎学"负责人,绍兴市医学重点学科"人体解剖与组织胚胎学"负责人。

"翻转课堂"
示范性
教学视频

基于竞赛理念的"计算机网络实验"课程"翻转课堂"

陈 盈

台州学院数学与信息工程学院

一、课程基本情况

课程基本情况如表 1 所示。

表 1 课程基本情况

课程名称	计算机网络实验
课程学分	1
课程性质	专业课
面向专业	计算机科学与技术、信息管理与信息系统、电子信息工程、电气工程及其自动化、工业工程等
教学班规模	30 人/班,300 人/年
课程教材	《计算机网络实验教程》,陈盈、赵小明主编,清华大学出版社 2017 年出版
开展轮数	3
课程学时	18
在线平台	http://mooc1.chaoxing.com/course/86766103.html

二、教学改革背景与思路

(一)教学改革背景

实验教学是高校学生专业能力培养的重要组成部分,是学生实践能力和创新能力形成的主要环节,也是学生巩固对应的课堂教学理论知识、接受工程素质训练、达成就业愿景的必经之路,在人才培养中发挥着举足轻重的作用。

做好计算机网络的实验教学工作,对提高当代大学生的综合能力和竞争实力有重要意义。但是,传统实验教学的设置通常都是学生根据指导书"依样画葫芦"完成实验,缺乏竞争,抑制了学生主观能动性的发挥,不利于学生的能力培养。如何在有限的实验课时里,进一步改革教学方法和手段,构建合适的计算机网络实验教学模式,实现教育部"卓越工程师教育培养计划"提出的强化培养学生创新能力和实践能力目标,充分扩展学生综合视野,是对计算机网络实验教学提出的新要求。

(二)教学现状分析

计算机网络实验一般被看作是理论教学的延伸,目标在于帮助学生理解与验证理论知识。当前各高校在实验教学方面仍较多沿用传统教学目标定位下的教学模式,无法适应计算机网络的快速发展,如理论和实践教学的知识结构独立导致学生无法较好融合,创新能力积累不足;在面向考试的教学背景下,学生并无太多机会动手检验所学到的知识,弱化了实践能力;此外,学生大多为独生子女,合作与协同意识较差。

近年来,各高校已逐渐意识到实验教学对创新能力和实践能力培养的重要性,并开始关注实验教学方法和手段的改革。

(1)在实验教学方法改革方面。计算机网络实验教学方法的改革目前常见的有三类形式:一是推行自主化和开放式教学,加强创新能力培养;二是尝试常规实验结合拓展实验、设计性实验结合研究性实验,将实验内容分级,提高不同层次学生的实践能力;三是建设网络虚拟实验平台,向移动化学习方向发展。这三类教学方法改革通常也会结合考核形式的改革,如在学生实验过程中提出相似度检测,防止学生抄袭。但这三类改革在形式上均是从教师主体出发,以学生为客体进行培养,学生在积极性方面还有所欠缺。

(2)在实验教学手段改革方面。实验教学手段的改革目前主要是以实验竞赛为主,分两类:一是为实验课单独举办实验教学竞赛,或开设新型实验竞赛项目;二是以现有竞赛为载体,推动实验教学改革,如全国大学生智能汽车竞赛、全国大学生电子设计竞赛、国际大学生程序设计竞赛等。第一类改革需要高校投入额外的时间(1～3个月)和经费(约40万元/年),可推广性受限制;第二类改革则因参赛队伍的精英化和小众化,学生整体受益面并不高。

综上,现有实验教学方法对学生能力培养有针对性,但学生参与度需提升;现有实验手段对学生主动性和积极性有鼓舞,但投入和受益面受限。因此,结合两方面长处,将竞赛理念引入教学,将每一个实验本身以竞赛的形式推出,融合创新思维与动手实践,再辅以教法上的改革,能激发学生的主动性,且具有推广性。目前也有一些团队在其他学科做了尝试,如北京航空航天大学推出的基于项目学习法(Project Based Learning,PBL),提出了基于竞争、项目实施和团队分工合作的口号,西班牙维哥大学则提出基于竞争学习法(Competition-based Learning,CnBL),推行竞争理念刺激学生的积极性和表现,为本项目的实施提供了参考。

(三)教学改革思路

在计算机网络实验教学中引入竞赛理念对学生创新思维的培养具有重要的作用。竞赛机制一方面能激发学生对计算机网络技术的兴趣和潜能,另一方面能锻炼和培养学生的创新思维和实践能力。

改革思路主要包括以下三个方面。

(1)引入竞赛理念。将竞赛理念引入教学,并将竞赛作为推动教学的手段,通过竞赛检验阶段教学成果。

（2）改进教学方法和手段。基于竞赛理念的教学模式的要点在于将实验内容作为学生的竞赛项目。要保证项目的顺利实施，一是需要在实验前利用"翻转课堂"模式让学生全面充分地接触相关知识；二是实验过程中要有完整的项目实施和保障措施；三是在竞赛实验项目完成后建立畅通的沟通渠道，利用"第二课堂"巩固竞赛的教学价值。

（3）改革考核方法。针对新的教学模式，成绩评价也应有别于以往的传统评价方式，重视过程考核，形成科学合理的实验考核方法。

三、"翻转课堂"教学设计

（一）教学内容设计

（1）总体设计。实验内容本身要求学生掌握课程的基础知识，而竞赛则要求学生深入系统地理解计算机网络相关原理，熟练掌握网络实践技能，更要求学生具有很强的探索精神和创新精神，能够探索新的知识和新的方法，创造出独立的实验成果。经过三年的探索，我们分专业、分层次地设计了实验内容，并将之确定在教学大纲中，具体如表 2 所示。

表 2　教学内容总体设计

序号	实验项目	专业（简称）	层次
实验 1	常用网络命令及使用	计应、计教、信管、其他专业	专业
实验 2	Ensp 的安装与使用	计教、信管、其他专业	模拟
实验 3	双绞线的制作与测试	计应、计教、信管	专业
实验 4	简单组网实验	计应、计教、信管、其他专业	专业/模拟
实验 5	交换机配置	计应	专业
实验 6	交换机端口聚合	计教、信管、其他专业	模拟
实验 7	虚拟局域网组建	计应、计教、信管、其他专业	专业/模拟
实验 8	路由实验	计应、其他专业	专业/模拟

学生通过参加基本竞赛项目巩固必须掌握的基础知识，而部分学生则通过对竞赛中高级项目的探索，进行深入学习，使竞赛成为推动教学和学习的手段，也以竞赛的方式改变传统实验教学的模式。

（2）具体设计。以"实验 1 常用网络命令及使用"为例，展示"翻转课堂"的具体设计过程，具体如表 3 所示。

表 3　实验 1 具体设计

基本信息	实验名称	常用网络命令及使用
	知识点名称	常用网络命令[1]—常用网络命令[10]
教学目标	（1）熟悉常用网络命令的原理 （2）掌握常用网络命令的类别及使用方法	

续　表

教学过程	课前	教师在教学平台中上传相关实验文档,如图1所示,包括实验指导文档、实验模板、实验参考视频等;学生根据资料完成实验
	课中	学生以小组为单位展示实验过程;教师点评
	课后	学生上交实验报告;教师批阅实验报告并总结实验总体情况,发布到微信公众平台

图1　"实验1常用网络命令及使用"相关实验文档

(二)信息传播设计

计算机网络本身就是关于互联网的学科,强调对现代信息技术的利用,我们尝试了将多种现代信息技术融入教学,其中最主要的有 MOOC 教学网站和微信公众平台。

(1)MOOC。我们将所有的课程知识录制成视频,上传至 MOOC 平台,供学生反复观摩高清视频,并提供相关的练习,具体可见课程在线教学网站:http://moocl.chaoxing.com/course/86766103.html。课程封面如图2所示。

图2　"计算机网络实验"MOOC 网站

(2)微信公众平台。充分利用学生的日常社交网络,构建"台州学院网络实验室"微信公众平台(微信号:tzc_netlab),通过学生喜爱的微信互动活动使课堂教学、课后学习和网络学习相结合,最大限度地实现对实验过程的支持和辅助作用,深受学生好评。微信公众平台界面如图3所示。

图 3 "台州学院网络实验室"微信公众平台

四、"翻转课堂"具体实施

(一)教学过程

在教学过程中,事先给学生随机分组,以 4~5 人为一组划分小组,每组选定一名组长,组内的分工合作事宜由组长负责。

(1)课前。教师结合本校学生情况形成教学设计,以微信为教学平台,发放教学视频及扩展学习资源并明确实验要求。学生根据教师提供的引导问题及实验要求,利用充足的课余时间观看教学视频与扩展资源进行自主学习,同时小组内协作学习,以小组讨论的形式协作完成实验方案设计。对于实验中遇到的困惑,学生可以借助微信交流平台发起即时讨论,也可以通过微信点对点方式在线寻求教师帮助。教师借助微信平台实时掌握学生的学习情况,调整课堂教学设计,以实施更有针对性的课堂教学。

(2)课中。学生在课堂上以小组为单位展示自己的实验方案,教师针对其实验方案做出点评,引导学生总结和提升实验内容,学生参考演示方案及教师讲解优化实验方案并完成实验。

(3)课后。学生根据实验情况进行实验总结,并撰写实验报告上交;教师批阅实验报告后评定成绩并给予反馈,并根据所有学生的实验情况给出教学总结,并将总结共享在微信公众平台,具体如图 4 所示。

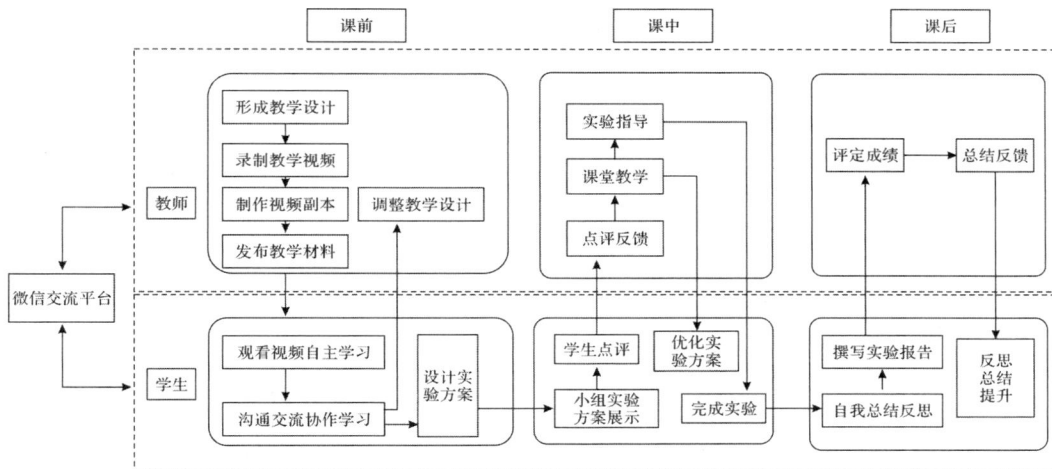

图 4　基于竞赛理念的"计算机网络实验"课程教学模式

(二)考核过程

为了使实验考核评价体系适应新的教学模式,我们设计了过程与能力有机结合的考核体系,如图 5 所示。

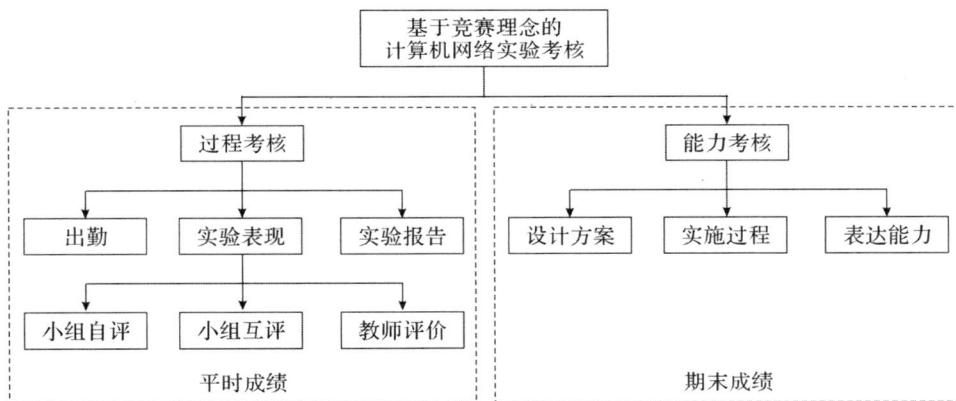

图 5　考核体系

考核主要从以下两个方面进行。

(1)过程考核(平时成绩)。基于竞赛内容的实验,以实验表现作为考核成绩。考核要素包括将态度与能力、参与度、对团队的贡献度等。各考核要素的得分由小组自主评价、小组互相评价和教师评价三部分加权平均组成。

(2)能力考核(期末成绩)。计算机网络实验的过关成绩,设计成类似竞赛的考核方式,以期末考核的方式出现。另外,通过课前 PPT 展示和课后小组互评等形式考核学生的专业水平和表达能力。

五、取得成效分析与体会

（一）取得成效分析

"翻转课堂"项目按计划在台州学院通过"计算机网络实验"课程实施，涉及计算机科学与技术、计算机教育、电子信息工程、物理工程、信息管理与信息系统等多个专业，在两年的项目实施期内受益学生数约为300人。学生的学习反馈情况是，以计算机专业为例，开始尝试实施本项目的2014—2015学年第一学期，学生评教分为88.559分。正式实施本项目第一年的2015—2016学年第一学期，学生评教分为91.615分；项目实施第二年的2016—2017学年第一学期，两个平行班的学生评教分分别为92.293和94.800分。从反馈的得分和评语情况看，改革实施后，学生满意度显著增加，如图6所示。

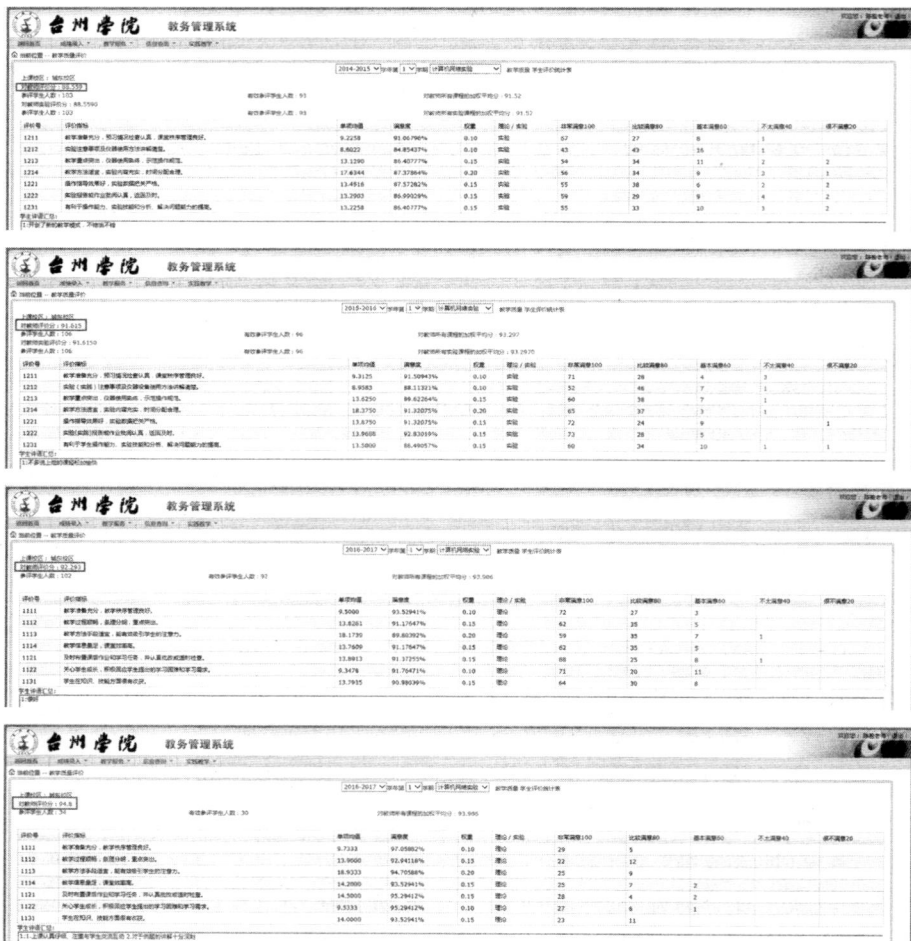

图6　"计算机网络实验"近三年学生评教情况

（二）教学特色和示范带动

教学方案突出"竞赛理念"核心，结合"翻转课堂"思想，融合多种教学方法（如教学分层、知识地图、Peer Instructions 等），充分利用各种现代信息技术，因材施教，因"人"制宜。

"翻转课堂"教学模式目前已推广到计算机网络实验群的其他课程，包括网络安全、网络工程、网络设计开发等，并在学校的教学沙龙和国内相关研讨会上作了交流推广。

作者简介

陈盈，男，台州学院副教授，主讲"计算机网络""计算机网络实验""网络工程""网络设计开发"等课程。主持浙江省高校课堂教学改革项目 1 项，浙江省高校实验室工作研究重点项目 1 项，出版教材 3 部，发表论文 30 余篇，是台州市"211 人才工程"第三层次人才，多次获教学优秀奖、教学质量奖、先进教师、三育人先进、优秀班主任等荣誉。

"翻转课堂"
示范性
教学视频

基于典型产品的"计算机三维设计基础"课程"翻转课堂"

范 剑

台州学院机械工程学院

一、课程基本情况

课程基本情况如表 1 所示。

表 1　课程基本情况

课程名称	计算机三维设计基础
课程学分	3
课程性质	专业课
面向专业	机械电子工程、机械设计制造及其自动化
教学班规模	30 人/班,180 人/年
课程教材	SolidWorks 软件应用"翻转课堂"自编教学讲义
开展轮数	2
课程学时	48
在线平台	超星学习通手机 App http://tzcsw.ys168.com/ http://www.51zxw.net/list.aspx? cid=518

二、教学改革背景与思路

(一)教学改革背景

本课程教学基于 SolidWorks 软件来讲解计算机三维设计的基本知识和应用技巧,着重要求学生掌握该软件的基本绘图命令、编辑命令以及三维特征造型、零件装配和机构运动仿真的基本方法,为后续课程学习、课程设计及毕业设计等教学环节和以后的技术实践工作打下基础。

本课程传统的教学模式是:教师先在课堂上对众多离散、独立的软件绘图命令逐一讲解,接着学生在机房完成绘图命令的操作练习。学生始终处于被动的学习状态,而且在这样的课堂中大部分时间都用于教师讲解命令和学生简单训练,学生普遍感到单调、枯燥,针对产品的应用性设计和训练更是无从谈起,导致很多学生学完课程后仍不能和设计应用对接起来,这一点也常常被一些用人单位拿来诟病;另外,很多学生仅限于在学校机房学习该课程,课后很少甚至不会去利用自己的电脑继续操练和巩固,学生的学习积极性不高,课外学习时间投入不够,使得教学效果不甚理想。

(二)教学改革思路

课程组于2015年暑假前往美多模具、星星便洁宝、钱江摩托、利欧水泵、西马卫浴等位于台州的机械制造行业骨干企业进行调研,收集了大量典型产品作为课堂教学素材。基于各类典型产品,课程组依托课程教学内容开发了系列设计专题,组织撰写了本课程的系列教学讲义,选择制作精良的系列微课教学视频,适时开展现场教学和"翻转课堂"教学,旨在把"鲜活的"产品带进课堂,把先进、实用的产品设计理念植入课内外教学过程,让学生学以致用,带动和开拓学生的创新设计思维。基于典型产品的"翻转课堂"教学,一方面能激发学生对机械产品开发的兴趣和潜能,另一方面能锻炼和培养学生的创新思维和实践能力。

本课程的改革思路主要包括以下三个方面。

(1)让把课程内容的讲解、训练立足于典型产品,逐步指导学生从产品模仿到局部改进,再到基于产品设计理念进行创新设计,融知识、技能的学习与训练于典型产品的设计开发过程之中,真正做到学以致用,活学活用。

(2)把课堂组织形式与真实工作情境对接起来,营造真实的工程设计氛围,让学生有身临其境之感,从而提升学生的学习信心、责任意识和团队协作能力。

(3)让把学生平时成绩评价权回归学生,尊重学生的评价行为,引导学生形成客观、合理的评价方法和负责任的评价意识。

三、"翻转课堂"教学设计

(1)总体设计:计算机三维设计基础课程内容的一个突出特点就是各类绘图命令、工具的使用,也就是说,该课程的软件实践性很强,当它与基于典型产品的"翻转课堂"教学组织形式结合以后,该实践性又提升为产品的仿制和进一步的创新设计及开发实践。因此,该课程教学的总体设计原则是:结合课程教学大纲及要求,选取与之对应的一系列具体典型零部件作为绘制或设计对象,形成从训练绘图命令使用,到绘图命令灵活运用,再到熟练利用绘图命令进行设计性应用的三段渐进式课堂教学模式。此外,营造轻松活泼的设计氛围和情境能更加激发学生对机械产品开发的兴趣和潜能,有助于锻炼和培养学生的创新思维和实践能力。所以,我们把上述三段渐进式课堂教学融入了精心设计的系列工作情境中,这也是本课程开发"翻转课堂"的特色之一。

(2)具体设计:以"拉伸、旋转、扫描以及混合特征"这一节为例,因为该节所讲解的绘图命令可用以完成常见漱口杯的外形设计,所以本节选取漱口杯为典型产品绘制对象;考虑到漱口杯系列产品可依托多种创意,所以把"翻转课堂"教学实施置于"创意设计峰会论坛"的情境中展开,具体设计过程如表2所示。

表 2 "拉伸、旋转、扫描以及混合特征"教学具体设计

章节名称	拉伸、旋转、扫描以及混合特征		
教学目标	(1)掌握拉伸、旋转、扫描以及混合特征的参数含义 (2)能将拉伸、旋转、扫描以及混合特征等命令熟练应用于初步的产品设计		
教学情境	主要内容	设计意图	使用工具
情境一： 峰会开幕	宣读峰会内容及要求,介绍各参会队伍	营造峰会氛围,制造峰会情境	板书活动标语,活动主题用PPT展示
情境二：回顾	1.各组学生绘制往年某漱口杯流行款式 2.请各组学生阐述构图思路,其他组补充和提出不同方案 3.教师点评和小结	检查学生课外学习效果,训练学生协作能力,鼓励学生讨论发言,营造峰会氛围	超星学习通手机App直播和QQ群
情境三：畅享	1.学生展示分析若干款式样各异的漱口杯,选取其中造型有特色的两款,提出不同的设计方案 2.要求学生按照不同设计方案分组完成绘制 3.教师点评,并就此引出产品设计理念	让学生通过进一步的实践训练,明白同一产品也可以采用不同的设计方案,鼓励学生使用更大胆和开放的构图设计方案	超星学习通手机App直播和QQ群
情境四：展望	1.每组学生讨论并自主选定漱口杯设计理念,完成作品的开发设计 2.每组学生阐述作品设计方案 3.教师点评,提出每个作品的完善、改进方向	让学生把学习的方法和技术综合运用到自己设计的产品上,进一步激发学生的发散性思维	超星学习通手机App直播和QQ群
情境五： 峰会闭幕	投票评选出最佳创意组、最快设计组、最好搭档组等奖项,现场颁奖,布置课后作业	鼓励先进、鞭策后进,把平时成绩评价权下放给学生	超星学习通手机App投票

四、"翻转课堂"具体实施

(一)课前准备

发布 SolidWorks 软件的拉伸、旋转、扫描以及混合特征等命令的微课视频教程(共四节,每节约 10 分钟);模拟创意设计峰会布置会场,设计峰会主题 PPT 画面;在超星学习通 App 手机端设计翻转教学活动计划;购置若干漱口杯实物,制作三维教学资料;通知学生每 5～6 人自由组合编组,每组自带一个漱口杯进入教室;每位同学携带笔记本电脑(安装好 SolidWorks 软件)进入教室并按分组名单落座;教师通过超星学习通手机完成学生签到,通

知学生将笔记本电脑软件和手机 App 处于准备就绪状态。视频学习课程网站页面及超星学习通手机 App 课程页面如图 1 所示。

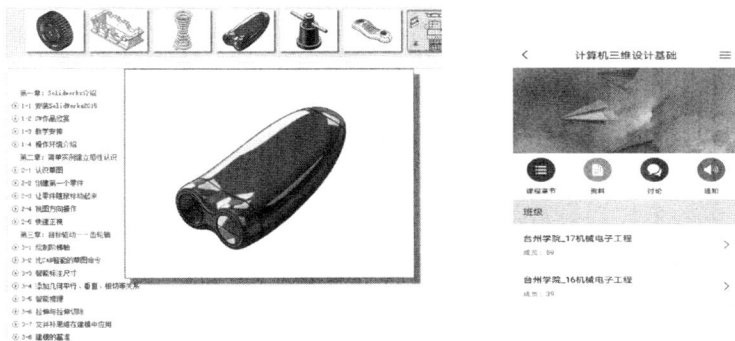

图 1　视频学习课程网站页面及手机超星学习通 App 课程页面

(二)"翻转课堂"过程

"漱口杯创意设计峰会论坛"的"翻转课堂"实施过程如图 2 所示。

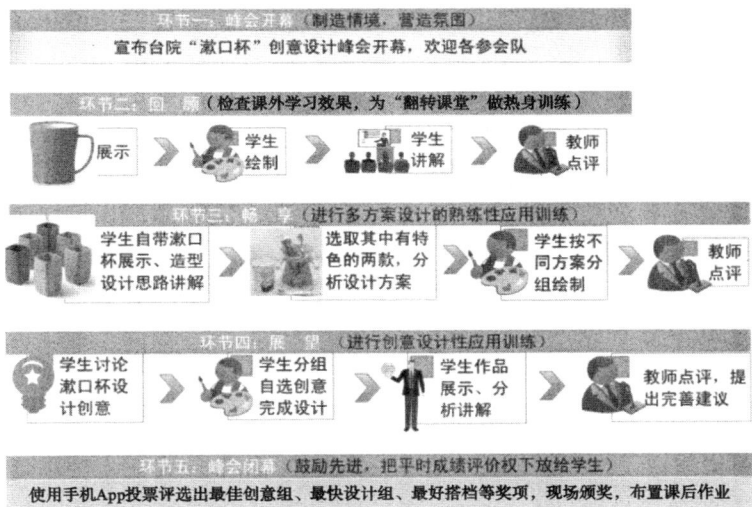

图 2　"翻转课堂"实施过程

指导教师主持峰会论坛开幕仪式,制造峰会情境,首先介绍本次活动的主体内容及其过程要求,然后顺序介绍各参会队伍,营造峰会氛围;接着用一段导引辞回顾漱口杯的发展,然后过渡到下一个环节。

教师先向各组学生展示和传看事先准备好的一款漱口杯实物,并把事先制作完成的三维资料通过 QQ 群发给学生,学生在电脑上可查看该漱口杯外形,然后学生各自在电脑软件中绘制该漱口杯的三维造型;接下来,教师鼓励一组同学通过超星学习通手机 App 直播介绍作品设计思路,其他同学也在各自手机 App 平台上观看直播,待直播完成后,教师鼓励其他组同学发表不同看法。设计"回顾"这个环节主要是考察学生在课外学习的效果,并在课堂上花少部分时间加以训练熟悉，为顺利进入下一个设计环节做好热身准备。

接着，教师用一段导引辞带领同学们进入"畅享"设计环节。先请各组分别向全班讲解自带的漱口杯外形特征，然后教师选取其中造型较有特色的两款，启发、引导各组同学提出不同的设计方案。经过师生的一番交流讨论之后，发现每个漱口杯都至少有三种设计方案。教师指派全部小组分作两大组，每一个大组的三个小组各完成对应漱口杯的一个设计方案。设计"畅享"这个环节的主要目的是让学生通过进一步的实践训练，明白同一产品也可以有不同的设计方案，激发学生更加大胆和开放性的思维。最后，指导教师分别对这6种方案一一点评，并作对比分析和小结，由此引出设计理念，从而过渡到"展望"设计环节。

在"展望"设计环节，围绕漱口杯的外形设计，教师首先引导同学们提出一系列不同的设计理念，比如关注洗漱卫生、节约用水、与牙刷的配套实用性设计、情侣套装等方面。在实施过程中，我们发现学生的发散思维立刻"爆棚"，有的从幼儿、成人等年龄角度，有的从军人、医生等职业特征角度，有的从收纳空间、旅行便捷等方面考虑等，这时教师顺势指令各组自行商定一个设计主题，展开漱口杯的1～2款作品外形设计。设计"展望"这个环节，就是要让学生把学到的方法和技术用到自己设想的产品上，进一步激发学生的发散性思维。待各组完成后，让每组学生向全班展示和讲解自己作品的设计理念、设计方案和造型思路，最后教师对这些作品一一点评和总结，提出一些建议让各组学生进一步完善，并以此作为本次课程的课后作业。

在这堂课结束前，教师主持峰会评奖仪式，通过手机 App，让全班同学现场投票评选出最佳创意组、最快设计组、最好搭档组等奖项，现场颁奖（配以平时成绩分和小礼物），布置课后作业并宣布峰会闭幕。

五、取得成效分析与体会

本课程自实施"翻转课堂"教学以来得到学生的充分肯定，"翻转课堂"让他们感到耳目一新，同学们纷纷表示"大学的课堂居然还能这样玩，很有趣""能边想边做，还能讨论和大声地发表看法""有满满的获得感"。该课程的有效教学效果为同学们后续的专业课程学习奠定了厚实的基础，也极大地加强了同学们的专业兴趣和自信心；在两轮次的项目实施期内受益学生数约为360人。该课程主讲教师的学生评教排名连续两年稳居学院第一。

首先，从整个"翻转课堂"教学过程来说，学生的参与积极性能如预期那样投入，虽然会出现个别学生的设计速度跟不上的现象，但他们上课的注意力仍能集中在课堂分析和交流过程之中。在"翻转课堂"教学过程中，学生将课外通过教学视频所学的知识技能点分别经历"训练应用"，到"熟练应用"，再到"设计应用"三个层级递增的实战环节，逐步巩固，学以致用。其次，各类情境环节让学生感受到整个课堂处处都是以他们为主体、每个环节都需要人人参与的实际体验。再次，在"翻转课堂"过程的设计上，我们让课堂的三个环节紧扣"学、用"结合，源于日常生活和生产实际，紧扣"应用"的主线，给了学生"满满的获得感"。最后，我们认为课内外多"脑"的有机结合运用也使得课堂更加活跃、有趣和有效，在课堂每个主要环节，我们让学生使用笔记本电脑完成作品设计，使用手机 App 直播进行课堂展示与互动,使用手机 App 投票彰显"我的课堂我做主";在课外,同学们要使用电脑或者手机学习视频教程,完成和提交课后作业,与教师进行课外互动等。

作者简介

范剑,男,博士,台州学院副教授,主讲"计算机三维设计基础""单片机原理与接口技术""数控技术"等课程,主持完成浙江省课堂教学改革项目 1 项,主持台州学院首届 MOOC 化课程建设项目,2016 年获浙江省第九届青年教师教学技能竞赛三等奖、台州学院首届教学杰出奖、台州学院首届"十佳育人先锋"、台州学院第二届"教坛新秀"等荣誉。

"翻转课堂"
示范性
教学视频

基于慕课和雨课堂的"电路分析"
课程"翻转课堂"教学实践

吴　平　闫正兵

温州大学物理与电子信息工程学院

一、课程基本情况

课程名称：电路分析，专业必修课。

课程学时及学分：64 理论学时，16 实验学时，4.5 学分。

面向专业：电气工程及其自动化、通信工程、电子信息科学与技术、电子信息工程本科专业 6 个班级，教学班平均 50 人。

开课时间：大一第二学期。

"翻转课堂"开课情况：依托学堂在线 MOOC 平台和雨课堂教学工具已开展 2 轮"翻转课堂"教学实践，"翻转课堂"约 96 学时。

教材：《电路原理》，朱桂萍、于歆杰、陆文娟著，高等教育出版社 2016 年出版。

二、教学改革背景与思路

（一）教学改革背景

2016 年 6 月 2 日，中国成为《华盛顿协议》的正式成员后，对中国的工程教育提出了新的、更高的要求。工程教育认证标准的毕业要求包括工程知识、问题分析、设计/开发解决方案、研究、使用现代工具、工程与社会、环境和可持续发展、职业规范、个人和团队、沟通、项目管理、终身学习等，其中多数是传统教育中未能覆盖的方面。

"电路分析"是电气电子信息类工科专业的核心专业基础课，是学生接触的第一门专业课，对培养学生的专业兴趣和能力十分重要，其知识的掌握情况直接影响后续专业课程的进一步学习。在传统的教学模式中，课堂上教师大多采用填鸭式教学，把大量知识用 PPT 讲授的方式传递给学生；学生对课程往往缺少兴趣，很难在短时间内理解和消化所学知识。其次，传统教学的评价模式单一，往往是期中考试、期末考试这几个环节，只注重结果，不注重过程评价，在团队合作、沟通、项目管理、终身学习等方面对学生的提升不大，也不利于促进学生在学习过程中发挥自己的主观能动性和积极性。

随着网络技术和教育多元化的发展，慕课在世界范围内迅速兴起，以慕课为基础的混合式教学、"翻转课堂"等新型教学模式开始进入课堂。清华大学"电路原理"教学团队 2013 年 10 月适时推出第一门慕课,并在学堂在线和 edX 两个 MOOC 平台上线。目前,选修人数超过 12 万。

(二)教学改革思路

为了全面提升学生素质,提高工程教育质量,在教学实践中培养学生多方面的能力,2015—2016 学年第二学期,学校对电气工程及其自动化专业 2015 级大一学生采用基于慕课的小班(学生自愿报名,20 人)"翻转课堂"教改实践,取得了良好效果,教改实验班期末考试平均分比平行班高 5 分。但是,小班"翻转课堂"的不足是需要对现有班级进行拆分和选择学生,学生人数要限制在 30 人以内。在大班(50 人左右)实施"翻转课堂"的难度在于学生人数多了,难以在有限的课堂时间内给更多的同学表达、展示能力的机会,以及统计学生的学习情况。

2016 年 4 月恰逢学堂在线推出雨课堂智慧教学工具,雨课堂科学地覆盖了课前—课上—课后的每一个教学环节。使用雨课堂,教师可以将带有 MOOC 视频、习题、语音的课前预习课件推送到学生手机;课上让学生实时答题、弹幕互动,实时统计数据。雨课堂通过课上扫码签到、实时答题、答疑弹幕、数据分析,增强了师生互动,为师生提供完整立体的数据支持、个性化报表、自动任务提醒等,解决了到课率、抬头率、入脑率低的问题。同时,它也使互动交流和数据统计更加方便,对于调动学生课堂积极性、实现大班教学中的互动、提高学生学习效率十分有效。为此,2016—2017 学年第二学期,学校对电气工程及其自动化专业 2016 级大一学生采用慕课和雨课堂就部分教学内容进行了大班"翻转课堂"教学,取得了良好效果。

采用慕课方式进行"翻转课堂"教学需要充分利用课前、课上和课后三个时间。相对以往的教学模式,在课前的慕课中学生自主学习更为重要,教师需要对学生课前慕课的学习任务、知识点、预设问题、网络学习评分等进行全面设计。课堂教学采用"翻转课堂"教学方式,以学生为中心、教师为辅助,教师以知识点问题、工程应用问题及习题等进行知识巩固和引导学生讨论。课后,教师布置一定的仿真任务和讨论问题、习题来帮助学生巩固课堂知识。

同时,要改革对学生学习的评价方式,提高对学习过程的评价分数比例,增加慕课自主学习、"翻转课堂"回答问题、课上推题、课前预习、团队合作能力、表达能力等考核环节。

三、"翻转课堂"教学设计

(一)总体设计

学期初开课准备:教师在雨课堂上开设课程,所有上课学生用手机微信扫描二维码加入该课程。学生 6 人一组,上课时相邻而坐,不需要特别的教室。

课前:教师提前一周通过雨课堂向学生的手机推送学习学堂在线慕课视频和关于课前知识点的问题、习题等,要求学生在上课前观看视频和练习题。课前习题难度较低,主要考察基本概念,只要学生认真看完视频即可回答。雨课堂可实时采集学生预习、观看视频、回答习题的数据供教师掌握学生课前学习情况。

课上：教师对本节课重要知识点和难点，采用动态点名方式随机挑选一组学生进行阐述，其他学生补充，并重点讨论错误率较高的课前习题和学生不懂的知识点。

教师通过雨课堂推送中等难度的选择题或判断题，学生独自解答并在指定时间内通过雨课堂提交答案。解答时间截止之后，教师可实时查看结果，讨论错误率较高的习题。

教师通过雨课堂推送较高难度的计算题，学生分组讨论并抢答，以小组为单位按正确率和解题速度计分。

对一些基本定理和公式，学生分组讨论，设计简单的验证电路，用便携实验设备进行验证。

课后：教师推送主观题、选择题作业和下次课预习内容，学生做答并拍照上传至雨课程平台，教师在线批改。

(二)设计案例

教学内容：电路的基本概念（2 学时）。

1. 课前：观看学堂在线"电路原理"慕课视频 L2-1、L2-2、L3、L4（视频播放时间 32 分 29 秒）

学习知识点：电路模型、电流、电压、电位、电动势、参考方向。

重点思考：

(1)什么是电路？

(2)电路的作用是什么？

(3)什么是电路模型？它与实际电路的区别是什么？

(4)电路分析的基本流程。

2. 课上："翻转课堂"部分

此部分在学生课前自主学习基础上，教师根据知识点、后续教学需要设计讨论题，帮助学生实现知识内化，建立完整的知识脉络。

(1)电路模型的建立：案例导入，如图 1 所示为手电筒实际电路及其电路模型。

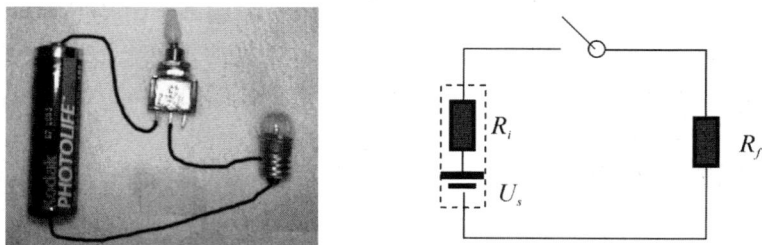

图 1　手电筒实际电路及其电路模型

讨论题 1：什么是电路？电路包括哪几大部分？为什么要建立电路模型？

讨论题 2：电路模型与实际电路有哪些对应关系？

讨论题 3：什么是理想元器件？你知道哪些是有两个接线端的理想电路元件？

讨论题 4：根据你所知道的生活中的电路，理解电路有哪些作用。如图 1 所示，手电筒亮度会随着电池使用时间变化。怎么理解并对此进行定量分析？由此你总结出电路分析有什么样的工作任务？

教学关键点：

①由讨论题 1 可引导学生对电路组成、电路模型建立的用途进行理解，进而由讨论题 2 引导学生理解由实际电路得到电路模型以及将实际元件抽象化为理想元件的关键要素，给学生后续对电路拓扑约束、元件约束的理解埋下伏笔。

②由讨论题 3 引导学生总结理想元器件的概念，了解基本二端元器件的电路符号、电路模型。

③此题为开放题，引导学生由实际生活中的电路理解电路的用途进而引出电路性能分析，再由实际手电筒电路初步理解电路分析的基本任务（通过求解电路中各电压、电流，从而分析了解电路功能、判断电路及各元件工作状态）。

（2）描述电路电性能的各电路参数（电流、电压、电位、电动势）。

①案例导入：图 2(a)为常见用电安全标志，图 2(b)为人体电路模型。表 1 为不同电流下人体的生理反应。

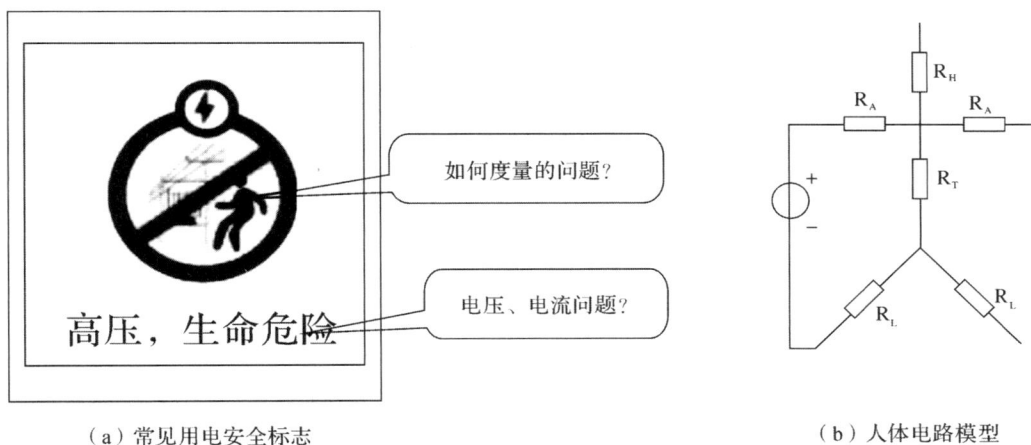

（a）常见用电安全标志　　　　　　　　　　　（b）人体电路模型

图 2　电流电压案例

表 1　不同电流下人体的生理反应

电流大小	生理反应以及伤害程度
工频 0.5mA，直流 2mA	人体被电击后能够感觉但不遭受伤害
工频 30mA 以下，直流 50mA 以下	人体被电击后能够自主摆脱
工频 30mA 以上，直流 50mA 以上	人体被电击后会危及生命

讨论题 1：描述电路电性能可通过哪些变量来进行。

由此案例结合手电筒电路进一步引导学生讨论电路建模问题及电流电压定量分析问题。

②电流的大小用电流强度表示，其计算公式为：$I(t) = \lim\limits_{\Delta t \to 0} \dfrac{\Delta q}{\Delta t} = \dfrac{\mathrm{d}q}{\mathrm{d}t}$。

讨论题 2：求解图 3 电路电流，结合电流定义式，讨论电流变量具有哪些特性。

教学关键点：由极限定义出的瞬时变化率概念在电路后续课程中有较广泛的应用，需要学

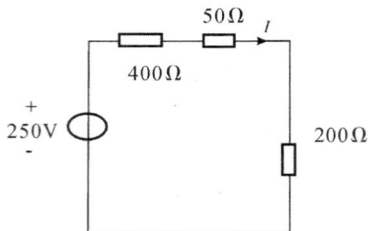

图 3　讨论题 2 例图

生对此概念牢牢掌握。此讨论题要求学生先进行电流值求解,由求解引导学生建立电流有大小、方向的概念,结合电流数学定义式,对下述知识点进行知识内化:

(ⅰ)电流是由正电荷定向运动形成的,故有方向。

(ⅱ) $\dfrac{\Delta q}{\Delta t}$ 为单位时间运动的平均电荷量,故电流有大小。

(ⅲ) $I(t) = \lim\limits_{\Delta t \to 0} \dfrac{\Delta q}{\Delta t} = \dfrac{\mathrm{d}q}{\mathrm{d}t}$ 为 Δt 趋向于 0 时的极限值,即为电荷的瞬时变化率。

(ⅳ)总结:电流变量有大小及方向两个特性。

③又如图 4(a)、(b)所示,两个电路中分别存在哪几个电动势? 将其表示出来,分别求出两图中 a、b、c 的电位及两点间电压 U_{ab}、U_{ac}、U_{bc}。(参考电位选为 b 点)

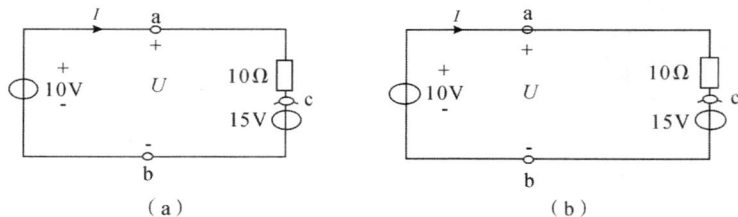

图 4　例图

讨论题 1:此题要用到哪些基本概念? 阐述这些基本概念并据此进行求解。

讨论题 2:总结电压、电位、电动势三者的区别和联系。

教学关键:通过习题让学生回顾课前学习过的电动势、电压、电位概念,并对其进行应用,在此基础上对比分析,加深理解。

④分别求出图 4(a)、(b)电路的电流 I 和电压 U_{ac}。

讨论题:在电路分析中,哪些变量要设定参考方向? 由此题总结:实际分析电路时,设定好参考方向后,求解实际变量时会出现哪些情况?

教学关键:引导学生通过求解对比理解参考方向为假设方向。若实际变量方向和参考方向一致,则求出该变量值必为正值,否则必为负值。

⑤电路如图 5(a)所示,分别判断 A、B 两元件电压、电流参考方向关联性。

讨论题 1:判断某元件上电流电压参考方向关联性的条件是什么?

讨论题 2:为什么通常我们把负载上的电压、电流方向设为关联方向,而把电源上的电压、电流方向设为非关联方向?

教学关键:

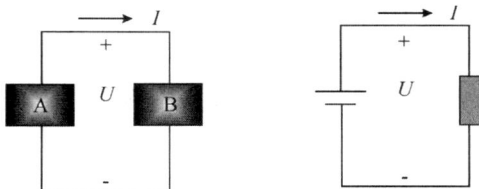

图 5 例图

（ⅰ）通过讨论题 1 同一电路两元件电压、电流关系对比,进一步理解元件参考方向关联性,进而掌握参考方向关联性的判断条件及判断方法。

（ⅱ）通过讨论题 2 分析电源功能及其上电压电流关系、耗能元件电阻及其上电压电流关系,从而对比总结出两类元件电压电流关系特点,为下一步理解功率的吸收与发出奠定基础。

⑥习题求解。

（ⅰ）判断图 6 中哪些二端元件电流电压是关联参考方向,哪些是非关联参考方向。

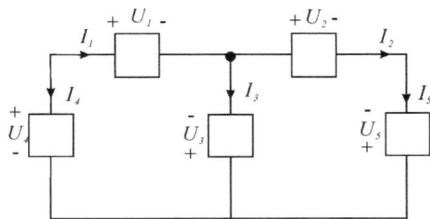

图 6 例图

（ⅱ）判断题:电流由元件的低电位端流向高电位端的参考方向称为关联方向。（　　　　）

四、"翻转课堂"具体实施

课前:教师会提前一周左右通过雨课堂微信公众号推送给学生需要学习的内容,里面包括学堂在线"电路分析"知识点慕课视频链接、需要思考的问题等。慕课视频一般为 3～10 分钟,都是完整知识点的碎片化视频,学生可以在任何时间、任何地点完成学习,不再受时间、空间约束,还可以进行反复学习。同时学生的学习情况、学习时间都可以完整地体现在教师的雨课堂上,教师可以掌握学生的学习情况,针对不懂的地方给出建议等。

课上:课堂授课采取"翻转课堂"教学方法。教师和学生的角色发生变化,教师主要进行课堂组织和管理,包括知识点讨论、习题讨论、实验设计及讨论三大环节;学生的角色从过去的被动接受变为如今的主动获取,在课堂上主动发言、积极表现、热烈讨论,在自学与互学的模式中,通过大家思维的碰撞真正达到学习知识的目的。

首先,引入激励教育。课堂以交流讨论为主,形成教师与学生面对面、学生与学生面对面的交流。教师要多表扬和鼓励学生,激发学生的自信心和学习兴趣,提高学生的知识应用能力及语言表达能力。

其次,培养团队意识与合作能力。翻转班 6 人一组,每组以面对面讨论方式安排座位,选取部分题目以小组表现赋分,提倡集体意识,锻炼团队合作能力。课前,每个学生就知识点问题进行线上学习并在小组中讨论。课上对仍不清楚的问题,小组成员轮流发表意见,不同组的学生可以给出不同答案。教师可借此机会激发学生的斗志,挖掘他们的潜能。

主讲教师将习题分简单、中等、较难3个层次,比例为3:5:2。简单的问题主要考察知识点的掌握情况,于课前推送;中等难度的习题在课上讨论;少量较难的习题意在激发学生的斗志,教师在课上要习惯不说或少说,将更多说的机会让给学生,让学生间的交流和讨论更激烈,希望通过集体的力量解决问题。

实验环节是电路教学的重要组成部分。工科专业强调工程应用能力和动手能力的培养。在课上的部分教学环节,教师要求学生在验证知识点的同时,努力结合实际工程电路问题,通过课前线上学习、查阅资料、软件仿真等环节,掌握电路设计的原则和方法;课上利用硬木课堂便捷式实验箱、电路元器件、面包板等自行设计搭接实际电路,将实测电路与仿真结果进行对比分析和讨论,激发学习的兴趣,提高解决问题的能力。

课后:雨课堂会给出本节课的统计数据,包括表现优秀的学生、预警的学生、答题的正确率、不懂的地方和学生人数,教师可以记录本次教学心得,推送课后作业。

五、取得成效分析与体会

(一)视频观看记录分析

学堂在线"电路原理"慕课视频共217段,总时长70786秒,约19.66小时。单段视频的时间最长755秒,最短29秒。以2015—2016学年第二学期翻转班为例,20人的视频观看记录有12747条,观看总时长1062229秒(约295小时)。平均每段视频的人均播放记录为3.09次,单条视频最大播放次数是248次,单条视频最小播放次数是2次。图7给出了观看次数最多的10个视频,内容基本集中在重要的定理和基础方法,观看次数多也说明这些是学习中的难点。

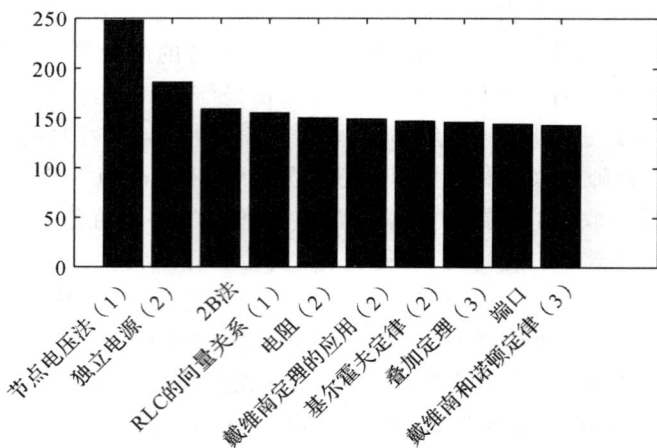

图 7　观看次数最多的 10 个视频

（二）问卷调查

为了解学生对教学改革实践的看法，课程结束后我们对学生进行了匿名问卷调查。从问卷调查可以看出，78%的学生喜欢这种教学模式；约20%的学生认为这种教学模式占用较多的课外时间；约30%的学生认为视频卡顿现象比较严重，影响了学习效果；约15%的学生认为清华大学的慕课视频难度较大。学生的留言反馈主要有：课堂上自己成了主角，实现了自主、积极、自信的学习；上课前不预习是无法在课堂立足的，会影响到小组成绩；通过相互讨论，可以帮助自己提升学习能力，及时知道自己在知识上的不足；不再一味地被动接受，而是去质疑，增强了自己的思辨能力。

（三）学习效果

为进行教学效果评价，所有班级同卷进行期末考试。翻转班的两次期末卷面成绩均好于其他同批次班级，前者的班级平均分分别高出后者5分和4分。除了成绩之外，更重要的是培养了学生的自主学习意识、集体意识和团队作战能力。

相比于传统教学模式，基于慕课和雨课堂的"翻转课堂"教学的一大优势是体现了以学生为中心的教与学，学生学习热情明显提升，课堂气氛活跃。另一个优势在于对学生学习过程能够进行详细的记录。雨课堂详细记录了学生观看视频、提交习题答案时间的每一个操作记录，对学生在课堂上的表现、答题速度、正确率情况都会进行数据统计。通过这些记录，教师可以更清晰地实时了解学生的学习过程和对知识的掌握情况，实现真正的全过程动态跟踪和评价。

"翻转课堂"教学模式一定要做好角色转换，突出学生学习的主体性和必要的主动性，因为如果没有一定的主动性，"翻转课堂"中的学习就无法进行。"翻转课堂"之所以成功，是因为课堂讨论提升了学生在"吸收内化"学习过程中的效益。因此，我们要加强"翻转课堂"学习的宣传工作，营造良好的学习环境和氛围。

作者简介

吴平，博士，副教授，温州大学电气工程系主任，电子信息工程专业负责人。参加和主持国家自然科学基金、省市科技项目、省级教学研究项目等10余项，发表EI检索论文、获发明专利和实用新型专利授权10余篇（项），指导学生参加挑战杯、电子设计竞赛等，获奖8项。负责电气工程及其自动化教育部卓越工程师试点专业及省"十三五"特色专业的建设工作，主教课程为"电路分析""数字电路和逻辑设计"。"雨课堂在大班翻转教学中的应用——以'电路分析'为例"获得2016年浙江省高等教育教学改革研究项目立项支持。

"翻转课堂"
示范性
教学视频

基于工科学生全面能力培养的"翻转课堂"教学模式改革

——"食品机械与设备"课程教学组织改革与在线课程结构探索

何阳春

浙江工商大学食品与生物工程学院

一、课程基本情况

"食品机械与设备"课程是一门应用性和专业性较强的专业课,它理论严密、逻辑性强,有广阔的工程背景,主要介绍焙烤食品、肉制品、乳制品、罐头食品、酒、饮料、冷冻食品加工过程中常用食品机械与设备的基本组成、工作原理、应用特点以及参数确定与选择等知识。本课程的学习目标是,树立学生严肃认真的科学作风和理论联系实际的工程观点,培养学生的科学思维能力、实验研究能力和科学归纳能力,培养学生食品机械与设备选型、维护、改造及设计的初步能力,为今后能完全胜任食品科学和工程技术与管理工作打好基础。浙江工商大学食品与生物工程学院"食品机械与设备"课程简况如表1所示。

表 1　课程简况

课程名称	食品机械与设备	课程学分	2	课程性质	专业课
面向专业	食品科学与工程专业 食品质量与安全专业	开课年级		大二(下)、大三(上)	
教学班规模	单班约 30 人,双合班约 60 人	开课班级数		每学年 5 个自然班,约 150 人	
使用教材	《食品加工机械与设备》,高海燕著,化学工业出版社 2008 年出版 (ISBN978-7-122-02302-5)				
已开展"翻转课堂"教学实践轮数	5	总学时数		210	
依托的在线教育平台	浙江工商大学泛雅网络学习平台(http://zjsu.fy.chaoxing.com)				

二、教学改革背景与思路

传统教学模式下的工科专业课由理论课、实验课和实习课构成,课程教学重视教师的主体作用,但传统教学模式存在明显不足,尤其在全面能力培养方面(见表 2)。

教学改革目的,是全面配合学校素质教育,提高学生知识水平,培养学生全面能力和素质。将"翻转课堂"教学模式引入本课程,以弥补传统教学手段的不足,破除传统教学模式的弊端。传统教学模式的弊端和改革如表 2 所示。

表 2　传统教学模式的弊端和改革

课堂类型	传统教学模式弊端	"翻转课堂"模式解决之道
理论课	本课程涉及各种食品机械设备,知识点较多,但教学课时不足,许多知识点没有教授	一般知识点,在线网络课程提供丰富自学材料;重点或难点内容,可先让学生查阅相关资料并组织小组讨论,加深理解
	本课程教学难点是要讲清楚各种机械设备的工作原理与结构,但教师没有足够课时来讲透它,有时需要花费九牛二虎的气力	在线网络课程安排一些原理动画、3D 模型、虚拟结构拆装等素材,供学生反复观摩
	学生被动听课,面对一堆烦琐内容,还有啃不完的教学难点,听完一堂课感觉吃力,部分学生有厌学情绪	变集中听课为分散自学,学生可自由安排在空闲及精神状态好的时段学习。在线网络课程会想方设法降低学习难度
实验课	实验课是实践能力培养的重要环节,但受实验条件所限,实验个数少,重要实验没法安排,实验装置台套数不足,上手做实验的机会少	在线网络课程安排虚拟仿真实验,让学生熟悉实验原理、装置和操作。有了仿真实验,学生面对真实装置做实验就比较顺手
实习课	食品工厂参观实习,理论与实际相结合,但走马观花式参观,接触不到核心区域,收获少;厂方因技术保密需要不愿接待,实习机会少	在线网络课程安排虚拟工厂、虚拟流水线等素材,供学生学习
传统课堂	重知识传授、轻能力培养,致使学生能力差、素质低,包括创新创业能力不足,影响就业与职业能力	可望在提高学生学习兴趣的同时,培养学生多方面能力

(一)探讨新模式下的教学组织

按照课程特点及人才培养总体目标,重点突出学生全面能力培养。本课程新模式下的教学组织设计如如表 3 所示。

表 3　新模式下的教学组织

教学改革举措	教学内容	知识学习	能力培养
课堂少讲精讲,增加自学时间	一般知识点	通过自学获得知识	自学能力、主动学习能力、自控能力、统筹能力
	教学难点(课堂讲授)	集中辅导答疑	疑难问题分析解决能力

续　表

教学改革举措	教学内容	知识学习	能力培养
组织学习小组课外讨论	某教学重点（难点）	通过多形式、多渠道获得知识	图书利用、资料收集整理、分析研究、书面表达能力、组织协调能力、人际交往能力
小组讨论结果课堂交流	多个教学重点（难点）	通过交流学习获得多方面知识	语言表达能力、演讲辩论能力、分工协作能力
保留或加强实验课	实验技能	加深对所学知识的理解	实验能力、动手能力、实验现象和问题分析解决能力

（二）探索在线网络课程自学平台结构

本课程工科性很强，各种食品机械层出不穷，仅有高质量教学视频明显不够。应考虑增加大容量的辅导材料与补充材料，配以适量的课后练习、习题作业。表4所示为在线网络课程平台结构设想。

表 4　在线网络课程平台结构设想

结构要素	建设内容	特点
课程视频	视频：编写剧本、拍摄录像、视频剪辑、制作字幕	建设成本高，修改困难
辅导材料	文本：各种与食品机械设备有关的文字、图片、动画、视频等素材	建设成本低，便于修改、扩充
习题作业	测试：配合知识点的测试题	建设成本低，便于修改、扩充
质保体系	制定：约束机制、评价体系、反馈制度	必备平台功能，督促检查学生自学环节成效

三、"翻转课堂"教学设计

（一）总体设计

1. 新模式课堂

新模式课堂包括实验课、专题辅导课、小组讨论结果交流课三类，如表5所示。

表 5　新模式课堂

课堂类型	基本情况	课前	课中	课后
实验课	保留原有实验，条件允许增加实验数	预习实验指导书	分解实验，实验小组分工完成	撰写实验报告，分析实验现象
专题辅导课	教学难点内容集中授课	自学相应知识点的教学视频与辅导材料	认真听讲，教学互动	完成相应知识点的习题作业

续　表

课堂类型	基本情况	课前	课中	课后
小组讨论结果交流课	教学重点为主题,课外讨论,课内交流	4 人 1 组,1 组 1 题,完成课外讨论,包括收集资料、撰写 PPT、完成讨论内容、资料上传至 PBL 上传阅	安排课堂交流汇报,由各小组全体成员进行介绍,让学生担任"教师"角色	完成小组讨论成绩互评

2.线上线下学习环节

线上线下学习环节包括线上知识点学习、学习小组课外讨论和线上线下辅导答疑,如表 6 所示。

表 6　线上线下学习环节

学习类型	学习要求	学习评价
线上知识点学习	自学教学视频、辅导材料,按时独立完成相应习题作业	教学视频、习题作业作为任务点,平台自动统计任务点学习成绩。辅导材料为选学,统计在线时间
学习小组课外讨论	完成课外小组讨论,包括收集资料、撰写 PPT、完成讨论内容、整理资料上传传阅	制定评价要素与评分标准,教师打分,学生互评
线上线下辅导答疑	线上讨论一对多答疑,线下辅导一对一答疑	平台自动记录线上讨论数,人工登记线下答疑数

3.在线网络课程结构

每个知识点安排教学视频、辅导材料、习题作业三部分。

在线网络课程资源建设要求如表 7 所示。

表 7　在线网络课程资源建设要求

资源类别	建设数量	建设指标
教学视频	1 个/知识点	视频 10~15 分钟,如果视频过长,可分拆成几个短视频
辅导材料	1 篇/知识点	篇幅不限,素材类型不限,多收集或制作机械设备原理动画、工作视频
习题作业	1~4 题/知识点	题型不限,主、客观题

(二)具体设计(2 学时)

2 学时课程的具体设计,以 2016—2017 学年第二学期第 5 教学周为例。

教学安排:第一次小组讨论结果课堂交流。授课班级:食工 1501 班,8 个学习小组。教学课时:2 课时。

课堂(2 学时)具体设计如表 8 所示。

表8 "翻转课堂"新模式课堂(2学时)具体设计

课堂阶段		课程设计
学习小组课外讨论(课前)	小组讨论目的	获得理论知识点;增长综合能力(信息收集整理、信息分析综合、问题分析解决、报告撰写、口头语言表达、演讲辩论、人际交流、分工协作等能力)
	小组讨论题目	文科类课程讨论主题,有可供争论的多种观念。而理工科类课程讨论主题,存在科学性,争论空间不大。本课程以某个教学重点(某种食品机械设备)为小组讨论主题,通过讨论完成重点内容学习。 各组讨论主题为:第1组——和面机;第2组——打蛋机;第3组——包馅机;第4组——饺子机;第5组——饼干机;第6组——带式输送机;第7组——远红外加热与间歇式烤炉;第8组——隧道炉
	小组成员分工	各小组组长由教师指定,资料员、PPT撰写员等角色由组长协商。组长职责是主持小组讨论计划与落实,资料员职责是将小组成员收集资料整理上传到平台PBL上,PPT撰写员职责是PPT制作及修改定稿。 在组长召集下,利用课外时间完成资料搜集、讨论、PPT制作,并将讨论、资料和交流PPT上传,讨论形式有座谈、网聊、线上讨论等
	小组讨论要求	围绕给定主题,就机械种类、结构、工作原理、特点、应用领域、发展动态、己方观点等方面进行讨论。做好课堂交流预演彩排
小组讨论课堂交流(课中)		按小组编号顺序上讲台交流,其他小组成员台下听报告。 小组成员分工协同,每个成员讲一段,做一回传统"教师"。 各小组报告8~10分钟,报告完毕后回答其他小组质询
小组讨论成绩评价(课后)		根据小组在PBL上发布的材料(讨论、资料、研究报告)、PPT制作水平和课堂讲课表现评定成绩,同学间互评。 评价标准:讨论表现(有无网上发布讨论、资料,数量多少),30分;PPT内容(是否符合主题,有无核心内容,比如结构、原理),20分;PPT制作(是否精心制作,版面安排情况),20分;小组汇报表现(有无配合、配合默契程度、是否精彩、答辩情况),20分;汇报时间控制(时间过短、刚好或超长),10分

四、"翻转课堂"具体实施

(一)新模式下的教学组织

以2016—2017(2)课程教学为例。

授课班级:食工1501、1502(合班)。教学内容:共七章。计划学时:30(总学时45以上,含课外学习)。

采用"翻转课堂"模式的课程教学组织,如表9所示。

表 9　新模式下的课程教学组织

教学类型	教学环节	教学安排
课外教学	知识点(课程视频、辅导材料、习题作业)	每周安排自学 6 个左右知识点,14 周完成所有知识点学习
课堂教学 (18 学时)	实验课(3 个) 单班开课	实验 1:机械结构与机构运动认识实验(2 学时)
		实验 2:饺子成形机结构拆装实验(2 学时)
		实验 3:饺子成形机成形实验(2 学时)
	专题辅导课(3 次) 合班开课	第 1 次专题辅导:课程安排说明;食品机械与设备基本概况;食品机械与设备的结构(2 学时)
		第 2 次专题辅导:碟式分离机结构;杀菌设备工作原理;疑难问题解答(2 学时)
		第 3 次专题辅导:液体灌装机定量机构工作原理;制冷机工作原理;疑难问题解答(2 学时)
	小组讨论课堂交流课(3 次) 单班开课	第 1 次课堂交流: 讨论第 1、2 章重点教学内容(2 学时)
		第 2 次课堂交流: 讨论第 3、4 章重点教学内容(2 学时)
		第 3 次课堂交流: 讨论第 5、6 章重点教学内容(2 学时)
辅导答疑 (线上线下)	疑难问题解答	线上平台讨论区留言,线下多方式答疑(包括面授)

(二)网络在线课程结构

课程安排知识点 82 个,已制作教学视频 45 个、辅导材料 82 篇、习题作业 78 份 173 题。在线网络课程"食品机械与设备",网址:http://zjsu.fy.chaoxing.com。

五、取得成效分析与体会

从学生期末考试成绩来看,分数比课改实施前有明显的提高,高分率增加了,且一轮比一轮好(第五轮考试成绩有所下降,主要是学校强调总成绩分布,提高试卷难度所致),如图 1 所示。

从学生对课程的评价来看,学生比较支持课改,对课改措施比较满意,但也有学生反映学习量要比一些未课改的课程大。

从教师的角度看,网络课程建设、批改作业、辅导答疑等工作量比课改前大,不过为了学生成才,即使付出再多也值得。

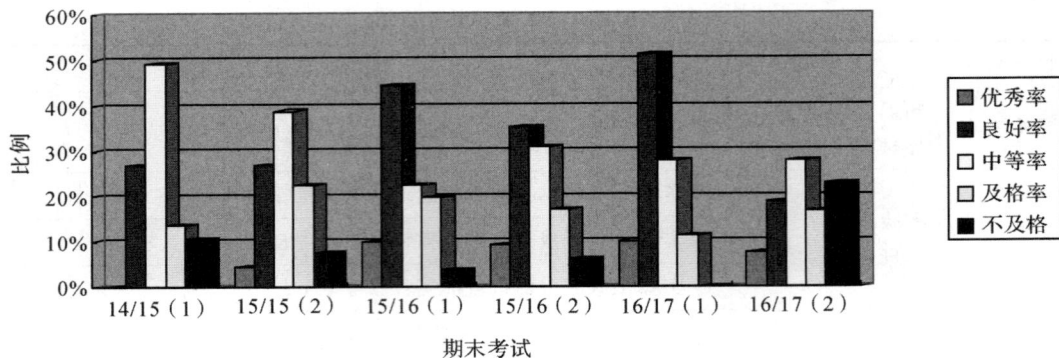

图 1 课改前后学生期末考试成绩比较

作者简介

何阳春，男，浙江工商大学食品与生物工程学院副教授，担任"食品机械与设备""工程制图""工程训练"和校通识课"三维数字建模与产品创新"等课程的主讲教师，校级"食品机械与设备"课程"翻转课堂"教学模式改革项目主持人。设计的食品机械与设备多媒体教学软件，获第四届省教师软件评比三等奖（浙江省教育厅，2001 年 10 月），指导学生参加第十届全国大学生先进成图技术与产品信息建模创新大赛获得团体二等奖和个人一等奖（2017 年 7 月），连续四年获"校优秀学生科技导师"称号。

"翻转课堂"
示范性
教学视频

MOOC 背景下的"数据结构"课程教学重构与实践

刘小晶

嘉兴学院数理与信息工程学院

一、课程基本情况

课程基本情况如表 1 所示。

表 1　课程基本情况

课程名称	数据结构	课程学时/学分	64(48 理论＋16 实践)/3.5
课程性质	专业基础课	面向专业	软件工程、网络工程、信息与计算科学
教学班规模	50 人左右	使用教材	《数据结构(C 语言版)》,严蔚敏、吴伟民,清华大学出版社 2007 年出版
已开展"翻转课堂"教学实践轮数	5	学时数	24
依托在线教育平台	浙江省高等学校精品在线开放课程共享平台(http://zjedu. moocollege. com)—2016 年及之后使用		
	玩课网(http://www. wanke001. com)—2016 年之前使用		

二、教学改革背景与思路

当今伴随新理念和新技术的不断涌现,网络技术、信息技术与课程教学的整合日渐深入,其中翻转课堂成为国内外教育改革的新浪潮,为教与学的进一步发展提供了新的思路。数据结构是计算机和电气信息类专业的一门重要基础课。在此之前,该课程的教学大多数仍采用"教师讲授为主"的教学模式,这种教学模式在实施过程中存在很多不足:(1)忽略了教学对象的差异,漠视了学生的个性化需求;(2)学生课堂自主活动缺失,压制了学生质疑、批判、探究、创新能力的发展;(3)讲授时间偏长,内容偏多,易造成认知超负荷,影响学习者学习效果;(4)技术和教学的结合使用受到教师观念的限制,未能有效地促进学生为主体的个性化教学的实施。为此,笔者根据课程特点,秉承"先学后教,以学定教,教学合一"的理念,以 2013 年立项的浙江省首届高校课堂教学改革项目"数据结构翻转课堂教学模式的设计与实践"的研究为契机,以课程团队自主研发的课程"微视频"为资源,以浙江省高等学校精品在线开放课程共享平台或玩课网为 MOOC 网络学习支持平台,最终以促进学生对学习态度、学习行为的改变,发展学生自主学习能力、协作学习能力及计算思维能力,提升教师课程开发能力、个性化指导能力、组织教学能力为目的,对"数据结构"课程的教与学进行了重构。

三、"翻转课堂"教学设计

(一)总体设计

在"翻转课堂"的教学设计中,笔者坚持以"教师为主导,学生为主体"的教学设计理念,并在构建主义教学理论指导下分别将整个教学过程分为课前、课中和课后三个阶段进行总体设计。在课前,教师发布学习导案和微视频、学习任务等教学资源供学生自定步调进行自主协作、探究学习,以实现知识的传授;在课中,教师通过知识热身、师生质疑、答疑、讨论、个性化疑难问题指导、共性化疑难问题解答的方法组织教学,以实现知识的内化;在课后,教师采用定量与定性的方法对教学效果进行评测分析。此教学设计各环节的实施方案详见文中的第四部分内容。

(二)具体设计(2 学时)

2 学时的课堂教学设计如表 2 所示。

表 2　2 学时的课堂教学设计

	顺序	教学活动	教学目的	教学时间
第 1 学时	1	知识提炼	在教师引导下由学生完成对课前学习知识的提炼	5 分钟左右
	2	知识热身	以问答、竞答的方式检测学生课前的学习情况	10 分钟左右
	3	师生质疑、答疑	师生针对课前存在的个性化问题进行交流,在教师指导下师生共同寻求问题的答案	15 分钟左右
	4	小组讨论、成果展示(针对基础性问题)	针对学生课前存在的共性化的基础问题在教师的指导下通过小组讨论,由学生协作去寻求问题的答案,以促使学生对知识的更好理解	20 分钟左右
第 2 学时	1	提出拓展性问题	根据实际应用由教师提出知识的拓展应用性问题	2 分钟左右
	2	师生质疑、答疑	师生共同分析问题和理解问题	8 分钟左右
	3	小组讨论、成果展示(针对拓展性问题)	在教师的指导下通过小组讨论,由学生协作寻求问题的解答,促进学生的"知识迁移"	25 分钟左右
	4	共性疑难问题解答	对课前学习中存在的共性疑难问题由教师进行解答	10 分钟左右

四、"翻转课堂"具体实施

依托 2013 年浙江省首批课堂教学改革项目和 2016 首批精品在线开放课程建设项目,以学生与教师共同发展为目的，根据"翻转课堂"、混合学习理念，结合我校学生和"数据结构"课程特点，笔者提出了如图1所示的"翻转课堂"教学实施方案。方案明确了"翻转课堂"教学组织过程中的三个阶段以及每个阶段的具体实施方法、各过程中角色分配和实施成效评价。

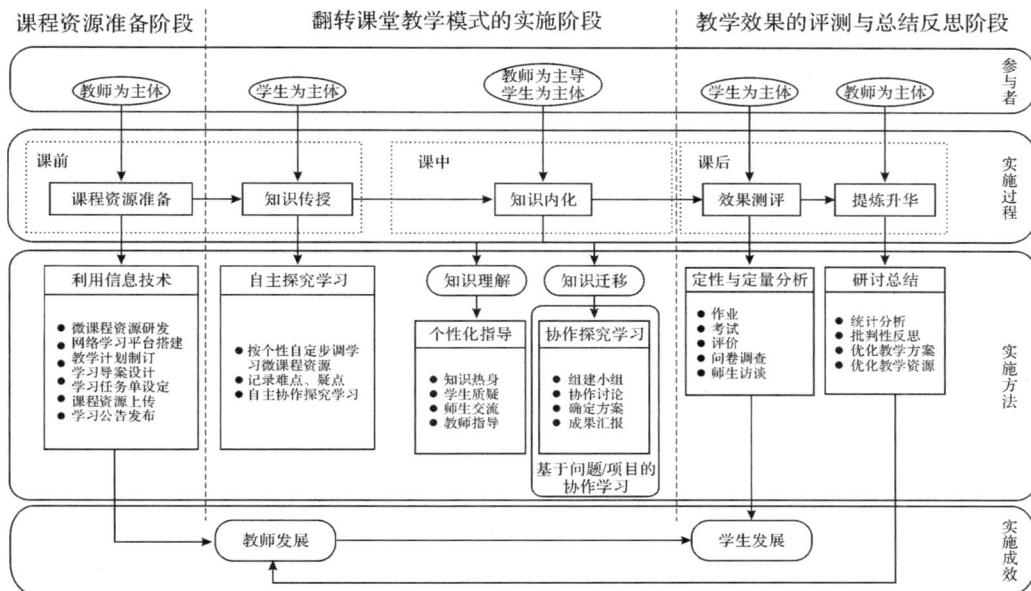

图1 "翻转课堂"教学实施方案

"翻转课堂"教学的具体实施分为三大阶段和五个小过程。

（1）资源准备过程：以教师为主体，利用信息技术进行课程资源的开发，完成学习支持体系的构建，这是开展"翻转课堂"教学的物质前提。

学习支持体系是学习者的学习支架。此体系中主要包括微视频教学资源、网络在线学习支持平台、教学计划、学习导案、学习任务单等内容。本实践中的微视频采用录屏软件和绿幕拍摄，再通过绿幕抠屏和合成技术制作而成。本课程完成了共105个涵盖主要知识点的视频的制作，并且在一些视频中插入了一些打点问题，以增加学生的互动，提升学习资源对学习者的吸引力。再者，由于在线学习平台中资源具有微型化、碎片化的特点，且数量之多容易造成学习者在学习时迷失方向，为此，笔者为课程学习设计了"课程学习导案"。

（2）课前学习过程：以学生为主体开展线上的自主探究性学习，实现知识的传授。

在每次课堂教学活动开始的前一两周，教师利用上述 MOOC 学习网络平台发布新一周课程的学习任务、资源和要求。学习资源有微视频、课件、测试、知识学习导案和学习任务单，以供不同认知风格的学习者自主选用。为了能充分调动学生线上学习的积极性、主动性，激发学生的学习潜能，本课程研究团队在"翻转课堂"教学实践过程中特别"添加"了一种"催化剂"——学习任务单，在此特别强调它的设计思想。为能引导学生最大化地开展课前的自主学习，任务学习单中设计了两个层面的内容：基础内容和拓展应用内容。前者注重的是知识基础，只要依靠学习者个人的力量就能完成；后者是为促进学生巩固和深化"知识的理解"和"知识的迁移"而设计的综合性应用问题或项目，是根据对学生潜在发展水平的预判结果而设计的，旨在更好地激发学生的求知欲望，引导学生充分利用教师提供的

MOOC学习资源和移动学习环境进行资源查阅和学习交流,从而在提高了资源利用率的同时,也让学习者学会用协作探究的方式来明晰真知。

(3)课中活动:以教师为主导,以学生为主体,通过师生交流、协作与分享等活动组织线下的课堂学习,实现知识的内化。

本实践在"知识提炼"环节通过提问的形式得出知识点中的最主要内容;"知识热身"环节,采用"知识竞答"或"课堂小测验"的形式开展,前两个环节都是为了了解学生课前的学习情况而设置的。"知识热身"环节后的课堂活动分以下两种形式实施:其一,主要是针对课程的基础知识部分的教学内容进行施教,是对学生基础知识理解能力的训练,实施方法是学生质疑、师生交流、教师个性化分类指导。其二,主要是针对课程中应用性较强的知识部分的教学内容进行施教,是对学生知识迁移能力的训练,实施方法是教师指导、学生小组协作探究。课堂的最后一个环节是对学生课前学习中存在的共性疑难问题采用教师讲解的方式给予解答。

(4)课后测评:对学习者测试与测量,采集研究数据,进行统计分析,实现教学效果的测评。

本实践的实施效果评价是用定量与定性相结合的方法进行分析。定量分析主要是将采用"翻转课堂"教学的班级考试成绩与采用传统教学的班级考试成绩进行对比,分析得出"翻转课堂"教学模式对教学效果的影响;定性分析主要是通过问卷调查的形式测量学生对"翻转课堂"教学模式改革的态度。问卷内容从学生对"翻转课堂"教学模式的整体认可程度,对课业负担、对学习资源和对课堂交流讨论的态度以及他们的主观建议等方面进行设问。在课程接近尾声的时候,让学生进行调查问卷的填写,收集数据后再进行统计分析。

(5)总结反思:在实施过程中找不足,在反思改进中求优化。

通过"翻转课堂"教学实施过程中得出的成效和存在的问题进行辩证分析,总结出实施方案在实施过程中将面临的挑战、需注意的事项和存在的不足,再在实践中不断改善,为提升后续的实践效果提供借鉴。

五、取得成效分析与体会

(一)实现了课程教学的重构

通过5轮的教学实践,教学资源、教学设计、教学内容、教学过程、学业评价等实现了重构,它们分别体现在图2至图5中。

(二)同行评价

利用在线开放课程,在本校实施完第4轮"翻转课堂"的教学实践后,笔者参加了2016年由中国计算机MOOC联盟组织的"基于在线开放课程的翻转课堂"教学优秀案例评比,获得了一等奖的好成绩。本校督导组、校领导、同事也多次组织随堂听课,并给予一致好评。

(三)学生的评价

(1)学生学习成绩的对照分析。课程团队在第4轮课堂改革实践中,针对2015级软件工程专业"翻转课堂"教学实验班(简称实验班)和网络工程专业传统教学班(简称传统班)

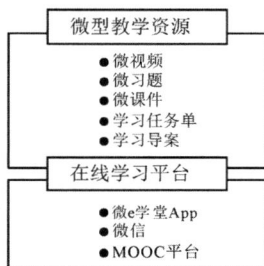

图 2　教学资源的重构

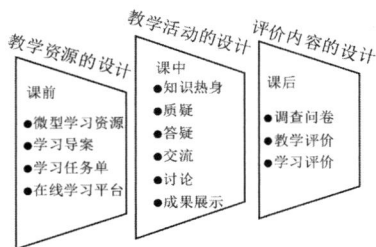

图 3　教学设计的重构

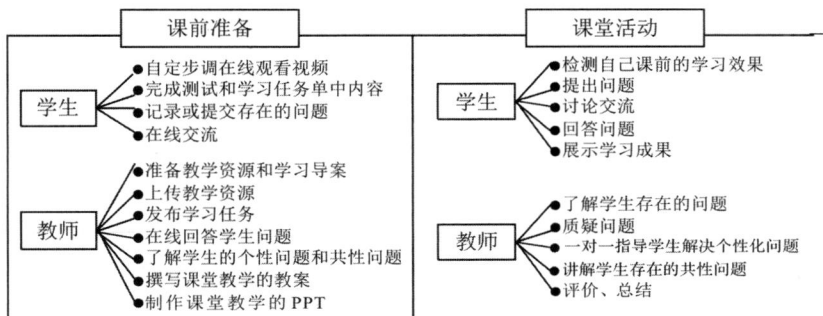

图 4　教学过程与内容的重构

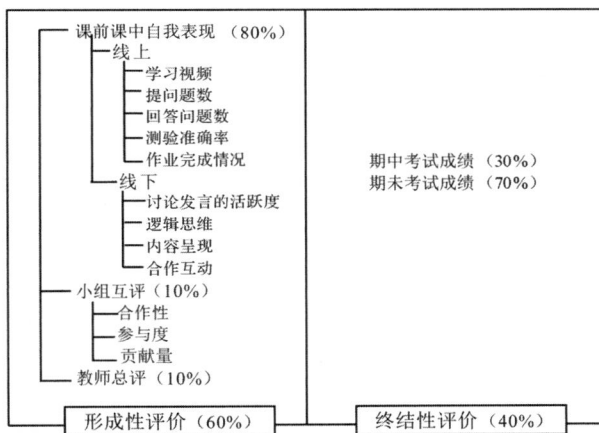

图 5　学业评价的重构

的期末考试成绩,分别统计试卷中对应两个模块(基础知识模块和应用知识模块)的均值、方差,并进行两个独立样本的异方差 t 检验,具体结果如表 3 所示。

表 3　期末考试成绩的对照分析

模块	传统班		实验班		差异性检验(t-test)
	均值	方差	均值	方差	
基础知识	6.9	1.9	5.82	1.66	0.000009
应用知识	21.16	10.69	26.68	9.68	0.000006

从表 2 可知,"翻转课堂"教学模式与传统教学模式的教学效果相比,基础知识和应用知识两个模块的平均成绩都有较大幅度的提高,而且在两种模式下进行 t 检验时,两个知识模块其 p 值都接近于 0,说明两者存在显著差异。再单纯从平均成绩分析,应用知识模块实验班的成绩比传统班的成绩高出 5.52 分,而基础知识模块实验班的成绩却比传统班的成绩少 1.08 分,这说明对基础知识的"翻转课堂"教学效果不一定优于传统教学。可能的原因是,在"翻转课堂"教学中,学生无法感知到传统面对面教学过程中师生之间的亲切感、学习情境的沉浸感和交流的实时反馈感,这在一定程度上将削弱学习者的专注力、持久性和学习思维的活跃度。

(2)学生对"翻转课堂"教学的态度及相关看法分析。为了测量学生对"翻转课堂"教学模式改革的态度及相关看法,更好地改进后续的教学改革,课程团队在每次"翻转课堂"实验后都会采用问卷调查的方式了解学生对这种教学改革的看法和建议。每次调查的结果都显示,有 85% 以上的学生表示喜欢"翻转课堂"这种教学方式,85% 以上的学生认为愿意在"数据结构"课程中继续实施"翻转课堂"教学模式,等等。

(四)体会

如何能让学生在课前愿意投入时间认真完成课前的自主学习任务? 又如何能在课堂中有效组织教学? 这是"翻转课堂"有效教学要解决的两个主要问题。要解决这两个问题不但要求教师有扎实的专业功底,而且要求教师愿意投入精力——投入精力做有吸引力的教学视频等资源,投入精力了解学生的课前学习情况和参与学习交流的情况,投入精力精心做好课堂教学设计,以保证线上、线下学习的效果最大化。

总之,教学有法,但无定法。只要教师能与时俱进、潜心教学、敢于创新、愿意投入,"翻转课堂"教学一定能促进师生互长,一定会给师生带来不错的教与学的体验。

作者简介

刘小晶,女,教授。自 2004 年调入嘉兴学院后就一直负责"数据结构"课程的建设,对课程的教学进行了一系列的教学改革,完成了 4 项省级相关教学改革或建设项目,在 CSSCI 期刊上发表过相关教改论文 3 篇。

"翻转课堂"
示范性
教学视频

基于 SPOC 的"翻转课堂"教学改革与实践

顾 国 松

嘉兴学院数理与信息工程学院

一、课程基本情况

进行"翻转课堂"教学的课程是"C 语言程序设计",共 3 学分。课程性质是通识课,使用的教材是贾小军主编的《C 语言程序设计》(人民邮电出版社 2014 年出版)和顾国松主编的《C 语言程序设计实践教程》(人民邮电出版社 2014 年出版)。

本课题的教学改革对象是 2014 级的高分子材料专业、2015 级的材料类 155～158 四个班级和 2016 级的材料类 161、162 两个班级,共进行 3 轮教学改革。课程学时数是 64 学时(理论 32 学时、实验 32 学时),进行全翻转教学。

在 3 轮的教学改革过程中,因为第三方教学平台的建设原因,本课题教学实践依托的平台有智慧树网、超星尔雅和移动化教学的蓝墨云班课。

二、教学改革背景与思路

(一)教学改革背景

教育部发布的《教育信息化十年发展规划(2011—2020 年)》中要求将先进的信息技术与大学课堂深度融合。为了实现"深度融合"的目标,高等学校教学不能停留在简单的技术呈现上,而是需要融入新的教学理念、新的教学模式和新的学习方式,这将是今后高等教育教学改革创新和提高质量的有效途径之一。

SPOC 是由 UC Berkeley 的 Armando Fox 提出的概念,也被称为"后 MOOC 时代",它相对于 MOOC 更加适合本地化教学。将 SPOC 的小众化、集约化和在线化的特点与 FCM(翻转课堂)结合起来设计丰富的课堂教学活动,能够提升学生的专注度和参与度,实现以学生为中心的教学,满足个性化、多样化的学习需求,培养创新思维。SPOC 是高校应用教育技术完成其使命的现实路径,也是在线教育在高校校园教育中的真正价值所在。

近两年来,嘉兴学院开始建设应用型大学,以培养学生运用理论知识提升实践创新能力为教学目标,更加需要实现理论教学与实践教学的融合与统一。而传统工业化的教学方式已经不能满足学校转型与发展的需要,因此必须构建"以学生为中心"的教学模式,实现个性化教学,培养学生利用各种教学资源完成自主学习,增强学生独立思考和合作交流的能力,使其成为真正具备创新性的应用型人才。

(二)教学改革思路

教学改革的思路是:利用现代教育信息技术和"翻转课堂"教学理论,重构教学内容,自主设计开发教学微视频,设计适合自主学习的教学内容、教学活动和适合研讨的教学案例,设计符合过程性考核的指标和实施方法。选用合适的教学平台和工具,构建符合移动化学习的环境,最后对"翻转课堂"教学设计进行总体规划,最终形成基于"SPOC+FCM"的混合式教学模式。

三、"翻转课堂"教学设计

(一)"翻转课堂"整体设计

构建了四个阶段的"SPOC+FCM"混合式教学模型的课堂整体设计如图1所示。四个阶段分别为课前自主学习、课中课堂教学、课后总结实践和上机成果验证。每个教学实践阶段划分为三个层次,分别是教学活动与教学主体层、知识建构层和技术支撑层,由此构成了"T(4)+A(3)"模式,即时间(time)四阶段和活动(activity)三层次。

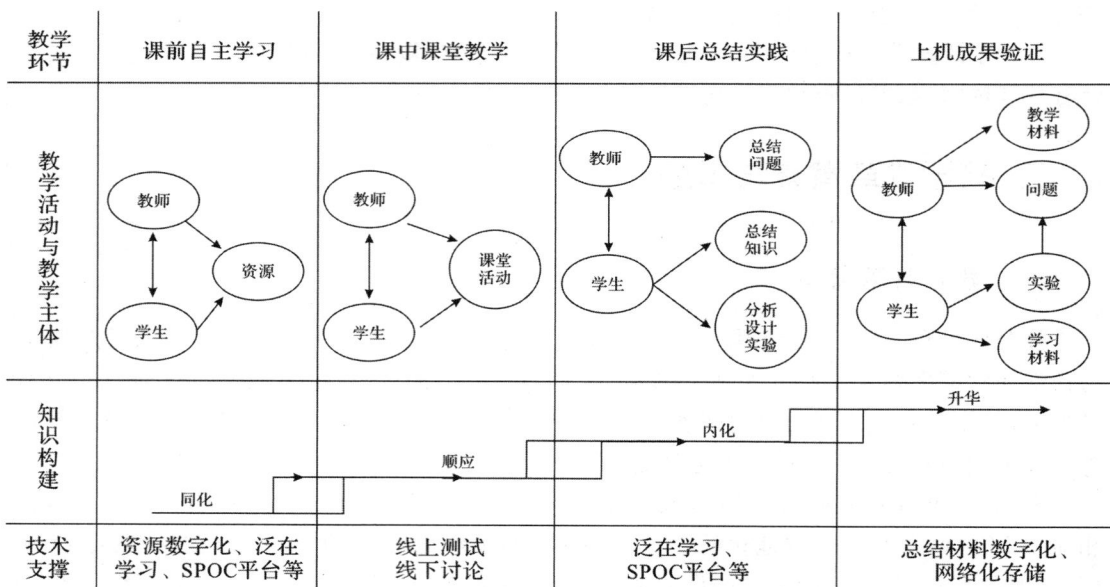

图1 "翻转课堂"整体教学设计

（二）"翻转课堂"教学设计（2 课时，见表 1）

表 1　"翻转课堂"教学设计

章节	第 3 章 第 4 节	教学内容	极值问题	课时/类型	2 课时/理论

（1）学习内容分析

①本节内容是教材第 3 章第 4 节综合运用的教学内容

②学习本节内容的前提是需要学习者掌握三种基本循环结构，具有循环分解问题的概念

③本节内容是后续排序算法的理解基础

④重点：分析现实问题，设计极值问题算法流程

⑤难点：多个极值问题的设计，采用单循环还是多层循环结构

（2）学习目标分析

①理解和掌握设计单层极值问题，对循环问题的理解更加深入

②掌握分析具有多层循环和多极值的现实问题，培养循环处理数据的思维

③体会对问题分析求解，设计算法流程和编写代码，解决问题所带来的愉快体验

（3）学习者特征分析

①课前通过对循环结构和循环案例的总结，掌握循环结构的运行流程

②提前根据教师布置的学习任务单学习教学微视频，并完成布置的简单程序设计任务

③对于极值问题有初步的了解

（4）课前任务单设计

①学习者在 SPOC 平台完成观看布置的学习视频，并完成视频弹幕题

②理解并独立编写视频中讲解的程序

③讨论或独立完成课前布置的程序分析、设计和代码编写

④对于学习过程中不理解的难点做好笔记，在平台或教学群提出

（5）课堂任务设计

第一节课：

①（约 25 分钟）学生讲课提问环节：分 2 个小组演示和分享学习成果

根据课前布置的任务，学生讲解本小组如何分析问题，给出程序设计算法，并给出程序代码。听课同学或教师对讲解的内容提出疑问或不同的设计方法。学生分享在学习中遇到的困难，以及解决困难的思路，最后教师做简单的梳理和总结

②（约 10 分钟）对循环结构的基本知识进行在线测试（约 10 分钟），对测试结果进行分析，讲解错误率较高的试题

第二节课：

①（约 30 分钟）分组案例讨论：公司尾牙活动抽奖设计

分组讨论过程中，教师巡视教室，对每一个小组进行观察，回答学生提出的问题，引导学生讨论的方向，对学习薄弱的小组进行详细指导，对遇到困难的学生进行个别辅导和鼓励

②（约 15 分钟）教师给出案例分析要点和参考程序代码，并对代码难点进行分析解释

③课后安排：要求学生对案例进行总结，修改完善小组代码，并准备好实验课任务

续　表

（6）教学反思
①课前的教学内容视频是否需要增加，设计的案例是否够明确，难度是否适中？ ②自主学习中的辅助资料是否能提高学习效率？测试题是否还需要细化？ ③课堂教学过程中，学生普遍的困难在哪里？是否具有共性？个别学生是否需要安排课外辅导？

四、"翻转课堂"具体实施

（1）分析教材，课程教学实际情况和学生的实际学情：学习能力、学习动力、学习方式和学习背景等。分析教学环境、教学设备、政策支持等因素。

（2）根据知识点构造教学资源：微视频、微练习、讨论案例、测试案例。

（3）选择 SPOC 教学平台：课题使用过智慧树网、超星尔雅和蓝墨云班课教学平台，分三次建设移动教学平台，建设 SPOC 课程。

（4）设计"翻转课堂"教学模型，设计课堂教学活动，构建过程性考核指标和综合考核方式。引导学生学习思维和学习方式的改变，引导和激励学生转换学习方法，让学生逐步适应和喜欢上"翻转课堂"教学模式。

（5）根据构建的教学模型，将教学过程分为课前自主学习环节、课堂交流讨论环节、课后总结深化环节和实验准备环节。

（6）每个环节都按照图 1 所示的教学模型实施教学。营造和谐有趣的学习环境，培养学生自主学习能力、问题分析能力和思辨能力。

五、取得成效分析与体会

（一）课程资源建设成效

（1）教学微视频 60 讲（首轮），涵盖所有教学章节。每个微视频设计的原则是不超过 10 分钟，短小精悍，直接切入主题。视频讲解维持动态性，保持讲解的亲和度，便于学习者保持关注度。

（2）习题库：完成精选选择题 280 个，程序设计题 100 个。每个章节都配备丰富的案例，自主设计开发的案例 8 个，综合大型案例 1 个。

（二）教学效果分析

1. 自我效能感问卷调查分析

（1）与传统模式相比，"SPOC＋FCM"模式是否提升学生学习能力？从表 2 可见，整体上在三轮教学实践中，与传统教学模式相比，实验组学生对于自身学习能力的提升是表现出高度认可的，认可度分别达到 82.61％、78.00％ 和 88.89％。

表 2　学习能力调查

组别	极大提升	较大提升	稳步提升	不清楚
2014 级	23.19%	36.23%	23.19%	17.39%
2015 级	16.00%	44.00%	18.00%	22.00%
2016 级	20.00%	37.78%	31.10%	11.11%

（2）是否愿意接受"SPOC＋FCM"教学模式？表 3 的调查主要关注学生是否增加学习的主动性。从表中的数据可知，不愿意（被动参加）目前的教学方式分别占比 11.59%、8.00% 和 4.44%，这也证明了教学改革能够有效地改变学生的学习热情。

表 3　学习意愿调查

组别	很愿意	愿意	不愿意	无所谓
2014 级	27.54%	53.62%	11.59%	7.25%
2015 级	32.00%	46.00%	8.00%	14.00%
2016 级	37.78%	48.89%	4.44%	8.89%

（3）学习效率是否有提升？表 4 显示三年的实验班分别有 49.27%、42% 和 46.47% 的同学认为与传统的教学模式相比学习效率有了较大提升。从实践来看，学生前半学期学习压力较大，一旦掌握了自主学习方法、提升了学习能力，后半学期较为轻松，特别是在期末考试复习阶段，不用再像传统教学模式时一样死记硬背。

表 4　学习效率调查

组别	极大提升	较大提升	稳步提升	没影响	效率低
2014 级	10.14%	39.13%	44.93%	2.90%	2.90%
2015 级	8.00%	34.00%	46.00%	10.00%	2.00%
2016 级	11.11%	35.56%	44.44%	8.89%	0.00%

2. 期末成绩 t 检验分析

我们将实验组和对照组的考试成绩进行 t 检验分析，包括 5 种题型和总分，具体数据如表 5 所示。由表 5 可知，两组数据在选择题和操作题的得分上均没有显著性差异。而在改错题、填空题、编程题和总分上，实验组和对照组有显著性差异，说明在这四个方面实验组的总体成绩样本数据均优于对照组数据。

表 5　2015—2017 学年实验组与对照组考试得分独立样本 t 检验

项目		列文方差相等性检验		平均值相等性的 t 检验	
		F	$Sig.$	t	$Sig.$（双侧）
选择题	已假设方差齐性	0.0224	0.8811	0.0055	0.9956
	未假设方差齐性			0.0054	0.9957

续表

		列文方差相等性检验		平均值相等性的 t 检验	
		F	$Sig.$	t	$Sig.$（双侧）
操作题	已假设方差齐性	4.4625	0.0353	−1.2187	0.2237
	未假设方差齐性			−1.1642	0.2456
改错题	已假设方差齐性	17.1741	0.0000	2.8412	0.0047
	未假设方差齐性			3.0400	0.0026
填空题	已假设方差齐性	2.0842	0.1496	3.3983	0.0007
	未假设方差齐性			3.5271	0.0005
编程题	已假设方差齐性	5.6380	0.0180	4.6171	0.0000
	未假设方差齐性			4.8088	0.0000
总分	已假设方差齐性	3.5234	0.0612	3.0804	0.0022
	未假设方差齐性			3.2093	0.0015

改错题、填空题和编程题对知识的掌握程度要求比较高,特别是编程题最能体现学生的学习能力、问题分析与求解能力。就以上三个单项得分而言,实验组和对照组具有良好的显著性差异,特别是编程题得分差异显著,这说明传统教学在培养学生深化知识、问题分析与解决的能力上没有"SPOC＋FCM"教学模式有效,差异很显著。

3. 等级考试成绩统计分析

观察学生在学习 7 周左右的 C 语言课程后,自愿参加浙江省二级考试的人数和效果。目前二级考试全校低年级报名率为 1.18%,而实验组占报名总人数的 50%,对照组无人报名。这反映出实验组学生因为参加"SPOC＋FCM"教学模式而变得更加自信,具备自我激励的学习热情和主动性,同时也取得了非常好的成绩,体现出自己掌握学习进度的个性化学习特征。具体成绩情况如表 6 所示。

表 6 实验组 C 语言等级考试情况

组别	考试人数	及格人数	及格率	全校历年及格率
2014 级实验组	41	28	68.30%	41.32%
2015 级实验组	25	20	80.00%	43.54%
2016 级实验组	26	21	80.77%	45.62%

六、课程视频资源及访问方式

（1）进入东西部高校联盟智慧树网 MOOC 教学平台,点击运行中的课程即可:http://passport. zhihuishu. com/login? service ＝ http％3A％2F％2Fonline. zhihuishu. com％2FonlineSchool％2F。

（2）进入嘉兴学院在线学习中心，利用图书馆后台管理身份可以查看课程信息（联系图书馆），或由任课教师将评审老师设为助教或学生身份。

（3）安装蓝墨云班课 App，注册用户，加入课题，可以查询视频资源和部分线上移动教学活动（不显示线下的活动信息）。

作者简介

顾国松，长期从事计算机通识课程的一线教学与研究，教学效果优良，获得专家和学生的一致认可。曾获得 1 项校级教学优秀奖、4 次教学技能优胜奖和微课教学二等奖等，是嘉兴学院首位对课程进行全翻转教学的教师。从 2014 年开始尝试"翻转课堂"教学实践，至今分别主持了院级、校级和省级"翻转课堂"教学研究与实践项目 3 项，主持浙江省教育规划课题 1 项，并主持建设校级在线精品课程"C 语言程序设计"，主编新形态教材 1 部，撰写教学改革专著 1 部。

"翻转课堂"
示范性
教学视频

基于 SPOC 的高校大班公共课"翻转课堂"教学模式

邹海雷

中国计量大学理学院

一、课程基本情况

课程名称:概率论与数理统计。

课程学分:3。

课程性质:公共基础课。

面向年级:理工科大二学生。

使用教材:《概率论与数理统计》,学校自编教材,高等教育出版社 2016 年出版。

已开展教学实践情况:2 轮,约 40 学时。

依托在线教育平台:浙江省高等学校精品在线开放课程共享平台。

二、教学改革背景与思路

(一)大学公共课现状分析

我国目前的高校课堂现状不容乐观。尤其是大班公共课,少则七八十人,多则一两百人,最大的优点就是解决了高校扩招带来的师资严重短缺的问题,但也暴露出了很多缺点:(1)教学方法单一,缺少交流互动;(2)考核方式单一,缺少过程性考核。

(二)大班公共课程开展"翻转课堂"教学所面临的困难

目前,国内高校越来越多的课程开始了"翻转课堂"的探索与实践,其中,也有不少课程已经取得了显著效果。但是,大多是小班的专业课,鲜有在大班公共课中开展。究其原因,主要有以下几条:(1)人数太多,不宜翻转;(2)资源(SPOC 平台等)缺乏,不好翻转;(3)教师教学技能不足,不易翻转。

既然大班公共课开展"翻转课堂"会面临这么多的困难,那么应如何应对呢? 我们提出了基于 SPOC 的高校大班公共课"翻转课堂"教学模式,并且已在中国计量大学的大班公共课上成功完成了教学实践,取得了良好的教学效果。

三、"翻转课堂"教学设计

(一)总体设计

翻转学习本质就是学生在课下对以微课为主的教学材料进行自主学习,课上则在教师的指导下完成提问、讨论、作业等协作学习和深度研讨等活动的学习方式。根据这一特点制定每次课的具体课堂安排,如表 1 所示。

表 1　课堂具体安排

典型的传统数学课 (2 学时＝90 分钟)			翻转后的数学课 (2 学时＝90 分钟)		
课堂安排	时间	完成主体	课堂安排	时间	完成主体
复习、作业评讲	15 分钟	教师	导入	5 分钟	教师
			提问	10 分钟	学生
讲授新课	75 分钟	教师	分组交流 互动讨论 探究学习	40 分钟	学生
布置作业(课后完成)			完成作业	35 分钟	学生

具体讲,将 90 分钟的数学课堂分 4 个部分:

第 1 部分,导入新课。针对每节课的教学内容,精心设计,可以通过一个有趣的故事或者一个生活中的实际问题、其他一些与本节课相关的素材等来引出这节课的主题,引起学生的兴趣,激发学生的求知欲。

第 2 部分,复习、提问。学生在课前已经进行了基于微课的自主学习,这里,简要复习微课内容。

(1)随机抽查一位学生回答:课前通过微课学习了什么内容? 有没有掌握? 遇到什么问题? 教师将问题罗列在黑板上,并对学生的表现进行评分。

(2)请其他有问题的学生也提出问题,教师将问题一同罗列在黑板上。

第 3 部分,交流讨论,探究学习。

(1)对学生提出的问题进行探讨,并请掌握的学生给予解答。

(2)教师提出几个知识点的相关问题,请学生讨论、回答。

自愿回答和教师抽答相结合,让每位学生都积极思考,参加讨论。

第 4 部分,完成作业。

教师布置作业,学生在课堂上完成。做作业期间,允许学生前后相互交流,但禁止直接抄袭。在这个过程中,教师及时观察学生们的解题情况,发现问题,可以和学生面对面地探讨交流。也可以让一些解题比较有特点的学生(可以是对的也可以是错误的)将方法写在黑板上,大家一起来讨论。

通过这样的课堂安排,让学生由以往被动的受教者转变成和教师平等的学习者,从单一的接受知识到自主学习知识、探索新点、创新方法、讨论疑问等多角度学习,充分调动了学生的学习积极性,提升了学生在课堂上的主人翁意识,使学生能够积极参与到学习过程中。

(二)2 学时具体设置

所属学科:理学数学类。

课程名称:概率论与数理统计。

适用对象:学校理工科类各专业学生。

授课题目:极大似然估计原理及其应用。

授课类型:公共基础课(必修)。

教学背景:"极大似然估计原理及其应用"一课是属于中国计量学院理工科类学生必修的公共基础课"概率论与数理统计"中的一节内容。

教学目的:使学生掌握极大似然估计的思想、原理,以及在生活实际中的灵活应用。

教学重点:(1)极大似然估计的思想;(2)极大似然估计原理。

教学难点:如何引导学生将估计原理用到参数的极大似然估计中,进而解决一些实际问题。

教学方法:教法主要采用布疑激趣法、问题探究法和讲解点拨法三种。根据我的教法,结合学生的特点,确定学生的学法为问题学习法、自主探究法、学练结合法。

教学安排如表 2 所示。

表 2　教学安排

教学步骤	教学内容	设计意图
导入	西湖十景之一"花港观鱼"中到底有多少条鱼呢?	通过一段漂亮的视频画面,吸引学生的眼球,迅速让学生进入课堂。然后再自然地将问题抛给学生,从而引起学生的思考,激发学生的求知欲。引出本节课的主题:极大似然估计(5分钟)
复习、提问	1.请一位学生简述微课的主要内容,并提出自己的疑问 2.请其他同学提出自习过程中的疑问 3.教师提问: (1)极大似然估计是谁先提出的? (2)估计的思想是什么? (3)具体步骤? (4)与矩估计比较,优缺点是什么? (5)如何估计"花港观鱼"中到底有多少条鱼? 将以上问题罗列在黑板上	对微课内容进行简要复习,教师提出几个问题,学生也可以提些课前自习时碰到的疑问。以此检查学生课前的完成情况,并给学生的回答进行评分,激励学生积极思考、积极提问(10分钟)

续　表

教学步骤	教学内容	设计意图
分组讨论，互动交流	讨论问题： 1.按小班教室座位分成8组，每组4人 2.就以上问题展开讨论、交流 3.教师根据课堂情况，适时进行引导、点拨，促进学生积极思考，并对学生的答题情况给予评分	自愿回答和教师抽答相结合，个人回答和分组讨论相结合，让每位学生都积极思考，参加讨论。最后，通过解决实际问题，让学生感受数学知识的实用（40分钟）
完成作业	布置作业（课堂完成）： 选择2道典型的估计问题，检验学生是否掌握	在这个过程中，教师及时观察学生们的解题情况，发现问题的可以和学生面对面地探讨交流（35分钟）

四、"翻转课堂"具体实施

(一)组建团队，协同合作

团队成员信息如表3所示。其中，校级教学名师1人，教坛新秀3人，获有"教师教学优秀奖"（4项）、"我最喜爱的教师"（2人）、"最美教师"（1人）等荣誉。团队教学水平突出，配合默契，通过分工合作，大大提高了工作效率，为反转课堂的顺利开展提供了强有力的保障。

表3　团队成员信息

姓名	性别	出生年月	职称	工作单位	分工
王义康	男	1976.6	副教授	中国计量大学	调研、上课
何满喜	男	1959.11	教授	中国计量大学	论文指导
孟艳姣	女	1983.4	讲师	中国计量大学	调研、上课
王成	男	1980.6	讲师	中国计量大学	上课
许如星	男	1976.3	副教授	中国计量大学	上课

(二)抓住机遇，创建 SPOC

2016年10月课程正式获得浙江省级精品在线开放课程立项。目前，省级共享平台已经非常完善，学习功能强大，支持手机App，学生能够更加方便、有效地完成课前的自主学习，从而为"翻转课堂"的顺利实践奠定坚实的基础。

(三)大班授课，小班讨论

针对大班公共课，我们采用"大班授课，小班讨论"的教学模式。根据课程内容，选择三分之二左右的课时采用大班授课，以教师讲授为主。三分之一的课时采用小班讨论，即将

大班拆成几个小班,由团队几位教师同时上课,开展"翻转课堂"的教学实践。实例如下:

概率论与数理统计 A 大班授课、小班讨论计划表

学期:2016—2017(1)。学时:48。小班讨论学时:20。

班级:15 自动化 1(35 人),15 自动化 2(36 人)。

人数:71 人。

小班数:2 个。

小班讨论课安排表如表 4 所示。

表 4　小班讨论课安排

序次	日期	周次	节次	内容	班级/教室/教师
1	9.14(周三)	1	5、6	1.2 概率的定义及性质	(1)班/B305/邹海雷
					(2)班/B306/王成
2	9.16(周五)	1	1、2	1.3 古典概率模型	(1)班/A406/王成
					(2)班/A405/邹海雷
3	9.21(周三)	2	5、6	1.5 独立性	(1)班/B305/邹海雷
					(2)班/B306/王成
4	9.27(周二)	3	3、4	2.2 离散型随机变量	(1)班/A406/孟艳姣
					(2)班/A405/邹海雷
5	11.8(周二)	9	3、4	2.8 随机变量的独立性	(1)班/A405/邹海雷
					(2)班/A406/王义康
6	11.11(周五)	9	1、2	3.1 期望	(1)班/A405/王义康
					(2)班/A406/邹海雷
7	11.15(周二)	10	3、4	3.2 方差	(1)班/A406/许如星
					(2)班/A405/邹海雷
8	11.18(周五)	10	1、2	3.3 协方差与相关系数	(1)班/A405/邹海雷
					(2)班/A406/许如星
9	11.29(周二)	12	3、4	5.1 点估计	(1)班/A406/邹海雷
					(2)班/A405/孟艳姣
10	12.2(周五)	12	1、2	5.2 估计量的评选标准	(1)班/A405/王成
					(2)班/A406/邹海雷

(四)考核方式,合理调整

本学期课程总成绩=卷面考试成绩(50%)+平时成绩(50%)。

平时成绩=反转课堂表现分(20%)+省精品在线课程分(60%)+书面作业(20%)。

其中,精品在线课程的成绩由四部分组成:(1)视频观看,共占 20%;(2)作业,占 20%;(3)

测试,占 20%;(4)考试占 20%;(5)论坛发帖,占 10%;(6)笔记:占 10%。

教师根据课程特点和学生情况,合理分配各项比重,充分激发学生在平时学习中的自觉性和主动性,真正让学生从以往被动地接受知识转变为主动地获取知识,将学习的主动权归还给学生,使学生能够积极参与到学习过程中。

五、取得成效分析与体会

(一)学生成绩的变化

学生成绩变化对比如表 5 所示。

表 5 学生成绩变化对比

项目	实验班(15 自动化 1,2)	普通班(其他专业班)
平均分	72.07	70.21
不及格率	4.17%	6.24%

成绩对比显示,参加"翻转课堂"实验班学生的学业平均成绩略高于普通班,不及格率略低于普通班,但差异不是特别显著。这恰恰是由于"翻转课堂"重点关注的是过程中的能力变化,而非纸面上的解题技巧。所以,学生的应试能力提升不太显著,但他们的思维能力、表达能力、合作能力都得到了很大提升。

(二)学生兴趣的变化

"翻转课堂"的教学形式受到了学生的喜爱。师生普遍反映,学生的学习兴趣增加了。这是一个非常可喜的变化。以往数学课,很多学生上课会走神,玩手机、刷微信、打瞌睡等十分常见,有些甚至直接旷课。现在,每个学生都参与其中,积极提问,一起交流、探讨、解决问题,学生都觉得非常有意思,这使他们重新收获了学习的乐趣,课堂到课率达 100%,课堂抬头率达 100%。调查问卷显示,有 86%的学生认为"翻转课堂"使自己对课程的学习兴趣有明显提升。

(三)思维能力的变化

在"翻转课堂"教学实践中,无论是课前的线上交流,还是课堂上面对面讨论,学生都有较充足的时间做准备,因而思考也更深入和全面。为了更好地调动积极性,规定线上的发帖提问一旦被教师认定为精华帖,将会获得平时分的奖励,这样能促进学生提出很多有深度和广度的问题,讨论也更为激烈。团队教师一致感觉:"学生的问题更多了,思考更深入了。"调查问卷显示,有 87%的学生认为自己比以前有了更多的思考。

(四)表达能力与合作能力的变化

学生学习不仅是认知水平的提升,更重要的是在个人品性、创新精神以及实践能力等方面获得了发展。学生在课堂内外的分组交流,合作探讨,使得学生的表达能力和合作能力都得到了相应的发展,这正是以往的课堂最欠缺的。通过调查问卷显示,有 75% 的学生认为自己比以前更善于表达了。

作者简介

"翻转课堂"
示范性
教学视频

邹海雷,曾获中国计量大学"教坛新秀""我最喜爱的老师""优秀共产党员""教师教学优秀奖"等荣誉。主要教学成绩有:(1)浙江省青年教师教学技能竞赛一等奖;(2)浙江省高校教师教育技术成果评比一等奖;(3)全国首届数学微课竞赛华东赛区特等奖,决赛二等奖;(4)2015 年曾受邀在浙江省本科院校"翻转课堂"与混合式教学研讨会上做了小组讨论报告,受到省内专家、同行的认可;(5)主持浙江省精品在线开放课程 1 门;(6)近些年发表教改论文 10 余篇,主持省级教改课题 2 项,校级课题 2 项;(7)合编教材 1 部;(8)校级教学成果一等奖 1 项(第一);(9)主持校级重点建设课程"大班上课,小班讨论"。

基于慕课的"翻转课堂"引导建构式学习

——以"果实的发育与结构"为案例

蔡 冲

中国计量大学生命科学学院

一、课程基本情况

课程名:植物生物学,2010 年获得浙江省精品课程,2016 年获得浙江省首批精品在线开放课程;3 学分,48 学时,专业基础课、必修课;面向生物工程、生物技术、动植物检疫等专业开设,每年有 4 个教学班约 120 名学生。使用教材:《植物生物学》,朱诚主编,北京师范大学出版社 2012 年出版,浙江省普通高校"十三五"首批新形态教材。自 2014 年开始受浙江省高等教育课堂教学改革项目"植物生物学课大班授课小班讨论与课内外互动模式的探索及实践"(kg2015166)资助,已开展"翻转课堂"教学实践 4 轮,约 28 学时,依托于"浙江省精品课程网站 http://zwswx.jpkc.cc/"和"浙江省精品在线开放课程共享平台 http://zjedu.moocollege.com/"开展实践。

二、教学改革背景与思路

目前,高等教育过程多以教师课堂讲授、学生被动接受的单向知识灌输模式为主,这种模式随着高校扩招计划的实施及社会对人才需求量加大而凸显弊端。为了进一步提高教学质量,课堂教学模式改革成为重点:"翻转课堂"是近几年推出的一种新兴教学模式,强化了学生的中心地位,体现了深度学习的思想,彰显了混合式学习的优势,推进了个性化学习的实践,现已逐渐引入实际教学过程中,具有良好的实施效果。

教育信息化带动教育现代化已成为全球教育改革与发展的共识。互联网能为学习者提供海量的教育资源。科学建设并利用好在线教育资源,不仅能满足学习者个性化学习需要,还能促使全社会更新教育观念,创新育人手段。"翻转课堂"模式,探索了现代信息技术与教育的全面深度融合,以信息化引领教育理念和教育模式的创新,充分发挥教育信息化在教育改革和发展中的支撑与引领作用。

"翻转课堂"从"先教后学"向"先学后教"的翻转,充分体现了"以学生为中心"的理念以及建构主义的基本思想,翻转了传统教学结构、教学方式和教学流程,创新了教学方式与学习方式。由此,教师实施"翻转课堂"面临着教学理念、知能结构、角色定位以及工作负荷等方面的现实挑战。

基于慕课的"翻转课堂"引导建构式学习,学生实现了从"被动、依赖、统一、虚拟与认同"的传统学习方式向"主动、独立、独特、体验与问题"的现代学习方式的转变;学生对知识的理解比以往更加深刻,实现了学生在作业、课堂任务、实验和考试等诸方面对自己负责。基于慕课的"翻转课堂"有利于培养和提升学生的创新能力、独立思考能力、学习能力和执行能力。

三、"翻转课堂"教学设计

"翻转课堂"实现了学生个性化的发展、创新思维的培养和教师身份的转换,是一种全新的教育理念和模式。慕课作为一种先进、新颖的教学资源,在一定程度上推进了"翻转课堂"的形成和发展。

(一)总体设计

"植物生物学"依托于浙江省精品在线开放课程共享平台 http://zjedu. moocollege. com,目前有 63 个微视频,总时长约 770 分钟,包括 75 个知识点、60 个讨论主题、122 道测验和作业,构建了多个学习通道(教材、课件、视频、习题、讨论通道),充分体现了优质资源的共享,建设了具有学校特色的慕课资源。

"植物生物学"基于慕课的"翻转课堂",重构了学科专业知识与能力框架,支持学生建构式学习:整合优化、系统重构植物生物学课程体系,构建体系化的慕课资源;将不同层次(分子、细胞、组织、器官、个体、生态系统)和分支学科(形态、解剖、生理、分类及环境等)内容有机融合,设计了五个知识模块,避免与后续课程重复;注重与粮食、能源、环境、生物多样性等问题紧密联系,结合各个模块融入前沿动态,支持学生建构式学习与创新能力培养。

"植物生物学"基于慕课的"翻转课堂",以学生预期学习成果为目标,整体开展教学设计,优化课堂与在线学习内容、方法与策略,建设学习资源,支持课堂学习与在线学习的深度融合,集"慕课、大班授课小班讨论、竞赛式教学"于一体。

(1)大班授课:采用慕课、"翻转课堂",引入案例及鲜样、动画仿真等直观化教学,讲解难点、疑点以及知识要素与体系。

(2)小班讨论:5~6 人/组,围绕"知识难点、应用实例与社会热点",学生自主选题、查阅文献、总结归纳、开展小组讨论。

(3)竞赛式教学:在此基础上将竞赛式教学迁移到课堂中,把小班讨论内容以竞赛形式呈现,在教师主导下让学生围绕主题开展公开答辩与评分,有效引燃学生的活力,既完成教学内容又培养学生的参与意识,锻炼学生的表达与应答能力。

"植物生物学"基于慕课的"翻转课堂",引导学习方式变革,促进自主学习与交互学习。课程的慕课资源为学生在网络平台上提供了课程学习的全部环节,学生可以按照课程进程规划,通过自主的学习、研究、互动讨论获得知识。"翻转课堂"结合多种实践方式,促进交互学习,如师生互动与生生互动、小组创新式学习、O2O 学习等。

基于慕课的"翻转课堂"可帮助学生制订个性化方案,引导深层次学习。"植物生物学"构建的慕课资源,学生根据兴趣、专业特色与知识需求,可以任意选择自己感兴趣的慕课资源,安排自己的课程学习方案,从而能引导与发挥学生特长,实现以学生兴趣为牵引、提高学习积极性和创新实践能力的目标。

(二)其中 2 学时具体设计

"果实的发育与结构"基于慕课的"翻转课堂"引导建构式学习。学生在课外自主学习慕课,包括观看微课视频,完成作业和进行课中的测评、讨论、交流、展示、评价等活动。

课前丰富的在线课程让学生的学习完全自主,例如微课"花的组成与形态""开花、传粉与受精""果实的发育与结构""果实的成熟与调控"等,习题自测,完成知识传授。

课中学生可选择参与课堂合作探究活动,通过师生之间和生生之间的讨论、交流、评价等学习活动发展高级思维能力。比如,寻找不同植物果实特征共同性的知识联结点(果实来源、果实雌蕊数目、果皮性质),围绕节点知识组织课堂讨论与交流,完成知识内化。

四、"翻转课堂"具体实施

(一)教学背景

案例"果实的发育与结构"的主题:果实是被子植物有性生殖的产物和特有结构。被子植物的雌蕊经过传粉受精,由子房或花的其他部分(如花托、花萼等)参与发育而形成果实。此部分的知识点是学生掌握了"花的发育与结构"之后的内容。教学以学生预期学习成果为目标,整体开展教学设计,优化课堂与在线学习内容、方法与策略,建设学习资源,支持课堂学习与在线学习的深度融合,集"慕课、大班授课小班讨论、竞赛式教学"于一体。

(二)教学目标

教学目标:要求学生掌握果实的形成、结构与类型。通过课前观看微课、习题自测完成知识的传递;结合主题讨论、课堂实物解剖等方式,引导学生内化知识;课后检验评价,达到教学目标。

(三)教学内容及重点难点分析

教学内容以需要学生记忆和理解的知识点作为录制内容。本次课程的重点和难点是围绕"果实的发育与结构"这一核心内容,从果实的概念、花的结构回顾、果实的形成、果实的结构到果实的类型,将相关的基本内容层层展开并深入和拓展。

教学的主要内容包括:果实的概念;花的结构回顾;子房结构引出果实的形成;果实的结构,学习外果皮、中果皮、内果皮;果实的类型,学习不同分类依据;思考题。

(四)教学方法和过程

本案例在共享平台(http://zjedu.moocollege.com)上运行。教学采用"问题引导与微课学习"—"课堂讲授与学习讨论"—"问题解决与实践"的"翻转课堂"模式,重新组织课程教学。

1. 课前知识传授

由"花的结构发生哪些显著变化"导入慕课学习,让学生进行习题自测,完成知识传授;在微课学习过程中,教师设计任务单、学习要求、预习测验等导学案,使学生能够知晓学习要求和方法,同时讨论主题发布(各种不同结构特征的果实在生物学上有什么意义),引发学生思考;向学生提供 PPT、文档、图片等其他辅助教学资源,引导学习方式变革,促进自主学习与交互学习。

2. 课中知识内化

课堂上围绕观看过的"果实的发育与结构"视频进行,对"花的发育与结构"知识进行深化、拓展:通过子房结构,引出果实的形成,分析不同植物果实的发育方式,对比观察、推导果实的结构(外果皮、中果皮、内果皮)在不同植物中的特征;寻找不同植物果实特征共同性的知识联结点(果实来源、果实雌蕊数目、果皮性质),围绕节点知识组织课堂讨论与交流。

3. 课后检验评价

围绕讨论主题(各种不同结构特征的果实在生物学上有什么意义),结合文献检索、调查研究,同学们组成小组合作完成,教师为各个小组解答疑惑。小组内部总结收获,演示他们已经学到的内容,学生上讲台展示 PPT,或者同步地在线互动展示,进行组间交流;教师总结点拨,进行系统化梳理,开展多元化评价。

(五)教学特色总结

教师选择需要学生记忆和理解的知识点作为录制内容,如果实是被子植物有性生殖的产物和特有结构,教师对果实的形成、结构和类型 3 方面内容,层层展开讲解并深入和引导,向学生展示相关的基本内容;对已有知识进行深化、拓展,如引出果实的不同发育方式加以对比和分析,寻找不同果实特征共同性的知识联结点,探讨果实的类型。案例的内容可分为 3 个相对独立的部分(果实的形成、结构和类型);前两部分内容较多,但因教学采用"翻转课堂"模式,学生课前已进行相关阅读,所以该部分重在要点的提炼;果实的类型涉及知识的应用,内容较深,所以重在对学生进行启发。

五、取得成效分析与体会

基于慕课的"翻转课堂"引导建构式学习,学生课前可根据自身实际,自行决定何时学、何地学,可重看、跳看或暂停来思考问题,自主掌控学习节奏,有利于激发学生的学习热情。同时,学生可在大脑中建构起对知识的理解、实现渐进式的知识建构,在新旧知识、学科知识及多渠道信息之间建立起联系。课上,教师不再从事单向性的教学活动,重点通过引导学生参与知识分享、深入思考、个案研究等活动,促成学生深层次地思考与有意义地学习。

基于慕课的"翻转课堂"引导建构式学习,实现了线上—课堂深度融合、教室学习与网络学习相结合,完成了教学环境与教学资源的优化组合。课堂实施弹性的教学设计和安排,学习进度快的学生不受束缚,学习进度慢的学生亦可跟上,学生自主性得以充分发挥,推进了学生个性化学习的实践。

作者简介

蔡冲,女,博士,副教授,硕士生导师,浙江省新世纪151人才工程第三层次培养人员。主讲"植物生物学""植物细胞与组织培养"等课程,从事教育理念和教育模式的改革与创新工作。近年来,承担浙江省高等教育教学改革项目1项,浙江省高等教育课堂教学改革项目1项,浙江省精品在线开放课程"植物生物学"1门,浙江省普通高校"十三五"新形态教材项目"植物生物学""植物生物学实验"2项;获得浙江省高等教育教学成果奖二等奖1项,教育部教育管理信息中心第十五届全国多媒体课件大赛二等奖1项。

"翻转课堂"
示范性
教学视频

利用在线开放课程资源实施部分"翻转课堂"的实践
——以电类基础课程为例

赵伟强

绍兴文理学院机械与电气工程学院

一、课程基本情况

"电子技术 1""电路原理"是工科电类专业基础课。从 2011 年起,学校实施第一批课改项目,历经省课改项目、校精品在线开放课程等建设,为实施"翻转课堂"积累了比较的扎实基础,具体情况如表 1 所示。

表 1　课程基本情况

课程名称	课程学分	课程性质	开课学期	面向专业及年级	教学班规模(人)	"翻转课堂"学时	依托教学平台
电子技术 1	3.5	专业课	2015 学年第 1 学期	自动化 14 级	38	16	Elearning 系统
			2016 学年第 1 学期	自动化 15 级	65	16	
电路原理	4.5		2015 学年第 2 学期	自动化类 151	32	22	
			2016 学年第 2 学期	自动化类 163	31	24	
电子技术 1	3.5		2017 学年第 1 学期	自动化 161 电气 16 级	100	20	浙江省精品在线开放课程平台

二、教学改革背景与思路

(一)教学改革背景

当前我国高等教育需要利用先进的教育教学技术和更好教学方法和理念,切实提高教学质量。《浙江省高等教育"十二五"发展规划》提出"积极探索和实践教学模式改革,改进现有教学方法、手段和考核评价,从以教为主向以学为主转变,以课堂教学为主向课内外结合转变,以终结性评价为主向形成性评价为主转变"。

工科电类课程具有"听课似懂非懂、作业一做就错、动手束手无策"的特点。如果基于在线开放课程,用"翻转课堂"形式推动课堂教学模式创新,使在线开放课程找到了落脚点,那么"翻转课堂"就能找到最佳课前学习资源和讨论平台,解决电类课程教学中的困惑。

(二)教学改革思路

以"电子技术1"等课程为改革试点,以在线开放课程资源为教学内容,Elearning平台为教学环境,"翻转课堂"和PBL为教学方法,构建以学生为中心的教与学模式,实现价值塑造、能力培养和知识传授"三位一体"人才培养。

(1)碎片化的在线开放课程资源使得学生能在课前实现按需学习。以碎片化优质在线开放课程资源作为课前复习要求,理解能力强、认知速度快的学生可一遍学完;认知速度慢的学生可学习多遍,直至搞懂。经过碎片化后,每段视频一般为6~15分钟,有利于学生按需学习。

(2)学生课前预习知识超过一半以上且基本掌握后有利于开展"翻转课堂"。如果学生在课前预习中能掌握50%以上知识,有利于教师引导学生讨论难题的解题思路、工程问题的解决方法,安排学生设计有挑战性的项目等环节。教师可通过讨论分组竞争方式活跃课堂讨论气氛,推动课堂生生、生师讨论,实现"翻转课堂"。

(3)课程的形成性评价促使学生自觉学习和有效学生行为的发生。课程形成性评价构成如图1所示,其中与"翻转课堂"相关的内容占30%,比如,学生在课堂上提问、抢答和回答都有加分。形成性评价有效地施加学习压力,激发学习主动性,培养学生自主学习和合作学习能力,促使实际有效学习行为发生。

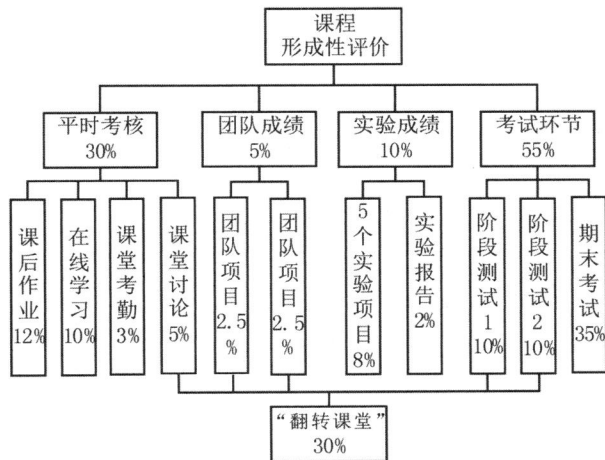

图1 课程形成性评价的构成

三、"翻转课堂"教学设计

(一)具体设计

以"运算放大器与线性运算放大电路"2学时教学内容为例,教学设计如表1所示。

表 1　"翻转课堂"教学设计

教学安排	布置任务及要求	电路图
课前预习	(1)观看在线开放视频。课前观看《运放简介》《基本线性运放电路》等微视频 (2)掌握基本的知识点。掌握运放电路模型,理解运放虚短路、虚断路概念,了解实际传输特性和理想传输特性,推导同相/反相电路的输入输出关系,理解加法/减法电路的基本知识 (3)完成规定课前练习。①完成网络教学平台在线测试;②求图 a 同相放大电路 U_o 和 R_i;③求图 b 反相放大电路 U_o 和 R_i (4)绘制电路仿真测试。①图(c)电路,采用 PSpice 直流扫描,观察运放实际传输特性曲线,并对仿真结果做必要分析;②图(a)电路,输入电压范围 0～2V,采用直流扫描,观察 U_o 随输入变化情况;③绘制图(b)电路,课堂上仿真分析	图(a) 图(b) 图(c)
课上讨论	(1)讨论概念与知识点。①实际运放 A_{uo}、R_i、R_o;②实际运放电压传输特性;③实际运放电路模型;④理想运放近似条件及传输特性;⑤虚短路/虚断路概念及应用 (2)讨论典型例题习题。①电压跟随器(见图(d));②带 T 形网络反相放大电路(见图(e));③利用求和电路实现 4 位二进制转换为十进制电路(见图(f));④利用叠加定理分析求差电路 (3)讨论实验注意事项。①实际运放工作电源设置及输出最大值;②输入信号幅值应保证运放工作在线性区;③平衡电阻对输出精度影响;④外电路电阻阻值选择 (4)讨论运放工程应用。①设计电压增益是学号后两位的同相/反相放大电路;②研究如何提高反相电路输出精度,平衡电阻阻值如何确定;③为什么要使用仪用放大器,有什么特点	图(d) 图(e) 图(f)

续　表

教学安排	布置任务及要求	电路图
课后学习	（1）总结课内讨论收获。根据课堂对知识点讨论，绘制知识点关系图，勾勒出各知识点之间的关系，总结所取得成果及存在不足，便于后期讨论时提出 （2）完成每周课后作业。完成课后练习2"运算放大器电路"纸质作业：图（g）所示同相加法电路，求U_o表达式并求值（用两种方法） （3）安排团队研究项目。设计团队项目，引导学生开展合作习和探究式学习，题目：设计用运放组成放大电路，性能指标为$A_u=100$，$R_i=10kΩ$	$R_f=70\ \mathrm{k\Omega}$ $R_1=5\ \mathrm{k\Omega}$ $R_2=50\ \mathrm{k\Omega}$　$U/1$ $R_3=25\ \mathrm{k\Omega}$　$U/2$ u_o 图（g）

（二）教学分析

教学分析如表2所示。

表2　教学分析

课　程	电子技术1	教学内容	运算放大器与线性运放电路
内容总学时	2	翻转学时	1

学习内容分析

（1）教学内容：实际运放/理想电路模型，主要参数和传输特性，同相/反相放大电路，求差/求和电路

（2）重点难点：集成运放电路模型及传输特性，虚短路和虚断路概念，利用虚短、虚断分析同相/反相放大电路，用叠加定理分析与理解求差电路，利用虚短、虚断分析求和电路

学习目标分析

（1）使学生掌握集成运放主要参数典型值、运放工作原理、运放传输特性

（2）使学生掌握用虚断路、虚短路分析同相/反相放大电路，求和/求差电路

（3）探索运放实际工程应用

课前任务分析

（1）观看运放相关2个微视频，完成在线练习

（2）预习运放简介、理想运放、基本线性运算电路章节内容

（3）设计课堂讨论话题，做好课堂交流准备

课上任务分析

（1）根据基于PBL重新制作的课件，讲授本知识点

（2）讨论运放典型例题、典型应用

（3）介绍反相放大电路中，平衡电阻能提高输出电压精度的原因

（4）利用叠加定理，分析求差电路并帮助理解电压增益结论

（5）利用"微助教"进行课堂考勤，下课前10分钟安排基于微助教的在线小测试

（6）引导学生课堂讨论，控制讨论进度，点评学生讨论结果

续　表

教学设计反思

（1）课前观看视频,预习并熟悉相关知识点(即预习质量)对"翻转课堂"重要性

（2）平台提供充足学生在线学习统计数据是制定"翻转课堂"实施方案关键

（3）课堂讨论质量、学生参与程度、教师全局把控能力是"翻转课堂"成功关键

四、"翻转课堂"具体实施

在"翻转课堂"中学生学习行为包括课前预习知识,课上讨论巩固知识,课后总结掌握知识,具体如表 3 所示。

表 3　"翻转课堂"具体实施

教学安排	教师角色	学生角色	依托资源
课前	（1）将教学平台操作:教学课件、微视频、在线测试题等资料上传到教学平台 （2）视频拍摄制作:到超星公司拍摄微视频,共同制作视频 （3）课件重新制作:基于项目驱动,重制适合在线开放课程和翻转课堂用教学课件,满足工程项目等讨论要求 （4）研究项目设计:设计与理论教学内容有机融合,贴近工程应用的研究项目 （5）练习内容编写:重新梳理与编写在线测试、课堂练习、课后作业、阶段测试等工作	（1）完成预习要求:利用在线开放课程资源,观看视频,完成在线测试等预习工作 （2）达成学习目标:掌握微视频等资源中一半以上的知识点 （3）准备讨论内容:总结出听不懂、看不懂的地方,准备分享学习成果与课堂讨论话题 （4）收集教学资源:寻找并收集与下一节课教学内容有关资料,知识拓展	在线开放课程
课上	（1）组织课堂讨论:控制时间进程,提出讨论话题,分析练习题并点评学生讨论结果等,提高对课堂全局把握能力 （2）安排项目汇报:针对布置研究项目在课堂上随机请学生汇报研究成果 （3）进行随堂考核:利用微助教、雨课堂等先进教育技术,当堂组织小测试,检验学习效果,施加学习压力 （4）安排测试环节:每学期安排 2～3 次阶段测试,检查学生阶段性学习效果 （5）上机软件仿真:不定期安排学生在课堂上机测试,当场检查知识点掌握度	（1）参与课堂讨论:以"生生"讨论和"师生"讨论,参与教学互动,回答学生与教师的问题 （2）参加各类测试:参加基于微助教的随堂小测试、阶段测试等 （3）上机实践操作:基于仿真软件,课上完成指定上机操作及电路项目设计 （4）研究项目汇报:分享项目分组探讨与研究过程中取得成果并分析存在的不足	微助教仿真软件

续　表

教学安排	教师角色	学生角色	依托资源
课后	(1)回复网上讨论:及时回复学生在讨论区中各类问题,解答学生疑问 (2)关注学习过程:登录在线平台,查看学生观看视频、在线测试、作业递交、讨论区发言、作业及阶段测试成绩,对出现问题及时发现并干预 (3)批改学生作业:及时批改学生各类作业,对共性问题尽早处理 (4)改进教学方式:改进教学及平台使用过程出现的问题	(1)总结讨论成果:总结课内讨论若干问题和知识点,绘制知识点关系图,复习并巩固知识 (2)参与网上讨论:讨论区中继续与同学和教师深入讨论相关问题 (3)完成各类作业:及时完成教师布置课后作业、在线作业等 (4)开展团队学习:小组成员讨论设计方案,完成理论推导、电路图绘制与仿真、结果分析并撰写报告	在线开放课程

五、取得成效分析与体会

(1)学生收获——激发探究热情。学生找回了被应试教育磨灭的探索热情,使其学习积极性显著提高。探究式学习、团队合作学习氛围逐渐养成,创新欲望和创新能力得到提升。学生收获的不仅仅是成绩,更重要的是素质和能力。

(2)教师收获——展现敬业精神。教师需要完成拍摄视频、重制课件、组织讨论、批改大量作业、讨论区回复等大量准备工作。学生对教师认可度、满意度比以往有很大提高。学生认可和满意是教师的荣誉感来源。

(3)课程收获——丰富课程资源。教师共拍摄 30 多个"电子技术 1"课程微视频,重新制作了基于 PBL 和适合在线课程建设与课堂讨论 30 多个课件,完成 12 份电子版课后作业和参考答案等,在线课程资源获得极大丰富。

(4)学生评价——支持翻转课程。线上线下学习气氛浓厚,师生互动交流明显增加,师生关系更加亲密,深受学生好评。近三年学评教成绩列学院前 1/5,学院第 1 名、第 2 名各 1 次。

(5)心得体会——做了该做的事。实施"翻转课堂"教学看似比传统课堂教学教师要投入更多精力与财力,且不计回报,但能使学生真正受益,能体现教师价值与职业素养;既辛苦又不容易,但干在实处,值得继续做。

作者简介

赵伟强,长期致力于课程教学模式的改革与实践,近六年主持省级教改及课改项目 2 项,厅市级教改项目 2 项,校级课程教学模式改革项目 4 项,校级精品在线开放课程 1 项;发表教学研究相关论文 5 篇;获市级教学成果一等奖 1 项,校级教学成果一等奖 3 项;被评为 2012 年校级示范课教师。

"翻转课堂"
示范性
教学视频

近五年获教学业绩考核 A 级 4 次，近三年学评教成绩列学院前 1/5，其中排名学院第一名 1 次，第二名 1 次。附获得的教学表彰/奖励：

获奖情况	授予单位	署名次序	获奖时间
校级"示范课教师"荣誉	绍兴文理学院	1/1	2012.12
"基于口袋式实验室的工科电类课程教学模式改革的研究与实践"，校级教学成果一等奖	绍兴文理学院	1/5	2016.4
"二级学院课程教学模式改革整体设计与实践探索"，市级高等教育教学成果一等奖	绍兴市教育局	3/5	2015.12
"工科学院整体推进课程教学模式改革的范式研究与实践"，校级教学成果一等奖	绍兴文理学院	2/5	2016.4

基于以教师为主导,学生为主体的"高等数学"课程"翻转课堂"实践

吴福珍

浙江水利水电学院基础部

一、课程基本情况

"高等数学(下)"是浙江水利水电学院面向一年级新生的公共基础课,学分为 4 学分,教学班规模为 80~90 人/班;使用的教材为同济大学数学系编的《高等数学》第七版下册(高等教育出版社 2014 年出版);已开展"翻转课堂"教学实践 2 轮,约 60 学时;依托在线教育平台为中国大学 MOOC 及 UMU。

二、教学改革背景与思路

(一)教学改革背景

自主学习能力是学生在学习活动中表现出来的一种综合能力。具有这种能力的学生有强烈的求知欲,善于运用科学的学习方法,合理安排自己的学习活动,善于积极思考,敢于质疑问难,在学习过程中表现出强烈的探索和进取的精神。培养学生自主学习的能力是素质教育的要求,也是人的全面发展的需要。促进学生自主学习意识、自主学习能力、自主学习习惯以及自主学习品质的形成是课堂教学改革的一个重要目的。

教育部发布的《教育信息化十年发展规划(2011—2020 年)》指出"以教育信息化带动教育现代化,破解制约我国教育发展的难题,促进教育的变革与创新"。实现教育信息化的途径与方法,是指要充分利用和发挥现代信息技术优势,实现信息技术与教育、教学的深度融合。

"翻转课堂"教学理念将信息技术应用到教学的实践与探索中,是实现信息技术与教育、教学深度融合的开始。通过角色翻转,使学生成为课前、课堂学习的主体,可以有效地激发学生自主学习的热情,培养其自主学习的意识和能力。

当今世界科学技术以及其他各学科的发展对数学的依赖程度越来越高,这就要求改革并发展数学教育,以跟上时代的步伐,适应实际的需要。高等数学课程的教学改革迫在眉睫。高等数学改革急须解决以下几个方面的问题。

(1)课程教学大纲及知识体系的设置不能兼顾学生个体差异性。目前,随着我国高校

大范围扩招,学生的个体差异和数学基础的差别越来越大,高等数学的教学不能还是同一个模式、同一种要求。

(2)有限的教学学时与超大课程容量存在着巨大的冲突。

(3)课程教学过程及教学活动设计不能满足学生的个性化需求。

(4)课程教学评价体系和方法不能有效反映学生的综合能力。

(5)课程教学环境及教学资源与学生学习需求和信息素养不相适应。

(二)教学改革思路

"翻转课堂"理念下的"高等数学"教学模式主要基于信息化手段,通过制作自学式课件,在学生自学的基础上,让学生带着问题上课。教师在课堂教学中要实现角色转变,使学生真正成为课堂教学的主体,教师完全回归于为学生的学习服务的角色。

1.培养学生的自主学习能力

"翻转课堂"理念下的"高等数学"教学使学生的学习更具独立性、自主性。教师在课堂中注重引导学生质疑、阅读、探究、实践,从而使学生的学习更富有个性,真正实现"以教师为主导,学生为主体"这一目标。

2.减轻教师和学生的负担

"翻转课堂"理念下的"高等数学"教学中,教师应充分发挥引领和指导作用。学生通过课前的"翻转课堂"课件预习,带着问题走进课堂,可以使学习更积极、更主动。这种问题驱动式的课堂教学能使教师与学生充分融入对高等数学知识的探讨中,学生学得更有兴趣,教师教得更轻松、更有效。

3.提高课堂教学的效率

传统的灌输式的课堂教学方法使得课堂教学越来越变成教师的独角戏。教师自我感觉"慷慨激昂"授课的同时,学生却越来越远离知识传授的主体,越来越失去知识探究的兴趣。教师教得多,学生学得少,课堂效率低下。"翻转课堂"理念下的"高等数学"课堂教学中教师的讲授环节删繁就简,有效地提高了课堂教学的效率。

4.信息技术的融合使学生学得更轻松

信息技术和课堂教学相互融合,最大限度地培养学生的自主学习能力,实现课堂翻转。这使得学生可以自由安排学习时间,提高了学习效率与效果。

三、"翻转课堂"教学设计

(一)总体设计

"翻转课堂"教学设计主要包含课前知识获取和课堂知识内化及知识的拓展三部分内容。

1.确定教学目标

通过学习,学生系统地获得数学的基本知识、必要的基础理论和常用的运算方法。学生的运算能力、抽象思维能力、逻辑推理能力、几何直观和空间想象能力、分析问题和解决问题的能力得到培养。学生在受到运用数学分析的方法解决实际问题的初步训练后,可以为学习后继课程奠定必要的数学基础,全面提高自身的数学素质。

2. 选定教学内容,设计教学资源

教学内容选择多元微积分中的"空间解析几何与向量代数""无穷级数"章节,这是一元微积分的延伸,在应用方面更加广泛。学生通过第一学期的学习,具备了微积分的基本知识。在教学资源的设计方面,教师一方面利用现有的网上资源,如中国大学 MOOC 平台;另一方面根据学生的特点制作课件并录制成微课提供给学生。

3. 设计自主学习环境,管理学生课下学习过程

"翻转课堂"中学生要利用课下时间,自主学习获取新知识。具体设计定位:(1)班级的每个学生都有了智能手机及学校的免费无线网络,可以随时随地开始自主学习;(2)通过建立 QQ 群、微信群及学习小组支持学生与学习共同体的协作学习与沟通,学生可以利用上述平台与教师、同伴随时展开讨论及解惑;(3)满足个性化学习的要求,推荐符合其学习风格的个性化教学资源。

4. 课前学习效果评价设计

教师以教学目标为依据,在微课的学习过程中设计一些题目,供学生在学习视频过程中完成。

5. 课堂中内化提升的设计

首先,在答疑解惑的过程中,教师解决学生在学习视频过程时存在的疑惑;其次,教师根据学生在课前通过平台所学知识的情况,以抽查的方式,要求学生上讲台讲解相应的内容;最后进行课堂小测,检查知识的掌握情况,以促进其知识的内化。

6. 课外拓展的设计

将数学建模解决实际问题的思想融入学习,根据学生课前掌握的知识,结合实际问题,每章进行一个拓展题目。

7. 学习成果交流展示设计

设计成果交流展示活动时,学生以小组的形式展示拓展论文,在 QQ 群中进行展示交流,促使学生将自己的研究结果以及在研究过程中收获的心得与大家进行交流,实现数学思想的碰撞升华。

(二)具体设计(2 学时)——§8-5 曲面及其方程

1. 学习内容分析

这一节内容是该章非常重要的一节,是前面平面方程节内容的延续与提升,同时对该章节知识掌握的好坏直接影响后续章节多元微分与积分学的学习。学习过平面解析几何后学生已经有了曲线的概念,并熟悉了一些二次曲线方程。本节内容是从线到面的提升,与实际应用的联系更加紧密。

2. 学习目标分析

（1）知识与技能。

①理解曲面方程概念；

②了解以坐标轴为轴的旋转曲面；

③了解母线平行于坐标轴的柱面方程，及常用二次曲面的方程及其图形。

（2）过程与方法。

通过生活中常见物品，比如锅碗瓢盆导入旋转曲面，通过建筑物中一些建筑面导入柱面，表达自己的观点，交流思想，促进合作。

（3）情感态度与价值观。

①通过优美的曲面培养学生的审美能力；

②通过拓展题目培养团结协作的精神。

3. 学习者特征分析

学生在高中已经有了二次曲线的概念，在上册也对旋转体有了一定的了解，对曲面的概念有了一定的了解。大部分学生对这种能与实际生活相结合的数学还是很感兴趣的，但也有一小部分同学对数学有天生的恐惧。

4. 课前任务设计

（1）要求观看中国大学 MOOC 上的视频，特别是教师自己制作的微课视频。

（2）多管齐下，监督学生观看视频。

（3）要求学生提出关于教学视频的一些问题。

5. 课上任务设计

（1）答疑解惑 10 分钟（回答学生提出的问题，学生讨论）。

（2）学生上讲台 35 分钟（每组 7 分钟，5 组，从班上的 10 组左右随机抽查取 5 组，指定 3 个知识点中的 1 个知识点，了解学生的掌握情况）。

（3）选讲课后习题 15 分钟（关于选讲，学生反馈上来有一定难度的题目）。

（4）课堂小测 20 分钟（设计 10 份难度系数相差不大的不一样的卷子，避免学生之间的相互抄袭，检测学生知识掌握情况）。

（5）课堂总结与布置课外拓展题目 10 分钟（对上讲台同学进行点评，对课堂小测不错的卷子进行展示，并布置课外拓展题目，要求以小组形式上交 1 篇短论文）。

四、"翻转课堂"具体实施

根据上述的教学设计，对 2015 级机自 3、4 班，2016 级软件工程班、物联网 1 班进行了实验。每次课都按具体的教学设计实施，步骤如图 1 所示。

第一步：课前观看微课视频与观看后练习，如图 2、图 3 所示。

第二步：课中引入让学生上讲台等活动，如图 4 至图 7 所示。

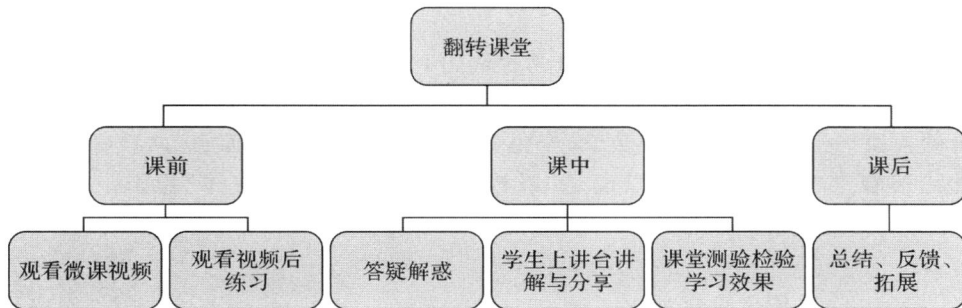

图 1 具体教学设计步骤实施

图 2 微课视频

图 3 观看视频后的练习

图 4 课中答疑解惑

图 5 学生上台讲解

图 6 选讲课后习题

图 7 学生课堂小测

第三步：课后总结、拓展、反馈。

五、取得成效分析与体会

在试验的班级中取得了不错的成效，期末考试不及格率的比例低于其他普通班的学生，同时在以下几个方面都有了改善：(1)有效提高了学生学习的主动性，使"沉默课堂"向"互动课堂"转变；(2)有效探索了在"互联网＋"下的新型学习方式，有效引导手机等智能终端为学习服务；(3)引导学生从"刷题"向运用知识解决问题的转变。但也有些不足，例如，网络依赖性强,有些学生会忍不住上网。

　　教师在实践中以下方面也需要改进与提高:(1)"翻转课堂"管理的能力有待进一步提高,让每个学生都真正参与到课堂中来;(2)"高等数学"微课程能够系统录制,并上传到功能齐全的慕课平台,实现对"高等数学"全过程的翻转。教育任重而道远,教师在教改的路上累并快乐着。"翻转课堂"可以说是"以教师为主导,学生为主体"指引下一次伟大的实践。

作者简介

　　吴福珍,从事教育事业十多年,积极参加教改活动,其主持的"基于'翻转课堂'理念的本科'高等数学'课堂教学模式改革及实践应用研究"获得 2015 年省课改项目立项,参加全国多媒体课件大赛等赛事,课件和微课获得全国二等奖 1 项、全国三等奖 5 项。指导学生参加各类竞赛,获得全国一等奖 2 项、二等奖 1 项、省级奖 10 余项;多次被评为校优秀教学奖,其中 2015 年获得校一等奖。

"翻转课堂"
示范性
教学视频

闯关型"翻转课堂"在"化工原理"课程中的探索与实践

姚　方

衢州学院化学与材料工程学院

一、课程基本情况

课程基本情况如表 1 所示。

表 1　课程基本情况

课程名称	化工原理
课程学分	3
课程性质	化工类专业必修的专业基础课
面向学生	化学工程与工艺专业大三学生
教学班规模	2 个班,70 人
使用教材	《化工原理》,夏清、陈常贵主编,天津大学出版社 2005 年出版
已实践情况	已完整实践 2 轮,正在进行第 3 轮
课程学时	48
依托在线教育平台	浙江省高等学校精品在线开放课程共享平台 http://zjedu. moocollege. com/course/detail/30000704
课程网站	http://www. qzu. zj. cn/hgxjpkchgyl/ http://mooc1. chaoxing. com/course/87849826. html

二、教学改革背景与思路

(一)教学改革背景

(1)教师教学现状:在实际教学中,大多数高校教师沿袭"PPT 讲授＋板书为主"的传统灌输式教学方法。教师们为备课、授课、批改作业、出卷批卷等教学环节付出大量精力,然而真正有效的知识转化率却不高。

(2)学生学习现状:在大众化教育时代,大学生的学习目标不明确、学习热情不高是普遍存在的现象。学生们自我管理能力普遍低下,习惯于通过网络搜索引擎片段化地获取知识,逃课、"睡课"、沉迷游戏、课堂玩手机、"课后百度作业"、考前搞突击成了学习常态,学生在传统课堂上注意力集中时间有限、兴趣有限、汲取知识的有效性低。

(二)教学改革思路

高校课程改革的核心是如何真正提高学生的课堂主体地位,使师生的主观能动性都得到充分发挥。而学习的真正收获应是学习者多年之后将书本知识都已遗忘,最后留下来的能力——自学能力、思辨能力以及创新意识。

受学生沉迷游戏这一现象的启发,本课程组将游戏中闯关机制引入课堂教学,探索并实践了以自主学习为导向、以知识内化为目标的闯关型"翻转课堂"教学模式,设计思路见表2。

表2　闯关型"翻转课堂"教学设计思路

闯关型"翻转课堂"教学设计策略	实施方法与途径
信息帮助策略	完善课程网站、知识点视频等学习资源
关卡设计策略	设计关卡,明确学习任务
多维提升策略	关卡分级,能力要求逐级提升
学习自主策略	学生自主安排学习进度,预约闯关
反馈回应策略	一对一答辩,个体化指导
过程奖励策略	肯定学生学习效果,加分奖励
制约机制策略	通关可参加期末理论考,通关失败课程直接重修

三、"翻转课堂"教学设计

(一)总体设计

在闯关型"翻转课堂"的教学模式中,教师根据教学目标设定过关要求,通过等级设置激发学生的挑战欲望,通过征服关卡后的成功感和赢得加分奖励的喜悦激励学生去自主学习。

教师由教学的主导者转变为引导者,教学精力主要投入在教学资源建设和课堂中与学生一对一的答辩与探讨,给予学生个性化针对性的指导;学生真正成为教学主体,通过自主学习(获取知识)、自我完善(内化知识)、自主体验(闯关考验)主动建构自己的知识体系,从而达到提高自学能力、思辨能力、创新能力和应用能力之目的。

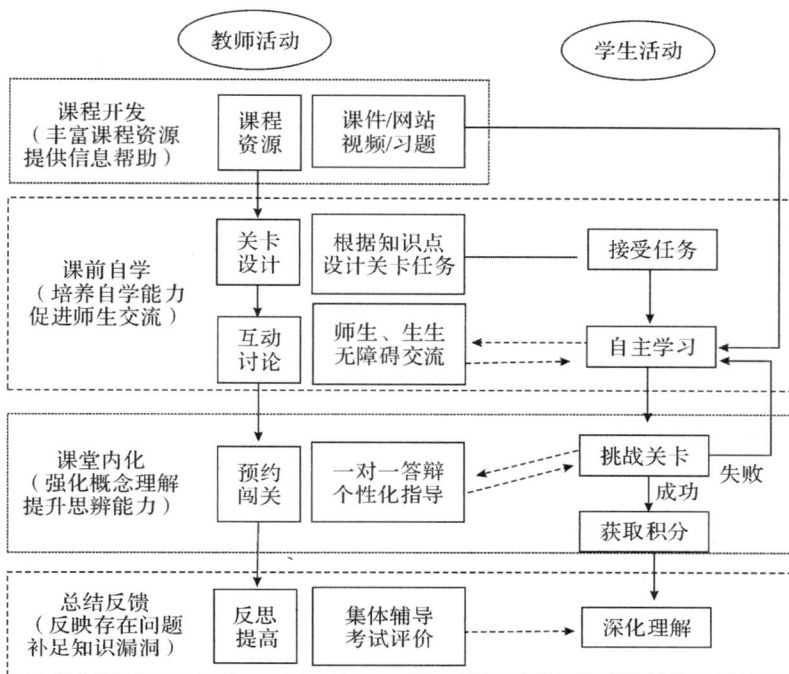

图 1　闯关型"翻转课堂"的总体设计模型

(二)2 学时具体设计(表 3)

表 3　设计案例

学科	化工原理Ⅱ	教学内容	蒸馏原理
该内容总学时	2	翻转课时	4

(1)学习内容分析
本关作为第 1 级第 1 关,是本级的理论基础。这部分知识点的特点是: ①相平衡概念抽象,容易知道但难以理解 ②内容不多但难以做到学以致用

(2)学习目标分析
①理解并掌握拉乌尔定律、$t-x-y$ 相图和 $x-y$ 相图、相平衡方程等知识点 ②通过第 1 关,让学生学着去自学教材、理解掌握知识 ③利用本关知识,解释实际应用中的操作原理,培养学以致用意识

(3)学习者特征分析
①习惯于灌输型教学模式,自学能力较低,不善于梳理知识点之间的承接关系 ②习惯于盲目接纳,不善于独立思考、思辨 ③习惯于"背公式",不善于"用知识"

（4）闯关前任务设计

①从"李白斗酒诗百篇"，引发一个问题：为什么古代人的酒量这么好？（2分钟）

②从学生的回答（古代的酒一般是自酿酒，度数低），引发一个问题：蒸馏酒的原理是什么？（3分钟）

③引出本关任务书（蒸馏酒的原理），简单介绍本关相关知识，给出闯关攻略。（25分钟）

④介绍自学过程的辅助工具：教学网站和辅导书，建立学习QQ群，学生在自学过程中可随时向教师咨询答疑。（5分钟）

⑤发第2、3关任务，并简单介绍这两关的闯关攻略。（5分钟）

⑥出闯关预约制，要求学生在1个月的时间内，在教师给出的每周4个时间段，自主预约第1级的3关的答辩时间。（5分钟）

学生课外自主安排学习时间，据调查学生本关一般用时3小时左右

（5）闯关任务设计（课内）

教师活动：设计问题进行师生一对一的闯关答辩，查阅学生针对本关任务所做的文案，了解学生的掌握情况，给出针对性指导意见和分数；组织学生对有挑战性的问题展开讨论，见解佳者给予加分

学生活动：简单阐述自己的设计思路，回答教师的提问

平均每个学生闯关用时7分钟

（6）教学设计反思

学生对知识点的记忆、理解程度明显提高，也暴露了应用方面能力与意识均不足的通病，需要在往后一系列闯关过程中进行训练提高

四、"翻转课堂"具体实施

（一）建设课程资源

教师搭建课程网络平台，组建QQ群，完善课程视频、授课讲义、练习指导、关卡任务、攻关策略等课程资源建设，为学生自主构架闯关所需的知识储备提供有效的信息帮助。

（二）设置关卡任务

如图2所示，每级各关卡间知识点相互承接，并且从理解归纳、分析计算到结合工程实际综合应用，能力要求层层递进。关卡任务要求自主选择真实化工生产作为背景，采取开放的项目设计形式。

（三）建立闯关—回应机制

决定闯关型"翻转课堂"教学效果的好坏的关键在于师生间的面对面交流。教师需要在闯关的短时间内了解学生学习的情况，抓住存在的问题，并给予专属建议。

一对一的指导使每个学生都感受到教师的重视，当场回答问题制造出的心理压力促使学生认真学习，专属的建议有利于学生及时改正不足，及时的表扬可激发学生的学习积极性。

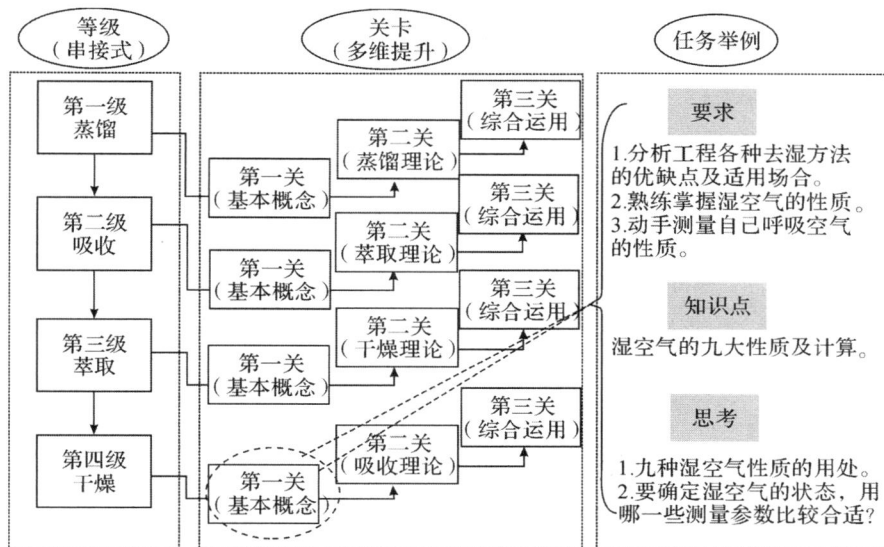

图 2 "化工原理 II"闯关式课堂教学关卡体系

(四)总结反馈

教师在每级闯关结束后安排总结复习课,回顾学生在闯关过程中出现的问题、归纳主要知识点、设计练习巩固深化知识体系。此环节有助于学生深化理解知识、明确课程内容的难点和重点。

(五)实施全过程化考核机制

总评成绩由闯关成绩(80%)和期末考核成绩(20%)两部分组成。闯关成绩采用计分制,一次过关获得基础分 80 分,闯关表现优秀可加分,失败扣分;任一关 3 次闯关失败则该课程重修。全部通关方可参加期末考试(闭卷),课程不设补考。

五、取得成效分析与体会

(一)取得的成效

实践表明,闯关型课堂教学模式与传统的灌输型教学有着迥异的教学进程设计和教学活动开展方式,收到了一系列突破性的教学效果。

(1)激发学生学习兴趣。很大程度上激发了学生的学习积极性,传统意义上的好生、差生的分层被打破。原本的"学霸"更加肯花工夫;一贯成绩平平的学生能力得以展现,表现出强烈的自主学习主动性和能力。

(2)培养学生自主学习能力。对 2013 级全体闯关授课学生的调查问卷结果显示:80.6%的学生觉得对书本的熟悉程度优于常规授课,75%的学生在期末考前所花的复习时间大幅减少,85.5%的学生认为闯关增强了师生以及生生交流,83.9%的学生认为发现问题的能力得以提高,并提高了思考问题的广度和深度,88.7%的学生认为闯关教学提升了他们的自学能力。后续课程的授课教师也体会到经闯关教学训练过的学生自学能力明显提高,学习态度更为严谨。

(3)提高课程学习效果。本学院设有3个化工类专业,其中化学工程与工艺专业学生采用闯关教学模式,其他专业学生按常规方式授课,统一考试,考前均未安排总复习。以2013级为例,两类学生成绩对比如表4所示。

表4 闯关与传统授课学生在"化工原理"课程考试中的成绩对比

项目	常规授课班	闯关授课班
卷面平均分(分)	61.5	74.8
卷面概念题得分率(%)	62.5	74.9
卷面80分以上学生占比(%)	20.6	58.0
卷面50分以下学生占比(%)	17.7	3.2

考试结果显示:闯关授课班的学生对书本知识的掌握并没有因为教师讲解得少而减少,相反,因闯关的需要,对书本的熟悉度大大提高;闯关型课堂教学虽然平时不布置作业,但通过关卡任务杜绝了抄袭,学生的计算思路更为清晰,计算结果准确率明显提高。2017年教育部高等学校化工类专业教学指导委员会开展了首届全国大学生化工实验竞赛,竞赛由45%化工原理理论知识、15%化工仿真知识、40%化工原理实验组成,是对"化工原理"教学效果的一次比拼和考量。我校由经历"化工原理"闯关教学的学生组成了3支队伍,获得华东赛区2个特等奖、1个一等奖,其中一支队伍代表浙江省参加国赛获得了一等奖。优异的竞赛结果证明学生对本课程的掌握程度远超同类高校的学生,比肩全国最强的化工专业高校学子。

(4)锻炼知识的综合应用能力。学生在完成"化工原理"过关任务时需要用到"化工仪表及自动化""化工制图及CAD""文献检索"等课程的知识,是对多门专业核心课程知识的综合运用能力的锻炼,并在编写过关任务的电子文档中形成了优良的文案写作素质。

(5)提高课堂教学活动效率。闯关式教学程序使课堂教学活动高效化,扭转了"学生学习过程吸收率低""教师教学工作转化率低"的现象。在每级关卡结束之后的复习总结课上,学生们对教师的授课做出积极的思考回应,课堂抬头率极高,看不到一个"睡课"或者低头玩手机的学生。

(6)革新课堂教学理念。闯关型教学模式已形成了系统的教学理念、组织形态,具有较强的可操作性,目前已推广应用到我校每个本科专业。

(二)教学过程中的体会

(1)学生的学习潜力巨大,当主观能动性被调动后,学生发现、分析和创造性解决问题的实践应用能力会被激发出来。

(2)通过梯级提升、全过程达标化的闯关式教学,可杜绝平时混日子、考前抱佛脚的学习方式,达到所有学生都得以扎实成长的效果。

（3）教学的最终使命不是灌输给学生某门课程的知识，而是让学生拥有更强的自学能力，今天的教是为了明天不需要教；帮助学生树立严谨、求实、探索、创新的科学精神和学术品格比传播科学知识更重要的理念。

作者简介

姚方，女，教授，1990 年本科毕业于浙江工业大学化学工程专业，2003 年研究生毕业于浙江大学化学工程专业。主要代表性教研成果：闯关型教学模式的设计者及首位实践者；近年来先后主持浙江省精品课程 1 项、浙江省课堂教学改革项目 1 项；主编出版浙江省重点建设教材 1 部；作为第一完成人，获得衢州学院教学成果一等奖 1 项、二等奖 1 项。作为第一作者，发表学术论文 20 余篇，其中 SCI 收录 7 篇。

"翻转课堂"
示范性
教学视频

"通信工程专业导论"课程"翻转课堂"教学实践

陈 芬

宁波大学

一、课程基本情况

宁波大学"通信工程专业导论"是面向工程技术大类大学一年级新生开设的专业引导性限修课程,旨在提升大学生的专业认知水平和选择能力,帮助学生结合自身条件和兴趣爱好选择适合、满意的专业,以更好地贯彻落实宁波大学"把成才的选择权交给学生"的教育理念。

课程共 0.5 学分,包括 4 学时的线上视频学习、4 学时的线下课堂研讨,以及相应的课外自主学习等教学环节,其中线下课堂研讨的教学班规模控制在 40 人以内。自 2014 年以来,本课程依托"宁波大学数字化学习网络平台"及其移动端"学习通",已连续 3 年开展了"翻转课堂"教学改革实践,本学期正在进行第 4 轮教学实践。

二、教学改革背景与思路

(一)教学改革背景

当前,许多高校都面临以下类似问题。一方面,高年级大学生对自己所学专业还很"陌生"的现象比比皆是:有些大学生临近毕业时才后悔大学四年浑浑噩噩,大学期间缺乏人生职业规划;有些大四学生因毕业学分不够而延长学业,原因在于他大学期间没能读懂"专业教学计划与培养方案";有些大学生在选择是否参与、如何参与学生科研和学科竞赛时不知所措,对所在专业的学科优势、培养路径等认知不够。另一方面,低年级大学生在进行专业分流时,学生、教师和学校都面临诸多困难:(1)学生。专业认知不足,对未来职业陌生,因此在进行专业选择时陷入迷茫。(2)教师。专业宣传难,学生不领情,但各专业为了吸引优质生源,甚或考虑到专业存亡问题,专业导论课变成了教师上课"卖打药"。(3)学校。"专业导论"课教务管理繁杂,排课困难。这些现象很大程度上反映了目前高校开设的"专业导论"课程实则不著见效。

自 2008 年以来,宁波大学开始实施基于学生多层次选择的新"平台+模块"的人才培养模式,按照学科相近原则开展大类招生和大类培养。大一学生主要修读通识平台课程、学科大类专业导论课程和学科大类基础平台课程,大一结束后自主选择心仪的专业。以通信工程专业所在的"工程技术大类"为例,每个专业须面向 600 余人次的学生开设专业导论课,而每个学生也须修读 16 门专业导论课。传统的课堂讲授方式导致开课任务繁重而只能采取大班授课,学生疲于应对大量的导论课而心生反感,教学效果不言而喻了。

(二)教学改革思路

专业导论课程是基于学科知识和学科导论的引导类课程。其教学目标是提升大学生的专业认知和专业兴趣,为其修读后续专业课程提供指导,帮助大学生学会选择专业、选择第二课堂活动,尽早做出人生职业规划,等等。

2013 年,正值中国 MOOC 元年的到来。我校与超星公司联合开发的"宁波大学数字化学习网络平台"也基本成熟,支持 MOOC、"翻转课堂"、SPOC、App 移动学习以及学情统计分析等功能。数字化网络平台与"翻转课堂"的优势正好能弥补我校专业导论课所面临的困境。因而,宁波大学于 2013 年全校性推进了 75 门专业导论网络视频课程的建设与教学改革工作。参加学习的每个学生只须对其所在大类的所有专业导论课程进行自主线上视频学习,然后选择并参加感兴趣的 2 门专业导论课程的线下课堂研讨学习即可。以工程技术大类为例,课堂研讨由原来 64 个大班(约 150 人/班)授课缩减为 24 个精品化小班(小于 40 人/班)授课,可大大提升学生的学习兴趣和课程的教学效果。

宁波大学通信工程专业作为浙江省特色、省优势专业和宁波大学唯一的五星级专业,其依托的学科"信息与通信工程"为省一流学科(A 类)。因此,"通信工程专业导论"课程作为全校专业导论网络视频课程建设的示范性课程,开展了基于数字化学习网络平台的"翻转课堂"教学改革实践。

三、"翻转课堂"教学设计

(一)总体设计

本课程基于 OBE(成果导向教育)机制和工程教育专业认证新标准,从毕业生具备能力、专业培养目标、毕业要求与课程各教学环节之间指标点产出的角度进行总体设计,四者之间的关联详见图 1。课程共支撑职业规范、沟通和终身学习三个指标点的毕业要求。

课程的教学环节主要包括线上视频学习(4 学时)、线下课堂研讨(4 学时)和课外团队任务三部分。线上教学资源以课程视频为主,另外还包括课程大纲、课件 PPT、作业与讨论题、课外阅读材料等。课程视频不仅包括专业办学基础、发展状况、建设成效等信息,还包括专业人才培养目标、培养途径、课程体系和行业就业信息等内容。线下课堂研讨分两周开课(每次 2 学时),以项目案例分析研讨和团队任务答辩汇报为主。课外团队任务是指以小组团队为单位,自主完成课外的"创意作品设计",时间安排在两周线下课堂研讨课之间。

(二)具体设计

课程视频总共分为 4 讲(4 学时)——认识专业、课程体系、实践教学和学长寄语,以便学生更好地了解本专业的行业需求、学科知识、课程体系以及专业特色等。本课程视频最

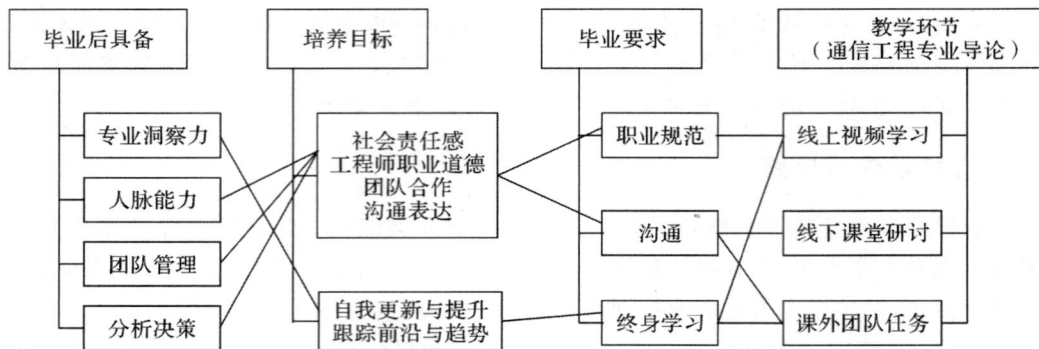

图1 课程教学环节对应毕业要求指标点产出示意

大的亮点也是最能引起学生学习兴趣的是:70%左右的课程视频都是由大四学长、学姐或者已毕业的学长、学姐拍摄提供的。下面以其中的2学时为例来阐述其具体设计。

第2讲课程体系(1学时),包括专业办学定位与专业特色、专业培养目标与培养方案、课程体系架构与专业能力培养路径、学位课程、专业平台核心课程共5节视频内容。视频录制时采用专家教授讲解、专业负责人访谈、师生座谈以及大四学长、学姐互访解读课程体系和选课宝典等多种形式的组合。学长、学姐们讲述的学位课内涵更朴实易懂,学长、学姐们眼中的工科专业课是那么好玩,学霸们讲到学生科研及学科竞赛时是那么带劲,学姐讲到"虚拟企业"实践中当老板时是那么兴奋……

第4讲学长寄语(1学时),包括专业的深造通道与学长、学姐考研典型案例,专业的就业前景与学长、学姐就业典型案例共2节视频内容。第1节视频主要由在东南大学、北京邮电大学、四川大学、西安电子科技大学等读研的学长、学姐录制提供,内容包括自己目前就读专业和研究方向、宁大通信专业各届考研情况介绍、宁大的专业培养优势、考研核心课程学习方法、个人考研经验之谈,以及在校时学生科研能力培养路径及感想,等等;第2节视频主要由在阿里巴巴、华为、海康威视等单位就业的学长录制提供,内容包括自己目前从事岗位和未来职业发展规划、宁大通信专业各届就业情况介绍、通信行业发展趋势认识、大学中对自己帮助最大的课程、大学中最重要的能力培养路径及感想等。正是毕业的学长、学姐们那一句句真诚而又深刻的话语,指引着学弟、学妹们对自己的未来职业生涯进行规划。

四、"翻转课堂"具体实施

从2014年开始,借助"宁波大学数字化网络学习平台"及其学习通App移动端,对大一新生连续开展了三轮"通信工程专业导论"课程"翻转课堂"的教学实施。表1是本课程的毕业要求(主要知识点)与预期学习结果(ILO),以更好地达成其支撑的毕业要求二级指标点。下面具体阐述"翻转课堂"三个主要教学环节的实施情况。

表 1　课程的毕业要求与预期学习结果

毕业要求(二级)	知识点/毕业要求(三级)	权重 ∑=1	初始程度	要求程度	预期学习结果(ILO)
8.2 理解通信工程专业的社会价值,遵守工程师职业道德和行为规范,具有社会责任感,能够履行责任	1.线上视频学习环节 (1)认识专业 (2)课程体系 (3)实践教学 (4)学长、学姐寄语	0.2	L1	L2	ILO-1.感知和认识专业基础、通信工程师职业道德;履行团队任务中自身职责;初步具备人生职业规划的能力
10.2 通过阅读国内外技术文献、参加学术讲座、学生互访等环节,理解不同文化、技术行为之间的差异,能够在跨文化背景下进行沟通和交流,具有一定的国际视野	2.线下课堂研讨环节 (1)学习课程视频后的问题研讨 (2)3 个典型作品案例分析与研讨 (3)团队"创意作品"答辩 3.课外团队任务环节	0.4	L1	L2	ILO-2.认知专业培养目标、课程体系、就业前景及岗位职责等;提升修读课程及第二课堂活动的选择能力;具备团队任务的协同工作及沟通交流的能力;具备阅读国内外技术文献的能力
12.1 具有时间观念和效率意识,能够针对学习任务自觉开展预习、复习和总结	(1)查阅文献资料 (2)创意作品设计 (3)撰写设计方案报告 (4)制作答辩 PPT	0.4	L2	L3	ILO-3.根据课程视频学习任务,具备自主开展线上学习的能力

注:* 以布卢姆学习目标分类法(Bloom's taxonomy)为基础描述学生在学完本课程后应具有的能力,目标栏内以 1(认知)、2(理解)、3(应用)、4(分析)、5(综合)、6(判断)来表示对此级能力要求达到的程度。

线上视频学习环节:在学期的第 1～4 周,教师通过数字平台提前给学生提供课程视频以及相关学习资料,并发布作业。学生在第 5～9 周通过数字平台电脑网页版或者学习通手机移动端自主完成课程视频的线上学习,并完成线上作业的递交。教师通过数字平台的"学习统计""作业"等功能,可实时掌握每个学生视频任务点的学习情况以及作业完成情况,包括视频学习时长、集中学习时间、视频反刍比等。

线下课堂研讨环节:在学期的第 11 周,首先针对学生翻转学习课程视频后的问题进行研讨解答,然后分析讲解 3 个典型的作品案例,案例来源于高年级学长参加学科竞赛的国家级获奖作品(比如智能枕头、泳池 SOS、智能路灯系统),最后组织学生分团队讨论这些作品的改进建议,并布置课外团队任务;在第 12 周,首先以小组团队的方式开展"创意作品"的答辩汇报,并结合企业专家打分、教师打分和学生互评成绩给出团队任务的最终成绩评定,然后组织学生对前三名的优秀作品进行方案完善研讨,最后请企业专家对作品进行点评等。手机移动端的"抢答、讨论、选人、调查问卷、投票评分"等功能的使用,不但进一步提升了课堂的活跃气氛,也为教师掌握学生的学习行为习惯、统计学习任务点进度、学情分析、督学等带来了大大的便利。

课外团队任务环节:学生以小组团队合作的方式开展"创意作品"设计,并撰写设计方案报告和制作答辩 PPT,内容主要包括:选题背景、问题分析、设计目标、作品功能和解决方案等。

五、取得成效分析与体会

2014 年,"通信工程专业导论"课程被评为宁波大学最受欢迎的线上课程。调查显示:该课程学习效果良好。学生坦言:(1)"翻转课堂"的学习可以将课程的价值提升到最大,课程视频中学长、学姐们的身影,让他们倍感亲切,仿佛是未来几年后的自己;(2)课程视频的学习让他们更直观、更深入地理解了通信工程专业,不管是行业背景、课程体系、第二课堂活动,还是以后的工作岗位与职业发展方向;(3)本课程还大大培养了他们自主学习的能力。总之,受访者对本课程实施的"翻转课堂"学习方式给予了充分的肯定。"通信工程专业导论"网络课程建设是宁波大学推进"翻转课堂"、线上线下混合式校本慕课建设的起点,有效培养了大一新生网络视频课程的学习能力,该项工作在国内高校中起到了积极的引领作用。

学生能否自主开展线上视频学习和课外团队任务是"翻转课堂"教学成功与否的关键。在"通信工程专业导论"课程中,由于课程视频保质保量且生动有趣,学生们愿意随时随地像看电影一样自主开展视频任务的学习,有近 50% 的学生是借助手机移动端进行线上学习的。课外团队任务和 4 学时的课堂研讨完成了丰富的教学任务,学生课堂气氛活跃,参与度很高,学习效果大大增强。尤其是"创意作品"设计、答辩汇报与互评打分环节,各团队课前的精心准备、PPT 的用心制作、现场表现以及答辩提问,让教师们都不敢相信大一学生居然能有这么多的创意点子和这么大的学习潜力! 帮助学生发展是教育的初心,面对 90 后、00后的大学生,高校的教学方法需要大尺度的突破。专业导论课能在很大程度上帮助学生认知专业、认知技术和提升专业兴趣,而"翻转课堂"可以有效激活学生。若有机会让大学生第一时间接触产业的话,他们还能产生更多创意和创造更多的奇迹!

作者简介

陈芬,女,博士,副教授、硕士生导师。受刘孔爱菊教育基金资助,于2013—2014 年到加拿大康卡迪亚大学访学。近五年,主持国家自然科学基金、省自然科学基金和省级教改教研项目共 5 项,以及市级科研/教研项目多项。发表高质量学术论文 20 余篇,作为主编正式出版教材 1 部。曾获宁波市教学成果奖一等奖、宁波市教育科研优秀成果奖三等奖、宁波大学教学成果奖二等奖、宁波大学教学创新奖一等奖/二等奖和宁波大学学生最满意课程、宁波大学本科毕业设计(论文)优秀指导教师、宁波大学信息学院"最美信息人/最美道德之星/最受学生欢迎的教授"等荣誉。

"翻转课堂"
示范性
教学视频

"有机化学"PBCL 和"翻转课堂"混合教学案例

金建忠

浙江树人大学生物与环境工程学院

一、课程基本情况

"有机化学"总学分5学分,分"有机化学Ⅰ"(2学分)、"有机化学Ⅱ"(3学分),在两个学期进行教学,属专业基础课。该课程面向应用化学专业的二年级学生,每年两个班,80个学生左右。使用的教材为徐寿昌主编的《有机化学(第二版)》(高等教育出版社1993年出版),已开展"翻转课堂"教学实践2轮,约154学时。

依托在线教育平台或课程网站:

(1)有机化学Ⅰ,https://mooc1-1.chaoxing.com/course/91640508.html。

(2)有机化学Ⅱ,https://mooc1.chaoxing.com/course/95096986.html。

(3)有机化学Ⅰ,http://zjedu.moocollege.com/course/detail/1904。

(4)有机化学Ⅱ,http://zjedu.moocollege.com/course/detail/1884。

二、教学改革背景与思路

"有机化学"是化学化工专业的一门必修专业基础课。该课程涉及基本概念、化合物性质、有机反应和反应机理等,内容繁杂、抽象,传统的课堂教学模式不易使学生保持持久的学习兴趣。当前"有机化学"课堂教学中,针对"填鸭式"教学模式的长期诟病,教师普遍采用基于建构主义的教学模式,如启发式教学、探究式教学、研讨式教学、案例式教学等,强调以学生为中心。但仍局限于课堂教学模式的改变,对课前预习、课后继续学习的环节涉及较少。而且这些教学模式仍只是对知识传授方式的改变,对知识的内化还须学生通过传统的作业来完成。

"翻转课堂"通过对知识传授和知识内化的翻转安排,注重使用课外网络在线教学平台进行知识传授和课堂中知识内化的强化,改变现有建构主义课堂知识传授教学模式,提升学生自主学习能力。"翻转课堂"模式中,教师知识信息的传递不是主要在课堂上完成,而是把知识以短视频的形式发布在网络平台上,学生通过课前自主观看视频进行学习,也可以在网络平台提出疑问;在接下来的课堂教学中教师主要针对线上的知识信息以及学生的疑问开展释疑解惑和深入探讨,而不再进行系统讲授。"翻转课堂"是基于教学资源的自主探究式学习,通过教师组织引导学生自主学习,对知识的认知由教师课堂传授到学生自主学习转变。

"翻转课堂"注重对学生自学能力的培养,但缺乏监督机制。学生自主程度的差异容易造成不同层次学生教学效果的差异。

为此本人在"有机化学"的"翻转课堂"教学中引入基于问题解决的团队学习法 PBCL (problem-based cooperative leaning),采用 PBCL 和"翻转课堂"的混合式教学模式,提高"翻转课堂"的教学效果。

PBCL 教学法是一种基于问题的学习和基于团队的学习的混合教学方法,是教师提出问题和学生以团队形式自主学习、解决问题,以实现知识经验建构的过程。教师设计的问题要涵盖授课的知识重点,同时还要有启发性。在"翻转课堂"的课前环节引入 PBCL 教学法,可以使学生带着问题观看视频和查阅资料,并进行团队分工合作。学生在规定时间节点前完成课前布置的任务单上的学习任务,课堂教学活动以学生分组汇报、讨论点评、课堂问答和总结归纳为主。最后由教师对学生学习过程中掌握不完全或未掌握的重要知识点进行梳理和答疑解惑。

三、"翻转课堂"教学设计

PBCL 和"翻转课堂"的混合式教学模式的总体流程如图 1 所示。

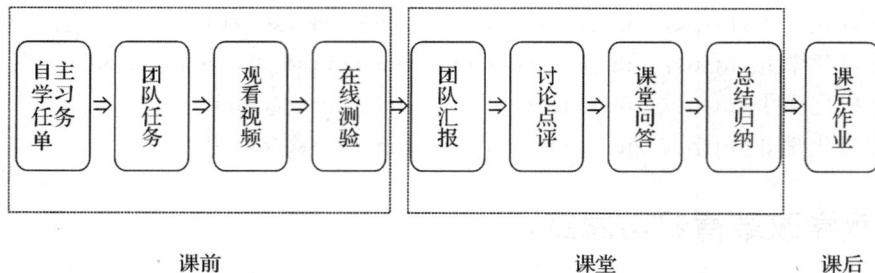

图 1 PBCL 和"翻转课堂"的混合式教学模式流程

(一)总体设计

(1) 在线课程网站建设。在开课前,首先由教师于在线教学平台上建好在线开放课程网站,为学生自主学习提供 MOOC 教学视频、教学大纲、教学计划、在线测验、在线作业等课程资料,提供在线讨论平台,建立成绩评价考核标准。

(2) 课前。布置自主学习任务单,分好团队布置任务,学生自主学习(观看视频、在线测验、在线讨论、团队学习完成 PPT)。

(3) 课堂。团队汇报、讨论点评、课堂问答、总结归纳。

(4) 课后。学生将在线作业线上递交后,由教师在网上进行批改。

（二）具体设计：炔烃（2 学时设计）

（1）自主学习任务单。

① 炔烃的命名（系统命名法和衍生物命名法）。

② 试述炔烃的结构（碳的杂化、叁键）。

③ 炔烃（碳原子数相同、碳原子数增加）如何制备？

④ 炔烃催化加氢的程度是如何控制的？

⑤ 试述炔烃与卤素的加成反应历程。

⑥ 炔烃发生亲电加成反应与烯烃比较是难还是易？为什么？

⑦ 什么叫互变异构？

⑧ 炔烃叁键碳上的氢为什么活泼，具弱酸性？

⑨ 列出炔烃的鉴定反应。

（2）团队任务。

① 炔烃的命名（系统命名法和衍生物命名法）：应用化学 161 班第 1 组（夏捷、方思鹏、方家圣、钭思雨、方健）。

② 炔烃（碳原子数相同、碳原子数增加）如何制备？应用化学 161 班第 2 组（黄放舟、孙丹玲、郑洁、陈宁愉、刘沈昕）。

③ 试述炔烃与卤素的加成反应历程。应用化学 162 班第 1 组（周璐璐、曹辉、邵翔宇、吴小钢、苏霖）。

④ 炔烃叁键碳上的氢为什么活泼，具弱酸性？应用化学 162 班第 2 组（周蓝、陈波、潘雯、孙梦、王睿琴）。

（3）学生自主学习（观看视频、在线测验、在线讨论、团队学习完成 PPT）。

（4）课堂教学：1 学时（团队汇报、讨论点评）、1 学时（课堂问答、总结归纳）。

（5）课后，学生将在线作业线上递交后由教师在网上进行批改。

四、"翻转课堂"具体实施

（一）PBCL 团队汇报（1 学时）

4 组学生分别上台讲解所完成的任务，要求每组成员全部上台，以 1 位学生为主采用 PPT 讲解，时间不超 5 分钟。然后回答由教师或同学提出的问题，每位学生必须回答 1 个问题。最后由教师根据学生的讲解及回答情况进行点评和总结。回答问题和点评时间不超 5 分钟。

（1）应用化学 161 班第 1 组（夏捷、方思鹏、方家圣、钭思雨、方健）：炔烃的命名（系统命名法和衍生物命名法）。

问题：①用系统命名法命名下列化合物。

$$CH_3CH_2-C≡C-\underset{\underset{CH_3}{|}}{\overset{\overset{CH_3}{|}}{C}}-CH_3 \qquad CH_3-C≡C-\underset{\underset{CH_3}{|}}{\overset{}{CH}-CH_2-CH_3}$$

$$CH_3 \cdot CH_2-CH=\underset{\underset{CH_3}{|}}{C}-C≡CH$$

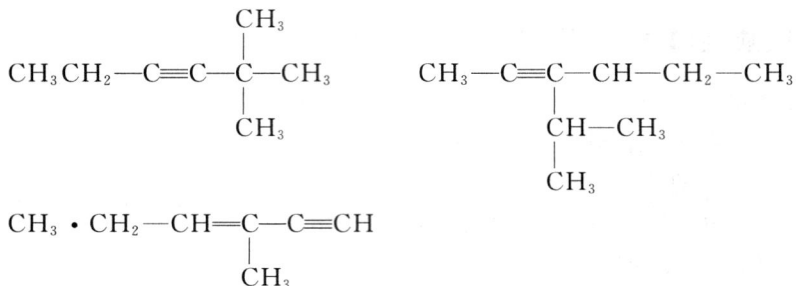

正确答案:2,2-二甲基-3-戊炔、5-甲基-4-乙基-2-己炔、3-甲基-3-己烯-1-炔。

②用衍生物命名法命名下列化合物。

$$CH_3 \cdot CH_2-C≡C-CH_3 \qquad CH_3-C≡C-\underset{\underset{CH_3}{|}}{CH}-CH_3$$

正确答案:甲基乙基乙炔、甲基异丙基乙炔。

(2) 应用化学 161 班第 2 组(黄放舟、孙丹玲、郑洁、陈宁愉、刘沈昕):炔烃(碳原子数相同、碳原子数增加)如何制备?

碳原子数相同的炔烃制备:邻二卤代烷消除。

$$R-\underset{\underset{X}{|}}{CH}-\underset{\underset{X}{|}}{CH}-R_1 \xrightarrow{\text{KOH 醇溶液}} R-C≡C-R_1$$

邻二卤代烷

碳原子数增加的炔烃制备:炔的烷基化反应。

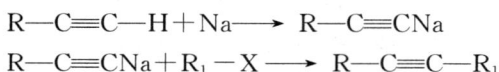

$$R-C≡C-H+Na \longrightarrow R-C≡CNa$$
$$R-C≡CNa+R_1-X \longrightarrow R-C≡C-R_1$$

问题:①邻二卤代烷如何制备?

②烯烃如何制备?

③是否可改用 KOH 水溶液?

④完成下列合成:

A. 由乙醇合成乙炔。

正确答案:

$$CH_3 \cdot CH_2-OH \xrightarrow[170℃]{H_2SO_4} CH_2=CH_2 \xrightarrow{Br_2} \underset{\underset{Br}{|}}{CH_2}-\underset{\underset{Br}{|}}{CH_2} \xrightarrow[乙醇]{KOH} CH≡CH$$

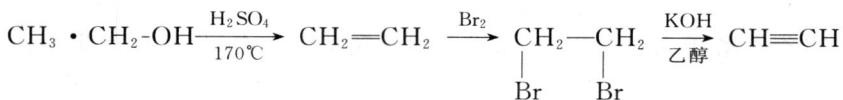

B. 由氯乙烷合成 1-丁炔。

正确答案:

$$CH_3 \cdot CH_2-Cl \xrightarrow[乙醇]{KOH} CH_2=CH_2 \xrightarrow{Br_2} \underset{\underset{Br}{|}}{CH_2}-\underset{\underset{Br}{|}}{CH_2} \xrightarrow[乙醇]{KOH} CH≡CH$$

$$CH≡CH \xrightarrow{Na} CH≡C-Na \xrightarrow{CH_3 \cdot CH_2-Cl} CH_3 \cdot CH_2-C≡CH$$

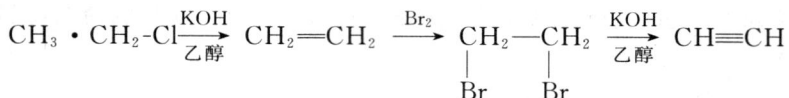

(3) 应用化学 162 班第 1 组(周璐璐、曹辉、邵翔宇、吴小钢、苏霖):试述炔烃与卤素的

加成反应历程。

亲电加成反应历程：

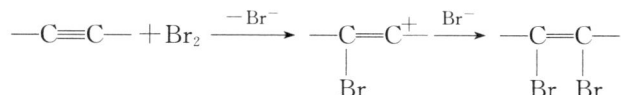

$$—C≡C— +Br_2 \xrightarrow{-Br^-} \overset{}{\underset{Br}{—C≡C^+—}} \xrightarrow{Br^-} \overset{}{\underset{Br\ \ Br}{—C=C—}}$$

问题：①什么叫亲电试剂？

②炔烃发生亲电加成比烯烃容易还是困难？

③为什么？

④加一分子溴生成二溴烯烃后还能继续加溴吗？

⑤既然烯烃比炔烃易起亲电加成反应，为什么该加成反应可停在加一分子溴？

（4）应用化学 162 班第 2 组（周蓝、陈波、潘雯、孙梦、王睿琴）：炔烃叁键碳上的氢为什么活泼，具弱酸性？

这是炔烃叁键碳原子的结构造成的，因为叁键碳原子是 sp 杂化碳原子，其电负性与单键碳（sp^3）和双键碳（sp^2）相比是最大的，因而 C—H 键极性最大，易于断裂而活泼，显弱酸性。

问题：①为什么 sp 杂化碳原子的电负性最大？

②什么是 pKa？

③炔烃的弱酸性要在什么条件下才显示出来？

④炔烃与钠反应生成氢气，能否作为炔氢的鉴定反应？

⑤是不是所有炔烃都能与银氨溶液反应生成炔银沉淀？

（二）"翻转课堂"（课堂问答、总结归纳，1 学时）

教师在课堂上通过提问和讨论将自主学习任务单中留下的各问题逐个解决，并将同学们网上完成的在线测验情况进行点评讲解，最后对学生学习过程中掌握不完全或未掌握的重要知识点进行梳理和答疑解惑。

（1）试述炔烃的结构（碳的杂化、叁键）。

（2）炔烃催化加氢的程度是如何控制的？

（3）什么叫互变异构？

（4）列出炔烃的鉴定反应。

（三）课后环节

布置课后在线作业，下达新的自主学习任务单和团队任务。

五、取得成效分析与体会

我们自 2016 年开始在"有机化学"的教学中引入 PBCL 和"翻转课堂"的混合式教学模式，取得了较好的教学效果。2015 级应用化学两个班的调查统计结果如下。

（1）满意度：非常满意（62%），基本满意（23%），不满意（15%）。

（2）课前自主学习参与度达 100％，85％的同学积极参与 PBCL 学习。

（3）课程平均成绩达 75 分，合格率达 93％。

在"翻转课堂"的课外知识传授环节引入 PBCL 教学法，使学生带着疑问观看教学视频和查阅相关资料，解决学生不知重点观看视频和教材的困惑，可以提高学生的自主学习能力、团队合作能力和解决问题的能力。通过 PBCL 和"翻转课堂"的混合式教学模式，有利于重构和谐的师生关系，活跃课堂气氛。通过自主学习和团队合作解决问题，巩固了课程相关的知识点，激发了学生的学习兴趣，提高了学生的学习质量和效率。

作者简介

"翻转课堂"
示范性
教学视频

金建忠，浙江树人大学教授，硕士生导师，中国民主促进会会员。主讲"有机化学""有机化学实验""文献检索与科技写作"等课程。获校"教学名师"称号。担任基础化学教学团队负责人，精品课程"有机化学"负责人，浙江省化学会理事。主要研究方向为天然产物化学，主持和参与国家自然科学基金 2 项、浙江省科技计划项目 6 项、浙江省自然科学基金项目 3 项、浙江省新世纪教改项目 2 项，发表论文 50 余篇。

基于项目化的"UML与面向对象程序设计"课程"翻转课堂"教学改革

李晓蕾

宁波大红鹰学院

一、课程基本情况

"UML与面向对象程序设计"是计算机科学与技术专业的专业课程,共计 80 学时,在第三学期开设,重在培养学生掌握 Java 基本语法,训练编程规范,形成分析、设计和开发项目的能力。课程组自 2014 年开始尝试"翻转课堂"教学改革,逐步引入智慧树课程中心 4.0、蓝墨云教学 App 等平台技术手段,不断优化教学设计,促进教学方式方法改革,截至目前已经开展了 4 轮"翻转课堂"实践。

二、教学改革背景与思路

(一)教学改革背景

课程组一直致力于项目化教学改革,即以项目为载体,通过一系列的项目分析、设计、实践、部署训练达成知识学习、能力提升的目标。但在项目化教学实施过程中,课程组却遇到了两大难题:一方面,教师仍须利用大量课内学时给学生讲授理论知识,而学生项目实践中的个性化问题受时间限制而无法得到及时指导;另一方面,学生在项目实践中仍习惯于模仿,项目分析、设计、实现过程中的主动思考、方案讨论、优化途径等高阶思维活动十分有限。

"翻转课堂"突出学生学习的主体地位、颠倒教与学流程等理念与做法,为深入推进项目化教学提供了新的有效路径,通过让学生"课外学理论、课堂做项目",有效提升了课堂时间价值,也帮助师生一起踏上了一条"没有最好、只有更好"的教学改革之路。

(二)教学改革思路

课程聚焦面向对象设计思维训练和项目实践应用能力养成的训练,以典型的软件开发过程为线索,将知识融合于项目开发全过程中,把学生的学习时间更多地拓展到课前和课后。"学生课前视频学习了解基础知识,课中在项目开发中掌握知识应用,课后实践项目拓展知识面",课程通过大量的课程代码训练推动学生在项目实践过程中掌握知识点,践行

"做中学、学中做"基本理念。

三、"翻转课堂"教学设计

（一）整合教学内容

课程设计了 14 个项目涵盖课程完整的知识点，如图 1 所示。

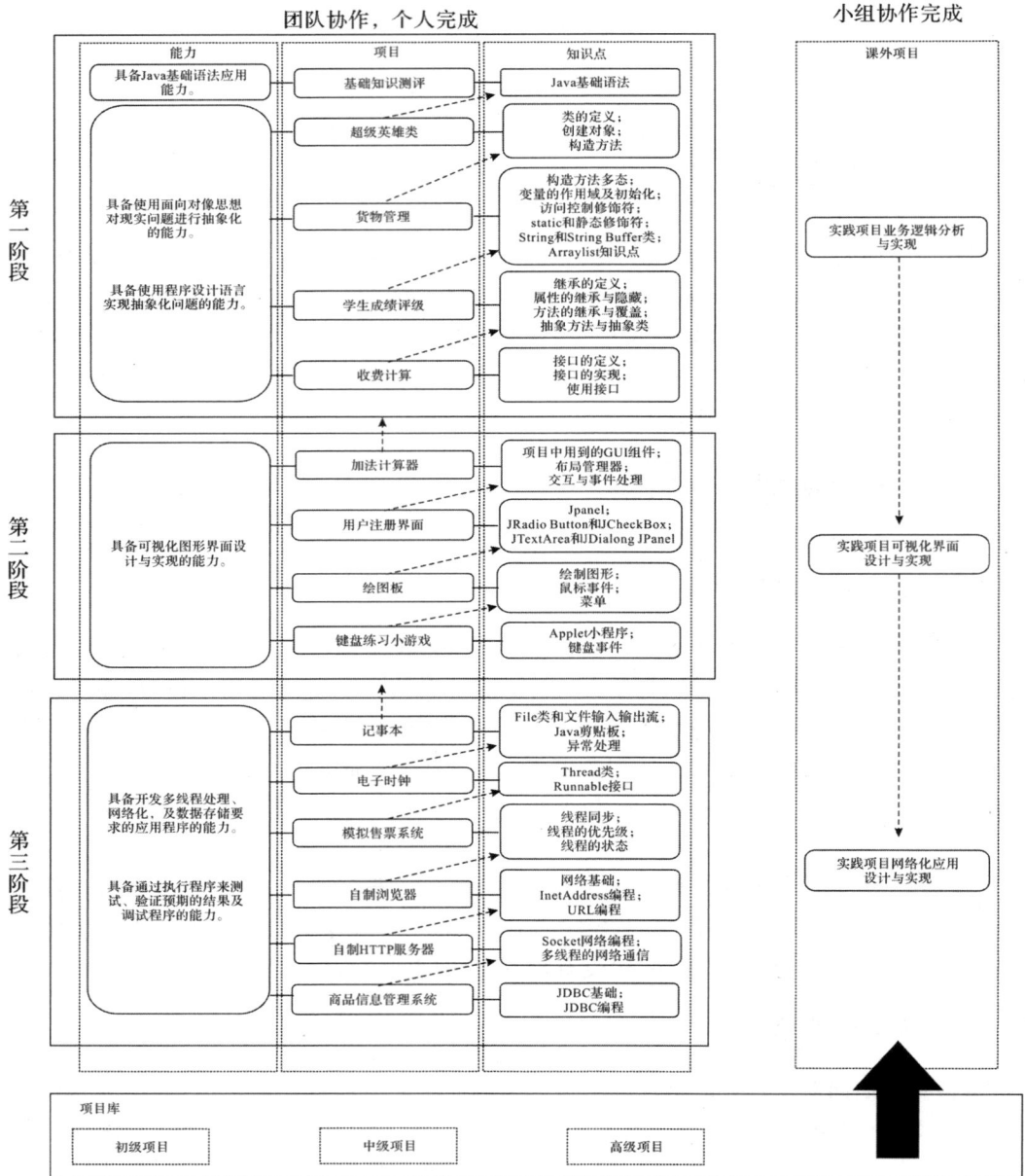

图 1　课程项目体系

根据知识点的进阶式能力要求,整个教学分为 3 个阶段,各阶段由若干个相互独立又螺旋迭代的项目组成;每个项目按照开发准备、项目分析设计、项目实现及升级改造 4 个步骤螺旋式推进知识点的学习。课程建立了 3 级项目库供学生选择,让学生在课外通过项目实践进一步拓展知识,达到学以致用的目的。

(二)优化教学评价

课程采用融合师生、生生、企业工程师评价的多元评价机制,推行以知识、能力、素质测评为核心的过程性评价方式,以期客观、真实地反映学生个体学习目标的达成度。具体评价如下:

$$总成绩＝知识测评×30％＋能力测评×50％＋素质测评×20％$$

知识测评包括课堂汇报、随堂测试和阶段性在线测评 3 个部分,其中课堂汇报师生打分各占 50％,随堂测试和阶段性在线测评依托课程平台的测评库在线进行,分别在 14 个课内项目、3 个阶段结束时开展。

能力测评分 3 个教学阶段进行,依据 3 次限时项目测评和 3 个阶段实践项目的功能完成度给出评分,两部分成绩各占 50％。

素质测评以学生 3 个阶段的项目代码规范、项目文档的完成质量、答辩的口头表述以及团队合作情况为考察点进行评价,其中团队合作情况以组内成员相互评分为依据。

四、"翻转课堂"具体实施

本次课程教学用时 90 分钟,要求学生在熟练掌握类的定义、UML 表示、对象创建和使用方法的基础上,能够根据实际问题抽象对象模型,用 Java 语言实现模型设计及使用。

课程采用"项目导入(激发兴趣)—互动分析(启发思维)—实践优化(提升能力)—启发拓展(深化应用)"的设计思路,如图 2 所示。课前,学生基于在线课程平台自主学习基础理论并完成在线测试;课中,学生在教师引导下,完成"超级英雄"项目的设计与实践,在解决实际问题过程中内化知识;课后,学生完成拓展任务,进一步强化应用能力。

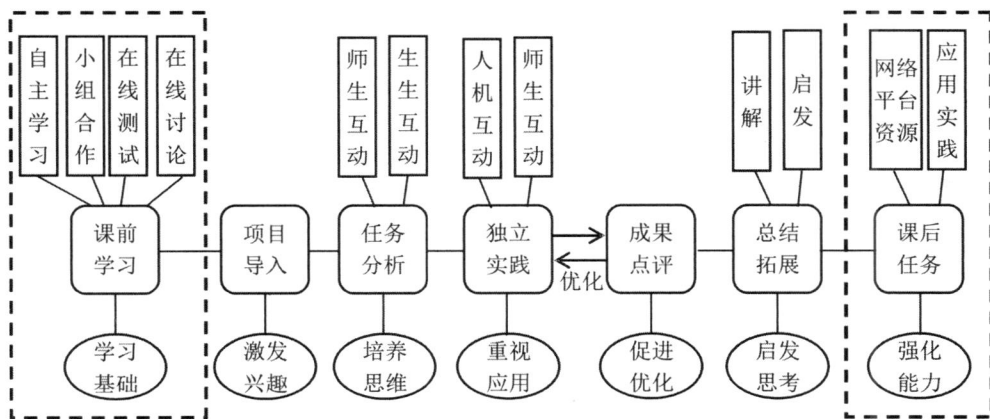

图 2　教学组织策略

(一)课前学习阶段

课前学习阶段如表 1 所示。

表 1　课前学习阶段

课前学习理论基础知识(约 60 分钟)	
教师活动： 教——答疑、 　　统计分析、 　　教学设计	1.发布学习资源,对学生汇报内容进行针对性指导,保证课堂汇报达到最佳效果 媒体类型 / 媒体内容要点 视频：4.1 类的定义　5′54″　4.2 类的 UML 表示　9′39″　4.3 对象的创建　7′45″　4.4 对象的使用　8′25″ 电子书：Head First:趣味讲解类的定义 2.进行在线答疑,解决基础理论问题 3.对学生课前学习结果进行分析,针对性设计课程教学
学生活动： 学——学习理论、 　　在线测试、 　　讨论	1.通过在线课程平台完成类的定义、UML 类图表示、对象的创建和使用等理论知识视频、电子书的学习,以小组为单位梳理、概括、搜索、补充知识点,准备课堂知识汇报(40 分钟) 2.通过在线测试自我检验知识掌握情况(5 分钟) 3.在线讨论答疑:(1)思考:动物有哪些属性和方法?(2)学习过程中遇到的问题反馈至课程平台并讨论(15 分钟)
设计意图与依据	课前依托在线课程平台学习理论知识,为课堂项目实践奠定基础

(二)课堂教学阶段

课堂教学阶段如表 2 所示。

表 2　课堂教学阶段

一、超级英雄项目演示,导入项目任务(约 5 分钟)	
教师活动： 教——演示、 　　讲解	1.描述"超级英雄"项目需求:(1)完成超级英雄类 SuperHero;(2)创建英雄对象,输出英雄的介绍(3 分钟) 2.演示系统(2 分钟)
学生活动： 学——思考	观察系统功能、记录系统需求,基于课前学习思考系统设计、实现方法
设计意图与依据	通过超级英雄项目演示,提出项目任务,导入教学主题,激发学习兴趣
二、学生小组理论知识汇报,回顾课前所学(约 10 分钟)	
教师活动： 教——点评、 　　理论总结	1.利用板书、贴图对学生汇报内容进行补充、梳理、总结(2 分钟) 2.借助蓝墨云 App 组织全班同学对汇报小组进行评价,实时反馈评价结果

续　表

学生活动： 学——讲解、 　　　思考、 　　　评价	1.被抽到的小组从类的定义、UML 表示、对象的创建及课程平台共性问题解答等方面汇报课前学习的理论，全班同学共同回顾理论知识（6 分钟） 2.学生从内容完整性、口头表达、媒体呈现及综合表现 4 个维度对汇报小组评分（2 分钟）
设计意图与依据：	通过小组汇报快速回顾理论知识点，为项目实践奠定基础

三、超级英雄类型定义及实现（约 35 分钟）

教师活动： 教——引导、 　　　指导、 　　　点评、 　　　总结	1.通过展示超级英雄们，引导学生思考英雄们共有的属性、行为，梳理、总结学生的回答并进行必要补充（3 分钟） 2.通过 UML 类图标准引导学生根据讨论结果设计超级英雄类 SuperHero，总结学生互评情况（3 分钟） 3.根据学生修正后的 SuperHero 类引导学生进行编码实现，巡回指导，总结实现过程中的共性问题（3 分钟）
学生活动： 学——思考、 　　　分析、 　　　实践、 　　　互评	1.思考超级英雄的属性、行为，通过蓝墨云 App 发表观点（6 分钟） 2.小组协作设计 SuperHero 类，分别从命名规范、访问属性、类型定义等方面相互点评设计结果，学习其他同学好的实现方法完善设计（8 分钟） 3.独立完成 SuperHero 类的编码，学生相互点评发现问题并及时优化（12 分钟）
设计意图与依据	引导学生以分析、设计、实现、优化的过程进行项目实践，潜移默化养成工程思维

四、创建自己心目中的英雄（约 25 分钟）

教师活动： 教——演示、引导、 　　　指导、提问、 　　　点评	1.以实例方式展现创建对象的内容及调用效果，巡回指导学生完成英雄创建（2 分钟） 2.抽取学生进行项目分享，通过师生、生生互动发现问题并提出优化解决方法（3 分钟）
学生活动： 学——思考、实践、 　　　讲解、互评	1.独立完成超级英雄创建（10 分钟） 2.分享英雄创建的方法及过程（7 分钟） 3.修正问题，优化项目实践（3 分钟）
设计意图与依据	通过学生动手实践内化对象创建、调用的方法，做到懂语法、会应用

五、随堂测试，总结拓展（约 15 分钟）

教师活动： 教——解析、 　　　理论总结、 　　　思考引导、 　　　作业布置	1.根据测试结果，总结本次课程重难点，针对错误率较高的题目组织学生深入解析（5 分钟） 2.引导学生思考如何对所有的属性进行初始化（2 分钟） 3.布置课后作业：（1）学习拓展视频"访问器""构造方法"；（2）完成超级英雄项目升级优化（1 分钟）
学生活动： 学——测试答题、 　　　总结、思考	1.完成测试，发现并弥补知识疏漏点（7 分钟） 2.项目完善与改进：完成超级英雄项目升级版并上传到蓝墨云 3.总结与反思
设计意图与依据	通过随堂测试检查学生重点、难点掌握情况，巩固所学知识，促进学习反思，进一步拓展思维

（三）课堂实施

关键环节1：教师演示项目终极成果"超级英雄"，师生讨论分析项目核心问题及完成步骤（见图3）。

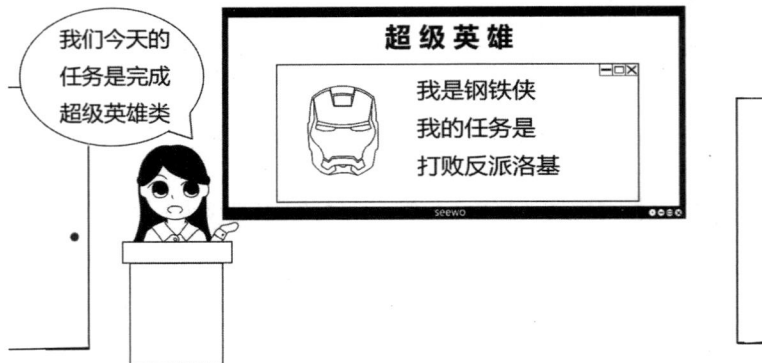

图3　关键环节1

关键环节2：抽取小组汇报课前学习的知识点，全班同学共同回顾并给汇报同学予实时评价反馈（见图4）。

图4　关键环节2

关键环节3：学生以小组为单位分析项目需求、研讨设计思路，采用标准统一建模语言表达设计方案，教师全程引导并给予实时支持（见图5）。

关键环节4：小组进行方案设计、分享，教师引导组间互相点评、学习，明确优化途径，完善项目设计并最终实现项目任务（见图6）。

关键环节5：课程内的重点、难点随堂测试，教师及时帮助学生做好总结并进一步拓展课后任务（见图7）。

图 5   关键环节 3

图 6   关键环节 4

图 7   关键环节 5

五、教学改革效果

(一)学习主动性被激发

学生学习投入显著增加。课程组针对 2015 级学生的课程平台学习情况进行了统计,99%学生能按时完成课前学习任务,其中 15%有超前学习行为;根据平台学习时间及问卷调查数据分析,学生课内外学时比达到 1:3。学生的课堂参与度明显提升,据蓝墨云 App 统计数据显示,课程共发布课堂活动 105 项,学生平均活动参与度高于 95%。

(二)个性化需求得到较好满足

依托线上线下的混合模式,学生课内、课外的个性化需求得到了最大的满足。课堂上学生一学期人均项目提问、讨论、讲解次数在 40 次以上,项目实践问题得到实时支持。课外,学生可以依托网络平台支持,个性化地选择学习进度、学习资源、根据平台数据,学生课外学习资料使用率超过了 100%,其中 2013 级下载次数达到近 1000 次,人均约 30 次,2014级学生下载量达到 3767 次,人均超过 100 次。

(三)有效促进学生项目分析、设计、批判、反思及沟通表达能力培养

从学生完成实践项目情况看,实施改革前,学生人均完成 3 项实践项目,能根据任务书完成项目的基本功能,分析问题的能力高度依赖指导书中的项目设计图,项目解决能力停留在模仿阶段,自主分析能力不强。改革后,学生人均完成 15 项课堂实践项目,1 项课外综合实践项目,在保证完成基础功能的前提下,学生能结合实际需求进行项目分析,自主加入键盘操作事件、数据库存储技术、网络应用等,甚至对多用户并发给出处理策略。而这些解决方法在课堂教学中并未涉及,依靠学生在互联网中寻求解决方案,与此同时,学生实践项目在界面效果、设计框架、编码规范等方面的水平都有明显提升。工科学生分析、设计、批判、反思、改进的高阶思维能力得到发展,工程项目思想初步建立。

作者简介

"翻转课堂"
示范性
教学视频

李晓蕾,宁波大红鹰学院副教授,信息系统项目管理师,主要承担数据结构、面向对象程序设计等专业课程教学,连续多年教学考核优秀,并被授予"三星级"优师、"优秀青年教师"等称号。主持浙江省课堂教学改革项目、浙江省教育规划课题、宁波市智慧产业基地课程建设、宁波市 MOOC 建设等各级教改课题十余项,主编教材 2 部。获得浙江省青年教师教学技能比赛特等奖、浙江省教学成果二等奖,指导学生在全国、省级学科竞赛中获得 20 多个奖项。

以"自主学习"为导向的"程序设计"课程"翻转课堂"教学改革

张高燕

浙江大学城市学院计算分院

一、课程基本情况

"程序设计"课程(4 个学分,周学时为 3 节理论＋2 节实践)自 1999 年浙江大学城市学院计算机专业开办以来就已经开设。目前,该课程为计算机科学与技术、软件工程、统计学、信息管理与信息系统专业的大类基础课程。近 3 年具体开设情况如下。

(1)2014—2015 学年一学期,4 个专业,7 个教学班,学生总数 420 名。

(2)2015—2016 学年一学期,4 个专业,6 个教学班,学生总数 431 名。

(3)2016—2017 学年一学期,4 个专业,6 个教学班,学生总数 426 名。

自 2007 年本课程申报为浙江省精品课程后,课程组先后录制了完整的课堂教学视频,共 24 讲,时长约 2160 分钟,并在浙江大学城市学院精品课程网站上发布。同年,课程组开发使用"C 语言在线测试系统",用于编程练习和上机考试。2012 年,本课程开始应用BlackBoard(简称 BB)平台,并建设了一系列 BlackBoard 平台网络教学资源,供城市学院学生学习使用。

2015 年 9 月,课程组与浙江大学程序设计课程教师合作,在中国大学 MOOC 平台上开设了面向本校学生的小规模限制性在线课程(small private online course,SPOC),以MOOC 教学视频为基础,结合"翻转课堂"教学法,迄今为止已进行了 3 轮课程教学方法改革。同时,启用浙江大学开发的程序设计类实验教学辅助平台(programming teaching assistant,PTA)用于日常实验编程练习和测验。该系统与课程组编写的主教材《C 语言程序设计(第 3 版)》《C 语言程序设计实验指导(第 3 版)》("十二五"普通高等教育本科国家级规划教材)配套,面向全国百余所高校开放。

二、教学改革背景与思路

自 1999 年浙江大学城市学院建院以来,"程序设计"课程组一直承担着计算学院各专业的专业必修平台课教学任务。"程序设计"课程是计算机专业及信息技术相关专业的新生入门课,也是主干技术基础课,其教学效果对人才培养质量具有极其重要的影响。就学生而言,如果程序设计没有掌握,后续课程数据结构、高级编程语言的学习无异于天方夜谭。

因此,该课程是学生由基础课程学习到专业课程学习的一门重要过渡课程,是培养学生创新能力的核心环节。开课 18 年来,课程组从未间断过教学研究和教学改革的步伐:在课程负责人的带领以及教学团队的共同努力下,早在 2007 年被评为浙江省精品课程,2015 年成功申报浙江省高等教育课堂教学改革研究项目,2017 年 3 月成功申报浙江省高等学校精品在线开放课程。我校的计算机科学与技术专业于 2015 年首次列入浙江省本科第一批次招生,该课程的课堂教学改革迫在眉睫。

课程组于 2015—2016 学年第一学期在中国大学 MOOC 平台上开设了面向计算机专业的 SPOC 课程,实施以自主学习为导向的"翻转课堂"教学改革,重新调整课堂内外的时间,将学习的决定权从教师转移给学生。在这种教学模式下,课堂内的宝贵时间,学生能够更专注于主动的基于项目的学习,并且以合作学习的方式共同参与教学活动,从而获得更高效的知识内化过程。教师不再占用课堂时间来讲授知识,这些知识需要学生在课前完成自主学习,他们可以观看微视频,阅读课程文档,做小测验,还能在网络论坛上与同组或其他组的同学进行讨论,能自主掌握学习节奏,从而实现教学流程的重新构建。在课堂上,教师和学生的角色发生转换,教师将课堂主动权交还给学生,采用讲授法和协作法来满足学生的需要和促成他们的个性化学习,其目标是让学生通过实践获得更真实的学习感受。

"翻转课堂"的改革思路从以下四个方面入手,对教师角色、课程模式和管理模式的转变进行大胆探索。

(1)"先学后教",翻转了教学方式,推动从"教"转向"学"。

(2)"以学定教",翻转了教学内容,推动从"碎片化学习"转向"靶向性学习"。

(3)"主体转换",翻转了教师和学生的角色,推动从"教学工作者"转向"教学管理者"。

(4)"生生互评",翻转了教学考核方式,推动从"个体化学习"转向"互助型学习"。

三、"翻转课堂"教学设计

"程序设计"课程依托中国大学 MOOC 平台和浙江大学陈越教授所带领的团队开发的程序设计类实验教学辅助平台(PTA)开展翻转课堂教学,完成课程教学大纲的编制,根据课程目标能力实施表,形成"翻转课堂"教案共计 66 学时,翻转率超过 80%(课程共计 80 学时)。课程内容涵盖微视频、理论课件、例题源程序、实验调试改错示例、课前预习测试、课前基础编程题、课堂编程题、课堂讨论主题、课后拓展编程题、课后测验、单元测验等形式丰富多样的素材(见表 1),为学生的自主学习提供全方位的全程指导。

表 1　"翻转课堂"资源汇总(以 3.3 节为例)

资源名称	内　　容
3.3 课件_1. PPT	switch 语句
例 3_08. cpp	【例 3-8】查询自动售货机中商品的价格
例 3_09. cpp	【例 3-9】求解简单表达式
例 3_10. cpp	【例 3-10】输入 10 个字符,分别统计出其中空格或回车、数字字符和其他字符的个数

续　表

资源名称	内　　容
3.3 课件_2. PPT	多分支 else-if 语句、嵌套的 if-else
例 3_11.cpp	【例 3-11】求解简单表达式
测验 3.3	3 道选择题、1 道填空题（基础知识测试）
3.3_主题 1	绘制流程图（课堂展示）
3.3_主题 2	三种结构实现整数比较大小（课前分组完成、课堂汇报）
3.3_基础编程题	查询水果价格（15 分）
3.3_课堂编程题	简单计算器（10 分）、计算天数（15 分）、念数字（15 分）
课堂测验 3.3	3 道选择题、3 道填空题（重点知识测试）
3.3_拓展编程题	计算油费（20 分）
课后测验 3.3	2 道选择题、4 道填空题（综合知识测试）

"翻转课堂"总体设计思路如图 1 所示。

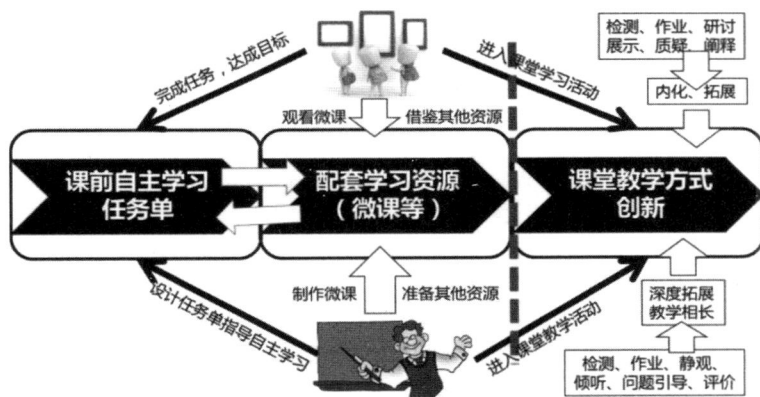

图 1　"翻转课堂"总体设计思路

我们以"3.3 查询自动售货机中商品的价格"为例，介绍具体设计方案（2 学时）。

四、"翻转课堂"具体实施

授课对象为 2016 级计算机 1603 班、1604 班（一批招生），每个班级人数为 30 人；将学生分为 5 个小组并指定组长，实行组长负责制度，教师可以尽可能地兼顾各个小组的协作交流过程并予以个性化指导。学校具备良好的硬件与软件设施，提供了分组排列的网络实验机房，因此，可以保证"翻转课堂"的有效开展。以 3.3 节为例，实施流程详见图 2，具体实施方案详见表 2。

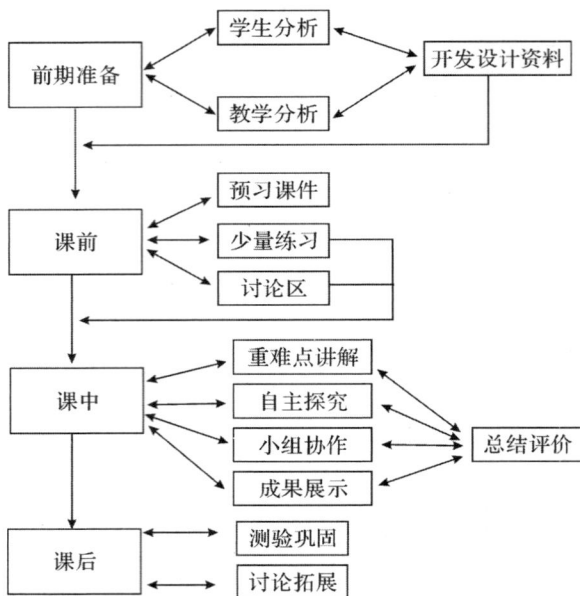

图 2 "翻转课堂"实施流程

表 2 "翻转课堂"具体实施方案

项目			学习任务单内容	
课程名称			C 语言程序设计	
章节名称			3.3 查询自动售货机中商品的价格	
教学目标			1. 掌握 switch 语句语法以及多分支结构等基本概念 2. 掌握多分支结构程序的分析、设计、调试与测试 3. 掌握几种不同结构的多分支语句,并对语法、流程、应用场合进行对比 4. 掌握多分支结构的应用场合,并能解决实际问题	
学习资料汇总	环节	资源名称	内 容	完 成
	课前	课件 1	chap03_3_课前预习 1_switch 语句	
		课件 2	chap03_3_课前预习 2_多分支结构	
		例题 1	3_08.cpp	
		例题 2	3_09.cpp	
		例题 3	3_10.cpp	
		例题 4	3_11.cpp	
		课前自测	课前自测 3.3	
		讨论 1	话题 1:绘制 switch 语句流程图	
		讨论 2	话题 2:采用三种分支结构实现数值比较大小	
		基础编程题_ 课前练习	查询水果价格	

续　表

环节	资源名称	内　容	完　成
学习资料汇总	课中	基础编程题_随堂练习1	简单计算器	
		基础编程题_随堂练习2	计算天数	
		基础编程题_随堂练习3	念数字	
	课后	拓展编程题_课后练习	计算油费	
		课后自测	课后自测3.3	

注：表格第一列为"学习资料汇总"，其中"课中""课后"为环节列。

课前学习任务单	1.阅读课件1、课件2,运行例题1、例题2、例题3、例题4,并完成课前自测3.3(MOOC) 2.完成基础编程题_课前练习(PTA) 3.完成讨论1、讨论2(论坛回帖),课堂上分组汇报展示(MOOC)
课中衔接(教师用)	1.根据课前自测和基础编程题_课前练习完成度的反馈分析易错知识点 2.讲解并演示典型例题 3.分组汇报讨论话题(MOOC) 4.完成基础编程题_随堂练习1—3(PTA) 5.完成单元测验3(试卷,每章1次)
课后作业任务单	1.完成拓展编程题_课后练习(PTA) 2.完成课后自测3.3(MOOC)

五、取得成效分析与体会

2017年9月,计算学院的计算机一批专业学生即将开展第3轮"翻转课堂"教学,"程序设计"课程已经成功申请浙江省高等学校精品在线开放课程以及高等教育出版社组织的中国慕课联盟的慕课试点学校建设课程;下一阶段目标是将该课程由SPOC升级为MOOC,将成功经验推广,以期待更多的学生能够受益。具体成效如下。

(1)已在中国大学慕课上开设SPOC课程,以浙江大学的PTA为实验辅助平台,完成课程教学大纲的编制;根据课程目标能力实施表,形成课程教案,内容涵盖理论课件、例题源程序、实验调试改错示例、课前预习测试、课前基础编程题、课堂编程题、课堂讨论主题、拓展编程题、课后测验、单元测验等形式丰富多样的素材,为学生的自主学习提供全方位的全程指导。

(2)"程序设计"课程于2016年2月申报浙江大学城市学院教学方法改革示范课堂。在期末统考中,参与"翻转课堂"教学法的两个试点班,其平均成绩显著高于其他普通教学班,取得了非同凡响的成效(见表3)。

表3　"翻转课堂"教学试点班与普通班成绩对比

期末考试成绩	计算机1603班	计算机1604班	7个平行教学班成绩
平均分	83	81	69

2016 年,浙江大学城市学院举办了程序设计课程竞赛(暨新生选拔赛),共有 160 名同学参加了此次竞赛。根据竞赛成绩排名情况,各奖项设置如下:一等奖 2 名,二等奖 7 名,三等奖 19 名,另有成功参赛奖 59 名。参与"翻转课堂"教学法试点班的学生在竞赛中斩获近 1/3 的奖项(见表 4)。

表 4 "翻转课堂"教学班竞赛获奖情况

奖项	"翻转课堂"教学班获奖人数	总获奖人数
一等奖	1	2
二等奖	2	7
三等奖	6	19
成功参赛奖	16	59
总计	25	87

(3)笔者在中国大学慕课上学习"翻转课堂教学法"(北京大学汪琼教授)、"程序设计入门——C 语言"(浙江大学翁恺)课程,均已取得课程认证证书;调研兄弟院校,参加"中国高校计算机教育 MOOC 联盟"系列研修班(杭州培训中心 2016 年第一期),获结业证书。60 名参与"翻转课堂"教学法的学生同步修读"程序设计入门——C 语言"(浙江大学翁恺)课程,97% 获得课程证书,其中,44 名学生获得优秀证书,优秀率高达 76%。

(4)指导参与"翻转课堂"教学的数名学生荣获 2017 年浙江省程序设计竞赛一等奖 1 项,二等奖 1 项;2017 年浙江大学程序设计竞赛一等奖 1 项,三等奖 1 项;2016 年第 41 届 ACM 国际大学生程序设计竞赛亚洲区域赛(青岛)铜奖 1 项;2016 年第 41 届 ACM 国际大学生程序设计竞赛亚洲区域赛(沈阳)铜奖 1 项。

(5)《程序设计类在线课程建设及实践教学资源共建共享模式探索》荣获 2016 年浙江省高等教育教学成果一等奖,《程序设计竞赛驱动的计算机应用创新能力培养的实践探索》荣获 2016 年浙江大学城市学院院级教学成果奖(一等)。

(6)面向参与"翻转课堂"教学法的学生开展"对于翻转课堂的教学模式的问卷调查"和"'C 语言程序设计'课程调查问卷"两项问卷调查,收集数据并做对比分析,为后续课程建设提供研究依据。

作者简介

"翻转课堂"
示范性
教学视频

张高燕,浙江大学城市学院副教授,积极进行教学改革探索,多次获得浙江大学城市学院教学质量奖、教学优秀奖,主持并参与多项省级精品课程、省级精品在线课程建设,荣获教学方法改革示范课堂,参与编写"十二五"普通高等教育本科国家级规划教材 2 部;多次指导学生荣获 ACM 国际大学生程序设计竞赛奖项;所在教学团队荣获 2016 年浙江大学城市学院院级教学成果奖(一等),个人与浙江大学合作荣获 2016 年浙江省高等教育教学成果一等奖。2015 年,率先在浙江大学城市学院进行"翻转课堂"教学改革,并成功申报浙江省高等教育课堂教学改革研究项目,教学效果深受师生好评,并获得推广。

"翻转课堂"在"护理综合技能与临床思维"课程中的应用

郭　晶　朱修文　何路明　饶　艳　张玲芝

杭州医学院护理学院

一、课程基本情况

"护理综合技能与临床思维"是护理(高职)专业核心课程,总学时 68 学时,2.5 学分,面向护理(高职)专业授课。课程实行理实一体化小班教学,每班 30 人,使用教材为课程组自编讲义《护理综合技能与临床思维》,并逐年更新。自 2015 年起,课程依托我校引进的超星泛雅网络课程平台,逐步尝试将"翻转课堂"应用于本课程。目前已开展"翻转课堂"教学实践 3 轮,约 1280 课时,效果良好。

二、教学改革背景与思路

2014 年,浙江省教育厅出台《浙江高校课堂教学创新行动计划(2014－2016 年)》,要求创新课堂教学方法,实现学生自主学习和自主管理,提示培养具有自主学习能力的人才是高等教育的主要目标。

杭州医学院是一所集临床医学、护理学等 12 个专业为一体的医学院校,护理专业生源不仅包括经高考升入杭州医学院的普通本专科学生,还包括从绍兴、桐乡、海宁、永康等地的多所中等职业学校对口升入的"3＋2"高职护生。这部分学生高职阶段的学习存在学制短、课时少、任务重、学习内容重复等特点。如何整合优化课程内容,区别化开设课程从而提高教学效率,引起了学校和系部的高度重视。

为此,杭州医学院不断探索和改革适合高职护生的课堂教学方式方法。目前护理学院已开设专门针对护理(高职)专业的"护理综合技能与临床思维"课程,将高职护生在中专阶段学习的基础护理单项操作技能,以护理实际工作过程中的岗位任务为切入点,整合为出入院护理、清洁护理等 8 个教学模块,进一步强化高职护生护理综合技能水平,锻炼学生分析问题、解决问题的能力。

但在教学中我们发现,学生对这门课程的学习存在一些矛盾性的问题。一方面,学生对部分已经在中专阶段学习过的知识和技能兴趣度不高,自主学习意愿较差;另一方面,通过摸底考核得知,高职护生的理论知识又掌握得并不扎实,操作技能也存在过程不规范、过于偏重程序化、无法应对突发状况等问题。因此,如何改变现有教学方法,提高学生对课程的自主学习意愿,对接护理工作岗位任务,成为摆在我们面前的一大难题。"翻转课堂"的实现,或可成为解决这一问题的有效方法。

"翻转课堂"指学生在课前借助网络、教学视频、讲义等资源完成知识的自主学习,而后在课堂内知识呈现、讨论与交流,教师运用提问、释疑、解惑、探究等教学方法,使学生完成知识内化升华的一种教学模式。与传统教学模式相比,这种教学模式将"知识传授"和"知识内化"的过程进行了翻转,故名"翻转课堂"。

2015年,学校引进了超星泛雅网络在线教学平台,充分整合课程教学资源(包括视频、书籍等),集教学管理、教学互动、教学成果展示、教学数据统计与分析为一体。学生可以借助该平台完成课前预习,包括观看视频、完成作业、留言讨论等,教师可通过网络后台的大数据统计,直观获得学生访问情况、讨论发帖次数、视频观看进度、测验成绩排名、作业完成及批阅情况等,这使得"翻转课堂"的实现成为可能。另外,对高职护生而言,课程的部分知识在中转阶段已有所了解,且经过了一年的临床实习,无论是知识还是技能目标,学生课前自学完成的难度都将大大降低。这为保质保量完成课堂教学任务,促进"翻转课堂"的可持续发展创造了条件。

本次教学改革依托学校现阶段广泛开展校本化网络教学平台建设的契机,借鉴国外开展"翻转课堂"经验,旨在构建专门针对护理(高职)课程"护理综合技能与临床思维"的"翻转课堂"体系并实施评价,为改进教学方法,提高教学效果提供实证依据,也为有效提高护理高职护生对"护理综合技能与临床思维"课程的学习兴趣和学习自主性,并为对接护理实际工作岗位探索一种切实可行的方法。

三、"翻转课堂"教学设计

(一)总体设计

依托网络教学平台,"翻转课堂"将原本在课堂上教授的知识和技能前移至课前自学完成,课堂中学生则通过小组讨论、情景模拟、知识呈现(PPT汇报)、师生交流等方法使知识得到真正内化,即将传统教学模式的"知识传授"和"知识内化"过程进行了翻转。总体设计如图1所示。

| 分组 | —— | 将实验组的 30 名同学,按照自愿结合的方式分为 5 组 |

| 课前作业布置
(开课前 2 周) | —— | (1)知识部分:视作业内容以个人或小组形式完成。个人自行查阅书籍、文献,完成对已学部分知识的复习工作,完成课前准备工作。小组作业,课前以小组形式完成 PPT 制作,并对 PPT 内容进行熟悉,课堂展现
(2)技能部分:完成视频观看任务,并在观看视频的基础上开展小组集体讨论,比较同一技能不同操作方法的优缺点,回忆中专时所学技能操作过程。必要时,联系教师,预约护理实训室进行小组备课,统一操作方法 |

| 教师课前检查
(开课前 1~2 天) | —— | (1)开课前 1~2 天,通过网络教学平台,教师获得学生讨论发帖、视频观看进度、作业完成情况等,及时督促没有完成的学生
(2)检查小组 PPT 的完成情况及内容,提出修改建议,为课堂呈现及讨论做好准备 |

| 课堂呈现,讨论内化 | —— | (1)随堂测验:利用网络平台移动学习端进行随堂测试,检验课前准备情况,并将此成绩计入学习成绩总分
(2)课堂呈现:小组成员汇报 PPT,带领班级进行知识梳理
(3)课堂呈现:小组成员进行技能操作示范与讲解
(4)讨论内化:发起讨论,师生一起对有疑问的知识点及技能操作步骤进行商榷,进一步巩固所学知识并强化技能操作
(5)分组巩固练习 |

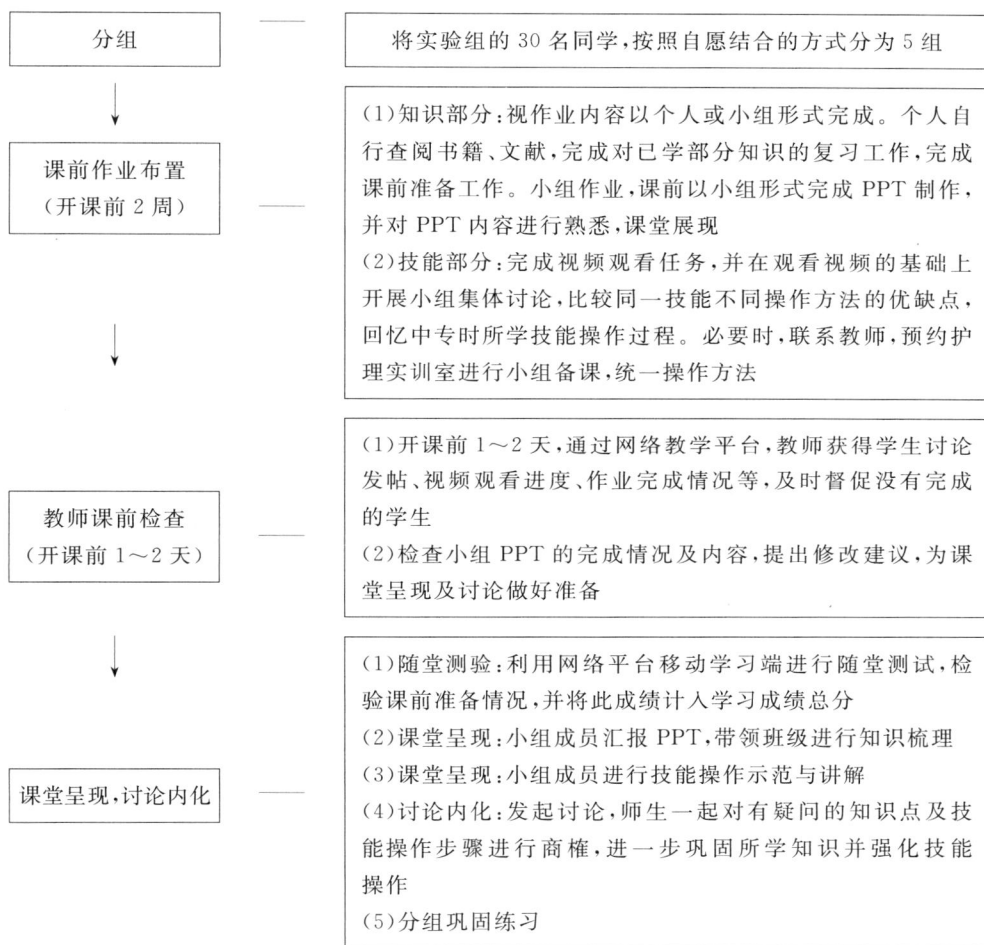

图 1 "翻转课堂"总体设计

(二)具体设计(2学时)——压疮的预防

具体设计如图2所示。

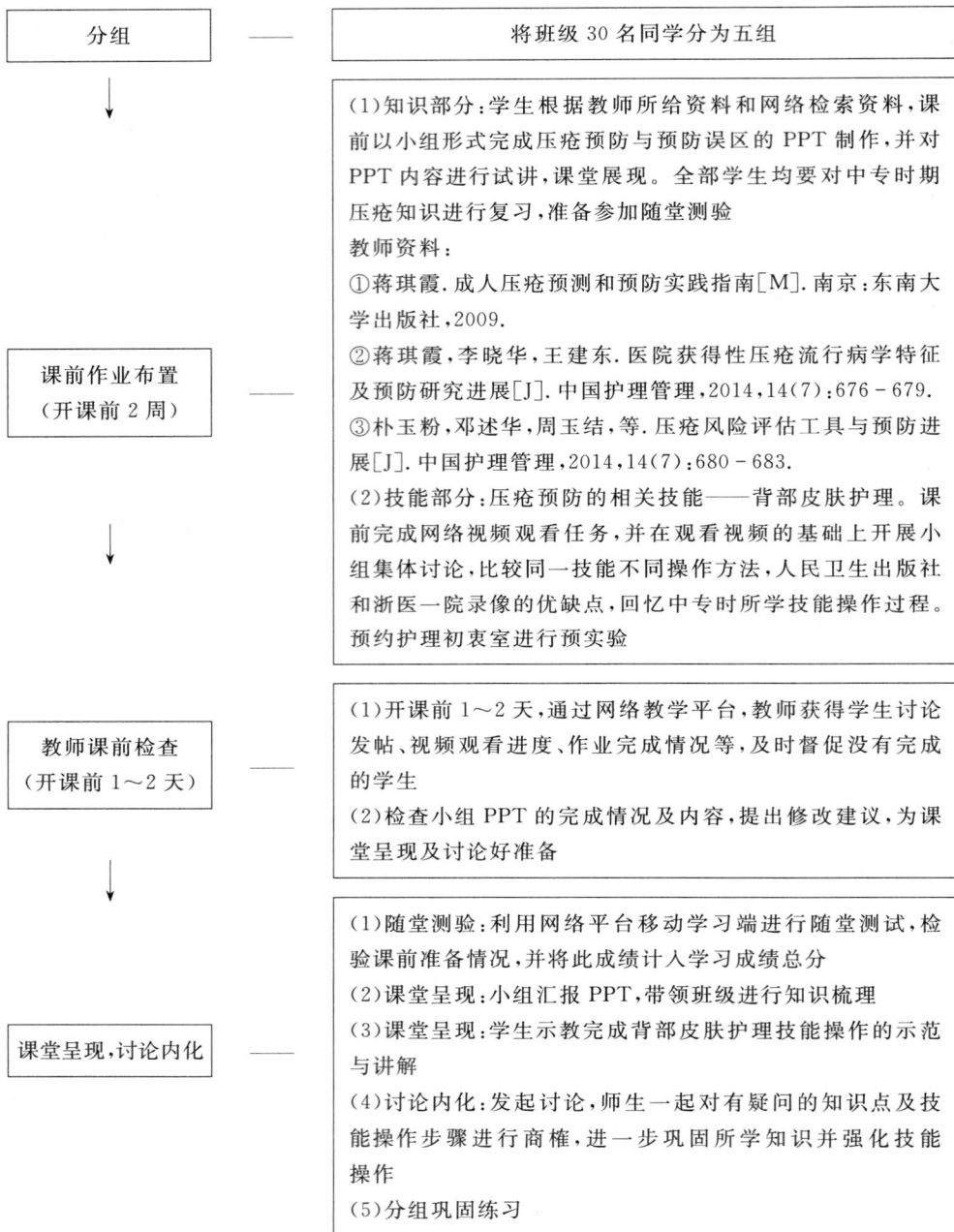

分组	——	将班级30名同学分为五组

课前作业布置 (开课前2周)	——	(1)知识部分:学生根据教师所给资料和网络检索资料,课前以小组形式完成压疮预防与预防误区的PPT制作,并对PPT内容进行试讲,课堂展现。全部学生均要对中专时期压疮知识进行复习,准备参加随堂测验 教师资料: ①蒋琪霞.成人压疮预测和预防实践指南[M].南京:东南大学出版社,2009. ②蒋琪霞,李晓华,王建东.医院获得性压疮流行病学特征及预防研究进展[J].中国护理管理,2014,14(7):676-679. ③朴玉粉,邓述华,周玉结,等.压疮风险评估工具与预防进展[J].中国护理管理,2014,14(7):680-683. (2)技能部分:压疮预防的相关技能——背部皮肤护理。课前完成网络视频观看任务,并在观看视频的基础上开展小组集体讨论,比较同一技能不同操作方法,人民卫生出版社和浙医一院录像的优缺点,回忆中专时所学技能操作过程。预约护理初衷室进行预实验

教师课前检查 (开课前1~2天)	——	(1)开课前1~2天,通过网络教学平台,教师获得学生讨论发帖、视频观看进度、作业完成情况等,及时督促没有完成的学生 (2)检查小组PPT的完成情况及内容,提出修改建议,为课堂呈现及讨论好准备

课堂呈现,讨论内化	——	(1)随堂测验:利用网络平台移动学习端进行随堂测试,检验课前准备情况,并将此成绩计入学习成绩总分 (2)课堂呈现:小组汇报PPT,带领班级进行知识梳理 (3)课堂呈现:学生示教完成背部皮肤护理技能操作的示范与讲解 (4)讨论内化:发起讨论,师生一起对有疑问的知识点及技能操作步骤进行商榷,进一步巩固所学知识并强化技能操作 (5)分组巩固练习

图2 "压疮的预防"具体教学设计

四、"翻转课堂"具体实施

(一)文献回顾(2015 年 2 月—2015 年 6 月)

查阅专业书籍、期刊等文献资料,收集国内外关于网络课程建设、"翻转课堂"等方面的相关文献,为研究提供理论框架指导。

(二)教学设计(2015 年 2 月—2015 年 6 月)

完成学情分析、网络课程设计与建设、"翻转课堂"教学设计、课程进度安排等。

(三)改革试验阶段(2015 年 2 月—2017 年 6 月)

2014 级:未设立对照组,将护理 1411、1412、1413 班三个班级作为试验班尝试开展改革。

2015 级:采用组群随机,将 2015 级高职(护理)6 个班级,以班级为单位随机分配到试验组(3 个班)和对照组(3 个班),共 180 名学生纳入研究。试验班级采用"翻转课堂"的教学方式,对照组仍采用原有的教学方式,并在课程结束后对新教学方式进行评价。

2016 级:将"翻转课堂"应用于所有高职 7 个班级。

(四)效果评价(2016 年 2 月—2017 年 6 月)

1. 学习效果评价

课堂呈现评价:用于评价学生在单项操作技术、PPT 汇报或护士工作任务情景模拟展现时的表现,由专业教师在学生展现教学过程中对其行为进行观察。

学生学业成绩:以学生的期末技能考核与理论考试为评价指标进行评价。

2. 教学方法评价

采用自行设计的问卷"'翻转课堂'教学效果评价问卷",调查 2015 级参与"翻转课堂"教学方式改革的试验组和对照组的全部高职护生,比较传统课堂教学方法与"翻转课堂"的差异,明确学生对该教学模式的态度。

3. 总体成效分析与体会

五、取得成效分析与体会

(一)学生学习效果

试验组课前任务完成成绩均分为 96.65±5.31,课堂综合表现成绩均分为 92.10±3.74。对照组课堂出勤、回答问题等平时成绩均分为 90.44±6.98。

两组学生期末技能操作考核成绩差异无统计学意义($p>0.05$),而理论成绩差异有统计学意义,试验组理论考核成绩高于对照组($p<0.05$)。详见表1。

表1 两组学生期末考核成绩比较($\bar{x} \pm S$)

项目	试验组	对照组	t 值	p 值
技能操作	90.25±4.55	91.67±3.79	−2.767	0.147
理论成绩	85.36±3.23	74.06±3.37	−4.293	0.003

(二)教学方法评价

两组学生分别在督促开展预习、主动查找资料、培养自学能力、提高学习积极性、提高课堂参与、总体评价等8个方面对两种教学方法的评价存在差异,详见表2。

表2 两组学生对不同教学方法评价的比较(n,%)

项目	试验组($n=90$)		对照组($n=90$)		x^2 值	p 值
	赞同	不赞同	赞同	不赞同		
能督促自己开展课前预习	83(92.2)	7(7.8)	48(53.3)	42(46.7)	34.351	<0.001
能就不清楚的内容主动查找资料	85(94.4)	5(5.6)	67(74.4)	23(25.6)	13.703	<0.001
能够培养自学能力	86(95.6)	4(4.4)	25(27.8)	65(72.2)	87.450	<0.001
提高学习管理能力	74(82.2)	16(17.8)	69(76.7)	21(23.3)	0.851	0.230
提高学习积极性	80(88.9)	10(11.1)	57(63.3)	33(36.7)	16.164	<0.001
提高课堂参与积极性	82(91.1)	8(8.9)	70(77.8)	20(22.2)	6.090	0.011
对错误之处印象深刻	89(98.9)	1(1.1)	68(75.6)	22(24.4)	21.983	<0.001
考核方式更客观	89(98.9)	1(1.1)	74(82.2)	16(17.8)	14.616	<0.001
喜欢这种上课方式	64(71.1)	26(28.9)	66(73.3)	24(26.7)	0.111	0.434
总体来说,认可这种教学方式	78(86.7)	12(13.3)	67(74.4)	23(25.6)	4.292	0.029

(三)总体成效分析与体会

1."翻转课堂"可有效促进学生自主学习能力的提升

与传统授课方法相比,95.6%的学生认为"线上教学+翻转课堂"的混合教学模式能够在一定程度上促进自主学习能力的提升。究其原因,一方面借助慕课网络平台的线上学习功能,学生可自主安排课余时间进行学习,使得学习形式和学习时间更加灵活,学习活动更自主、更容易接受。另一方面,借助平台的大数据统计功能,教师可对学生课前任务完成情况进行实时监督,实时督促,定期公示和表扬,也可起到激励和鞭策作用,提高学生的学习积极性。同时,"翻转课堂"的实施使得课堂真正成为知识和技能呈现、重点与难点内化的地方。学生为了不在课堂汇报或示教中"丢人",课前必定会有一定的心理压力,从而促使自己积极地参与到课前的自主学习中去,这也是调查得出的 92.2% 的学生认为"翻转课堂"教学"能督促自己开展课前预习"和 94.4% 的学生"能就不清楚的内容主动查找资料"的原因所在。

2."翻转课堂"可提高学生课堂参与积极性

与传统教学模式相比,"翻转课堂"将"知识学习"的过程前移至课前,课堂成为知识呈现,疑难问题讨论、探究和得以解决的地方。如学生在课前学习过程中遇到疑难问题,为了能更好地在课堂上进行展示,不仅会在课前积极查询相关文献,还会就某一问题展开小组讨论或发起在线讨论,最后将无法解决的问题带至课堂,展开班级讨论和师生讨论。这种以解决问题为中心的思考模式使学生对知识真理的探究更加迫切,带着问题走进课堂也使得学生参与课堂学习的积极性大大提高。

3."翻转课堂"使教学评价更加客观公正

由于长久以来重视总结性评价思想的存在,目前大多数学校的考核方式以单纯的期末考试为主,过于关注学习结果而忽视了对学习过程的考查。很多院校即使运用了过程性评价,也往往只包括课堂出勤、问题回答等一些局部性指标,无法对学生学习的全过程进行客观、量化考核。"翻转课堂"教学方法利用慕课网络平台的数据统计功能,不仅从过程层面将学生课前学习情况进行量化考核,如访问次数、观看视频次数与时长、参与讨论次数、作业完成情况等,还对学生在课堂中的汇报或讨论进行了综合评价,加之期末理论与技能考核,使得教学评价涵盖学生学习的全过程,更为客观和公正。

项目成果如下:

(1)杭州医学院校级教改课题"基于慕课的'翻转课堂'教学模式在'护理综合技能与临床思维'课程中的应用"(编号 XJJG201506)。

(2)期刊论文(一级期刊):郭晶,张玲芝,朱修文,等《混合教学模式在护理综合技能与临床思维课程教学中的应用效果》,发表于《中华现代护理》,2017,23(2):259-263。

(3)期刊论文(一级期刊):郭晶,张玲芝,朱修文,等《慕课网络教学平台在基础护理教学中的应用与管理》,发表于《中国护理管理》,2017,17(3):352-354。

(4)研究报告:《基于慕课的'翻转课堂'教学模式在'护理综合技能与临床思维'课程中的应用》。

(5)学生讲课、示教录像及教学任务安排等教学资料。

作者简介

郭晶,硕士,讲师,主管护师。杭州医学院护理(高职)专业负责人,杭州医学院护理专业指导委员会委员,浙江省高校招生职业技能考试医学护理类技能操作考试考评专家,浙江省养老护理员技能竞赛裁判专家,浙江省基层卫生岗位服务技能竞赛考评专家。主教(负责)"护理综合技能与临床思维""基础护理"等课程,主持或参与卫生部临床重点专科建设项目、浙江省哲科规划、省教育厅、省社科联合会、省卫计委课题10余项,在国内核心期刊发表论文50余篇。

"翻转课堂"
示范性
教学视频

"翻转课堂"在"护理实务临床处置"课程中的应用

黄光琴　　周彩华　　陈凌玉　　张玲芝　　李光兰

杭州医学院护理学院

一、课程基本情况

"护理实务临床处置"是护理专业的一门岗位职业核心课程,总学时 48 学时,1.5 学分,面向护理专业授课,课程实行理实一体化小班教学课程,每班 30 人,使用教材为课程组自编的教材《护理实务临床处置》(浙江大学出版社 2010 年出版)。自 2009 年起,课程组依托浙江省精品课程网站和超星泛雅网络课程平台,逐渐将"翻转课堂"应用于本课程,目前开展"翻转课堂"教学实践 8 轮,约 1152 学时。

二、教学改革背景与思路

护士的临床处置能力是临床护理水平高低和患者健康需求满足程度的决定性因素,也是其他临床能力的基础。目前,护理专业学生临床处置能力的培养主要在临床见习和实习阶段进行。但由于教学资源供需失衡,临床见习、实习面临着诸多困难,导致护理专业学生临床处置能力培养难以达到既定目标,严重影响了护理专业人才的培养。为解决这个问题,本校护理学院从优化课程着手,在 2008 年设置"护理实务临床处置"课程。该课程是护理专业的一门岗位职业核心课程,也是一门理实一体化课程。目标是培养学生在实际护理工作中的临床处置能力。这门课程是整合临床基本工作岗位群中的常见病、多发病的典型病例为教学内容而构建的一门以项目为导向、任务为驱动的课程。通过本课程的学习,学生能熟练地运用护理程序,进行护理评估,提出存在的和潜在的护理问题,实施相应护理措施,并进行效果评价,从而有效地运用已学过的护理理论和技能,并将理论和技能融会贯通。培养学生能够评估判断的能力,即临床思维能力、组织决策能力、技术操作能力、沟通协作能力、应急处理能力、健康教育能力、病情观察能力、护理文书书写能力等,为毕业后从事临床护理工作打下扎实的基础。

然而在初期的教学过程中,学生对之前学过的知识不愿意再次学习,对重要知识点的掌握不尽人意;在处置疾病的过程中,无法将所学知识点应用于患者身上,操作技能不扎实,处置流程混乱。虽然是理实一体的课程,但是上课模式以教师的讲授为主,学生课堂参与度不高,学习积极性差,无法达到课程目标的要求。面对上述出现的问题,如何解决问题,成为课程组棘手的问题。于是,课程组一起讨论,寻求解决办法。课程组一致谈论后商定,采用"翻转课堂"的方式,让学生成为课堂的主人,发挥学生自主学习的能力,将重要知识点通过微视频的方式让学生先学习。课堂上教师花更多的时间对学生学习中遇见的问题进行答疑,更好地提升课堂效率以及课堂参与度,让学生和教师共同收获。

"翻转课堂"译自"flipped classroom"或"inverted classroom",顾名思义就是课堂教学模式的翻转,师生角色的互换。在"翻转课堂"教学模式下,教师通过网络媒体提前布置学习任务,学习任务可以通过视频、文件、问题等形式呈现给学生。学生在课前完成学习任务,教师在课上则通过学习任务检验学生的学习情况,集中解决学生存在的共性问题。同时,在课堂上讨论存在的问题可以使学生更好地理解知识。"翻转课堂"还设计了课后反思,通过这一环节可以发散学生的思维,引导学生有更深层次的思考。

于是,在教学模式上,课题组采用基于临床工作任务的"翻转课堂"教学模式,以项目导向、任务驱动式的 6 个步骤实施整个教学,即第 1 步——发放任务,自主学习;第 2 步——学习汇报,解惑答疑;第 3 步——不同情景,分组模拟;第 4 步——情景回顾,师生互评;第 5 步——分析问题,反思拓展;第 6 步——复习总结,效果评价。

三、"翻转课堂"教学设计

(一)总体设计

总体设计的思路是:依托网络平台(校精品课程网站、超星泛雅网络在线教学平台)实施"翻转课堂",以教师为主导,学生为主体,让学生通过在课前观看教学视频、查阅资料、完成课前练习、与教师和同学在线交流等方式完成知识的吸收与掌握;课内学生通过与教师进行交流、组织和参与小组活动、成果展示和案例处置等方式,促进对知识的内化吸收,完成知识内化;课后学生进行反思探究,自编病例,自行设计处置任务,拍摄处置的视频,开放实训实验室,进行巩固练习,实现知识的应用实践。

总体设计如图 1 所示。

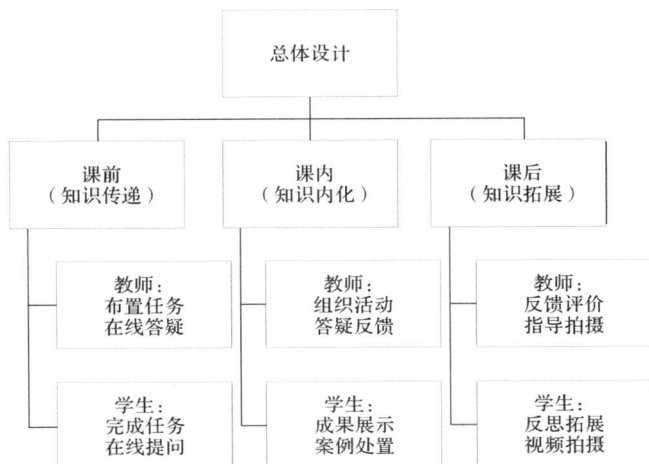

图 1 基于临床工作任务的"翻转课堂"教学模式总体设计

（二）具体设计（2 学时）——急性心梗患者的临床处置

具体设计如表 1 所示。

表 1 "急性心梗患者的临床处置"教学设计

教学时间点	教学步骤及安排	教师活动	学生活动	教学目的
课前	自主安排	发布课前学习任务单、布置作业、答疑、上传微视频	分组、观看微视频、完成学习任务单、完成测试、提问	通过课外学生的自主学习、个性化学习使学生掌握急性心梗的基础知识和疾病任务的处置程序
课内（第 1 学时）	导入课程（5 分钟）	播放视频，提出问题	观看视频，思考问题	通过观看视频：生死速递（心梗急救实录 5 分钟）提问：你是负责该患者的主管护士，你觉得你应该掌握哪些知识、技能，才能护理好该患者？让学生充分认识到自己储备的知识技能水平能否护理患者
	课前学习任务汇报（疾病知识，15 分钟）	听取报告，答疑解惑	每小组用 PPT 汇报疾病知识要点	教师了解课前预习效果，及时解决存在的问题，这一设计解决教学中的重点
	课前学习任务汇报（疾病处置流程，15 分钟）		每小组用思维导图来展示各组的处置流程	了解学生对知识的应用能力以及临床评判性思维能力，提出流程安排中存在以及不能解决的问题，其他组学生以及教师一起共同探讨，通过探究式学习方式，解决教学中的难点
课内（第 2 学时）	任务 1 实施与评价（急性心梗患者的入院接诊及评估处理，10 分钟）	认真观看，记录问题，引导其他组同学进行点评	以小组为单位，团队处置任务，其他同学观摩、点评	学生通过接诊急性心梗的患者，掌握疾病病史的采集、生命体征的测量及入院宣教等，并且训练学生的护患沟通能力
	任务 2 实施与评价（急性心梗患者的溶栓治疗和护理，15 分钟）			学生通过对急性心梗患者溶栓治疗前后的处置与宣教，复习溶栓治疗护理的要点，培养学生临床思维能力
	任务 3 实施与评价（急性心梗患者发生左心衰竭的护理，20 分钟）			学生通过对急性心梗患者出现左心衰竭的处置，复习急性心梗的常见并发症以及并发症的处置，提升学生病情观察能力以及急救能力，最终培养临床处置能力

续　表

教学时间点	教学步骤及安排	教师活动	学生活动	教学目的
课后	自主安排	上传课程补充资源,发布新的学习任务,指导学生视频拍摄	课后反思总结,自行编制病例及处置任务,完成视频拍摄,开放实训实验室进行练习	学生自行编制病例及处置任务,并进行拍摄,将知识点再次内化和拓展,充分发挥学生的潜能及创造力

四、"翻转课堂"具体实施

(一)文献回顾和课程研发阶段(2007 年 9 月—2008 年 9 月)

(1)查阅相关书籍、文献等资料,收集国内外最新的资料,为研究提供理论基础。

(2)"护理实务临床处置"课程的研发。

(二)教学设计和资源开发阶段(2008 年 9 月—2009 年 9 月)

(1)按照"翻转课堂"建设技术要求整理课程结构。确定课程基本信息、教学单元授课形式及课程基本资源。

(2)决定具体内容,将具体任务以模块的形式任务分配到个人。

(3)着手"翻转课堂"应有系统化的设计,包括课程结构和资源结构设计。不定期交流,及时互通信息及反馈意见。

(4)制作教学课件,录制视频,完成网络课程建设。

(三)实施阶段(2009 年 9 月—2011 年 9 月)

选取 2008 级护理大专 181 名护生和 2011 级高职高专 451 名护生实施"翻转课堂"教学,进行教学效果评价。学生认可度高,教学效果满意,值得推广并继续实施。

(四)成果推广和课程网站不断完善阶段(2011 年 9 月至今)

(1)将成果用于申报教改项目和科研项目,发表期刊论文。

(2)不断完善课程网站及资料。

五、取得成效分析与体会

"护理实务临床处置"实施"翻转课堂"教学模式已经 8 轮,受益学生累计达 2000 多名。学生对该课程的认可度高,采用该教学模式后,学生的各项能力有了大幅度的提升,同时教

师的能力也得到提升,表现在:

(1)"翻转课堂"能提升学生的自主学习能力,有利于知识的内化。

"翻转课堂"后,利用教学视频,学生能根据自身情况来安排和控制自己的学习。学生观看视频的节奏快慢全在自己掌握,这样可锻炼和提升学习者的自主学习能力,将知识内化。我们对2008级护理大专181名护生、2011级高职高专451名护生和2012级护理大专181名护生做过调查研究发现,分别有97%、86.7%、92%的护生认为该教学方式对自主学习能力和知识掌握非常有帮助。

(2)"翻转课堂"提升学生学习兴趣和课堂参与度。

"翻转课堂"最大的好处就是全面提升了课堂的互动。教师的角色已经从内容的呈现者转变为学习的教练,这让教师有时间与学生交谈,回答学生的问题,参与到学习小组,对每个学生的学习进行个别指导。通过PPT汇报的方式,学生相互学习,问题一起讨论,课堂的互动非常好。2008级护理大专181名护生中,97%的同学反映课堂气氛活跃,学生学习兴趣高,能够积极参与教学活动;2011级高职高专451名护生中,84.9%的同学认为教学方法提高了自己对护理实践课的兴趣。

(3)"翻转课堂"培养了协作学习的能力。

协作学习是个体之间采用对话、商讨、争论等形式充分论证所研究问题,以达到学习目标的途径。协作活动有利于发展学生个体的思维能力、增强学生个体之间的沟通能力及学生相互之间的包容能力。此外,协作学习对形成学生的批判性思维与创新性思维,提高学生的交流沟通能力、自尊心与形成个体间相互尊重的关系,都有明显的积极作用。在"翻转课堂"教学中,采用小组协作的方式,包括成果展示、任务处置、视频拍摄等每个环节,都是以团队为单位来安排。95.8%的同学认为,"翻转课堂"提升了团队合作意识及协作能力,这对于以后从事护理的学生来说非常重要。

(4)"翻转课堂"提升教师的课堂教学组织能力,以及运用信息技术教学的能力。

传统的教学模式中,教师是课程的讲授者、知识的传递者,主要负责备课、讲课、批改作业等工作。而"翻转课堂"教学模式对教师的教学组织水平提出了更高的要求:首先,教师需要在课程开始之前精心选择适合本节课学习的内容制作成学习视频,对于课程的重点、难点要有精准的把握;其次,在课堂上教师要合理组织教学活动,把握多讲和少讲、何时讲、怎样讲的尺度。此外,在"翻转课堂"教学模式下,学生在课前通过观看教学视频等学习资源自学课程内容,教师在课前需要根据课程要求和课程内容选择适合学生自学的内容制作成视频。这与传统的教学模式下,教师在课前仅仅是备课、编写教案有较大的差异,需要教师投入更多的精力研究课程内容,更需要教师提高信息技术水平,从备课教案的编写者向教学视频的编辑制作者转型。作为课题组的教师们,在实施每一轮的"翻转课堂"教学中都有强烈的感受,就是必须提升自己的课堂教学组织能力以及运用信息技术教学的能力。

项目成果如下。

(1)2010年浙江省医药卫生科学研究基金计划A类项目(编号:2010KYA005)。

(2)2011年设计高级技能人才培养和技术创新活动计划项目(编号:2011R30054)。

(3)2011年浙江省教育科学规划课题(编号:SCG275)。

(4)2011年浙江省教育厅科研基金资助项目(编号:Y201122484)。

（5）2013 年浙江省高等教育教学改革项目（编号：JG2013253）。

（6）2013 年浙江省高等教育课堂教学改革项目（编号：KG2013634）。

（7）发表教改期刊论文共计 10 余篇。

（8）自编教材《护理实务临床处置》为浙江省重点建设教材。

（9）"护理实务临床处置"为校级精品课程。

作者简介

黄光琴，女，讲师，主管护师，浙江省高校招生职业技能考试医学护理类技能操作考试考评专家、浙江省基层卫生岗位服务技能竞赛考评专家。杭州医学院"儿科护理学""护理实务临床处置"课程负责人。主持或参与省卫生厅、校级科研和教改课题多项，发表国内期刊论文 5 篇。

"翻转课堂"
示范性
教学视频

指尖"翻转课堂"教学模式改革与实践

崔坤鹏

浙江农林大学暨阳学院

一、课程基本情况

"高级语言程序设计 I、II"课程是为电子信息类专业(包括计算机科学与技术、电子信息技术、信息管理与信息系统等专业)在大学一年级开设的专业基础课,5.5 学分,每年上课人数在 150 人左右,是大学生进行程序设计的基础,在电子信息类专业人才培养中占有极其重要的地位。

2012 年浙江农林大学暨阳学院对本科专业培养方案进行了修订,考虑到"高级语言程序设计"课程对于整个专业建设的重要性,将原来一学期的课程增加到两学期,并将"高级语言程序设计实践"课程合并到"高级语言程序设计"课程中。2012—2014 年,计算机教研室开始组织该课程的第一阶段课堂教学改革,申报获批教育厅课堂教学改革项目——基于混合式学习的"高级语言程序设计 I、II"课程教学改革与实践。这次教学改革主要将教学内容分割,在理论课教学过程中采用"案例驱动"和"问题驱动",在实验课教学过程中采用"项目驱动"和"任务驱动",创建混合式学习网络学习平台。此次改革取得了不错的成效。

课程组的教师们在课堂教学过程中发现,学生上课玩手机的现象较为普遍,在一定程度上影响课堂学习效率。2015 年开始,课程组开始考虑课堂中合理使用手机辅助教学,同时开启第二阶段教学改革,申报并获批教育厅课堂教学改革项目——指尖"翻转课堂"教学模式改革与实践。项目组研发了基于微信的"我是校园"课堂教学平台,将支撑指尖"翻转课堂"的功能集成在平台上,同时针对 2015 级和 2016 级电子信息类学生共进行了 2 轮实践,取得了非常好的教学效果。

二、教学改革背景与思路

(一)大学生手机依赖与课堂学习效果分析

许国成等国内教育学者对大学生手机依赖和课堂学习效率进行了问卷调查,调查结果如图 1 所示。从调查结果中不难得出结论:大学生手机依赖度较高,并且大部分学生使用手机的目的与课堂教学并不相关。

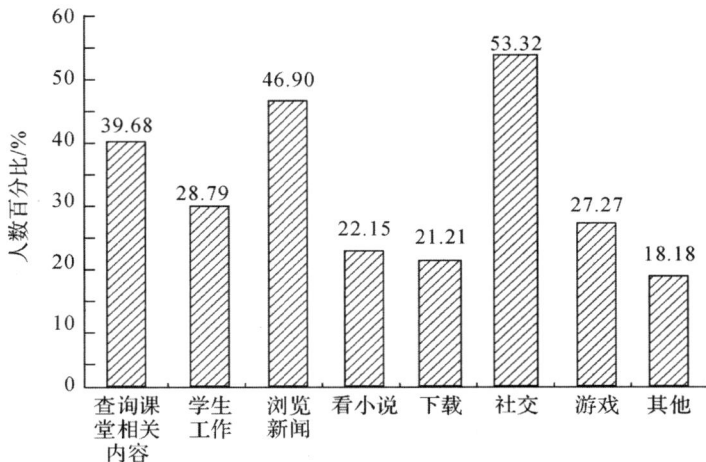

图 1　课堂使用手机用途

针对学生课堂玩手机的现状,如何处理学生上课时不良使用手机的行为一直是困惑高校教师的难题。许多教育学者提出了很多对策和建议,主要分成 3 类:

1. 学校层面

严格管理,制定有关课堂教学规范的制度,明确课堂上学生不能随意使用手机;加强教育和引导,通过讲座强化学生合理使用手机的意识。

2. 学生层面

有计划地树立健康的学习生活习惯,规划学业生涯,明确发展目标;丰富课余生活,培养兴趣爱好,以此减少对手机的依赖。

3. 教师层面

丰富教学内容,改善教学方法,增加教学手段的多样性和教学形式的生动性,多安排师生互动、生生互动环节,提高学生对教学内容的好奇心。

虽然,基本各个高校在以上 3 个层面都在执行,但效果不是很明显。

从图 1 中还可以看出,有超过 1/3 的学生使用过手机查询课堂教学相关内容,说明学生想要通过手机查询与课堂教学有关的信息。如果在课堂中通过手机增加教师与学生的互动,那么就会切断学生使用手机做与课堂学习无关工作的连续性,增加学生学习的时间与提高其效率,同时,可以帮助教师在课堂教学中得到实时教学反馈信息。

(二)智能手机在教学中的应用现状

随着智能移动手机的发展,人们使用智能手机的时间已经远远多于计算机。在课堂教学中使用智能手机越来越受到重视,众多教育学者也在实际教学中对此进行了探讨和实践,认为在课堂中使用手机辅助教学具有碎片阅读、记录与存储、通信与交流、搜索与查询、创新与创造等优势。

这些教育学者的总体方案还是非常类似的,基本都是教师通过手机软件发布资料或教学任务,学生课前使用手机预习或者查询教学资料,课后完成作业并上传。但是,这种模式存在以下 2 个方面问题。

(1)都关注课外使用手机辅助学习,而忽略了学生课上手机使用的问题。

(2)要通过手机实现教师与学生教学互动,通常需要多个软件,如 QQ、微信和各类网盘,教师想要采集这些数据要通过多个软件,操作复杂,材料容易丢失。

综上所述,教师要看到手机具有智能性、网络性、便捷性等特点,课堂中合理使用手机辅助教学,将使课堂教学更具有时代性,能够吸引学生注意力,提高学生的学习效果。

三、"翻转课堂"教学设计

(一)总体设计

课堂教学设计主要分为 4 个步骤:课前学生运用手机查看教学任务单,观看教学视频和拓展知识,通过手机小组讨论完成课前自主学习;课中教师通过手机协助完成课前预习检测、分组讨论、成果交流和知识总结;课后教师通过手机完成答疑、统计分析与反馈及课后辅导;最终教师在期末归档生成学生学习档案,完成学生成绩考核,如图 2 所示。

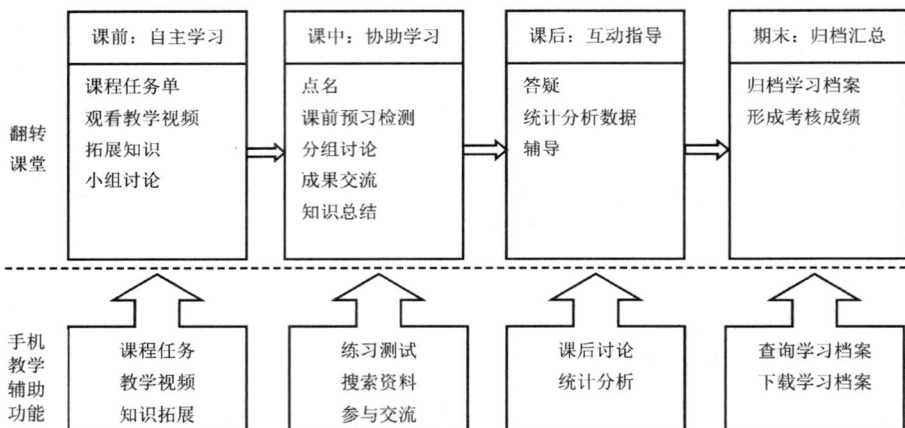

图 2　指尖"翻转课堂"的课堂教学设计流程

1. "5 个难度,3 种模式"录制教学微视频,发布手机学习平台

为了提高学生课堂知识的理解率,在教学过程中引入"微课堂"的概念,将教学内容划分成 200 个左右的教学知识点,并将其按 5 个难度梯度分类。每个知识点控制在 10~15 分钟,分别录制成教学微视频。微视频的录制形式根据具体教学内容,采用教师自己讲自己录、教师和学生互动录制、随堂实录三种方式相结合,后期再对视频添加字幕进行美化处理。

2. 采用组队模式进行课前预习

教师有差异性地自主出题,对学生初始学习能力进行预测,分析学生个体的学习特征、学习风格，对学生进行智能组队，通常 5 人为一个小队，后期学生可根据自身学习情况申请进行微调。教师针对各学习小组的特征按阶段推荐选取不同的微视频进行课前预习，组织小组间互动交流。分组确定后，教师根据教学计划将课前微课堂预习和课堂面授交替进行。

3."指尖交互式"课堂面授模式

课上教师通过手机协助学生学习。首先教师要求学生通过手机完成学习效果测试。经过了课下的学习，学生对新知识有了一定的了解和掌握。此时，教师可通过几道测试题，来检测学生在课前完成的基础学习任务；学生可以看到所有同学的成绩及成绩分布图，激发其学习热情。然后，教师要对学生自主学习提出的问题进行整理和答疑，对重点、难点在课堂上进行小组讨论，在讨论的过程中鼓励学生通过手机进行资料的搜索，然后进行成果的展示和总结。在课堂上，教师通过多样化的课堂活动使知识内化，在课堂活动开展中进行集体性辅导或个性化指导，如图 3 所示。

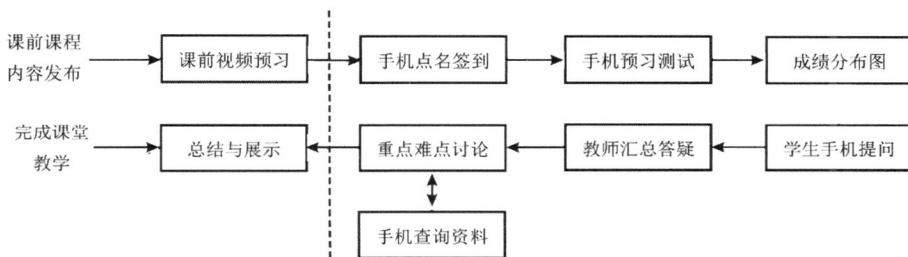

图 3 "指尖交互"课堂面授模式

4.课后补充课堂

在学习过程中教师和学生之间的提问、解答是一个非常重要的反馈环节，但课堂面授的时间毕竟有限，学生对知识的理解消化也需要一段时间。如果学生在课后的学习过程中遇到困难能够及时解决，那这对提高学生的学习兴趣就会有很大的帮助。为了提高交流的实时性，可借助微信交流群。这样，大家如同在一个大房间里交流，学生可以实时在线将问题发给教师，教师做出及时的解答；并且所有人都能及时看到解答，只要群里在线的人都可以及时回答问题，在这个空间人人都可以当教师。群里的每一个人都可将最新的学习资讯、好的心得体会等及时上传、共享。这种快速、方便、经济的交流方式是对课堂教学的一个有效补充形式。

5.期末根据学生学习档案，采用多维度评价方式进行教学考核

指尖"翻转课堂"的教学过程中，学生的学习活动类型多样、师生交互的数据量很大。但这些都是教学评价需要参考的依据，所以必须将学生的整个学习过程中的数据记录下来并有效地组织成学生的学习档案。学生学习档案需要包含学生观看视频的数量、小组讨论的频度、签到情况、测试成绩、知识总结效果等多个维度的数据。通过这些数据，教师采用不同方式对这些数据进行评价，并将这些评价采用不同的比例组成考核成绩。

(二)具体设计

教学内容:一维数组。

教学时数:2学时。

教学目的与要求:掌握一维数组的概念、输入输出、常见数组算法。

教学重点:数组的概念及应用。

教学难点:数组元素的具体使用方法。

(1)课前预习。查看课前预习任务单,其中包括课前预习视频《一维数组概念》和《常用数组算法解析》。学生分组在平台内进行课前预习讨论。

(2)课前5分钟,学生手机扫码签到。

(3)课前5分钟,预习检测。

课前5分钟,学生通过手机完成预习微测试,其中包括10题的判断选择题。教师针对学生每个题目的正确率得到每位学生掌握知识的程度。通常学生对于一维数组的基本概念能够理解,但不够深刻。而对于常用数组算法,学生接受程度会存在一定差异。

(4)课上30分钟,教师提问,分组讨论。

提问"数组在内存中是如何存储的,与变量的存储有什么联系和区别?"学生分组讨论,每组给出一个完成的结论,教师抽取5组进行回答。教师只需解释学生结论中理解正确和理解错误的地方,最后总结"一维数组的概念"和"C语言中数组定义格式与数组在内存中存储的关系"。

(5)课上10分钟,教师简单讲解一维数组的输入输出和循环结构的关系。

(6)课上25分钟,教师提问"如何对10个数排序?",分组讨论解决方案。

学生的讨论结果通常是视频里提供的方案(选择排序),安排1组进行讲解并写出程序,教师辅助解释学生解释不清的情况。如果讲解十分凌乱,再让另1组进行讲解。

(7)课上15分钟,学生通过查找资料解决"还有哪些其他的排序方法?"

学生通常百度得到冒泡排序、直接插入排序、希尔排序等排序方法。教师简单讲解简单排序方法(直接插入排序和冒泡排序),引出的复杂排序方法将在另外一门课程中("数据结构")详细讲解。

(8)课上5分钟,答疑和作业。

在杭电EXAM系统中留作业:4个程序,包括数组基本输入输出、直接插入排序和冒泡排序。

四、"翻转课堂"具体实施

(一)实施方案

由项目组统一研究制订课题研究的整体工作方案,在学院教务部和工程技术系的支持下,本研究以浙江农林大学暨阳学院2015、2016级电子信息类专业的学生作为试点研究对象,共300人左右,在"高级语言程序"课程中实施项目。项目组成员分头协作、定期交流,积极开展本项目的研究与实践活动。

通过资料查询、实地调研等方式,采集全国范围内现有的手机学习平台、各类"翻转课堂"、多维度考核方式等作为理论研究基础,各小组根据实施计划进度定期进行课题工作总结,适时交流经验,改进课题工作绩效,为下一步工作的开展,乃至最终获得项目的完整成果打好基础。

(二)实施方法

第一步:理清指尖"翻转课堂"教学模式的结构。分解试点课程中各个知识点具体的教学目标,在此基础上明确各个知识点的难度、录制视频的方式、课前预习模式;在项目申报材料的基础上,根据调研的结果分析,明确"指尖交互"课堂面授模式、多维度评价方式和各类数据教学考核比例。

第二步:选择或开发指尖"翻转课堂"教学平台。结合实际教学需要,根据指尖"翻转课堂"教学模式的结构和流程,开发具有点名、测试、讨论和数据分析统计等功能的手机教学平台。

第三步:按计划在试点课程中实施1学年教学改革。按照项目实施进度,在试点课程的课堂教学中实施"指尖交互"课堂面授模式、多维度评价方式等教学改革环节。实施过程中,以月为单位组织教学研讨会,收集教师和学生的反馈信息。有需要修正的地方,经项目组讨论后,允许教师在课堂教学中微调。

第四步:根据1学年教学改革实施效果讨论总结优缺点,提出整改方案。经过1学年项目的实施,项目组将收集的问题进行整理,同时通过参加会议、调研等方式跟其他院校的教师进行交流,提出解决方案,并最终整理出第2学年指尖"翻转课堂"教学模式实施细则。

第五步:根据整改后的意见,在实际教学中再次实施课题内容。根据整理的实施细则,在2016级电子信息类学生中实施教学改革,详细记录实施过程并存档。

五、取得成效分析与体会

课堂教学中,使用"我是校园"教学平台实施指尖"翻转课堂"教学模式,起到了非常显著的效果:学生在课堂教学中玩手机的机会明显减少,注意力更加集中,回答问题更加活跃,一部分问题课前预习就解决了,学生听课更加轻松。课后延伸学习成果丰富,许多同学通过延伸学习找到了自己的爱好,如加入 ACM 竞赛协会、Android 协会等以开发为主的社团,更有一部分优秀同学加入了教师的科研项目团队,注册软件著作权。

通过指尖"翻转课堂"教学模式实施,我们充分感受到平台建设固然重要,但学生的自主性和能动性才是关键。而指尖"翻转课堂"教学模式能够记录学生课内外的每一个学习过程,激发学生学习的主动性,能够切实提高高校电子信息类专业的人才培养质量。

作者简介
崔坤鹏,男,中共党员,讲师,浙江农林大学暨阳学院教师。主讲课程:"高级语言程序设计Ⅰ、Ⅱ""PHP+MY SQL 程序设计"等。曾获得青年教师教学技能比赛二等奖和三等

奖;主持省级教改课题 2 项、校级教改课题 3 项,发表教改论文 8 篇(EI 收录 1 篇),主编教材 1 部,参编教材 4 部;指导多媒体设计协会、ACM 程序设计协会 2 个学生社团,2 支学生创业团队和 3 项大学生科研训练计划项目;指导学生获得全国三等奖 1 项,省级一等奖 1 项、二等奖 3 项、三等奖 4 项,获得软件著作权 2 项。

基于主动学习能力激发的"免疫学检验实验"参与式"翻转课堂"探索

金 燕

浙江中医药大学

一、课程基本情况

课程名称:免疫学检验实验。

课程学分:1。

课程性质:专业课程。

面向专业:卫生检验与检疫。

年级:大三上/大二下(培养方案调整)。

教学班规模:30 人

使用教材:《卫生检验检疫实验教程:卫生微生物检验分册》,张玉妥主编,人民卫生出版社 2015 年出版。

已开展"翻转课堂"教学实践轮数:2。

"翻转课堂"所用学时:28 学时/轮。

依托在线教育平台或课程网站:蓝墨云班课。

二、教学改革背景与思路

(一)教学改革背景

1."灌输式实验教学"限制学生主动学习能力发展

"免疫学检验"课程实践性极强。但传统的授课方式主要为单向的信息流动,忽视了学生的主体性和参与性,也忽视了知识向能力的转化过程。学生往往缺乏学习动力,只针对理论进行机械性记忆然后开展验证性实验,知其然而不知其所以然,并没有将理论和实践融会贯通。

这种教学模式不利于培养学生的批判性、创造性思维,更不能满足新时代背景下社会对于创新应用人才的需求。学生上课"听懂了",考试也能"拿高分",但在面对实际问题时却不知从何入手,其主要原因是传统教学限制了学生的思考及综合能力的运用。对于部分完全不具有内在学习动力的学生而言,无法跟上班级的教学进度,也就意味着他将对课程失去兴趣。

2. 参与式"翻转课堂"与应用型人才综合能力的培养

课堂教学活动的实质包括"教"与"学"这两个部分,而当教师的"教"占据了整个课堂后,学生便失去了主动"学"的机会。因此教师在课堂教学中不仅要"教",还需要在课堂上提供"学"的空间,让学生主动参与学习过程,将所学知识内化为能力。参与式实验教学中,教师通过观察、研究学生的行为、发言和观点,来评价他们是否真的掌握了实验内容,其核心不是为了参与而参与,而是在明确清晰的教学目标的指导下实施课堂参与活动。参与式教学与传统教学相比,更加强调学生参与课堂活动的重要性,突出学生的主体地位,培养其运用专业的综合能力,这与应用型人才需求相符。

(二)教学改革思路

本案例以免疫学检验实验为研究对象,在卫生检验与检验专业的学生中实行"以主动学习能力激发为目的"的"免疫学检验实验"参与式教学新模式。借助互联网教学平台进行课堂的翻转,实现教师线上引导学习、学生线下实践操作的教学模式,强调学生的参与性,引导学生挖掘实验内涵,为学生思考、探索、发现提供充分的自由空间,以岗位工作要求为目标、以能力培养为主线,使学生成为应用型卫生检验与检疫人才。

三、"翻转课堂"教学设计

(一)教学目标

建立"以主动学习能力激发为目的"的"免疫学检验实验"参与式"翻转课堂",通过互联网平台,实现教师线上引导学习、学生线下实践操作的模式,以新的教学手段唤醒学生学习兴趣,转变学习态度,以内在学习动力推动其主动学习能力的建构。

(二)内容分析

通过学习各种免疫学检验技术的应用,学生在面对实际样本时能根据样本特性、检验项目需求(定性或定量检测)选择合适的检验方法,并对结果进行判读、分析和讨论。从而培养学生自主学习、自主探索、合作学习、观察以及总结归纳的能力。初步建立学生对免疫学检验技术的认知,激发学习兴趣,培养谨慎细致、求真探索的学习态度。

(三)学情分析

(1)该课程授课对象为卫生检验与检疫专业大三上/大二下的学生,该阶段已经初步学完基础课程,但尚未开始专业课程的学习。

(2)免疫学检验理论抽象深奥,不易理解,学生在课堂中往往感到课程枯燥难学。

(3)学生思维较活跃,接受新事物的能力较强,有学习动力。

(4)学生目前习惯被动听课,自主学习能力较差,通过教师引导也能积极参与到实验课程的学习之中。

(四)设计思路(见表 1)

表 1 "翻转课堂"教学设计

教学环节及时间	教师活动	学生活动	对学生学习过程的观察和考查,以及设计意图
10 分钟	课前考核	参与答题	课堂提问或随堂测验,考察课前线上自主学习效果,反馈学生参与学习的情况
15 分钟	笔记分析	小组讨论学习	学生小组内交流课前提交的学习笔记,相互评阅报告,开展同伴学习,促使学生参与主动学习
10 分钟	教师总结	听课并提问	教师对学生的课堂交流活动予以点评,及时反馈学生学习过程中遇到的问题
30 分钟	示教授课	听课并提问	教师再次系统讲授课程教学内容,补充缺漏的重点和难点知识
115 分钟	观察记录	小组实验	教师通过观察记录各组实验操作,并结合实验报告,在下次课程开课时进行点评

四、"翻转课堂"具体实施

(一)改革内容

(1)制作并发布视频教学资源,将枯燥的实验说明形象化,激发学生对实验课程的学习兴趣,转变其学习态度。

(2)借助互联网学习平台,引导学生主动参与实验课程学习,提升学生实践应用能力及分析解决问题的能力。

(二)具体操作

1. 课前翻转,以全新自主学习模式唤起学习兴趣

(1)开发相应的课程网络资源。整理课程大纲、教学计划,将现有枯燥、抽象的实验指导手册转变为形象的教学示教视频,每个视频时长为 2~4 分钟,以短小精悍的微型流媒体教学视频为主,帮助学生用最简单的方式理解枯燥的实验内容。

(2)构建网络教学平台。教师构建的网络平台应包括:①各类教学视频;②复习思考题、测验试题库等信息素材;③互动交流平台;④课程拓展资源。

(3)组织在线学习。利用在线网络平台,教师引导学生开展在线学习免疫学检验实验操作及原理,通过在线作业、网上练习,可及时开展自我评价。教师在线适时反馈答疑与互动讨论状况,使在线学习结果得以深化,从而促进学生对知识的意义化建构和迁移。

(4)提交课堂笔记。学生自主学习后须提交自主学习笔记,以输出倒逼输入,来培养学生的主动学习能力。

2. 课堂翻转,强调学生在实验学习中的主体地位

(1)课前考核:实验开始前教师进行课前考核,开展自主学习效果评价,及时反馈以提升学生对于学习的信心,进一步加强学生学习兴趣。

(2)课堂笔记分享:学生组内开展读书笔记的交流分享、实验报告的互相批改活动,对遇到的问题可以先通过组间讨论寻求帮助。

(3)教师总结:教师对学生的课堂交流活动予以点评,及时反馈学生学习过程中遇到的问题。

(4)示教授课:在完成学生自主课堂学习后,教师再次系统讲授课程教学内容,补充缺漏的重点和难点知识。

3. 课后翻转,以讨论分析进一步提升自主学习能力

以往实验课结束,学生完成实验报告就结束了相关学习,缺少后续强化训练。本案例以互联网教学平台为载体,开展实验课后自学延续性学习,引导学生完成当次实验结果讨论、失败原因分析、应用拓展的实验课程自主学习,以实现应用型人才培养目标。

4. 改变考核方式

改革教学评价体系,以学生综合能力的提升情况为指标,将网络平台学习情况、课前考核、实验报告的相互评价、实验操作、分析总结、课后讨论参与度与期末考核相结合,实现多元化的考核方式,多角度评价学生的实验能力(见图1)。

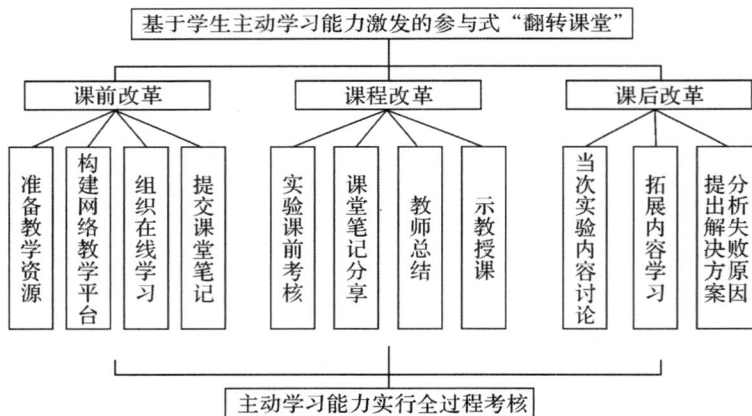

图1 "翻转课堂"考核方式

五、取得成效分析与体会

(一)取得成效

1. 课堂学习氛围

经过课前翻转,学生在课前完成实验视频的学习,基本掌握了实验原理及内容。因而课堂提问或测验时,大部分学生愿意展示自身的知识掌握情况,主动参与互动交流,回答问题正确率与课堂参与度相较未实行翻转班级均有所提高。

组间讨论与笔记交流使得小部分不与教师互动的学生也参与到学习活动中,对一些疑问提出自己的看法,整体课堂学习氛围浓厚。

2.学生操作水平

学生在实验过程中更具条理性,在面对复杂的实验内容,如"ELISA技术检测乙肝两对半"的课堂中,能更有效地安排实验、团队协作。大部分同学均能独立完成实验,失误及实验失败情况相较未实行翻转班级有所减少。通过课前及课堂的翻转学习,学生对实验原理及实验操作有更深入的理解,不再只是单纯记忆和模仿。

3.报告完整情况、实验报告准确性、实验过程评价

实行改革后,学生的实验课学习兴趣明显提升,学习态度更为认真,提交的实验报告相较未实行翻转班级更为规范,错误较少;对实验过程及结果记录详尽,对实验结果分析到位,部分实验失败的同学能详细分析实验失败原因,并提出相应的解决方案,实验报告质量整体较高。

4.课后交流互动情况

借助蓝墨云班课网络教学平台,学生乐于在实验课后与教师进行交流互动,会在网上对实验中及报告撰写过程中遇到的问题进行提问,或与班级同学进行讨论交流,实现课程后的继续学习。

5.实验课改革情况评价

课程结束前,教师通过发放"参与式'翻转课堂'教学改革情况评价表"对课程改革情况进行调查。结果显示,100%的同学对"免疫学检验实验"课程实行参与式"翻转课堂"表现出一定兴趣,52%的同学表示学习兴趣浓厚,31%的同学有较浓厚的兴趣;有76%的同学认为课前预习的视频学习对自己的帮助很大,无同学认为此教学改革对自己没有帮助。

该组同学对课程改革提出了多方面的意见,其中学生最重视的是该课程改革能否继续在课外拓展及课程趣味性上有所突破。

而对学生在实验课学习期间思维情况调查后发现,有独立思考的学生人数由课前调查中显示的45.6%上升至86.7%。该情况说明,若提供好的教学指导及学习环境,大部分同学是非常乐意参与到教学活动中的。在学习的过程中体会到乐趣后,学生对实验课学习的兴趣也能增强,这为引导学生更好地发展成为应用型人才提供了重要保证。

(二)改革体会

本案例初步建立了卫生检验与检验专业"免疫学检验实验"课程全新的教学模式。在对"免疫学检验实验"课程实行基于主动学习能力激发的参与式"翻转课堂"改革后发现:

(1)学生的实验课学习兴趣明显加强,积极参与课堂学习。

(2)学生对实验的理解能力提升。

(3)学生能对实验结果进行准确客观的分析,并找出原因和解决方案。

(4)学生期待能有更多拓展内容来实现对课程的深入探索学习。

通过改革,学生的实验类课程自主学习能力得到培养,学生初步具备了相应分析解决问题的能力。但因课堂教学时间有限,进一步的能力锻炼须延伸至课后开展,如多种渠道的科研项目及学科竞赛。学生应对自己的大学生活设立相应的目标,并更多地利用课余时间学习。只有通过课后的实践课程学习,学生才能进一步锻炼自身的实验技能,由实验操作的熟练工,真正转变为一个能寻找问题、分析问题并最终解决问题的合格的卫生检验与检疫专业从业人员。

作者简介

"翻转课堂"
示范性
教学视频

金燕,女,助教,2015 年毕业于四川大学公共卫生检验学专业,同年进入浙江中医药大学卫生检验教研室工作。2015 年起参与"免疫学检验""临床免疫学检验""医学免疫学"等课程授课,熟练掌握微生物学、免疫学、分子生物学等相关知识和技能,教学效果良好。

2015—2017 年主持浙江中医药大学校级教改项目"基于'互联网+'的'免疫学检验实验'可视化教学探索",主要对"翻转课堂"在"免疫学检验实验"教学中的应用展开研究。

基于移动学习的单片机"翻转课堂"改革与实施

安　康

杭州师范大学钱江学院

一、课程基本情况

课程名称:单片机接口技术。

课程学分:4。

课程性质:专业课。

面向专业:电子信息工程专业。

年级:电子信息工程专业大二下学期。

教学班规模:2 个班级,每个班级 40 人,一共 80 人。

使用教材:《51 单片机初级入门实战教程》,安康主编,机械工业出版社 2015 年出版。

已开展"翻转课堂"教学实践情况:2 轮,30 学时。

依托单片机课程在线网站:http://qjdpj.jpkc.cc/。

智能手机(IOS 和安卓)单片机学习 App:ydxx.apk。

二、教学改革背景与思路

"单片机"是电子信息类专业的主干课程,课程教学目的是使学生掌握单片机的基本原理和软硬件开发技能,然而目前"单片机"课程实际教学存在着一些普遍性问题。

(1)忽略学习者自身存在的差异。当前"单片机"课程教学模式中,一名教师往往面对数十名学生,课程学习以教师教授为主,学生课下练习为辅。这种灌输式的教学方式忽略了学习者自身存在的差异,无法满足学生的个性化需求。单纯的知识讲授无法顺应学生发展的需要,部分学生基础较弱,缺乏学习主动性,加之"单片机"课程涵盖"电路原理""数字电路""模拟电路"以及"程序设计"等多门课程,一些学生在几次课程听不懂的情况下对该课程逐渐失去兴趣。

(2)勉强接受的知识无法真正吸收。传统的教学模式下,教师批改作业采用了统一评讲的方式。教师往往把解题思路和步骤直接显示在幻灯片上给学生观看,学生机械地将答案记录。学生没有做过实验,只是勉强接受答案,无法理解题目的真正含义,不利于培养学生独立思考能力。

（3）师生间互动环节偏少。在传统的面对面教学中，教师的讲授占课堂大部分时间，很少有时间与学生互动。特别是在实验教学的有限时间内，一位教师想对多名学生进行个别辅导是非常困难的。

总之，现行的教学方式由于存在局限性，不利于学习者个性的发挥和创新人才的培养，教学改革势在必行。

近 3 年来，伴随移动互联网技术的发展以及智能手机等大屏触控移动终端的流行，无线移动技术的应用正在促成一种新的学习形态，即移动学习。基于移动学习 App 的"单片机"课程"翻转课堂"教学结合当前流行的移动技术，以积累的课程教学资源为基础，建设基于移动客户端的应用，实现 IOS 或者 Android 移动终端的多种学习方式，实现学习者在自己需要学习的任何时间、任何地点，通过手持式移动设备和无线网络获取学习资源。而"单片机"的"翻转课堂"就是将传统的课堂教学翻转过来，让学生在课前完成知识的学习，课堂上完成知识的吸收与掌握，在课后完成知识内容的反馈与分析。新的教学模式不仅改变了传统教学以教师为中心的模式，使学生真正成为学习的主角，激发学生兴趣，同时还促进了教师信息技术应用能力的提升，帮助教师更好更快地提高专业水平。

三、"翻转课堂"教学设计

（一）总体教学设计

普通的"翻转课堂"把教学分为在时间上清晰的 3 个过程，即课前预习、课中内化和讲授、课后讨论。相比传统课堂教学，"翻转课堂"增强了学生学习的主动性、减轻了教师授课负担，实现师生角色转型。但是普通"翻转课堂"教学无法解决两个问题：（1）教师没有制定相应的决策对"翻转课堂"中的课前、课中、课后进行灵活干预。（2）没有有效利用功能强大的信息化教学资源，学生课前和课后的学习缺少移动互联网平台的支持。

基于移动学习的"单片机"课程"翻转课堂"教学改革基于 Android 和 IOS 系统进行移动学习研究，采用 C/S 学习模式，在移动终端安装 App 软件，用户通过客户端可以直接访问移动学习平台。同时，借助客户端，服务器可以向用户提供学习资源推送等服务。

在此基础上，利用移动学习 App，学生可以课前自主线上学习，所有案例与教学资源全部数字化处理，学生通过 App 完成课前预习任务；课堂上引入知识点评测机制，教师通过评测结果了解学生对知识点的掌握，灵活改变授课策略，选择案例讲授、学生自主学习汇报学习成果等方式，有针对性地引导学生认知学习；课后师生依托 App 开展持续的讨论和交流，不断深化对知识点的理解和掌握。实施移动学习能充分发挥高校已有数字环境的价值和作用，将移动应用 App 技术有效应用于教学中，提高学生学习兴趣和效率，实现教学效果的最优化（见图 1）。

（二）教学设计案例

以《51 单片机初级入门实战教程》第 5 章"单个 LED 点亮项目"为案例进行"翻转课堂"设计。

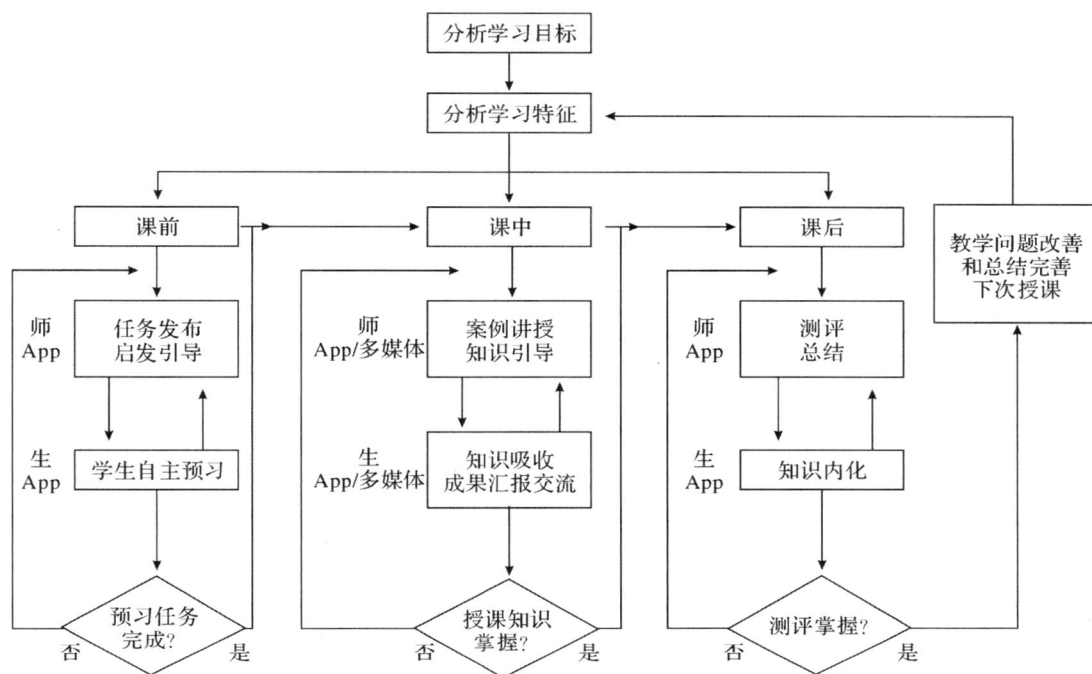

图 1 基于移动学习的"单片机"反馈式"翻转课堂"教学模式

1. 移动学习 App 环境的设计

移动学习作为一种新型学习方式，注重学习形式的移动性、学习的泛在性、学习过程的交互性，这些特征在当前信息时代是学生群体习惯并喜爱的一种学习方式，在移动学习理论指导下开发移动客户端 App，为数字化课程"翻转课堂"教学研究提供了强大的平台支撑。

移动学习 App 将课程教学的相关资源进行整合，提供统一的入口和学习导航，根据学习内容不同划分多个栏目，包括显示文本、视频、图片等，利用通信网络（3G、4G、WiFi），建立师生间多维交流渠道和在线测评功能。

本文设计的单片机移动学习 App 平台主要包括课程导学、课堂团队、理论教学、实验教学、互动交流五个功能模块。课程导学模块主要完成课程介绍、课程标准、教学大纲、授课计划教学资源的发布。课程团队模块是面向学生介绍"单片机"课程的负责人、主讲教师以及相应的指导专家，让学生对任课教师有充分了解。理论教学与实验教学模块与"翻转课堂"充分融合，教师线上将与课程相关的所有教学资源全部数字化处理，将教学课件、授课教案、电子素材、教学录像、考核办法、实验指导等教学资源上传至 Web 服务器，学生通过 App 中的菜单选择具体的上课学习任务资源。互动交流模块涵盖自我测试与在线论坛等功能。在线论坛是移动学习环境下教师与学生的互动专区，丰富移动学习教学互动的重要补充；自我测试是对学生自主学习的结果给予测试和评价，方便教师了解学生掌握知识点的不足之处，灵活调整授课策略（见图 2）。

图 3 给出了设计与开发的单片机移动学习 App 课程学习界面，基于 Android 和 IOS 系统结合 Java 语言和 MySQL 数据库技术实现，学生通过菜单选择相应的学习模块。以"单

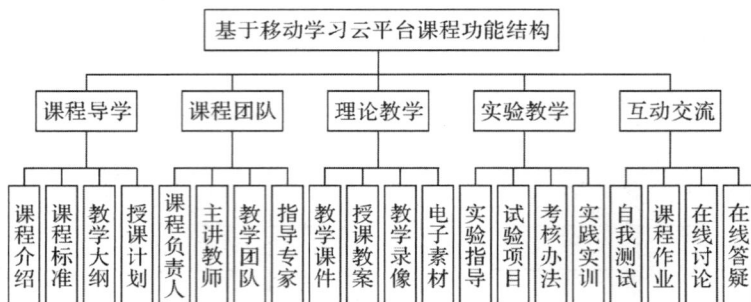

图 2 单片机移动学习 App 功能结构图

片机控制单个 LED 点亮项目"为例,学习任务的发布主要在实验教学模块中,电子 PPT 课件、电子教案和素材发布在理论教学模块。学生通过自我测试模块了解对单片机控制单个 LED 知识的掌握程度,师生之间通过在线论坛模块可以互动交流。

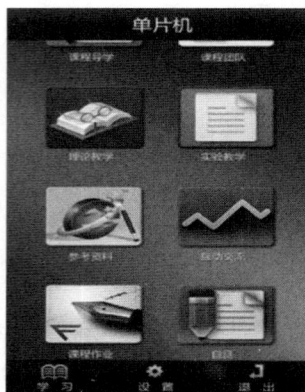

图 3 单片机 App 课程学习界面

2. "翻转课堂"教学模式设计

基于"App＋'翻转课堂'"混合式教学模式的设计思路,主要包括师生对应于课前、课中和课后三个环节的任务进行设计。

课前,教师利用 App 平台发布授课任务,学生利用 App 不受时空限制,任何时间、任何地点都可以预习"单片机控制单个 LED 灯"的电子课件、教案、视频、素材和教学案例。学生带着问题完成教学内容的预习,通过在线交流提交预习问题的答案。教师查看学生记录,了解学生预习情况和知识背景。

课中,共需要 2 次课(每次 1 学时)。教师针对本节课知识点易错的内容对学生进行评测,了解学生整体掌握的程度。针对独立学院整体学生的学习层次结合分院自身特色,我们将测评结果分三段式。测评结果正确率 0%～50%:教师授课 3/4 的时间以讲授为主,结合单片机控制单个灯的工程案例进行课内的面对面教学,1/4 的授课时间以学生自主学习为主,学生进行学习成果汇报和交流。测评结果正确率 50%～90%:我们选取"对分课堂"即第 1 次课教师案例式讲学;第 2 次课学生讨论本节课内容为主,教师引导答疑,形成师生互动。测评结果正确率 90%～100%:2 节课的授课时间内我们选择普通的"翻转课堂"教学模式,学生为学习主体,教师知识引导,学生参与课堂自主学习的全过程。

课后,学生通过 App 自我测试模块对所学知识进行测评,并对知识进行内化和吸收,进一步扩展和增强知识领域,完成作业。教师通过 App 自测和在线交流模块对本节课教学过程中遇到的问题进行小结,教师根据本次教学小结对教学过程进行整改,为下一轮教学活动开展积累经验,避免再次出现本轮教学中的问题。

反馈式"翻转课堂"相比于普通"翻转课堂"的优点是:部分学生自主学习能力差,无法按时完成课前预习任务,一味地在课中环节让学生自主学习,学习效果会越来越差;我们综合考虑学生的学习情况,引入教学反馈机制,教师可以结合反馈结果,灵活地进行案例讲授、自主学习、成果汇报和学习交流,同时教学反馈出现的问题经过总结和改善,也可为下次课的教学开展进行优化,达到最优的教学效果。

四、"翻转课堂"具体实施

"单片机接口技术"是高等学校电子信息专业的专业基础课,本课程的学习目的是使学生掌握单片机的基础知识,并能综合运用单片机的软、硬件技术分析实际问题。新的教改模式在电子专业 1502 级(共 35 人)"单片机控制单个 LED 灯"章节进行应用。

第 5 章"单个 LED 点亮项目",理论授课 2 学时。首先,教师对授课内容进行了优化设计,整合为五大模块:项目需求、项目工作原理分析、项目硬件电路设计、项目软件程序设计、系统调试结果总结。每一个模块学生都可以利用 App 自学完成,课前学生根据教师发布的项目需求利用 App 进行预习。其次,课中(2 学时)教师结合知识点评测结果灵活授课,教师讲授案例,将案例穿插在知识点学习全过程,学生自主学习、交流讨论。重点在电路硬件设计和软件程序设计。我们把学生分组,每 4 人一组,按小组开展讨论,分享学习体会、互相解答难点,然后师生互动讨论,解答学生疑难问题;最后学生以小组为单位展示、汇报或交流学习成效,课后学生利用 App 对知识进行内化吸收并拓展。

本章教学完成后,将电子 1502 与电子 1501 两个班级进行对比。电子 1502 采用新的反馈式"翻转课堂"教学模式进行课堂教学,电子 1501 采用普通"翻转课堂"进行课堂教学。从电子 1502 班级的反馈结果来看,85%的学生按时完成课前预习任务,课中环节测评结果的正确率为 75%,采用对分课堂进行翻转。课后 90%的学生完成自我测试。从电子 1501 的反馈结果可以看到 70%的学生可以按时完成课前预习任务,课后 75%的学生完成自我测试。两个班级的统计结果显示,移动学习 App 带动了学生线上学习氛围,学生参与度更高;打通线上线下、课堂内外的学习成果,给予学生更多的学习自由,让学生选择最适合自己的方式接受新知识,培训学生自主学习能力。由于学生的偶然因素以及自身学习水平,统计结果仅限本次教学。

五、取得成效分析与体会

以"单片机"课程第 5 章"单个 LED 点亮项目"为依托,我们进行了课程改革,构建了基于移动学习 App 的单片机反馈式"翻转课堂"教学新模式。在"教"与"学"的活动中,充分结合 App 和"翻转课堂"中的反馈机制,"以教为主"和"以学为主"相结合,教师利用更合理化的教学策略来帮助学生掌握学习内容、提升自学能力,从而达到最优的学习效果。

实施效果显示,基于移动学习 App 的"翻转课堂"教学极大地带动了学生线上学习的参与度。相比于传统课堂大部分学生课前不预习、课后不复习的情况,结合学生"数字化原住民"的特征,引入 App 移动学习激发了学生的学习兴趣,学生不受时间和距离的约束,随时随地可以学习,实现了正式学习与非正式学习的无缝对接。

作者简介

"翻转课堂"
示范性
教学视频

安康,杭州师范大学钱江学院电子信息专业教师,研究方向为无线传感网、物联网技术。教学方面,为本科生主讲"电路原理""数字电子技术""单片机技术""信号与系统"等专业课程;主持浙江省课堂教学改革项目 2 项,浙江省教育教学改革项目 1 项,浙江省教学科学规划课题项目 1 项;获得校级教学成果三等奖 1 项,发表教改研究论文 7 篇,主编教材 2 部,参编教材 5 部;指导学生获得省级科研项目 1 项,省级竞赛获奖 2 项。科研方面,参与国家级自然科学基金项目 1 项,浙江省科技厅公益项目 2 项,主持浙江省文化厅项目 1 项,发表科研论文 8 篇,参与杭州市重点学科"物联网技术",发表专利 6 项,其中发明专利 2 项。

"翻转课堂"下的计算思维培养
——"大学计算机 A(一)C 语言"课程教学案例

廖雪峰

温州大学瓯江学院数学与信息工程学院

一、课程基本情况

"大学计算机 A(一)C 语言"是一门高级语言程序设计的入门课程,完全针对零起点的学生,是我院非计算机理工科类专业大学一年级学生的一门公共基础课。课程有 3 个学分,教学班规模为 50 人左右,使用的理论教材为崔武子主编的《C 程序设计教程(第 4 版)》(清华大学出版社 2015 年出版),实验教材为廖雪峰主编的《C 程序设计实验指导与实用应试教程》(清华大学出版社 2015 年出版)。此课程已开展"翻转课堂"教学实践 2 轮,约 100 学时,依托的课程网络资源有:(1)云平台;(2)自己搭建的网站;(3)温大网络教学平台 http://e-learning. wzu. edu. cn;(4)ftp://10.172.250.252:1161;(5)好大学注册网站 http://ac. cnmooc. org;(6)C 语言课程群。

二、教学改革背景与思路

(一)教学改革背景

课堂教学改革的根本目的是培养学生的自主学习能力,为学生的个性化成长提供可能,有助于学生学习效率的提高。因此,课堂教学应转变教师的教育观念和教学行为,改变以往过分关注教师教得好不好、练得多不多的现象,重构学生课内、课外的学习流程,强化学生的自主学习,增强学生思维的独立性和学习的自主性,促进学生在教师指导下主动地、富有个性地学习。

(二)教学改革思路

在教学改革背景下探索出的改革后教学思路流程如图 1 所示。

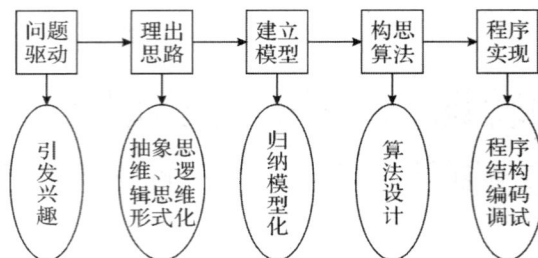

图 1 教改后教学思路流程

三、"翻转课堂"教学设计

(一)总体设计

在课堂教学中渗透计算思维方式及"'微课'+'翻转课堂'"理念的问题向导式教学法，总体设计方案如下。

1.课前——知识传输

在这个阶段，学生主要通过"自学"和"作业"实现知识的自我学习。学生的自学一般分为三种方式：一是在线观看或下载教师录制的微课，完成知识点的学习；二是通过网络阅读教师提供的学习资料，如浏览指定网页或下载教学资料；三是对下载的教学课件（如 PPT 文稿）进行阅览。学生在自学的基础上，完成教师布置的作业。

2.课中——知识内化

教师和学生的专业性对话是课堂教学的目标指向。对于学生来说，要在课前完成知识点的学习，完成教师指定的学习任务。课上，学生则在教师的组织、引导下，围绕任务展开研讨，针对典型案例结合经验进行交流。教师在必要时才讲解知识，或者将知识嵌入指导、解析、研讨、交流等专业对话活动之中，也可以组织学生变换角色，"客串"教师讲解知识和开展对话活动，让教学富有针对性和吸引力。

3.课后——知识补救

通过课后的成果整理，促进知识内化和深度对话。总体设计方案示意如图 2 所示。

(二)具体设计(2 学时)——以一维数组为例

1.课前——知识传输阶段

(1)活动 1：自主学习任务。

学生利用教材或教师提供的学习资源进行自主学习。

①《C 程序设计教程（第 4 版）》第 127—133 页。

②一维数组系列微课。

根据教学目标，教师录制了 3 个微课分别解决"一维数组的定义和引用""一维数组的初

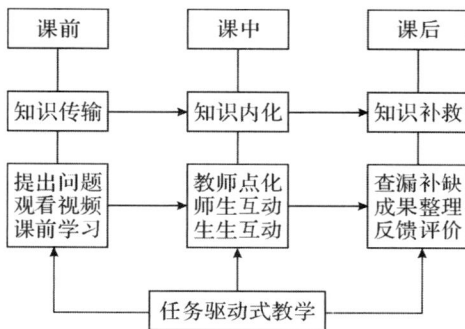

图 2　总体设计方案示意

始化""一维数组的应用"的知识点。

③自主学习任务单。

(2)活动 2:自学检测。

自学测试题包括 10 道选择题和 1 道简单的数组应用编程题,学生完成测试后可直接在网络平台上通过点击"正确答案"立刻显示分数和正确答案,或在 C 语言课程群中下载相关文档进行自测,供学生了解自身的学习成效以及调整自学策略。所有习题都是教师根据知识点精心挑选的,学生的完成度可以体现出他们在某一知识点上的漏洞和误区。

(3)活动 3:提出疑问。

学生通过平台向教师提出自学过程中的疑惑,或通过课程群与同学、教师互相交流。

2.课中——知识内化阶段

(1)活动 1:通过情景提问导入课程。

①提问:保存一个班 50 位同学的一门功课的成绩,并且找出最高分和最低分,应如何实现?

②解题思路:定义 50 个变量,从键盘中输入值,然后再相互比较。处理起来很复杂,是否有更简便的方法?引出本节课的知识点——数组。

设计意图:通过提问激活学生思维,让学生以饱满的状态迎接课堂学习。此提问对应"一维数组定义、引用、初始化及应用"的教学重点,教师通过学生回答掌握学情,学生也可通过回答问题巩固课前所学。

(2)活动 2:自学情况反馈。

学生们在课前已经在网站上或课程群里完成了自学,我们来看一下自学情况。

①教师查看学生课前上传到网络平台上的自学笔记,选出具有示范作用的笔记展示给同学们浏览学习。

②组织学生谈自学收获,教师演示本节课知识框架。

③展示学生疑问和自测题反馈,将问题按照知识点归类。

设计意图:此环节是为了对"翻转课堂"的自学阶段进行有效的反馈,为接下来的课堂活动做好准备,找准目标。另外,因学生在课前主要利用微课进行碎片化学习,知识较为零散,非常有必要对知识进行梳理,理顺知识点之间的关系。

(3)活动 3:互助讨论区。

教师将自学反馈推送给学生,组织学生通过小组合作就课前学习发现的问题按照知识点归类进行讨论,找出疑问背后的知识,用学到的知识解决问题。

根据问题不同,教学过程以及教师引导策略有所不同,但基本的疑问解决过程分成以下几类。

类型一:学生通过讨论已经解决了相关问题,能挖掘出问题背后的知识点。

关于数组概述的问题,学生已经了解到数组名、数组元素、数组下标、数组的维数等,很快就给出了答案。教师进一步提出问题:如何定义、引用和初始化一维数组? 你能定义、引用和初始化引例中的数组吗? 通过教师的引导,学生思考并互动,极大地锻炼了学生的思维能力和创新能力。此后,教师又引导学生归纳出一维数组的一般定义形式和引用形式以及两种初始化一维数组的方法。然后通过查阅相关资料,学生的归纳总结得到了验证,成就感油然而生。教师适时进一步将如何由具体向抽象转化的思路传达给学生。

类型二:学生通过讨论可以根据学到的知识解决相关问题,但没有答出关键点。

关于定义一维数组和引用一维数组下标值有什么不同以及如何分别用赋值和输入的形式对引例中的数组初始化的问题,学生可以答出它们之间的关系以及如何初始化数组。教师顺势点拨它们的区别在哪里以及如何编写代码,引导学生通过实例分析得出问题答案。

类型三:学生通过讨论仍然无法解决问题,或者只能说出结果但讲不出原因。

以引例为例,如何实现编程的问题,学生只能说出大概思路,却写不出具体代码。教师通过补充资料,深入浅出地讲解算法步骤和编程调试运行。

设计意图:通过小组合作探究,将课前疑问各个击破,学生可解决的由他们自行解决,不能解决的在教师引导点拨下查阅相关资料解决,体现了以学生为主体的教学思想。在整个过程中,教师注重引导学生对问题背后的知识点进行分析,并适时强调重难点,体现了教学的目标性和有效性。

(4)活动 4:探究能力提升。

以引例为例,从键盘输入 10 个学生一门课的成绩,用冒泡法从低到高排序并输出。

①提出问题:找出 3 个高矮不同的学生通过站队从低到高排成 1 列,再添加 1 个学生后,又如何按从低到高排成 1 列? 换成将其添加到 10 个学生呢? 冒泡排序法的基本思想是什么?

②通过学生高矮排序过程归纳冒泡排序。

③编写代码。

④调试运行。

⑤师生、生生互动

设计意图:教师在教学准备时考虑到 10 个数排序比较抽象,所以借助比较现场同学的身高,并且从数量 3 逐个增加到 10,突破本节课难点。

(5)活动 5:巩固训练。

教师布置一维数组应用的典型例题给大家练习,学生通过做题体验,以此实现对程序设计的更高程度的认识。

设计意图:通过巩固训练活动,学生可以将琐碎的知识点一一内化。通过这部分知识点的内化过程,学生能体会到一维数组的重要作用,有效突破本节课重难点。

(6)活动6:总结收获,目标达成。

出示本节课学生需要达到的学习目标,先给学生半分钟时间静心反思,然后通过投票功能统计学生对自己目标达成度的评价并分析,鼓励学生进一步开展学习活动。

设计意图:以学生为中心的教学要求课堂评价应是多种评价方式的有机融合,教师评价与学生评价相结合,以学生评价为主。学生通过反思和自评的过程能够根据自己的学习效果调整相应学习行为和学习策略,对其学习能力的提升促进效果明显。

3.课后——知识补救阶段

课后学生对课本上的例题和课后习题进行练习,并及时进行课后的查漏补缺、成果整理、反馈评价,促进知识内化和深度对话。

四、翻转课堂具体实施

"翻转课堂"实施应重构学生课内、课外的学习流程,强化学生的自主学习,增强学生思维的独立性和学习的自主性,促进学生在教师指导下主动地、富有个性地学习。

(一)"翻转课堂"教学模式中的"教"注意三点

(1)教的内容:是学生自学后还不能理解和掌握的地方。

(2)教的要求:不就本论本、不就题讲题,而是以问题和习题为载体,寻找出规律,探讨方法。

(3)教的方式:让学生先讲。如果学生讲对了,教师不再重复;讲不完整且达不到深度的,教师再补充;讲错的教师要更正。

(二)翻转教学流程

(1)预习导学:学生通过教师精心编制的导学教案及针对核心知识点、疑难点录制的微课,认真自学,完成基础知识储备。

(2)预习检测:预习检测内容的选择应立足教学内容的核心内容,有助于学生检测学习成果,发现学习中的问题等要求设置。检测题的难度设置上,应保证大部分学生在认真完成预习导学的基础上能独立完成。

(3)疑难突破:学生通过预习导学、预习检测后,发现问题,提出问题,找出知识及方法上的问题及困惑,向同学、教师寻求解决方法。疑难突破是课内学习的核心步骤,可分为四个环节,即学生提问、小组讨论、展示交流、师生互动。

(4)知识检测:精心选题,强化变式训练,促进学生知识的内化。知识检测题要尽量做到知识点的全覆盖,难度要求要比预习检测稍高。要善于将课本题拓展、引伸,围绕核心知识、主干知识选编补充题。

(5)互动小结:激励学生归纳知识,形成知识网络,教师在学生总结归纳的基础上,完善知识网络。总结应注意两个方面,一是对知识的总结,学生根据本节课的学习,对本节课的内容形成知识体系,对规律性的东西予以总结,对做错的地方要着重标明,对于知识的不足要强化课后训练;二是对学习方法进行总结,对体现的学习方法及学习思维进行总结。

(6)巩固提升:"翻转课堂"教学模式的课外延伸环节,主要是习题检测,检测题要根据学生实际情况分层设置。对学有余力的学生可布置一些有趣味性、挑战性、创新性的选做题。对解题有一定困难的学生,可选择基础题、中档题。

五、取得成效分析与体会

对本课程开展"翻转课堂"教学实践 2 轮后,取得成效分析与体会主要如下。

(1)有利于学生的因材施教。学生在学习上是存在个体差异的,教师在课堂上不可能做到让每个学生都能掌握所教授的知识。而通过微视频,每个学生可以根据自己的实际需要和强弱去有针对性地查漏补缺,可反复观看不懂的知识点。学生可自己调节学习节奏,灵活性更大,也把学生的自主学习发挥到了最大限度。

(2)学生在通过预习导学和检测后回到课堂上,在教师的指导下将有疑难的问题跟教师和同学一起讨论解决,有利于探究合作学习。更重要的是确保学生学会了所教知识,让教与学有机结合。

(3)有利于提高学生的问题意识和创新意识。通过自学微视频,学生会很容易形成质疑思维,会了解到自己什么地方懂,什么地方有问题,就会形成思维碰撞;而后通过在课堂上去和同学、教师探究、合作学习,去解决问题。学生始终处在思考、分析、探索、提高的状态中,思维活跃,认识深刻,分析问题、解决问题的能力逐渐提高,创新意识明显增强。

但是,"翻转课堂"也有不利之处。"翻转课堂"先学后教的教学模式并不适合于所有课型,并且微视频实效性和趣味性也有待提高。我觉得对于"翻转课堂"的实践应遵循循序渐进、具体问题具体分析的原则。首先要提升学生的自主管理能力和自主学习能力,逐步实现"翻转课堂"的可操作性,这不是一时半会的事情。

作者简介

"翻转课堂"
示范性
教学视频

廖雪峰,女,副教授,研究生学历,研究方向:混沌密码学和信息安全及图形图像处理。2007 年 6 月毕业于中南大学,获工学硕士学位,优秀毕业生。2007 年 8 月至今一直在温州大学瓯江学院任教,近 5 年教师年度考核均为优秀,业绩考核均为 A;主编教材 1 部,主持省级教改项目 1 项,主持院级精品课程、教材建设、教改项目、科研项目、实验室开放项目等共 20 余项;在一级和核心期刊上以第一作者发表论文 10 余篇。曾获省级教学设计大赛三等奖、教学成果奖、教坛新秀奖、优秀教师、优秀班主任等荣誉。

基于移动信息技术的"翻转课堂"教学设计
——以"计算机网络体系结构"为例

朱 丽

温州大学瓯江学院数学与信息工程学院

一、课程基本情况

课程名称:计算机网络基础。课程性质:公共基础课。面向专业和年级:计算机、电子商务专业一年级学生。教学班规模:每学年约 6 个班,约 200 人。使用教材:施晓秋主编《计算机网络技术》第二版,高等教育出版社 2008 年出版。已开展"翻转课堂"教学实践 2 轮,共68 学时,3.5 学分,其中理论课 52 节,实践课 16 节。依托在线教育平台:蓝墨云班课。

二、教学改革背景与思路

"翻转课堂"教学法在国内外很受热捧,从基础教育到高等教育,涌现出不少成功案例。"翻转课堂"在高校的教学改革过程中无法推行的根本原因是学生不能够自主学习。其原因有两方面:首先是学生缺乏喜欢的学习内容,包括微视频、图片、音频、动画等丰富的教学资源;其次是教师不能掌握学生到底学没学,学了哪些,学了多久。移动信息技术的飞速发展为解决现有"翻转课堂"的问题带来了契机,新的"翻转课堂"教学模式将是一种新型的线上线下混合的教学模式。

我们改革的思路是借助移动教学助手软件和教材,教师通过移动平台向学生推送各类教学资源,逐步翻转学生的学习习惯,构建师生亲密互动接触的课堂教学氛围;教师重新进行教学设计,通过丰富的互动与评价,充分调动学生学习兴趣,引导学生深入思考,使讨论与实践等教学环节更具实效。

三、"翻转课堂"教学设计

(一)总体设计

本项目拟实施的"翻转课堂"教学模式以移动信息技术(蓝墨云班课)为基础,主要分为课前和课中教学活动,具体如图 1 所示。

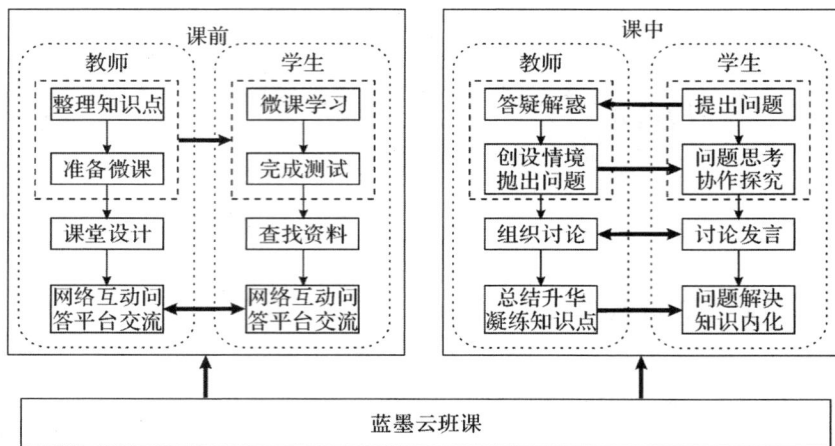

图1　基于移动信息技术的"翻转课堂"教学模式

1. 课前教学活动

从教师的活动看,教师首先将该次课的教学资源上传至蓝墨云班课平台;其次,教师根据知识点的掌握要求设计课堂教学活动,如挑选典型的网络场景,有针对性地设置讨论问题,综合利用任务驱动、问题导向、分组讨论等教学方法;最后,教师利用蓝墨云班课平台与学生进行交流,一方面得到学生对微课的反馈,以便今后改进,另一方面可对学生的疑问进行在线解答。

从学生的活动看,学生首先登录蓝墨云班课平台观看微课并完成教师布置的讨论题或者测试题。学生在观看视频和做测试题的过程中可能产生疑问,可以借助蓝墨云班课平台与教师和同学进行交流,一方面对微课的内容提出意见和建议,另一方面对自己不能理解的问题向教师或其他学生求助。

2. 课中教学活动

教师首先针对学生课前预习中提出的问题答疑解惑,花5~10分钟时间有针对性地讲解相关知识点;然后,按照预先设计的课堂活动,简单介绍课堂目标和任务,引出该次课的主题;接下来,按照难易程度或知识点顺序抛出若干讨论问题。学生由3~5人组成一个讨论小组,教师可通过投屏模式实时查看讨论的过程,随时对有创意的观点进行点赞加分,并及时适当给出意见和建议,讨论可以使用文字、语音、图片等方式。在组内讨论过程中,学生相互交流对问题的认识和想法,以辩论或相互补充的方式达到组内共识。对于学生存在的共性问题,教师可以统一示范,集体解决。课堂经过翻转以后,师生之间的互动和个性化接触时间大大增多,课堂成为学生进行讨论交流和解决问题的场所。学生在不断思考和讨论的活跃气氛中学习理论,最大限度地完成了知识内化。

3. 学生参与的教学设计活动

在整个教学过程中,以学期为单位,每次课按总人数安排助教人数(如总人数50人,一学期17次课,则每次课安排3~4名学生做助教),让每位学生都有机会参与到教学设计环节中,有利于提高学生的学习积极性,加深对知识的理解,助教的具体工作如下。

(1)负责总结教师课堂上讲解答疑的板书(可手写拍照或直接拍照),并上传到学习资源区,便于其他同学复习。

(2)负责根据教师课堂的授课内容涉及教学环节,例如出测验题目、设置讨论话题。教师可根据设计的质量自主选择采用哪些教学环节,并对采用的教学环节设计者进行额外加分。

(二)学时具体设计

学时具体设计见表1。

表1　学时具体设计(以"2.1 计算机网络体系结构"为例)

教学目标	知识目标	1.理解网络分层的作用与含义 2.掌握服务、接口和协议的概念
	认知目标	1.理解计算机网络分层模型 2.找出现实生活中可与计算机网络通信相关的一个实例,结合该实例分析其系统结构与工作流程,说明其中的"层""对等实体""协议"与"服务",理解并总结出计算机网络体系结构的概念
	素养目标	培养小组团队协作、分析问题、解决问题、沟通表达的能力
教学重点		网络分层模型以及协议、服务和接口的概念
教学难点		计算机网络分层模型是一个较难理解的抽象问题,如何理解层与实体?对等实体如何通信?相邻层之间如何进行服务的传递和利用?
教学方法		"翻转课堂"＋案例教学＋个人测试＋小组活动
教学活动		
讨论答疑		查看"2.1 计算机网络体系结构概述"的课前资源,在此提出问题;设置课前讨论题:1.为什么采用基于分层的体系结构?设置课堂讨论题目:2.网络体系结构如何分层?3.什么是层与实体?4.对等实体依靠什么通信?5.相邻层之间如何进行服务的传递与利用?
个人测试		2.1 章节个人测试
课前答疑讨论		2.1－1 答疑讨论:讨论当网络上的一台计算机传送文件给另外一台计算机需要完成哪些工作(解决课前讨论题1)
课堂头脑风暴		2.1－2 头脑风暴:以生活中写信为例进行讨论和类比,引出分层模型(解决课堂讨论题2、3)
小组拓展活动1		2.1－3 分组讨论:以邮政系统为类比,总结"实体""对等实体""协议""服务""接口"的概念(解决课堂讨论题4、5)
小组拓展活动2		2.1－4 分组讨论:总结计算机网络体系结构的概念

教学过程设计
课堂前教学设计

学生活动	教师活动
1. 查看"2.1 计算机网络体系结构"的课前资源 2. 提出对 2.1-1 的疑问	1. 发布"2.1 计算机网络体系结构"的课前资源及 2.1 的讨论答疑、头脑风暴、小组拓展等活动 2. 查看学生对 2.1-1 的讨论结果,并进行解答

课堂内教学设计

教学环节	教师活动	学生活动	实施方法	分配时间
1. 签到	设置签到手势	根据手势签到	蓝墨云班课"签到"	1 分钟
2. 回顾上节课的内容	提问学生	回答教师提出的问题	蓝墨云班课"课堂表现"	4 分钟
3. 解疑——解答学生预习 2.1-1 内容的疑问	讲解学生在云班课中提出的疑难点	倾听解答,和教师互动	蓝墨云班课"讨论答疑"、多媒体、课件	15 分钟
4. 测验——对 2.1 内容进行个人测验	发布"2.1 个人测试"活动	参与测验活动	蓝墨云班课"测验"	10 分钟
5. 分析——分析测验结果	分析测验结果,解释部分错题	查看自己的测验结果与错题,倾听,提出自己的疑问	蓝墨云班课"测验"	10 分钟
6. 实施——进行任务实施	发布 2.1-2、2.1-3、2.1-4 小组活动,引导学生进行小组分析	小组分析任务,得出分析结果	蓝墨云班课"头脑风暴、分组讨论"	25 分钟
7. 展示与点评——小组展示、教师点评	点评小组展示的任务结果	小组代表进行任务结果展示	蓝墨云班课"分组讨论"	20 分钟
8. 发布下次课前任务	发布个人活动 2.2-1 小组活动 2.2-2、2.2-3 及 2.2、2.3 的课前资源并进行说明,发布 2.2、2.3 讨论答疑活动	倾听,记忆任务详情	多媒体	5 分钟

续　表

课堂后教学设计	
学生活动	教师活动
1.完成 个人活动 2.2－1 2.查看 2.2 及 2.3 课前资源 3.在讨论答疑区提出疑问点	1.查看个人及小组活动情况 2.查看学生疑问区的疑问点,并给予解答
评价设计	本堂课的评价主要有以下几方面,以便形成过程性评价: 1.根据学生参与课前资源查看、课堂测验、小组活动等内容给予经验值(可在蓝墨云班课中预先设置,学生参与课堂活动后自动获得) 2.根据参与"课堂表现"的同学表现情况增加经验值 3.对参与"讨论答疑"学生的相互解答情况给予点赞 4.对作为小组代表进行小组任务结果展示的同学额外增加经验值
教学反思	本次课的难点在于计算机网络体系结构是一个抽象的问题。在分析之初,学生不能理解分层的思想和分层模型中的抽象概念,因此,我们找出现实生活中与计算机网络通信相类比的一个实例"邮政系统",经过小组活动引导学生分析理解,最终总结出了计算机网络的体系结构概念。可以看出,本次课堂活动设置恰当,但课后小组活动效果难以保证,故今后的小组活动应尽量设置在课堂进行,个人作业可以设置在课后进行

四、"翻转课堂"具体实施

本课程的"翻转课堂"具体实施过程遵循三个步骤——课堂前知识传递、课堂中知识内化、课堂后知识拓展。三个步骤在实施过程中以蓝墨云班课为平台,按课程的教学设计进行划分后部分内容截图如图 2、图 3、图 4 所示。

(1)教师发布课前学习资源,包括微课、课件等(见图 2)。

图 2　与课程相关的微课和课件

(2)教师发布课堂个人任务,学生通过头脑风暴展示个人对问题的见解(见图3)。

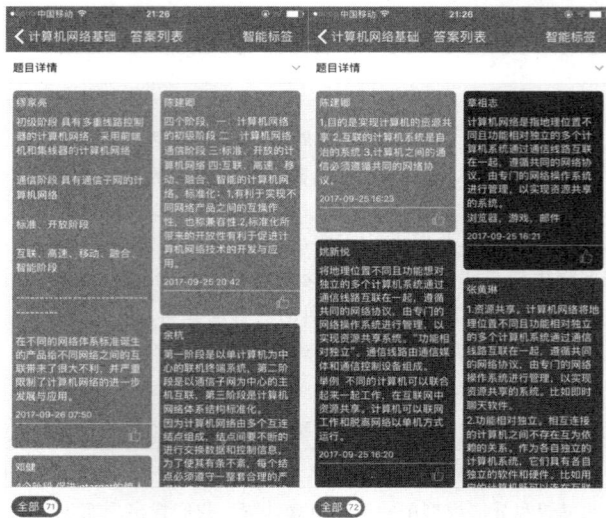

图3 集体头脑风暴讨论

(3)教师引出并发布课堂小组任务,引导小组讨论并对小组展示结果进行评价及评分,小组各成员之间可以进行互评(见图4)。

图4 课堂小组讨论及小组互评

五、取得成效分析与体会

本次"翻转课堂"设计的亮点是运用蓝墨云班课来进行"理实一体化"课堂的组织,在课堂的组织过程中充实地进行了云班课相应活动的开展,充分调动了学生的积极性,提高了学生自主学习的能力。两个学期的"翻转课堂"教学改革取得了以下几方面的成效。

(1)从情感上讲,现在的课堂变得快乐活泼。学生学得开心,教师引导得开心,学生不再总是沉迷于手机游戏或小说,而是会积极参与各项活动或小组讨论。

(2)从学生掌握技能上来说,由于活动的多样化设计,学生在学习专业技能的同时也进行了小组协作、语言沟通展示等多方面能力的训练。

(3)课前学习知识、课堂进行测验或者任务实施,有利于教师把握学生的学习难点,并有针对性地解决,提高了学习效率,提升了学习效果。

(4)多样的课前资源使学生的学习不再局限于教材,而是能够学习到教材外的更为先进、更为全面的专业知识,大大拓展了学生的知识面。

作者简介

朱丽,女,2010 年获得武汉大学计算机应用与技术专业工学博士学位。目前在温州大学瓯江学院从事科研与教学工作,主要研究方向包括:计算机网络、信息安全等。近 5 年来主持省部级项目 1 项、厅局级项目 2 项,作为主要成员参加包括"973""863"国家自然基金等在内的项目多项,在国内外相关期刊和会议上发表论文 30 余篇。

"翻转课堂"
示范性
教学视频

基于"翻转课堂"的混合式教学在电路课程中的应用研究

卢　飒

中国计量大学现代科技学院

一、课程基本情况

课程名称:电路分析基础。

课程学分:4。

课程性质:专业基础课。

面向专业:电气、自动化、机电、电子、电信、通信等。

使用教材:《电路分析基础》,卢飒主编,浙江大学出版社 2013 年出版。

已在独立学院开展"翻转课堂"教学实践 3 轮,目前正在进行第 4 轮。班级规模通常为 1～2 个小班,不超过 60 人。每学期"翻转课堂"学时约为 50 学时,课程总学时为 64 学时。我院"电路分析基础"为浙江省精品课程,也是浙江省首批精品在线开放课程,依托浙江省高等学校精品在线开放课程共享平台建设课程资源。

二、教学改革背景与思路

"电路分析基础"是高等院校电气自动化类和电子信息类专业的一门专业基础核心课程,课程的理论性、实践性和工程性都很强。而我们面对的独立学院学生理论基础相对薄弱,学习兴趣普遍不高,课堂氛围沉闷,教师与学生缺乏有效的沟通,学生和教师抱怨颇多,教学效果较差。如何激发学生对电路课程的学习热情,培养其自主学习能力和实际应用能力成为教师的一大挑战。

众所周知,学习通常要经过吸收与内化两个关键阶段。在传统的电路课程学习中,学生主要是在课堂上接受教师的知识传授,吸收知识,然后在课外通过做作业等形式内化课堂上所学的知识,即课上吸收、课下内化。这种"课堂讲解＋课后作业"的教学模式,表面上看能让学生在一堂课上很方便、快捷地大量获取教师所传授的知识,然而在实际的教学中凸显了很多问题。

由于教师传授知识占用了大部分的课堂时间,教师与学生、学生与学生的之间的互动大大减少。上课教师"满堂灌",学生的好奇心、兴趣、潜力没有得到激发。同时,因为知识内化的过程被放到教室之外,学生遇到疑难问题时,常常因缺少教师和同伴的帮助,容易产生挫败感,丧失学习的动机和成就感。所以在以往电路课程的学习中,很多学生反映课堂上教师讲的内容基本都能听懂,但是课后作业不会做,尤其是题目稍做变化就一无所知。学生普遍缺乏对实际电路的分析能力和电路理论知识的应用能力,一碰到复杂的实际电路问题就无从下手。这和独立学院"高素质应用型人才"的培养目标差距较大。

为了扭转这种教学局面,提高学生学习兴趣和切实提升学习效果,我们把吸收与内化两个阶段的学习进行"翻转",即课下吸收、课上内化。随着网络的普及和信息技术的飞速发展,将线上—课堂深度融合的"翻转课堂"引入电路课程的教学是切实可行的。互联网时代下,大学生获取信息和知识的渠道已不再局限于课堂,学生的学习方式也变得更加网络化、灵活化、碎片化、多元化。为此,我们建设电路在线开放课程资源,依托浙江省高等教育学会研究课题——基于"翻转课堂"的独立学院电路课程教学改革研究(KT2015013)和浙江省高等教育教学改革项目——独立学院电类基础课程群多元化教学改革与实践(jg20160247),在独立学院电路课程的教学中设计并实施"在线学习"与"面对面课堂教学"相结合、基于"翻转课堂"的混合式教学活动。

三、"翻转课堂"教学设计

电路课程线上—课堂深度融合的"翻转课堂"教学设计如图 1 所示。

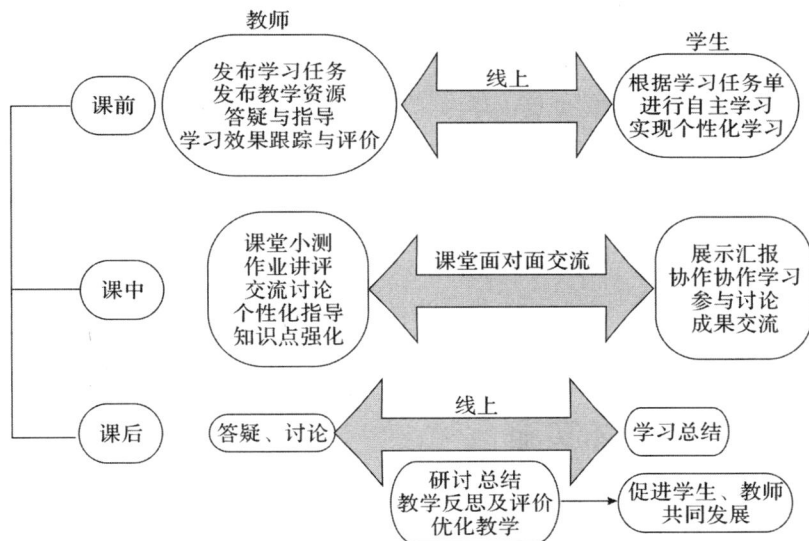

图 1　线上—课堂深度融合的"翻转课堂"教学设计

"翻转课堂"重构了学习过程,以学生为中心,充分尊重学生的个性特征,利用碎片时间来学习,是一种自主学习模式,但是它需要充足的教学资源来支撑。笔者负责的浙江省首批精品在线开放课程"电路分析基础"为"翻转课堂"教学提供了完善的教学支撑环境。电路在线课程包括视频数 170 多个,总时长达 36 小时,题库中有 800 多题,在线测试和作业85 次,章节考试及期中、期末考试共 15 次。除了常规内容外,每一章还增加了自学指导、小结视频、习题讲解视频和重难点分析视频,较好地保证了知识体系的完整性和系统性,实现了对学生学习的全程指导。各单元的在线测试均分为简单测试题和综合测试题两个层次，较好地满足了不同层次、专业的需求特点，符合学生个性化学习的需求。

基于创建在线开放课程资源的心得以及近年来开展基于"翻转课堂"的混合式教学改革取得的经验，本人编写了《电路分析基础》新形态教材，将多种类型的数字化教学资源（微课、课件、题库、在线测试、讨论版等）通过二维码技术与文本紧密关联，支持学生通过扫码随时随地进行学习。这些课程资源为"翻转课堂"的顺利实施提供了充分的保障。

"翻转课堂"教学模式下课前、课内、课后活动的设计与衔接：每次课前（至少提前一周）教师发布学习进度安排和学习任务单，要求学生在课前自主完成学习任务。学生借助于平台上教师提供的微课、课件等教学资源或通过网络检索进行自主学习，根据自身的接受能力控制学习进度；在学习过程中与同学或教师进行线上交流，达到对课程内容的基本理解，并在理解课程内容的基础上完成课前练习及测试。教师利用电路课程网络平台在线学习的反馈、评价与分析系统，全面跟踪和掌握每个学生的个性特点、学习内容及学习效果，为课堂上实施有针对性的个性化指导奠定基础；课堂上对已预习的碎片化知识进行前后贯穿和归纳总结，让学生形成系统化的认知，完成知识的内化；通过开展讨论、提问、练习、测试、答疑、总结等多种教学形式的教学活动，在师生多向互动中发现问题、解决问题，从而深化和拓展电路课程的学习内容，将电路理论与实践相结合，并向应用拓展，促进学生深度学习。

2 学时（共计 90 分钟）"翻转课堂"的具体设计如下：首先对学生进行课堂小测（10 分钟），掌握学生的自主学习情况，并对测试中存在的共性问题进行剖析（5 分钟）。接下来进入课堂讨论交流环节（20 分钟），学生以小组为单位汇报自己对知识的理解，展示自己的作业情况和其他学习成果，学生也可提出学习中存在的各种疑惑。教师对各小组的汇报进行点评，对学生的问题进行解答（10 分钟）。通过师生质疑、答疑的方式开展师生之间、生生之间的问题讨论和深度交流。然后是课堂作业环节（20 分钟），学生当场完成课堂练习，便于教师现场指导。教师对课堂练习中存在的问题以及本次课的重难点进行讲解示范（15 分钟）。最后是总结与导入环节（10 分钟），教师对本次课内容进行总结，对共性问题集中讲解，并对下一次课的学习进行方向性指导。当然教师还须根据学生在课堂上的实际讨论情况及时调整顺序和重点。

四、"翻转课堂"具体实施

2015—2016（2）学期在自动化 151、152 两个班级中首次开展电路课程的"翻转课堂"教学。我们对教学内容进行取舍和重组，并对每节课的教学路径进行重新设计，以实现精准施教。例如，哪些内容适合留给学生课前自学？哪些内容在课上重点讲解？每节课给学生布置怎样的课前作业，课上如何对课前作业进行延展？设计怎么样的教学活动激发学生的学习兴趣？每节课的研讨围绕什么主题？课堂上如何灵活采用多种方法开展教学（如讨论式教学、要点式教学、方法式教学、问题式教学、案例式教学）来帮助学生深度掌握知识？

经过一个学期的试点，大多数学生对这种教学模式很满意。他们认为，新的教学模式增强了自己的学习兴趣，提高了自主学习能力、独立分析问题与解决问题的能力，提升了学习效果。以下是部分学生对"翻转课堂"混合式教学的心得体会。

自动化151班李易平同学：我觉得"翻转课堂"能够让我自己掌控学习，还可以组建自己的学习小组，我们会互相帮忙、互相学习，而不是以教师作为知识的唯一传播者，同时也增强了我的团队合作意识。

自动化151班沈泽庆同学：以前的课堂是教师讲授为主，学生被动接受知识的填鸭式教学，很乏味。现在的课堂是需要学生共同参与的课堂，学到的知识更深入，也更有收获。

自动化152班卓建业同学：我是通过"电路分析基础"这门课了解"翻转课堂"混合式教学模式的，它把学生角色从被动知识接受者变为主动学习者。课堂上我和教师沟通、交流的机会明显增多，而且我们还可以上台演讲并且把我们的学习成果展示给其他同学，使我的语言表达能力和综合能力得到了很大的提高。

自动化152班邱行斌同学：我觉得这种模式最大的好处在于能够把"在线学习"与"面对面课堂教学"有机结合起来，既可以提高我的自主学习能力，又能利用课堂教学深化知识，大大提高了学习效果。

由于在"翻转课堂"混合式教学模式下，学生课外需要花更多的学习时间，为强调学习过程，鼓励和尊重学生学习过程的付出，我们构建了线上和线下融合、过程性评价与终结性评价相结合的多元化课程评价体系，如图2所示。图3为自动化151班学生的平时成绩记录单。

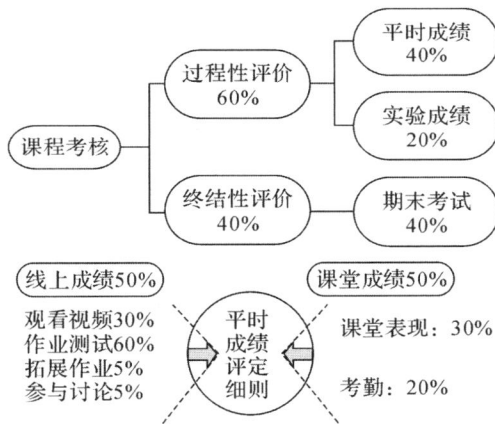

图2 多元化课程评价体系

图3 平时成绩记录单

根据第一轮"翻转课堂"的教学经验与实践体会，我们对存在的问题进行分析并做出修改，于2016—2017(1)学期、2016—2017(2)学期分别在电子151班和电气161、162班继续开展电路课程的"翻转课堂"混合式教学。教改过程中我们做了多次问卷调查，调查结果表明，绝大多数学生肯定了新的教学模式和考核考评机制。学生的反馈意见汇总如表1所示。

表1 学生调查问卷统计结果

调查问题	选项及比例				
通过课前学习，你对所学知识的掌握情况如何	很好	较好	一般	较差	很差
	11.6%	28.2%	41.6%	16.1%	2.5%

续　表

调查问题	选项及比例				
通过课堂活动,你对知识的掌握如何	很好	较好	一般	较差	很差
	31.1%	40.6%	20.6%	5.1%	2.6%
与传统课堂相比,"翻转课堂"是否更有利于提高学习效果	非常有利	比较有利	一般	不利	很不利
	23.3%	48.1%	16.7%	7.8%	4.1%
通过"翻转课堂",你的自主学习能力有无提高	明显提高	有所提高	没有变化	有所降低	明显降低
	56.8%	35.2%	6.8%	1.2%	0.0%
你是否喜欢"翻转课堂"模式	非常喜欢	比较喜欢	一般	不喜欢	很不喜欢
	15.3%	55.7%	14.9%	10.8%	3.3%
新的评价体系满意度	很满意	较满意	基本满意	不满意	很不满意
	29.2%	50.6%	13.8%	6.4%	0.0%

五、取得成效分析与体会

　　电路课程线上—课堂深度融合的"翻转课堂"教学将"面对面学习"与"在线学习"进行有机结合,通过"问题引导—自主学习—协作交流—问题解决—应用提高"的流程帮助学生多次内化知识,有效激发学生的学习兴趣,提高学生的自主学习能力,提升学习效果。实施教改后学生的优秀率比以往有了明显的提高,不及格率也大幅下降;同时还能有效提升教师的教学创造能力和综合素质,促进教与学的良性循环。

　　"翻转课堂"教学的个人体会是对电路这些专业性较强、基础理论和工程体系比较系统的课程而言,学习的过程应是从点到面,从局部到模块,从模块到系统。而这样的知识脉络不是仅凭一些微视频就可以贯通起来的,教师面对面的沟通、身教言传是不可或缺的,过渡、衔接、模块都要在课堂上完成。因此,混合式教学是一种较好的模式。

作者简介

"翻转课堂"
示范性
教学视频

　　卢飒,女,浙江省教坛新秀,副教授,主持浙江省精品在线开放课程"电路分析基础"和浙江省精品课程"电路分析基础",主讲浙江省精品课程"电路与电子技术",从事电类基础课程教学二十余年。曾获浙江省教学成果二等奖、全国多媒体课件大赛三等奖、浙江省高校教师教育技术成果三等奖、浙江省高等学校现代教学技能比赛优秀奖;多次获中国计量学院教学成果奖、"教师教学优秀奖",并获浙江省"三育人"先进个人、中国计量学院"我最喜爱的老师"、中国计量学院"三八红旗手"等荣誉称号。主持2015浙江省高等教育学会研究课题"基于'翻转课堂'的独立学院电路课程教学改革研究"和2016浙江省高等教育教学改革项目"独立学院电类基础课程群多元化教学改革与实践";主编浙江省普通高校"十三五"新形态教材《电路分析基础》。

以"翻转课堂"为主要形式的
混合式学习模式改革

杨 洁

浙江财经大学东方学院信息分院

一、课程基本情况

"数据库应用基础"是浙江财经大学东方学院面向全校 16 个专业开设的公共基础课,目前总学时数 96,理论教学时数 64,实验教学时数 32,学分 3。教学班一般包括 2 个行政班,80 人左右。使用教材:(1)《数据库应用基础》,王衍主编,电子工业出版社 2009 年出版。(2)《数据库应用基础学习指导》,王衍主编,电子工业出版社 2009 年出版。

本课程开展"翻转课堂"教学实践 2 轮,约 64 学时左右,主要依托网络课堂、校园网作业服务器平台发布教学、实验视频、课件、微课、实验报告、实验作业等教学资源。目标是使学生通过学习掌握数据库管理和程序设计的基本概念、基本理论、基本方法,具备运用面向过程程序设计和面向对象程序设计的能力,并在此基础上能编制一些解决实际问题的应用程序,以便于学生较好地理解计算机在各个专业领域中的应用,提高学生解决实际问题的能力。

二、教学改革背景与思路

独立学院是新形势下高等教育办学机制与模式的一项探索和创新,是以培养应用型人才为主旨、以就业为导向的教育模式。我们的教学核心理念就是要提高学生的实践能力和社会适应能力,实现从注重知识传授向注重能力和素质培养的转变,培养具有创业创新精神和实践能力、能在工作岗位上发挥骨干作用的高级应用型专门人才。

学校教育从单一面授转为混合模式教学正成为趋势,着力提高学生学习内驱力,引导学生学会学习,加强课堂教学互动,推动学生高阶思维发展。

当今建构主义理论认为,知识不是通过教师传授获得的,而是学习者在一定的情境中,利用他人的帮助和必要的学习资料,通过意义建构的方式而获得的。基于此,学生应由知识的灌输对象转变为知识意义的主动建构者,教师由知识的传授者转变为学生主动建构意义的促进者。因此,教师通过构建教学与学习环境,激发学生学会学习日渐重要。在"教"与"学"的过程中,我们强调以学生为中心,学生是认知的主体,教师应该起到帮助、引导和促进的作用。

以"翻转课堂"为主要形式的混合式教育模式充分运用独立学院学生偏好的学习方式，注意培养他们的弱势学习方式，丰富学生的学习方式，增强学生的可持续发展能力；在课堂内外营造活跃、和谐的自主学习环境，激发学生的学习积极性，发挥学生的主动性，促进学生自主学习能力的全面提高，将信息技术基本技能、计算思维和信息行动能力培养融入课程教学中。

三、"翻转课堂"教学设计

（一）总体设计

1. 课前组织

课前组织如表 1 所示。

表 1　课前组织

角色	任务和步骤	教学资源
学生	预习	视频
	完成预习作业	实验提示、PPT、教材
	列出问题	
教师	检查预习作业	
	总结集中的问题	实验报告初稿
	圈点课堂重点知识点	实验报告

2. 课堂组织

课堂组织如表 2 所示。

表 2　课堂组织

问	看预习情况
做	提出任务，项目演示，分析解决问题
学	总结知识技能
拓	拓展知识应用

3. 课后

收集学生更正后的报告，检查并反馈成绩；根据学习情况，确定课后辅导学生名单，对未掌握课堂内容的学生进行课后辅导。

总体设计如图 1、图 2 所示。

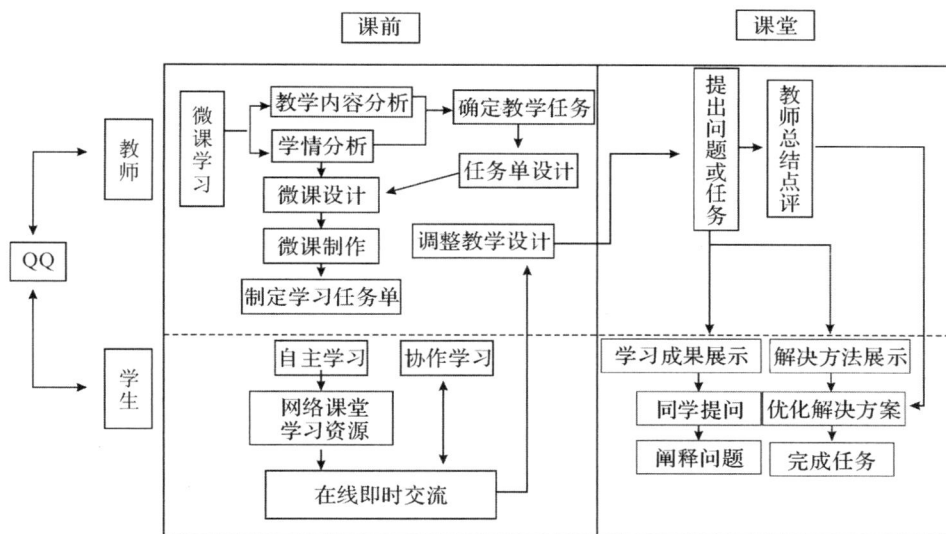

图 1 "课前""课堂"教学设计

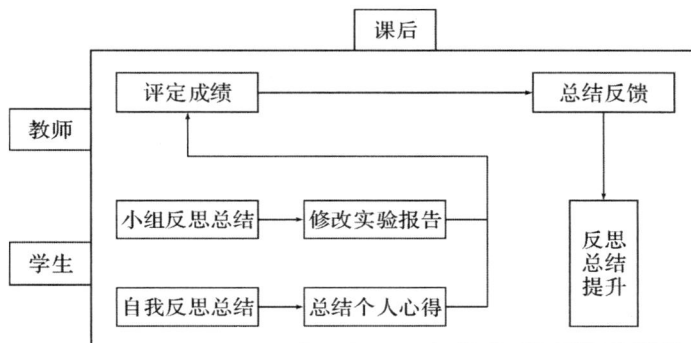

图 2 "课后"教学设计

（二）具体设计（2 学时）

具体设计如表 3 所示。

表3 具体设计

学科	数据库应用基础	教学内容	6.2 控件的运动变化
该内容总学时	4	翻转学时	2

一、学习内容分析

学生掌握了面向对象程序设计的基本概念和基本操作,本节内容是在此基础上的一个应用提升,要求学生掌握控件从静态到动态的转变,既要保持知识点的衔接和递进,同时又要实现在编程设计上质的飞越

教学重点:

1. 新增属性的使用

2. 如何把握控件运动过程中自身大小与表单大小的动态关系

教学难点:

真正了解新增属性在控件运动过程中起的关键作用,能够灵活运用

二、学习目标分析

1. 掌握控件运动的规律,尤其是新增属性在控件运动过程中起的重要作用

2. 通过改变控件的运动方向,让学生修改程序,从而提高学生知识迁移的能力

3. 通过学习小组讨论的形式,培养学生的团队合作能力

4. 随着运动复杂度的提升,重点讨论控件在运动中为什么会消失,提高学生对问题的分析能力和解决能力

三、学习者特征分析

偏好动手操作,不喜欢记忆、背诵、推理等学习方式,特别不喜欢抽象概念的记忆;喜欢合作学习,而不喜欢独立式的学习方式。一般只能通过死记硬背来实现再认识。对计时器 interval 属性与 timer 事件的配合不完全理解,喜欢死记硬背,因此在改变控件运动方向时不能很好地进行知识迁移

四、课前任务设计

1. 复习和巩固形状、命令按钮、计时器对象以及相关属性

2. 观看微课,了解圆球单向平移和双向跳动的完成过程,特别注意用到了哪些对象、属性、事件

3. 小组讨论:如果改变球的移动方向、初始跳动方向,该如何实现这种变化?写出解决方案

4. 相关课件、视频已上传网络课堂,访问地址:http://wlkt. zufedfc. edu. cn:8080/meol

续　表

五、课中讨论分析（教学流程）

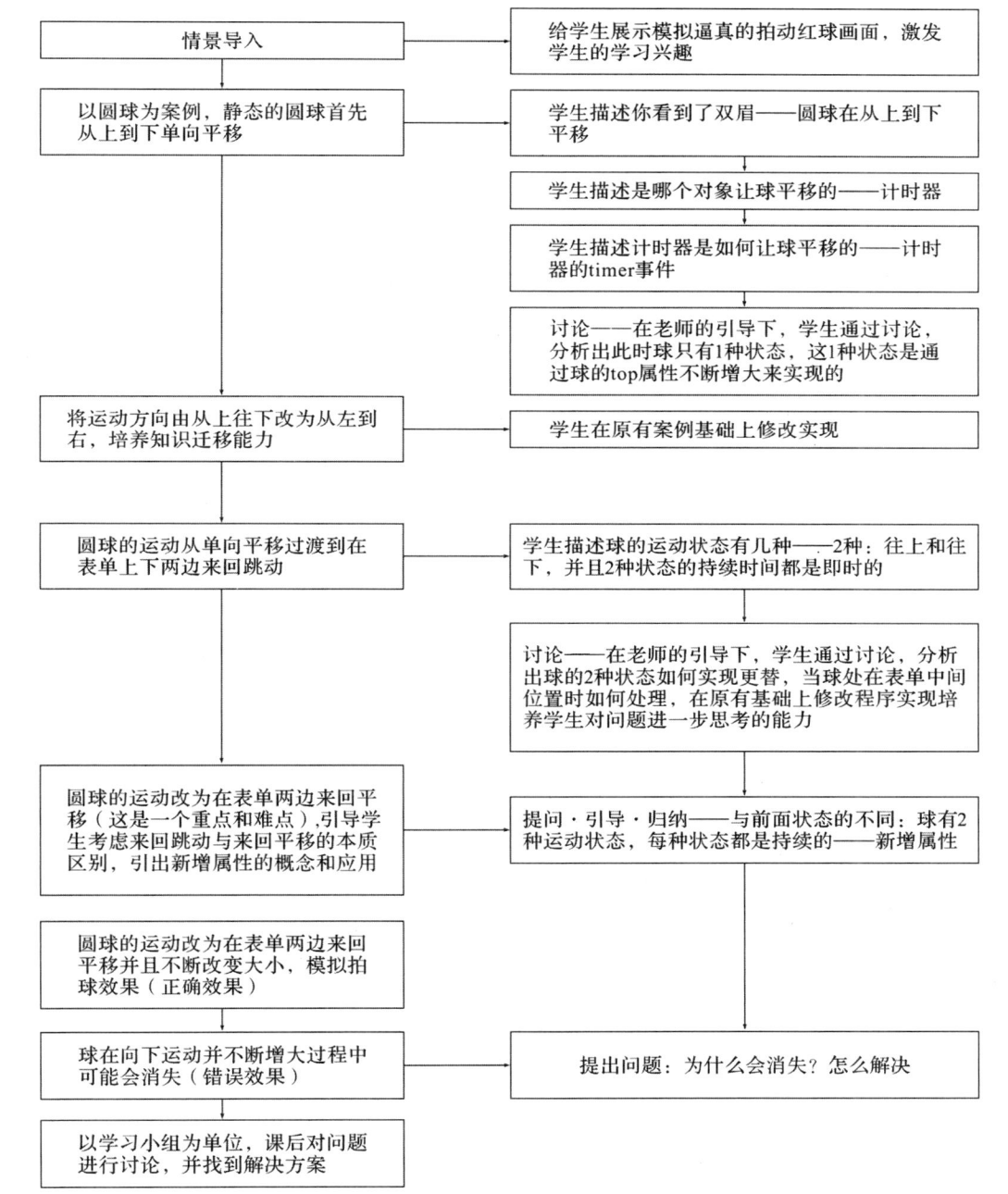

| 情景导入 | → | 给学生展示模拟逼真的拍动红球画面，激发学生的学习兴趣 |

| 以圆球为案例，静态的圆球首先从上到下单向平移 | → | 学生描述你看到了双眉——圆球在从上到下平移 |

| | | 学生描述是哪个对象让球平移的——计时器 |

| | | 学生描述计时器是如何让球平移的——计时器的timer事件 |

| | | 讨论——在老师的引导下，学生通过讨论，分析出此时球只有1种状态，这1种状态是通过球的top属性不断增大来实现的 |

| 将运动方向由从上往下改为从左到右，培养知识迁移能力 | → | 学生在原有案例基础上修改实现 |

| 圆球的运动从单向平移过渡到在表单上下两边来回跳动 | → | 学生描述球的运动状态有几种——2种：往上和往下，并且2种状态的持续时间都是即时的 |

| | | 讨论——在老师的引导下，学生通过讨论，分析出球的2种状态如何实现更替，当球处在表单中间位置时如何处理，在原有基础上修改程序实现培养学生对问题进一步思考的能力 |

| 圆球的运动改为在表单两边来回平移（这是一个重点和难点），引导学生考虑来回跳动与来回平移的本质区别，引出新增属性的概念和应用 | → | 提问·引导·归纳——与前面状态的不同：球有2种运动状态，每种状态都是持续的——新增属性 |

| 圆球的运动改为在表单两边来回平移并且不断改变大小，模拟拍球效果（正确效果） | | |

| 球在向下运动并不断增大过程中可能会消失（错误效果） | → | 提出问题：为什么会消失？怎么解决 |

| 以学习小组为单位，课后对问题进行讨论，并找到解决方案 | | |

续　表

六、教学环节

环节一　情景引入

教师活动	学生活动	设计意图
引入：展示模拟圆球拍动的画面 	认真听讲，观看功能	引入一个学生比较感兴趣的案例，激发学生学习的兴趣，满足学生的成就感。最终引出本节课的任务

环节二　讨论设计过程

教师活动	学生活动	设计意图
1.圆球从静态到从上到下平移 2.引导学生考虑平移是怎么实现的，运用了哪个对象的哪个事件 3.将平移方向由从上到下改为从左到右，引导学生在原程序基础上做修改 4.将圆球的运动从单向平移过渡到在表单上下两边来回跳动，引导学生归纳处理单向平移与双向跳动的区别 5.提出问题：球初始处于中间状态如何处理？	1.认真听讲，思考教师提出的问题，课堂讨论 2.练习、总结 3.认真看教师的操作 4.思考并提出解决方案	1. 引出形状对象的 height、left、top 属性 2、进一步复习巩固计时器的 timer 事件 3. 培养学生的知识迁移能力 4. 培养学生分析问题的能力

环节三　引出新的知识点

教师活动	学生活动	设计意图
1.圆球从上下跳动改为上下平移 (1)来回平移与来回跳动的本质区别是什么（重点和难点） (2)如何实现持续一段时间的状态改变——新增属性的引入和实现 (3)归纳总结引入新增属性的必要条件 2.将运动方向由上下改为左右，让学生自己解决问题 3.圆球从上下来回平移改为在平移过程中不断改变自身大小 (1)先看一个正确案例，即模拟拍球 (2)运行学生修改好的程序，看到错误的结果（球消失了，故意埋下一个梗） 4.抛出引导性问题，让学生以学习小组的形式课后讨论并解决	1.和教师一起讨论，选择解决方案 2.思考教师提出的解决方案，提出问题 3.归纳、总结新增属性的特点和应用 4.模仿并修改原有程序 5.兴趣浓厚，主动试着去修改原有方案，并就不同的方案做比较、归纳 6.在前面成功解决问题的基础上，对突然的失败感到愕然、不解，急于明白为什么	1.引出本课堂的重点和难点，通过与前面案例的逐步推进和分析比较，使学生感性地了解新增属性的必要条件，能灵活使用 2.训练知识迁移 3.进一步提升学生解决问题的能力 4.利用学生的求知欲，以团队合作的形式，培养其分析和解决问题的能力

续　表

环节四　总结与点评
1. 总结对象运动逐层推进的 4 种主要情况
2. 总结新增属性的引入条件和应用步骤
3. 点评学生程序修改的完成情况

七、课后任务设计
1. 以学习小组为单位,讨论圆球消失的原因,完成解决方案
2. 完成本次课堂讨论的报告

四、"翻转课堂"具体实施

教师主要依托网络课堂、校园网作业服务器平台发布教学、实验视频和课件等教学资源;进行在线测试,与学生互动答疑,了解学生自主学习情况,给予学生一定的学习支持;课堂内与学生分析和讨论;课后布置任务,统计学生掌握情况。

学生在课前,通过教学微视频学习课程涉及的知识点,思考知识点的具体问题及应用;与教师在线教学互动,课后以小组的形式完成任务。

1. 教师的教学过程(见图 3)

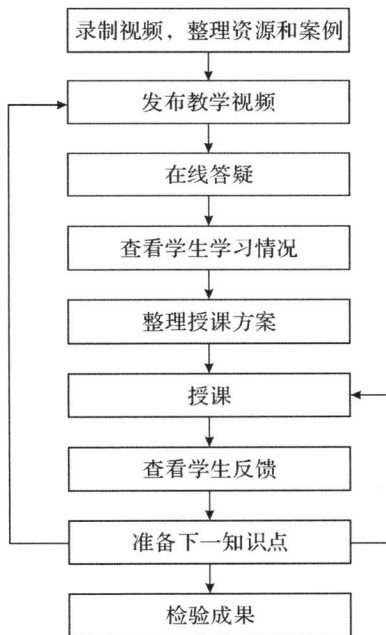

图 3　教师的教学过程

2. 学生的学习过程（见图4）

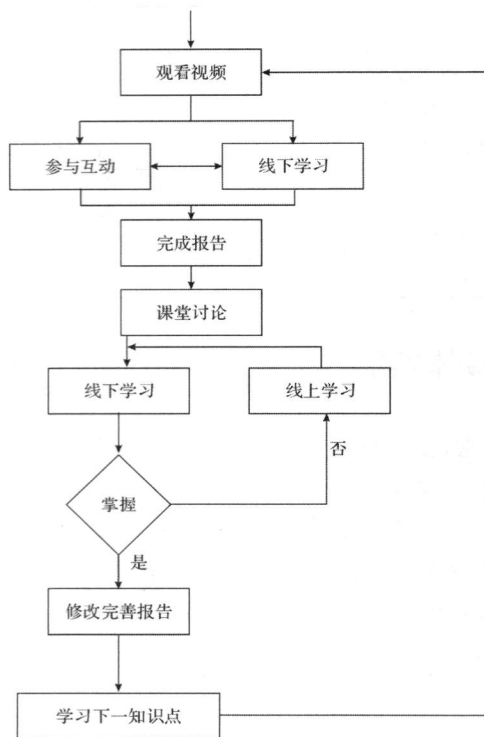

图4　学生的学习过程

五、取得成效分析与体会

通过对课堂教学模式的不断探索与实践，我们逐步实现了课堂教学的3个转变。

（1）从传授已知到探索未知的转变。

（2）从面向主题教学到面向问题教学的转变。

（3）从单一的传授知识到提升能力的转变。

2014—2015学年和2015—2016学年对"15审计"和"16审计"专业的学生进行了课程试点，其中"15审计"实行传统教学，"16审计"实行翻转教学。对比情况如表1所示。

表1　"翻转课堂"教学效果对比分析

课程形式	卷面平均成绩（分）	实验平均成绩（分）	优秀率	合格率
翻转教学	74	80	29.0%	95.0%
传统教学	66	75	19.2%	88.0%

从表1可以看到，同一专业的学生，翻转教学的卷面和实验两项平均成绩分别比传统教学高8分和5分，优秀率和及格率也有了明显的提高。

这充分说明当我们把学生的角色从被动知识接受者逐渐变为主动学习者的时候，当我们从传统的"以教为主"逐步转向"以学为主"的时候,我们的学生是可以学好知识、提高能力的。

在"翻转课堂"的教学实践中,我们的体会是:

(1)虽然学生的整体学习效果得到了提高,但不同学生的学习适应性有差异。

(2)教师要经常根据学生的课前反馈,结合当下最新技术来设计课程教学案例,只有这样才能真正做到有的放矢。

(3)不是所有教学内容都适合"翻转课堂"。探究性学习内容用"翻转课堂"取得的效果比较好。

作者简介

杨洁,女,讲师,"数据库应用基础"主讲教师。主要研究方向:数据挖掘。该课程多次在院级教学比赛中获奖。2015年"数据库应用基础"课堂教学改革在浙江省教育厅课堂教学改革项目中立项,2017年结题。

"翻转课堂"
示范性
教学视频

高职高专人文社科类

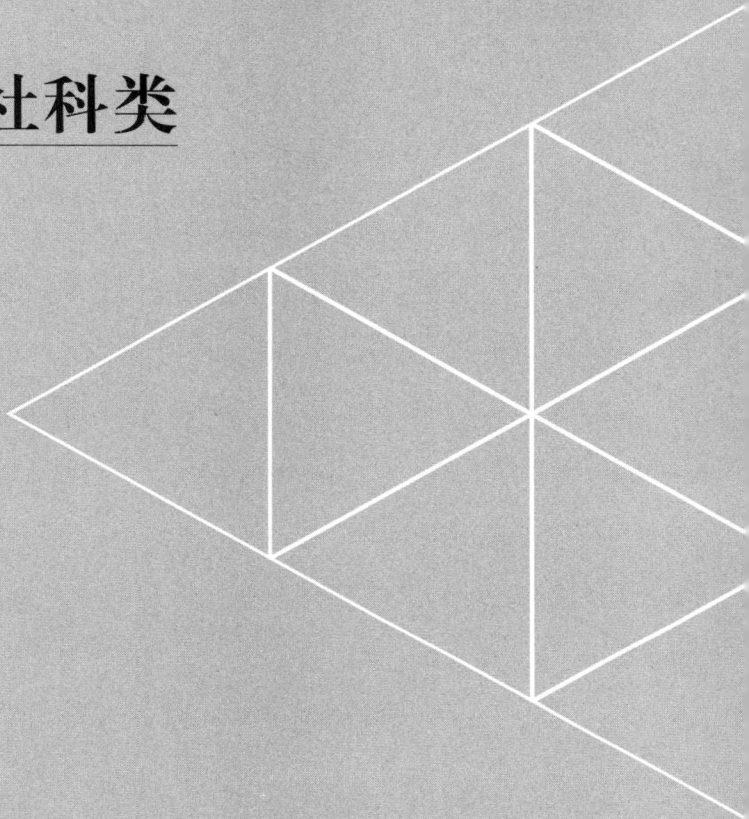

"4T"学习模式的"翻转课堂"实践

施丽珍

金华职业技术学院旅游与酒店管理学院

一、课程基本情况

"旅行社计调业务"共计 4 学分(2015 级调整为 3 学分),是旅游管理专业的专业核心课程,主要面向该专业大二(下)学生,教学班规模基本为 40~50 人。这门课程的教学目的是,使学生掌握计调工作的操作规范和流程,培养学生旅游产品设计与策划技能、定价与计划调度能力、采购与沟通协调能力,对学生今后从事旅行社计调工作的职业能力培养和职业素质养成起支撑作用。

课程使用的教材为 2010 年立项的浙江省重点教材《旅行社计调业务》,由课程负责人施丽珍主编,上海交通大学出版社出版。该教材根据专业教学要求,以计调岗位不同分工作情境,以各分工的工作流程为任务驱动,融入知识点。课程自 2008 年开设以来,一直在做"翻转课堂"的教学尝试,不断更新教学内容、创新课堂改革,总计已完成近 10 轮教学实践,约 1000 多学时。目前主要依托 2010 年建设的校级精品课程网站和省在线精品课程网站,进行教学互动和资源上传。尤其是近几年,利用微信、云班课等,积极探索移动端平台的使用。

二、教学改革背景与思路

移动技术作为一种新兴的技术形态,一方面无缝式地融入人们的日常生活,给教育带来前所未有的机遇;而另一方面,移动互联网入侵高校课堂,使课堂教学管理、实现教学目标、完成教学任务以及教师获取学生认同的难度加大。在这样的环境下,如何将移动技术有效地应用到课堂教学中,具有十分重要的理论和现实价值。与此同时,课堂团队协作学习作为一种重要的学习方式,可以有效地激发学习者的学习动机。因此,本人将团队协作与移动技术结合,进行"翻转课堂"的教学改革,旨在提高学生学习效率。

三、"翻转课堂"教学设计

(一)总体设计

1.活动框架的设计

团队协作的主体为学生,也是学习者;其客体最终会转变为一个成果,即完成学习活动的终极目标。整个团队协作的媒体(媒介)是移动技术,这也是主体作用于客体的工具和手段,是我们构建4T教学模式的环节之一。此外,学习共同体也很重要,关键在于学习者之间如何合作,小组成员需要遵循一定的规则。基于以上理论支持和教学经验,我们将"翻转课堂"的总体设计总结为4T模式:移动技术(technology)、课前任务(task)、团队展示(team)和课后考核(test)。其中,团队展示依据教学组织分为验、评、导、练四步,如图1所示。

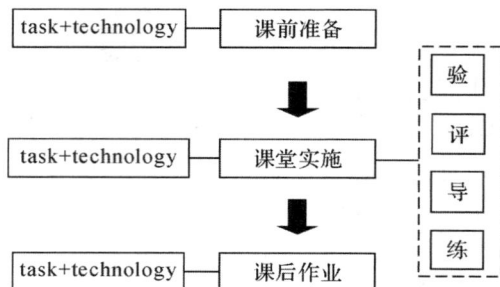

图1　基于移动技术的高职课堂学习活动(4T模式)

2.活动特征

(1)合理的互动。在本模式中,采用团队协作的学习方式,改变了教师独白的话语体系,鼓励学习者在生生对话和互动中,相互激发和诱导、相互协调和整合。

(2)完善的学习环境。在本模式中,利用电脑端、移动端设备和无线网络技术等媒介,并借助这些媒介与数字化学习资源进行连接,实现师生间、生生间的信息传递和学习资源的选择。

(二)具体设计(2 学时)

"翻转课堂"具体设计如表 1 所示。

表 1　具体设计(2 学时)

环节 (用时)	内容	活动		技术手段
		教师	学生	
一、课前准备				
课前	【步骤一】"报菜单":下达任务,创设情境	借助微信公众平台群发功能,下达地接团队操作任务	手机接收任务	精品课程网站、微信公众号
	【步骤二】"给菜谱":上传资源,引导自学	登录精品课程网站上传教学资源	在精品课程网站查看、打印教学资料	精品课程网站、微信公众号
	【步骤三】"收菜品":组织习作,上传成果	接收方案	完成成果并上传至公众号	微信公众号
二、课堂实施				
(一)验 (20 分钟)	1.查验完成情况 2.查验设计思路	通过微信公众号随机抽取小组,展示成果	汇报成果完成情况,陈述产品设计的理念	微信平台、网络
(二)评 (20 分钟)	进行组内点评、组间互评和教师点评	评价方案的可行性、操作的规范性、团队的合作性和典型错误,融入知识点	基于各组对任务的理解和完成情况,进行实时点评	网络、微信公众号
(三)导 (5 分钟)	再次导入真实任务,进行对象和任务的替换	再次导入真实的任务,拓展学生的产品设计能力	扫描二维码,领取任务	微信订阅号、手机端二维码
(四)练 (35 学时)	【步骤一】创造场景,提升练习:借助教学软件、App 进一步拓展提升	输入供应商等相关信息	进入实训室,借助景区 3D 系统和旅行社管理软件等,学习、操作任务	教学软件 App、网络
	【步骤二】发起众筹,分享创意:发动企业考核和众筹评价	向当地的合作旅行社发布信息,关注和支持他们感兴趣的地接产品	最终成果上传至课程网站,等待评价	课程网站
三、课后作业				
课后	检验教学目标的达成情况,并为下一任务学习做准备	将理论试题上传至课程网站,小组作业通过微信平台群发	进入课程网站互动专区,完成在线测试,完成小组作业	课程网站、微信平台

四、"翻转课堂"具体实施

（一）前期准备

选择"地接计调产品设计"为学习内容。师生全体使用智能手机，并可通过学校 WLAN 和个人账号连接互联网，使用移动设备的访问速度较高。师生皆安装微信、蓝墨云班课等 App。

（二）课堂实施

1. 课前准备

首先，借助微信公众号，导入真实任务，群发给两个大组，让学生通过实际动手操作来掌握内容，学生通过微信公众号接收任务。学生在课程网站或蓝墨云班课 App 查看学习指南、自学讲义等教学素材，观看微课视频。

接下来，以小组为单位，由组长组织任务习作，根据下达的任务完成初步成果，并由组长将初步成果上传至平台。

2. 课堂实施

接下来是课堂实施环节。这个环节分验、评、导、练四步骤。

第一步，验。教师通过 PC 端打开微信，将学生上传的地接产品设计成果通过投影放映展示，查验各组的完成情况，各小组进行成果汇报，以查验他们的设计思路。

第二步，评。在陈述过程中，学生可通过手机进行实时点评，这些点评反映了他们的设计理念和操作后的思考。教师向各组发放组内评分表和组间评分表。待小组汇报结束后，教师针对方案的可行性、操作的规范性等进行简要分析，剖析典型错误，融入知识点，实现教学目标。教师评分和各组打分形成最终考核成绩。

第三步，导。教师再次导入真实的任务，并进行任务互换和对象替换。同时，学生扫描二维码，将教师准备的相关知识链接进行比较学习。

第四步，练。此时学生再次操作任务的难度已增加，教师带领学生进入模拟真实场景的实训室进行练习。

最后，将最终成果上传至课程网站，发动企业兼职教师的众筹评价。

3. 课后作业

教学实施第三环节，布置课后作业。理论测试方式是个人登录课程网站，进入互动学习平台进行在线测试；技能测试方式为微信平台群发的小组作业，进一步考察教学目标的达成情况，并为下一任务学习做准备。

五、取得成效分析与体会

(一)数据收集

1.课堂观察

观察教师和团队协作中的学生们在活动中的各种行为表现。观察记录量表以时间为线展开,记录各时间段的实际情况和直接感受,其重点主要包括学习者注意力是否集中、导致情绪发生变化的因素、学生们参与课堂的情况、课堂合作的气氛以及学习资源的利用状况等。

2.问卷调查

问卷在调查过程中采用匿名的方式,在题目设置上既包含封闭式选择题,又包含开放式问答题。调查问卷现场发放、当场填写并回收,以保证问卷数据的有效性和客观性。本次调查发放问卷 120 份,回收的有效问卷 120 份,回收率为 100%。

3.访谈

为进一步了解和调查学生对于本次试验的态度和对基于移动技术的团队协作学习方式的感想,我们在每个学习小组中各随机抽取一名学生进行访谈。访谈问题如下:

问题 1:这次基于移动技术的团队协作学习是否有效地帮助你完成了学习任务? 哪些资源帮助更大? 你更喜欢哪些技术方式?

问题 2:在团队协作学习中,采用移动技术的好处是什么? 遇到过什么技术问题吗?

问题 3:大家是如何讨论并确定小组成员任务的? 组内同伴对你产生到了哪些影响? 出现分歧时如何解决?

问题 4:在本次活动中,教师出现的时机以及采取的哪些行为对团队协作产生了影响?

问题 5:你对这次学习活动设计是否满意? 有何宝贵建议?

(二)效果分析

1.问卷调查结果分析

从调查问卷的数据统计中(见表 2)可以看出,大多数学生认为移动技术下的学习环境对于任务的完成以及团队协作能力的培养具有正向的辅助效果,在一定程度上能够满足学习者的个性化学习需求。

表 2　调查问卷和统计结果

维度	问卷题目	统计结果				
		非常同意	比较同意	一般	不太同意	完全不同意
易用性	方式容易使用	21.3%	62.1%	16.6%	0.0%	0.0%
	交互方式灵活方便	17.9%	46.2%	35.9%	0.0%	0.0%
有用性	能更快地完成协作任务	23.1%	64.1%	12.8%	0.0%	0.0%
	能提高任务完成质量	23.3%	59.0%	17.7%	0.0%	0.0%
	能满足个性化学习需求	38.5%	53.8%	7.7%	0.0%	0.0%
	能促进协作能力的培养	15.3%	59.1%	24.0%	1.6%	0.0%
相关性	激发了学习兴趣	38.3%	45.4%	16.3%	0.0%	0.0%
	没有分散注意力	24.6%	48.6%	23.6%	3.2%	0.0%
行为意向	期待下次参与	22.7%	68.7%	8.6%	0.0%	0.0%
	有必要经常开展	20.3%	53.5%	26.2%	0.0%	0.0%

2. 观察记录和访谈结果分析

在 4T 模式的"翻转课堂"教学中,学生们的表现非常积极,课堂气氛活跃。在利用移动技术进行现场测试(有奖励经验值和测试结果排名)和头脑风暴等环节,相比传统教学,学生参与度明显提高(基本达到 100%)。

学生普遍同意,这次学习能有效地帮助他们完成学习任务,较喜欢短小的视频资源,以便随时利用碎片时间。小组成员之间任务分配较明确,但存在工作量和时间安排不均的现象,若出现分歧,短时间较难统一意见。

3. 其他成效

除以上实际数据体现"翻转课堂"的改革成效外,该课程在实践过程中也获得不少成绩。

(1)2009 年,"旅行社计调业务"立项为校级精品课程,目前正进行省在线精品课和"六个一批"校资源共享课建设。

(2)2014 年,该课程被立项为校示范课堂。

(3)参加两次校微课比赛,连续获校一等奖 2 次,其中 2015 年微课获省微课比赛二等奖、全国多媒体课件大赛二等奖,完成学校"六个一批"的系列微课。

(4)2015 年,该课程获全国信息化教学设计大赛三等奖。

(5)该"翻转课堂"实践获省教科规划课题 1 项、省教育厅课题 1 项、市教科规划课题 1 项、校教改课题 1 项。

(三)体会

借助移动技术和团队协作的"翻转课堂"教学,实现了传统教学资源和数字化资源的对接、课内任务和课外学习的衔接、自主学习和教师指导监督的统一、个体学习和团队协作的相互转化,有效地提高了学习效果。当然,今后,还需更多地研究活动理论以指导移动技术下的团队协作学习;把该模式应用到不同的教学内容中,验证其理论成果;探索更好的教学策略和移动技术手段,推动课堂教学。

作者简介

施丽珍,女,硕士,金华职业技术学院旅游管理专业副教授、全国高级导游员,曾获全国多媒体课件大赛二等奖、全国信息化教学设计比赛三等奖、省微课比赛二等奖、市321专业技术人才工程第三层次培养人员等荣誉或称号。主要教授"旅行社计调业务""导游业务""旅游礼仪"等课程。

"翻转课堂"
示范性
教学视频

基于"翻转课堂"的思政课
"手机移动"教学改革

沈陈敏

宁波城市职业技术学院基础思政部

本案例立足于"信息技术助推教学改革"的理念,借助蓝墨云班课(以下简称云班课)手机移动教学 App,从用好信息技术、创新教学结构、深化课堂教学、改革考核方式四个方面,建立"课前自学、课中探究、课后实践"的"翻转课堂"三维教学结构,有效破解教学困境,提升教师亲和力、学生思考力和教学有效性。本案例呈现的"翻转课堂"教学视频,获得全国高职院校信息化教学比赛一等奖(国家级)。

一、课程基本情况

"思想道德修养与法律基础"课程,3 学分,公共基础课,面向大一学生,班级规模为 80人左右,教材为《思想道德修养与法律基础》(高等教育出版社 2015 年出版)。依托于智慧教学工具云班课,已开展"翻转课堂"教学实践 3 轮,每轮 20 学时,不少于总学时的 1/3。

二、教学改革背景与思路

(一)教学改革背景

2017 年,习近平在全国高校思想政治工作会议上指出:"要推动思想政治工作传统优势同信息技术高度融合。"教育部又将 2017 年定为"高校思想政治理论课教学质量年"。可见,运用信息技术点亮思政课堂、破解教学困境,是思政课教学改革的正确方向。

(二)教学改革思路

(1)用好信息技术,点亮课堂,提高教学质量。选对一种"实用、好用"的"手机移动"教学 App,实施线上线下结合的"翻转课堂",强化课堂的答疑解惑、思想建构功能。

(2)以问题为导向,对症下药,有效改进。移动互联信息技术与思政课的深度融合,目的不在于"信息化",而在于转变教学理念,重构教学模式,达到教学目标,破解教学困境。

(3)建立基于"翻转课堂"的思政课"手机移动"教学改革路径,起到教学改革示范、引领作用。建立"课前自学、课中探究、课后实践"的"翻转课堂"立体化教学结构,将线上线下结合的教学任务贯穿于"课前、课中、课后",建立"信息化教学活动任务驱动"的"探究互动式"课堂教与学体系,实现线上线下结合的"做中学、学中做",提高教与学的互动性、生动性、有效性。

三、"翻转课堂"教学设计

(一)总体设计

以智慧教学工具云班课为支撑,建立"课前自学、课中探究、课后实践"的"翻转课堂"三维教学模式。

(1)建立有效的课前自学模式,是"翻转课堂"的基础。有效的课前自学,学生能熟悉重点、探知疑难点,能反馈和引导教学方向。如何实现?因素有三:课前自学资源、课前自学测试、课前自学反馈。在这个过程中,教师可及时掌握学生自学过程中暴露的知识短板和疑难困惑。

(2)开展有效的课堂探究,是"翻转课堂"的核心。课堂的有效性,在于唤醒学生的内驱力和思考互动能力。应用云班课,把"点状教学资源"整合为"线上线下"结合的"线状活动项目",课堂由"浅层互动"向"深层互动"转变。

(3)落实有效的课后实践,是"翻转课堂"的保障。课后实践的有效性,在于学生能用思政理论和价值认同去辩证地评价事物、理性地规范行为。教师利用手机教学软件,监督学生作业进度,实施重点学生辅导、教学答疑交流、课后实践评价。

(二)2 学时的具体教学设计

2 学时的具体教学设计以"道德与法律"单元为例,如表 1 所示。

表 1　2 学时的具体设计

单元标题	道德与法律			教学学时	2(课前 1 学时、课堂 1 学时)
授课班级	16 会计班	上课周次	第 10 周	上课地点	多媒体教室
教学目标	【知识目标】 能掌握道德与法律的关系、德治与法治的作用 【能力目标】 通过探究式"学中做、做中学",能用道德与法律两个标尺来评价善恶、判断是非、引导行为 【素质目标】 养成从道德与法律两个维度思考问题的思维;树立"以德治国和依法治国相结合"的法治理念				

续　表

教学环节		师生活动	信息技术	时间
课前自学	课前学习	【教学项目】 在手机教学软件上，提前一周发布"课前自主学习任务" 任务一：自学"道德与法律"单元的 PPT 课件 任务二：看慕课"诉讼时效""不当得利与无因管理"，回答问题 任务三：课前学习测试 【教学目的】 1.学生通过课前自学，熟悉知识点 2.学生通过慕课案例的思考，运用知识点 3.教师通过课前测试，发现问题，确定课中教学重点，设计教学活动	云班课： 课前学习 与作业	1 小时（课前）
课堂教学	课堂签到 课堂导入	【课堂签到】 开展实时手势签到 【课堂导入】 引出主题：道德与法律是评价善恶、判断是非、引导行为的两个重要标尺	云班课： 签到	2 分钟
	课前反馈	【教学项目】 观看《课前学习与作业反馈》视频 【教学目的】 1.回顾课前学习和作业项目 2.反馈课前学习与作业完成情况 3.总结课前学习存在的问题、疑惑 4.指出课中教学的重点和目标	播放视频：课前反馈	4 分钟

课堂教学	课中探究一	【探究主题一】 如果只讲道德,或者只讲法律,后果是什么样? 【教学项目】 观看新闻视频"动车上不让座,错了吗",围绕该事件完成问卷调查、头脑风暴、自由辩论三项任务 任务一:感性认识——问卷调查,在手机教学App上完成 任务二:理性冲撞——头脑风暴,在手机教学App上完成 任务三:现场自由辩论,促进学生碰撞思想、领悟启发 【教师点评】 人与人之间如果只讲法律,或者只讲道德,那么社会就会变得冷漠 【教学目的】 1.围绕一个热点新闻事件展开,层层探究,引发思考 2.能用道德与法律两个视角评价对错 3.能领悟到只讲法律或者只讲道德的情况下的后果	云 班 课: 现 场 调 查、头 脑 风暴	12分钟
	课中探究二	【探究主题二】 最低限度的道德是什么? 【教学项目】 观看新闻视频《廖丹刻章救妻》,围绕该事件来连线场外专家,开展探究 【任务】提出疑惑,与专家远程视频对话,专家答疑解惑 【教师点评】 法律是最低限度的道德 【教学目的】 1.领悟最低限度的道德是法律 2.能领悟道德不能凌驾于法律之上,否则要承担法律责任	微 信 视 频:法 律 专 家 面 对面	6分钟

续　表

课堂教学	课中探究三	【探究主题三】 一个国家、社会,应该采取规则之治,还是道德之治? 【教学项目】 观看视频"常回家看看入法"的冷思考 任务:小组讨论,提交小组观点,互评,通过"摇一摇"功能发言 【教师点评】 道德之治的局限,规则之治的局限,提出两者应该统一 【教学目的】 1.领悟道德之治、规则之治的局限 2.建立德治与法治相统一的法治理念	云班课: 小组评论、小组互评	10分钟
	课堂竞赛	【教学项目】 1.竞赛内容:用"思维导图"App,画出你所理解的"用道德与法律两个维度看问题的理念和思维" 2.提交思维导图,学生点赞,教师评分 3."点赞"数最多、教师"评分"最高的学生讲解、分享他的"思维导图" 【教学目的】 梳理、总结教学内容	1.手机App:思维导图 2.云班课:提交、点赞评选	7分钟
	课堂总结	【课堂总结】 1.学生总结 2.教师点评	多媒体课件	2分钟
	宣布成绩	【公布"经验值"排名】 公布本节课的学生"经验值"排名,过程性评价全记录	云班课:记录平时成绩	1分钟
课后实践	课后实践布置	【布置作业】 线上发布课后"实践项目报告书" 线上提交、线上评分	云班课:发布项目、提交成果	布置作业:1分钟

四、"翻转课堂"具体实施

思政课"翻转课堂"实施路径包括用好信息技术、创新教学结构、深化课堂教学、改革考核方式四个方面。

(一)用好信息技术

信息技术是"翻转课堂"的基础支撑,选对、用好信息技术,才能有效开展"翻转课堂"。

1. 选对一种信息技术并贯穿始终，开展"移动教学"

以手机、iPad 等移动智能终端为依托的 App 云班课，在使用成本、方式、功能方面具有优势。选用一个智慧教学工具，贯穿"课前、课中、课后"始终，可随时随地开展"移动教学"。

2. 用好信息技术，建好信息化教学资源

第一，要建好贯穿于"课前、课中、课后"的信息化教学资源库，包括慕课、视频案例、新闻事件、题库等资源。第二，要建好"线上线下"结合的"线状活动项目"，充分利用云班课的线上教学功能，设计好形式多样的教学活动任务。

(二)创新教学结构

基于建构主义教学理念，建立"课前自学、课中探究、课后实践"的"翻转课堂"三维教学结构。

1. 课前自学

学生信息化自主学习。提前一周，在云班课上发布"课前学习任务单"，并将学习项目（包括课件、慕课视频、测试等）发布在 App 上，使学生随时随地地进行自主式课前学习。教师完成课前学习反馈，基于课前学习中呈现出来的学习问题、疑惑，组织课堂教学内容。

2. 课中探究

注重教师在课堂中的主导作用、学生在课堂中的主体地位。课堂教学中，将信息化任务驱动式学习与面对面教师点拨教学相结合，开展"探究互动式"课堂教与学。

3. 课后实践

以信息化实践学习为主。将课后实践作业发布于云班课，学生在 App 上下载作业、提交作业，教师在线上批改作业。

(三)深化课堂教学

信息技术不是取代课堂教学，而是要解放、深化课堂教学，解决大班化课堂中"难互动、不思考"的问题。

(1)应用手机移动教学 App，开展"线上线下"结合的"线状活动项目"。

(2)形成"以问题链为导向"的"探究互动式"教学体系。

(3)实现"教师为主导、学生为主体"的角色定位。

(4)课堂由"浅层互动"向"深层互动"转变。

(四)改革考核方式

(1)开展"教学与考核"同步的信息化立体考核方式。采取课前学习与作业、课中互动发言、课后作业实践三个立体"过程性考核"方式，达到"教与考"的同步性、全程性、信息化，解决传统封闭式考核中"教与考"分离的问题。

(2)实现"过程全记录、分数同步累计"。在课堂内外及线上完成的活动、作业、测试项目，都有信息化评分和记录，并作为"过程性评价"的成绩。

五、取得成效分析与体会

从教学生态、教学有效性、学生获得感三个方面,对教学改革前后做对比分析:

(1)教学生态有效改善。建立了以学生为中心的"教与学"体系,课堂氛围活跃,学生参与互动次数、互动时间显著提升,使教学不再局限于"三尺讲台",可在教学时间、空间和方式上实现颠覆式变革。

(2)教学有效性显著提升。实施"翻转课堂"后,学生学习效果显著提高,"教、学、评"三者联动效应显著,体现在教学内涵、教学设计的关联性、学习主体性、考核全程性等方面。

(3)学生获得感较强。通过学评教、满意度调查问卷发现,学生对思政课"答疑解惑、终身受益"的获得感体验显著,课堂吸引力显著提高。

总之,以学生为中心的"教与学"体系逐步建立,"教、学、评"三者联动效应显著,课堂吸引力和有效性显著提高,起到了示范作用。

作者简介

"翻转课堂"
示范性
教学视频

沈陈敏,女,法学硕士,任思政课教师 12 年来,爱岗敬业,善于创新。在校内外大力推行基于"翻转课堂"的思政课"移动教学"改革,主持的市慕课项目"法律基础"在中国慕课、学堂在线等平台开放共享,在"翻转课堂"教学改革中起到了引领示范作用。连续五年教学效果评估为"优秀",连续两年考核"优秀",获得 2016 年全国信息化教学比赛一等奖(国家级)、浙江省教育技术成果奖二等奖、浙江省微课比赛二等奖、宁波市"优秀教师"等荣誉。

大学生就业指导"翻转课堂"教改实践与探索

——就业翻转 职涯升级

高富春

浙江工贸职业技术学院人文系

一、课程基本情况

课程名称:就业指导。

课程学分及学时:1 学分,16 学时。

课程性质:公共基础课。

面向专业:所有专业,大二下或大三下学生。

教学班规模:小班,50 人以下。

使用教材:《大学生就业指导实务》,高富春、尹清杰主编,上海交通大学出版社 2017 年出版。

翻转课堂教学实践:2014 年 11 月至 2016 年 12 月为探索总结阶段,2017 年 3 月至今为完善提升阶段。学时不少于 200 学时。

依托教育平台:书链网(现正逐渐过渡到上海交通大学出版社官网)

课题研究:浙江省教育厅课堂教学改革项目"大学生就业指导'翻转课堂'教改实践与探索"、浙江工贸职业技术学院课堂教学创新项目"大学生就业指导'翻转课堂'教改实践"。

二、教学改革背景与思路

(一)教学改革背景

教育部《关于做好 2015 年全国普通高等学校毕业生就业创业工作的通知》(教学〔2014〕15 号)提出,加强就业指导课程和学科建设,要结合当前经济发展新业态,及时将学科专业动态和行业发展成果融入课堂教学,提高课堂教学的参与度和吸引力。因此,根据我校就业指导课现状和当前存在的问题提出教学改革。

(二)教学改革思路

"就业指导"课程"翻转课堂"教学主要包括课前和课中两个阶段,课前以学生自主学习为主,课中以学生的学习活动为主。因此,"翻转课堂"教学设计应包括:课前自主学习资源的设计以及课堂学习活动的设计。当然,教学评价的设计也是必不可少的。

三、"翻转课堂"教学设计

大学生"就业指导"课程"翻转课堂"教改实践具体教改内容可归结为三大部分:课前自主学习资源的设计研究、课堂学习活动的设计研究以及教学评价设计研究。

(一)课前自主学习资源的设计研究

1.学生分析

"翻转课堂"教学强调以学生自学为主。学生自学与否是建立在学生是否具备自主学习能力及自主学习意识的基础之上的,因此,在对学习者进行分析时要重点了解学生已有的知识储备及自主学习的意识,以便为教学内容的设计提供指导。

2.分析教学内容,确定教学目标

教学目标是教学活动的指南,同时也是教学评价的依据,具有导学、导教、导量的功能。要依据就业指导课程教学内容的属性来确定具体的教学目标。

3.设计学习资源

学习资源是"翻转课堂"教学中的重要组成部分,学习者根据教师提供的学习资源自主学习知识,因此,学习资源的种类及呈现方式在很大程度上决定了学生课前自主学习的成效。

(二)课堂学习活动的设计研究

要分析教学内容和教学目标,为每个知识点设计合适的学习活动,同时要注意突出学生在学习活动中的主体地位。课堂学习活动可以包括以下几个方面:课前自主学习内容回顾、课前练习反馈与疑难解答、合作探究、分层练习、学习总结和布置下节课的学习任务等(见图1)。

课前	课中	课后
◇视频学习	◇疑难解答	◇预习准备
◇在线测评	◇合作探究	◇延伸学习
◇自主探索	◇分层练习	◇课后作业
	◇案例分析	
	◇体验模拟	

图1 学生翻转课程任务

(三)教学评价的设计研究

由于学生是"翻转课堂"教学中的主体,所以教学评价的对象主要是学生,评价的内容主要包括学生课前自主学习、课堂学习活动两个方面。在设计教学评价时,要重视对学生学习过程的评价,也要重视对学生学习结果的评价,采用自评、他评、互评相结合的多元化评价方式。

（四）教学设计样板——以求职面试为例

以求职面试为例，进行教学设计，如表1所示。

表1　教学设计样板

单元序号及单元标题：		
	单元五　就业技巧 主题一　求职面试	
教学目标	能力（技能）目标	知识目标
	1.使用 STAR 法则描述自身成长事件 2.能够做好面试前的准备工作 3.掌握面试常见问题的应对以及面试技巧，能成功求职	1.了解常见面试类型与特点 2.掌握 STAR 法则的四要素 3.明白面试前应做哪些方面的准备 4.掌握面试常见问题从哪些方面着手
重点难点及解决方法	教学重点与难点： 1.STAR 法则的掌握 2.能够有效灵活应对面试问题 解决方法： 1.STAR 法则的掌握在课前学习中已经讲解，并要求学生对自己最有成就的事件进行描述，课堂上针对学生的事例进行指导，让同学们有效掌握 STAR 法则 2.在面试中考官的问题灵活多变但都基于这九个基本的问题，在课上对这九个常见问题进行针对性的训练，并进行课上模拟演练		

1. 第一部分：课前教学资源学习

（1）视频一：求职面试（教师制作）（时长：7分钟）。

（2）视频二：面试 SMART 原则（8分钟）。

（3）视频二："朴实男"孙于飞求职 JAVA 工程师成为香饽饽（14分钟），《职来职往》2010-12-17 第三位选手。

2. 第二部分：课前自主学习的求职面试知识回顾

（1）步骤一：课程导入。

企业 HR 看面试。

（2）步骤二：面试类型与特点。

小组竞赛法：教师罗列出课前视频学习的问题，每个小组抽取一个回答，回答正确记录一次平时分，回答错误不扣分，补充别人问题正确增加一次平时分，最终得分作为过程性考核成绩。

问题1：常见面试类型有哪些？

问题2：结构化面试的特点是什么？

问题3：情境式面试考查应聘者什么？

问题4：描述行为时采用的 STAR 法则包括哪些方面？举例说明。

问题5：压力式面试主要考查什么？

面试类型：

①结构化面试。

②情境式面试。

③行为性面试。

介绍面试 STAR 原则。针对学生举的例子进行指导，让学生掌握采用 STAR 法则，进行行为事件描述。

④压力式面试。

（3）步骤三：孙于飞面试案例解析。

视频三中孙于飞面试中发生企业"抢人"现象，他面试过程中的哪些特点值得我们学习？

小组讨论：各小组进行 5 分钟的讨论总结并分享。

教师小结：从着装、能力三核（知识技能、可迁移技能和自我管理能力）、人职匹配等角度进行分析。

3. 第三部分：学习新内容

（1）面试前准备。

小讨论：即将面试，我们要做哪些准备？

面试前准备的四件事情：

①资料准备。

②心理准备。

③问题准备。

④模拟练习。

（2）常见面试九大问题。

①请介绍一下自己？

②请谈谈你的优点？

③请谈谈你的缺点？

④你怎么理解你应聘的职位？

⑤如果我录用你，你将怎样开展工作？

⑥你能为我们公司带来什么？

⑦工作中难以和上司、同事相处，你该怎么办？

⑧你对加班有什么看法？

⑨你对薪资的期待是多少？

讲解过程穿插案例分析法、活动法、"夸夸身边的他"等教学方式，让学生练中学。

4. 第四部分：面试知识掌握与应用——模拟面试

（1）模拟面试活动组织。

①每个小组推选一名选手抽签，决定其是面试官还是应聘者。

②对学生面试官进行指导,让其在常见面试问题的基础上,灵活提问,挖掘出应聘者适合该岗位的能力。

③面试结束,应聘者进行自我评价,评委进行点评,教师总结。

5. 第五部分:总结与作业

学生做总结并完成作业。

四、"翻转课堂"具体实施

通过对"翻转课堂"的实践,"就业指导"课程"翻转课堂"具体实施可以归纳为"五化",即教师角色的变化、教学资源多样化、课堂教学方式多元化、就业素质培养生活化和教学评价多元化(见图2)。

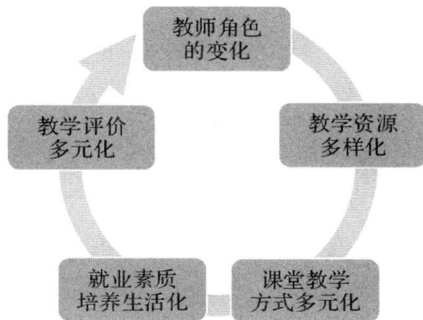

图 2 "翻转课堂"具体实施

(一)教师角色的变化

"翻转课堂"教学强调学生"学"的主体地位,基于"翻转课堂"的就业指导教师教学角色将由课堂教学准备者转变为课前视频设计者,由知识传授者演变为生涯教练型指导者。

(二)教学资源多样化

教学资源是"翻转课堂"教学的重要组成部分,教学资源以微视频为主,同时可使用音频、PPT 等资源。微视频根据学生的注意力曲线,设计的每个视频时长在 15 分钟以内。教学资源主要有:一是与教学内容结合紧密的互联网优质公开课、讲座、微视频、动漫等,让名师名家走进课堂;二是教师根据教学内容自行录制的教学资源。

(三)课堂教学方式多元化

在课堂教学活动设计中突出学生"学"的主体地位。根据霍兰德职业兴趣测试,结合学生的意愿将学生 5～6 人分为一组,小组成员一起构建学习目标,建立团队契约,成为一个互助合作的团体,实现共同成长。课堂上的具体教学方法主要有:模拟面试法、实地体验法、生涯人物访谈法、小组竞赛法、案例分析法等。

教师在解决学生就业问题时采用生涯教练型引导,即根据学生自身特点和个人潜质,当下问题立刻解决,快速激发学生潜能,让学生自己找到答案并有效行动。集中在问题焦点,迅速解决学生就业迷茫、缺乏动力等问题。

在课堂教学中采用多种教学方法,并对各种教学方法根据学生评价,实行末位淘汰制。

(四)就业素质培养生活化

根据企业对人才的需求,进行有针对性的训练。如发现企业对学生执行力的需求,在课堂上发起了"清晨三件事"的活动(步骤:早上想—写下来—加进度—发出去)。通过日常生活的训练,提升学生的就业素质。

(五)教学评价多元化

"翻转课堂"教学评价体现在:学习过程性考核,包括课前的学习、课中的讨论与分享,由教师评价和小组内成员互评相结合;学习效果考核,主要对学生完成作业情况以及课堂小组展示情况进行评价,由教师评价与组间评价构成;应用性考核,对学生所学知识是否在平时有效使用进行考评。

五、取得成效分析与体会

在教学结束后,对学生进行随机抽样调查,共采集有效样本 104 人。调查显示,与传统教学相比,学生对大学生就业指导"翻转课堂"提升就业能力的满意程度为 100%(其中很满意占 88.46%,一般满意占 11.54%);也对具体教学方法进行调研,发现学生对自身参与其中的模拟访谈法、生涯人物访谈法以及案例分析法满意度比较高。

为提升学生执行力,在课堂上发起了"清晨三件事"的活动。

来自浙工贸鞋类 1301 班的陶燕说,清晨三件事让每天都是在计划中做事,让生活变得充实而有条理,心中有方向;坚持下来,效果很明显,校园生活充实了,明晰了自己的梦想何在。

眼镜 1301 班的葛青露已逐渐将"清晨三件事"养成习惯。她分享道,总结前一天,计划今天;把昨天的经历变成经验留给自己,把今天的计划变成实践操作。她相信这是一个成长中蜕变的过程,所以会坚持!

就业指导"翻转课堂"是教学理念的变迁,将教学的重心转移到学生的"学"上,通过翻转将知识的学习前移到课前,课堂上采用各种教学方法,使学生参与度提高并有效地进行知识内化;另外,将就业能力培养生活化,有效地促进了学生就业能力的提升,提高了学生学习的有效性。

作者简介

高富春

工作经历：

2014 年 9 月至今　　　　　浙江工贸职业技术学院　创业专任教师

2009 年 9 月—2014 年 9 月　　　温州大学　　　　　　　任教师

专业技术资格及职业证书：

2014 年 3 月获得 GCDF(全球职业规划师)认证

2013 年 5 月获得国家二级心理咨询师职业资格认证

"翻转课堂"
示范性
教学视频

基于布鲁姆教学目标分类的翻转教学模式探索

——以"大学英语口语"为例

高田歌

浙江工贸职业技术学院经贸分院

一、课程基本情况

"大学英语口语"是国际经济与贸易专业基础课的重要组成部分,面向国际经济与贸易专业的全体大一学生,共 4 学分,62 个学时。教材使用上海外语教育出版社 2012 年出版的《流畅英语口语教程》(Sue Kay & Vaughan Jones 著),按照行政班级上课,每个班为 40～45 人。

该课程旨在通过口语训练,提高学生的日常英语听说能力,引导学生融入西方文化,从而为外贸专业英语和英语等级考试做准备。通过本课程学习,学生可提高英语口头表达能力和人文社会科学素养,获得国际视野和跨文化的交流、竞争与合作能力,为今后专业课程的学习和在工作中使用英语交流奠定基础。

本次教学改革以布鲁姆的教育目标分类学为理论基础,以手机 App 盒子鱼为平台开展"翻转课堂",充分强调教师的主导、引导、组织、辅助和评价的角色,通过移动终端的单词学习、视频学习及口语讨论等信息化学习方式,对高职课程的教学模式进行深入的探索和实践,逐步建立起大学英语口语的"翻转课堂"体系。课堂改革目前已经实施两轮,成效显著。

二、教学改革背景与思路

(一)教学改革背景

国际经济与贸易专业方向涉及外贸操作、跨境电商方向,就业岗位主要在外贸企业、跨境电商企业,需要与海外客户进行洽谈、协商。这就要求该专业学生通过"大学英语口语"课程的学习,培养较高的英语听说能力,能够在不同的商务活动中正确使用英语,达到国际贸易专业专科毕业水平,成为适应社会需要的应用型涉外贸易工作者。

但课程在实施过程中仍存在一些问题。首先,由于班级人数较多(50 人以上),一周 2 个学时,教师无法在课堂上保证每个学生都有发言机会,也无法检测学生知识的掌握情况;其次,由于视听材料播放比较耗费时间,实际用于口语交流的课堂时间较少,无法满足课堂需求;最后,教师提前布置的单词学习,很多学生会由于各种原因疏于预习,大大降低了课堂的学习效果。为了解决这些问题,本课程在前两个学期中,尝试了"翻转课堂"的教学改革模式,使得该课程以更有效的课堂方式呈现。

(二)教学改革思路

1. 布鲁姆的教育目标分类法

布鲁姆目标分类理论从 1956 年的金字塔形状版本(知识、理解、应用、分析、综合和评估)发展到 2001 年由安德森和索斯尼克提出的目标分类学修订版,包含了学生个体发展的所有内容,为制定综合实践活动课程的目标提供了重要的理论框架。布鲁姆教学目标分类涵盖认知、动作技能以及情感三大领域,按由低级到高级、由简到繁的顺序把每个目标领域再细分为多个层次和水平,其中,认知领域最为成熟。认知目标按照由低级到高级的顺序共分为六级,见表 1。

表 1　布鲁姆的认知目标分级

知识	指对先前所学内容的回忆,包括对具体事实、方法、过程、理论等的回忆
领会	指能把握所学内容的意义,具体表现为能用自己的话表述,能加以说明,能进行简单的推断
应用	指能将所学内容运用于新的具体情境,包括概念、方法、理论的应用
分析	指能分析所学内容的结构
评价	指能依据内、外在标准对所学内容进行价值判断,这是最高水平的认知学习结果
创新	指能创建新的知识结构,如拟订一项操作计划或概括出一组关系等

2. "翻转课堂"的发展与应用

2007 年翻转学习在美国开始萌芽后,"翻转课堂"逐渐炙手可热。网络技术的迅速发展促使"翻转课堂"的新模式产生。与传统的教师在课堂上讲课,布置课下作业,让学生回家练习这种教学模式不同,在"翻转课堂"教学模式下,学生课前在手机 App 上完成教师布置的作业,而课堂变成了教师与学生之间和学生与学生之间互动的场所,进行答疑解惑、知识的运用等,从而达到更好的教育效果。

近年来我国很多高校为了实现信息技术与课程的深度融合,开展了"翻转课堂"实验,都取得了较好的效果。本课程结合前人的"翻转课堂"经验,结合教学内容进行了"翻转课堂"的尝试,试图解决大学英语口语课缺少口语训练和视听训练的瓶颈问题。

3. 教学改革具体思路

本课程以手机 App 盒子鱼为"翻转课堂"平台,课前布置学生完成 App 中与课程相关主题的单词学习、视频学习以及口语练习,App 针对学生单词、朗读和听力学习表现打分,教师在平台上针对学生口语回答表现打分。课堂上教师对学生课前的表现进行分析,进而展开课本主题的学习,引导学生完成课本自主学习并展开课堂讨论,教师针对学生讨论进行评估,并将难度更高的口语话题布置给学生,由学生课下独立完成。

在"翻转课堂"中,学生通过在课外使用手机 App 进行单词学习与听力检测,完成初级认知性任务(识记目标和理解目标)。在课堂中教师的重点转移到了高级认知性任务(应用目标、分析目标、评价目标以及创新目标）上。而在传统课堂中，教师通过课堂带领学生完成任务。

从表2可以看出，在"翻转课堂"模式下，学生初级的任务都在课下提前完成，而在课上，可以更有效地进行分析、评估和创造。而在传统课堂模式中，大量的课堂时间都花费在了课本的学习和练习上，更高层次的目标由于时间和人数的限制无法保证每人都能达到。

表 2 基于布鲁姆教学目标分类的"翻转课堂"与传统课堂对比

布鲁姆认知学习目标	"翻转课堂"		传统课堂	
	时间	任务	时间	任务
识记	课前	手机 App 单词学习与朗读	课前	课本预习单词
领会	课前	手机 App 视听材料练习	课上	学习课本材料
应用	课前	手机完成口语训练并上传结果	课上	完成课本习题
分析	课上	课前作业分析，引导学生完成课本自主学习任务	课上	对习题进行分析
评估	课上	引导学生课堂讨论并进行评估	课上	选择几名学生进行口语讨论并评估
创造	课下	完成课堂口语任务	课下	完成课本习题

三、"翻转课堂"教学设计

（一）总体设计

1. 盒子鱼手机 App 介绍

"翻转课堂"充分利用盒子鱼在线平台。盒子鱼是一个专注于英语口语练习的在线教学平台，已经与多家中小学合作，可在电脑、iPad、手机等终端操作，提供从小学英语到大学英语六级的相关素材。注册盒子鱼 App 以后，学生通过学习单词、句子朗读、观看英语视频、回答问题、口语表达等环节，以浸入式提前预习了相关的词汇和句子表达。经过一系列闯关环节后，学生练习了发音、听力、词义理解，还在该过程中获得了金币和积分奖励，极大地提高了学生的学习兴趣和学习积极性。

2. 课程设计

教师结合教材主题将盒子鱼 App 中的话题提前布置给学生，由学生完成单词学习、视听练习、句子朗读和口语表达，课堂上针对课堂内容进行讲解和分析，具体课程设计见表 3。

表3 "大学英语口语"课程"翻转课堂"设计

课前任务	课堂内容
TOPIC：认识"炫酷"的朋友是怎样的体验？	1. Friends
TOPIC：你有能为你两肋插刀的朋友吗？	
TOPIC：如何表达保持联系？	
TOPIC：恐怖的体验为什么令人又怕又爱？	2. Adrenaline
TOPIC：如何形容不同的情绪？	
TOPIC：让你开心的事和让你不开心的事。	
TOPIC：情书真的过时了吗？	3. Relationships
TOPIC：找对象需要门当户对吗？	
TOPIC：如何举办一场海滩派对？	4. Party
TOPIC：圣诞老人的工厂长啥样？	
TOPIC：你喜欢什么样的食物做午餐？	5. Edible
TOPIC：当小朋友遇上皮蛋。	
TOPIC：如何低调地炫耀厉害的经历？	6. News
TOPIC：你了解明星背后的付出吗？	
TOPIC：什么都不准备也可以去旅行吗？	7. Journey
TOPIC：你喜欢到哪里去旅行？	

（二）具体设计

"大学英语口语"课程"翻转课堂"具体设计如表4所示。

表4 "大学英语口语"课程"翻转课堂"具体设计

布鲁姆认知学习目标	"大学英语口语"课程"翻转课堂"	
	时间	任务
识记	课前活动	通过手机App盒子鱼向学生布置作业："如何举办一场海滩派对 How to throw a beach party？"学生通过完成全部练习掌握相关词汇和语法表达
领会		
应用	课前	学生针对所给题目"如何举办一场海滩派对 How to throw a beach party？"进行口语表达并将结果传到在线平台
分析	课上	对学生课前任务完成情况进行点评，将系统得分进行公示，并邀请学生进行课堂演示，演示完毕进行总结，并复习将来时态
	课上	组织学生分组讨论热身话题，结合图片和视频，通过小组讨论和问题回答讲解相关派对词汇

续　表

布鲁姆认知学习目标	"大学英语口语"课程"翻转课堂"	
	时间	任务
评估	课上	引导学生阅读短文"How to throw the best party ever (and enjoy it!)",并引导学生讨论
创造	课下	布置课下口语任务,巩固知识

四、"翻转课堂"具体实施

(一)课程实施前

采用"翻转课堂"的方式,通过手机 App 盒子鱼提前布置相关学习任务"如何举办一场海滩派对 How to throw a beach party?"其中包含单词学习与句子朗读、视频听力练习与台词朗读、口语回答三个部分,学生通过完成任务掌握本课话题相关词汇和句子表达,为课堂内容做准备。

主要包括以下几步:

(1)视频导入;

(2)单词预习;

(3)视频学习;

(4)台词跟读;

(5)视频欣赏;

(6)口语表达。

(二)课堂实施中

1.课前复习

课堂前 5 分钟进行复习,通过"看图猜词"的方式结合词义复习上节课单词。

2.热身话题

组织学生分组讨论热身话题,结合图片和视频,通过小组讨论和问题回答讲解相关派对词汇,以此引导学生掌握词汇,并对西方派对文化有进一步的了解。

(1)When and why people have the following types of party?

a housewarming party;an 18th birthday party;an office party;a farewell/leaving party;a surprise party;a fancy dress party

(2)What other types of party can you think of?

dinner party;picnic party;barbecue party;tea party;New Year party;Christmas party;hen party;stag party;pajama party

3.课前任务点评

对学生课前任务完成情况"How to throw a party"进行点评,将系统得分进行公示,并邀请学生进行课堂演示,演示完毕进行总结。

4. 课文阅读

首先学习单词,通过图片的方式更直观形象地向学生讲解单词含义,提高学生课堂体验。其次引导学生阅读短文"How to throw the best party ever(and enjoy it!)",并回答课本问题。通过课文学习进一步了解举办派对的步骤,掌握相关词汇和表达。

5. 课堂总结

学生对本课内容进行回顾,并通过游戏方式对所学单词进行复习,加深学生印象。

(三)课程实施后

学生对课文内容进行反馈,完成教师指定的手机 App 上的习题,并将作业上传。教师针对学生掌握情况在互联网平台上进行评价。

五、取得成效分析与体会

大学英语口语"翻转课堂"有效地解决了学生课堂口语训练时间短、视听练习占据课堂过多时间等问题,而且通过手机 App 的使用,增加了学生学习的趣味性,学生学习兴趣明显增强,口语能力显著提高。

但是在实施过程中,仍会感到教师身份转换的重要性。在"翻转课堂"中,教师的作用由"全程课堂讲授者"变成课堂教学的"引导者"和"辅助者"。在这里的"引导"和"辅助"并非是忽略教师的重要性,而是应该由教师把握课堂的发展方向、发展节奏和重点、难点,这一点对教师的课堂掌控能力、知识把握能力有着非常高的要求,应进一步增强。

作者简介

高田歌,浙江工贸职业技术学院教师。2006 年硕士毕业于英国爱丁堡大学经济学专业。主教"大学英语口语""商务素养"。积极参与在线课程建设、微课拍摄、"翻转课堂"等课堂教学改革,先后获得 2016 年度温州高职院校通识课程微课优秀作品奖、2017 年浙江省高校微课教学比赛二等奖、2017年高校教师教育技术成果三等奖。

"翻转课堂"
示范性
教学视频

"翻转课堂"在"大学体育"教学中的应用研究

陈　刚

浙江医药高等专科学校基础学院

一、课程基本情况

"大学体育"课程面向全校所有专业一年级学生开设，为公共基础课，2 学分。本实验随机抽取我校 D16 体育 13 班（药学 7、医疗器械 3）、体育 41 班（中药 10、制药设备 1）2 个女生班进行"翻转课堂"教学，共 62 人，每个实验班设一个 QQ 群，将测试对象加入群组。通过 34 学时的教学实验，完成一年级第二学期的教学内容。课程所用教材为胡振浩主编的《新编高职高专体育教程》（高等教育出版社 2014 年出版）。

二、教学改革背景与思路

（一）教学改革背景

当前体育教学中存在着许多问题，典型问题包括如下几点。

（1）工具性与人文性的失衡。传统的体育教学，体育教师往往只重视应该教什么、怎么教及学生怎么学、是否学会等问题，而对学生在教与学过程中的情感、态度、人格需求等却疏于关注，过于重视工具性方面，而对人文性方面却重视不足。

（2）个性化与人本化的缺失。传统体育教学中，教学过程往往采取大一统的教学方式、单一化教学评价方式，表现出"一刀切"的特点。体育教师始终居于中心地位，对体育动作的讲解与示范几乎占据了课堂的全部，学生在课中很难实现体育知识与技能的内化。

（3）评价主体单一，评价结果失真。从评价的领域来看，传统体育教学评价主要侧重于认知领域和动作技能领域，情感领域的评价则常常被忽略；从评价的时机来看，传统体育教学注重总结性评价而忽略过程性评价，学生的进步程度则完全被忽略；从评价主体和目的来看，体育教师成了评价的单一主体，评价的目的在于给学生打出一个分数，评价结果难以对教与学产生积极作用。

（二）教学改革思路

1. 发挥教师的主导作用与学生的主体作用

"翻转课堂"教学模型分为课前、课中、课后三大模块，各模块包含了主要实施环节（见

图 1）。通过对环节的分析可以发现，教师课前模块中"布置学习任务"与课中模块中"创造练习环境"和"个性化指导"环节均能较好地体现教师的主导性；而在课前模块中的"视频学习"和"先期练习"环节中均由学生自主选择时间、地点完成，体现了学生的自主性。课中的"自主练习"和"问题探讨与成果交流环节"又体现了学生的主体地位。由此看，在"翻转课堂"中，几个实施环节有利于将教师的主导性和学生的主体性落实到具体的实践操作中，进而有助于发挥教师的主导作用与学生的主体作用，实现较好的教学效果。

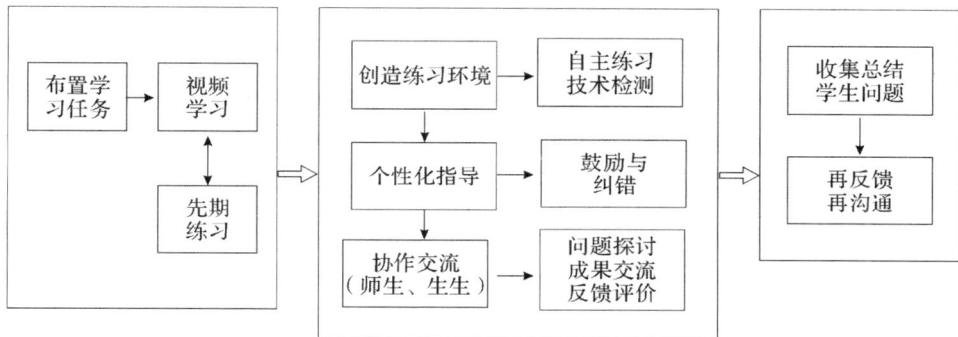

图 1 "翻转课堂"教学实施模型

2. 增加课堂锻炼时间，解决讲解与练习的矛盾

在体育课中，讲解与练习一直是一对矛盾，示范讲解时间延长，练习时间必然缩短，反之亦然。"翻转课堂"对体育教学来说，一个重要优势在于能够增加课堂锻炼时间，解决讲解与练习的矛盾。在"翻转课堂"的实施中，由于学生已在课下对技术动作进行了学习和先期练习，上课时教师的主要任务便是组织学生练习、讨论和纠错。这能够增加学生锻炼时间，解决讲解与练习的矛盾，提高教学的有效性。此外，按照"翻转课堂"的实施要求，教师会在学生视频学习前布置相关问题，这能够促使学生开展探究式学习，有利于提高学习效果。在课堂练习时学生能够更有针对性地提出问题，优化教学效果。

三、"翻转课堂"教学设计

基于 QQ 群平台的"翻转课堂"教学模式分为三个部分，分别是：课前部分、课堂部分和课后部分。

课前部分。该部分分为教师活动和学生活动。教师活动是指教师在课前一周将编辑好的太极拳图文、教学视频等内容发布至 QQ 群平台。教师需要定期与学生进行交流，对学生的学习活动进行鼓励与监督。学生活动是指按时接收教学资料，根据教学内容的要求与提示提前一周练习太极拳技能和基本功，并可在平台中与同学或者教师进行互动，实现知识和技术动作要领初步内化。

课堂部分。该部分主要是指教师根据学生课前学习情况的反馈进行答疑、个性化辅导与组织合作练习等系列教学活动。反馈包括两个部分，即学生向教师的反馈（技术动作学习的难点和习得收获等内容）和教师向学生的反馈；个性化辅导主要是指教师可根据学生的特点,结合不同的教学方法与手段进行个体式或者群体式的辅导教学,使学生可通过特别的指导而高效地掌握技术动作及理论知识;合作练习是指在课堂中,当学生已经掌握本节课的主要内容时,教师通过集体演练的方式,使学生在相互监督与协作中对课程内容进行深层次的巩固练习。

课后部分。课程结束后,教师需要根据本节课教学推送文件编辑的情况、教学内容的完成情况、学生的表现情况、教学组织情况等内容进行总结与评价,为下节课的顺利进行提供帮助。

"翻转课堂"单次课教学流程如表 1 所示。

表 1 "翻转课堂"单次课教学流程

组 成	内 容
课前部分	教师活动:课前一周,在 QQ 群平台发布太极拳教学文本和视频,并与学生进行交流 学生活动:复习学习的内容。下载教学资料,按照本节课要求进行新内容练习,可与同学、教师进行交流
课堂部分	准备部分(20~30 分钟):集合整队、热身、游戏 基本部分(20~30 分钟):答疑(10 分钟) 　　　　个性化辅导(20~30 分钟),教师对学生 　　　　合作练习(30~40 分钟),教师组织集体学习、练习,小组之间练习 结束部分(0~10 分钟):放松、总结、布置作业、下课
课下部分	教师活动:总结评价本节课教学情况,准备下节课视频材料 学生活动:复习本节课的技术动作

四、"翻转课堂"具体实施

(一)实验准备

1. 学习平台选择

选择腾讯 QQ 群。使用功能:共享功能,上传学习视频,供学生下载学习;聊天功能,在线解答。QQ 个人动态,检查学生下课学习情况。

2. 实验控制

实验对象的选择,一年级第二学期体育课教学内容以 24 式太极拳为主。本研究教学实践的对象为太极拳的初学者,主要目标是通过这一学期的实践教学,使无太极拳基础的学生能够基本熟练掌握 24 式太极拳。

教学活动的控制。"翻转课堂"教学模式要求学生在课前进行两次视频学习,每周参加一次太极拳教学实践活动,教师每周安排 3 小时在线答疑时间。

教学内容的一致。本校一年级第二学期体育课以 24 式太极拳教学为主,因此在"翻转课堂"模式下教学内容也以 24 式太极拳为主,并将实验组与对照组的教学时长统一为 16 个教学周,将第 17 周设置为考试周,为保证实验结果的可对比性,设置一致的期末考试内容,实验组与对照组考核内容相同。

（二）实验整体程序

（1）教师为学生介绍实验基本情况；
（2）学生进行学习前预评估；
（3）学生课下通过视频和网站进行课程内容学习；
（4）学生课上与教师一起完成讨论和练习；
（5）课上完成测验和考试；
（6）学生完成测试后评估。

（三）实验教学流程

1. 课前部分

首先，根据教学进度完成对应教学视频学习。根据一年级第二学期的体育课程整体教学设计（女生），把体育教学内容分为 9 个模块，即体育理论、短跑、中长跑、跳远、健美操、篮球、排球、太极拳、体能。根据教学进度上传相关教学视频。其次，自学情况检查。在 QQ 的个人动态栏中体现学习内容、学习任务标准和练习过程中的易犯错误。最后，在线答疑。在视频观看自主学习的过程中，及时回答学生的提问。

2. 课中部分

课堂中组织学生进行学习成果展示，根据学生的掌握情况，教师精讲，解决问题，通过组织各种讨论和合作探究等学习活动，帮助学生实现技术动作的内化。

传统教学模式与"翻转课堂"教学模式基本教学内容对比分析如表 2 所示。

表 2 传统教学模式与"翻转课堂"教学模式基本教学内容对比分析

教案内容项目	传统教学模式	"翻转课堂"教学模式	分 析
基本部分时间	90 分钟	90 分钟	相同
复习与进度	根据教学进度复习：上节课的进度内容 进度：新内容	根据教学进度和各个任务完成目标。根据学生是否完成任务目标灵活选择进度水平。完成任务目标后发布进行下一任务的要求	传统教学模式：按部就班，有规律。"翻转课堂"教学模式：以学生练习效果决定教学进度，保证教学各个环节的有效性，通过任务目标检测学生练习情况，无规律
组织方法	集中授课、安排分组练习，教师指导	分组实践练习，针对任务内容，有针对性地解决学生在实践过程中产生的问题，同时巡视指导	传统教学模式：教师主导安排教学。"翻转课堂"教学模式：以学生为主体，教师以辅导的形式出现，针对性地解决问题

续　表

教案内容项目	传统教学模式	"翻转课堂"教学模式	分　析
要求	对分组练习内容提出要求	强调练习对学生各方面能力发展的作用,明确练习和身体各方面能力的关系	传统教学模式:教师针对各个分组练习内容提出要求。 "翻转课堂"教学模式:强调练习和身体能力的联系
练习时间	传授、练习、纠正提示	实践体验、解决问题、纠正提示	传统教学模式:练习时间受教师传授练习要求时间所限。 "翻转课堂"教学模式:直接进入分组练习,注重练习的内化阶段
练习次数	固定的练习时间决定	由学生练习效果决定,以任务目标为基准	传统教学模式:由教师规划的时间决定。 "翻转课堂"教学模式:由学生实践练习效果决定

3. 课后部分

课后,教师依据学生的课堂表现,结合学生评价情况,综合分析,并根据综合结果进行反思,发现教学中的不足,完善教学视频。

五、取得成效分析与体会

在传统教学模式中,技术教学是按照教师示范与讲解—组织学生练习—纠正错误动作—形成动作动力定型四个环节来展开的。"翻转课堂"中,将"教师示范与讲解"这一环节改为以学生课下观看教学视频为主,课上教师讲解示范为辅。充分发挥了教师的主导作用与学生的主体作用,增加学生课上锻炼时间,较好地解决了教师讲解与学生练习的矛盾。

学生课上主要学习方式由被动地听教师讲解、示范、练习这一学习范式转变为听教师讲解、相互讨论完成动作练习,学生学习的自主性和积极性得到极大提高,培养了学生独立思考能力、学习能力、执行能力等。

在线虚拟课堂的加入、师生角色的转换,激发不同学生的学习兴趣,使得学生在课堂上交流、探究和从事体育实践的时间大大增加,提高了学习效果。

在实施"翻转课堂"的过程中,体育教师既是教学平台的建设者,又是体育学习资源的开发者、组织者和上传者,这对体育教师的专业能力和信息技术水平都是不小的考验,体育教师需要转变教学观念并做好自身的角色转换,提高自身的组织管理能力和沟通能力,只有这样,在体育教学中实施"翻转课堂"才有可能性。

作者简介

陈刚,男,江苏连云港人。上海体育学院体育运动训练学硕士,现任浙江医药高等专科学校体育与艺术教学部讲师,主要从事木球、足球项目的教学及训练,研究方向为体育文化传播、学校体育等。主持教育部人文社会科学青年项目、浙江省社科联重点项目、浙江省教育厅科研项目各 1 项。在《首都体育学院学报》《体育文化导刊》《公共外交季刊》等学术期刊上发表论文 10 余篇。

"翻转课堂"
示范性
教学视频

自主式团队学习的"营销管理实务"课程"翻转课堂"教学

赵夏明

浙江机电职业技术学院经贸管理系

一、课程基本情况

课程名称:营销管理实务。

课程学分:4。

课程性质:专业课。

面向专业、年级:工商企业管理专业,二年级。

教学班规模:每年两个班,每班约 50 人。

使用教材:《营销管理》(第 15 版),菲利普·科特勒著,格致出版社 2016 年出版。

已开展"翻转课堂"教学实践情况:5 轮 9 个班次,共约 500 学时。

二、教学改革背景与思路

目前"00 后"已开始陆续进入高校了,随着"翻转课堂"的兴起,"营销管理实务"课程传统教学已不适应时代的潮流。"营销管理实务"的教学,要基于"00 后"大学生的心理和行为特征、互联网时代进行改革,探索新的教学模式,实施课程"翻转课堂"。

"00 后"大学生主要有七大特征:(1)背负着沉重的情感负担;(2)对话语权要求很高;(3)知识广;(4)善良;(5)现实感非常弱;(6)对个性化生活要求非常高;(7)生活在令人纠结的环境中,一方面家长都渴望自己的孩子是成功者,想控制孩子的一生,另一方面家长希望孩子意志力、控制力很强。

基于"00 后"大学生的特征,"营销管理实务"课程教学改革的总体思路为:充分发挥"00后"大学生对话语权要求很高、知识面广、对个性化生活要求非常高的优势,推行"翻转课堂",以能力为核心,采取自主式团队学习教学模式,让学生主宰课堂教学,实施课前作业、课堂教学和课程考核三位一体的教学改革,培养和提升学生自主式团队学习能力、营销实践能力等,实现"营销管理实务"课堂教学质的飞跃。

三、"翻转课堂"教学设计

(一)总体设计

"营销管理实务"课程"翻转课堂"教学,强调学生学习的自主性、参与性、团队合作,充分调动学生课程学习的积极性,使其主动地参与整个教学过程。

"营销管理实务"课程"翻转课堂"教学,要求形成师生角色互换的课堂教学系统,不再是以教师为中心开展教学,改变了师生交往的方式和师生的地位、角色、关系,而是以学生为中心展开,学生是课堂教学的主人,教师启发引导学生进行自主教学,培养学生主动获取知识和培养能力,在课程教学中实现教学民主,给学生更多的"阳光、空气和水"。

因此,"营销管理实务"课程"翻转课堂"教学总体采用八步教学法:(1)教师进行课程教学总体设计;(2)教师准备教学资料;(3)课前布置教学任务;(4)学生课前准备和分组讨论,并与任课教师互动;(5)学生课堂上台分享或课堂分组讨论;(6)学生和教师提问;(7)学生和教师点评;(8)课程总结。

"营销管理实务"课程"翻转课堂"教学要求每一章节、每一次课堂的教学都依照八步教学法依次开展,特别重视教师和学生的课前准备、学生课前的自主学习,否则课堂教学很难顺利进行。在循序渐进、螺旋上升的教学中,学生的社会能力、专业能力不断得到提升,从而实现教学目标。

(二)具体设计

以"管理数字传播"一章教学为例,依据八步教学法,具体设计为:(1)教师进行本次课的具体设计,确定本次课(2学时)分组的教学知识点(如,4个组,4个点);(2)教师事先收集、准备互联网营销的教学素材,或让学生自己收集;(3)课前确定主持课堂教学的同学并布置教学任务;(4)学生课前分组自主学习,讨论和准备PPT或(和)活页挂纸,与任课教师互动,并完成课前作业(内容为各组所分到的知识点);(5)学生课堂上台分享事先准备的课前作业或课堂分组讨论(也可利用互联网进行在线学习);(6)针对各组讲解的内容,其他组学生和(或)教师提问,授课教师适时补充教学内容;(7)必要时主持教学的学生和教师点评;(8)主持教学的学生和(或)教师对本次课进行总结,教师布置后续课程的教学任务。

在"管理数字传播"一章2学时的教学中,要求学生综合使用多种参与性教学方法:案例分析、自主学习法、团队讨论法、课前练习法、头脑风暴法、角色扮演法、学生讲解法、开放式提问、讨论等,各组学生可根据自身的能力、特长或短板选择几种教学方法或将其组合,并在教学中适当使用PPT、活页挂纸等直观教具以增强教学效果。

四、"翻转课堂"教学实施

(一)总体实施

在"营销管理实务"课程"翻转课堂"教学总体实施时,应做好以下三点。

首先,要选择一个合适的课代表。要达到"翻转课堂"的教学目标,学生课前的学习很重要,这就需要课代表发挥桥梁的作用,辅助教师确定主持课堂教学的学生、布置课前任务,只有学生认真开展了课前学习,才能达到较好的课堂效果、较高的课堂参与度。

其次,事先设计好每一章节、每一次课(2学时)的分组教学知识点(问题点)。这些教学知识点(问题点)相当于学生在自主学习大海中的灯塔,指引他们自主学习的方向。每一次课(2学时)分组的教学知识点也可以让主持课堂教学的学生来设计,任课教师可以在课前引导学生设计,这更有利于学生能力的培养。

最后,课前教学资料的收集也很重要。对学生来讲,课前收集教学素材等资料是很难的,他们会没有方向、一头雾水。因此任课教师要循序渐进地提高学生收集课前教学资料的能力,这对学生工作后信息收集处理能力的培养很有帮助。课前教学资料的收集要经过"给学生示范完整的教学资料收集方法、范围和具体素材""根据教学知识点指明大概的教学资料收集方向"和"只给教学知识点、让学生自主收集"的三个阶段,到第三阶段,说明学生各方面能力都有大幅度的提高。

(二)具体实施

以"管理数字传播"一章为例,任课教师和学生一起,要从以下几个环节共同开展具体教学工作。

1.确定教学知识点

任课教师要事先确定2学时教学的知识点,以"管理数字传播"一章为例,课时为2学时,所确定的7个教学知识点(问题点)为:在线营销传播的优势与劣势;在线营销传播方式;社交媒体;口碑;移动营销的范围和项目;中外移动营销的对比;在线营销创新。

当然有些主持教学的学生能力比较强或经过相当阶段的学习后,可以自主确定教学知识点。

2.事先收集、准备数字传播(互联网营销)的教学素材

在"营销管理实务"授课前或提前一定时间,收集好互联网营销的教学素材,主要是企业开展数字传播的案例,供学生自主学习和备课使用。

学生能力达到一定水平后,应该让学生自己收集教学素材,或教师给学生收集教学素材的要点。

3.课前确定主持课堂教学的学生并布置教学任务

在上课前一周左右,确定主持本次课堂教学的学生,并与其沟通、交流授课方式,布置"管理数字传播"的教学任务。

如果是主持课堂教学的学生自己确定教学知识点、自主收集教学素材,则这一环节提前到2学时教学的第一个环节。

4.学生课前分组自主学习、讨论和备课

这一阶段,学生以小组为单位,完成课前业(内容为各组分到的知识点),准备好"管理数字传播"授课的PPT或(和)活页挂纸。学生课前学习遇到重大问题或疑问时,可与任课教师进行互动,以确保教学质量。

这一阶段,采用何种教学工具、何种教学方法,都由学生自主确定,任课教师不能干涉,但可以与学生一起讨论、分析。

5. 课堂教学按照"总分总"三阶段、四步循环法教学模式开展

第一阶段:主持教学的学生或教师对以前教学内容回顾并对本次课程内容进行提示,为总起阶段。

第二阶段:开展知识点四步循环法教学。

按照课堂教学的知识点(问题点)的先后顺序,由主持教学的学生依次按照"学生上台讲解或课堂分组讨论事先准备的课前作业(学生课堂小组讨论见图1)","针对小组讲解的教学内容其他组学生提问、讲解小组回答、其他组学生点评分析","必要时主持教学的学生和(或)教师提问、点评","授课教师适时补充教学内容"四步循环法开展课堂教学。

图 1　学生课堂小组讨论

在课堂教学中要重视点评环节。教师应在每一个环节结束时留出一定时间对学生的课堂教学、发言、团队参与情况及课程内容进行点评,通过点评环节.指出学生在以后的课堂教学中应提高的地方,并补充分析其不足之处。

第三阶段:主持教学的学生和(或)任课教师对本次课的课程教学进行总结并布置后续课程的教学任务,为总结阶段。

最后学生和教师分别就课堂内容、教学方法、学生的参与度等进行点评,而且教师要通过点评强化教学成果。

在课堂教学中,第二阶段一般要占 2 学时课时 80% 左右的时间。

五、取得成效分析与体会

"营销管理实务"课程"翻转课堂"教学改革,改变了传统的理论知识传授方式,课堂教学真正做到以生为本,以培养学生的能力为核心。从目前实施的五轮"翻转课堂"教学来看,教学效果比较好。

第一,从课程教学的实施看,课堂教学效果相当好,学生也重视课堂教学。改革后的课堂教学,以学生进行,学生感到他们是受重视的,会花大量的时间在课前学习、收集资料和准备 PPT,课堂上学生也积极参与讨论、提问。培养了学生自主学习等能力和专业能力。

第二,培养了学生的的胆量和应变能力等能力。"营销管理实务"课程"翻转课堂"教学实施后,很多学生反馈,这是他们第一次上讲台讲课,培养了学生上台发言的胆量和应变能力。而这些能力是工商企业管理专业毕业生将来在工作中必须具备的(见图2),这些能力的培养使学生在未来的工作中能更快地适应岗位、适应环境。

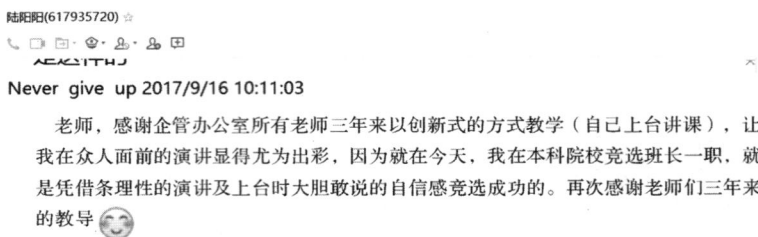

图 2　学生专升本后对"翻转课堂"教学的反馈

"营销管理实务"课程"翻转课堂"教学还培养了学生的自主学习能力、表达能力、沟通协调能力和解决问题能力等,而这些能力都是今后学生工作中不可缺少的能力。

第三,有效培养了学生的专业能力。从学生在后续的实习和工作后的教学反馈以及"翻转课堂"教学的问卷调查结果看,学生普遍反映教学的参与度比较高,新的教学模式不仅有效培养了学生的营销信息收集处理能力、市场洞察能力、销售和促销能力等市场营销专业能力,而且还有效地培养了学生的团队协作能力、领导能力、文稿处理能力(见图3)、营销管理能等,教学效果超出预定的目标。

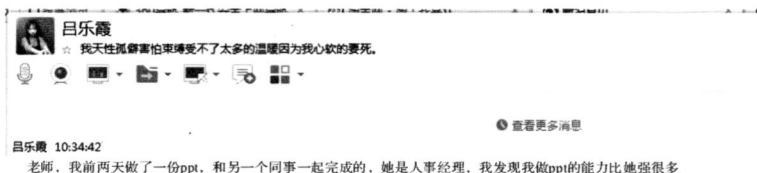

图 3　学生顶岗实习时对教学的反馈

"积土为山,积水为海","营销管理实务"课程"翻转课堂"教学,通过统筹推进四步循环法教学、实施八步教学法,不断培养、提高学生各方面的能力,实现课程教学质的飞跃。

教学永不停顿,改革永不止歇,"营销管理实务"课程"翻转课堂"的八步教学法,实施课前团队学习、课堂自主教学和课程全程考核三位一体的教学改革,使学生在教学中能"博学之,审问之,慎思之,明辨之,笃行之",不但提高了学生的学习积极性,提高了学生的市场营销专业能力、创新能力等,而且让学生学加强与他人交流沟通和团队协作等,培养了学生的社会适应能力。

"营销管理实务"课程教学团队成员:赵夏明、陈小燕、王建荣、钱丛、吕秋慧、段向云。

作者简介

赵夏明,男,双师型教师,SYB培训师。长期从事营销管理实务、中小企业创业实务、质量管理、管理学原理、企业管理诊断等专业课程的教学。从2008年开始尝试行动导向教学法,从2012年起采用"翻转课堂"教学模式开展课堂教学。

"翻转课堂"
示范性
教学视频

高职"大学英语(一)"课程"翻转课堂"案例

周 路

浙江经贸职业技术学院国际贸易系

一、课程基本情况

课程基本情况如表 1 所示。

表 1 课程基本情况

课程名称	大学英语(一)	课程学分	4
课程性质	公共基础课	授课对象	非英语专业一年级
班级规模	45 人左右	使用教材	不限
实践时长	2 轮	"翻转课堂"学时	128

二、教学改革背景与思路

高职公共英语教学现存的主要问题有四个:一是学生学习动力不足,水平参差不齐;二是教学内容与目标不相匹配;三是考核方式单一;四是教学方法和手段相对传统。故难以发挥其在人才培养中应有的作用,呈现日趋边缘化的趋势。

国内外的众多实践表明,"翻转课堂"在个性化教学、学生学业成就等方面有促进作用。将其应用于高职"大学英语"教学,作为一种新的理念,与公共英语改革和教育信息化相结合,是否也能收到良好的效果?至少,它可以突破现在的困境,为课堂改革提供些许思路。

三、"翻转课堂"教学设计

(一)总体设计

"翻转课堂"总体设计如图 1 所示。

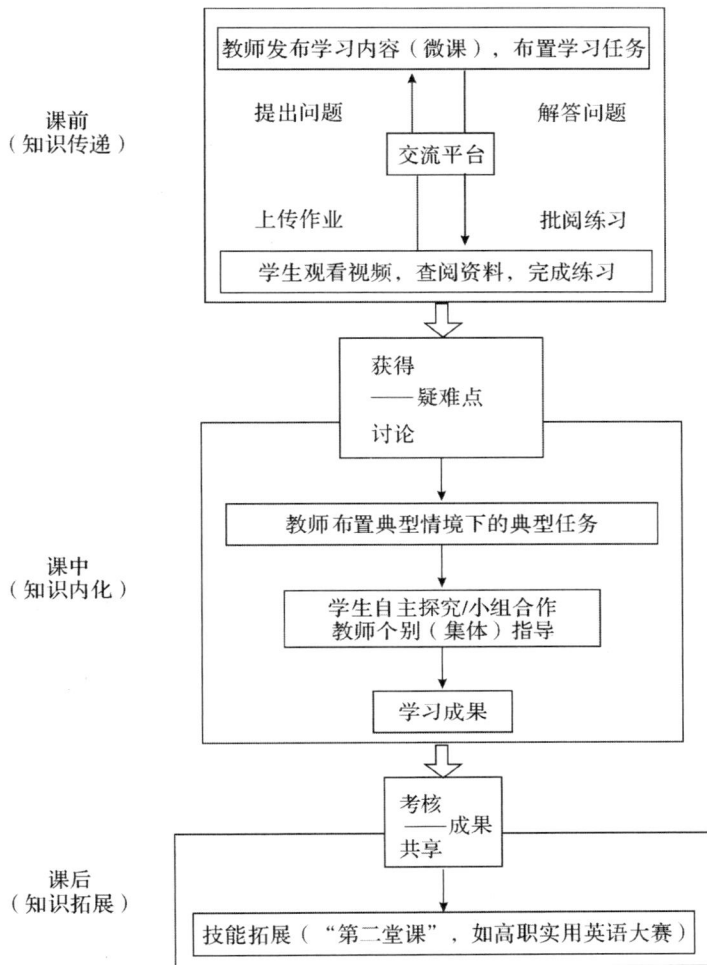

图1 "翻转课堂"总体设计

（二）具体设计

"翻转课堂"具体设计如表2所示。

表2　课程具体设计

单元标题：Getting Around（出行） 任务一：Showing Ways（指路）	上课时长：2课时（45分钟/课时）
教学背景 （含学情分析）	"Showing Ways"是Getting Around单元中的主要任务之一，主要训练学生的听说能力。授课对象为高职一年级学生。他们普遍英语基础薄弱，不习惯"用英语"；但他们思维较活跃，学习风格以视觉性和动手型为主。他们对于"指路"这一教学内容并不陌生，有些在中学阶段就有所学习，但实际应用效果并不理想

续 表

教学目标	能力(技能)目标	知识目标	情感目标
	能较熟练地进行方位、路线描述	(1)掌握基本场所的英文表达 (2)掌握表达方位的介词短语 (3)掌握街头指路的基本句型	(1)培养学生良好的知识迁移及应用能力 (2)增强学生用英语交流的愿望及自信

教学重难点	重点:(1)掌握表达方位的介词短语;(2)掌握指路的基本句型 难点:在实景中运用指路的基本句型
教学思路	基于微课的"翻转课堂"模式
教学资源	资源:"Showing Ways"微课、动画、PPT
	条件:"雨课堂"App　　　　多媒体教室

步骤	教学内容	时间(分钟)
(Ⅰ)课前	1.教师制作"Showing Ways"微课;学生扫描二维码自学 2.学生完成微练习(见附件) 3.师生在线交流。教师搜集学生问题,查看学生作业情况,并调整教学内容和重难点	不限
(Ⅱ)问题导入	1.创设情境(视频呈现):一位日本游客想去杭州拱宸桥,但不知如何前往。他在杭州市政府(原址)公交站碰到学生 Lisa 并向其询问。可惜,Lisa 没能帮到他 2.学生发现问题——Lisa 不知如何用英语表达从杭州市政府(原址)到拱宸桥的路线 3.教师引出学习目标并介绍主要教学内容	5
(Ⅲ)学习基本场所的英文表达	1.每组推选一名学生到黑板前参加游戏 2.教师准备若干印有地理场景的图片。若出现医院场景,学生要说出表达这个场景的单词 hospital 并在黑板上准确拼写;最先答对者得分 3.教师将学生未学过但微课中出现或本课将会碰到的场景生词也列入其中。若在场学生都答不出,再由教师写出来	12
(Ⅳ)学习方位介词短语	1.教师播放动画视频,请学生将视频中的方位介词短语翻译成中文 next to (在……隔壁);across from (在……对面); in front of(在……前面);behind (在……后面); on the left of (在……左边);on the right of(在……右边); kitty-corner from (在……斜对角);down the street from(从…往下走); around the corner from(从……转个弯) 2.教师提供微视频中的小区地图(见下图)及六个不完整的句子;要求学生根据小区地图,选择合适的方位介词短语,将不完整的句子补充完整 (1)The big tree is ____ my house. (behind) (2)The bus stop is ____ my house. (in front of) (3)Sue's house is ____ my house. (next to) (4)Jay's house is ____ my house. (down the street from) (5)The park is ____ the bank and the post office. (between) (6)The supermarket is ____ the post office. (across from)	10

续　表

步　骤	教学内容	时间（分钟）
（Ⅳ）学习方位介词短语	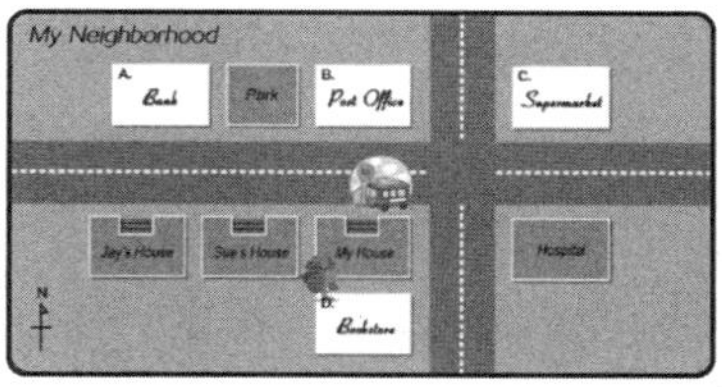	
（Ⅴ）学习指路的基本表达句型	1.教师提供图片及相对应的单词或短语（见下图），要求小组完成配对 2.学生听歌曲 First Turn Right at the Light，填写空缺的歌词，并在给定的地图上（见下图）找到 Greenwich Village 的位置 歌词：—Pardon me. Please tell me how to get to Greenwich Village. My good friend Sarah Lee lives at Bank Street No. 3. —First turn right at the light，walk two blocks，stop at the corner. Then turn left at the zoo. That is Greenwich Avenue. Walk two blocks straight ahead，pass the school and pass the market. Then turn left at the store. That's the street you're looking for. —Now I know where to go. I'll just follow your directions. Thanks so much，now I'm fine. —You're quite welcome. Any time. 	23

续　表

步　骤	教学内容	时间（分钟）
（Ⅴ）学习指路的基本表达句型	3.练习:描述如何从教学楼走到学校东门口 	23
（Ⅵ）任务完成展示与课堂小结	1.本课小结 2.学生观看视频——通过本课学习,Lisa能熟练地指路,日本游客顺利到达拱宸桥	5
（Ⅶ）拓展练习	对话表演:以教室纵向过道为路,横向过道为街,教师将表示地点的图片随机分发给学生。拿到图片的学生就代表一个地理场景,以此教室布置为一个社区。 学生两两配对,一位问路,另一位指引,其他学生评价	20
（Ⅷ）作业评价与布置	1.小组同伴相互修改课前作业(见附件练习二) 2.教师展示优秀作业范例 3.教师布置作业:(1)请根据同伴意见,修改自己的作业,录音并再次上传;(2)请从作业范例中概括"地铁指路"的基本表达	15
（Ⅸ）课后	1.学生完成作业 2.教师上传下节课的微课视频"Subway Directions"(地铁问路);学生自学并完成有关练习	

四、"翻转课堂"具体实施

（一）教学准备

1.整合教学内容,设计课程模块

依照教学要求和 B 级考试内容,将"大学英语(一)"(即基础英语)分为听说、阅读、写作、专题四大模块,下设若干分模块,每个模块对应若干知识目标和技能目标,如表 3 所示。

表3 "大学英语(一)"课程内容

"大学英语(一)"课程内容模块	听说技能训练	自我介绍及介绍他人
		问候
		建议
		邀请
		致谢
		致歉
		商务电话
		表达情绪
		赞美
		指路
	阅读技能训练	关键句
		信号词
		略读与扫读
		猜生词
	写作技能训练	填登记表(注册表)
		制作名片
		电话留言
		通知
		简历
		请假条
		投诉信
		感谢信
		邀请信
		求职信
	专题训练	课堂英语演讲
		有效评价

例如,在听说技能模块中,包括"自我介绍及介绍他人""问候他人"等10个分模块。"自我介绍及介绍他人"对应知识目标,即学生应掌握自我介绍和介绍他人的常用表达,技能目标即能用英语介绍自己和他人。

2. 制作微视频,构建微课程资源库

基于上述模块,选择合适的多媒体素材,构建微课程资源库,包括以微课视频为主,辅以教案、课件等学习资源以及以微作业为主,辅以在线答疑、在线测试等自主学习活动的反馈两种形式。

每个视频控制在 10 分钟之内,要求教学目标明确,声音、画面清晰,形式多样。因为是英语微课,还应配以字幕。因人力、时间等限制,部分采用"全国高校微课比赛""中国外语微课比赛"等网站上的获奖作品。

3. 建立学生自学档案,完善课程考核制度

建立学生自学档案,开展自学档案评价。档案袋内收集学生本学期的学习目标、心得、作业、测试、订正后的记录以及小组成员间的相互评议。另附教师观察并记录下的学生表现,如课前提问、课中互动等,以便及时掌握学生的学习情况,对教学过程做出适当调整并进行形成性评价。

设立"第二课堂"活动时间和场所,学生可参加个人演讲、短剧表演、小组辩论等,将所学知识内化并拓展。

(二)教学实施

以图 1 为基础,以写作技能模块之"通知"为例,展示"翻转课堂"的实施过程。

1. 课前阶段——知识传递

以首届外语微课大赛优秀作品《大学英语实用写作——通知》作为教学视频,并帮助学生明确学习目标与方法,如表 4 所示。

表 4　课前阶段的学习目标与教学方法

学习目标	知识目标	1. 了解通知写作的格式规范、内容要点和主体部分的注意事项 2. 掌握通知写作中的常用句型表达
	技能目标	能够撰写通知
教学方法	对比教学	比较内容下明确的通知和内容明确的通知,对通知写作的要点进行强化
	案例教学	以实例为主,理论为辅,讲解通知写作方法

要求学生观看视频后,以思维导图的形式对学习内容归纳,具体包括通知的构成要素、主体部分信息等,并画出格式要点图。

学生将作业发送至教师邮箱。教师及时批阅并通过交流平台与学生沟通,了解学生的学习感受。

2. 课中阶段——知识内化

鉴于学生的自学情况,教师认为学生能基本掌握本次课程的教学重点,故在课中直接设置典型情境、布置典型任务。学生在任务执行中,教师在旁观察,适时开展个别辅导或集体解释,实现知识建构和内化。对学习作品给予小组评议和教师评议。整个过程如表 5 所示。

表 5　课中阶段知识内化过程

步骤一	情境设置	教师播放微课视频《6 分钟走进万圣节》（来源：http://weike.cflo.com.cn/play.asp? vodid=170806&e=1）
		学生了解万圣节的起源、符号和风俗并完成对万圣节起源部分内容的听写练习
步骤二	任务布置	外语文化村（浙江经贸职业技术学院外国语实训基地）于 10 月 31 日 18 点举行化装舞会。要求学生以学生会的名义写一则通知
步骤三	任务执行	个人写作＋小组评议：小组成员互评作品，给出小组互评分
步骤四	学习测试	个人完成 B 级考试真题上的通知写作。教师即时面批，给出评分

3.课后阶段——知识拓展

小组评议出的优秀作品将被分享于网络交流平台并制作成海报，张贴于校园各处。校园其他外语活动通知也将向学生征稿，被录用者可获得加分。

五、取得成效分析与体会

（一）成效

1.有利于个性化教学

"翻转课堂"的初衷就是破解学生差异教学的问题，因为它大大增加了教学互动。在充分的互动中，教师可即时掌握和区分学生对知识的掌握程度；对有困难的学生进行个别辅导，而不耽误其他学生的学习进程。

2.建构微课程资源库是自编教材的过程

将教学重、难点进行教学设计，录制成微课视频，是对教学内容的重新建构，是自编教材的过程。只是传统教材是纸质的，现在的教材是以微视频为核心的数字化学习系统。已制作微视频 26 个，其中听说技能模块 10 个、阅读技能模块 4 个、应用文写作技能模块 10 个、专题训练 2 个。

3.推动考核方式的变革

"翻转课堂"中的三个阶段是循序渐进的，以笔试的传统方式无法测出学生在"翻转课堂"中全部的学习效果。将学生自学档案引入考核体系，加强对学生情感、态度等方面的评价，可发挥学生的主观能动性，也是"翻转课堂"顺利开展的必要保障。同时，实践"翻转课堂"也能促成课程考核方式的改革。

（二）体会

首先，亟须团队力量的支撑。高职公共英语"翻转课堂"要获得更大成效，从微课制作、活动设计到过程把控、考核评议等，各环节都必须周密布置。这非教师个体所能胜任，需要集体的智慧。所以，"翻转课堂"应集合学校教研的能量，从校本教研层面对其慎重研究，并获得来自学院的政策、制度、资金等全方位支持。

其次,增强对学生的管控和激励。调查显示,英语基础和自学能力较弱的学生反而更容易接受"翻转课堂"。这个情况不同于在本科的实验结果。一方面,这说明"翻转课堂"在高职公共英语教学中推广有可行性;另一方面,学生的"接受"不同于成效。现在的"接受"可能因为它是"新鲜的"。因此,如何把控学生的课余学习(课前阶段+课后阶段),值得谨慎考量。建立自学档案,将其纳入评估系统是一个有效举措。但档案内容的设计、规范以及和考核体系挂钩的办法都需要群体的研讨与论证。同时,引入必要的激励手段,对那些已经习惯传统教学、英语基础较强的学生群体又是一个尝试。只是,这个激励机制的设置,仍待进一步商榷。

再次,区分及细化各模块的流程设计。图 1 是一般流程,具体到听、说、读、写各模块,实施过程会略有差异。比如在听说技能训练模块中,微课视频多是提供某情境所涉及的常用表达。学生小组自习后,按要求组织对话并提交对话文本供教师批阅。由此,教师可掌握学生的学习程度,了解学生面临的困难。课中,教师会对学生表达上的共性问题给予指导。学生小组表演对话,但角色是临时抽取的,再进行组间评议。而在阅读技能训练模块中,学生通过观看微课自学阅读技巧并搜罗相关阅读素材。课内,组间交换阅读材料,回答对方小组材料中的提问,以小组竞赛的方式展开。比如在"英语猜词技巧"分模块中,学生对"英语猜词比赛"表现积极。因此,可细分出针对各模块的流程图,也可比较学习者对各模块的接受度,以完善各模块的教学设计,突出各模块的教学特点。

附件(课前用)

练习一:请将中文翻译成英文

1.加油站、面包店、街角、便利店、花店、理发店、火车站、林荫道、街区

2.A 在 B 的前面;A 在 B 的斜对角;A 在 B 的正对面;A 在 B 的左边;从 A 往下走就是 B;从 A 拐个弯过去就是 B

3.沿着街一直走;向右转;从桥上过;穿马路;经过超市

练习二:请完成微课视频中的作业(陈述从杭州火车东站到国际博览中心的最佳路线。将陈述录音上传至在线学习平台)

作者简介

周路,国际文化交流与传播学硕士,现为浙江经贸职业技术学院公共英语教师。喜欢教学,致力于教学改革,尝试课堂的各种表达方式。曾获浙江省高校微课教学比赛(外语组视频类)一等奖、浙江省青年教师教学技能竞赛二等奖。

"翻转课堂"
示范性
教学视频

基于"翻转课堂"理念的"经济学基础"课程教学模式的研究与实践

程书芹

浙江商业职业技术学院经济与管理学院

一、课程基本情况

课程名称:经济学基础。

课程学分:4。

课程性质:专业课。

面向专业 1 年级:国际贸易、工商企业管理(2015 级、2016 级)。

教学班规模:50 人左右。

使用教程:《经济学基础》,金立其主编,浙江大学出版社 2013 年出版。

课程学时:58。

已开展翻转课堂教学轮数:2。

依托在线教育平台或课程网站:QQ+微信平台。

二、教学改革背景与思路

经济学基础主要研究稀缺资源的配置和利用问题。"经济学基础"是经济管理类的专业基础课,在学生知识结构中占据重要地位。从目前授课情况来看,由于经济学课程理论性较强,知识点枯燥抽象,内容庞杂,这给逻辑思维能力普遍偏弱的高职生的学习带来很大的困难。教学效果始终不尽如人意,并没有达到课程设置的目的。总体看来,主要存在以下几个方面问题:第一,教学中依然存在"重讲授、轻实践"现象。课上着重系统理论知识的传授,辅助案例教学,课后通过强化训练来内化知识。第二,在教学手段上,虽然引入了各种多媒体技术,但是仍采用传统的"满堂灌"的形式,只不过从"口述式灌输"转化为技术式的"多媒体灌输",整个课堂教学过程处于密集的信息轰炸过程,学生缺乏学习的热情和自主性。第三,师生之间缺乏有效互动,目前课堂中由于内容繁多,缺乏有效交流的时间,课后学生也很少通过网络教学平台与教师交流,教师难以得到学生的反馈信息。

经济学课程的教学内容和课程特点需要我们探索一种适用于经济学课程性质的教学方法和教学模式,以便解决目前经济学教学当中的困境,达到更好的教学效果。"翻转课堂"的出现既是广大教师不断探索实践的结果,同时也是现代课堂教学发展的历史必然。

一方面,以计算机和互联网为核心的信息技术的发展为"翻转课堂"的实现创造了条件;另一方面,"翻转课堂"本身也融合了多种教学理论和模式的比较优势,既顺应了教育信息化的发展路径,又为课堂教学改革提供了新的可能。

三、"翻转课堂"教学设计

(一)重新设计教学流程和方法,提出基于"翻转课堂"的"经济学基础"课程教学模式

"翻转课堂"倡导"先学后教"的学生自主学习,通过重构教与学的时间和空间,试图颠倒传统课堂的教学结构。知识传授通过信息技术辅助在课外学生以观看"微课程"的方式完成,知识内化则在课堂上以师生、生生之间协作的方式完成,主要形式有项目讨论、案例分析,能增强学生学习的自主性和自觉参与性,以达到课堂教学的高效性。因此,通过翻转课程课前+课中+课后的教学流程的设计,充分利用现在的信息技术带来的沟通、反馈的便利性,拓展学习的时间和空间,达到多维度提升教学效果的目的(见图1)。

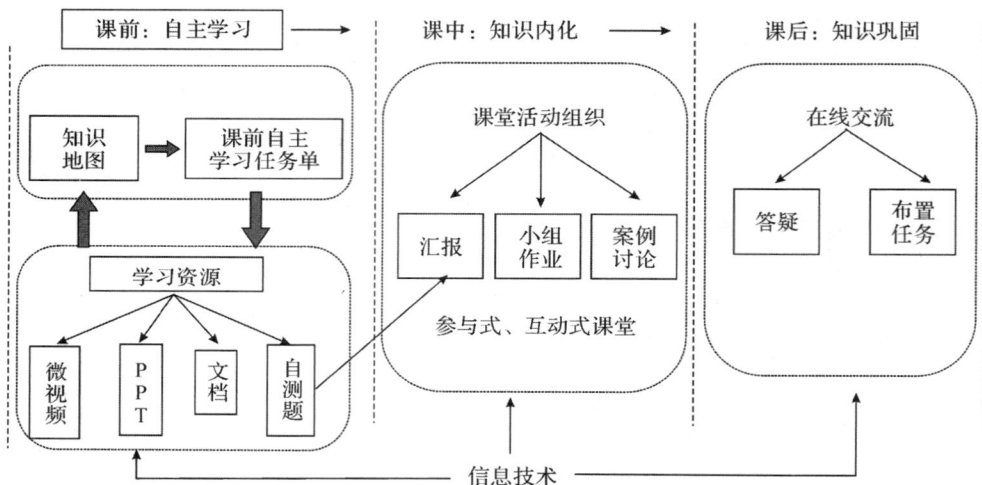

图1 基于"翻转课堂"的"经济学基础"课程教学结构

(二)学习支持体系的设计

由于"翻转课堂"把对大多数新知识的学习过程都设计为自主学习模式,学习支持体系的组织就尤其重要。为了保证"翻转课堂"模式的教学能顺利进行,在学习支持体系方面进行了以下设计。

(1)教学网络平台的设计。笔者权衡两个可用的平台:学校网站上的经济学基础精品课程平台和QQ群、微信平台。征求学生意见后选择了快速、方便、可靠QQ群+微信平台,借助于智能手机辅助"翻转课堂"教学实践(见图2)。

(2)设计自主学习任务单。单元学习任务单由学习资料包和学习任务两部分构成,自

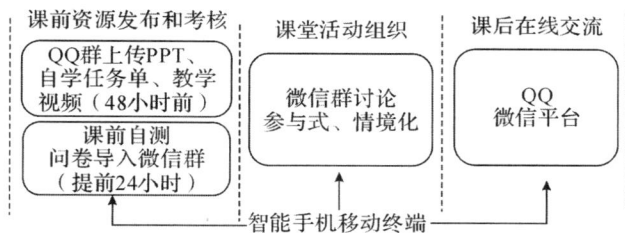

图 2　"经济学基础"课程教学网络平台

主学习任务单为学生提供自学的路径,学习资料包则提供相应的资料和素材。同时提供一定量的课前任务,课前任务对应课堂活动。自学任务单的设计要具体可行,难度由浅入深,以实用性为主要设计原则。

（3）适应不同风格的学习者,以多种方式呈现知识内容。制作 PowerPoint 演示文稿、网页、微视频等方式的学习资源,把多种形态的学习资源提供给学习者,以满足不同认知风格、不同知识水平的学习者的需求。

（4）以微视频支持学习活动。本课程的微视频以拿来主义为主,同时进行一定程度的原创。即选取网络上优秀的教育资源,可以节省人力、物力。目前国内外在线教育网站为经济学基础课堂提供了大量可用的视频,根据学生的层次和本教程的教学目标,我们主要选择了国家开放大学 5 分钟课程。在某知识点没有现成的教学视频情况下,笔者自力更生,创建教学视频。教学视频的时间应控制在 5～8 分钟,教师声音和形象的出现会吸引学生的注意。

（三）课堂教学活动的重新设计

和传统教学活动不同,翻转课堂中知识的内化在课堂之前完成,如何有效率地组织课堂活动是"翻转课堂"成功的关键。"经济学基础"课堂活动设计的目的以"项目驱动、案例引导"实现学生"主动参与、互动生成、协作学习"。因此课堂充分利用实训项目、案例分析,通过课堂讨论、协作学习的方式达到"吸收内化"课前知识的目的。同时通过学生提交问题、教师现场引导和答疑来检查学生学习的效果,提高学生的思维能力。

（四）重新设计课程评价标准,提出基于"翻转课堂"的"经济学基础"课程的三位一体的评价体系

在"翻转课堂"中,无论教师的教学方式还是学生的学习方式都发生了很大改变,"翻转课堂"以建构主义学习理论与掌握学习理论为基础,在教学过程中始终提倡"以学生为中心",强调学生以独立探索与小组协作的形式进行学习,教师通过微课程进行知识的传授,利用教学平台与学生交流互动,并在课堂上组织引导学生探究解决问题,传统的评价方法无法测出"翻转课堂"中教师的"教"和学生"学"的全部效果。因此,必须有一个新的评价标准及评价方式来对"翻转课堂"进行评价——基于"翻转课堂"的三位一体教学评价体系（见图 3）。采取过程性考核加上结果性考核方式,以过程性考核评价为主。过程性考核由三部分组成:教师评价（70%）、学生自评（10%）、小组评价（20%）。

"翻转课堂"2 学时的基本设计如表 1 所示。

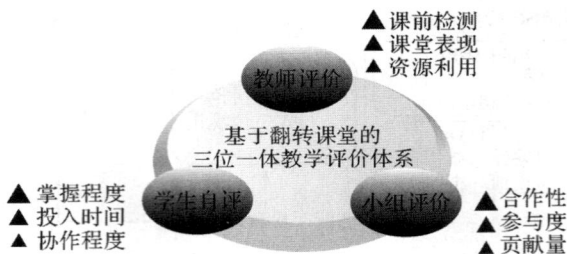

图 3　基于"翻转课堂"的"经济学基础"课程的三位一体的评价体系

表 1　2 学时的具体设计

活动环节	具体步骤	组织形式	时间分配
导入	反馈课前资料下载情况	PPT	5 分钟
反馈	课前测试结果分析	PPT	15 分钟
回忆视频,交流感受	提问视频中一些知识点,评估具体知识掌握程度	提问交流	25 分钟
案例讨论	针对课前提供案例进行讨论	分组讨论,总结发言	30 分钟
实战检验	课堂试题检测	笔试	15 分钟

四、"翻转课堂"具体实施

在前期理论研究的基础上,在 2015/2016 学年第一学期和 2016/2017 学年第一学期分别选择两个班级开展一个学期的试点研究。控制班采取传统教学模式,实验班采取"翻转课堂"教学模式。通过 2 个学期两轮实验从过程和结果两方面进行了实证研究。

五、取得成效分析与体会

根据"经济学基础"的课程大纲和授课计划安排教学内容,按照"翻转课堂"教学模式完成教学任务。对教学效果的评估主要从两方面进行:一是客观评价的方式,收集实验班和控制班同学期末考试成绩,对两个班的学习成绩进行对比,评价学习效果;二是主观评价的方式,通过调查问卷,收集实验班同学对"翻转课堂"教学模式的看法。

从两轮实验的学生期末成绩可以看出,无论是机考成绩、闭卷笔试成绩还是论文成绩,实验班的总成绩都超过控制班,从学习成绩而言,实现"翻转课堂"教学模式班级的学习成绩要优于传统教学模式的班级。

以调查问卷收集"翻转课堂"实验班学生对该教学模式的看法。调查问卷的目的在于了解学生对"翻转课堂"的主观评价,需要回答的问题总结起来可以包括以下几个方面:你对"翻转课堂"教学模式的态度如何? 你对课前自学结果是否满意? 课前学习资源的提供是否适当? 对课堂活动的组织怎么看? 和传统教学模式相比,你如何看待"翻转课堂"? 你认为影响"翻转课堂"的因素有哪些? 哪些因素促使你选择"翻转课堂"教学模式? 问卷的设计基于以上问题,主要分成了六个部分。除了客观题之外,问卷针对一些动机与体验的问题设置了部分主观题,以更全面地了解学生的想法。在"翻转课堂"的总体认知上,学生们认为"翻转课堂"最大的优势是可以突破学习时间和地点的限制,自由选择学习时间和地点(69.05%的学生认为可以通过反复观看视频突破课程中的难点,提升学习效果。57.14%认为在教师的指导及同伴之间的互动中更好地内化知识,30.95%与教师有更多交流互动的机会,38.1%认为在讨论和分享中得到启发)。在影响学生参与"翻转课堂"的热情方面,最大的障碍乃是缺乏学习的自觉性和自主性,因此如何提升学生的自学性和自主性是"翻转课堂"面临的最大挑战,没有好的移动学习设备和网络环境设备成为影响学生学习热情的最重要的客观因素。从统计结果看,个人的自觉性和主动性、生动有趣的视频以及一定量的课前和课后自测题成为"翻转课堂"成功的三大要素。学校网络环境的提供、足够支配的时间、同伴的帮助、任课教师的随时指导也成为"翻转课堂"成功的重要因素。

从两个学期运行的结果来看,"翻转课堂"在高职理论课"经济学基础"上具有潜在优势,而不是仅仅适用于理科类课程,"翻转课堂"的实施为学生提供不同的学习模式,有助于学生的个性化学习;有利于培养学习者的自主学习能力,同时对学生的沟通能力、创新能力的培养具有促进作用。但是"翻转课堂"在"经济学基础"教学中也表现出一定的局限性,一是在推理性较强、系统性很强的知识模块,"翻转课堂"教学效果不佳。同时"翻转课堂"对主讲教师教学能力及其学习支持体系提出了较高的要求,对学习者的自主自学能力也提出了较高的要求。从调查问卷也可以看出,学生认为影响"翻转课堂"成效的主要因素在于自主学习的自觉性的欠缺。在教学方法上,"翻转课堂"的教学组织,必须与其他具体的教学策略有机结合,把游戏教学法、项目教学法、基于问题解决的学习策略、发现学习和自主学习的教学理论等渗透到"翻转课堂"的教学过程中。否则,单纯地讨论"翻转课堂"是没有任何价值的。

作者简介

程书芹,博士,浙江商业职业技术学院经济与管理学院教师。九三学社成员。2011年起一直从事经济学、管理学的教学与科研工作。参与国家、省级、厅级多项课题,主持省级课题一项,厅级课题两项。2014年"基于'翻转课堂'理念的'经济学基础'课程教学模式创新和研究"获得浙江省教育厅课堂教学改革项目立项。

"翻转课堂"
示范性
教学视频

"招聘与配置实务"课程 RRS＋PIS"翻转课堂"教学探索

——以"个人简历设计"RRS"翻转课堂"教学为例

蔡雅萍

浙江旅游职业学院工商管理系

一、课程基本情况

课程名称:招聘与配置实务。

课程学分:4。

课程性质:专业课。

面向专业、年级:人力资源管理专业大二学生。

教学班规模:2个班(45人/班)。

使用教材:《招聘与配置实务》,王君主编,中国人民大学出版社2017年出版。

依托移动端教学平台:蓝墨云班课。

"翻转课堂"开展情况:已开展"翻转课堂"教学实践3轮,约20学时。

二、教学改革背景与思路

"招聘与配置实务"是人力资源管理专业的一门职业技术课,经过多年的实践,已确立基于工作过程导向的课程内容体系,教学过程中采用"教、学、做"合一的互动式、情境化教学方式,通过仿真模拟酒店员工招聘过程,分设招聘准备、招募、选拔、录用、评估等五个子项目,达到知识学习和技能掌握的目标。

本课程作为理实一体化课程,既要完成理论知识的学习,又要通过技能训练让学生掌握相关的技能,而技能需要结合实际情境进行实训。目前课堂学时主要用于知识点的讲解和情境的了解,实训时间很少或者只能通过课外自主实训,对于学生技能掌握情况很难把控,影响教学效果。另外,在教学中教师作为知识的拥有者和传播者、学生作为知识的接受者尚未改变,学生缺少自主学习的空间,教师也不能根据学生学习进度和能力不同来进行差别化指导,不利于学生自主学习、探究式学习能力的培养。

由此,探索一种真正能提升理实一体化课程教学效果、以学生为中心的因材施教的教学模式,具有一定的现实意义。

所谓"翻转课堂"就是教师创建视频,学生在课外观看视频中教师的讲解,回到课堂上师生面对面交流和完成作业的一种教学形态。根据"翻转课堂"教学思路,"招聘与配置实务"课程中将一些易懂的知识点及相关实际情境的了解进行前置,让学生利用课余时间自学,而课堂教学可以专注于知识领会、运用、分析、综合实训,从而提高教学效果。"翻转课堂"中前置的知识点和情境的讲解需要配套的资源库,从学生认知和学习规律来看,短视频形式的"微课"是相对较为科学的资源呈现形式。

以"微课"为基础进行"翻转课堂"教学模式的实践可操作性强,不仅可以提高理实一体化课程的教学效果,也有利于学生自主学习能力的培养。

三、"翻转课堂"教学设计

(一)总体设计

1. 教学目标的设计

通过对本课程对应就业相关岗位需求进行调查,确定课程教学目标是能够根据企业人员需求和供给情况,合理选择招聘方式,设计合理的甄选方案,选拔合适的人员到相应的岗位,并养成良好的沟通能力和团队协作精神,具备良好的职业道德和以工作为中心的大局观。

根据以上教学目标,本课程共分为岗位认知、招聘准备工作、招募候选人、员工选拔、员工录用、招聘评估等项目,每个项目有多个关键知识点与之对应,每个关键知识点均由相对较小且完整的知识单元构成,小知识单元对应一个或多个微课,形成课程微课资源库(见表 1)。

通过"翻转课堂"教学的形式,将易懂知识或真实工作任务前置,引导学生进行学习,将知识学习目标提升至领会、运用、分析等层次,提高教学水平。

2. "翻转课堂"教学组织形式的设计

本课程主要采用以下两种"翻转课堂"教学组织形式。

(1)PIS形式,即前置知识点讲授微视频(pre-lecture video)+学生探究(inquiry)+教师总结(summarize)。这种形式主要针对理论教学部分内容,目前采用该形式的"翻转课堂"教学内容包括酒店招聘相关岗位的认知(工作说明书)、员工选拔方法的了解(案例)、劳动合同内容的了解与注意事项。

(2)RRS形式,即全真工作任务的微视频(real task video)+学生真实任务实训(real task simulation)+教师总结(summarize)。这种形式主要针对理实一体化教学内容,目前采用该形式的"翻转课堂"教学内容包括招聘广告的设计、个人简历设计、面试的组织与实施、无领导小组讨论的开展。

3. 微视频的设计

主要设计两种类型微视频,一是知识点讲授的微视频,即微课视频,时长为 5~10 分钟。二是真实工作任务或工作环境等方面的视频。采取奖励经验值或比赛等方式鼓励学生拍摄模拟工作任务的故事视频,用于教学或学生研讨("翻转课堂"教学所需要的微课资源见表 1)。

表1 "招聘与配置实务"课程"翻转课堂"教学总体设计

教学项目	"翻转课堂"教学相关知识点	微课资源	导向作业	"翻转课堂"组织形式
岗位认知	招聘相关岗位工作说明书	酒店招聘助理、招聘主管、招聘经理岗位职责和任职资格	在招聘网站收集招聘相关岗位的招聘信息,对职责和资格进行分析	PIS
准备工作	人员配置、招聘需求的确定	酒店员工配置案例、招聘需求确定方法	分组、成立模拟企业(仿真)、确定模拟企业的组织结构、人员编制以及人员需求	PIS
招募候选人	招聘计划的制订、招聘广告及招聘申请表的设计、招聘渠道的选择、个人简历制作	招聘计划的制订、招聘广告的设计、招聘渠道及其对比、个人简历设计	为模拟企业制订招聘计划、设计招聘广告和招聘申请表、选择合适的招聘渠道	PIS RRS
员工选拔	初步选拔方法、心理测试、面试的准备与实施、评价中心技术	甄选方法介绍、初步选拔方法、心理测试案例、面试的组织、面试的实施、无领导小组面试实施	结合模拟招聘会收集到的简历,选择合适的选拔方法,进行筛选	PIS RRS
员工录用	录用决策方法的选择、录用/辞谢通知的拟定、劳动合同的签订	录用决策方法、录用/辞谢通知案例、劳动合同内容和拟定注意事项	为模拟企业确定合适的员工、撰写录用/辞谢通知、起草劳动合同	PIS
招聘评估	招聘评估方法、招聘评估报告的撰写	招聘评估案例、招聘评估报告案例	对模拟企业的招聘工作进行评估	PIS

4. 技术手段

主要采用蓝墨云班课等教学平台,将微视频上传云班课平台,要求学生下载自学,并提供适当经验值鼓励学生学习,完成课前导向作业。通过云班课平台,设置相应的测试题目,检验学生学习成果。

5. 一般性过程的设计

基于微课的高职"翻转课堂"教学模式主要指课程教师提供关键知识点的微课资源,学生在上课前完成对关键知识点的学习和相关情境的熟悉,并完成教师课前布置的真实任务实训作业,深入思考,整理疑问或问题,在课堂上师生一起完成作业答疑、协作探究和互动交流等活动的教学模式(见图1)。

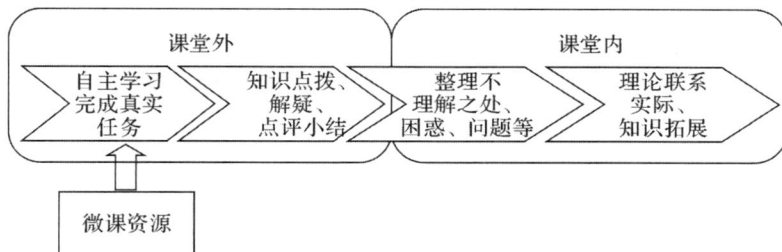

图 1 "翻转课堂"教学模式

(二)"个人简历设计"的"翻转课堂"教学 2 学时具体设计

1. 教学内容

"个人简历设计"是模拟招聘会的准备工作之一,从简历在求职中的重要性入手,结合公司和待聘岗位特点学会设计一份优秀的个人简历,个人简历的设计是成功应聘的前提和基础。

2. 学情分析

人力资源管理专业学生思维活跃,做事踏实,喜欢从做中学,对纯理论的知识接受能力一般。从专业课角度来说,本课程实践性强,又不能通过实验室实训实现技能提升,只能通过课外到合作企业考察、调查、访谈等方式了解企业招聘实际运作情况,并在课堂上通过模拟来强化知识。

3. 教学目标

掌握简历的构成要素,理解简历设计的原则,了解简历设计中常见的问题,在此基础上会根据招聘信息收集、了解招聘单位及招聘岗位相关信息,会简明、扼要、准确地描述个人相关信息,会根据招聘单位和岗位情况设计优秀的个人简历,培养学生信息收集统计能力、团队合作能力、沟通能力、文字写作能力以及口头表达能力。

4. 教学过程

本节课采用基于微课的 RRS 形式"翻转课堂"教学,主要教学过程(见图 2)如下。

(1)课前上传微视频 2 个并布置真实任务实训 1(real task simulation)。其中一个视频为简历设计技巧讲述视频(pre-lecture video),另一个为全真模拟企业人力资源部筛选好简历的视频(real task video)。真实任务实训一为:根据一家五星级酒店人事助理招聘信息及 4 位应聘者的简历,学生以小组为单位模拟简历筛选。要求小组成员在筛选简历时对出现的歧义和问题进行梳理。

(2)课前要求学生以真实任务实训一为主线,通过微课学习要点知识,完成实训,并提出问题。

(3)课堂教学,学生汇报实训一结果,教师发现问题、解决问题、点拨知识。

(4)学生讨论、评选好的简历作品,教师点评。

(5)学生进行真实任务实训二:设计简历,教师个别指导。

(6)教师总结,布置拓展作业,完成此关键知识点的学习。

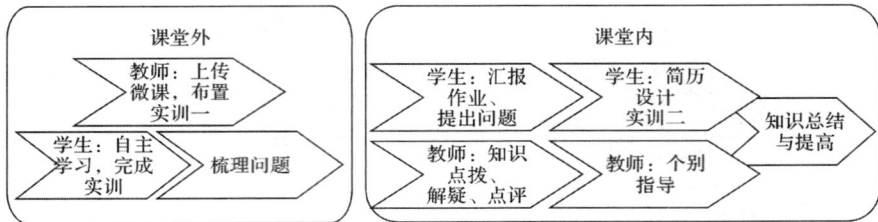

图2 "个人简历设计"教学过程

5. 技术手段

运用蓝墨云班课,发布作业要求以及上传相关视频,并要求学生完成相应学习及实训作业。开通云班课讨论活动,及时启发学生思考,回答学生疑问。两个视频中的一个由学生拍摄,另一个是全真工作任务展示,由企业提供。

本节课的重点是要求学生掌握简历设计制作的基本原则,难点有两方面:一是要求学生能够根据招聘信息,通过调查了解招聘单位及招聘岗位基本信息。二是要求学生能够根据招聘信息,撰写一份优秀的个人简历。

通过本课的教学,学生能够从了解用人单位需求的角度来撰写个人简历,效果良好。

四、"翻转课堂"具体实施

目前已经在2015级和2016级人力资源管理专业"招聘与配置实务"课程中有关岗位认知、招募候选人、员工选拔、员工录用项目中的7个知识点实施两轮"翻转课堂"教学。实施课时数为20,占课程总课时数(56)的35.7%。实施情况如下。

(一)微课资源的准备

目前已经用于"翻转课堂"教学的微视频主要有:一是PIS形式的微课资源,包括酒店招聘相关岗位的认知(工作说明书)、员工选拔方法的了解(案例)、劳动合同内容的了解与注意事项;二是RRS形式的微课资源,包括招聘广告的设计、个人简历设计、面试的组织与实施、无领导小组讨论的开展等(见表2)。

表2 目前已实施"翻转课堂"教学的微课资源及课时数

教学项目	"翻转课堂"教学的微课资源	"翻转课堂"课时数	组织形式
岗位认知	招聘相关岗位工作说明书	2	PIS
招募候选人	招聘广告设计	2	PIS
	个人简历制作	4	PIS、RRS
员工选拔	初步选拔方法	2	PIS
	面试的准备与实施	4	PIS、RRS
	无领导小组讨论的实施	2	RRS
员工录用	劳动合同的内容及注意事项	4	PIS

(二)教学过程

微课资源上传至蓝墨云班课平台,具体教学实施过程包括自主学习、完成真实任务实训(主要以团队作业为主,学生可以根据自己的学习进度自主学习)→整理困惑或问题→解疑、知识点拨→理论联系实际、知识拓展等。采用"翻转课堂"教学模式,促进学生自主学习、深入思考,融技能掌握和知识深化于一体。

对学生学习的评价采取过程评价与结果评价相结合的方式。过程评价主要通过自评、团队评价与教师评价相结合的方式实现,学生在学习过程中对每个项目的掌握和应用情况由教师进行评价。团队作业完成情况主要由组长评价及组员互评。结果评价主要是对学生专业知识的综合运用情况进行评价。评价之后实施评价面谈,肯定成绩,并诊断问题,促进学生的反思和发展。

五、取得成效分析与体会

本课程"翻转课堂"教学的实施取得了以下三个方面的成效。

一是改变了传统课堂教学过程。采用 RRS+PIS 的"翻转课堂"教学形式,将知识学习、工作环境渗透前置到课堂教学之前,将课堂教学集中于知识领会、运用、综合实训,从而改变了传统课堂教学过程,对课堂结构进行了调整,形成个性化探索、协作式的学习过程,有利于激发学生的学习自主性。

二是形成了新的学习环境。由于利用了蓝墨云班课等在线教学平台,上传了丰富的教学资源,改变了传统课堂知识传授和课外知识内化的组织形式。

三是提高了教学实效。通过调查对比,采用"翻转课堂"教学的知识点讲授及实训比传统知识讲授及实训效率更高,而学生对知识点和技能更易掌握。RRS+PIS 的"翻转课堂"教学重视学生知识领会深度的把握以及学生动手能力的培养,提升了学生自主学习、协作学习的能力,对该专业学生未来就业和职业发展具有重要的促进意义。

作者简介

蔡雅萍,讲师,管理学硕士,国家二级企业人力资源管理师,主讲招聘与配置实务、企业人力资源管理师(四级)考证培训等课程。"基于微课的高职'翻转课堂'教学模式研究——以'招聘与配置实务'为例"获 2014 年度院级教改课题立项,"招聘与配置实务"2015 年被列为院级微课建设项目。指导学生参加全国高职高专人力资源管理技能大赛,获中部赛区一等奖、全国总决赛二等奖,指导学生参与国家旅游局万名旅游英才计划实践服务型项目、阳光助跑项目、暑期社会实践项目等。获学院青年骨干教师、教坛新秀、奖教基金等荣誉。

"翻转课堂"
示范性
教学视频

"五步一体，系统递进"

——基于多在线平台的"旅游策划实务"课程"翻转课堂"设计

顾雅青

浙江旅游职业学院旅游规划系

一、课程基本情况

课程基本情况如表 1 所示。

表 1　课程基本情况

课程名称	旅游策划实务	课程学分	4
课程性质	专业课	面向专业/年级	景区开发与管理专业/大学二年级
教学班规模	4 个班，每班 40 人	开展"翻转课堂"教学实践轮数	2
使用教材	《旅游策划实务》，朗富平主编，华东师范大学出版社 2015 年出版	开展翻转课堂教学实践学时	120
依托在线教育平台或课程网站	1. 微信公众平台"行之首策" 2. 浙江省高等学校精品在线开放课程共享平台 http://zjedu.moocollege.com/course/detail/5000015		

　　"旅游策划实务"作为景区管理专业的核心技术课程，实践性较强，基于课程数字化资源包建设的"翻转课堂"教学模式，符合职业院校的发展重点和应用型本科院校的建设思路。"翻转课堂"能全面增强课程专业性，为培养景区类营销策划、规划设计专业技能人才奠定教学框架，又能以其规范性、科学性、互动性、共享性等作为景区开发与管理专业课程建设的标杆，成为其他相关专业同类课程学习借鉴的榜样。

二、教学改革背景与思路

(一)教学改革背景

1.行业发展迅速,应用型人才需求大

旅游业迅速发展,给旅游职业教育带来新的挑战和机遇,同时高等教育结构调整,部分地方本科院校将转型。按照社会需求,研究型大学应是少数,经济社会发展更需要大批的应用技术型人才。现在的大学生就业难实际上就是高等教育结构失衡的重要表现。部分本科院校转型为应用型院校建设,职业院校及应用型本科有了新的发展机遇,因此对实践性较强的课程,提出了更新的要求。

2.互联网应用常态化

互联网已与我们息息相关,它的身影遍布生活的每一个角落,相应的手机软件应用日益广泛,这不仅仅使得我们的娱乐生活变得丰富,同时也使得工作和学习更加方便。

现在的课堂教学中,常常见到许多学生成为"低头族",玩手机,玩电脑。许多学校严禁学生在课堂上使用手机甚至禁止使用网络。其实,教师可以因势利导,网络完全可以变"弊"为"利",在教学中灵活地将网络变为学生的学习工具,实现教师和学生的实时互动,让传统课堂与移动终端、互联网、无线网络和多媒体有机结合起来,实现学生主体的"翻转课堂",推进移动教学。

(二)教学改革思路

1.数字化资源包建设打下良好基础

2015 年,国家旅游局万名旅游英才计划双师型项目"'旅游策划实务'数字化课程资源包开发"的建设,把"旅游策划实务"数字化课程资源包推到了网络平台上,给"翻转课堂"的实施奠定了良好的基础。课程可以借助智能手机移动终端和电脑终端,结合校企合作完善课堂内容,达到课前自学、课上实践检验、课后修改完善的翻转课堂效果。资源包中的素材为教师备课和教学实施提供了丰富、优质的教学资源,避免了大量的重复性劳动,提高了工作效率和教学效果。

2.微信公众平台运营提供展示空间

2016 年起建设"旅游策划实务"课程公众号——行之首策,既是学生作品展示的平台,又是行业、企业、院校及学生间交流的平台,真正实现即时互动教学,形成良好的教学效果。

3.课程实践性较强

"旅游策划实务"实践性较强,给"翻转课堂"的实现提供了可能性。

三、"翻转课堂"教学设计

（一）总体设计

根据高职学生的学习认知规律及行业发展的要求，创新性提升或更新传统教学方式，注重理论与实践的融合，即确保 1/3 的理论教学与 2/3 的实践教学。借助在线平台设计"五步一体，系统递进"的"翻转课堂"，让学生参与互动，课前下达任务，学生自主预习并完成作业，将作业同步上传至课程微信公众平台"行之首策"；课上汇报，小组之间相互评价，教师结合理论知识点和汇报情况进行点评，并进行启发式提问；课后总结，学生根据教师点评，对作业进行修改完善。

（二）2 学时具体设计

1. 课前自学

课前，教师将项目任务布置给学生（以小组为单位），学生在浙江省高等学校精品在线开放课程共享平台上通过看视频、课件以及做笔记等方式自学理论知识并完成任务，任务成果以 PPT 和 Word 形式提交并上传至微信公众平台。

2. 课堂实践及教师点评

（1）课堂的前 5 分钟：学生在微信公众平台"行之首策"上浏览各小组作业。

（2）课堂的 6～70 分钟：对于课前自学完成的任务成果，课堂上每个小组依次上台以 PPT 的形式汇报（5～8 分钟）。每个小组汇报完毕后，教师根据 PPT 内容和汇报情况，结合该项目涉及的知识点进行点评，并进行启发式提问。

（3）课堂的最后 10 分钟：本课堂小结。汇报结束后，教师对整堂课进行总结，回顾该项目的知识点并强调重点和易错点。

3. 课后修改完善

课后，各小组根据教师的点评和修改意见对作业进行完善，教师选取优秀作业在微信公众平台上进行展示。

四、"翻转课堂"具体实施

（一）平台建设

1. 浙江省高等学校精品在线开放课程共享平台

基于浙江省高等学校精品在线开放课程共享平台数字资源库建设，上传教学大纲、电子教案、教学多媒体课件、教学主视频等，建设课程试题库、素材库等，建立"旅游策划实务"课程基本资源库（http://zjedu. moocollege. com/course/detail/5000015）。

(1)教学大纲：根据"旅游策划实务"课程在景区开发与管理专业整个教学计划中的地位和任务，结合学生的学前专业水平，完成"旅游策划实务"课程教学大纲，内容包括教学目的、教学要求、内容提要、重点难点以及讲授和实习、作业的学时分配等。

(2)电子教案：根据教学大纲及参考教材完成"旅游策划实务"课程电子教案，每一章节内容包括教学目的、知识点、重点难点、授课方法、教学过程、实训操作、小结及课后作业等。

(3)多媒体课件：根据课程教案完成"旅游策划实务"课程项目一至项目七中的理论、实践教学课件，课件制作简约、有艺术性、可操作，较好地优化课堂教学结构，提高课堂教学效果；针对企业和院校分别制作不同的多媒体课件。

(4)教学主视频资料：根据项目结题要求，在项目执行期间，完成了 7 个理论教学视频，每个教学视频的时长约为 40 分钟。此外，项目负责人在近年的教学过程中，也已累积了多个与"旅游策划实务"课程内容相关的教学视频，可以更好地辅助"旅游策划实务"课堂教学。

(5)整理完善试题库：对"旅游策划实务"试题库进行完善，力求兄弟院校无障碍使用。

(6)素材库：搜集大量的素材，包括创意图片、视频素材、动画、专业网站链接、参考文献等。

2. 创建"旅游策划实务"课程微信公众平台

2016 年起建设"旅游策划实务"课程公众号——行之首策，实现数字化资源逐步循环上传，并基于平台与学生、行业、同行等实时互动。

公众号由项目负责人指导学生自主运营，目前该微信公众平台主要用于"旅游策划实务"课程教学交流与互动，并在持续更新中。打开微信搜索微信公众号 xingzhishouce，点击关注后就可以随时浏览学生作品，实时沟通交流。

借助于"旅游策划实务"课程微信公众平台，让学生参与互动，让学生参与推文资料的搜集与整理，并完成课程在线预习、复习及在线作业，达到事半功倍的教学效果。

(二)"翻转课堂"实施

"翻转课堂"的重点在于以学生为主体，因此课程借助在线平台，设计了"五步一体，系统递进"的"翻转课堂"(见图 1)，让学生参与互动，课前下达任务，学生自主预习并完成作业，将作业同步上传至课程微信公众平台"行之首策"；课上汇报，小组之间相互评价，教师结合理论知识点和汇报情况进行点评，并进行启发式提问；课后总结，学生根据教师点评，对作业进行修改完善，然后进入下一个任务项目。

1. 课前自学

课前，教师将项目任务布置给学生(以小组为单位)，学生在浙江省高等学校精品在线开放课程共享平台上通过看视频、课件和做笔记等方式自学理论知识并完成任务，任务成果以 PPT 和 Word 形式提交并上传至微信公众平台。

2. 课堂实践

对于课前自学完成的任务成果，课堂上每个小组依次上台以 PPT 的形式汇报(5～8 分钟)。

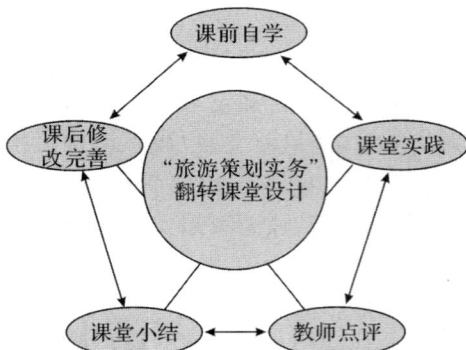

图 1 "旅游策划实务"课程"翻转课堂"设计

3. 教师点评

每个小组汇报完毕后,教师根据 PPT 内容和汇报情况,结合该项目涉及的知识点进行点评,并进行启发式提问。

4. 课堂小结

汇报结束后,教师对整堂课进行总结,回顾该项目的知识点并强调重点和易错点。

5. 课后修改完善

课后,各小组根据教师的点评和修改意见对作业进行完善,教师选取优秀作业在公众平台上进行展示。

五、取得成效分析与体会

(一)学生主体,重点突出

1. 学生主体,课堂积极互动交流

打开手机进课堂,在课堂上学生们可以正大光明地用手机,浏览各小组作业并在平台上留言讨论。目前该微信公众平台主要用于发布作业信息、展示学生作品、讨论案例等互动时教学,推动学生和教师不断提升,教学效果大幅提升。

2. 重点突出,详略得当,学习高效

教师根据学生作品汇报的情况,边分析边引入课本的知识点,并对重点进行启发式提问和总结回复,有重点、有效率,学习效果好。

(二)推动有效示范、辐射推广

通过浙江省在线精品课程网站、高等教育出版社"职业教育数字化学习中心"(亦称"智慧职教"网站)三级平台投放数字化资源包,学习者可以根据自己的特点和学习习惯选取不同的平台学习。目前,通过浙江省在线精品课程网站学习者达 1115 人。除此,企业也可以通过这些平台寻找人才。

（三）推动课程教材建设

（1）主讲教师对该课程教案、教学方法设计等材料进行整理。而编写的教材《旅游策划实务》已由华东师范大学出版社出版，并入选普通高等学校"十二五"国家级规划教材，兄弟院校使用均给予好评。

（2）《旅游策划实务》教材 2017 年被评为浙江省普通高校"十二五"规划优秀教材。

（3）《旅游策划实务》获得浙江省 2017 年"十三五"新形态教材立项，新形态教材将使读者通过扫描二维码直接获得数字化资源，进一步推进"翻转课堂"建设。

作者简介

顾雅青，浙江旅游职业学院副教授，景区开发与管理教研室主任，浙江旅游发展研究中心规划师，主要从事旅游开发与规划、旅游市场营销、旅游者行为等方面的研究，主讲"旅游策划""旅游消费者行为"等课程。曾挂职舟山群岛新区普陀山—朱家尖管委会主任助理，主持和参与省部级、厅局级课题多项，主持和参与多项 A 级景区创建及暗访项目。

"翻转课堂"
示范性
教学视频

"法律咨询"课程"翻转课堂"

潘　昀

浙江警官职业学院应用法律系

一、课程基本情况

"法律咨询"课程是浙江警官职业学院法律事务专业的专业核心技能课程（3 学分、48 学时），面向大学三年级学生开设，平均教学班规模在 45 人以内，自 2014 年开始实施网络开放课程，依托于超星慕课平台逐步探索在法律实务类课程中建构以"翻转课堂"为典型范式的混合教学模式，至今已运行到第 3 轮，上课学生总数约达 400 人次。

二、教学改革背景与思路

毋庸置疑，我们正身处一个"印刷术发明以来教育领域最大的革新"时代，如何将网络开放式教学与校园传统教学有效融合，成为这个时代不可回避的重大课题，法律实务类课程亦复如是。一般而言，法律实务类课程的教学着重培养学生将法律理论以及部门法的相关知识运用于解决个案的能力，而这种个案的处理能力是一种综合性的能力，仅仅依赖于传统的课堂教学难以养成，需要学习者掌握理念、知识与方法之后在教师的指导之下反复、大量地训练方能内化为自己的能力，因此，在国外往往通过法律诊所课程来实现法律实务处理能力的培养，而在国内，高职院校开设法律诊所课程遭遇诸多现实的困境，大量法律实务类课程都是通过传统的大班制教学来实施，其教学效果堪虞。基于此种现状，浙江警官职业学院开设省级在线开放精品课程——"法律咨询"，构建了一种新型的混合教学模式，将学生置于学习主导者的地位，"翻转课堂"，通过网络终端实现理论教学，通过线下面授实现教师对学生理论知识学习情况的考核，以及专业技能的教学与考核，教师能关注每个学生的学习情况，因材施教，在法律实务类课程中真正实现专业技能课小班化、个性化的教学。

"法律咨询"课程是依据"法律事务专业工作任务与职业能力分析表"中的法律咨询工作项目设置的。其总体设计思路是：打破以知识传授为主要特征的传统学科课程模式，转变为以工作任务为中心组织课程内容，并让学生在完成具体项目的过程中学会完成相应工作任务，并构建相关理论知识，发展职业能力。课程内容突出对学生职业能力的训练，理论知识的选取紧紧围绕工作任务完成的需要来进行，同时又充分考虑了高等职业教育对理论知识学习的需要，并融合了相关职业资格证书对知识、技能和态度的要求。

三、"翻转课堂"教学设计与实施

(一)总体设计

"法律咨询"课程在进行网络开放课程的设计时,将48学时中的16学时的理论教学设计为由学生通过网络开放课程平台自主学习,教师进行线上辅导、知识点考核,32学时的实践技能教学采用教室面授的方式进行,学生在课下利用碎片化的时间,根据教师提前一周发布的学习指引,完成指定的学习任务后进入教室学习,教师通过提问、小测试等方式对学生的课前学习效果进行评价,并就共性的问题做分析与说明,然后,学生在课堂上分组完成实训任务并进行结果展示,教师入组指导,逐个提问并点评,学生课后根据教师的评价结果继续完善实训报告后将其上传至平台。每一个学习单元学习完成后,经过考核才可进入下一个学习单元的学习。这一授课形式迥异于传统授课形式,将学生置于学习主导者的地位,通过网络终端实现理论教学,面授实现教师对学生理论知识学习情况的考核,以及专业技能的教学与考核,每次面授中教师针对每组学生(6人左右)进行个别化的指导,能关注每个学生的学习情况,因材施教,真正实现了专业技能课小班化、个性化的教学。

(二)具体设计与实施

"翻转课堂"具体设计与实施如表1所示。

表1　具体设计与实施(以"案件事实的整理与建构"为例)

课程	法律咨询	教学内容	案件事实的整理与建构
总课时	6	翻转课时	3课时

一、学习内容

"案件事实的整理与建构"是"法律咨询"课程中"案件信息收集与整理"项目中难度为5星的子项目。课前学习任务中利用微视频,让学生初步了解案件事实建构的理论知识和流程,然后通过平台发布这一项目中需要阅读的文献,学生阅读并上传读书报告,观看电影《看不见的客人》、视频《辛普森杀妻案》,学生按照学习指引分组完成《看不见的客人》案件事实整理思维导图。课上学生围绕思维导图进行分组汇报交流,并根据任务(控方或辩方)完成案件事实建构。重点是理解"客观事实"与"法律事实"的含义,掌握整理案件事实的流程与方法(难点是如何建构案件事实),以及在此基础上确立进一步调查案件事实的方案

二、教学目标

1.进一步理解"案件事实"中的"事实"

2.掌握案件事实整理的流程与方法

3.掌握根据已知事实建构案件事实的方法,并制定案件事实调查的方案

通过小组合作闯关、汇报来判断学生是否达到本课的学习目标

三、学习者特征分析

法律151班级,主动学习者约占35%,能够根据教师的微课视频,自主学习,完成学习指引上的任务,并利用课余时间小组交流,互相答疑,并向教师提出问题。60%左右的学生为被动服从学习者类型,基本能根据学习任务指引完成学习任务。5%左右的学生为怠于学习者类型,需要教师与助教提醒并施加一定压力才能完成学习任务

续　表

四、课前任务设计
利用微视频,让学生初步了解案件事实建构的理论知识和流程,然后通过平台发布这一项目中需要阅读的文献,学生阅读并上传读书报告,观看电影《看不见的客人》、视频《辛普森杀妻案》,学生按照学习指引分组完成《看不见的客人》案件事实整理思维导图

五、课前学习资料
1. "法律咨询"案件信息收集与整理项目的教学微视频 2. 关于"事实"的论文、典型案件、视频《辛普森杀妻案》、电影《看不见的客人》 (所有资料都在浙江警官职业学院在线学堂"法律咨询"课程中)

六、课前学习任务

根据教师在网络平台发布的学习指引完成课前学习: 1. 上传读书报告 2. 完成指定电影与视频的观看,用思维导图的方法整理出电影中的案件事实 3. 站在本小组的立场(控方或者辩方)进行初步的事实建构,拟定初步的事实调查方案	上课前2周发放视频和学习指引,学生自主完成,并利用课余时间小组交流,互相答疑

七、课堂活动流程设计

活动环节	具体步骤	组织形式	时间分配
1. 总结学习任务完成情况,师生共同交流	(1)教师检查课前学习任务完成情况 (2)组内交流学习情况 (3)学生汇报学习收获,提出不懂的问题,互相答疑	(1)学生在小组内交流课前学习情况 (2)学生汇报学习收获,有不懂的问题提出来,互相答疑 (3)汇报方式:各小组抢答,为本组加分	45分钟
	汇报学习任务一:《看不见的客人》中案件事实整理思维导图 教师针对各组思维导图完成情况进行提问与初步点评 设计意图:以小组交流的形式,巩固课前学习内容;以小组展示成果、教师提问并点评方式,对课前学习内容进行再梳理与反馈、思考	(1)学生展示介绍,教师提出问题,请学生回答 (2)教师点评并总结	
2. 小组合作完成事实建构任务	(1)各小组根据上节课教师指出的问题,对案件事实思维导图进行完善 (2)教师分配课堂实训任务:单数组为辩方组,双数组为控方组,请各组围绕本组目标完成事实建构思维导图,并完成初步事实调查方案 (3)各小组完成任务并展示结果 (4)根据教师点评进行修改后,将成果上传平台	(1)学生分组完成,教师进入各组指导 (2)各组展示任务,教师提问并点评	40分钟
3. 全课总结	教师总结	教师总结	5分钟

四、取得成效分析与体会

"法律咨询"课程以"翻转课堂"为典型范式的混合教学模式经过几轮运转之后,取得了一定的成效,被遴选为浙江省精品开放课程,配套讲义《法律咨询的思维与技能》被纳入浙江省新形态教材序列,同时在无数次试错—反思—再优化之后,我们也逐渐探究出进一步完善的方向。

首先,学习者真正成了学习的主导者。"法律咨询"课程的学习中,无论是信息量还是学习的深入程度都远超传统的教学方式,"法律咨询"课程的学习者需要阅读教师在平台上上传的大量的文章、视频,并每两周撰写一篇教师指定文章或视频的笔记;每一次作业都是先自主完成,再由教师讨论指导,最后修正并上传系统,作业的难度、质量都高于传统教学。学习者成了自己学习的主导者,而不是被动地接受者。

其次,课程评价模式具有创新性。"法律咨询"课程采用过程考核的方式,强调实践能力的训练与考核,并且将考核项目融入每一个能力训练项目之中,训练既是实训也是考核,不组织统一的期末考试。每一个能力训练项目中,都设置 1～3 个实训项目与 1 个考核项目,教师针对每组的每个实训考核项目进行个别点评与评分。这种考核模式改变了过去一卷定成绩的现状,学习者必须在学习过程中全程参与并主导自己学习的过程。

再次,大多数学习者能适应这种教学模式,并能比在传统教学模式中有更大的收获。"法律咨询"课程组对本校研修课程的学生进行了评价反馈调查,累计调查 268 人,获如下结果:(1)被调查学生中 100％学习过至少一门以上的网络课程,对网络课程有初步的学习经验,约 75％的学生(200 人)能迅速适应"翻转课堂",这 200 人中有 175 人属于视觉听觉兼容型学习者,22％的学生从第 4 周开始熟悉"翻转课堂",3％的学生始终不适应网络开放课程。(2)被调查学生中 100％认为网络学习平台系统的稳定性不足,需要进一步改善。(3)被调查学生中 91％认为"法律咨询"课程设置合理,8％的学生认为课程设置较为合理,1％的学生不理解课程设置的思路。(4)被调查学生中 98％非常喜欢"法律咨询"课程中的讲授视频,2％的学生不置可否。(5)被调查学生中 87％认为在网络终端学习,完成实训作业,课堂面授与教师深入讨论,与传统课堂学习模式相比,学习的效率、深度与广度得到很大提高,7％的学生认为有一定的提高,6％的学生则认为没有明显不同。(6)被调查学生中 96％认为学习"法律咨询"课程,自己每周至少花费了 10 小时以上的时间听课、阅读、完成作业,3％的学生则花费了 6 小时以上的时间,1％的学生承认自己是"搭便车"者。(7)被调查学生中 100％认为"法律咨询"课程的考核作业形式新颖,无法抄袭,需要付出努力才能完成。(8)被调查学生中 67％认为自己很享受"法律咨询"课程的学习,收获非常大,29％认为自己在学习过程中痛并快乐着,收获较大,4％的学生则认为学习过程比较痛苦,学习收获尚可。

最后,课程的建设团队深刻地体会到,"翻转课堂"的教学,既需要教师有很高的专业能力,更需要教师在日常教学中花费传统教学数倍的时间关注、引导学生的学习,更需要教师不断自我学习与提升。

作者简介

"翻转课堂"
示范性
教学视频

潘昀，女，法学博士，毕业于浙江大学光华法学院，师从林来梵教授研习宪法学，现任教于浙江警官职业学院。主要研究领域为宪法学、经济法学，主要教学领域为宪法、法律咨询、法律文书。近年来，在各类专业期刊发表学术论文多篇，主持或参与国家级、省部级、厅局级课题数项，主持或参与国家级精品课程、浙江省精品开放课程的建设。锐意于将网络信息技术应用于法律实务类课程的教学，构建法律实务类课程混合教学模式，曾两次获省级教学成果二等奖。

基于蓝墨云班课和智能手机的"翻转课堂"实践与研究

赖丽娜

浙江工业职业技术学院财经学院

一、课程基本情况

课程名称:初级会计实务。

课程学分:5。

课程性质:专业主干课程。

面向专业:2015 级会计与审计专业。

教学班规模:2015 会计与审计(3)班 50 人,2015 会计与审计(1)～(2)合班 49 人。

使用的教材:《初级会计实务》(全国会计专业技术初级资格考试用书)。

2016 年 9 月至 2017 年 1 月依托蓝墨云班课平台和智能手机已开展"翻转课堂"教学实践 1 轮,2 个班约 168 学时。

二、教学改革背景与思路

基于蓝墨云班课和智能手机开展的"翻转课堂"教学是将传统面对面的课程教学与网络化教学方式进行了有机整合,线上借助慕课和微课资源使学生自主学习,线下开展"翻转课堂"。既能发挥教师引导、监控教学过程与启发学生的主导作用,又能充分体现学生作为学习过程主体的主动性、积极性与创造性,是一种教学理念的提升,有利于学生自主学习能力的培养。

本研究从提高学生学习能力和进一步培养学生会计专业思维角度出发,通过对现行初级会计实务课堂教学过程中存在问题进行分析,以务实的态度对课程教学进行整体优化。构建合理有效的教学体系,建设丰富、亲切的可视化教学资源,创新教学方法和手段,以提高课堂教学质量。

三、"翻转课堂"教学设计

(一)总体设计

基于蓝墨云班课和智能手机的"翻转课堂"教学总体设计如图 1 所示。

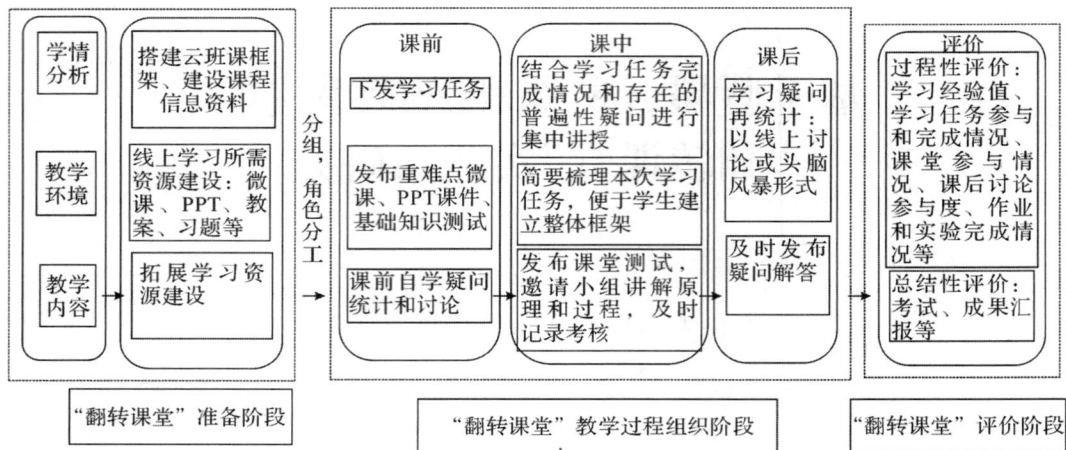

图 1 基于蓝墨云班课和智能手机的"翻转课堂"教学模式

1. "翻转课堂"准备阶段

开展"翻转课堂"前，需要对学生情况进行分析，判断可开展混合教学的程度。此外还须要对教学环境进行分析，在实际开展前做好相关准备工作。须对教学内容进行深度梳理，梳理出教学目标和大纲、教学重难点（须制作微课）。

安装蓝墨云班课 App，开始搭建云班课框架，完善课程大纲、考核规定、授课计划、参考书目等资料。建设课程微课、PPT、教案、习题等课程资源，并丰富拓展学习资源，如相关的政策法规文件、常见问题的疑难解答、初级会计师考试真题等资料。

2. "翻转课堂"教学过程组织阶段

"翻转课堂"教学过程组织阶段分课前、课中和课后三阶段。在课程学习前，对班级学生分组，并进行角色设定（分组依据灵活，角色有组长、记分员之分。组长负责安排课堂答题顺序，记分员负责记录考核情况）。课前，学生在蓝墨云班课平台了解每次课的学习任务，观看微课视频和 PPT 教案，完成基础知识测试，在疑问区留言。课中，教师结合学习任务完成情况以及疑问区普遍存在的问题集中讲解，并简要梳理本次课的知识点，便于学生对本次课有整体性的把握。讲解后安排课堂测试，可限时完成，并邀请小组分享解题原理和过程（不局限答案，重点在于鼓励学生发言，通过讲解原理和过程，进一步深化其对知识的理解），并及时记录小组和个人成绩。课后，进行学习疑问再统计，可借助蓝墨云班课讨论区和头脑风暴的功能。针对集中的疑问，教师可以用手机拍一个简单的视频（配语音说明），也可以由已掌握的学生分享答案，形式不限，重在解答疑问。

3. "翻转课堂"过程性评价和总结性评价

过程性评价可以根据蓝墨云班课平台统计的学习经验值、课堂参与情况、小组答题情况、作业和实验完成情况等因素开展。教师根据过程性评价可以及时调整教学进度，改善教学方式与方法，将与学生的互动不断调整到合适的位置。总结性评价主要以学期末考试、成果汇报等形式进行。最后，设定过程性评价与总结性评价的权重比。

（二）具体设计举例

蓝墨云班课——"跟着赖赖学习初级会计实务"。教学设计方案如表1所示。

表1 教学设计方案

授课内容	外购存货按计划成本法计价的核算		
教学重点	成本差异的产生与分配核算	教学难点	结转发出材料应承担的差异额

"翻转课堂"教学过程		
教学环节	教学安排及内容	教学要求与方法
课前安排	在蓝墨云班课"跟着赖赖学习初级会计实务"发布微课"计划成本那些事儿"和PPT课件 微课内容概要：一个大型企业财务人员苦于种类繁多的材料物资和频繁的进出货核算，寻求解决方法。从计划成本法的意义与价值介绍开始，介绍材料购入、发出以及期末结存的核算	要求：在云班课上发布学习要求，要求学生课前查看微课资源与PPT查看 方法： 1. 发布"计划成本法测试1"，内含5个理论知识客观题，主要目的是了解学生对计划成本法的基础认知情况 2. 组织"计划成本法学习"的讨论，学生可以留言自主学习时的疑惑
课堂教学	1. 根据云班课学生的学习动态数据进行基础知识如何讲解的安排。主要根据"计划成本法测试1"和讨论区的留言来确定 2. 借助经济业务案例导入计划成本法具体应用的讲授。教学实践表明，针对有难度的知识，学生非常欢迎教师用传统的板书讲课。所以，我们以板书形式详细介绍计划成本法的系列运用，并讲练结合 3. 借助云班课开展小组讨论、头脑风暴以及测试活动	要求：掌握计划成本法在材料购入、发出、期末结转的核算 方法： 1. 借助蓝墨云班课创建作业/小组任务，采取线下划分小组的形式（限定小组人数，一般不超过5人，要求小组成员轮流做组长，每次任务都需要阐述对任务的认识以及解决任务的思路，主要目的是希望学生培养会计思维，而不仅仅是给出答案，便于小组考核） 2. 在课堂教学过程中穿插发布测试活动，教师事先准备好"计划成本法测试2""计划成本法测试3"2个活动，主要目的是了解学生对计划成本法核算的掌握情况 3. 组织头脑风暴，考查学生对计划成本法的认识情况，主要目的是弥补学生不爱发言的不足
课后巩固	布置延伸性的思考题	方法： 针对学生在"计划成本法学习"讨论区的留言，教师及时给予回复。针对比较集中的疑惑，统一答疑

四、"翻转课堂"具体实施

(一)"翻转课堂"准备阶段

本研究选取的是浙江工业职业技术学院 2015 级三年制审计专业 2 个班的 99 名学生。通过与基础会计实务任课教师和班主任的访谈得知,两个班的学生学习基础较薄弱,但学习态度较好。班级内部差异较大。通过班干部了解到,学生对专业核心课程初级会计实务的学习都很重视和期待,大部分学生都希望能考取初级会计师证书。本研究也借助数字化校园的建设成果,引导学生充分发挥智能手机可随时随地学习的作用。上课前要求学生下载蓝墨云班课 App,通过邀请码加入课程"跟着赖赖学习初级会计实务",为课程学习做好准备。

在遵循初级会计实务知识体系和逻辑结构的基础上,着重参照全国初级会计职称考试大纲的最新要求,并结合课题组多年的教学经验积累,按照基础理论知识、重点知识、难点知识三个层次来梳理知识体系。在充分考虑学生的学习集中度以及学习积极性基础上,对梳理出的知识进行了合理拆分,共整理出了 76 个微课制作知识点。对于基础理论知识以简单的阐述引导为主,重点在于会计专业思维的形成培养。重点知识和难点知识往往从经济业务情景导入,注重经济业务处理原理的连贯性讲解,引导学生进一步形成自身的会计思维。接下来制作 PPT 教案、习题、拓展学习资源等,并搭建"跟着赖赖学习初级会计实务"云班课各类信息和资源。

(二)"翻转课堂"教学过程组织阶段

课前,教师会在云班课平台上发布学习任务、微课、PPT 课件等教学资源,并组织"答疑/讨论"以及"头脑风暴"等活动,学生随时表达自己对知识的理解以及疑惑,教师及时了解学生的学习状态。课中,借助云班课上学生学习动态数据,教师进行针对性且有效率的疑惑解答。同时通过添加"测试""作业/小组任务"等活动及时掌握学生对知识的掌握情况,这时教师可以第一时间看到每位学生或小组的学习状态,学生也可以第一时间得到测试活动的答案解析(这需要教师提前准备好测试案例以及解析内容,并上传至课程平台),针对较为集中的错误点,教师及时进行答疑。学生如还有疑惑,可随时随地留言,也可不断查看答案解析。这无限地延展了有限的课堂教学。课后,教师再次组织疑问统计,开展"答疑/讨论"以及"头脑风暴"等活动,针对集中的疑问,教师可以用手机拍一个简单视频(配语音说明),或者以案例配文字说明的形式,也可以由已掌握的学生分享答案。这种借助蓝墨云班课 App 和智能手机参与的虚拟小班化的"翻转课堂"教学,有效提升了师生的互动和交流程度。

(三)"翻转课堂"过程性评价和总结性评价

蓝墨云班课平台可以提供每位学生的学习经验值,包括活动参与情况、资源查看情况、课堂出勤情况等,还可以显示学生参与的热心解答、课堂表现、获取的点赞数以及视频学习时长,使教师能够迅速准确地了解每位学生的学习行为和能力表现,并及时调整授课进度、教学的方式和方法。清晰明了的过程性考核有效促进了学生学习状态的改善。对于总结性评价,本研究采用的是期末考试形式,试卷由课程组根据校级网络课程"初级会计实务"试题库组卷,实行教考分离。本课程过程性评价和总结性评价的权重是 4:6,能比较方便地进行量化考核。

五、取得成效分析与体会

(一)授课教师麦可思教学测评获校级优秀

浙江工业职业技术学院每学年会借助麦可思平台对教师教学质量进行测评。课题组授课教师获校级教学质量优秀奖,在某个程度上也可看出学生对借助云班课和智能手机开展的"翻转课堂"教学改革的肯定。

(二)学生综合成绩有显著上升

课程组比较了同一位授课教师任教的 2015 级和 2014 级相同生源的学生学习情况,2015 级学生该课程考试平均分比 2014 级高出 4.21 分,这也能说明改革探索是有益的。

本次实践在云班课平台和智能手机与传统课堂教学整合方面做了尝试,课堂活跃度得到了提高,教学效率得到了提升,教学过程性评价更加清晰明了,有效地促进了学生学习状态的改善。

作者简介

赖丽娜,毕业于杭州电子科技大学会计学专业,硕士研究生。浙江工业职业技术学院审计专业负责人。曾获全国商科院校技能大赛财会专业总决赛(教师组)一等奖,获全国十佳教师、校模范教师、校优秀教师等荣誉称号。

"翻转课堂"
示范性
教学视频

"线上学习＋任务引领＋互助学习 ＋成果展示＋过程考核"结合的 "统计基础"课程"翻转课堂"教学改革

李爱香

嘉兴职业技术学院工商与旅游分院

一、课程基本情况

"统计基础",3 学分,48 学时,专业课,面向管理类专业 1～2 年级学生开设,每学期有 4～5 个班级,每班学生为 40～55 人。使用的教材有刘雅漫主编的《新编统计基础》和陈方主编的《统计学》,从 2016 年 9 月尝试使用"翻转课堂"教学方式,至今已有三个学期,"翻转课堂"学时接近总课时的 1/2,一般为 20～22 学时之间,前两个学期主要是通过麦可思智能助教平台(http://mita. mycos. com/eqweb/login. html22016)和班级 QQ 群上传微课视频等教学资源协助完成"翻转课堂"教学,2017 年上半年学期主要是利用浙江省高等学校精品在线开放课程共享平台(http://zjedu. moocollege. com/)上传微视频、PDF 文件等教学资源和测验等方式协助完成"翻转课堂"教学。

二、教学改革背景与思路

(一)教学改革背景

1. 互联网信息技术的发展为"翻转课堂"教学方式提供了技术支持

"互联网＋"时代,信息技术重塑了我们的学习、工作和生活方式。随着信息技术的普及,越来越多的信息终端和信息技术手段进入教育领域,iPad、电子书包、微视频、云课程和慕课等形式的技术产品层出不穷,极大地改变了教育教学的时空样态和存在方式,当前及未来时代可以向学生提供以信息技术为主的学习资源,为"翻转课堂"教学改革创造有利的条件。

2. "翻转课堂"将学生被动学习转变为主动学习,更有利于培养学生的职业能力

基于人的学习本性的需要和课堂教学的现实困境也是"翻转课堂"产生的背景。这是因为,课堂要符合人性的需要,"翻转课堂"为此提供了条件。"翻转课堂"让学生课前自主学习,知识的内化吸收则在课堂上以师生、生生合作来完成,极大地满足了学生个性化学习

的需要。研究表明,自主是人的一种基本需要,课堂的发展变革应满足人的基本需要,即促进学生的自主发展。此外,传统课堂由于受到教学的时空限制,具有众多的现实困境。人们一直在探求解决传统课堂现实困境的办法,实施"翻转课堂"为解决这种困境提供了可能。"翻转课堂"突破了教学的时空限制,学生可以在任何时间、地点通过视频进行学习,增加了学生学习的选择权和自由度。"翻转课堂"中课程资源的全面整合、教学过程的自主可控以及教学时空的颠覆延伸等,能够有效促进学生职业能力的训练和提高,例如团队合作能力、分析能力、表达能力等。

总之,在信息社会的时代背景下,基于信息技术的变革、人性学习需要的满足和解决课堂教学现实困境的需要,"翻转课堂"应运而生。

(二)教学改革思路

大学是连接学校到社会、学生到社会职业人的桥梁,大学生走入社会后能否成为合格或出色的职业人,大学的教育责无旁贷。为了更好地履行大学教育职责,培养学生的学习能力、团队合作能力、分析能力、批判性思维能力、表达沟通能力等非常重要,而任何一项职业能力的培养是无法靠教师灌输给学生的,是需要学生主动实践和锻炼才能获取或提高的。"翻转课堂"改变了传统的教师灌输知识的教学方式,培养了学生主动探究式学习的能力,给学生提供了更多的实践和锻炼机会,因此"翻转课堂"教学方式更有生命力。

"翻转课堂"教学方式实施的基本条件是有课前的学习资源和师生互动、生生互动的课堂学习任务,学生希望通过"翻转课堂"有所收获,教师也希望通过"翻转课堂"培养更出色的学生。学生是否愿意配合教师的"翻转课堂"教学方式取决于学生内在的学习动力和外在的课程考核激励,所以"统计基础"课程的"翻转课堂"教学方式改革思路是:通过在线课程平台为学生提供学习资源;将综合性的学习任务分解成有利于师生、生生互动的学习任务;为了保证大班化"翻转课堂"效果,操作技能的内容采用互助学习方式;成果展示不仅体现学生的学习收获,也是教师答疑解惑和传授知识原理的缘由;过程考核是"翻转课堂"体现课程合理评价机制的重要环节。因此,"统计基础"实施"线上学习+任务引领+互助学习+成果展示+过程考核"的"翻转课堂"教学方式。

三、"翻转课堂"教学设计

(一)总体设计

"统计基础"课程"翻转课堂"以"做中学、做中教"为龙头,围绕"线上学习+任务引领+互助学习+成果展示+过程考核"进行总体设计,将五个方面融为一个整体。

1.线上学习

建设课程网站,上传录制的微视频、课件和其他拓展性、实践性的统计资料,设计章节测验题,创建学习班级,按教学计划逐步发布教学资源和测验,为"翻转课堂"教学实施提供课前线上学习资源。

2. 任务引领

围绕每 2 节课要掌握的知识点和技能设计"翻转课堂"的学习任务,学生通过完成任务去探究原理。考虑到高职学生的执行力和学习能力的局限性,因此将综合性的统计工作任务分解成若干个他们能够完成的小任务。比如,要求学生完成"动态数列时期数列和时间数列的平均发展水平分析"的任务,将此任务分解成若干个子任务,不仅降低问题难度,而且有助于培养学生逻辑思维分析能力。如表 1 所示的题目就反映了这一点。

表 1 某企业职工人数变动表

日期	6 月 1 日	6 月 11 日	6 月 16 日	7 月 1 日
人数	1210	1260	1300	1250

要求:①表中的不同时间点的职工人数是时期数列还是时点数列?
②如果是时点数列,是连续登记还是间断登记的结果?
③如果是间断登记,间隔期是否相等?
④根据以上分析,选择正确方法计算该企业 6 月份平均职工人数。

3. 互助学习

"互助学习"是"翻转课堂"教学方式的增效剂,能提高全体学生的学习效果。其做法是让已掌握相关知识和技能的学生教会其他学生。这种做法不仅能使帮助者增强责任感和荣誉感,而且在大班化教学情况下可以分解教师的教学压力。这种手段主要运用于操作技能性的教学内容,例如,运用 Excel 进行统计指标计算和分析的教学内容主要是教会学生操作,在大班化教学下,教师指导难以惠及每一个学生,所以首先寻找已掌握相关技能的学生,然后让这些学生去指导其他不会的学生。

4. 成果展示

成果展示不仅为学生互相学习创造了机会,而且也是检验"翻转课堂"学习成效的一种主要方式。大部分成果展示采取小组板书的形式进行,同时选择几组代表发言。例如,根据表 1,首先每个学生独立思考并在课堂作业本上解答,然后小组成员讨论形成比较一致的答案,每小组派代表将 4 个问题的答案填写到黑板上的答题表中,答题表如表 2 所示。教师对比各小组的答案,挑选答案有差异的组阐述答案的缘由。这种成果展示方式不仅给每个学生提供了完成任务的机会,而且节省了时间,同时还培养了学生的团队合作能力,也给学生提供了自由表达的机会。

表 2 小组板书答题表

组别	①	②	③	④	组别	①	②	③	④
1					...				
...					...				

5. 过程考核

过程考核是实施"翻转课堂"教学的保障,能激发学生的学习积极性。其做法是:对上课发言、互动、完成学习任务或实验项目、指导其他学生等各种学习表现给予平时成绩。过程考核的操作主要有两种方式。一种对完成的实验项目选择针对性的职业能力和专业知识进行自评、互评,如表3所示。为了自评、互评公正,在自评和互评前给出评分标准,例如统计调查实验项目的自评、互评打分标准(见表4)。另一种是对发言、互动、板书答案的小组采取盖印章的方式记录成绩,期末将印章的个数折算成分数,印章为"你真棒"三字,课堂印章记录表如表5所示。

表3 "统计基础"课程"过程+结果、能力+知识"考核表

班级				姓名			学号			
序号	日期	评价人	有效 沟通	团队 合作	积极 学习	积极 聆听	判断与 决策	科学 分析	专业 知识	合计
1										
2										
…										

表4 统计调查实验项目的自评、互评打分标准

考核指标	考核内容	分值			
		23	20	18	15
团队合作(组长评)	有组长、有分工、全体成员参与	符合要求	组长或分工两者之一不明,三分之二成员参与	组长或分工两者之一不明,三分之一或二分之一成员参与	一人完成
判断与决策(组长评)	调查主题有价值且可执行	符合要求	缺一	两者皆无	
积极聆听(自评)	能认真聆听同学发言及教师点评	两节课全部做到	大部分时间听	一半时间听	只听小部分
专业知识(组长评)	完成调查方案和问卷,且内容全面、格式规范、语言通顺简练、问题的答案科学	五项符合	四项符合	三项符合	两项以下符合

表5 课堂印章记录表

(二)2学时的具体设计——撰写统计分析报告

1. 课前自主学习及撰写分析报告

在线课程平台提供"如何撰写统计分析报告"微视频、统计分析报告实例等学习资源,让学生课前进行自主学习,并要求每个小组根据事先已整理的调查问卷撰写一篇统计分析报告。

2. 课中交流、点评、讲解知识点及过程考核

【第一步】知识回顾:同桌交流"统计工作程序或步骤"(统计调查→统计资料整理→统计分析→撰写统计分析报告),目的不仅是让学生把整个学期所学的统计知识之间的关系理清,还是使学生掌握统计工作程序及引出本课的主题(撰写统计分析报告)。

【第二步】让学生回答以下三个问题,检测学生前置学习效果:

(1)统计分析报告与其他文种在内容上有哪些主要区别?统计分析报告是记叙文、说明文、议论文中的哪个文种?

(2)统计分析报告包括哪几部分?统计分析报告除以文字呈现外,还可以有其他哪些方式呈现?

(3)说出两点以上统计分析报告写作要求?

【第三步】采取任务驱动、小组讨论、代表发言等方式,让学生掌握统计分析报告结构、写作要求。

任务 1:阅读案例,要求分析该报告是依据哪几个调查问题撰写的,分析报告中主要运用了哪些统计指标,提出的建议或对策依据是什么。

任务 2:选择 1~3 组以 PPT 或 Word 文档的形式交流本组的统计分析报告,然后进行学生互评、师评,在此基础上,教师再针对交流的统计分析报告存在的问题讲授撰写的要点和技巧及如何根据一份调查问卷撰写分析报告。对交流的小组、互评的学生进行过程考核。

3. 课后修改统计分析报告

每小组根据学生互评、师评意见,以及在借鉴优秀统计分析报告案例的基础上,进一步修改完善本小组的统计分析报告。

四、"翻转课堂"具体实施

(一)课前环节

(1)教师选取难度适中的课题,让学生知难而上,获得学习成就感。

(2)发布课题学习资源。

(3)学生自主学习及完成相关测验。

(二)课中环节

(1)明确教学目标,让学生有的放矢,增强学习目的性。从三个层次明确教学目标,知识目标是要求学生通过本次课掌握专业理论,能力目标是让学生通过亲自实践的方式培养运用专业理论解决实践问题的能力,素质目标是让学生树立可以运用专业知识解决未来实际工作问题的理念。

(2)采取先做后讲的方式,让学生成为学习的主人,培养自我学习能力。

(3)运用个人独立思考和小组讨论相结合的学习形式,避免学习"搭便车"现象。布置学生应完成的学习任务,既要求有个人独立思考解决问题的过程,又允许小组成员相互讨论,头脑风暴,集思广益。

(4)过程考核旨在激发学生参与任务的积极性。

(三)课后环节

进一步消化和巩固专业知识。

五、取得成效分析与体会

从学生的角度看,采用"翻转课堂"教学方式,由传统的"以教为主"转变为"以学为主",不仅培养了学习的探究学习能力,而且学生通过完成学习任务锻炼或提高了职业能力;由于生生互动、师生互动,课堂气氛更加活跃。虽然"翻转课堂"教学方式将学习的掌控权给了学生,但是如果学生不善于提问和主动性不强,也会直接影响"翻转课堂"的效果。本人开展的"翻转课堂"教学方式,主动学习的学生完全可以接受,但对于学习不主动的学生,教师就采取相应措施提高其参与的积极性。

从教师的角度看,教师是否具备引导学习的职业素质?"翻转课堂"是通过教师的引导和答疑来检查学生学习的效果。在"翻转课堂"中,教师的角色其实不是被淡化了,而是从另一个侧面有所加强,它要求教师能够通过设问、学生之间的讨论和完成作业、项目的情况来分析和把握学生的学习效果,相比于传统的教学模式,教师从主动变为被动,从主导变为引导,这对其职业素质有着更高的要求。

从学校的角度看,要从硬件和软件两个方面为"翻转课堂"教学方式创造条件。硬件主要是使教师有条件制作微视频和校园网络覆盖。软件是学校要有实施"翻转课堂"教学改革的氛围,一个教师的单打独斗难以改变现有的局面。有部分学生明确表示,还是喜欢传统的教学方式,也有部分学生认为,实施"翻转课堂"教学方式给学生增加了学习强度,他们还是喜欢传统授课。

总之,"翻转课堂"教学方式更利于学生的成长,但需要从小学到大学,从一门课到所有课都实施改革,从而使学生适应和接受。

作者简介

李爱香,女,副教授,工商管理硕士(MBA),嘉兴职业技术学院财务管理专业负责人,浙江省高职高专专业带头人,嘉兴市新世纪专业技术带头人第六批后备人才。获得学院第二届教学名师、第二届"身边的榜样——十大我最喜爱的教师"、第五届十佳优质课程等称号。参加第九届"畅享"杯全国职业院校创业技能大赛"创业教学竞赛"全国总决赛获得个人一等奖。主持省部级课题 2 项、市厅级课题 6 项,撰写专业和教研论文 40 多篇、专著 1 部,主编教材 2 部。

"翻转课堂"
示范性
教学视频

微课聚焦重点，翻转强化设计

——以"商务英语函电与写作"课程开发设计为例

郑运权

绍兴职业技术学院范蠡商学院

一、课程基本情况

"商务英语函电与写作"是绍兴职业技术学院范蠡商学院商务英语专业和国际贸易实务专业高年级学生的专业核心课程。该课程也是绍兴市市级精品课程。课程开设在大二下学期，每届涉及 8 个左右教学班级，共计约 350 名学生，周学时为 4 课时，计 4 学分。教材主要使用的是《商务英语函电》（粟景妆主编，冶金工业出版社 2009 年出版），辅助教材有《外贸英语函电》（王乃彦主编，中国商务出版社 2009 年出版）。教学资源主要依托"商务英语函电与写作"市级精品课程教学网站、智慧职教在线教学平台、浙江省精品在线开放课程平台（建设中）、蓝墨云班课、问卷星、科大讯飞、QQ、微信等。学院自上而下十分注重信息化教学方式和"翻转课堂"教学方式，目前已经进入第二轮翻转课堂教学实践。

二、教学改革背景与思路

（一）教学改革背景

在以前"商务英语函电与写作"教学中，经常让教师们头痛的问题是：学生上课不认真听课，或不能持久听课，因而下课就忘记所学知识；即使是讲过几遍的教学内容，一做作业，特别是撰写商务信函，学生就不停地问问题，搞不懂写作思路或者语法、术语，不会写句子等，且错误率较高；针对一些操作性强的实际案例教学内容，学生动手能力或者理论联系实际较弱的缺点就显现出来了。

学情方面，现在的大学生都是"95 后"，甚至"00 后"，他们从小都受到电脑、互联网、手机等现代化信息工具的熏陶，大多数学生知识获取的渠道很多，且乐于掌握和使用新的技术和信息，所以传统的教学内容和教学模式必须跟上时代的发展，符合并尽量满足学生的需求。

针对上述问题，在教学内容和教学模式上就可以进行尝试性改革。在教学内容方面，完全可以把教学内容中的重点和难点知识以微课、视频的方式呈现出来。教师通过微课程的开发与应用，对教学内容中的重点、难点知识精讲，可让学生通过多次反复学习，准确掌握教学内容中的难点和重点。微课的开发，还可以为学生创造良好的学习环境，满足学生的个性化学习。教师通过微课的制作，可以加深对教学内容的理解，提升教学水平。

在教学方式方法上，采用"翻转课堂"教学模式，课前告知学生课堂活动所需学习任务与要求，并提供一定的学习平台。这不仅可以培养学生的探索精神，还可以提升学生的自学能力，培养学生终身学习的良好习惯。课堂上围绕教学内容与教学要求，通过一系列的教学活动设计，运用各种手段，诸如游戏、信息化工具等，要求学生将课前所学习的知识展示出来，教师进行评估和指导，从而达到使学生掌握和巩固所学内容的目的。课后可以让学生查漏补缺，或者进一步探求所学知识，教师力求做到跟踪、监督、指导。

（二）教学改革思路

微课的制作主要以服务为宗旨，以教学为导向，工学结合，将目标聚焦于"商务英语函电与写作"课程的某一个知识点（重点、难点、疑点）或技能点，并通过剧本的编写、教学内容的集约处理、视频的拍摄，达到在有限的时间内将某个知识点或技能点完整地以视频方式呈现出来的要求。

"翻转课堂"教学方面，充分发挥翻转课堂教学模式的优势与微课特点，进一步优化课堂教学质量，提升课堂教学品质。第一，促进教与学的主客体发生转化，使"教"的客体向"学"的主体转化，先学后教，学生先通过微课学习主要知识点，教师再在课堂上解惑答疑，最后总结评价，使教学方式更符合高职教学的规律。第二，促进学生个性化学习与教师的因材施教，课前课后学生通过微课学习，重复学习，任务实施，充分实现自主学习并掌握自己的学习进度。第三，强化学生团队协作意识，通过团队项目合作、微视频制作，提高学生的协作交流能力，促进其全面认识问题，并实现自我完善与全面发展。第四，关注学生学习过程，注重对学生进行全面、多元化的评价与考核。

"翻转课堂"教学设计一定要符合以下几个特点：（1）教学视频短小，教学信息明确。（2）师生角色的转变。"翻转课堂"教学使得教师从传统的知识讲授者、课堂管理者转变为学生学习的促进者和指导者，教师不再是课堂教学的主导者。（3）重构学习的过程。在"翻转课堂"上，教师不仅仅向学生提供教学的视频，也提供在线服务，及时和学生进行沟通和交流，了解学生的具体学习困难。（4）课堂时间重新分配。与传统的课堂相比，"翻转课堂"在课堂时间的分配上，教师的讲授时间减少，要留给学生更多的学习活动时间。

三、"翻转课堂"教学设计

（一）选定"商务英语函电与写作"微课程的教学章节

教学章节一定要是外贸业务流程中最核心的内容，是业务磋商与贸易达成的必要步骤，主要包括商务信函的结构、建立业务关系、询盘、报盘及还盘、订单及其执行、支付方式、装运、保险、申诉及索赔等。

（二）剖析各个教学章节的具体教学内容

每个章节一般包括背景知识介绍、案例分析、样信学习、相关专业词汇和短语介绍、句型表达及课后练习等。

（三）确定微课建设内容

精心挑选各个具体教学内容中的某个知识点或具体问题，将其确定为微课建设的内容。知识点必须是一个比较完整的知识点，如如何判定实盘和虚盘。具体问题必须是典型的，有一定的代表性。

（四）拍摄微课

结合微课视频拍摄的特点和技术要求，将选出的各个知识点和具体问题进行归纳总结并分类。大致分为以下几类：理论知识点讲解视频、案例介绍视频、专业词汇及句型讲解视频、习题讲解视频、操作程序演示视频等。并研究以上各类微课视频制作的特点及要求，包括 PPT 制作、语言讲解、拍摄角度等要求。

（五）将微课应用于"翻转课堂"教学

将"翻转课堂"引入"商务英语函电与写作"课程的微课制作，通过教学实践，构建"翻转课堂"教学模式，以提升课堂和课后的教学质量，从而有效地培养学生的能力。教师必须不断更新自身知识与技能，提高现代信息技术应用能力、课程设计和课堂组织能力等，才能与时俱进，适应现代社会和现代教育发展的需求。将开发出的微课视频应用于日常教学，提升课堂教学品质。

（六）制定"翻转课堂"教学方案

选定"商务英语函电与写作"课程相关教学章节，从不同视角多维度设计"翻转课堂"教学方案。把握"翻转课堂"教学方案的基本框架结构，分别从课前、课中、课后三个阶段设计"翻转课堂"方案。课前主要强调知识的传递，通过让学生反复观看微视频、提前反复练习等方式，让学生提前掌握课程大纲要求掌握的相关知识，并提出课前遇到的问题。课中主要强调知识的内化、扩展，通过设计一系列教学活动，如对学习成果的评价与检验、项目活动的完成、小组任务活动的计划与实施、小组讨论与意见的发表、学生自制微视频等，让提前所学的知识通过做、说、作品、任务完成情况等形式得以外化，从而使知识得以巩固和强化。课后主要强调知识成果的固化，让学生通过作品等成果的收集与整理，QQ 群、微信群分享，进一步提升学生的学习兴趣和信心，实现"翻转课堂"教学的目的。信息技术是联系三个环节必不可少的重要工具。

（七）2 学时"翻转课堂"教学设计

以"商务英语函电与写作"课程第三章"建立商务关系"为例，进行 2 学时翻转课堂教学设计。

1. 课前教学准备

第一步，制作微课。根据课程教学标准或教学大纲要求，结合授课计划，并根据以往教学中学生的反馈，经过仔细分析之后，认为本章节中，如何撰写建交函是一个教学难点,同时也是教学的重点。于是选择此教学内容,制作"如何撰写建交函"微课。微课剧本以外贸业务员小王想与美国 Jackson 公司建立业务关系的案例为背景,围绕建交函的业务背景分析、英语专业词汇、句型、写作思路的介绍和讲解,制作一个 10 分钟左右的微课教学视频。

第二步,布置任务。"翻转课堂"教学中,课前的学习任务并非是让学生预习,而是让学生深度学习,有任务、有目的地去学习。其任务布置如表 1 所示。

表 1 "翻转课堂"教学课前任务

任务	具体内容	具体要求	课外跟踪督查
任务一	观看《如何撰写建交函》微课视频	反复观看,要求对剧本中的背景分析熟悉;对英语专业词汇、句型能够掌握并正确运用;熟悉建交函写作思路,能活学活用,做到具体问题具体分析	QQ 截图展示学习内容或将学习的照片上传到班级微信群或 QQ 群,大家相互监督
任务二	到课程网站上下载教学课件和课程标准	下载第三章"建立商务关系"课件,认真学习课件,特别是学习微课中没涉及的课件教学内容	QQ 截图展示学习内容或将学习的照片上传到班级微信群或 QQ 群,大家相互监督;查看网站留言并确认
任务三	到智慧职教网站进行在线学习	反复学习该网站中建立商务关系单元的微课在线视频,有疑问可在线提问。将该视频与课程教学视频进行比较	QQ 截图展示学习内容或将学习的照片上传到班级微信群或 QQ 群,大家共同相互监督;查看网站留言
任务四	课本学习	学习课本第三章"建立商务关系",包括背景介绍、样信、词汇句型、注解,完成课后作业习题	课前作业检查,主要查看习题完成情况
任务五	学习汇报	以小组形式(主要以同寝室学生为小组),共同选择一个实际案例并进行建交函写作,以 PPT 形式展示,一小组至少制作一份 PPT,学生也可以个人完成一份	课堂展示并现场答辩

2. 课堂内化实践

课中教学活动主要围绕如何让学生对课前的学习成果进行展示,教师的教学主要围绕评价、纠错、指导、总结、提升而展开,教师是辅助者,学生是主体。具体活动安排如表 2 所示。

表 2 "翻转课堂"课中教学活动安排

第三章第一节"如何撰写建交函"

活动	具体内容	具体要求	教师与评价
活动一	学习汇报,一般只展示三组,随机抽查(因时间有限),可轮流(30分钟左右)	以小组为单位,以PPT形式展示汇报,汇报内容包括小组课前学习情况和学习成果,即根据案例撰写的建交函。小组汇报人随机决定	其他小组学生打分评价,教师打分评价
活动二	小组相互提问辩论(30分钟左右)	问题不许重复,否则扣分;问题提出,对方不能回答,提问者加分,回答者不扣分;问题提出,答对者加分,提问者不扣分。提问者可以向回答者组中任一人提问	教师做好记录,特别是针对普遍性的问题。正确的,要表扬、激励;错误的,要及时纠错
活动三	小测试(10分钟)	利用蓝墨云班课软件或者问卷星软件,教师课前设置好测试内容,课上进行小测试,并立即展示测试结果	现场可统计、打分,教师做好测试结果现场分析
活动四	教师点评与总结(10分钟)	教师利用学生活动的记录和测试的结果,现场分析,指出问题,总结纠错,并进一步突出本章节教学中的难点与重点;也可以利用科大讯飞软件,制成音频课件,供学生课后反复学习	教师点评要到位,问题发现要及时,多用鼓励性、激励性语言,肯定学生的态度与努力
活动五	现场答疑,课后任务布置(10分钟)	主要针对个别性的、学习较困难的学生辅导答疑	进一步查看学生学习的效果与状况,及时调整下一堂课的教学模式

3. 课后升华实践

课后升华实践阶段是学生反思再实践的过程,教师针对所学知识设计拓展实践任务。课后学生将函电写作内容修改定稿提交到教师的电子邮箱中,教师对学生任务完成情况做出全面的评价。教师还可以根据章节内容布置拓展项目实践任务,并从网络资源、其他教材和图书中,搜集、整理与课程相关的多种资源,供学生课后延伸学习和实践使用。学生可以将拓展学习的总结和拓展模拟任务完成情况发到教师的邮箱,拓展学习成绩记入期末总评,优秀的拓展项目还可以成为全体学生学习的内容。学生在课后拓展巩固的过程中遇到的问题也可以及时通过QQ群或微信群与教师和其他同学交流。

四、"翻转课堂"具体实施

为做好"翻转课堂"教学,适应现代化、信息化教学需要,满足学生对信息化教学的需求,学院高度重视,课程组各位教师也热情参与,目前已经将"翻转课堂"教学基本覆盖到全课程12章所有章节。教学资源在不断丰富和建设之中,信息化教学手段不断加强,微课建设在数量和质量上都有较大的提升。该课程实施"翻转课堂"教学模式近两年来,覆盖16个左右班级,近600名学生。

五、取得成效分析与体会

通过"翻转课堂"的教学方式方法改革,学生的学习积极性和主动性明显提高,学习效果明显提升,学生比较满意。在利用问卷星调查时,针对"在你看来,短视频课程学习的效果如何?"这一问题,229名参与调查的学生的回答见图1。

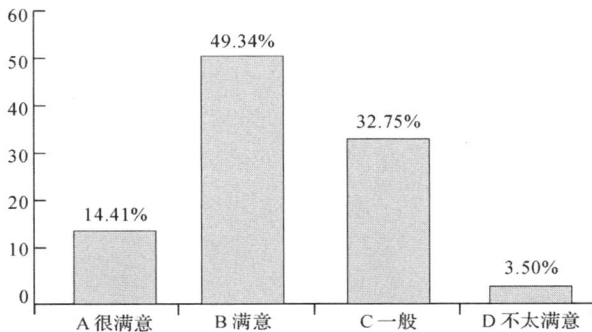

图 1　学习效果调查统计示例

由图1可见,短视频课程学习满意的超过60%,认为其效果一般的约占30%,这从一个角度说明大多数学生对"翻转课堂"教学是认可的。

课程组教师也通过"翻转课堂"教学,提升总结,申报了3项课题,其中一项是绍兴市重点课题——"商务英语函电与写作"微课程开发与应用研究(已结题)。拟确定将"商务英语函电与写作"课程作为校级重点精品在线开放课程建设。

以微课作为教学载体,实施"翻转课堂"教学模式,在现代信息技术的背景下,不仅具有较强的操作性,更具有现实意义;不仅是现代技术发展对课堂教学的客观要求,更是新时代背景下学生对教育教学和教师的要求。利用"翻转课堂"教学模式不仅能够实现教学内容实施的多样性,丰富教师教学手段的方式方法;更有利于丰富学生学习的资源,发挥学生学习的积极主动性。

作者简介

郑运权,重庆渝北区人,硕士,讲师,主要研究方向为英语教学与应用研究。绍兴市精品课程"商务英语函电与写作"负责人,在研课题包括省级、市级课题3项,发表论文多篇。

"翻转课堂"
示范性
教学视频

"翻转课堂＋项目"在"园艺产品营销"课程中的应用

夏　凤

丽水职业技术学院工商管理学院

一、课程基本情况

课程名称:园艺产品营销。

课程学分:4。

课程性质:专业必修课。

面向专业、年级:园艺技术、商品花卉专业大二第一学期的学生。

教学班规模:2个班,共80人。

使用教材:《农产品营销实务》,夏凤主编,清华大学出版社2014年出版。

已开展"翻转课堂"教学实践轮数:3。

课程学时:占总课时的1/2,约30课时。

依托在线教育平台:丽水职业技术学院网络课程平台,网址是 http://kcw. lszjy. commeoljpk/course/blended_module/index. jsp? courseId＝10780。

二、教学改革背景与思路

(一)教学改革背景

"园艺产品营销"课程在学生学习了园艺产品生产技术、贮运加工技术等课程的基础上开设,即从园艺产品的产后环节开始讲授。在教学中,前期探索应用过行动导向教学法、项目教学法等,却面临诸多现实状况的困扰。

第一,教学技术互联网化转变了传统教育模式,"园艺产品营销"课程作为省特色专业核心课必须在教学中做到教学技术的互联网化,以更好地加快专业发展。第二,传统项目教学难以落地,需注重课前的层次性自学、课中的差异性引导和课后的多样性反思。比如,教师基于学生层次一致对同一内容的项目进行设计,但授课班级的学生个体在知识储备、接受能力、实践动手能力等方面都存在较大差异。第三,获取知识的渠道多元化,并越来越依托于移动技术。而学生又存在"重生产轻营销"的现象,这不得不要求在教学中结合某一具体产品开展项目化教学,并运用"翻转课堂"提高学生的学习兴趣。

(二)教学改革思路

基于现实教学的需要,"园艺产品营销"课程在项目化教学的基础上做了"翻转课堂"的探索和应用,通过设计典型的工作项目,有选择地进行"翻转课堂"教学。

1. 改变传统教学环节为"翻转课堂＋项目"环节

知识的传授通过学生在课前的自主学习完成,知识的内化则通过课堂内师生交流、小组探究等方式实现。同时,让学生参与到评价中来,使项目评价更客观。

2. 转换传统教学角色为"翻转课堂＋项目"角色

教师由教学活动中知识的传授者转换为教学活动的引导者、服务者,学生则由被动的知识接受者转变为课堂教学活动中的主体,充分发挥其学习主观能动性,更加有利于实现知识的强化和正迁移。

3. 丰富"翻转课堂＋项目"教学资源

在教学平台中建设视频、自测题、课件和作品集等资源。学生根据自己的实际情况,通过网络进行选择性学习,随时随地与教师、同学探讨。通过教学资源的开放,有利于"园艺产品营销"课程课堂教学时间的合理设计与利用。

4. 立体化塑造"翻转课堂＋项目"教学环境

将教学环境从课堂内延伸到课堂外。学生可在寝室、教室、阅览室、实验室、种植大棚等环境中自主学习。教师通过教学平台针对性地介绍教学资源和有效地组织教学活动,动态地记录学生学习的进程与状态。

三、"翻转课堂"教学设计

(一)总体设计

自 2009 年承担"园艺产品营销"课程的教学任务以来,授课团队不断进行教学模式的探索。为了提高学生学习兴趣,实现工学结合,实施项目化教学,也为了提高课堂实践的利用效率,在项目化教学中应用了"翻转课堂",从而构建了"翻转课堂＋项目"的教学模式。该模式简明地反映了教学环节和学习目标,如图 1 所示。

"翻转课堂＋项目"的教学模式涵盖了学生学习过程,包括课前、课中和课后三个阶段,以及各个阶段的主要学习方法、教师活动和学习环境与工具。该模式的教学前提是真实项目,因此密切结合学生生产种植的产品并分项目进行。比如,结合果树组同学销售自己生产的蓝莓,设计寻找市场机会、确定目标市场等项目。

(二)2 学时具体设计

以"园艺产品营销"课程的"园艺产品层次策略"知识点为例,结合各生产小组的产品进行"翻转课堂＋项目"教学设计。

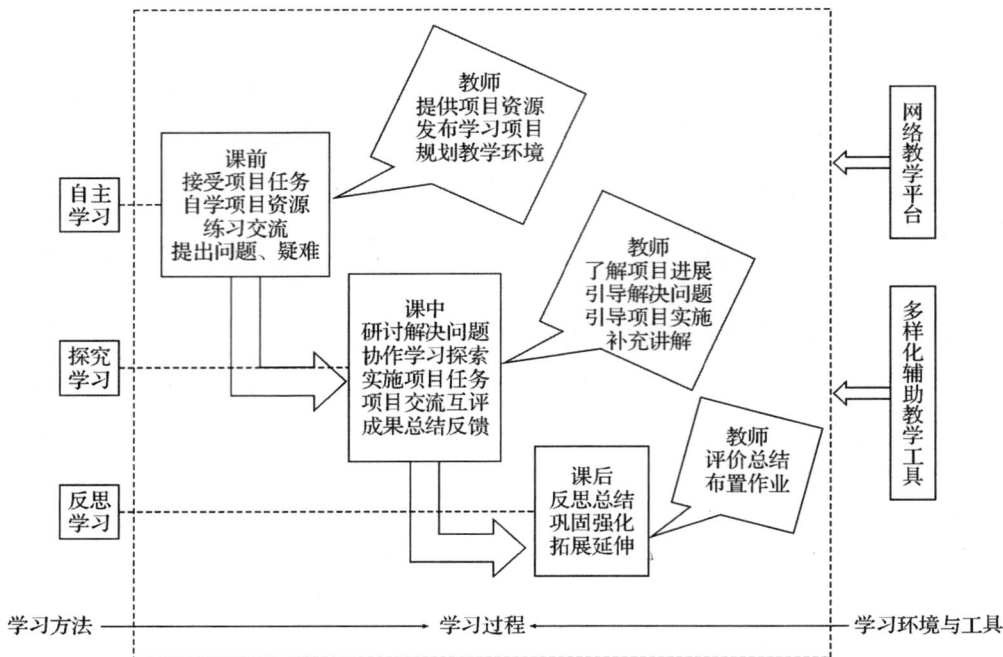

图1 "翻转课堂＋项目"教学模式

1. 课前准备

（1）项目任务的设计如下。

项目要求：对果树组生产的蓝莓进行整体层次的分析，并提出营销策略。

自学任务：通过观看给定视频、电子课件和上网查找资料的方式，探索一个产品在营销中有几个层次，每个层次应该如何表达。

自学要求：每人根据自学任务列出3条以上答案，列出2条以上自己困惑的地方，列出至少1条用于提问其他同学的问题。

自学方法：每人独立完成。

（2）学习资源的设计如下。

视频资源：微课"产品整体概念"和蓝莓相关的宣传短视频。

网络资源：丽水职业技术学院网络教学平台中发布的电子课件、拓展资料和往届学生的优秀作品。

2. 课中教学

课中教学按照"知识项目化、课程结构化"的原则进行设计，模拟电视节目的方式，共设计6个节目，即6个教学环节，参见表1。

表 1 "园艺产品层次策略"的课中教学过程

教学环节(时间)	学生活动	教师活动	设计意图
节目 1:《今日园艺》(问题解答)(5 分钟)	思考果树组刚刚成熟的蓝莓是什么产品、该如何向消费者传递产品信息	模拟新闻直播节目,将果树组同学丰收时的喜悦和销售时的沮丧进行鲜明对比	导出对产品层次的分析,为产品层次策略的学习奠定基础
节目 2:《最强园艺人》(组内交流)(15 分钟)	每个学生在小组内分享自主学习的观点;提出困惑,由小组同学帮忙答疑;提一个对他人提问的问题;小组内部总结;小组对蓝莓产品进行描述	检查学生的自主学习任务完成情况;观察学生在分享过程中的表现;对各小组的完成情况进行评比	通过该环节,一是检测学生的自主学习完成情况;二是小组同学内部之间相互检查和提高,以引发对项目任务的深入思考
节目 3:《天天向上》(完成项目)(30 分钟)	小组根据内部总结分享观点、解答疑惑,设计项目方案	引导,维持秩序	培养学生完成项目的能力
节目 4:《园艺大比拼》(成果交流)(15 分钟)	各小组就自己完成的项目方案在小组间进行交流,并提出完善意见或疑惑的地方	引导学生进行有序交流和问题解答	培养学生自主思考和解答能力
节目 5:《园艺大冲关》(知识梳理)(10 分钟)	学生根据教师的引导做好知识归纳与记录	教师结合学生的分享情况,根据产品层次的知识点和技巧进行知识梳理	促进学生对知识进一步理解和自我提升
节目 6:《奔跑吧园艺》(总结反思)(5 分钟)	学生记录总结	引导学生进行学习小结	总结提炼

3. 课后巩固

课堂教学阶段结束后,学生对所学内容进行总结,进一步巩固和加深对有关理论的理解。教师将成果交流阶段总结整理的内容补充到教学课件中,以使后面的学习者能够得到更全面的指导。同时,引导学生完善资料卡的知识点和修正任务报告,提倡学生课后将学习中的感悟、收获及经验分享到学习平台,鼓励学生在课后对任务做进一步探索,使学生运用所学知识进行实践项目的操作。

四、"翻转课堂"具体实施

(一)课前自学阶段:项目驱动

课前学习任务单以项目为单位,帮助学生了解完成项目需要掌握的课程内容,学生通过教学视频、讨论、师生在线互动等形式在课下学习。以园艺产品营销课程的"园艺产品层次策略"这节课为例,具体任务如表2所示。

表2 园艺产品层次策略项目任务单

项目任务	具体内容
学习项目	对果树组生产的蓝莓进行整体层次的分析,并提出营销策略
学习目标	掌握园艺产品的整体层次,并能对具体产品进行分层次的分析与应用
学习资源	教学视频、PPT、往届学生的优秀作品
学习方法	实物体验、分组讨论、作品展示、经验分享
学习中遇到的困难	自主学习后填写
收获和体会	课程结束后填写

(二)课中内化阶段:参与是重点

教师集中解决学生的问题,学生通过实物体验、分组讨论和作品展示等形式完成学习项目并展示成果。为了激发学习积极性、营造讨论氛围,设置学生上台展示、小组竞赛、组间辩论等,以期使学生产生学习成就感。课堂活动设计如表3所示。

表3 课堂活动设计

教学环节	教师活动	学生活动
探讨问题	针对共性问题组织学生进行探讨,同时根据需要进行个别辅导	学生分组讨论并得出结论,遇到问题可问教师
完成项目	引导学生制作项目方案	小组根据项目要求完成项目方案
成果展示	引导学生交流项目成果	每组派代表展示本组的项目成果
知识梳理	根据项目的完善建议进行知识的归纳和梳理	小组提出完善建议和疑问
总结反思	点评反馈并引导反思	总结并进行知识内化运用

(三)课后升华阶段:反思是关键

学生在课后把作品上传到网络,通过教师评价发现自己的不足,通过反思进一步内化学习内容;教师在课后进行总结,反思教学组织中存在的问题。在本阶段,可以设置一些技能拓展类的项目,课后活动设计如表4所示。

表 4　课后活动设计

	教师活动	学生活动
评价答疑	针对学生网上的作品进行点评,并对还有疑问的同学进行指导	针对自己在课程中的问题可以通过有选择性地观看视频学习,有余力的学生可以观看更多参考视频
反思并布置下节课任务	对本节课内容进行总结,并发出下节课的任务单	小组完善自己的作品,并上传到网上;准备学习下一个项目

(四)考核评价:项目主导

改变传统的重期末、轻过程的考核倾向,注重项目完成情况的考核,并将平时成绩(过程评价)的权重提至 0.5(或 0.6),丰富过程考核形式,将课堂提问反问、在线讨论、学习成果展示、技能训练、案例讨论、角色扮演等纳入过程评价体系,系统考核学生的学习态度和效果,详见图 2。

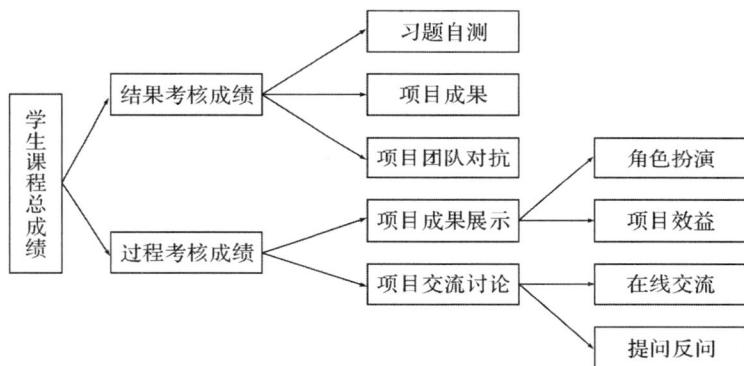

图 2　"园艺产品营销"课程学生考核系统

五、取得成效分析与体会

(一)成效分析

为了检验"翻转课堂＋项目"模式的教学效果,利用"问卷星"进行调研。参与问卷调查的有 2014 级商品花卉和园艺技术专业、2015 级园艺技术专业的学生,共 135 人;抽样访谈 30 人次。分析结果如下。

1.学生对实施"翻转课堂＋项目"教学模式的认可程度

从调查数据中得知,学生对该教学模式的接受度较高,无人选择反对的 0 人,同时对该教学模式的效益和作用做了较高的肯定,具体数据分析如表 5 所示。

表 5 学生对实施"翻转课堂＋项目"教学模式的认可程度

调查题项	选项统计（%）				
①与传统的教学相比，你能接受"翻转课堂＋项目"教学	赞成 （74.07）	比较赞成 （24.44）	无所谓 （1.49）	比较反对 （0）	反对 （0）
②与传统教学相比，你觉得"翻转课堂＋项目"教学的学习效益明显	赞成 （80.74）	比较赞成 （17.04）	无所谓 （2.22）	比较反对 （0）	反对 （0）
③你认为"翻转课堂＋项目"教学能提高你学习园艺产品营销课程的积极性	赞成 （77.78）	比较赞成 （20.00）	无所谓 （2.22）	比较反对 （0）	反对 （0）
④你认为"翻转课堂＋项目"教学有利于你掌握园艺产品营销课程的内容	赞成 （85.19）	比较赞成 （14.81）	无所谓 （0）	比较反对 （0）	反对 （0）

2. 学生在"翻转课堂＋项目"教学中的收获

通过"翻转课堂＋项目"教学，被调查学生普遍认为在对知识的理解和实践运用方面得到较大提升，尤其是增强了团队合作精神和自主学习能力，如表 6 所示。

表 6 学生在"翻转课堂＋项目"教学中的收获情况

	深化对知识的理解	深化实践运用	运用知识的能力提高	解决问题的能力提高	增强自主学习能力	提高沟通能力	提高判断能力	提高写作能力	提高表达能力	增强团队合作能力
选项数	116	115	105	106	118	100	95	105	110	125
比例（%）	85.93	85.19	77.78	78.52	87.41	74.07	70.37	77.78	81.48	92.59

3. 学生对"翻转课堂＋项目"教学的整体评价

从调查问卷所收集的数据和个别访谈的情况来看，绝大多数学生都对园艺产品营销课程实施"翻转课堂＋项目"教学持肯定欢迎的态度，认为这能充分调动其学习积极性。虽然，在学期初刚接触时感觉到难度高、压力大、挑战性强，但其中富有乐趣、实践性强，在学习的过程中一方面能发现自身的不足；另一方面也使自己看到自身潜力。所以，绝大多数学生都支持"翻转课堂＋项目"教学模式。

（二）教学体会

1. 项目选择应适度

选择项目时必须考虑到高职学生的能力范围，如果选择的项目是学生不熟悉的产品，将打击学生的自信心。因此，在园艺产品营销课程的教学中紧密结合学生自己正在生产种植的真实产品，这不仅是学生通过一定程度的努力就可以完成的项目，还能让他们看到其生产种植产品的市场价值和营销带来的收益。

2. 课程开设应适量

在"翻转课堂＋项目"教学模式下，学生需要利用数字化教学资源进行课前自主学习，学生学习的压力和时间也会增加，若一个学期有多门课程实行"翻转课堂"教学，可能会导致学生对"翻转课堂"的教学模式产生抵触情绪。因此,专业组应对一个学期可开展"翻转课堂"的课程数量做适当安排。

3. 教师培训应加强

"翻转课堂"教学对于高职院校的教师提出了新的挑战,教师担任的角色由"主演"到"导演"的转变,要求教师需要不断提升自己对教学的掌控能力。一方面,教师本人应提高自身的信息化能力;另一方面,学校要积极鼓励教师参加各类提升信息化教学能力的培训,使高职教师成为教学活动的组织者和指导者。

作者简介

夏凤,女,副教授,丽水职业技术学院市场营销专业专任教师。致力于课堂教学活动有效性的研究,主持完成了浙江省教育科学规划课题(SCG382)、浙江省教育厅一般科研项目(Y201330048)等多项教改项目;主编《农产品营销实务》等教材5部;在《职业技术教育》等期刊上发表多篇教研论文,并获浙江省高等职业教育研究会2013年年会学术交流征文一等奖;所教课程两次获得丽水职业技术学院优秀网络课程;被评为丽水市138人才、丽水职业技术学院优秀青年教师。自2009年承担"园艺产品营销"课程的教学任务,积极开展教改活动,在丽水职业技术学院第一届"课堂教学创新奖大赛"、第十届"青年教师教学竞赛"中均获第一名。

"翻转课堂"
示范性
教学视频

"教·学·做·测"合一"翻转课堂"教学模式应用于"Excel 在财务中的应用"的教学实践

陈株剑

丽水职业技术学院会计学院

一、课程基本情况

课程基本情况如表 1 所示。

表 1　课程基本情况

课程名称	Excel 在财务中的应用	课程学分	3
课程性质	专业课	面向专业	会计、投资与理财
已开展"翻转课堂"教学实践情况		已开展 2 轮,42 学时左右/每班	
教学班规模	7 个班/每学年,380 人左右		
教材	《Excel 在财务中的应用实训》,钭志斌主编,高等教育出版社 2014 年出版		
线上平台	浙江省高等学校精品在线开放课程共享平台、清华大学教育技术研究所研发的校园网络课程平台		

二、教学改革背景与思路

(一)教学改革背景

1. 课堂学时有限,师生互动、指导不及时

传统课堂中,很大一部分时间是由教师进行知识点讲授,对于部分接受能力较弱的学生还可能需要知识点的重复讲解,势必会导致师生互动时间不足,教师不能对每个学生进行及时指导和答疑,从而影响学生专业能力的提高。

2. 学生接受能力、学习能力差异大,难以因材施教

从以往的经验看,课堂上学生对新知识、新技能的接受能力、学习能力差异大,使用"翻转课堂"前,教师只能照顾大多数学生的理解力和进度,优秀学生往往感到讲授时间无聊冗长失去兴趣,完成难度较大的拓展任务时因为教师指导时间不足而无法继续;而接受能力弱的学生也因为跟不上大多数学生而容易自暴自弃,为了在有限时间完成项目任务,抄袭了事。

3.学生灵活应用、自主解决问题能力较弱

"Excel 在财务中的应用"是一门操作性较强的课程,教学目标是让学生通过项目任务的完成来习得财务工作中 Excel 操作的灵活应用能力,能举一反三,但由于课堂除去知识讲授时间,完成项目任务时间有限,教师个性化指导总体不足,导致学生课堂上独立思考、试错时间不足,而课后完成拓展任务辅导跟不上,所以大多数学生只能完成灵活性不大、难度较低的基础任务,独立运用知识、自主解决问题的能力不足,从而难以应付工作中千变万化的具体问题。

(二)"教·学·做·测"合一"翻转课堂"教学改革思路

1.教

教师制作课程各个知识点的微课视频,利用浙江省高等学校精品在线开放课程共享平台及相应的手机 App"浙江线上大学",将知识点的讲授通过课前视频教学完成。

2.学

以学生自主学习为主。学生可以自由选择时间(课前)来观看视频并完成课前作业,视频观看可以选择快进,可以暂停,可以反复观看,学生可以在完成作业过程中遇到困难时回看难点,可以在作业出错后去回看以查找出错原因。

3.做

通过完成项目任务实现做中学。学生可以通过完成难度递进的课前作业、基础任务、拓展任务来边做边学,课前作业可参照微课完成,课堂上完成基础任务,学有余力的学生完成一个或多个拓展任务。同时,因为课堂上不再大量讲授,学生有更多时间独立思考、独立解决问题,教师有更多机会与学生互动,对学生辅导。

4.测

利用自主开发的教学系统进行即时测评。为了对学生完成任务情况进行即时、高效反馈,利用本校教师开发的教学系统对学生完成结果进行即时测评。

三、"翻转课堂"教学设计

(一)总体设计

"翻转课堂"总体设计如表 2 所示。

表 2 "翻转课堂"总体设计

教学环节		设计意义
课前	观看教学微课	1.将理论知识讲授安排在课前完成,学生通过微课了解教学重点 2.学生可根据自己的接受能力反复观看微课
	完成课前作业	1.督促学生预习 2.检验观看微课后对知识的掌握程度 3.培养学生自主学习能力
课中	预习检测	1.对教学重点进行梳理和回顾 2.督促学生做好课前学习 3.为接下来的任务做铺垫
	情境导入和 课堂练习	1.通过做中学,培养学生独立解决问题的能力和灵活应用知识的能力 2.通过作业的自动评分系统进行自我检测 3.因材施教,满足不同学习能力学生的需求
	讨论发言	1.使学生进一步掌握教学重点与难点 2.培养学生的表达能力和沟通能力,增强其团队协作能力
	教师总结点评	对本项目教学重点、难点进行总结梳理
课后	课后作业	1.下次课前预习 2.课后巩固知识点,避免遗忘
	教学反思	善于总结,不断改进,因材施教,才能越做越好

(二)2 学时设计

"翻转课堂"2 学时具体设计如表 3 所示。

表 3 "翻转课堂"2 学时具体设计

课程 名称	Excel 在财务中的应用		项目	产品成本项目构成比重分析—— INDEX 和 MATCH 函数的应用	课时	2 学时
教材	《Excel 在财务中的应用实训》,钭志斌主编,高等教育出版社 2014 年出版					
授课 对象	会计专业三年级学生, 每班 50 人左右		授课 地点	机房(配备 Office2007 及以上 版本软件)	授课 类型	讲授＋操作
教学 目标	知识目标	掌握 INDEX 和 MATCH 函数的使用				
	技能目标	1.能够运用 INDEX 和 MATCH 函数查找、引用其他工作表中的数据 2.能够对 INDEX 和 MATCH 函数常见错误进行甄别和修正 3.能够利用 INDEX 和 MATCH 函数进行产品成本项目构成比重分析				

续 表

教学 目标	素质目标	1.培养学生独立思考和解决问题的能力 2.培养学生表达能力和沟通能力 3.培养学生的责任感
教学 重点		哪些情况下可以使用 INDEX 和 MATCH 函数 INDEX 和 MATCH 函数的组合使用
教学 难点		INDEX 和 MATCH 函数的组合使用
教学 方法	任务驱动法	通过设置情境,在课前微课和教师课堂引导下,学生通过自主探索和互动协作,完成"产品成本项目构成比重分析"和"我们来找茬——INDEX 和 MATCH 常见错误"两个任务,在完成任务的过程中掌握 INDEX 和 MATCH 函数的正确用法
	讲授法	教师通过简明、启发性的语言向学生讲解 INDEX 和 MATCH 函数的运用要点、适用范围,总结点评
	讨论法	在教师指导下,学生以小组为单位,通过对"我们来找茬——INDEX 和 MATCH 常见错误"进行讨论来解决问题
学情 分析		本课程面向的是会计专业学生,学生在之前已完成"财务管理""成本会计"课程学习,对产品成本项目构成比重分析的原理有所了解 本项目之前,学生已经观看了教师发布在浙江省高等学校精品在线开放课程共享平台(手机 App"浙江线上大学")的微课《INDEX 和 MATCH 函数的基本应用》,并完成了网络教学平台上"INDEX 和 MATCH 函数课前练习"

教学环节设计

教学环节		教师活动	学生活动	媒体和素材
课前 准备	课前预习 (观看 5 分钟的教 学微课)	1.教师制作 INDEX 和 MATCH 微课视频 2.在浙江省高等学校精品在线开放课程共享平台(手机 App"浙江线上大学")上发布内容指引和微课 3.编制教学导案 了解:(1)哪些情况下可以使用 INDEX 和 MATCH 函数; (2)INDEX 和 MATCH 函数怎么用	根据教学导案观看微课视频,了解:(1)哪些情况下可以使用 INDEX 和 MATCH 函数;(2)INDEX 和 MATCH 函数怎么用	微课视频《INDEX 和 MATCH 函数的基本应用》
	课前预习 (完成课 前网络作 业)	在学校网络教学平台上布置课前作业	1.根据微课视频完成网络课程作业 2.通过自动测评系统进行评分并提交作业	网络平台作业(Excel 文档)"INDEX 和 MATCH 函数课前练习"

续　表

教学环节		教师活动	学生活动	媒体和素材
课中教学	预习检测（10 分钟左右）	对课前预习情况进行检测、复习，函数要点提示	随机抽取一个学生到教师的电脑上完成"INDEX 和 MATCH 函数预习检测"，其他学生进行点评	一份 Excel 文档：INDEX 和 MATCH 函数预习检测
	情境导入和课堂练习（50 分钟左右）	教师布置任务：工作情境导入1."利用 INDEX 和 MATCH 进行产品成本项目构成比重分析"（必做）2. 拓展任务"INDEX 和 MATCH 的各种用法"（选做），教师进行个性化辅导	1. 独立完成基础任务并提交到教师的电脑2. 完成快、能力强的学生可尝试完成拓展任务3. 通过自动测评系统进行评分	课堂作业：一份 Excel 文档：利用 INDEX 和 MATCH 进行产品成本项目构成比重分析；拓展任务（Excel 文档）：INDEX 和 MATCH 的各种用法
	讨论发言环节（15 分钟左右）	教师布置任务"大家来找茬——INDEX 和 MATCH 的常见错误"，师生互动	学生分小组讨论，小组代表发言	一份 Excel 文档：（大家来找茬——INDEX 和 MATCH 的常见错误）
	教师总结点评（5 分钟左右）	教师对本项目知识点、学生的课前预习情况、课堂练习完成情况、易错点、注意事项进行点评总结	学生听讲	
课后作业及反思	课后作业	1. 布置网络课程作业（一个月内完成）2. 布置下次课的课前预习内容（下次课前完成）	1. 完成下次课前预习2. 完成网络课程作业	1. 下次课的微课2. 本校网络教学平台作业
	教学反思	教师对本次课教学内容安排、教学设计进行反思、总结经验教训		

四、"翻转课堂"具体实施

"教·学·做·测"合一"翻转课堂"教学模式在"Excel 在财务中的应用"课程中已开展教学实践两轮，目前正在进行第三轮实践，已制作并发布微课 54 个，面向会计专业、投资与理财专业学生及社会人员，参与人数达 659 人。具体实施平台情况如图 1 至图 4 所示。

图 1　浙江省高等学校精品在线开放课程共享平台"班级管理"界面

图 2　浙江省高等学校精品在线开放课程共享平台微课资源

图 3　丽水职业技术学院网络教学综合平台

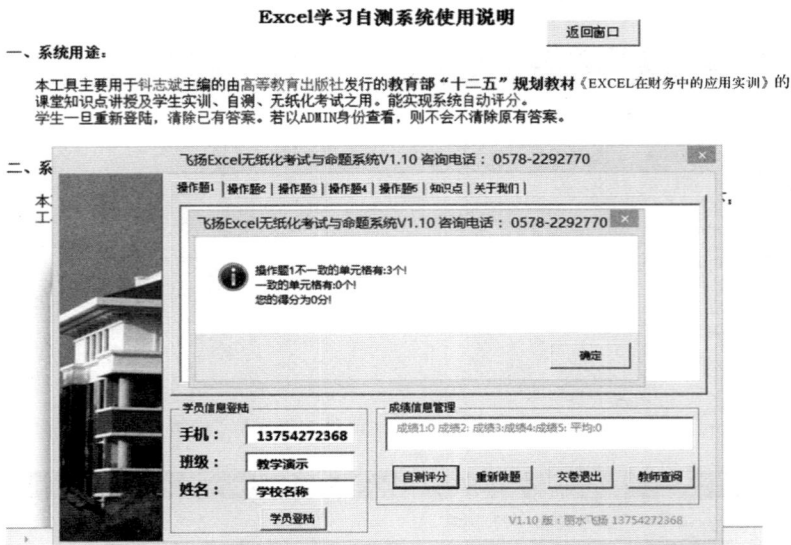

图 4　本校教学团队自主研发的 Excel 学习自动测评系统

五、取得成效分析与体会

实施"翻转课堂"的教学实践过程既是一个不断探索、不断尝试的过程，也是一个不断反思、不断完善的过程，有许多体会只有亲自实践了才知道。

（一）微课视频的最大优势是可以反复观看

在理论学习环节中，相比于传统的教师课堂讲授，微课视频的最大优势在于可以反复观看。我曾经在学生中做过调研，每个微课视频，学生一般至少会看两遍，有时候更多，这种反复并非简单重复，每次观看其实侧重点是不同的。

比如，第一次看，了解某个 Excel 函数的基本结构和用法；第二次看，是在完成课前作业的过程中，操作不熟练时，会翻到视频相应节点加深学习；第三次，如果课前作业完成后出错，找不到错误原因，会再次观看视频，这时候能注意到之前没有留意的细节和易出错环节；第四次及以后，在课堂上完成更复杂的任务时，还有学生会打开 App 看视频来巩固知识和举一反三。

（二）课堂师生互动时间更充裕，实现了因材施教和分层分类教学

由于理论学习在课前完成，课堂真正做到了以学生为主，学生有了更多的练习时间，教师也有了更多对学生一对一指导的机会。一个班的学生学习能力、接受能力各异，能力一般的学生，有了更多时间思考和试错，能独立完成任务，而不是因为时间匆忙，抄袭了事。学有余力的学生，在较快完成基础任务后能有更多时间去挑战拓展任务（任务完成越多，平时成绩越高），对提高能力大有裨益，借此实现因材施教和分层分类教学。

（三）如何激发学生课前预习的积极性

在我的"翻转课堂"实践中，课前预习的积极性基本不是一个问题，原因有二：一是预习内容与课堂任务有密切的关联性，不预习就很难完成课堂任务，学生发现教师在课堂上果真不讲授后，一两次后自然就为自己负起了责任，这是最重要的原因；二是通过观看视频时长、课前作业完成情况等数据对学生课前预习进行量化考核，并纳入课程成绩。

（四）为什么不少学生练习时间增加，完成的任务量却没有明显增加

在实施"翻转课堂"初期，笔者原以为由于课堂练习时间增加，学生可以完成更多任务，因此为学生准备了更多的情境案例。可是一段时间后，笔者发现尽管练习时间增加，很多学生完成的任务量并没有明显增加，也就是说，学生平均完成一个任务的时间反而比传统教学时更多了，速度更慢了，这让笔者一度怀疑"翻转课堂"的实施对学生的能力没有提高，反而降低了。

不过，经过更长时间的实践和观察，我发现学生完成任务速度变慢，其实是因为理论讲授减少后，学生在独立应用知识完成任务时，需要花更多时间去思考和试错，而思考和试错恰恰是提高学生解决问题能力的两大"助攻"。学生能力的提高在独立完成拓展任务时和解决实际问题时得到了验证，这说明"翻转课堂"模式的确有助于学生能力的提高。

作者简介

陈株剑，女，讲师，教育部"十二五"职业教育规划教材《Excel 在财务中的应用》副主编，浙江省高等学校精品在线开放课程"Excel 在财务中的应用"团队成员，主持 2016 年浙江省高等教育教学改革研究项目"'教·学·做·测合一'翻转课堂教学模式应用于'OFFICE 高级应用'课程的研究与实践"。

"翻转课堂"
示范性
教学视频

"前厅服务与管理实务"双语教学
"翻转课堂"设计

薛国瑜

浙江东方职业技术学院人文学院

一、课程基本情况

课程名称:前厅服务与管理实务。

课程学分:4。

课程学时:总学时为 51 学时,其中理论学时 21 学时,实践学时 30 学时。

课程性质:酒店管理专业必修课,专业核心课之一,主要为学生毕业后从事酒店服务与管理等工作积累专业背景知识与技能。本课程重在培养学生前厅各服务岗位的服务技能,为提升学生的服务水平和专业发展前景,采用双语教学模式。

课程面向专业、年级:酒店管理专业一年级学生。

教学规模:上学年教学规模约为 140 人,本学年教学规模约为 100 人。

使用教材:主要教材为《前厅运行与管理》,广西师范大学出版社 2015 年出版;辅助教材为《点击职业英语——酒店英语实用教程》(第二版),大连理工大学出版社 2014 年出版。

已开展"翻转课堂"教学实践轮数:2。

主要依托教学平台:蓝墨云班课。

二、教学改革背景与思路

"翻转课堂"译自"flipped classroom"或"inverted classroom",也可译为"颠倒课堂",是指重新调整课堂内外的时间,学习的决定权从教师转移给学生。"翻转课堂"本质上是一种教学理念,它最鲜明的特点是要求在教学实践中打破并重组传统的课堂教学程序。教学程序是教学设计的一个方面,传统的课堂教学程序设计依据的是"以教为中心"的教学理念。在传统教学的弊端日益凸显之后,出现过依据"以学为中心"的教学理念进行教学程序设计的主张,但其矫枉过正,导致忽视了教师的主导作用,教学程序难以在实践中得到有效执行。在这个意义上,"翻转课堂"教学理念恰好克服了两者的弊端,既满足了"学生主体""兼顾效率和质量"的价值诉求,又注重教师对教学程序的主导作用和对教学活动的组织。

当今社会已步入新媒体时代。新媒体以其数字化和交互性的特征区别于传统媒体,成为媒体形态的一种。在高校,以手机移动网络为主要载体的新媒体,已经成为大学生日常学习生活的一部分。一方面,大学生对新媒体接受迅速,使用率高;另一方面,高职学生群体普遍存在自主学习能力偏弱的现象。将新媒体引入高职学生课堂教学,实施"翻转课堂"的教学改革,可以更合理地设计教学环节,更好地调动学生的学习积极性,从而形成以学生为主体,教与学高效融合的模式,因此具有较强的可操作性和实际应用价值。

"翻转课堂"的开展在课前依赖于公共的网络资源、教师制作的课程视频和教学 PPT,在课中则注重学生的参与和课堂活动的设计,课后则倚重于师生间的交流。本课程的教学改革借助蓝墨云班课 App 作为学生学习、教师授课、课堂互动和课后交流的平台,让学生将网络和智能手机转变为学习的工具,在知识的获取、技能的锻炼、师生间的交流以及知识体系的构建上,都有了更优质更便捷的途径。教师通过该平台可以分享更多优质的教学资源,增加学生知识学习的深度和广度,从而更好地引导学生参与课堂各种活动,大大提高课堂教学的质量。此外,在对学生的评价体系中,不会仅凭期末考试来评价一个学生的学习成绩。学生的课前学习与课后拓展都是考核的重点。课堂中,评价形式可以有学生自评、小组交流互评和教师点评。学生的平时成绩以学生执行项目的情况为主要评定依据。评分项目不仅包括知识目标完成情况,还包括课堂纪律、课堂表现、团队合作、学习能力等。这种评分体系能极大地调动学生的学习热情,提高教学效果。

三、"翻转课堂"教学设计

(一)总体设计

将授课形式分为线上环节、"线上+线下"模式、线下环节,分别对应课前、课中、课后的学习过程。具体如图 1 所示。

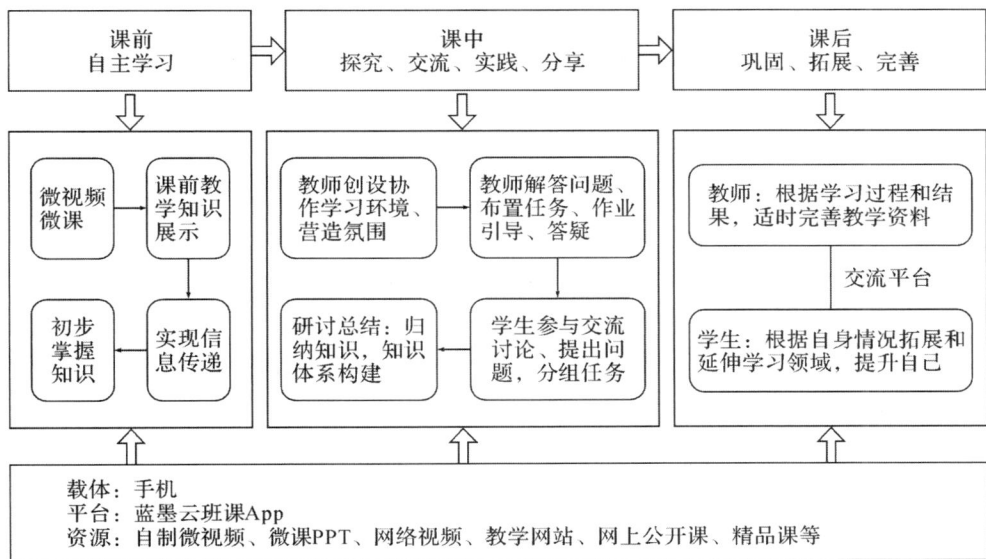

图 1 "翻转课堂"教学的总体设计

(二)"入住接待服务"2 学时具体设计

酒店总服务台在酒店管理中处于总揽全局的协调性的地位,是酒店的神经中枢,是负责推销酒店产品与服务,组织接待工作、业务调度的一个综合性服务部门,要求员工工作流程标准规范,服务过程高效准确,服务礼仪细致到位。由于该岗位工作的重要性和高要求,学生必须精准熟练地掌握服务的知识和技能。此处以"入住接待服务"为例,展示本课程双语教学的"翻转课堂"设计。

1. 教学目标

(1)知识目标:熟悉前台入住接待工作流程,掌握入住接待注意事宜、外宾入住接待知识、信用卡和证件知识、从业人员的服务礼仪和素质要求。

(2)技能目标:熟练操作前台入住接待、登记,规范实施入住流程。

(3)能力目标:能与中外宾客有效沟通交流;能正确处理入住接待常见问题。

2. 教学内容

(1)课前:线上学习环节。

制作 PPT:①酒店前台服务礼仪;②前台接待流程;③入住接待中文对话及注意事项;④入住接待常用英文句型;⑤入住接待英文对话;⑥信用卡知识。

网络视频:酒店入住接待服务。

录制微视频:英文常用句型讲解及领读。

以上内容上传至蓝墨云班课相应单元编号中,通知学生在线学习。蓝墨平台会以经验值呈现学生的学习过程,教师可督促不及时参与线上学习的学生。PPT 制作需简短清晰,图文并茂。

(2)课中:线上+线下。

云班课中签到:省时并有效地管理课堂出勤。

案例分析:记住客人的姓名,引出本堂课的主题。

提问环节:考核学生对于前台服务礼仪、前台接待理论和信用卡知识的掌握情况。事先将班级分成六个小组,利用云班课中课堂表现中的"举手"和"抢答"功能,形成竞争机制,抢答或举手的学生在云班课中可以增加个人经验值,同时其所在小组另行加分,小组间的竞争能加强组员的团队合作能力。

现场操作:将入住流程分解成若干个环节:如宾客进门时、宾客入座时、请宾客出示证件时、请宾客签字时、收银时等,请学生将各个环节的礼仪进行演示。通过学生纠错,教师示范,使学生准确掌握各个细节的规范操作和服务礼仪。

中英互译环节:考核学生微视频学习情况。运用云班课"选人"中的"摇一摇"功能与学生互动,检查学生对本堂课涉及的外语内容的学习情况,活跃气氛。此处同样为双重加分制,回答的学生本人可获经验值,小组可另行加分。

分组角色扮演:在云班课"添加活动"中,设置小组任务,将入住接待的中文和英文对话分解成三个环节,每个小组领取不同环节的任务,模拟真实场景,进行角色演练,演练过程中,双语交替进行。一轮结束后,交换环节继续演练,直至熟练掌握整个流程的对话。期间,教师对于学生的用词、礼仪、流程和操作给予指导和点评,考核结果计入小组成绩。

头脑风暴:在云班课活动的"头脑风暴"中发布问题:随着智慧酒店时代的到来,今后可能越来越多的酒店前台推行自助入住模式。请问你对此有何看法? 根据学生的回答给予不同的经验值奖励。

(3)课后:线下。

云班课中发布"答疑"活动,学生在课堂中如有未能掌握的地方,课后可继续进行交流。

学生以小组为单位录制入住服务视频并上传至云班课,教师给予点评。

四、"翻转课堂"具体实施

"前厅服务与管理实务"实施双语教学,知识量大,课堂操作环节多,如仅依靠传统教学模式,学生所学内容不足,更难以在有限的课堂时间内进行有效的操作和演练。以智能手机 App 蓝墨云班课为媒体,结合课堂多媒体以及课前课后手机交流平台的师生互动,可以大大改善教学效果。

(一)课前:自主学习

(1)制作视频、微课与 PPT,上传至蓝墨云班课资源库中,让学生自主学习课堂理论知识。同时,在专业公众号和互联网上搜索优质文章,分享至资源库,作为课堂补充资料,使学生全方位学习专业知识。

(2)预先布置课堂任务。将小组任务和课堂讨论预先发布在云班课中,学生可以提前做准备,同时也能引导学生更明确地知道课堂中需要认知的重点内容。

(二)课中:探究、交流、实践、分享

"翻转课堂"的优势在于在最大化地开展课前预习的基础上,激活学生的已有知识体系,并形成新的知识架构雏形。课堂的关键就在于如何通过课堂活动设计,开展人际协作活动,完善知识框架。

(1)教师在设计教学活动时,应充分利用创设情境、开展小组合作、进行交流分享等发挥学生的主体性,完成知识的内化。

(2)引入教师评价与师生互评体系,并将课堂评价纳入该门课程成绩考核中。

(三)课后:巩固、拓展、完善

教师根据课堂教学,完善教学资料,并在云班课和微信平台中与学生交流。学生则根据自身情况拓展和延伸学习领域,提升自己。

五、取得成效分析与体会

通过实践,开展"翻转课堂"教学,在课前、课中、课后引入新媒体,让学生对学习有了新的感知和体验:学习的自我管理能力提高了;不用担心课上教师所讲的内容来不及记录,不

懂的地方可以反复看课件；学生喜欢小组配合中的默契；重视平时课堂的评价，大大提升了学生参与课堂活动的积极性；学生与教师的关系更轻松和谐，课前课后都可平等交流，利用手机 App 分享知识和资信，营造师生共同进步的氛围。教师根据课堂教学，完善教学资料，并在云班课和微信平台中与学生交流。学生则根据自身情况拓展和延伸学习领域，提升自己。本课程教学改革实施过程中，教师开展了全院的公开课，使全院师生对应用新媒体实施"翻转课堂"有了更深入的认识。

作者简介

"翻转课堂"
示范性
教学视频

薛国瑜，硕士，从事教育工作 10 多年，多次获得"优秀教师"称号。发表多篇教学改革论文，曾主持并完成院级课题、温州市科技局课题和浙江省民政厅课题，并参与多项厅局级课题。

基于蓝墨云班课的高职"物业管理概论"课程"翻转课堂"设计

苏小东

浙江东方职业技术学院

一、课程基本情况

课程名称：物业管理概论。

课程学分：4。

课程性质：物业管理专业的专业课。

面向专业、年级：物业管理专业大学一年级学生。

教学班规模：40 人/班。

使用教材：《物业管理概论》（高等院校"十二五"应用型规划教材），谌汉初、初志坤主编，清华大学出版社 2014 年出版。

课程学时：总学时为 64 学时，其中理论课授课 52 学时（包含"翻转课堂"48 学时），实践授课 12 学时。

"翻转课堂"教学实践：已经开展"翻转课堂"教学实践 2 轮，每轮约 48 学时，依托蓝墨云班课平台，现在进行第 3 轮，采用以"翻转课堂"教学为主的混合式教学模式，"翻转课堂"占 90% 以上。

二、教学改革背景与思路

（一）教学改革背景

"物业管理概论"为专业必修基础课，物业管理概论的学习让学生掌握物业管理的基本知识。通过该课程的学习，培养学生物业管理基础知识运用能力。该课程主要内容包括物业管理的基本概念、基本内容、物业管理机构、物业管理早期介入、前期物业管理、物业承接查验、业主入住管理、住宅装修管理、各类物业管理等基础知识。随着"互联网＋"时代的到来，知识更新换代速度加快，如何培养学生自主学习能力以应对复杂的问题情境成为学校面临的挑战。"翻转课堂"的教学模式因为能为学生提供更多主动参与学习的机会，受到了教师的关注。受新技术的推动，大多数参与"翻转课堂"教学的教师已经从资源的接受者变成了资源的制作者，开始有意识地利用信息手段满足自己的教学需要。

(二)教学改革思路

突出学生的学习主体地位,在现有的课程教学大纲的基础上对课程教学内容进行分析整合,实现部分知识点的微化,并以此开发和利用以"微课程"为主体的在线微单元学习资源,打造课堂教学平台。

1.微化处理知识点

对高职课程的教学大纲进行梳理,结合专业人才培养方案,对理论知识体系进行分解,选择重点明确、实践能力要求强、信息集中的知识点作为翻转课程设计的核心内容,并选择合适的信息传播形式,整合形成结构体系完善、上下知识点有所衔接的独立的、集中主题的,既可用于正式的现实课堂学习,也可整合于非正式的课后学习环境的互动交流平台。

2.教学案例的内化

一改以往课程教学案例多、分散的局面,选择贴近大众生活的物业行业作为案例分析的主体,对这一行业中已经发生的各种案例进行整合分类,并对应到各个细化的微课程设计中,实现案例的一体化,实现前后理论应用的有效衔接。让学生实现知识的"内化"和"活化",实现学习的连贯性和习惯性。

3.对学生的学习情况进行全程监督

依托在线网络平台,在课程中每隔 10 分钟,加入头脑风暴互动环节,对学生的学习情况进行监督和评测,同时充分利用网络平台,对在线教学微视频及其他在线资料的学习、作业完成、测试题、在线访问、答疑、师生互动、生生互动等情况进行全程监督和评测。

4.教学评价体系的改革

改革课程考核方式,注重形成性评价。充分利用教学微视频及其他在线资料,注重线上学习情况的监督和考核,形成平时成绩(学生的在线学习情况、"翻转课堂"表现、视频的访问、讨论及平时测试作业的完成情况等)和期末成绩并重的考核方式,加大翻转课堂参与情况的考核权重,充分调动学生学习的积极性。

三、"翻转课堂"教学设计

(一)总体设计

我们主要从课前学习的设计、课中教学的设计、课外辅助教学、考核模式的改革几个方面开展"翻转课堂"的教学。

1.课前学习的设计

包括课堂教学设计、教学内容微视频的制作、课堂成绩评价权重设置、线上平台和移动端平台的建设、教室互联网系统的准备。

(1)学案引领设计:利用云班课提前告知学生本课要学习的内容和要做的准备。教师通知学生用手机扫描二维码安装蓝墨云班课 App,注册账号,登录后加入班级(通过邀请码加入),让学生成员将名称修改成真实姓名和学号,并告知学生下载资源及作业的完成时限等注意事项。

(2)线上共享资源:上课前,教师将课程中的相关教学资源如教案、授课计划、PPT、录制的微课、图片、视频、案例、参考资料等上传至资源库,供学生课前预习,并通过"通知"功能,课前布置学习任务,使学生对知识点预习。

(3)知识点自主探究:设置学习任务引发学生思考,引导学生自主学习。设置若干个课前讨论活动。教师提出问题后,学生在线回答,之后教师及时点评。这样就很好地完成了教师与学生的课前互动。

(4)经验值权重设置:让学生提前1~2天完成共享资源里发布的在线资料学习任务,并在答疑讨论模块里提交完成相应的任务要求,并分别设置阅读材料和完成课前任务的经验值权重,对在课前任务中表现特别优秀的还可以额外给予奖励经验值,以鼓励学生更好地进行课前预习。

2. 课中教学的设计

主要采用大部分内容"翻转课堂"教学,重要的疑难和重点内容传统面授的方式进行教学。"翻转课堂"的教学过程,主要针对教学的知识点在手机端进行教学互动,每2学时设计30分钟互动模式,对相应的知识点进行巩固。主要的互动模式如下。

(1)课堂签到:代替传统的名册点名,移动端蓝墨云班课具有手机签到系统,课堂签到功能显示学生与教师的实际距离,使学生不敢旷课和迟到。使用签到功能,可一键签到,也可手势签到,简单方便。

(2)课堂表现:第一,使用"摇一摇"功能,"摇"到谁就谁来回答问题,随机点名增加了课堂趣味性和紧张感,根据学生回答问题的质量好坏当场给予相应的经验值,对于完全回答不了问题的学生也会扣除一定经验值,以督促学生在课堂上认真学习,更好地调动学生学习的积极性,学生注意力也会大大集中。第二,使用抢答功能,教师讲完某个知识点,尤其是重点和难点,通过发起抢答,由第一个抢到的学生来回答,也根据学生回答质量的好坏当场给予相应的经验值,而回答错误不会扣除经验值,这极大地提高了学生的参与热情,又巩固了知识点。第三,使用举手功能,教师在授课过程中,学生遇到难点不能理解或困惑需要解决的可以通过举手功能向教师提问,对提问的学生可以给予一定经验值,这有助于发挥学生的学习能动性。第四,使用小组评价功能,通过线下先组成4人一组,来开展课堂小组任务,学生课中在规定时间内在组内讨论重要知识点或布置任务,组内成员最终通过相互协作达成一致成果,实现小组同伴互助,提升了学生的团队合作能力。

(3)知识点检测:首先,利用"头脑风暴"功能,教师根据教学进程每10分钟左右设计一个"头脑风暴"问题,这样会大大提升学生的听课效果,促使学生做笔记。用头脑风暴来提问,在头脑风暴结束前看不到别人的回答,结束后才可以看到所有学生的回答,这样先有自己的观点再学习别人的观点和想法,冲击学生的大脑,更有利于重点知识的复习。也可以用头脑风暴来收集学生们本周自学遇到的问题,对大多数学生反映的问题在课堂上再进行重点讲解,强化了知识点的学习。其次,利用测试功能,在每一模块任务学习之前,教师先把测试题上传至题库,在课中按照教学进度适时发起课堂小测试,测试的成绩及做题所用时间都被即时统计出来,准确无误,更方便快捷地检测了学生知识点的掌握情况。

3. 课后学习模块设计

通过在线讨论、在线答疑、作业思考等形式以及教师和学生作业互评等方式来检验学生学习情况和教学效果,完成知识点的巩固,所有学生的作业都在蓝墨云班课平台上展示,学生间的作业可以互评,更增加了评价的公平性和客观性。

(1)巩固拓展:课后学生回顾本课知识并运用本课知识完成作业与反思。学生完成相应的课后练习并联系实际完成拓展训练,教师能够及时掌握学生的完成情况,并即时给出点评,使学生巩固知识、拓展视野。

(2)作业布置:课后教师将作业发布至云班课,学生可以通过手机查看并提交作业,根据要求可以上传文字、图片、音频、视频,教师根据作业质量给予学生不同经验值的奖励。而提交作业后,学生之间也可以进行相互评价,实现了多元的评价方式,使学生的参与积极性大大提高。

(3)答疑解惑:课后学生还可以通过答疑讨论区,对还未掌握的知识点和教师进一步交流,主动参与交流的学生可以获得一定的经验值,提高了学生学习重点难点知识的参与积极性。

(4)问卷评价:通过投票问卷功能,一是教师可以进行一手教学效果反馈调查,了解学生对所学知识点的掌握情况,便于教师对今后教学进行改进;二是教师可以自行设计调查问卷,开展相关的课题调研,调研结果可直接得出,不需要再用统计软件进行统计,方便实用,更好地支撑了教学任务。这种对学生有效的评价,有效地提高了其学习的积极性。

4. 考核评价体系设计

"翻转课堂"教学模式的课程考核有别于传统教学模式,注重学生的形成性评价,即课前的线上学习、课堂的线下学习以及课后的结果考核全过程。平时成绩占60%("翻转课堂"现场表现占30%,主要包括课堂学习态度、课堂表现、提出问题及解决问题的能力等,自主学习占10%,在线作业占10%,资源阅读占5%,讨论占5%),期末理论考试成绩占40%。教师根据学生课程综合考核的情况,对学生进行客观、公正、公开的评价。

(二)"物业管理的内涵、外延与本质特点"——(2学时)具体设计

"物业管理的内涵、外延与本质"是物业管理概论中比较重要的基础核心知识,也是学习的难点,因此特别选取此内容作为"翻转课堂"的案例来进行教学设计。

1. 教学目标

【知识目标】

(1)了解物业管理的本质特点。

(2)熟悉物业管理服务对象的特点。

(3)掌握物业管理概念的内涵与外延。

【能力目标】

(1)以蓝墨云班课为中心"翻转课堂"教学模式,注重学生自主学习能力和终身学习能力的培养;

(2)通过在线讨论互助学习,注重学生合作学习能力的培养;

（3）通过案例学习，加强学生理论联系实际的能力。

【情感目标】

（1）面对学习难点内容，引导学生从现实生活出发，培养勇于探索知识以及独立思考的能力和学习态度。

（2）帮助学生养成思维拓展的习惯，树立物业管理的职业使命感。

2. 教学内容

第一节，物业管理的内涵。

第二节，物业管理的外延。包括从物业管理主体的角度划分、从物业管理不同阶段的角度划分、从物业管理客体的角度划分。

第三节，物业管理的本质特点及其服务对象的特点。

3. 教学方法

首先学生通过线上微视频自主学习。微视频设计为：在物业管理内涵中，以与学生生活息息相关的小区、学校、电影院等案例进行导课，在物业管理外延中，以"物业纠纷"的案例进行导课，和生活中具体体验过的物业管理服务结合起来，激发学生学习的兴趣，进一步巩固所学的知识点。

完成线上学习后，通过线下见面课的方式进行"翻转课堂"教学。我们在蓝墨云班课 App 平台设计好知识提问内容，通过"选人""抢答""举手"和"小组评价"四种课堂互动方式进行翻转教学，并现场对学生进行即时评测和知识点拨。根据评测情况，教师灵活调整教学的内容和进度，进一步巩固教学知识点。

四、"翻转课堂"具体实施

（一）在线平台

"翻转课堂"互动手机平台是蓝墨云班课 App 平台。

（二）开课情况

第一轮：2016—2017（1），选课班级为 2016 级物业管理 1 班、2015 级物业管理 1 班。

第二轮：2016—2017（2），选课班级为 2016 级物业管理 1 班、2015 级物业管理 1 班。

第三轮：2017—2018（1），正在进行中，课程共 64 课时，52 课时为见面课（传统教学 4 课时，"翻转课堂"48 课时），"翻转课堂"占 90% 以上。

（三）教师团队的全程参与

为了保证以"翻转课堂"为主的混合式教学，在实施过程中，教师团队全程参与，这是翻转课程运行的关键。教师团队日常工作包括：布置教学计划、发布课程公告、答疑、处理争议和投诉以及教学管理等。

五、取得成效分析与体会

(一)取得成效分析

从前面两轮的教学实践来看,"翻转课堂"教学顺利,师生互动良好。比如,头脑风暴活动让全班同学都参与到开放性问题的思考和回答中,随堂测试能马上得到学生知识点学习情况的数据反馈,点名签到节省了传统点名的时间,讨论答疑突破了时间和空间的限制,让教师和学生随时随地交流学习问题,"摇一摇"选人增加了课堂的趣味性。学生很喜欢这种教学方式,因为参与多了,互动多了,思考也多了,不再是"满堂灌"了,每个活动的参与度都很高。实践证明,通过云班课教学,进一步深化了"网络资源＋高职翻转课堂"的教学改革与实践,得到了校内师生的一致好评。

(二)教学体会

基于蓝墨云班课的翻转教学模式,整个教学团队前期和课程维护投入的时间比较多,但整个教学过程很顺利,学生的反响很好,总体效果不错。教学过程中我们也学到了不少知识和教学技巧,是教学相长的过程。"翻转课堂"的教学主要有以下几点体会:

(1)传统的教学模式中,教师与学生课前互动少,课堂互动较为单向,课后互动也缺乏。但组织一体化教学后,教学的方法将有所改变,教师应如何进行课堂设计、如何组织课堂教学、如何实现预期的教学目标等成为现实问题。

(2)新的教学模式改变了学生的学习习惯。在传统的教学体制中应试教育消耗了学生的学习热情,成绩不好的学生感觉读书乏味,缺乏老师的监督;听课听不懂无法互动;课下缺少沟通,无法完成作业。这些问题在新的教学模式中都得到了比较好的解决。

(3)蓝墨云班课的使用,其实是对任课教师提出了更高的要求,与传统教学不同,教师除了要备课外,还要搜集大量的信息和资源,合理巧妙地设计好课程的各个环节,并要利用更多的课余时间来实现师生互动,让教师在育人的同时也在不断地提高自身。

作者简介

苏小东,硕士,在读博士,讲师,浙江东方职业技术学院物业管理专业教研室主任。从事教学工作多年,以主要参与人完成国家社科基金项目多项、省部级课题多项,主持完成温州市科技局项目及校级课题多项。在国内外期刊发表论文近20篇。指导学生获得浙江省高职高专院校"挑战杯"竞赛三等奖、全国高职高专"发明杯"大学生创新创业大赛三等奖,主持的浙江省大学生科技创新活动计划暨新苗人才计划项目结题,多次荣获校优秀教师、优秀班主任、"最受学生欢迎的十佳教师"称号。曾任兼职督导。

"翻转课堂"
示范性
教学视频

基于情境驱动教学法的混合式学习设计
——以"婺派剪纸衍生品设计"教学为例

朱清沁

义乌工商职业技术学院创意设计学院

一、课程基本情况

(一)课程的性质

"装饰画设计"课程是产品艺术设计专业的选修基础课程,课程结合地区产业生态,以义乌支柱性的工艺品产业为基础开展项目化系列教学。作为一门理论实践融于一体的综合性课程,该课程要求学生在课堂中充分发挥想象力和创造力;运用情境驱动理念,探讨一种基于情境驱动的教学方法,将工艺美术设计创新设计教学从"介入意愿,明确意图""内化创造,转译重构""技能拓维,举一反三"三个层次展开,采用线上教学形式整合跨时空教学素材形式;激发学生的设计创新力,引导学生理解、掌握设计制作的完整过程(见图1)。

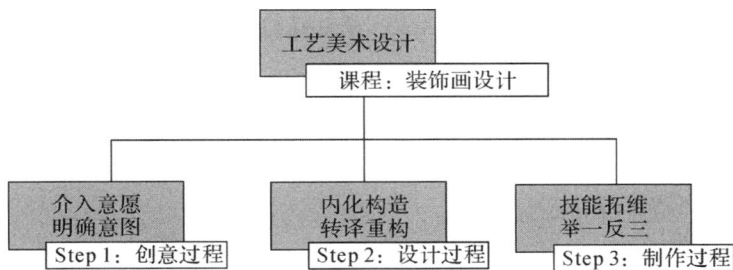

图 1 装饰画设计课程框架

(二)教学目的

(1)通过校企合作实际项目,引导学生了解装饰画设计工艺,了解市场装饰流行趋势。

(2)能够按照规定要求做各种装饰形式的变化,充分利用形式美法则。

(3)了解装饰材料工艺的特性,掌握不同装饰材料设计分析制作的能力。

(4)提升学生对装饰艺术的审美情趣和对传统工艺与传统文化的认知。

（三）前导课程与后续课程

前导课程：素描色彩等绘画基础课程。

后续课程：设计管理等。

二、教学改革背景与思路

（一）情境驱动教学法概述

情境驱动教学法是指在教学过程中，教师有目的地引入或创设具有一定情绪色彩的、以形象为主体的生动具体的场景，以引起学生一定的态度体验，从而帮助学生理解教材，并使学生的心理机能得到发展的教学方法。情境驱动教学法的核心在于激发学生的情感。

情境教学在 20 世纪 50 年代有重大发展。把情境教学推向一个新阶段的，当推保加利亚心理学家格奥尔基·洛扎诺夫，他首创了暗示教学法。这是一种充满乐趣的、舒适的教学方法，它将学习和唱歌（音乐）、游戏、演戏等结合起来，启发学生自觉学习，寓教于乐，让学生感到学习的每一分钟都是一种享受。暗示教学的本质就是情境教学，暗示教学就是利用一定的情境，"创造高度的动机，建立激发个人潜力的心理倾向，从学生是一个完整的个体这个角度出发，在学习的交流过程中，力求把各种无意识的暗示因素组织起来。"格奥尔基·洛扎诺夫在《速成教学和人的潜力》这样说道。

有不少教育家在他们的教育论著和教学实践中留下了对情境教学的思考与经验，如苏格拉底的"产婆术"、卢梭的《爱弥儿》中对自然情境的利用、杜威的关于"我们必须有一个实际的经验情境，作为思维的开始阶段"的主张、苏霍姆林斯基的大自然的书和他的情境教学实践等。

（二）运用情境驱动教学方法达成教学主要目标

1. 学习对象的分析

学习对象是指教学目标的各个方面。创设情境的目的是使学生了解、掌握、整合这些学习对象，所以，创设情境必须围绕教学对象展开，并分析当学生身处该情境时，是否会产生与该学习对象相关的各种预期的心理感受（好奇、联想、疑问、矛盾、向往），学生会做些怎样的与学习对象相关的事情，会说些怎样的话，会问些怎样的问题。当这些心理感受、行为、言语反映的特征能说明学生的自主探究时，所创设的情境才是可行的、必需的。

2. 学习主体的分析

学生是学习的主体，创设情境的目的是驱动学生进行自主探究，并完成积极的意义建构。因此，在创设情境时需分析学生原有的知识结构、兴趣所在，然后根据学习对象特征确定合适的情境呈现方式，使得学生身处呈现的情境中时，能完整地体验"好奇"到"了解"再到"向往"的心理过程，然后在"向往"心理的驱动下，主动完成任务的探究，并在探究过程中完成意义建构。

3. 情境的延续性设计

情境的创设不只是为了"激趣",同样需考虑"维趣"。主要要考虑开始"激趣"时的教学环节和后续自主探究教学环节的衔接与过渡问题,使"激趣"和"维趣"达到完美的统一。"激趣"是为了让学生动起来,而"维趣"是为了让学生连续地动下去,所以要用系统论的观点去进行整堂课的情境创设,而不仅仅是局限于上课伊始的新课导入。一些课让人感觉"作秀"的症结就在于忽视了后续阶段的情境创设和"激趣"与"维趣"的衔接问题。

(三)"婺派剪纸衍生品设计"的"翻转课堂"教学设计思路

本课程以婺派剪纸衍生品设计方法探究为核心内容,采用混合式学习的方式充分调动学生课外学习和课内学习的积极性和主动性,打破课堂教学的局限,拓展学习的时空通道。在课程设计阶段,利用云课堂和网络资源库,编订单元教学计划,开发教学微视频,设计在线学习单,将选取好的资源制成学习包;在课前学习阶段,教师通过云课堂向学生发布学习包,布置学习任务,引导学生利用微视频整理课前学习素材,总结收获和困惑;在课中交流阶段,教师利用多媒体演示课件进行教学,利用智慧教室将显示屏、学生移动电脑、手机等链接,进行网络探究及多媒体互动教学,通过分享—答疑—探究—交流—总结几项活动,形成婺派剪纸衍生品设计方法论;课后完成设计方案,并通过云课堂提交作品,展示交流成果,完成师生互评,最后通过校园公众号,发布展示作品、课程成果(见图2)。

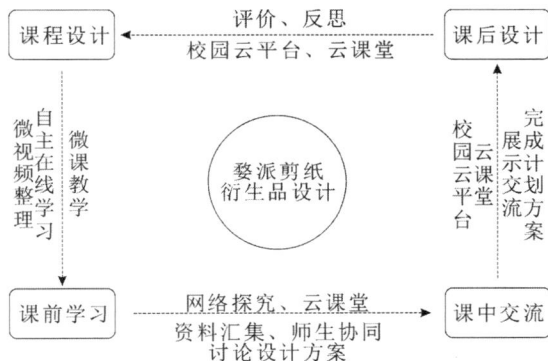

图 2 "婺派剪纸衍生品设计"的"翻转课堂"教学模式

三、"翻转课堂"教学设计

以"装饰画设计"课程为例,通过教学情境驱动是非常必要的。具体实施过程是:介入意愿,内化创造;组合表达,深化意义;展示作品,评析悟美;拓展延情,提升价值。这些环节环环扣扣,实现了三个单体的衔接和发展:知觉—方法、形式—情感、创造—意义。这样的教学设计充分呈现了工艺美术课程中的人文性及工艺性,可引导学生在工艺技术学习的基础上对工艺美术人文素材拓维,符合时代背景下对综合创新设计人才的培养要求(见表1)。

表 1 "婺派剪纸衍生品设计"教学设计

课程名称	装饰画设计		授课内容	文化衍生品设计
授课时间	2 课时		授课题目	婺派剪纸衍生品设计
所属学科	工艺美术品设计		课程类型	理实一体
适用对象	工艺美术品设计专业二年级学生		适用教具	投影仪、实训操作台、精雕机、手工工具若干
教学背景	信息技术的高度发展使艺术设计成为一门高度综合性的学科,"婺派剪纸衍生品设计"教学设计以关注社会议题的形式,将非物质文化遗产活化,再设计为课程目标核心,重视学生职业素养和专业技能的综合提升 前导课程:设计创意与形态、计算机辅助设计等 后续课程:时尚礼品设计			
教学目标	知识与技能	1.了解婺派剪纸的文化背景及其特点 2.掌握文化衍生品设计的一般思路及方法		
	过程与方法	1.引导学生通过微视频关注非物质文化遗产保护 2.引导学生通过网络探究形成系统知识模块 3.以问题为导向,组织学生以小组讨论、协作的方式完成项目任务		
	情感、态度和价值观	引导学生要在创意设计中坚持: 1.以艺术和技术相融合为核心 2.以将设计理论内化到实际设计项目中为品格 3.以实践为基础不断探索的设计师自我修养训练		
教学重点	1.掌握文化衍生品设计的一般思路及方法 2.引导学生通过视觉文化关注非物质文化遗产保护			
思路设计	本项目属于"婺派剪纸衍生品设计"课程综合实训课。知觉—方法、形式—情感、创造—意义,在这三个单体中,始终以学生的创意设计构建为核心,将三者结合起来 			

教学资源	校园云平台、平板电脑、照相机、投影仪、微视频课件

教学过程设计

课程结构		教学内容	教学方法	教学手段	教学活动
导知识背景	介入意愿	1.引导学生利用微视频关注纸品艺术 2.问题:如果给你一张白纸,你能创造出什么	问题探究	网络探究	提炼总结探究过程中的收获和困惑
导学习方法		一、总结收获,分享疑惑 1.分享:作品展示	试验探索	创意实践 微视频展示	活动:课前探索成果分享
引问题探究		2.思考:如果你是婺派剪纸传承人,你会以怎样的形式支持该非物质文化遗产的传承	问题引导	头脑风暴	论坛区讨论
实施	转译重构	二、展示案例,评析悟美 1.认识"纸"的再造价值 2."纸"是传统文化的一部分 3."纸"的可塑性强,极具艺术表现张力 4."纸"之于传统工匠精神的诠释	问题引导	思维导图	活动1:以"纸"的艺术为核心进行头脑风暴游戏 活动2:分组讨论,对各自议题进行探索 活动3:展示探究成果
深化		三、拓展延深,深化意义 1.婺派剪纸文化背景 2.精雕技术工艺特点	归纳总结	实物展示 对比分析	活动1:图像识图,观察"剪纸作品",探究该作品背景 活动2:对比大师作品和机制作品,辨其特点 问题3:测一测,下列哪些图示(图片详见课堂 PPT)可以用精雕技术呈现
归纳		四、归纳提炼,深化拓展 1.精雕机识图制图语言及表现形式	提炼概括	对比分析	问题:测一测,如图所示切割效果,下面三张图纸,哪一张可以实现(图片详见课堂 PPT)

续　表

教学过程设计					
课程结构		教学内容	教学方法	教学手段	教学活动
课后拓展	技能拓维	五、小结 布置任务： 1.以婺派剪纸为背景，设计系列"八婺礼物"方案，要求：软件操作环境为CorelDRAW等矢量制图软件，提交效果图、源文件及设计说明 2.整理婺派剪纸的相关资料，以产品设计视角关注非物质文化遗产并形成作业报告 3.网络探究：比较分析故宫博物院系列衍生品设计案例	知识内化 网络探究	微课 云课堂 网络	完成课程作业及课后导学任务

博物馆探究导学单

一、学习任务
选择一样文化衍生品，分析其产品特点，评析悟美，说出你的观点

二、学习方法建议
利用观察法比较分析发掘其文化内涵，尝试从材质、色彩、造型等方面对产品做具体的分析

三、资源链接
故宫精品系列：http://www.npmshops.commainmodules/MySpace/index.php

四、困惑与建议

四、"翻转课堂"具体实施

（一）介入意愿，明确意图

1.创设问题情境

　　使学生被问题吸引，创设能够解决而不是经过努力却无法解决的问题情境。在设计教学任务中，"问题"是贯穿教学设计的核心。一个能提问题的学生必然也是一个会设计、会解决问题的学生。在教学过程中，最害怕的是学生对课堂"冷漠"的态度。我们需要针对学

生这种被动学习的状态,为学生设计"圈套",把所要展开的知识点套入问题情境中,引导学生深入学习。

以线上教学微课"一张白纸的艺术"为例。本课程属于装饰画设计课程中的理实一体课程,通过视频教学形式呈现,采用项目化教学法,教学目标是指导学生能够利用精雕机进行纸品创意设计。

"发现问题""解决问题"是设计的主要任务,教师帮助学生构建学习任务,创设情境要素,这是一个思维高度发散的过程。在本课程中,情境描述主要有两个目的:一是激发学生的学习兴趣,发现"纸"的工艺美,并在这个"美"中完成从情境要素中解读设计要素的过程。二是引导学生线下实践,自主学习,为后续实践操作课做好课前准备。

2. 创设"审美"情境

这里的"审美"指的是一种评价的眼光和一种设计理念,通过创设一种辩证性的教学情境引导学生发现问题。

在装饰画设计中,"美"是指一种"技术美""工艺美"及"理念美"。两院院士路甬祥指出,人才是创新设计之本,青年人才是创新设计的未来和希望。他认为,设计教育的首要任务是教育引导确立先进科学理念和价值观,培育创意创造和创新创业精神。"培育设计创造的兴趣、自信心,激发人的想象力、创造力,远比传授灌输知识更重要;引导认知设计新趋势、新技术,树立新价值、新目标,比传授学习模仿技艺更重要。""知识网络时代,设计进入3.0时代,呈现绿色低碳、网络智能、开放融合、共创分享的新特征,因此设计人才教育需要进行改革。"

在装饰画设计"婺派剪纸衍生品设计"项目课程中,我们主要从设计的可再生性及材料的环保性等多方面对"绿色设计"进行探讨,引导学生多维度地拓展。这是一个符合时代主题的项目课题,在过度设计和资源匮乏的时代,引导学生带着社会责任感进行设计也是现代职业教育的任务。

(二)内化创造,转译重构

1. 创设项目情境

创设项目情境是指运用真实项目及实物模型进行课堂教学组织,教学中的原理及技能以"工作任务"的形式向学生呈现。这有助于激发学生的学习兴趣,并使学生对所学习的职业技能有更深的行业化背景认知。把系统知识项目化,把操作技能工作任务化,更有利于深化教学知识点和强化设计技能在实际工作中的运用。

装饰画设计课程的目的是通过该课程的训练使学生充分了解装饰画设计的方法和要求,掌握装饰画设计的原则及规律,并通过电脑辅助设计项目。

在教学设计中,我们结合校企合作实际项目,线上进行产品的全方位展示和任务布置,通过真实项目的要求及企业的规范对学生进行讲解。

2. 创设"悟美"情境

"悟美"是指构建情境。指导学生将碎片化的情境要素组成一个有机结构,这个构建的过程就是我们设计方案的思路。

它让看似相互独立的情境要素能够巧妙地联系起来,帮助学生理清设计思维。学生可尝试对一系列情境要素进行衍生发展并归纳合并,简化要素中的复杂部分,从中挖掘出未来愿景,更好地构建情境结构。

在线上教学过程中,我们可以充分利用多媒体技术,将跨时空的教学情境要素进行整合,将思维的过程、实训的过程、实验的过程等教学过程以图示化的形式呈现,给学生一个更加直观的创新设计导图(见图3)。

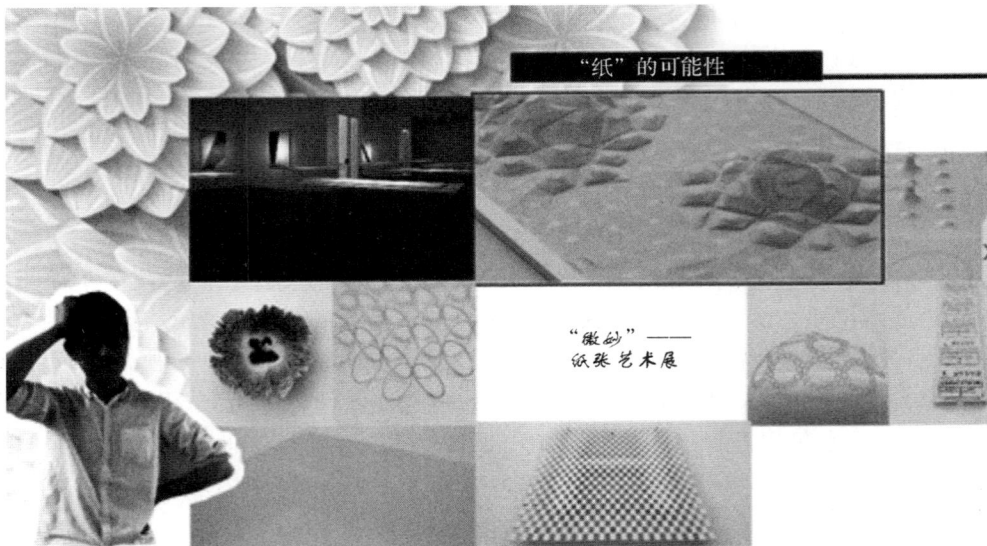

图3 "一张白纸的艺术"微课节选

(三)技能拓维,举一反三

1. 创设合作情境

创设合作情境是指在课堂中充分发挥学生的主导作用,让学生引导课堂教学的走向,将传统的学术演讲式的教学方式改变为活络有趣的互动教学模式。在创设合作情境时要兼顾不同层次水平的学生,对项目任务进行分层分组;在互联网+平台下引导学生利用社交媒体等即时通信平台合作交流,相互学习,在相互交流中发现彼此的优势和不足,变单纯的知识吸收为知识技能的交流互动。这样的线上互动平台教学更有利于知识点及操作技能的内化。

本课程依托横店影视基地文创园花千骨系列产品、系列工艺品项目,通过线上发布任务,线下学生自建团队,小组成员围绕该主题进行单独设计,每个组员在小组中又兼顾不同任务的研究,如包装结构分析、材质分析、字体分析、图案分析等。以同一方向、不同任务的形式完成各自的设计方案,这样既可以保证充分的信息知识交流及顺畅的教学互动,又可以确保每个学生都有独立研究的课题任务。这种合作监督机制体现了项目工作的公平性。

2. 创设"造美"情境

"造美"指的是设计制作的环节,在这个环节中最重要的是明确设计意图,完成设计表现,要帮助学生进一步廓清他们能够向用户提供一个什么样的产品的愿景,实现情境元素叙事到产品叙事的转变。

引导学生在创意设计中坚持以艺术和技术相融合为核心,将设计理论内化到实际设计项目中,以实践为基础不断探索的设计师自我修养训练(见图4)。

图4 "一张白纸的艺术"微课节选

五、取得成效分析与体会

(一)依托产业背景

通过工艺美术品工作室,带领学生直接对外开展设计服务,积极引进企业商业项目及各种竞赛项目。累计承接项目10余项,累计获得省一类竞赛一等奖1人次,二等奖1人次,获省时尚饰品设计与制作大赛入围奖2人次。工作室项目化教学从通识技能项目、实战演练项目、比赛项目到企业真实项目逐层推进。

(二)深化项目化教学

工艺美术品设计方向与新光集团建立了紧密型校企合作人才培养模式,同时服务义乌市多个中小企业。实现课程与企业的真实项目对接,学生毕业后可直接进入新光饰品研发中心及礼品事业部等相关部门实习就业。专业课程"金属工艺品设计""时尚礼品设计""竹木工艺品设计""装饰画设计"与企业的设计生产紧密结合,以项目化教学模式完成企业真实项目的导入,教学设计层层递进,逐步形成旅游文化产品专业教学链。

基于情境驱动的工艺美术设计线上教学实践,有助于探究创新设计教学设计、实施、评价,形成较为完整的创新教学链;在互联网+环境背景下,通过平台对接学生,对接企业,对接设计教学项目,布置教学任务,完成项目化教学,有助于实现跨时空、跨地域的项目交流、资源整合;加速实践教学的设计—产品—商品的有效转换,有助于提升工艺美术品专业学生的职业能力素养,充分发挥协同创新资源平台的效用。

作者简介

"翻转课堂"
示范性
教学视频

朱清沁,女,毕业于中国美术学院综合设计系,现担任义乌工商职业技术学院产品艺术设计专业工艺美术品方向专任教师。曾执教过多门专业课程,主要讲授课程为"装饰画设计""时尚礼品设计""金属工艺品设计"等。在2015—2016年第一学期实践教学成果展中获得一等奖;2014年、2016年分别获得青年教师优质课三等奖;2017年获得校微课技能竞赛三等奖。在指导学生学科竞赛方面,获得省劳动厅举办的饰品设计与制作竞赛银奖;浙江省大学生海洋创文化创意比赛二等奖;获中国创林业产品设计大赛优秀指导教师奖;获得省一类竞赛一等奖2项、二等奖2项,累计获奖10余项。

基于慕课的"商务礼仪"课程混合式
教学模式实践

徐美萍

浙江纺织服装职业技术学院商学院

一、课程基本情况

课程名称:商务礼仪。

课程学分:2。

课程性质:选修课。

面向专业、年级:市场营销、国际贸易、物流、连锁、电子商务和服装模特等专业各年级学生。

教学班规模:30～140 人。

使用教材:《现代礼仪》,徐美萍主编,上海大学出版社 2010 年出版。

已开展"翻转课堂"教学实践轮数:4。

课程学时:约 30。

依托平台:宁波市高校慕课联盟平台、浙江省高等学校精品在线开放课程共享平台和清华大学"学堂在线"平台。

二、教学改革背景与思路

"商务礼仪"课程在本校已经开设 15 年,授课对象为市场营销、国际贸易、物流、连锁、电子商务和服装模特等专业各年级学生。本人主持的"商务礼仪"网络课程,于 2013 年在本校立项,当时就建成了比较完整的课程视频、考试题库、交流论坛等 16 个栏目。在本校信息化大赛中,"商务礼仪"网络课程获得第一名,2015 年该课程获得全国信息化大赛网络课程二等奖。

随着移动信息化时代的到来,智能手机、iPad 等便携式设备及网络的普及和慕课的涌现,同时,根据慕课的特点,笔者对"商务礼仪"网络课程内容的组织形式进行了改革,按照知识单元设计,每个知识单元都是一个独立的慕课课程单元,讲授一个具体的知识点。

新建的"商务礼仪"网络课程,2015 年 7 月被宁波市教育局立项为首批宁波市高校慕课联盟平台的课程。2016 年 11 月,已经在省平台开课近一年的"商务礼仪"课程被正式立项为浙江省高等学校精品在线开放课程。2017 年 6 月底,课程又上线清华大学"学堂在线"平台(见

图1)。

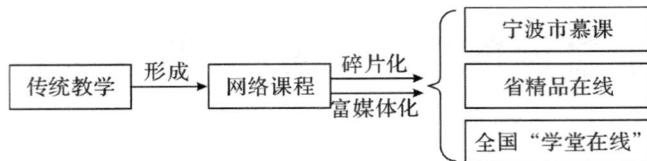

图1 "商务礼仪"网络课程发展过程

三、"翻转课堂"教学设计

(一)总体设计

"商务礼仪"课程翻转课堂教学设计的思路是:学生先按教师布置的任务在线上学习相应教学单元,线下课堂讨论和操练,做到理论联系实践,巩固所学知识,熟练运用礼仪动作。

1. 线上学习的教学设计

(1)学生观看视频:视频中既有各位教师对知识点的讲授,也有大量操作的示范及点评。如服饰礼仪中通过各种实物饰品搭配的展示,仪态礼仪中通过站、坐、行、手势等行为举止的操练,仪容礼仪中通过在模特脸上操作展示,餐饮礼仪中通过在中西餐厅实景操作展示,签字礼仪和面试礼仪中通过角色扮演的展示等,使学生能够轻松地掌握商务礼仪的知识和操作技能。

(2)学生完成测试:针对每个视频,设计了10个课后测试题和礼仪操作练习,进一步巩固学生的商务礼仪知识。

(3)学生提出问题:在讨论区,学生根据自身理解或结合商务礼仪热点话题等提出自己的问题。

(4)学生探索问题:教师结合该单元的重难点对学生提出的问题进行归类梳理后,再把问题发给学生学习小组,让他们去寻找答案,用于线下课堂展示和讨论。

2. 线下学习的教学设计

(1)复习导入:先回顾上堂课学习的内容,然后展示学生完成网络课程的成绩统计表,表扬认真完成的学生。再从慕课平台相关试题库中随机抽取3题,测试学生们课前学习的情况。根据学生们的掌握程度,可以及时调整补充现场教学内容。

(2)布置任务:结合本堂课的重难点,布置本堂课要讨论分享的问题和礼仪实操。

(3)讨论分享:学生们围绕教师提出的问题进行讨论或展示,互相分享自己的探索成果。

(4)礼仪实操:课堂内进行实操展示或考核。各单元中都有具体礼仪实操,如仪态礼仪中站、坐、行、手势等,服饰礼仪中系领带和系丝巾等,仪容礼仪中洗脸等,见面礼仪中介绍、递交名片和握手实操等。

(5)拓展提升:对各单元中具体礼仪实操或礼仪知识拓展提升。

(6)点评总结:请学生谈谈学习收获体会,教师点评、提炼、总结。

(7)课后作业:布置下次课的任务和需要完成的作业。

(二)2 学时具体设计(服饰礼仪)

1. 复习导入(10 分钟)

(1)回顾上堂课学习的"仪态礼仪",分享各组上传的视频作品——课后拍摄的仪态礼仪操练视频。

(2)表扬网络课程预习已经取得了 90 分以上优秀成绩的学生,展示宁波市高校慕课联盟平台中完成观看"服饰礼仪"视频及 10 个相对应测试题的学生成绩统计表。

(3)现场测试,请学生们完成试题库随意抽取的 3 个服饰礼仪题目。教师后台查看学生们的掌握程度,以便及时调整或补充课堂教学内容。

2. 布置任务(3 分钟)

教师事先要求学生们在线上讨论区提出学习中碰到的问题和需要拓展提升的内容。教师结合教学任务中的重点和难点,进行梳理后归纳了 6 个问题,已经发给学习小组。本堂课的任务是对这些问题进行分享讨论,考查系领带和系丝巾。

(1)男士为什么要穿西装、系领带?

(2)男士如何选择领带?不同图案的领带适合哪些场合?

(3)为什么彭丽媛第一次出访的第一套服饰是藏蓝色,而在出席中国人民抗日战争暨世界反法西斯战争胜利 70 周年纪念活动时穿红色的?(图片展示)

(4)西服有哪些保养方法?

(5)现代的时尚职场装能体现职业女性的哪一点呢?

(6)在职场中女士怎样才能让呆板的职业装变得时髦?

3. 讨论分享(40 分钟)

课前,各小组同学已经分别认领了这 6 个问题,小组成员间互相沟通协作,共同探寻答案,都做了 PPT 等答题准备工作,有的还准备了进一步提问的问题和补充答题内容等。

讨论分享是线下课堂的重要环节,要求人人积极参与,不仅要解决这 6 个问题,还要准备随时回答、讨论师生现场的提问,做到师生间和学生间充分讨论和交流,共同分享成果。同时教师根据学生们的表现记录打分。

4. 考查操练(15 分钟)

每个学生都要按照标准要求完成考查操练:男生系温莎结领带,随意抽取女生系温莎结领带或用小方丝巾系平结。

5. 拓展提升(15 分钟)

女生展示丝巾的其他系法,男生展示领带的其他系法。

6. 点评总结(5 分钟)

随机请一个学生发表课后感言:通过课前线上看服饰礼仪视频、做 10 个测试题和看一些发帖提问讨论等,以及线下课堂师生间及同学间的相互分享、讨论、展示、考查操练以及拓展提升,感觉收获很大。教师总结本堂课的重难点内容及注意事项。

7. 课后作业 (2 分钟)

请学生们课后继续巩固服饰礼仪知识,练习领带的各种系法,女生还要继续练习丝巾的各种系法,拍摄操练视频并上传。线上预习下堂课"仪容礼仪",看视频并完成对应 10 个测试题,实操是掌握正确洗脸。要求在讨论区根据所学知识或结合商务礼仪热点话题等提出自己的问题。学习小组认领教师梳理后的问题,做好下堂课讨论展示及拓展提升的准备。

四、"翻转课堂"具体实施

(一)线上教学依托市、省和全国三个平台

线上网络课程内容分为 10 个教学单元,共有 34 个视频,视频总时长为 362 分钟。这 10 个教学单元,是"商务礼仪"课程团队教师根据线下课堂教学单元相对应的内容精心制作的(见表 1),配套了对应的测试、作业、考试,要求学生做笔记及发帖讨论,同时线上还更新与礼仪相关的拓展资料等供学生们分享学习。

表 1　线上网络课程

单元	教学目标	教学设计与方法	教学活动
单元一: 商务礼仪概述	了解商务礼仪的基本知识	以情境案例导入教学	灵活运用商务礼仪的一些基本知识
单元二: 仪态礼仪	掌握商务人员的仪态礼仪	讲授、操作和点评	1. 学会正确的站姿、坐姿、行姿和蹲姿 2. 学会正确的手势及日常的动作等 3. 学会正确微笑
单元三: 服饰礼仪	掌握商务人员的服饰礼仪	讲授、操作和点评	1. 能够根据服装的 TPO 原则,懂得在不同场合的穿着技巧 2. 男生能够正确穿着西装 3. 女生能够正确穿着职业装 4. 学会正确系领带及丝巾
单元四: 仪容礼仪	掌握商务人员的仪容礼仪	讲授、操作和点评	1. 学会正确洗脸 2. 掌握日常保护脸部皮肤的方法 3. 学会选择不同发型 4. 运用化妆技巧,装扮自己 5. 学会快速职业妆造型
单元五: 见面礼仪	掌握商务见面礼仪	讲授、角色扮演和教学互动	1. 能熟练运用介绍礼仪 2. 能熟练运用握手礼仪,注意时间、仪态及语言 3. 能熟练运用递交名片礼仪,注意仪态和语言
单元六: 访送礼仪	掌握商务人员拜访接待礼仪	讲授和操作	1. 学会规范的拜访礼仪 2. 学会迎来送往的接待礼仪与技巧

单元	教学目标	教学设计与方法	教学活动
单元七： 面试礼仪	掌握求职面试礼仪	讲授、操作、角色扮演和点评	1. 学会制作简历礼仪 2. 灵活运用求职面试礼仪技巧
单元八： 仪式礼仪	掌握各种仪式礼仪	讲授、操作和点评	1. 熟练运用签字礼仪 2. 熟练运用剪彩礼仪
单元九： 餐饮礼仪	掌握中西餐礼仪	实景讲授和操作	1. 学会中餐礼仪 2. 学会西餐礼仪
单元十： 谈判礼仪	了解谈判礼仪	案例导入教学和角色扮演	1. 学会谈判交流沟通礼仪 2. 学会谈判磋商礼仪

（二）线下教学实行"翻转课堂"教学模式

"商务礼仪"课程，有固定的上课时间和地点，对学生掌握技能的要求更高。我们充分利用"商务礼仪"网络课程平台，改革传统的课堂教学模式，实施"翻转课堂"。

具体实施：学生按照教师布置的任务，课下先自主完成网络课程中对应单元的学习任务。课堂教学面授时，以讨论、答疑、实际操练、教师点评和总结为主。在信息化环境下实现线上网络教学与线下课堂教学相融合，满足基本要求的"规定动作"与多样丰富的"自选动作"相补充。将慕课教育模式与传统课堂教育相融合，弥补传统课堂教学和慕课教学各自存在的不足。加入慕课，不仅仅是将课程搬到网上、放到线上那么简单。虽然慕课具有丰富的多媒体资源、便捷的交流沟通方式等独特优势，但不能完全替代教师的课堂教学，缺少了教师的深度参与，线上学习效果并不像预期的那样理想。先利用线上"商务礼仪"网络课程的学习，后实行线下"商务礼仪"课程"翻转课堂"的教学，注重系统性讲授和碎片式学习的有效结合，提高教学效率和效果，使学生成为课堂主人，参与程度大大提高，掌握商务礼仪知识和技能更全面和更巩固。

五、取得成效分析与体会

（一）给学生带来更大的学习便利，提高学生的学习兴趣

"商务礼仪"课程已经在信息化课堂教学中进行了混合式教学模式的 4 轮实践。在"翻转课堂"中学生是主体，学生根据教师布置的任务，可以选择在某个时间段去观看教学视频和做一些对应的测试题，对不懂的内容反复看，也可以在网络平台讨论区提出感兴趣或疑惑的问题，教师结合教学单元重点难点，把经过梳理的问题反馈给学生学习小组供其探究，以备在线下课堂展开讨论或进一步拓展提升。这样做，极大地提高了学生的学习兴趣，不仅加强了学生间的团队合作精神，而且加强了师生互动，使教育资源的开放和共享更方便，给学生们带来更大的学习便利，做到了理论联系实践，巩固所学知识，熟练运用礼仪动作。

(二)给教师带来了"线上知识传递,线下知识内化"的新教学模式

"商务礼仪"课程采用"翻转课堂"教学模式,如图2所示。该课程实行线上自主学习、网络交互学习和线下课堂学习相结合。在学生完成线上自主学习、网络交互学习的基础上,教师在线下课堂教学中,着重组织学生讨论教学单元重点、难点问题,当面补充解答学生疑问,考核学生技能操练过程和成果,进行知识总结和反馈等。教师可通过线上评价、课堂评价和学生互评等方式完成对学生的考核和评价。

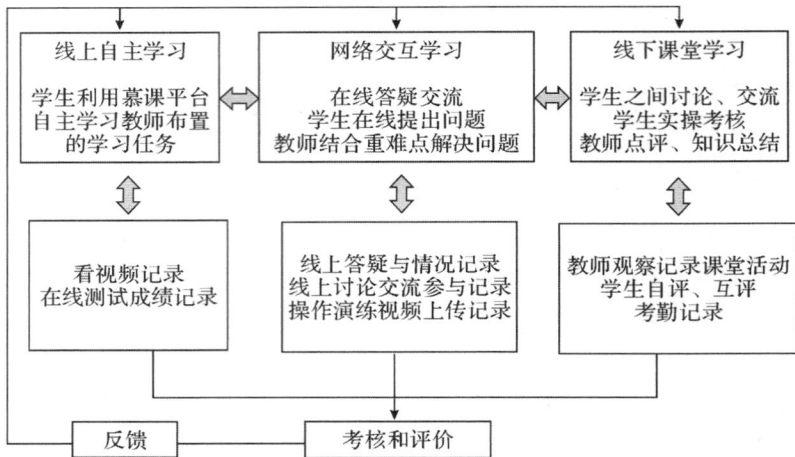

图 2 "翻转课堂"教学模式

(三)给省高教课堂教改课题带来了丰富的研究素材

本人 2016 年立项的浙江省高等教育课堂教学改革研究项目——"基于慕课的商务礼仪课程混合式教学模式实践与探索"课题,经过 4 轮"商务礼仪"课程"翻转课堂"教学模式的实践,基本实现了线上自主学习和线下课堂学习相融合、知识性学习和技能性训练相融合,提高了学生学习的主动性和参与性,进而提升了教学效果。这给省高教课堂教改课题带来了丰富的研究素材。

作者简介

"翻转课堂"
示范性
教学视频

徐美萍,副教授,高级礼仪培训师,高级公关教师,全国高校公关教学名师。被聘为全国礼仪首席导师、教育部师资培训基地"大学礼仪教学师资研修班主讲教授",主编教材《现代礼仪》《商务公关与礼仪》《职场礼仪与人际沟通》等。"商务礼仪"课程分别上线于宁波市高校慕课联盟平台、浙江省高等学校精品在线开放课程共享平台和清华大学"学堂在线"3 个平台。2016 年为宁波市各高校做了 1 场"商务礼仪翻转课堂教学经验分享"讲座。常年为各单位开设各种礼仪及公关讲座。

"互动—共享"的"翻转课堂"教学模式

——建立师生互动的柔性文化

刘盈盈

杭州科技职业技术学院教育学院

一、课程基本情况

课程名称:0～3 岁婴幼儿教养。

课程学分:2。

课程性质:专业课。

面向专业、年级:学前教育专业大二学生。

教学班规模:每班 45 人左右。

使用教材:《育婴员》,人力资源和社会保障部、中国就业培训技术指导中心编,海洋出版社 2013 年出版。

已开展"翻转课堂"教学实践轮数:2。

依托平台:该课程建有杭州市级精品课程网站,目前正在申报省级精品课程建设项目,未来将主要依托浙江省高等学校精品在线开放课程共享平台。

二、教学改革背景与思路

2010 年,教育部发布的《国家中长期教育改革和发展规划纲要(2010—2020 年)》明确指出,教育信息化的发展要以教育理念创新为先导,以优质教育资源和信息化学习环境建设为基础,以学习方式和教育模式创新为核心。在这一背景下,随着移动通信技术、社交媒体的兴盛和以开放、共享为理念的开放教育资源运动的蓬勃发展,"翻转课堂"应运而生。

教学团队开始思考如何依托课程网站,进行"翻转课堂"教学改革,解决教学实践中碰到的问题。

问题一:由于课程学习内容与学生日后的生活紧密相关,学生学习积极性很高,但因课堂教学时间有限,学生没有足够的提问和交流时间。

问题二:实训场地和实训材料有限,学生需分组操练,等待时间较长,实训效果不理想。

问题三:学前教育专业课程在教学过程中常采用案例教学法,由于学科的特殊性,大多数案例是视频形式。搜集和更新优质教学案例视频是一项艰巨的工作。

教学团队在借鉴国内外"翻转课堂"典型模式的基础上,结合学前教育专业课程的特点,建构基于"互动—共享"的"翻转课堂"教学模式。在"互动—共享"翻转模式下,教师可以直观学生知识内化路径与思维发展,有更充足的时间实现对学生岗位技能操作一对一的指导和疑难问题的解答,提升学生的课堂参与度,拉近师生之间的距离,建立师生互动的柔性文化,赋予课堂新的生命体验。

三、"翻转课堂"教学设计

(一)总体设计

1. 课前知识传递阶段

课前知识传递阶段:以"课程—模块—能力训练项目"为脉络,学习系列微课程。

为保证课前知识传递的有效性,课程团队将课程分割成若干模块,明确每个模块中的知识点和能力训练项目,然后以知识点为单位录制微视频。每个微课既体现了各自的独立性,又保证了知识小点之间的连贯性,兼顾了课程的完整性。学生在课前自主学习过程中,需完成教师布置的过关任务,如果碰到问题可以通过 QQ 学习群、微信学习群、学习网站讨论区等多个交流平台与同伴交流,也可在讨论区给教师留言。教师会在课前搜集问题,及时调整课堂教学内容,从而更好地满足学生需求。

2. 课中知识内化阶段

课中知识内化阶段:设置典型任务,通过小组协作使学生体验式参与学习。

根据美国视听教育家戴尔"经验之塔"的理论,口头授受这种被动的学习方式的效果远远不如通过讨论或谈话这种参与式学习的效果。鉴于此,教师需控制自己在"互动—共享"翻转模式的课堂上的讲话时间,尽量不去主宰课堂,而是通过设置典型任务,引导学生小组协作,通过讨论、成果交流进行师生、生生间的深度合作,实现体验式参与学习,有助于知识内化。

3. 课后知识内化阶段

课后知识内化阶段:布置拓展任务,学生丰富教学资源,成为平台的建设者。

与传统课堂不同,"互动—共享"模式下的"翻转课堂",学生的学习并不止于课堂上理解和完成教师布置的任务,课后学生仍可以利用网络平台实现以下几种形式的拓展学习。一是学生对某一知识点非常感兴趣,可以通过学习平台上课程团队提供的背景资料链接,利用网络链接获得更高层次的知识。二是学生有难题困扰,可利用网络交互学习,同侪探究寻求解决问题的方案,教师也可基于线上作业或讨论建立课后补救的教学反馈机制,实现线上和线下学习评价相结合。三是由于学科的特殊性,本课程大多数案例是视频形式。"互动—共享"的"翻转课堂"教学模式,在信息技术的支持下,让学生将自己搜集或拍摄的视频(如教学活动演示)上传至网络平台,这样可以大大丰富教学资源库,并且激发学习者的学习热情,使学生不仅是网络学习平台的使用者,还可以成为平台的建设者。

"互动—共享"的"翻转课堂"教学模式如图 1 所示。

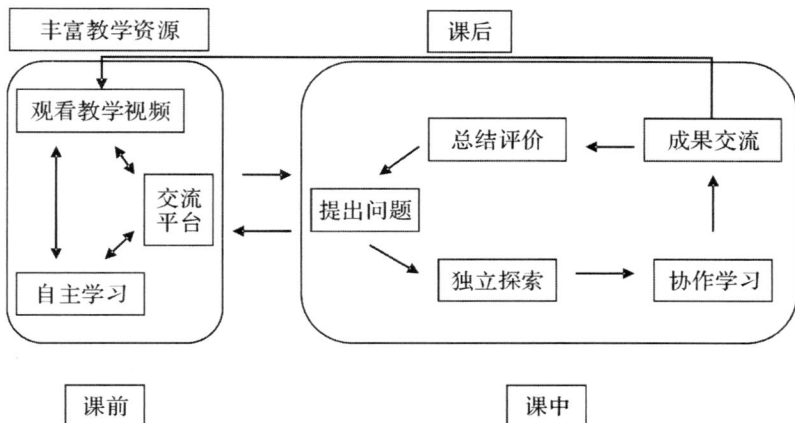

图 1　"互动—共享"的"翻转课堂"教学模式

(二)具体单元设计

1. 单元名称

第二讲,婴幼儿睡眠。

2. 教学内容

各月龄段婴幼儿睡眠的规律及特点;DUDU 襁褓法的原理及操作;婴幼儿独睡习惯的养成方法。

3. 课前知识传递阶段

(1)微课视频是学生课前自主学习材料的主要形式。在这一讲中,学生课前需要在课程网站上观看两个微视频:《各月龄婴幼儿睡眠规律》(8 分钟,主要内容:各月龄婴幼儿所需的睡眠时间及其特点)和《如何给婴儿包襁褓》(5 分钟,主要内容:演示 DUDU 襁褓法的操作方式,及其适用情况)。

(2)完成自主学习任务单。自主学习任务单是微课程教学法三大模块中的第一模块,供学生课前自主学习使用。团队从目标、学习任务、课堂学习形式预告三个方面做如下设计。

①目标:了解各月龄婴幼儿的睡眠规律及特点,掌握 DUDU 襁褓法的操作方法。

②学习任务:观察、整理生活中家长在婴幼儿睡眠方面存在的误区。

③课堂学习形式预告:课堂学习形式的预告,使学生的自主学习与课堂学习衔接起来,形成目标管理模式。

4. 课中知识内化阶段

(1)课堂检测(10 分钟)。抽取学生讲述各月龄婴幼儿日间小睡和夜间睡眠的所需时间及特点,重温自主学习应掌握的学习内容。

(2)情境演示(30 分钟)。情境:婆婆要给出生不久的宝宝包"蜡烛包",媳妇坚决反对,作为入户指导者该如何调解婆媳的分歧?

①学生独立思考。

②小组协商。

③情境演示。以角色扮演的形式,分析"蜡烛包"对婴幼儿发展的危害,向家长介绍 DUDU 襁褓法,并教家长如何操作。

④学生评价,教师总结。评价内容围绕两方面:一是对知识点(中国传统的"蜡烛包"对婴幼儿发展的不利因素;DUDU 襁褓法与"蜡烛包"在包法上的区别;DUDU 襁褓法的原理及适用对象)的理解是否正确,二是与家长沟通的技巧。

(3)个案分析(40 分钟)。教师给出 4 个不同月龄段婴幼儿(新生婴儿、2～4 个月婴儿、5～12 个月婴儿和 13～36 个月幼儿)的睡眠情况个案,每组一个个案,设计培养良好睡眠习惯的方案。

①学生独立思考。

②小组协商。

③小组汇报。成员轮流汇报,学生 A 汇报个案中婴幼儿睡眠方面存在的问题,学生 B 汇报此月龄段婴幼儿理想的睡眠模式,学生 C 提出调整方式,学生 D 负责解答其他同学提出的质疑。

(4)学生评价,教师总结。

5.课后知识巩固阶段

(1)学生在日常生活中搜集真实的婴幼儿睡眠个案,以文字或视频等形式上传至课程学习平台。

(2)搜集除"蜡烛包"和 DUDU 襁褓法以外的襁褓法,上传至课程学习平台。

四、"翻转课堂"具体实施

(一)细化知识点,重构课程体系

微课作为"翻转课堂"的重要组成部分,直接决定课堂前知识传递的效果。然而并不是所有的教学内容都适合制作成录播课、微课等现代化课件让学生在线自习,教学团队针对该课程所涉及的知识点做一重新梳理,将一些较大的教学目标细分成几个小的知识点,制作成微课,每个短视频时间尽量控制在 5～10 分钟,减少学生在线学习过程中"走神"现象的发生。

(二)教学生如何观看教学视频及提问

在教学改革之初,教师会在课堂上引导学生观看微课程视频,要求学生摒除所有分心的事物,教会学生如何控制视频的播放,及如何在观看过程中高效地记笔记,并要求学生在看完一个视频之后,至少提一个问题,这对于平日不习惯和教师交流的学生来说意义重大。在"翻转课堂"教学中,所有的学生都必须提问,这使课堂讨论的内容更为丰富,使原本安静的学生变得自信、主动。

(三)建立适宜的教学评价体系

"翻转课堂"教学可分为课前、课中和课后三个阶段,据此设定评价标准二级指标,对不同环节和层次的教学行为进行有效评价。"翻转课堂"教学评价标准是结合"翻转课堂"特有的教学过程设计的,试图涉及教学活动的各个方面,从纵向维度分列"翻转课堂"的教学阶段和环节,从横向维度呈现教学评价的层级和内容。各个环节的评价内容包括认知、能力和情意水平。不同环节和层次的被评价对象有不同的评价侧重点,通过注明行为主体来显现。团队采用的是期待性评价标准,旨在体现评价的导向性作用,通过分层描述不同层次师生典型的教学行为,使师生清楚应达到的水平和努力的方向。

五、取得成效分析与体会

(一)减少"噪声源",提高知识内化效率

从信息论的角度来看,信息在传递的过程中不可避免会受到不同程度的信号干扰。根据经典的"香农模型"来分析,信息的传播有五要素,即信源、传播者、噪声源、接收者和信宿(目的地)。在课堂教学过程中,教师就好比是传播者,愿意学习的学生就好比是接收者,而上课不遵守纪律而影响其他同学的学生就好比是噪声源。理想的授课状态是教师传授的知识正确,班级纪律良好,"噪声"信号几乎不存在。现实教学环境中这种理想状态很难达到。教师提问,基础较好的同学能快速说出答案,这对于思考较慢的同学无疑是一种干扰"噪声"信号;反之,学习纪律欠佳的同学也会制造"噪声"信号干扰想要学习的学生。在传统课堂中,这一矛盾显然是无法调和的。而在"翻转课堂"下,这一矛盾得到了有效的解决。学生知识的内化都是在课后独自完成的,彼此互不干扰,大大减少"噪声源",提升了学习效率。

(二)分组操作,提高实训材料的使用效率

在传统的实训模式下,学生每节课只能完成一两个实训任务。教师先示范讲解,然后让学生分组操作。由于场地和实训材料数量的限制,常以四人小组的形式进行实训。一位学生在操作时,另外三位学生只能在旁等待,每位学生的练习时间也非常有限。然而采用"翻转课堂"这种教学模式后,教师可以让学生课前观看 4 个实训微课视频,完成基本知识和技能的记忆工作。实训课上,教师就可以为学生提供不同任务的实训材料,几个实训内容同时分组进行,并针对学生操作过程中存在的问题,进行一对一的指导。

传统模式实训课与采用"翻转课堂"的实训课课堂效率对比如表 1 所示。从中不难发现,在学生人数、实训材料数量不变的情况下,采用"翻转课堂"的实训课,学生操练的机会更多,完成的实训任务也更多,在提高实训材料使用效率的基础上大大提高了课堂效率。

表 1　传统模式实训课与采用"翻转课堂"的实训课课堂效率对比

对比项目	传统实训课模式	"翻转课堂"模式
学生人数	48 人	48 人
实训材料数量	12 组婴儿洗澡实训用具	12 组婴儿洗澡实训用具 12 组换尿布实训用具 12 组婴儿抚触实训用具 12 组婴儿襁褓实训用具
实训练习内容	1 个： 如何给新生婴儿洗澡	4 个： 如何给新生婴儿洗澡 如何给婴儿换尿布 如何给婴儿抚触 如何给婴儿包襁褓
学生操作时间	7 分钟	40 分钟（单项实训任务的练习时间为 10 分钟）

作者简介

"翻转课堂"示范性教学视频

　　刘盈盈，硕士，杭州科技职业技术学院讲师，国家二级心理咨询师，高级育婴师。主要承担"0—3 岁婴幼儿教养"等课程的教学，主持建设杭州市级精品课程"0—3 岁婴幼儿教养"，并依托此学习平台实践"翻转课堂"教学改革。主持课题：浙江省教育技术研究规划课题"高职学前教育类微课程资源建设与有效应用研究"（JB127）、浙江省高等教育课堂教学改革"基于'互动共享'翻转课堂教学模式的研究——以高职学前教育'0—3 岁婴幼儿教养'课程为例"（kg20160953）。

"企业所得税纳税筹划"
——固定资产折旧方法的选择

李　莉

浙江长征职业技术学院会计系

一、课程基本情况

课程名称:中小企业纳税会计。

课程性质:该课程是高职会计专业的核心专业主干课程,课程内容以我国现行税法为依据,运用会计学的理论和方法,对企业内部发生的涉税经济活动进行筹划、计量、核算、反映,准确地传达纳税信息。

课程学分及学时:4 学分,74 学时。

面向专业、年级:在高职大二会计、会计与统计专业开设,共设 45 个班级,每班人数为24 人,授课对象共计 1080 人。

使用教材:《中小企业纳税会计实务》,周艳、王绪强主编,北京师范大学出版社 2011 年出版。

实施情况:该课程已完成行动导向的教学设计,根据中小企业纳税会计岗位职责和工作过程,按照"翻转课堂"教学原理,采用问题导入、案例分析、情境教学、现场观测、合作学习等方法,使学生课外学习时数与课内学习时数比例达到了 3:1,并已进行 3 轮教学实践,每轮约 30 课时。

依托平台:在教师指导下,学生依托中华会计网校等在线教育平台,选取蓝墨云班课作为中小企业纳税会计实务课程自主学习平台,并利用微视频、微博等交互平台,QQ、微信等即时通信软件,做到了教师课上导学与学生课下自主学习的协同互动,实现了教师和学生在教学时间和空间方面的翻转。

二、教学改革背景与思路

(一)教学改革背景

1. 传统教学存在的问题

长期以来,我国高职教育任课教师墨守成规,对传统教学方法不能传承创新,是影响教学水平与人才培养质量提升的主要因素。以单一教材,在固定教学场所(教室)实施以知识讲授为主的教学方式,重求同顺从,轻求异创新,重直觉领悟,轻逻辑推理,扼杀了学生的求异思维和创新能力。

2.现代网络与信息技术为课程翻转提供了支撑条件

现代信息技术为广泛采取多种现代化职业教育教学方法提供了可能,如选取蓝墨云班课作为中小企业纳税会计实务课程学习平台,利用微视频、QQ、微信和微博等信息化工具,使"教"与"学"在课上课下、时间与空间方面做到合理融合,充分体现教师课堂导学、学生课上课下和课内课外自主学习的高职教育职业性教学本质。

(二)教学改革思路

总体思路:根据"翻转课堂"教学要求,"颠倒"传统课上知识传授与课外知识内化的顺序,构建"以任务为驱动,以问题为核心"的教学模式,并通过教学场景、教学方法、信息化工具应用和"翻转"的时间与空间设计,激发学生的好奇心和求知欲,引导学生自主学习,在不断发现与解决问题的过程中使知识得到有效内化。

三、"翻转课堂"教学设计

(一)总体设计

根据"中小企业纳税会计实务"课程特点,遵循理论与实践相结合原则,结合课前、课中、课后三个环节,采用课前课后学习授课为主与课中教师答疑为辅协同互动的教学模式,不断培养和提升学生提出问题、分析问题与解决问题的能力以及将知识内化的能力。

教学总体设计如表1所示。

表1 "中小企业纳税会计实务"课程"翻转课堂"总体设计

序号	项目名称	知识点	能力点	课时	课前内容	课中内容	课后内容
1	纳税工作的基础知识	税收法规知识、纳税种类、工作流程、法律责任	1.办理税务登记 2.领购发票	4	1.微视频上传 2.视频中提问税收法规知识、发票管理制度等 3.学生分组,分配、完成任务	1.以抢答方式考核课前内容,教师指导 2.各小组汇报任务完成情况;同学间提问并思考如何解决问题 3.教师对难点做讲解,师生之间的交流互动	1.通过网络平台上传作业,在线与同学、教师交流,复习课程内容 2.下一轮课前学习
2	各税种的概念、计算、申报与核算	计税依据,应纳税额的计算、会计核算、申报与缴纳	1.熟悉税收优惠政策 2.掌握各税种的计算、核算、申报与缴纳	16	1.各税种微视频上传 2.视频中提问:增值税、企业所得税视同销售?他们如何核算与申报? 3.学生分组,完成课前的学习任务	1.教师对课前学习内容考核,组织答疑并加以指导 2.各组讲述自己的见解并提出疑问。同学间提问并思考如何解决问题 3.教师对难点做讲解,师生之间交流互动 4.课堂申报纳税实训	1.通过网络平台复习内容 2.带领学生到校外实训基地参观学习真实税务 3.在实训基地直接参与真实报税工作 4.下一轮课前学习

序号	项目名称	知识点	能力点	课时	课前内容	课中内容	课后内容
3	纳税筹划	纳税筹划概述、基本方法、风险控制、中小企业纳税筹划实务	1. 熟练掌握纳税筹划基本原理以及各税种纳税筹划实务 2. 熟悉纳税筹划制度环境分析	10	1. 纳税筹划微视频上传 2. 视频中提问：纳税筹划的方法有哪些？你在企业中如何进行纳税筹划？ 3. 学生分组完成课前的学习任务	1. 以测试、抢答方式复习课前内容，教师予以指导 2. 各小组汇报任务完成情况。同学间提问并思考如何解决问题 3. 针对与实践紧密结合的难点问题，实时微信联系校外专家答疑 4. 教师对难点做讲解，师生之间交流互动	1. 通过网络平台上传作业，在线与同学、教师交流，复习课程内容 2. 带领学生到校外实训基地参观学习，听取财务总监的纳税筹划经验 3. 下一轮课前学习

（二）具体教学设计（以纳税筹划项目为例）

本"翻转课堂"的具体教学设计分为课前、课中、课后三个教学环节。

1. 课前教学活动设计

课前，教师根据工作项目（任务）中的知识点和能力点，按照企业纳税真实工作过程，设置"问题"，进行问题导入，学生组成学习小组进行资料查阅和现场（实物）观测，完成课业。课前教学活动设计案例如表 2 所示。

表 2　课前教学活动设计

项目名称	教学目标	资料查阅	学习微视频	完成课业
企业所得税纳税筹划	熟练掌握纳税筹划基本原理、所得税纳税筹划实务，熟悉纳税筹划制度环境分析	《中华人民共和国企业所得税法》《税收筹划》《财务会计学》，中华会计网校、会计视野、国家税务总局官网	1. 微视频内容：纳税筹划的概念、原理、基本方法，固定资产折旧方法的种类与计算 2. 问题：折旧方法如何选择	教师上传相关案例，要求各小组结合案例分组讨论完成微视频的问题，并把结论用 PPT 的形式展示，到课堂汇报

2. 课中教学活动设计

课中教学活动在教室或校内实训基地进行，教学过程包括教师归纳课前学生学习情况，学生以学习团队为单位进行学习成果（课业）汇报，也可以采用实际操作方式，全班同学在教师引领下进行讨论，教师点评并总结，然后，教师根据学习项目（任务）中的重点、难点和疑点进行讲授，同时采用信息技术进行演示并布置课后学习任务。以纳税筹划项目为例，课中教学活动如表 3 所示。

表 3　课中教学活动设计

项目名称	教学目标	资料查阅	学习微视频	展示课业
企业所得税纳税筹划	熟练掌握纳税筹划基本原理、所得税纳税筹划实务,熟悉纳税筹划制度环境分析	用手机、iPad 等工具查阅中华会计网校、会计视野、国家税务总局官网上的资料	1.课堂上以抢答、测试方式回顾学生微视频学习内容 2.教师对学生薄弱环节重点指导与讲解 3.以动漫视频导入本次课的核心问题	各个小组汇报各自内容和结论,其他小组仔细听并提出自己的问题,大家相互讨论,讨论过程中,用手机等工具查询资料

3. 课后教学活动设计

　　课后以学生学习小组为单位,按照课中教师点评修改课业,同时根据教师布置的问题和学习重点进一步查询资料,收集案例,进行深入学习并在校外实训基地进行技能训练,完成新的课业。以企业所得税纳税筹划项目为例,课后教学活动设计如表 4 所示。

表 4　课后教学活动设计

项目名称	教学目标	技能训练	资料查阅	学习微视频	完成下节课课业准备
企业所得税纳税筹划	熟练掌握纳税筹划基本原理、所得税纳税筹划实务,熟悉纳税筹划制度环境分析	授课教师带领学生到校外实训基地参观学习,进行实战训练	中华会计网校、会计视野、国家税务总局官网,《中华人民共和国企业所得税法》《税收筹划》《财务会计学》	微视频内容:增值税——一般纳税人与小规模纳税人的区别,"营改增"的内容,高新技术企业就"营改增"如何进行纳税筹划?	各小组分组讨论完成微视频的问题,并把结论用 PPT 的形式展示,到下次课堂汇报

四、"翻转课堂"具体实施

(一)课前教学实施

　　(1)将学生按其性格特点,采用互补方式以 4～6 人分成学习小组并提出教学要求。

　　(2)教师制作教学视频,上传学习资料,并通过线上平台实时掌握学生的学习动态。

　　(3)分配任务。布置的任务要具有差异性、层次性,要求各组通过视频学习,选择其中之一,对固定资产折旧方法如何选择得出结论。每个小组的结论以 PPT 的形式在课堂上展示。

(二)课中教学实施

　　(1)课上教师通过蓝墨云班课平台的抢答和测试功能,对学生的课前学习内容进行考核,了解学生基本知识的掌握程度并组织答疑和指导。

（2）导入微视频，引出本节课要学习的重点，学生以小组进行讨论，小组代表汇报。

（3）对各组的课业汇报，全班讨论，学生们提出自己的疑问和观点。

（4）教师针对难点做详尽讲解，利用蓝墨云班课对表现好的学生给出高经验值并全程跟踪学生的学习状况。

（三）课后教学实施

教师依照教学方案与课程的设计，在蓝墨云班课平台上传教学视频以及学习资料。学生可以随时登录平台在线学习、与老师和其他学生交流互动、完成课业、下载视频和学习资料等。教师利用此平台对学生的学习状况实施适当监督。教师在课后带领学生到实训基地进行实战训练，丰富学生的实践经验，提高其动手能力。

五、取得成效分析与体会

（一）成效

（1）推动课程教学改革，从形式和内容方面重置了"教与学"的关系，教师成为导学的主体，学生成为自主学习的主体，"教与学"在时间与空间上发生了变化，提高了学生课上、课下学习的效率。

（2）充分调动了学生自主学习的积极性，提高了学生合作学习的参与程度，使学生学习的热情得到了提高，让他们体会到"不合作就完不成课业"，从而培养了学生融入集体、团队共荣等学习态度，学习效果明显提升，课程考试的成绩较过去平均提高30％。

（3）提升了任课教师的职业教育教学能力。实践证明，教师在课堂翻转后所付出的课前准备和辅导的精力是传统教学的3～4倍，使教师在实践中深入理解并掌握了职业教育的教学方法，提高了教学水平。

该门课程经过3轮教学实践，收到了预期效果，学生的学习主动性和效率明显提升。该课程在2017年省级高校信息化教学大赛中获三等奖。

（二）体会

（1）教学过程应体现教师导学。课堂教学"翻转"后，学生学习占据了课上课下的大部分时间，但任课教师应始终"导学"，包括实现教学目标、组织学生自主学习、指导学生查阅文献等，把控教学进度和质量，使教与学融为一体。

（2）教学组织应体现学生的合作学习。合作学习和小组活动是世界职业教育发达国家院校课程教学的基本形式，翻转课程教学中的学生自主学习应在小组合作学习过程中完成，课前准备应是集体准备，课中汇报和研讨应体现集体的智慧，课后的总结和再学习应体现集体的学习成果，从而在学习过程中体现学生融入、交流、沟通和在"碰撞"中共同提高的效果。

（3）教学手段应体现信息化工具的应用。在课前、课中、课后教与学的过程中，利用微视频、各种交互平台以及蓝墨云班课平台,能够在师生当面和远程沟通中均体现导学效果。实践证明,信息化工具应用越广泛,"翻转课堂"越能发挥教与学在时间与空间变化中教师与学生各自教、学的优势,从而经不断完善后成为现代化教学模式。

作者简介

"翻转课堂"
示范性
教学视频

李莉,2003年毕业于浙江大学工程管理专业,获工学学士学位;2014年毕业于浙江财经大学工商管理专业,获工商管理硕士学位。2015年起在浙江长征职业技术学院任教,主要讲授"中小企业纳税会计""财务会计"等课程。

曾在大型工程建设公司、高新软件公司担任主办会计和财务总监等职务,熟悉中小企业纳税会计的流程、运作特征及财务管理模式。

学术成果:

(1)获2017年省高职院校信息化教学大赛三等奖;

(2)主持2018年度省社科联研究课题一项;

(3)2016—2017年发表论文7篇,其中有2篇在北大核心刊物上发表。

移动信息化教学下的"翻转课堂"教学实践探索

——以"萨提亚沟通模式下的情绪管理技巧"为例

兰 丽

嘉兴南洋职业技术学院基础教学部

一、课程基本情况

"萨提亚沟通模式下的情绪管理技巧"是我院开设的公共基础必修课"大学生心理健康教育"中第四章"控制情绪 合理发泄"的教学内容之一。该课程学时为 2 学时/周,授课对象为全院大一学生,多将同专业的 1～2 个班级合班,形成规模为 60～80 人的教学班。本课程使用的教材为我院心理健康课程教师队伍集体编写的《大学生心理健康》,从 2016 年上半年开始探索实践"翻转课堂"教学,截至目前本人所授班级已开展"翻转课堂"教学实践 3 轮以上,约 80 学时,依托的在线教育平台为蓝墨云班课移动终端 App。

二、教学改革背景与思路

2011 年,慕课(MOOC)的出现,掀起了中国教育工作者探索和实践在线教学的高潮。这种在线教育的形式让教师进行教学改革创新有了新的进展与突破,使教师开发和实践"翻转课堂"教学变成可能。于是国内许多教师都纷纷投入这场教学改革中,积极开发和建设与自己所授学科相关的在线课程。我院大学生心理健康教育课程教师利用业余时间认真学习慕课、微课、"翻转课堂"等相关知识,并付诸日常的教学实践过程,逐渐形成了适合本校课程教学实际的"翻转课堂"教学模式。

三、"翻转课堂"教学设计

(一)总体设计

"翻转课堂"与传统课堂最大的不同在于教与学地位的改变,在传统教学过程中,教师过于强调"传授知识"和学生认真听讲,无法真正掌握学生对知识的内化程度,无法真正实现"以学生为主体"的教学改革目标。在系统讲授知识的教学体系中,由于学生缺乏主动参与教学过程的机会,逐渐失去学习兴趣,甚至有学生由于无法理解较难的知识点而产生挫败感,丧失继续学习的热情,从而导致知识无法从根本上被学生内化到自己的认知结构中。

如何更好地将课堂进行翻转是我们教学团队需要深入思考的问题,在翻转之前,教学团队的每个教师共同商讨,确定每个授课章节的重难点,结合生活中大众喜闻乐见的心理学现象,通过录制视频的方式将这些难懂的知识点提前进行讲授。

1."翻转课堂"的教学流程

(1)课下"知识获取"过程。教师依据每节课的教学目标及学生整体情况制作5~8分钟的教学视频,每个视频针对一个知识点,供学生课前观看学习。学生则依据自己的需求选择观看视频的侧重点、次数和速度等,完成信息的主动加工。

(2)学生完成"知识获取"后,教师在蓝墨云班课平台上设置好课前针对性的练习,检查学生对知识的掌握程度并巩固学习内容。同时练习结果也会提交给教师,这样教师在第二天上课前就可以了解到每一位学生的学习"盲区",以确定课上创立怎样的问题情境来帮助学生实现对知识的深入理解和灵活运用。

(3)课上"知识内化"过程。在课堂上将更多精力放在学生的疑问上,教师针对学生普遍不懂的问题进行针对性的启发和个性化指导,以此帮助学生更好地内化知识。

2. 在教学平台上实现"翻转课堂"

蓝墨云班课是一款基于移动网络环境,满足教师和学生课堂内外即时教学互动的客户端 App,以帮助教师提高与学生的互动效率、激发学生在移动设备上学习的积极性为目的,实现教师与学生之间教学互动、资源推送和反馈评价。蓝墨云班课是教师开展"翻转课堂"教学新模式的好助手。

蓝墨云班课具有系统操作简单、页面指引清晰、教学功能丰富和允许无限量地上传教学视频及文本资源等特点,这是我们选择它作为学生线上学习平台的主要原因。具体使用情况如下。

(1)为每一个教学班级创建一个班课,学生通过教师分享的班级邀请码进入班课,这时所有学生的智能手机立即连接成一个可以即时反馈的教学互动网络。

(2)教师在课前发送课程通知,推送课件、微视频、图片、音频、文档等资源到学生的移动设备上,并提醒学生学习,蓝墨云班课反馈学生的学习记录。

(3)在课堂上或课外时间里,支持教师随时开展投票、问卷调查、头脑风暴、答疑、讨论等教学活动,让线下教学更加生动有趣。

(4)教师还可以实现对每位学生学习进度的跟踪和学习成效的评价。

(二)2 学时的具体设计

1. 具体的教学流程

蓝墨云班课的教学流程如图 1 所示。

(1)课前发布学习视频;

(2)部分学生对萨提亚冰山理论模型发起提问,教师进行一对一解答;

(3)学生分小组角色扮演,体验萨提亚提出的五种沟通姿态;

(4)学生就实际生活中的沟通不利现象提出疑问,教师进行针对性解答;

(5)学生分小组讨论,分析五种沟通姿态的特点及弊端;

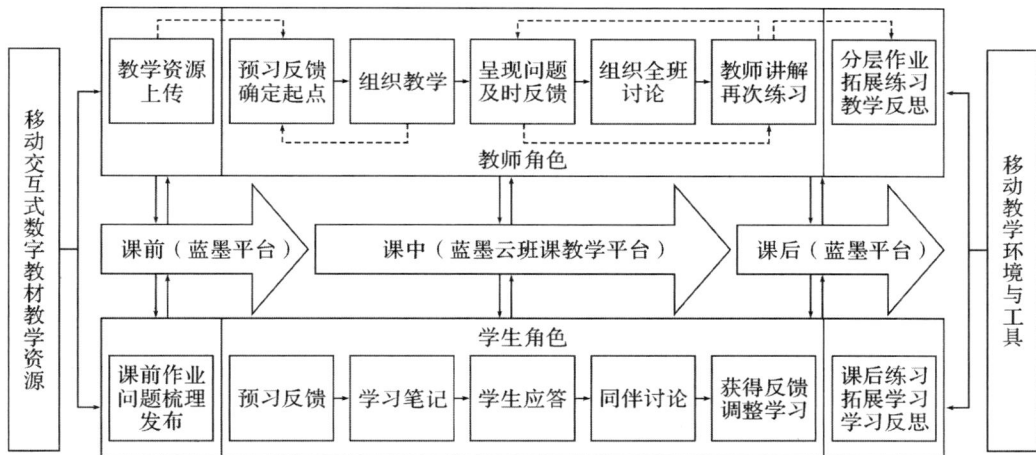

图 1 蓝墨云班课的教学流程

（6）采用剧情反转的方式,邀请学生尝试并练习正确的情绪表达;

（7）各小组代表分享课程教学感悟,教师总结、点评。

2. 教学重点、难点

（1）教学重点:了解萨提亚的五种沟通姿态及原理。

处理方法:图文并茂地呈现知识点内容,重点讲解,鼓励学生参与体验。

（2）教学难点:觉察自己,学习表里一致地表达情绪。

处理方法:观看视频,梳理相关知识点,不同沟通姿态对比,角色扮演,成员之间发表感悟,教师总结启发。

3. 教学方法和策略

（1）教法设计

基于对教材的分析,考虑到学生已有的认知结构和学习能力,采用"线上＋线下"混合式教学法,课程始终围绕"以学生为主体,以教师为主导"的教学理念,引导学生主动学习、小组合作参与学习和体验学习。

（2）学法指导

采用"线上＋线下"相结合的学习模式,线上通过在蓝墨云班课上进行头脑风暴,抛出与学习内容相关的问题,激发学生的学习兴趣;线下通过小组讨论、情境模拟、心理体验等多元教学手段,有效解决教学重点、难点问题,从而达到线上与线下的互补融合。

具体如表 1 所示。

表 1 教法设计与学法指导

项目	教法设计	学法指导
措施	1."翻转课堂"(课前知识前测)	自主探究法
	2.案例分析(人际冲突下的情绪管理)	小组合作法
	3.参与式讨论(萨提亚五种沟通姿态)	心理训练法

4. 教学安排

教学安排见表2。

表 2　教学安排

教学环节	教学内容及要点	教师活动	学生活动	实现途径
课前 （前一周）	1.教师发布教学视频、学生观看视频 2.教师查阅蓝墨云班课中学生观看进度等信息	发布视频	观看视频	蓝墨云班课 学生观看记录统计
课中 暖身导入	1.用音频文件呈现课堂情境，激发兴趣，导入课程 2.启发学生对案例中提及的事件进行思考	1.播放音频文件 2.学生提问	进入情境 思考问题	播放课前录制 的音频文件
课中 分小组讨论、汇总各组意见	1.就如何在冲突情境中处理自己的情绪展开讨论 2.检验学生是否掌握教师提前发布的教学视频知识	1.引导学生对案例进行解读 2.对问题进行归纳总结，解释说明	明确课程 学习目标	小组成员间合作探究， 教师一一解答
课中 角色扮演 参与式讨论	1.要求学生分小组扮演萨提亚五种沟通姿态 2.体会每一种沟通姿态的优缺点 3.小组协作学习，汇总所扮演沟通姿态的优缺点 4.邀请学生代表在全班范围内分享	1.引导学生分小组 2.引导学生讨论 3.到学生中间倾听学生的讨论内容 4.鼓励学生角色扮演，感受情绪、表达情绪	小组讨论 情景模拟 心理体验	活动式桌椅 宽敞的活动空间 PPT投影
课中 学生提问 小组分享 教师点评	通过学生反馈检验学习效果	1.邀请学生模拟情境，改写剧本 2.邀请学生进行正确沟通姿态角色扮演 3.引导学生对课程学习内容进行反馈	学生表演 学生反馈	同伴分享 知识内化 升华感悟

续　表

教学环节	教学内容及要点	教师活动	学生活动	实现途径
课中 教师总结	1. 梳理本节课的教学重点、难点 2. 欣赏并肯定学生在课堂活动中的讨论、参与和体验 3. 鼓励学生在实际生活中增强自我的觉察能力,较好地处理人际冲突,管理好自己的情绪	教师对课程进行回顾和总结	学生感悟实践运用	多媒体课件演示

四、"翻转课堂"具体实施

移动信息化教学的时代已经到来,传统的教学方式已经很难满足现代学生的学习需求,本人通过熟练运用蓝墨云班课教学平台,较好地实现了所教课程的"翻转课堂"教学改革。"翻转课堂"的具体实施如下。

(1)课前进行教学资源的发布与共享。教师是教学资源的直接管理者,负责在平台上发布提前录制好的教学视频以及与学习内容相关的优秀开放资源,供学生下载学习。

(2)课前师生交流互动。蓝墨云班课具有在线发帖、实时语音、发送图片等功能。当学生在课下自主学习过程中,对某一知识点产生疑惑时,可以与教师、同伴"无缝"交流讨论。

(3)课前学习检测及跟踪。教师进入所教的班课,就能随时获取学生课下学习进度信息和知识掌握程度信息,以便根据学生对知识的获取情况安排和设计课堂上的探究活动,帮助学生完成"知识的内化与应用"。

(4)教师推荐学习资源。教师根据学生的知识检测结果数据,分析学生学习的难点和知识掌握的"薄弱区",为其推荐个性化的学习资源,以促进学生对知识的深入理解。

(5)课前学习效果评价设计。教师以教学目标为依据,设计一些题目,供学生学习视频后完成,并运用一切有效的技术手段,对学生的学习活动过程及结果进行测量,给予价值判断,以检测其对知识的掌握程度。

(6)课中创设课堂探究情境。教师根据学生课前知识的获取成果,设计有探究意义的问题情境,供学生在课堂上探究学习,以促进其知识的内化过程。

(7)课中提供学生学习成果交流展示机会。教师在课堂上创造学生学习成果交流展示机会,促使学生将自己的探究结果以及在探究过程中的心得与全班同学进行交流,实现思想的碰撞升华。

(8)课后通过打分激发学生主动获取学习资源的积极性。蓝墨云班课容易实现对学生过程性的评价(见表3),从而增强学生的自信心,让学生乐于学习,乐于分享,实现了"以学生为主体"的教学效果。

表 3　蓝墨云班课教学模式的教学评价方式

	评价方式的改革	评价改革的重点
评价原则	技术平台实现了"实时高效、公开公平"的评价原则	蓝墨云班课 App 提供信息化的评价手段,通过智能手机完成评价,评价具备移动性和实时快速性,评价数据以图表方式显示
评价时段	评价时间的分阶段化	形成课堂前的评价、课堂内评价、课堂后的评价三个阶段
评价指标	评价指标设计多元化	增加了团队合作的评价;增加了学生参与教学资源建设的评价,鼓励学生参与到教学资源建设中

五、取得成效分析与体会

在"翻转课堂"教学设计的实践过程中,信息技术是学生"课下知识获取"和"课堂知识内化"得以顺利实现的有力杠杆。只有在信息技术的支持下,学生才可以在课外随时获取教学资源,与教师、同伴"零距离"沟通,避免"无头苍蝇"似的独立学习,实现知识的有效获取。教师借助线上学习教学平台,随时获取每一个学生的学习进度和知识掌握情况,以便为第二天的课堂探究情境设计做好准备,通过课堂探究活动促进学生的知识内化过程,从而从根本上帮助学生完成知识的主动建构。

作者简介

"翻转课堂"
示范性
教学视频

兰丽,女,中国党员,华中师范大学教育硕士,研究方向为学校心理健康教育、心理咨询,从教以来一直工作在教学第一线,热爱教学,热爱学生,有较丰富的课堂教学经验。善于课堂创新,勇于探索适合现代职业教育的课堂教学方法,曾获得浙江省青年教师教学竞赛二等奖、全国高等职业院校心理健康课程微课教学比赛三等奖、嘉兴南洋职业技术学院第十届教师教学竞赛一等奖等。

基于微信公众号的"翻转课堂"教学实践
——以高职"英语基础写作"课为例

吴海军

嘉兴南洋职业技术学院国际教育分院

一、课程基本情况

(一)"英语基础写作"课程简介

"英语基础写作"是我校商务英语专业必修课,2个学分,36学时,在大一年级第二个学期开设。从2015年春季学期开始,我们先后在商务英语专业2014级、2015级和2016级三个年级共10个教学班的"英语基础写作"课中进行了"翻转课堂"教学改革,至今已开展"翻转课堂"教学实践3轮,约54个学时,占总学时的50%,共有约360个学生参与,教师制作了7个单元共15个教学视频。

"英语基础写作"课程参考了国内外近十本教材和网络资源,自编课程讲义,学生没有"翻转课堂"教学单元的讲义,主要通过观看视频做笔记实现线下学习。本课程主要以微信公众号为媒介推送教学视频,发布学生学习任务单、布置作业等,同时辅以批改网对学生作文进行评价。

(二)"翻转课堂"实施的平台——微信公众号

微信公众平台是腾讯公司在微信的基础上推出的一点对多点的信息推送平台,通过这一平台,个人和企业都可以打造一个微信公众号,实现和特定群体的文字、图片、语音和视频全方位的沟通、互动,通过移动互联网开创了一个新的沟通平台。在英语基础写作课中,我们利用微信公众号的一些功能达到以下目的。

(1)文字与图片:发布学习任务单,进行课程的说明与指导。

(2)视频与语音:课前教学视频的推送。

(3)投票功能:①设计与教学视频相关的试题,题型主要是单选题、选择题和判断题;②对学生进行问卷调查,了解他们对"翻转课堂"教学法的满意度、教学效果等。

(4)回复与留言:学生如果对教学视频的内容不明白或者有疑问,可以在页面下留言,教师和其他同学可以有针对性地答复,如果学生不想让其他同学知道,也可以在公众号主页面进行回复;对于常见问题,教师还能事先写好答案,设置关键字回复。

二、教学改革背景与思路

(一)"英语基础写作"课程教学现状

开设此"英语基础写作"课程的目的是要求学生系统地掌握英语写作的基本理论、不同种类文体的写作方法及基本写作技巧,能够独立完成各种常用文体的写作;从实用的角度看,能够完成合乎大学英语四、六级考试要求与标准的作文。但我们在以往的教学中,发现高职学生在"英语基础写作"课堂中主要存在以下问题:

(1)学生英语写作水平差异大,有些学生基本语法都不会,不能写出一个完整的句子,有些学生已经可以写出一篇基础文章,这种差异造成教师不可能在同一课堂上满足所有学生的要求。

(2)多数学生认为写作太难,因此对英语写作没兴趣。

(3)时间严重不足,因为专业的课程总体设计和课时的限制,"英语基础写作"每周只有两节课,每次上课只能教师讲解写作要点,学生不能在课堂上进行写作训练,结果是不能保证写作质量,难以反映学生写作的真实水平。

为了更好地解决这些问题,提高课堂教学效果,我们在英语基础写作课引入"翻转课堂"教学法,以期提高教学质量。

(二)拟解决的问题

本次英语基础写作课程的教学改革主要解决以下两个问题:

(1)基本理论与基础知识:这个"双基"内容放在课前,学生通过教学视频学习英语写作的基本理论(句子类型、段落结构等)与基础知识(词汇选择、句子写作等)。通过课前练习检测学生对"双基"内容掌握的情况。

(2)写作实践:因为课前完成了"双基"的学习,所以在课堂上就能给予学生充足的时间写作,而且学生能够得到教师一对一(或同伴)的点评,这是本次教学改革的亮点,初步解决了写作课程长期困扰教师和学生的一个难题。

(三)教学改革思路

(1)发现教学中存在的问题。

(2)理论学习:查阅文献,了解"翻转课堂"教学法。

(3)制定教学改革方案。

(4)实施教学改革,收集、整理数据。

(5)教学改革总结,改进方案,进行下一轮教学改革。

三、"翻转课堂"教学设计

（一）"英语基础写作"课程"翻转课堂"总体设计

"翻转课堂"，就是教师利用信息化技术，创建制作基于教学目标和内容的教学微视频，学生先在课外自学视频中教师的讲解，完成进阶作业，再回到课堂上师生面对面交流和完成作业的一种教学形式。

在"翻转课堂"教学模式研究中，美国富兰克林学院数学与计算科学专业的罗伯特·泰伯特（Robert Talbert）教授总结出"翻转课堂"的教学模式，把教学分为两个阶段，即课前与课中。在课前学生观看教学视频并做针对性练习。课中教师进行快速少量的测评，解决问题、促进知识的内化，最后总结和反馈。

美国印第安纳州中学英语教师特洛伊·科克鲁姆（Troy Cockrum）在其著作 *Flipping Your English Class to Reach All Learners* 中，把"课前—课中"这种"翻转课堂"的模式称为传统的翻转模式（traditional flip），他提出了一种改进的"翻转课堂"模式，即探索—翻转—应用（explore-flip-apply）模式。

探索阶段：学生参与探索性活动，解决问题或完成任务，在这个过程中发现所要学习的知识；教师观察但不干涉和参与学生的活动。本阶段要最大限度地挖掘学生的认知能力，在学生没有可利用的信息时结束。

翻转阶段：教师根据第一阶段的观察制作教学视频，视频中教师要发现、厘清学生误解的概念，适当增加内容，指导学生进入下一阶段的学习。

应用阶段：学生掌握了视频中的内容之后，就开始应用所学的知识做练习，解决问题，完成任务，巩固前两个阶段所学的知识。

我们根据以上学者的观点，考虑到我校的实际情况，设计了如图1所示的"翻转课堂"教学模式。

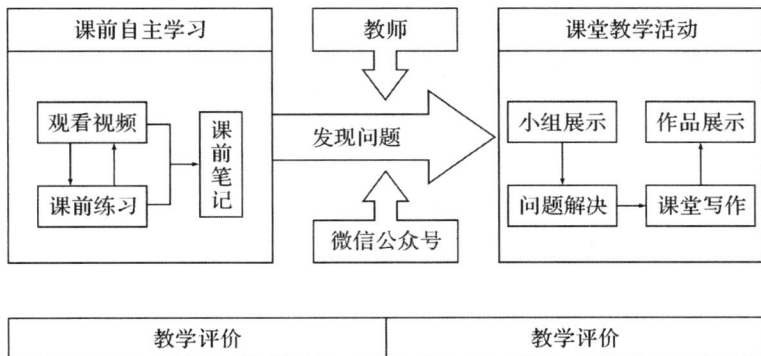

图1 "英语基础写作"课程"翻转课堂"教学总体设计

1. 课前自主学习

学生根据学习任务书完成自主学习。首先是观看教学视频，边看边把要点记在笔记本上。

之后做针对性练习,如遇见困难可再次观看视频。若还有疑问,记下问题,课堂上提问。

2. 课堂教学活动

先由每个小组派出代表向全班展示观看视频的学习成果,然后学生提出观看视频的疑难问题跟大家探讨,最后完成课堂作文,同伴互评。学生在写作的同时,教师进行个别辅导。

3. 教学评价

学生最终的成绩由平时成绩与期末考试成绩构成。其中平时成绩占 60%,包括观看视频的课前练习成绩(20%)、课前笔记(10%)、小组展示(10%)和课堂写作(20%)。期末考试成绩占 40%,以试卷形式检测本学期所掌握的知识与习作。

(二)Unit 7 Developing Paragraphs by Comparison/Contrast"翻转课堂"教学设计

1. 教学目标

At the end of this unit, you will

➢ *be familiar with the paragraph developed by comparison/contrast;*

➢ *be able to write an effective topic sentence for it; and*

➢ *be able to provide a discussion of similarities or differences in a block or point-by-point pattern.*

2. 课前任务设计(教学视频 8 分钟+课前练习题)

Ⅰ Introduction

Comparison is writing that shows the similarities among things of the same general class; Contrast shows their differences.

In a paragraph developed by comparison/contrast, the writer points out how two subjects are similar or different.

A Good Comparison/Contrast Paragraph

➢ *Serves a purpose—either helps readers to make a decision or to understand the subjects;*

➢ *Chooses important points of comparison/contrast;*

➢ *Arranges points in a parallel pattern;*

➢ *Gives equal treatment to both subjects on each point.*

Ⅱ Writing Techniques

A. Writing the Topic Sentence

Here is the topic sentence of a comparison/contrast paragraph:

Briefly, college life differs from high school life in three ways.

The topic sentence of a comparison/contrast paragraph usually identifies the subjects and the point you want to make about them. It also indicates whether the subjects are being compared or contrasted, through words such as *both, alike, similar, same, different，unlike，or opposite*，etc.

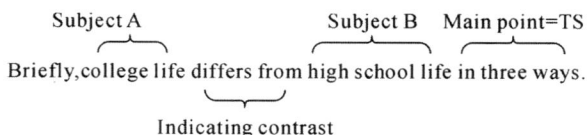

Subject A　　　　　　　Subject B　Main point=TS

Briefly,college life differs from high school life in three ways.

Indicating contrast

B. Supporting the Main Point

The support in a comparison/contrast paragraph is a series of important，parallel points of similarity or difference between two subjects.

To find effective points for your comparison/contrast，you can use a prewriting technique to look for any points that occur to you. Then select the points that best support your main point. For example，

Points for comparison/contrast between high school life and college life：

➢ *Range of freedom*

➢ *Study method*

➢ *Teacher—student relationship*

➢ *Extracurricular activities*

➢ *Different credit system*

C. Deciding on an Organization Pattern

Block（Subject-by-Subject）	Point-by-point
Topic sentence	Topic sentence
Subject A	Point 1
Point 1	Subject A
Point 2	Subject B
Point 3	Point 2
Subject B	Subject A
Point 1	Subject B
Point 2	Point 3
Point 3	Subject A
Concluding sentence	Subject B
	Concluding sentence

D. Linking the Comparison/Contrast with Transitional Expressions

Comparison	Contrast
also,	different from,
too,	in contrast to,
similarly,	differ from,
the same as,	but,
similar to,	however,
compared with,	nevertheless,
in comparison,	yet,
in the same way,	on one hand,
in the same manner	on the other hand,
	on the contrary,
	while/whereas,
	although/even though

Ⅲ Sample Writing (omitted)

Ⅳ Summary

To write a good comparison/contrast paragraph, you should

➢ *Decide on general subjects that have enough in common to be compared or contrasted.*

➢ *Bear your writing purpose in mind.*

➢ *Write a topic sentence that includes your subjects, the main point you want to make about them, and whether you are comparing or contrasting them.*

➢ *Select the points of comparison or contrast that reveal important characteristics of the two subjects.*

➢ *Decide whether to use a point-by-point or a block pattern. Arrange the points of comparison/contrast in the order you want to present them.*

Ⅴ Practice

Read the following sentences and tell if they are sentences of comparison or contrast or both.

➢ *They are friends, but they couldn't be more different.*

➢ *Life in a small village is preferable to life in a city.*

➢ *Though both are forms of humor, comedy is different from satire.*

➢ *Although separated by many years in age, the grandfather and the grandson are remarkably similar.*

➢ *The two generations have radically different attitudes towards success.*

➢ *Superman and Batman, two of the best-known comic superheroes, are alike in some ways but different in other ways.*

3. 课上任务设计

Ⅰ Presentation (30 minutes)

Ask some groups to give their presentation about what they watched before class.

Ⅱ Discussion(20 minutes)

The whole class and the teacher will discuss any questions when someone has.

Ⅲ Writing (25 minutes)

Write your own comparison/contrast paragraph.

Suggested Topic：

➢ *Two types of people*

➢ *Two people with different attitudes towards their studies*

➢ *Online studies vs. classroom studies*

➢ *Living on campus vs. living off campus*

➢ *Two different purposes of going to college*

Ⅳ Peer Evaluation (15%)

The students exchange their writing to each other, and give their opinion on it.

四、"翻转课堂"具体实施

(一)课前准备

1. 录制视频

"翻转课堂"教学法要求学生在上课前通过视频学习主要知识，我们采用 CS 软件 (Camtasia Studio) 录屏，使用 PowerPoint 或者 Prezi 制作课件，根据高职学生的特点，每个单元录制 2~3 个视频，每个视频时长为 10~15 分钟，提前一周通过教学微信公众号发布。与视频同时发布的是检测观看效果的测试题，在上课前一天教师根据微信公众号收集的数据发现存在的问题，并据此来设计课堂教学。

2. 发布学习任务书

课前学习任务书主要有两项内容，一是本单元的教学目标，它简要地概述了本单元视频内容和学生观看完视频应该达到的目标；二是课前练习，主要目的是检查学生观看视频的效果，也用于检测学生对本单元知识掌握的情况。教学任务书以文本的形式随同教学视频发布。

3. 课前笔记

要求学生在观看教学视频时摘抄主要内容，这是保障学生观看视频的一个方法，且可使学生记下观看视频时的疑问，留待与同学讨论或者在课堂上提出。

(二)课堂教学

1. 学生展示

课前根据学生的水平,实行差异化分组,设小组长一名,每个小组成员依据自己的特点进行任务分工,最后派出一名成员(轮流)在课堂上展示他们的学习成果,展示形式不限,可以是 PPT 的形式,也可以是"讲解＋板书"的形式,或者是"教师＋学生提问"的形式等。汇报后,每个学生给小组打分。

2. 课堂提问

展示的小组要接受在座学生或者教师的提问,以此检验小组的学习成果并解决学生在课前产生的疑问;最后,教师对本单元知识点进行简要总结。

3. 课堂练习或写作

课堂练习的目的是进一步巩固和提升学生的写作能力和写作技巧,练习有两种形式:句型练习或者写作训练,在 20～30 分钟之内完成,要求学生互评并打分;或者是学生的作品展示,即检测学生的最终学习成果,通常为 1 篇短文写作或者短文翻译,在课内完成,写作时间限定在 30～40 分钟,教师批改,有时也会学生互评。

五、取得成效分析与体会

(一)教学成效分析

"翻转课堂"教学实施两轮后,我们分别对学生进行了测试和问卷调查,84.5%的学生比较满意这种教学法,60.2%的学生认为他们的写作水平有所提高,74.3%的学生认为"翻转课堂"教学能够满足个体需要,89.3%的学生认为他们花在写作课上的时间要比其他课程多。同时,学生提出了很多建议:首先,在视频方面,他们认为视频有时声音太小,有时画面不清楚,视频画面总是 PPT 太单调,希望以后能够改进;其次是观看视频成本偏高,大部分学生没有无线网络,使用手机利用数据流量观看视频,成本太高,学校应该提供无线网络;再者,课堂学生展示环节因为每组内容雷同,实在太无聊;最后,没有教材,不适应。

(二)教学体会

(1)"翻转课堂"不仅仅是教学环节的翻转,更重要的是在新的教学理念指导下所引发的教学设计、教学实施的"翻转"。将知识传授放在课前,由学生自主学习,这一设计的前提是学生已经具备自主学习能力,当前高职学生是否已经具备自主学习能力,每个人的心中都会产生疑问,包括学生本人。为此,我们为学生提供的学习支持应该足以促使其自主学习。

(2)"翻转课堂"所翻转的是学生知识传授和知识内化的两个基本教学过程,而不是简单的形式翻转。"翻转课堂"的初衷是将相对容易的知识传授过程移至课前由学生自主学习完成,以释放宝贵的课堂时间用于促进学生知识内化。课堂知识内化是"翻转课堂"的重心,教师需要在评测学生课前学习情况的基础上,对课上的交流活动进行精细化设计,让学生在高质量的交互中完成知识内化。

以上两点是我们在"翻转课堂"教学改革实践中逐渐感悟到的,我们要对教学设计进行优化,希望在下一轮的实践中达到更好的教学效果。

参考文献

陈怡,赵呈领.基于"翻转课堂"模式的教学设计及应用研究[J].现代教育技术,2014(2):49-54.

卢海燕.基于微课的"翻转课堂"模式在大学英语教学中应用的可行性分析[J].外语电化教学,2014(4):33-36.

王春侠."翻转课堂"在大学英语写作教学中的应用[J].长春师范大学学报,2014(9):173-175.

王悦.浅析"翻转课堂"在大学英语写作教学改革中的应用[J].英语广场,2015(5):32-33.

张金磊,王颖,张宝辉."翻转课堂"教学模式研究[J].远程教育杂志,2012(4):46-51.

张艳雷,吴旋."翻转课堂"与微课教学在大学英语写作课中的应用[J].海外英语,2016(15):87-88.

赵兴龙."翻转课堂"中知识内化过程及教学模式设计[J].现代远程教育研究,2014(2):55-61.

Troy Cockrum. *Flipping Your English Class to Reach All Learners*[M]. New York:Routledge,2013.

作者简介

吴海军,男,嘉兴南洋职业技术学院国际教育学院商务英语专业讲师,研究方向为英语课程与教学设计和语料库语言学。

"翻转课堂"
示范性
教学视频

"模块＋项目＋任务"的"微系列翻转课堂"教学案例

韦晓军

杭州万向职业技术学院通识教育系

一、课程基本情况

"高职实用语文"是杭州万向职业技术学院开设的一门集工具性、人文性、思想教育性于一体，提升高职学生职业通用能力的必修课程。从 2013 年起，课程采用了"模块＋项目＋任务""微系列"课堂教学与"翻转课堂"相融合的教学模式，"翻转课堂"教学实践延续两轮以上。

本课程授课对象为杭州万向职业技术学院各专业学生，开课学期为第一学年，48 学时（"翻转课堂"教学实施约 30 学时），共 3 学分，按自然班级教学，近三年来授课人数约为 5800 人。现用教材为李文锦主编、华东师范大学出版社 2014 年出版的"十二五"职业教育国家规划教材《高职语文》（第二版）和学院自主编写的教材《〈论语〉精华——孔子的智慧》（刘景春、史伟主编，北京师范大学出版社 2015 年版）。

近年来，课程建设思路清晰，为"翻转课堂"教学的实施奠定了良好的基础。

2011 年，课程教学内容整合了"实用语文""应用文写作"两门课程，并更名为"高职实用语文"。同年，获杭州市精品课程立项，精品课程网址为 http://218.75.125.230:8080/yuwen/index.php。

2016 年 9 月，"高职实用语文"在"优学院"搭建网络教学平台，教师借助平台组织"翻转课堂"教学，学生进行线上线下混合学习，截至 2017 年 7 月，学生参与学习达 4033 人次，网址为 http://wxpoly. ulearning. cn/ulearning _ web/portal! courseDetail. do? courseID ＝1188。

2017 年 4 月，"高职实用语文"申报 2017 年浙江省高等学校精品在线开放课程，摩课书院共享平台已搭建完毕，结合蓝墨云班课，任课教师使用两个平台进行线上线下"翻转课堂"教学，网址为 http://zjedu. moocollege. com/course/detail/5000438。

二、教学改革背景与思路

教育部印发的《教育信息化十年发展规划（2011—2020 年）》明确要求："教育信息化发展的核心是创新的学习方法和教学模式。""翻转课堂"作为一种新型的教学模式，其核心就是改变师生角色,以学生为主体,促进学生自主学习,符合课程改革理念。课程教学改革具体思路如下。

(一)利于翻转的内容整合

顺应信息时代发展趋势,遵循杭州万向职业技术学院"全人发展"的办学理念,基于高职教育"实用、够用"和语文学科的特点,依据课程"1 条主线(培养学生职业核心技能为主线)、3 个模块(创意表达、《论语》精华研读、地域文化)、20 个项目、52 个任务"的构思,课程内容整合为"模块+项目+任务"的创新架构,环环相扣,利于"翻转课堂"教学实施。

(二)利于翻转的"微系列"

从教学碎片化的理念出发,课程进行"微系列"教学设计,组织各个模块、项目和任务的"微学习",将传统的块状教学内容进行碎片化处理,探索一种既能适应高职学生注意力持续时间短的特点,又可以创新多样化的教学方式。

(三)利于翻转的教学法

课程贯彻"教、学、做"一体化的理念,以"微系列"教学资源为基础,教师实施"翻转课堂"教学,指导学生线上线下混合学习,辅以项目教学法、情景模拟教学法、角色扮演法、小组合作讨论教学法等,以学生为主体、教师为主导,实现"在情境中实践,在实践中体验,在体验中提升"的教学目标。

三、"翻转课堂"教学设计

(一)总体设计

结合"高职实用语文"课程的创新思路以及高职学生的学习情况,教学总体设计为"模块+项目+任务"的"微系列翻转课堂"教学。课程将微视频、微课件、微设计、微讨论、微写作、微点评融入"翻转课堂"的教学环节,将教学分成"N"个时间段,打造"N"个"微系列"教学组合,并在这些时间段内组织碎片化、系列化的"微学习",打造提高学生学习兴趣的"微课堂",提升教学成效。

1."微系列"教学资源的建设

涵盖课程介绍、自主学习任务单、教学课件 PPT、原创微视频、教学参考视频、音频、教学图片、教学成果展示资料、文例、案例和相关参考文献、在线题库等。现总共有 17GB 教学资源,均上传网站供学生在线观看和用于"翻转课堂"教学。

2."翻转课堂"教学环节中的"微系列"运用

(1)课前:微视频等的应用。短小精悍的微视频形式灵活多样,利于传授知识点,为学生所喜闻乐见,学生在课前通过网络即可进行泛在化学习,可有效激发学生的学习兴趣,对高职学生尤为适宜。

（2）课中：微课件、微设计、微练习、微点评等"微系列"的应用。微课件是指内容较短小、容量不大、能引发学生身心积极反应的各种碎片化资源，如小故事、小视频、图片、音频等。课堂教学中的导入环节需要精心设计微课件的使用，引发学生的关注。

微设计是指运用当前职业教育主流教学模式任务驱动、行动导向、项目教学法等，设置学生学习情境，通过"教学做""看讲练""学思谈"，提升学生的学习主动性。

微练习环节，让学生进行短时间、碎片化的训练，并及时、有针对性地进行指导和反馈，可快速、有效地提高技能。

微点评可设计于练习及展示之后，通过自我观察、教师与同学点评，及时发现优势与不足，让学生在展示、观摩、点评、再展示等教学反馈活动环节中得到锻炼与提升。

（3）课后：微讨论等的应用。课后乃至课前、课中均可设计适用于网络或者现场教学讨论的主题，融洽师生之间的关系，提高课堂互动和成效。

总之，课程在教学设计中，课前的知识点传授用微视频，课中的情境教学用微课件、微设计，实践操作用微练习，师生互动用微讨论，学习成效反馈用微点评等"翻转课堂"教学改革，通过"微系列"且多样化的方式，营造有趣、有用、有效的"三有"课堂。

3. 教学评价方式的多元化

近 3 年，模块采用形成性评价、线上与线下混合学习相结合的方式进行考核，项目采用口头形成性评价与书面终结性评价相结合的方式进行考核，任务采用个人与小组表现相结合的方式进行考核，形成了"模块、项目、任务"下的多元化、多维度的评价方式，适应"翻转课堂"教学要求，能较为科学、全面地考核学生的知识和技能水平。

（二）2 学时具体设计

1. 课程基本情况

课程名称：高职实用语文。

学情特点：学生学习主动性不强，对理论学习兴趣不高，参与度不强。

翻转课例：口头表达技能训练模块——应聘自我介绍。

教学目标：

（1）理解自我介绍的定义及内容要素；

（2）分析自我介绍情境模拟岗位的需求；

（3）说出结合岗位需求应聘自我介绍的内容要素；

（4）完成模拟情境下的应聘自我介绍的任务。

2. 课前学习安排——应用微视频、微课件

（1）课前学习目标：下载自主学习任务单，按要求完成课前任务。

（2）资源清单：自主学习任务单，制作教学课件 PPT，拍摄原创微视频，上传教学参考视频，蓝墨云班课的 3 次投票设置。

（3）激发学生学习动机方面的考虑：开场活动设计，情境设置和任务布置。

3. 课堂教学设计——应用微讨论、微设计、微视频、微练习、微点评

（1）开场活动（5 分钟）。每人一句话：我有一个特长（特点）。教师提问：每个人具有的

各种特长是不是都可以在应聘时候展示出来呢？（第一次投票）

（2）你为谁投票（10分钟）。任务单要求学生课前观看教学参考视频——《前程无忧》栏目，为6名选手投票（第二次投票）。教师课前查看投票结果，用手机"摇一摇"功能，请摇中的学生说说投票的理由。

（3）小组头脑风暴（10分钟）。"前程无忧"栏目的招聘岗位是什么？岗位需求有哪些？需要哪些对应的能力？这6位应聘的同学中，半分钟的自我介绍环节有没有表现出其具备了这些能力？

（4）视频观看（7分钟）。再次观看视频，结合新认识，为6名选手再次投票（第三次投票）。

（5）教师小结（5分钟）。应聘自我介绍内容的关键在于与岗位需求相吻合。营销人员的岗位能力需求：语言表达能力、沟通交流能力、抗压能力、负责任的工作态度等。

（6）微视频知识点学习（8分钟）。原创微视频《应聘自我介绍》播放。

（7）创设情境并提出任务（5分钟）。杭州市华润万家便利连锁有限公司招聘连锁便利店见习店长，岗位工作内容：负责协助店长做好店务管理工作、检查店务各项管理工作等。岗位能力要求：熟悉店务流程，有较强的管理经验和团队管理能力，沟通能力强，能承受较大的工作强度和压力。

请根据招聘信息，模拟招聘情境并分角色扮演，准备应聘时的一分钟自我介绍。

（8）小组分工及角色扮演（5分钟）。每个小组成员小于4人，角色分工：应聘者1人、自我介绍记录员1人、应聘形象设计（交流评价评分员）1人、面试官（拟写小组小结）1人。

（9）小组协作及任务完成（10分钟）。①任务分析：岗位名称为连锁便利店见习店长；岗位工作内容为协助店长管理并检查各项工作等；岗位能力要求为熟悉店务流程、有较强的管理经验和能力、沟通能力强、抗压力强。

②小组讨论：讨论自我介绍的内容要素并拟写一份自我介绍。

③应聘者形象设计、模拟面试及视频拍摄等。

（10）成果展示及交流评价（15分钟）。小组视频拷贝在电脑上进行展示，每小组各派1名成员评分。依据教师所提供的评价指标体系，小组成员根据分工情况和组员完成及贡献情况通过相互评分、小组间评价和教师评价等方式开展教学评价，利于学生相互学习和提高。

（11）教师小结与课后任务（10分钟）。展示各小组统计成绩，教师针对完成情况及本次课程知识点进行小结，布置作业，拟写小组完成任务情况小结。

四、"翻转课堂"具体实施

教学中，"翻转课堂"具体实施还体现了以下创新。

（1）云班课的使用促进了翻转教学的实施。通过投票、头脑风暴、讨论、测试及小组任务等，较好地把手机引入课堂，手机操作便捷，形式灵活，更利于"翻转课堂"教学。

（2）原创微视频提供课程学习的二维码，学生可以使用手机、电脑等终端设备进行泛在化学习。学生在规定时间内通过网络教学平台进行"微系列"教学资源的学习，并进行自我测试,提高教学成效。

五、取得成效分析与体会

本课程"翻转课堂"教学已实施两轮以上,与传统的教学方式相比,"翻转课堂"实施取得的成效显而易见:教学中,学生的积极性被调动,学生从被动到主动,学生动起来,课堂也活了起来。教师从讲到导,学生能根据教师布置的任务单进行课前学习,根据设置的情境进行练习,师生间的互动增强,学生也乐于在论坛上发表观点、提建议。多元化的教学和考核方式也为学生所喜闻乐见,提升了学生的参与度。

但在实践中,笔者体会最深的就是:首先,理念与行动先行,教师要先动起来,根据教学内容提前准备各类教学资源,课前准备工作必须做足、做透、做细;其次,教学设计十分重要,不仅要设计教师的教学环节,更要设想学生的学习环节;再次,关注学生,项目、任务的设计要顾及每一位学生的参与情况,才能真正地使课堂翻转起来。

作者简介

韦晓军,女,壮族,文学学士,杭州万向职业技术学院人文团队负责人,教授,从事一线教学工作近 30 年,为"双师素质型"教师。教学风格自然亲切,认真负责,近年来,科研教学成果颇丰,获省级教学成果一等奖等国家级、省部级奖励 11 项;获院级奖励 14 项;主持及参与省级、院级课题项目 15 项;公开发表教科研学术论文近 30 篇;作为主编、副主编编写并公开出版教材 5 部。主要教授"高职实用语文"等课程。

"翻转课堂"
示范性
教学视频

高职"基础会计实务"课程"翻转课堂"教学模式改革与实践

陈　安

台州科技职业学院会计与金融学院

一、课程基本情况

"基础会计实务"是会计专业核心课程,授课对象为会计专业学生,师资团队授课经验丰富,能比较好地使用现代信息技术,课程师资情况如表 1 所示。

表 1　课程师资

教师	职务或职称
郭武燕	会计与金融学院院长、副教授,从教 10 多年
陈安	副教授,从教 10 年
王菊玲	高级会计师,实操经验丰富
王懿苗	会计教研室主任
符茜	助教
段霄	助教
张竞	助教
陈灵青	助教

本团队已开展"基础会计实务"课程"翻转课堂"教学实践两轮,翻转总课时达到 80 课时以上,占到该课程总课时的 1/2 左右。教师依托中华会计网校高校一体化教学平台进行备课,学生在课前登录平台观看视频资源,课堂翻转运用掌上高校移动端、正保网中网"基础会计实务"实训平台进行能力训练。

二、教学改革背景与思路

(一)教学改革背景

在"互联网十"时代,随着"大智移云"(大数据、人工智能、移动互联网、云计算)等现代网络技术的发展,企业工作环境发生了颠覆性变化。而高校的专业人才培养尚未真正实现

转型,具体表现在:

(1)高职教学理念相对比较滞后,跟不上时代发展的步伐,还是沿袭本科教学的理念,无法培养出社会需要的高技能人才。

(2)教学手段单一,大多数教师还是习惯于满堂惯的"填鸭式"教学,偶尔配上课堂练习,也起不到和学生互动的作用,高职学生本就自觉性不够,哪里抵得住手机里精彩的世界,慢慢就成了"低头族",只剩下任课教师孤独落寞地对着一大片"低头族"吟诵自己的"备课经",一个学期下来,学生连基本的"借""贷"都搞不清楚,学习效果较差。

(3)教学资源匮乏,一门课一本教材,高职院校教师一般周课时都在 12 节以上,单打独斗,根本没有精力做出精彩的视频动画资源。

(4)教学内容空洞,大多数年轻教师是从学校毕业直接到高校,没有丰富的实践经验,只能按部就班地对着教材空讲理论。久而久之,学生就失去了学习兴趣,于是出现了"教师不会教,学生不想学,企业不愿招"的人才培养困境。社会对人才的需求倒逼供给侧改革。

(二)教学改革思路

"翻转课堂"把知识传授的过程放在教室外,让学生选择最适合自己的方式接受新知识,而把知识内化的过程放在教室内,以便学生之间、学生和教师之间有更多的交流和沟通。具体改革思路如表 2 所示。

表 2　改革思路

步骤	具体操作
课前	学生利用手机端登录平台观看视频,完成前置作业,平台会打分,发送提醒,课前预习率接近 100%
课中	课堂中教师根据学生课前的预习情况对不同的知识点讲解,开展案例分析、小组讨论、头脑风暴、随堂测等活动,让每位学生动起来,成为课堂的主人
课后	平台上布置拓展活动,上传延伸资料,学生的课后作业可直接在手机上完成,充分利用碎片化时间

为什么要做"翻转课堂"？虽说网上有慕课,但慕课辍学率很高,所以听不懂的学生可以来"翻转课堂",教师在课堂上为其答疑解惑,"翻转课堂"把在线学习和课堂教学结合了起来。

三、"翻转课堂"教学设计

"翻转课堂"的总体设计包括以下三步。

课前:学生观看基础会计实务相关章节视频,消化知识点内容,针对性地课前练习,准备问题反馈。

课中:教师针对课前问题精讲、快速少量的测验、解决问题,学生通过合作、讨论、练习内化知识、反思、梳理、总结,真正实现以教为主向以学为主转变。

课后:教师针对讲授知识点布置延伸阅读资料,学生完成课后作业通过练习加深印象。

下面以知识点"原始凭证的审核"为例讲解具体设计。

（一）课前设计

一直以来,原始凭证的教学在基础会计实务里都是重填制轻审核,对于审核的内容教师只是一两句话简单带过,然而随着财务机器人来袭,财务流程中有高度重复的手工操作如原始凭证的填制均可由机器人快速准确地生成,而原始凭证的审核要结合多种综合因素考虑,非机器人所能简单完成,所以"原始凭证的审核"这个知识点在教学中就显得尤为重要了,耗时 2 课时。

教师提前一周给学生上传录制的视频《原始凭证的审核》,学生在手机端掌上高校 App即可利用碎片化时间观看视频,视频时长约为 6 分钟,视频的设计思路如表 3 所示。

表 3　视频的设计思路

	导言	引入会计实务漫画系列第一集:小博士鉴别凭证小姐的真伪,吸引学生的注意力
视频的设计思路	内容	教师采用录屏方式讲解原始凭证的审核包括哪些要点,以一张增值税专用发票为例,分析审核时的注意事项。接着举例部分企业通过报销办公用品发票变相地给员工发放福利,或者对一些难入账的烟酒、礼品开具办公用品发票等行为如何通过发票审核发现,税务部门又有什么办法来审核
	结尾	预留前置作业——原始凭证的审核包括哪些方面,前置作业的设置比较简单,学生只要看完视频就能回答,以此来检测学生观看视频的有效性

（二）课中设计

教师在平台通过学习情况查询看到了学生听课完成率和做题情况,如会计 16-1 班 46位学生仅有 1 位学生未收听,听课率达到 97.8%,完成作业的正确率达到 89.1%,带着这些令人欣慰的数据,我们采用了"翻转课堂"教学模式,课堂里不再都是枯燥的理论讲解,而是设计了一系列活动让学生参与其中,学生事先已分成 8 个小组,课中具体设计如下。

1.情景剧大比拼——掀开你的红盖头

情景剧大比拼教学设计如表 4 所示。

表 4　"情景剧大比拼"教学设计

教学设计	情境内容	学生—演员	教师—导演
案例讨论（分组任务）	脚本一:小红是一家公司的员工,某日来到超市购买了一些食品,想开具发票拿到公司报销,现在她来到了收银台。 小红:"请对这些食品开具办公用品发票,可以吗?" 收银员:"抱歉,根据规定,发票内容必须和实际购买的商品一致,所以发票内容只能是您所购买的食品。" 问题一:为什么超市员工不能满足顾客的这个开票要求?这体现了原始凭证审核的什么要点呢?	学生把脚本一排练成情景剧（给 5 分钟准备时间）	教师利用手机"摇一摇"功能,随机抽取学生回答问题（2 分钟）

续 表

教学设计	情境内容	学生—演员	教师—导演
案例讨论（分组任务）	脚本二：小王是某公司的采购业务员，刚采购了一批物资，现在拿着供应商开具的发票及合同来到了财务处…… 小王：李会计你好，这是供应商发票及合同，你看看有没有问题，能否报账付款了呢？ 李会计：小王，不好意思，发票开具金额和采购合同不一致，不能报销。 问题二：为什么李会计不同意报销小王拿的这张发票呢？这又体现了原始凭证的什么审核要点呢？	学生把脚本二排练成情景剧（给 5 分钟准备时间）	学生在掌上高校 App 上"举手"发言，输入答案提交，大屏幕同步呈现答案（2 分钟）

2. 头脑风暴——脑洞大开

头脑风暴教学设计如表 5 所示。

表 5　头脑风暴教学设计

教学设计	内容	教师动作	学生动作
头脑风暴	请你列举尽可能多的发票类型来说明审核要点	教师在教学一体化平台电脑端点击"头脑风暴"，给学生布置任务，每个小组提交一份答案，限时 10 分钟	每组学生围坐在一张六角形的桌子前，思考讨论，由一人负责在手机端录入提交。

3. 归纳——从个别到一般

这部分是本节课的重难点，教师将上述头脑风暴较好的回答置顶或进行打分，然后根据学生回答有针对性地举例，如收到实物资产发票怎么审核，业务招待费发票、差旅费发票、会务费发票怎么审核，最后从个别归纳出一般的审核技巧（30 分钟）。

4. 随堂测——全面检测

随堂测教学设计如表 6 所示。

表 6　随堂测教学设计

教学设计	内容	教师动作	学生动作
随堂测	原始凭证审核的相关练习	通过平台给学生推送随堂测，要求当堂完成	打开手机掌上高校 App，完成随堂测练习

教师根据随堂测的得分情况，重点分析错误率较高的题目（10 分钟左右）。

（三）课后设计

课后拓展资源的设计也要有趣，可通过以下方式。

（1）给学生布置课后作业题，课后作业的设计难度要高于随堂测，使学生能够进行自主学习。

（2）拓展资源。结合近期热门的"财务机器人"事件，让学生去搜集有关"四大"会计师事务所制造的财务机器人到底能干什么工作，思考财务机器人能够取代财务人的哪些工作，以小组为单位，每组交一份调研报告。

四、"翻转课堂"具体实施

经过不断地"翻转课堂"摸索和实践，笔者结合自身的经验，总结出"翻转课堂"的实施可从以下三个方面去进行。

（一）线上线下混合教学模式的构建

线上教学资源：正保远程教育邀请全国会计教育行业著名专家学者联合台州科技职业学院专任教师，为会计专业学生量身定制了基础会计实务主干课程，笔者也参与到网课的制作中，亲赴北京正保总部为学生录制了原始凭证、记账凭证、会计账簿等章节，每一知识点设计了精彩的导入，有自己熟悉的教师出镜的视频受到学生的关注会更多。

线下课堂教学：教师由课堂独角戏演员转换为主导课堂教学活动的主持人，让学生成为线下课堂的主角，采取分组讨论、辩论等多种教学方法，实现"翻转课堂"，着重培养学生应用知识分析问题、解决问题的能力。

（二）互动式教学方法的设计与实现

作为线上教学资源的载体，一体化学习平台的设计与实现是教学改革中的关键问题，该平台由"网络教学平台"和"掌上高校"移动学习平台两大部分组成，集在线课程、知识题库、备课与学生管理于一体，让学生通过邀请码加入课程，学生以手机作为载体参与学习，并完成签到、提问、作业等任务，学习平台将学生学习的情况以图表形式实时反馈给学生和任课教师。

（三）引导过程考核的课程内容体系建设

课程内容体系建设包括线上视频、动画、讲义、大作业、小作业、案例、延伸阅读；线下问题解答、作业点评、案例分析、趣味讨论。学习媒体由书本和习题册转变为手机 App，成绩分为平时成绩和期末考试成绩，各占 50%，均由系统自动生成，学生可以实时查看排名。

五、取得成效分析与体会

"基础会计实务"课程的"翻转课堂"实施已有两轮，取得的成效是明显的，表现在：

（1）班级间的比较，翻转班的学生总评成绩明显高于普通班的学生总评成绩；

（2）班级内的变化，基础不好但学习积极性高的学生进步最快，基础不好且学习积极性不高的学生进步最慢，基础好但学习积极性高的学生、基础好但学习积极性不高的学生进步速度差不多，没有显著性差异。

（3）学生越活跃，成绩越高。统计数据表明，学生的最终成绩和他看视频、做测验、交作业、参与互动次数是成正比的。

既然有效，笔者也会继续坚持做"翻转课堂"教学，也让更多的课程实现翻转。

作者简介

"翻转课堂"示范性教学视频

陈安，女，硕士，副教授，会计师，毕业于浙江工商大学，研究方向为会计理论与实务。从教十年，主要任教课程有基础会计实务、财务会计、会计电算化等。在核心期刊《财会月刊》《财务与会计》等发表论文十余篇。多次指导学生参加省市级比赛并获奖，如省级会计技能竞赛获得团体二等奖，省级财会信息化竞赛获得团体二等奖等。目前被北京东大正保科技有限公司聘请为会计专业兼职教师，参与专业共建课程远程多媒体辅导课件的录制。

高职高专理工农医类

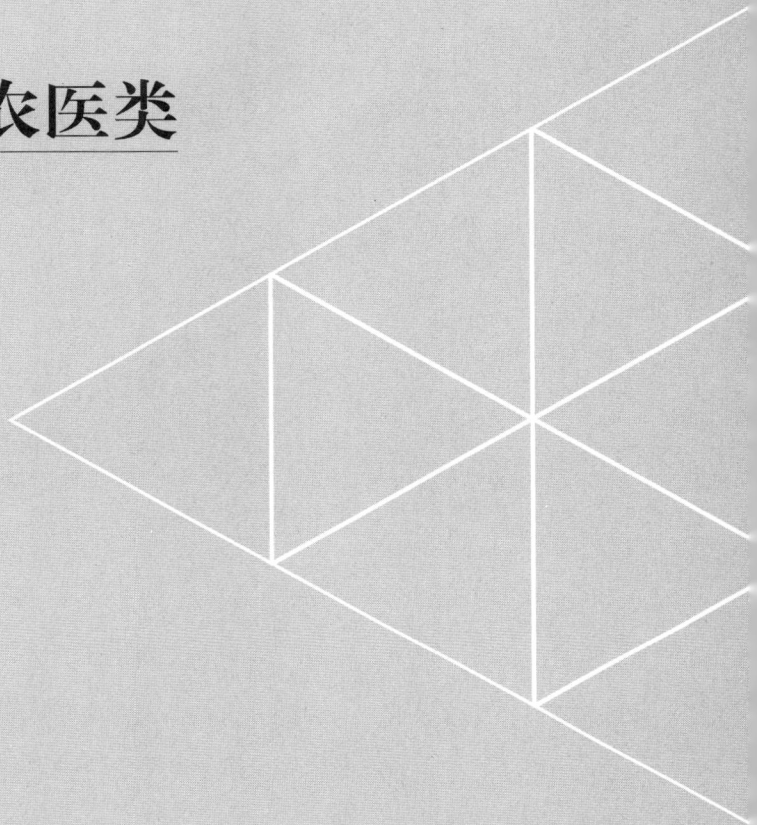

基于游戏化学习理念的"翻转课堂"
教学模式创新应用研究
——以高职"计算机基础"课程为例

兰春霞

宁波职业技术学院教师培训学院

一、课程基本情况

"计算机基础"是高职院校非计算机专业的一门公共基础课,主要面向全院非计算机专业的大一学生开设,教学学时为 34 学时,课程学分为 2 学分。为激发学生学习兴趣,提高教学效果,笔者自 2013 年 9 月开始尝试"翻转课堂"教学模式,边实践边探索,2014 年 9 月至今已在计算机基础课程中常态化开展"翻转课堂"教学实践 6 轮,约 1300 多学时。共计有 24 个教学班,教学班规模一般为 30~50 人。依托 Blackboard 在线自主学习平台和蓝墨云班课(手机 App)开展"翻转课堂"教学实践,不断优化教学模式,提高教学效果。

二、教学改革背景与思路

"翻转课堂"作为一种基于信息技术的新型的教学模式,已成为教育界关注的热点。笔者自 2013 年 9 月开始在"计算机基础"课程教学中采用"翻转课堂"教学模式,并在实践过程中不断地调整、优化教学策略,也取得了一些成效,但在"翻转课堂"实施过程中,高职学生学习兴趣不高和主动性缺乏等,部分学生不能很好地完成课前任务,导致课堂的教学环节不能顺利开展,因此"翻转课堂"实施的效果不是很理想,主要面临以下困境。

(一)"翻转课堂"教学模式对高职学生学习成绩的提升不明显

高职学生普遍缺乏学习主动性,缺乏学习兴趣,许多学生在课前不能按要求完成教师布置的自学任务,课上的知识内化环节很难进行,导致学生学习成绩提升不明显。

(二)难以维持学生课下学习的兴趣和积极性

激发学生课下学习的积极性是保证"翻转课堂"顺利进行的关键。笔者尝试从教学视频入手,根据知识点特征开发形式多样、内容丰富的教学视频以吸引学生的注意力。但由于每个学生的认知水平和学习偏好存在差异,单凭教学视频很难满足所有学生的需求,也不能维持学生的学习兴趣和积极性。

(三)学生对"翻转课堂"教学模式的认可度不高

高职学生普遍对学习缺乏兴趣和自信心,学习态度懒散。许多学生已经习惯了传统的"先教后学"教学模式。在"先学后教"的"翻转课堂"教学模式下,因缺乏自学能力和主动学习的习惯,很多学生不知道如何开展自主学习,自然对这种教学模式的认可度不高。

基于此,笔者于 2015 年 9 月尝试在传统的"翻转课堂"教学设计中引入游戏机制,结合游戏的设计策略进行教学设计,将游戏的自主权、奖励机制、评价体系等应用于学习任务设计之中,为学习者创设游戏化的学习环境,使学生能以轻松愉快的方式完成学习任务,并获得学习上的成就感和满足感,激发他们的学习兴趣和积极性,提高教学效果。

三、"翻转课堂"教学设计和实施

(一)基于游戏化学习理念的学习策略设计

1. 目标分层设计

游戏化理念在知识目标分层上的做法是,按照知识点的难易程度,将任务分为"菜鸟级""老鸟级"和"大虾级"三个等级,学生根据自身基础进行选择。"菜鸟级"任务是学生无须别人帮助就可顺利完成的,容易获得经验值奖励,容易激发基础差的学生的学习自信心。目标的难度随着任务等级的提升而逐级递增,挑战也越来越大。基础较好的学生可以层层深入,完成更高的目标,而基础差的学生也可以量力而行,学有所获。

2. 游戏关卡设计

游戏关卡设计是根据前面的目标分层,在每一等级任务完成后设计一个关卡。关卡难度是逐级递增的,不同等级关卡设置不同的经验值,学习者获得一定的经验值就可晋级下一关。为了帮助学生顺利通关,可以给学生设计学习导航图和通关秘籍。这种过关、晋级、拿经验值的游戏策略可以十分有效地激发学生的兴趣。

3. 激励机制设计

为了保持学生课下学习的积极性,利用游戏中的奖惩设计方法激发学生学习斗志,养成主动学习的习惯。奖励的形式有经验值、头衔和实物。学生每完成一个任务,每过一个关都能获取相应的经验值,奖励随着等级的提升而不断提高。学期末,头衔还可兑换实物。此外,为了防止学生逃离学习,引入惩罚机制,反向激励学生更加努力地学习。

4. 竞争协作机制设计

在"游戏闯关"过程中,随着任务难度加大,学生需要寻求同伴的力量协作完成任务,以达成通关目标。在促进竞争协作的闯关过程中,教师借助平台动态呈现经验值排行榜单,以便于学生了解同伴信息,明确自己在班级中的位置,并通过相应的学习行为,提高学习效率。

(二)基于游戏化学习理念的"翻转课堂"教学模型设计

根据"翻转课堂"的特征和设计原则,在借鉴国内外众多学者对"翻转课堂"教学模型研究的基础上,结合计算机基础课程和高职学生的特点,构建了基于游戏化学习理念的"翻转课堂"教学模型,如图1所示。

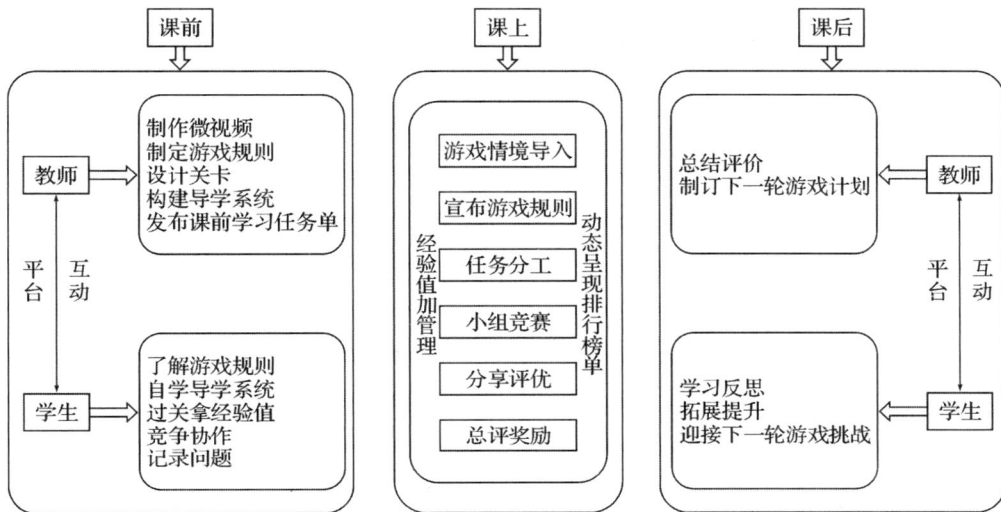

教师主导、以学生为主体的游戏化、竞争性、协作式学习环境

图1 基于游戏化学习理念的"翻转课堂"教学模型

整个教学环节分课前、课上、课后三部分,分别进行教学设计。

1. 课前

教师制作微视频、设计游戏规则和通关秘籍,基于 Blackboard 平台构建本次课的"学生自助导学系统",并发布自学任务单。学生根据任务单,依托"导学系统"以过关、晋级、拿经验值等游戏方式完成课前自学。

2. 课上

首先创设游戏情境,引导学生产生游戏的沉浸感;接着宣布课上活动的游戏规则和奖励机制,激发学生兴趣和挑战欲;然后分工任务,任务可以是个人任务,也可以团队任务,以竞赛的形式开展;再对任务成果进行分享,评出优秀个人和团队;最后教师进行总结评价并对优秀个人和团队进行奖励。

3. 课后

教师需要对学生课前和课上的表现进行评价和总结,反思游戏化学习开展的成功和不足之处,并制订下一轮翻转计划;学生进行学习反思,借助平台进行拓展练习,并迎接下一轮游戏挑战。

(三)基于游戏化学习理念的"翻转课堂"教学的具体实施

为进一步研究基于游戏化学习理念的"翻转课堂"教学模型的具体实施步骤,笔者以高职"计算机基础"课程多媒体教学模块中的一次课(2学时)——《我的宁职生活微电影制作》("宁职"代表宁波职业技术学院)为例,按照以上模型进行设计和实施。

1. 课前

教师将知识点按难易程度划分为"菜鸟级""老鸟级""大虾级",并分别制作微视频,如表1所示。

表1 《我的宁职生活微电影制作》微视频明细

难易级别	微视频内容	文件格式	时长
菜鸟级	熟悉会声会影操作界面	MP4	4分钟
	视频编辑前的准备——设置项目属性	MP4	3分钟
	导入素材	MP4	3分钟
老鸟级	分割视频	MP4	4分钟
	导入并编辑背景音乐	MP4	5分钟
大虾级	添加片头、片尾和字幕	MP4	8分钟
	输出影片	MP4	2分钟
答疑与技巧	智能包详解	MP4	6分钟
	格式工厂使用详解	MP4	5分钟

然后依托 Blackboard 网络平台制作关卡题库,构建本次课的"学生自助导学系统"。学生根据发布的任务单,登录平台导学系统以过关、晋级、拿积分的游戏化方式完成课前自学,并记录学习中遇到的问题,以便将问题带到课上解决。

2. 课上

(1)创设游戏情境:设计了6道小题,以抢答加分的形式检测学生课前自学中对知识点和技能点的掌握情况,学生借助手机 App 蓝墨云班课进行抢答,教师在蓝墨云班课上即时给予经验值奖励,这样既活跃了课堂氛围,又激发了学生学习兴趣。

(2)宣布游戏规则:本次作品为团队作品,每组提交一个,要求组内协作完成(小组已提前分好,4人一组并设一名组长);任务完成时间规定为1小时,提前完成的在云班课中"电子举手",教师记录各组完成时间。

(3)任务分工:教师先说明本次课任务要求和成果验收标准,要求各组根据课前准备的素材由组长进行任务分工,如表2所示。最后个人完成的子任务即可合并形成最终的小组作品。

表2 课堂任务分工明细

任务分工	任务名称	任务说明	任务完成人
任务1	剪辑你的故事	负责视频素材的剪辑工作	学生1
任务2	配上动人音乐	负责音乐素材的搜集和处理	学生2
任务3	制作片头片尾	完成影片片头片尾制作	学生3
任务4	视频后期输出	负责影片的后期处理和合成输出	学生4

（4）小组竞赛：各小组成员各司其职，协作、交流、讨论，齐心协力完成小组最终作品。也鼓励组间合作，如果学生帮助其他组解决了问题，则可以得到 5 个经验值加分，帮助别人解决的问题越多，奖励的经验值越多，蓝墨云班课动态呈现经验值排行榜单。当然对于没有认真完成任务的学生会给予扣经验值的惩罚。

（5）分享评优：这是一个激动人心的环节。规定时间一到，各组派代表展示作品，大家借助蓝墨云班课进行匿名投票，投票结果随即呈现，评出"最佳导演奖""最佳剪辑奖"和"最佳团队奖"。最后再根据本次课经验值加分评出"最佳个人奖"。

（6）总评奖励：教师对学生在任务完成过程中的共性问题进行答疑解惑，并对评出的个人和团队给予奖励。团队优秀作品放入课程平台"成果大展台"公开展示并对每人给予 10 个经验值奖励，对"最佳个人奖"获得者在蓝墨云班课中授予"蓝钻学霸"头衔。整堂课学生学习积极性高，协作氛围浓，教学效果好。

3. 课后

教师对学生的课前、课上表现借助平台和 App 统计的大数据给予总评，并制订下一次的游戏计划。

四、取得成效分析与体会

（一）方案设计

将笔者任教的大一新生中的 1 个班级设定为对照班，4 个班级为实验班，并选取一个人数与对照班相当的实验班进行成效分析。对照班采用传统"翻转课堂"模式，实验班采用游戏化"翻转课堂"模式。通过入学测试成绩和期末测试成绩的对比，验证游戏化"翻转课堂"对提升学生学业成绩的正向作用，并运用调查问卷和访谈的方式了解学习者对各自教学模式的学习兴趣及认可度。

（二）效果分析

1. 学业成绩对比

开学初，利用教考分离系统对实验班和对照班进行了计算机知识入学摸底测试，测试内容包括理论和操作两部分。实验班测试平均分为 40.23 分，对照班测试平均分为 39.56 分，实验班入学摸底测试平均分比对照班高 0.67 分，总体水平相当。

学期末，对实施传统"翻转课堂"教学模式和游戏化"翻转课堂"教学模式的对照班和实验班进行测试，同样采用教考分离系统。实验班测试平均分为 85.19 分，对照班测试平均分为 72.06 分。期末测试实验班平均分高于对照班 13.13 分，这充分验证了游戏化"翻转课堂"教学模式对提高学生学业成绩更加具有积极作用，进一步说明了该模式的优势。

2. 学习兴趣对比

分别采集了实验班和对照班对各自教学模式下学生学习兴趣的调查数据，如图 2 所示。游戏化"翻转课堂"教学模式下，95.65％的学生认为这种模式更能激发他们的学习兴趣，传统的"翻转课堂"教学模式下,34.35％的学生认为该模式更能激发他们的学习兴趣,这充分验证了游戏化"翻转课堂"教学模式与传统的"翻转课堂"模式相比,在学生学习兴趣的激发上更加有效。

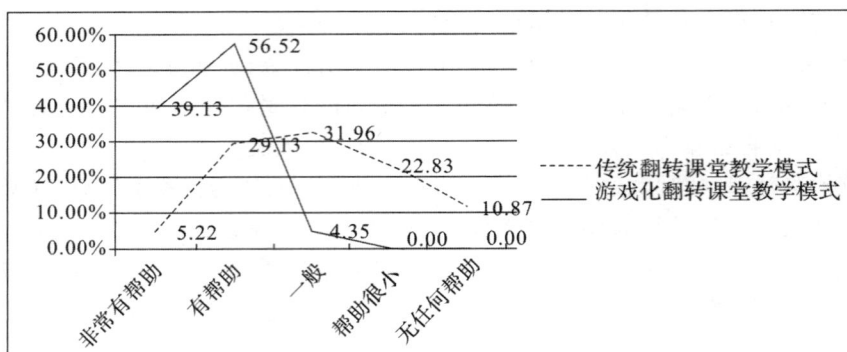

图 2 游戏化"翻转课堂"与传统"翻转课堂"教学模式下学生学习兴趣的对比

3. 认可度对比

在实验班和对照班中分别调查了学生对各自教学模式的认可度,如图 3 所示。

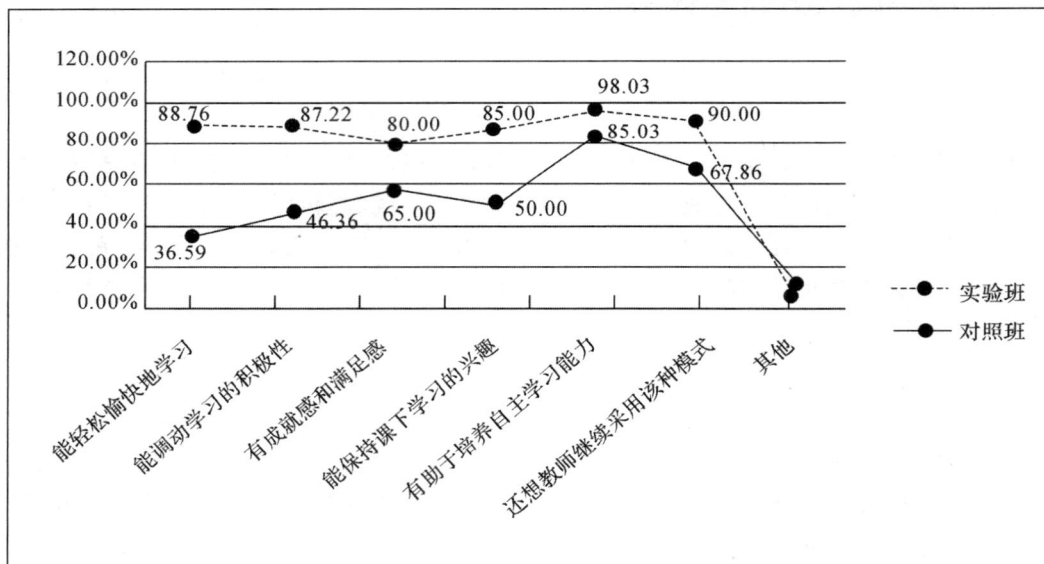

图 3 学生对游戏化"翻转课堂"与传统"翻转课堂"教学模式的认可度对比

实验班中 88.76％的学生认为游戏化"翻转课堂"教学模式能让他们轻松愉快地学习,而对照班只有 36.59％的学生认为传统"翻转课堂"教学模式能让他们轻松愉快地学习,低于实验班约 52 个百分点,这说明了游戏化"翻转课堂"教学模式为学生营造了愉快的学习环境,使学生可以轻松、快乐地参与学习。实验班中有 87.22 ％学生认为游戏化"翻转课堂"教学模式能调动学习的积极性,相比对照班只有 46.36％的学生认为传统"翻转课堂"教学模式能调动学习的积极性;实验班中对学习有成就感和满足感、能保持课下学习的兴趣和有助于培养自主学习的习惯的认可度都分别高出对照班约 25 个百分点、35 个百分点和 13 个百分点;在后续的学习中,实验班中有近 90.00%的学生还想教师继续采用这样的模式,而对照班只有 67.86%。

以上分析充分说明了游戏化"翻转课堂"教学模式在激发学生学习兴趣、保持学生课下学习积极性、提高学生自主学习能力等方面的积极作用。

(三)体会

从教师角度看,"翻转课堂"对教师的信息化水平提出了更高要求。在翻转模式下,教师的工作量比传统教学模式中增加了,教师的角色也更重要了,"翻转课堂"教学模式更有利于教师提高教学能力。从学生角度看,"翻转课堂"对学生自主学习能力和自觉性提出了较高要求。在"翻转课堂"实施过程中,大部分学生反映课业负担比较重。另外,如何更好地构建学习支持体系以激发并保持学生课下学习的积极性是要解决的关键问题。此外,学校的一些软硬件设施,比如硬件方面的网络、教室布局等和软件方面的考核激励机制等也在一定程度上阻碍了"翻转课堂"的顺利开展。

作者简介

兰春霞,女,讲师,宁波职业技术学院教师。从事一线教学工作 14 年以来,一直致力于计算机课程教学改革和创新,多次受到教育部高职高专现代教育技术师资培训基地邀请,参与基地的"微课设计与制作""信息化教学设计""项目化教学设计""翻转课堂教学设计"等国培班培训,与来自全国各地的高职院校教师交流课程设计理念、教学设计方法、实践应用经验等;多次参与相关校本培训讲座,分享教学设计理念和实践经验。2014 年 12 月参加全国高职电子信息大类 2014 年学术年会,将"基于 BB 平台的'计算机基础'翻转课堂教学实践"成果做了介绍和推广,产生了积极影响,同时此成果也被写入了蓝皮书《中国高等职业教育计算机教育课程体系 2014》。教学方面也积累了一些成果。

"翻转课堂"
示范性
教学视频

竞赛获奖:

➢ 2014 年浙江省第二届高职高专微课竞赛三等奖(省级)
➢ 2015 年院级网络课程竞赛一等奖(院级)
➢ 2014 年、2015 年院微课竞赛一等奖(院级)
➢ 2015 年院教师信息化课堂教学竞赛一等奖(院级)
➢ 2015 年全国职业院校信息化教学大赛三等奖(国家级)
➢ 2015 年第十五届全国多媒体课件大赛一等奖(国家级)
➢ 2015 年浙江省第三届高职高专微课竞赛一等奖(省级)
➢ 2015 年全国高校微课竞赛三等奖(国家级)
➢ 2016 年院级教学成果奖二等奖(院级)
➢ 2016 年浙江省第九届青年教师教学技能竞赛二等奖(省级)
➢ 2016 年浙江省第四届高职高专微课竞赛一等奖(省级)

课题立项：

➢ 2014 年省教育技术研究和规划课题：基于"翻转课堂"的高职"计算机基础"课程教学的实证研究立项（JB074）已结题　厅市级　排名：1/5

➢ 2015 年省课堂教学改革项目：基于游戏化学习理念的高职"计算机基础"FCM 模式创新应用研究（kg2015665）在研　厅市级　排名：1/5

➢ 2015 年宁波职业技术学院课堂教学创新项目：有效课堂背景下"计算机基础翻转课堂"教学优化策略 已结题　院级　排名：1/5

➢ 2017 年省教育科学规划课题重点课题正式立项：基于移动学习的高职"计算机基础"游戏化"翻转课堂"教学模式应用研究（2017SB053）在研　厅市级　排名：1/5

发表论文：

➢ 《基于翻转课堂的高职〈计算机基础〉课程教学的实证研究》发表刊物：《职教论坛》期刊性质：核心期刊　发表时间：2015 年 9 月　卷期号：2015 年第 23 期（总第 603 期）排名：1/1

➢ 《翻转理念下基于微课的〈计算机基础〉网络课程建设》发表刊物：《宁波职业技术学院学报》　发表时间：2015 年 8 月　卷期号：2015 年第 19 卷 第 4 期（总第 92 期）　排名：1/1

➢ 《游戏化学习理念在翻转课堂教学模式中的应用——以高职计算机基础课程为例》发表刊物：《职教论坛》　期刊性质：核心期刊　发表时间：2017 年 5 月　卷期号：2017 年第 14 期(5 月中)(总第 666 期)　排名：1/2

评优：

➢ 2014 年度院级优秀教师（院级）

➢ 2015 年度院级优秀教师（院级）

➢ 2015 年度院级教学优秀奖（院级）

➢ 2016 年院级教学成果奖二等奖（院级）

➢ 2016 年宁波市优秀教师（厅市级）

翻转与速度的魅力

邢旭佳

温州职业技术学院时尚设计系

一、课程基本情况

"服装 CAD"课程,3 学分,48 学时,属专业基础课,面向服装与服饰设计专业大一学生开设,教学班规模为 30~40 人,使用教材《服装 CAD 项目实战引导》(邢旭佳编著,中国纺织出版社 2012 年出版),已开展"翻转课堂"教学实践 6 轮,翻转课时数约为 36 学时,2012—2015 年依托浙江省精品课程"服装 CAD"网站,2015 年之后依托浙江省高等学校精品在线开发课程共享平台。

二、教学改革背景与思路

(一)教学改革背景

"服装 CAD"课程是服装结构设计类课程的基础,目前服装企业几乎全都应用服装CAD 软件进行服装结构设计和样板处理,所以"服装 CAD"课程又与学生就业岗位的技能要求密切联系,课程的重要性非常突出。但是传统的教学和评价模式无法让该课程达到理想的教学效果,究其原因主要包括以下几个问题,需要我们面对和解决。

(1)教师和学生疲于应对基础的工具操作问题,课堂教学效率不高,课堂教学中很难涉及较高层次的软件应用技术,致使"服装 CAD"课程的基础教学不够扎实,学生的软件应用技术不过硬。

(2)学生习惯于将学习重心全放在课堂上,课外自主学习能力不强,加上除了教材之外,有效课外教学资源匮乏,课外辅导途径不畅通,致使课外学习与课堂教学两者间没能形成良性的循环。

(3)本课程的成果(作业)是数字化的,复制极为便利,加上课堂的教学结果与课外作业也十分接近,使得课外作业并没起到巩固课堂教学的作用。

(4)终结式的测试形式(如期中、期末测试)只能单方面体现绘图质量,使得学生在平时学习中只重视绘图质量,而忽视了操作软件的熟练程度,导致学习效率低下,而软件操作的熟练程度是"服装 CAD"技能的重要组成部分。

另外还有一个改革原因就是适应课时压缩的需要,"服装 CAD"课程由原先的 64 学时压缩为 48 学时,而教学内容不适合减少。

(二)教学改革思路

(1)应用教学视频解决简单重复性的问题,提高课堂教学效率,从而解放教师,以实现有针对性的、个性化的教学;增强教学过程中师生间、学生间的教学互动,提高课堂教学质量。

(2)建立有效的、开放共享的课程外视频教学资源和教学沟通平台,使学生学习不受时间和空间的限制,实现学生有效地自主学习和教师有效地辅导。积极调动学生利用课外时间进行课程学习的积极性,使课外学习与课堂教学形成良性的循环。

(3)依据课程特点建立以"课堂测试"代替"课外作业"的教学改革,极大地促使学生积极进行课外学习和训练,从而实现以课堂教学为主向课内外结合转变。

(4)在成绩评定中引入"速度"因子,引导学生努力提高"服装 CAD"软件应用技能的熟练程度,实现"学会"到"学精"的转变,为后续课程打下坚实基础。

三、"翻转课堂"教学设计

(一)总体设计

(1)建立或依托在线开放共享平台,如依托浙江省高等学校精品在线开放课程共享平台,使所建课程资源供学生课前学习、课堂教学应用以及课后的复习。

根据企业产品开发流程对教学内容进行项目化设计,把知识和技能融于项目中,再将项目分解成若干个子项目并按子项目进行课程微视频录制。在线共享视频课程教学改革,丰富了学生课外学习的有效资源,凸显了学生的主体地位,使学生学习不受时间和空间的限制,实现学生有效地自主学习和教师有效地辅导。为学生利用课外时间进行课程学习,使课外学习与课堂教学形成良性的循环创造好条件。

课程视频在课堂教学的应用解决了大多简单重复性的教学问题,大大提高了课堂教学效率,从而解放教师,以实现有针对性的、个性化的教学。微视频在课堂教学中的应用,有助于分层次教学的实施以及课堂教学效率和教学质量的提高。让学生从"依赖教师实操演示"中解放出来,学生可以随时随地反复观摩学习,使得知识技能的学习和掌握更为方便,极大地调动了学生主动学习的积极性。

(2)突出课堂教学设计,建立课堂教学有效互动体系,实现师生之间、学生之间的有效互动。

作为执行"翻转课堂"的教师,其最重要的使命不再是简单的知识传授,而是创设教学情境,设法调动学生的学习主动性,让学生积极地参与到课堂教学中来,使其在获得知识、培养技能的同时提高自主学习的能力。

教学互动是提高课堂教学质量的关键所在,很大程度地影响着学生的学习积极性和教学质量,决定着教学预期能否实现。

　　将班级学生分成 4 人小组团队,团队成员由学习成绩优、良、中、弱的四类学生组成。若有问题,团队成员先讨论,团队解决不了的再请教师帮助,团队成员间可相互帮助但不可代替其他成员完成学习任务,团队的整体进度计入学生平时成绩。如此很好地调动了团队成员间的交流互动,教学效果十分理想。

　　教师则可腾出时间去应对学生中出现的更高层次的教学和软件操作技术问题,实现有针对性的、个性化的教学交流,使教学层次更为深入。

　　(3)取消课后作业,以课堂测试代替"课后复习"环节。每次课都会对上一个教学项目或完整的子项目进行一次测试,以"测试"代替"课后复习"的教学设计,促使学生积极地进行课外学习和训练,使课程教学实现以课堂教学为主向课内外结合转变。

　　(4)建立"危机提醒"制度和"二次测试"制度。对两次及以上"成绩不理想的"学生发出"危机提醒",告知学生其学习状况,督促其积极改进。同时,允许"对测试成绩不满意的"学生提出"再测试",每 3 周提供一次机会,进一步激励学生进行自我挑战,动态成绩更能体现学生的真实状况。"二次测试"的目的也是促进学生进行课外学习和训练。

　　(5)建立形成性评价体系(见表 1),测试的评价标准引入"速度"因子,做到"速度"与"质量"并重。从多年的教学经验中得知,一旦在测试中"强调速度因素",就能在学生中营造"争先恐后""你追我赶"的学习氛围,促使学生积极进行课外练习,进而养成课外自主学习的习惯。"形成性"课程评分标准能积极调动学生利用课外时间进行课程学习的积极性,实现课外学习与课堂教学形成良性的循环。

表 1　形成性评价体系

成绩构成				成绩例子	
速度(50%)		质量(50%)		等级	分值
等级	分值	等级	分值	1B、2A	90
1	95	A	95	1C、2B、3A	85
2	85	B	85	1D、2C、3B、4A	80
3	75	C	75	2D、3C、4B	75
4	65	D	65	3D、4C	70

(二)具体设计

　　以裙子结构设计环节的两课时为例进行课程教学的具体设计,包括了教学步骤、教学内容、时间分配以及课堂教学的设计重点(见表 2)。

表 2　课堂教学的具体设计

步骤		教学内容	时间(分钟)	设计重点
第一课时	告知	本次课程的教学任务	1	
	课堂测试	要求在 15 分钟内完成裙子前后片的制图测试	15	速度评价标准:15 分钟为及格线,超过则不及格,每提速 2.5 分钟提高一个速度级
	测试点评	综合点评班级的整体测试情况,对测试中出现错误较多的知识点或技能点加以强调和讲解	4	引导平行班之间相互竞争
	任务演示	应用新工具完成直线省和曲线省的旋转	5	引导学生进行探究式学习
	任务练习	应用教学资源,以团队为单位完成教学任务	15	评价标准:最先完成任务的两个团队为"优秀",最后完成的团队则为"不及格";促使团队成员间形成互助互学的氛围
第二课时	任务点评	对练习中出现疑问较多的知识点或技能点进行讲解与点评	3	
	任务演示	牛仔褶裙结构设计与制图	5	引导学生进行探究式学习
	任务练习	应用教学资源,以团队为单位完成教学任务	24	采用速度评价标准
	任务点评	对练习中出现疑问较多的知识点或技能点进行讲解与点评	3	

四、"翻转课堂"具体实施

本课程已经过 6 轮"翻转课堂"的教学实践,教学设计与实际的教学实施基本一致。现就实施翻转课堂时需注意的几个方面进行阐述。

(1)要让学生接受并习惯"翻转课堂"这一教学模式。在课程的整个教学过程中,尤其是前几个教学周,要经常提醒学生去应用在线共享平台上的课程教学资源,使学生逐步养成通过课程教学视频进行自主学习的习惯。

(2)及时分享本课程优秀学生的学习方法和学习心得,以其实际学习经历去影响其他学生,更容易让其他学生接受通过在线共享平台进行自主学习的方式。

(3)在课堂教学环节,为了减少网络因素的影响可将网络关闭,提前把教学资源直接发送到学生电脑上,确保教学环节的顺利进行,同时也可以提高学生的专注度。

(4)教学实施进程中,尤其是"任务练习"环节,如果有较多学生对某一知识点或技能点提出疑问,教师可根据实际情况增加"知识点或技能点解析"环节,及时解除学生的疑惑以利于教学任务的顺利完成。

（5）要把握好速度的评价标准，标准太高容易打击学生的积极性，标准太低则会失去设立标准的初衷。在没有把握的时候可以根据不同速度学生的比例进行评判，如优秀的占20％、良好的占20％、中等的占30％、合格的占20％，不合格的占10％。

五、取得成效分析与体会

（一）取得的成效

（1）学生对"服装CAD"软件应用的能力得到显著提升，在保证绘图质量的前提下，学生的绘图速度提高为原来的2倍，为后续结构类课程打下坚实基础。在应用软件熟练程度方面，优秀学生可与企业样板师媲美，学生的软件应用技能得到了企业的认可。

（2）适应了"服装CAD"课程的课时调整，总课时由64学时调至48学时，而教学内容没有减少，教学效率显著提高。

（3）形成课外学习与课堂教学的良性循环，教学层次更为深入，使得更高层次的知识问题和软件操作技术问题得以发现和解决。

（4）有助于学生养成自主学习的良好习惯。

（二）教学体会

（1）课堂教学效果的提升不能只局限于课堂教学本身，需要教师设身处地去思考和发现学生在课程学习过程中（包括课外学习）遇到的障碍、困难等。然后通过教师的努力，也就是我们说的教学改革，使得这样的问题得到解决或改善。

（2）"翻转课堂"只是一种教学模式，切不可只停留在形式上，要使"翻转课堂"产生良性的教学效果，需要教师想方设法地引导学生接受并习惯这一教学模式，最终使学生养成善于自主学习和沟通交流的习惯。

作者简介

邢旭佳，温州职业技术学院副教授，服装与服饰设计专业负责人，省级专业带头人，主教课程为"服装CAD""成衣设计与制作"等。负责建设的省级项目有"服装CAD"省精品课程、《服装CAD项目实战引导》省重点教材、"服装CAD开放式课程教学体系的构建"省课堂教学改革项目、"服装CAD"省精品在线开放课程、省级优势专业等。

"翻转课堂"
示范性
教学视频

"航海仪器操作与维护"课程
线上线下混合教学的实践

任松涛　李彦朝

浙江交通职业技术学院海运学院

一、课程基本情况

"航海仪器操作与维护"是航海类高职院校航海技术专业的一门核心课程,授课采用任松涛主编的《航海仪器操作与维护》(大连海事大学出版社 2014 年出版)"教学做"一体化教材。目前,本课程开课时间为第 2 学年 1～2 学期,共 112 学时,7 学分。

(一)课程目标

学生通过对本课程的学习,了解各类船舶驾驶台主要导航仪器的原理、误差、使用、维护及保养,并能引导船舶安全航行;通过本课程及其他相关课程的理论学习与实践训练,学生达到《1978 年海员培训、发证和值班标准国际公约》(2010 年修订)和中华人民共和国海事局所规定的船舶驾驶员适任标准,培养出能胜任现代化船舶驾驶与管理的高级航海技术人才。

(二)课程开展情况

自 2013 年起,"航海仪器操作与维护"课程组利用 QQ、微信公众号等网络平台在航海技术专业 2012 级、2013 级、2014 级、2015 级共 14 个教学行政班开展线上辅助教学,通过"问卷网""问卷星""百一测评"等测评平台开展课后线上测试。

2015 年始,课程组依托"智慧职教"平台和"职教云"平台,探索和实践基于航海技术专业教学资源库的"航海仪器操作与维护"课程线上线下混合教学模式,引导学生利用电脑、手机等进行线上(课前、课后)自主学习,线下(课堂)利用手机进行互动授课,使学生上课"玩手机"转变为"玩好手机",改变了课堂学习气氛,提高了学习效果。

二、课程改革背景与思路

(一)教学改革背景

伴随网络生长的"90 后"大学生的出现,智能设备作为"标配"已融入学生的生活,刷"微博"、刷"微信朋友圈"的网络习惯也在课堂中屡禁不止。如何利用智能设备和网络资源,改变传统教学模式,重构课程授课体系,把学生从"微博""微信朋友圈"中重新吸引到课堂中,是每个教师思考的问题。

(二)教学改革思路

课程组结合学校国家级教学资源库的建设,开展了基于"云课堂"的线上线下混合教学模式改革,利用"智慧职教"平台和"职教云"平台实现了"云课堂"。

教师根据专业培养方案、课程标准进行整体设计和单元设计,制作线上学习任务单,完成线上学习微课件,将其发布到"智慧职教"平台或"职教云"平台;学生通过电脑或"云课堂"App接收任务单并观看微课件进行自主学习,随时在网上提问、质疑,教师在网上答疑;教师通过"职教云"后台收集学生自主学习情况及学生提问、质疑情况,设计和组织线下互动课堂内容,通过适合授课内容的授课方式组织互动课堂,使每个学生都能参与到课堂教学中,并根据学生的参与度对每个学生或每小组学生进行评价;课后以线上测试的形式布置作业,学生在线上完成作业并提交。改革思路如图1所示。

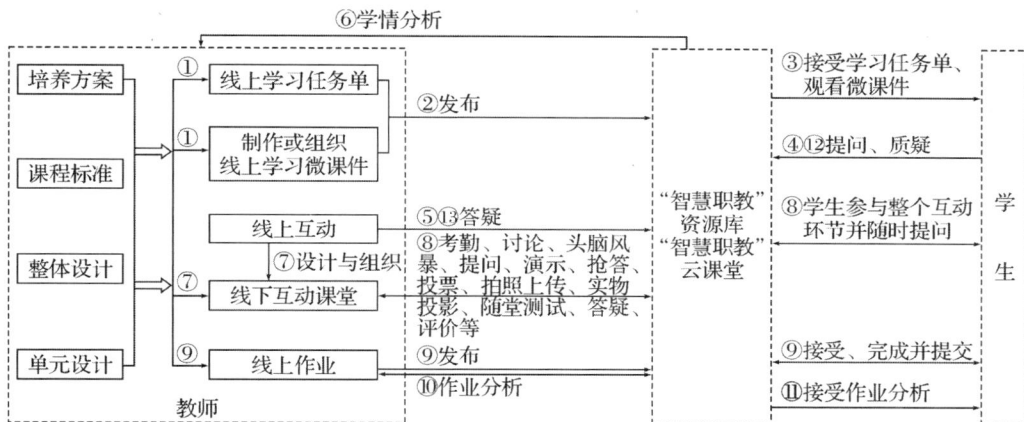

图1 "航海仪器操作与维护"混合教学改革思路

三、"翻转课堂"教学设计

(一)教学整体设计

根据课程目标,结合学生实际情况,课程组进行"航海仪器操作与维护"教学整体设计。内容涵盖磁罗经、陀螺罗经、水声导航仪器、GPS、AIS、雷达、ECDIS、VDR、LRIT和IBS十个项目,每一项目由结构原理和设备操作两部分内容组成;根据教学目标,课程组共设定包括雷达基本操作与设置、GPS接收机操作等40个能力训练任务;根据知识分布,课程组将理论知识进行一定的筛选与组合,设计线上自主学习内容并通过"职教云"平台发布,对应的设备操作维护则在课堂中进行;针对学生自主学习情况和线上师生互动情况,课程组设置对应的课堂教学环节和教学互动内容。教学整体设计如图2所示。

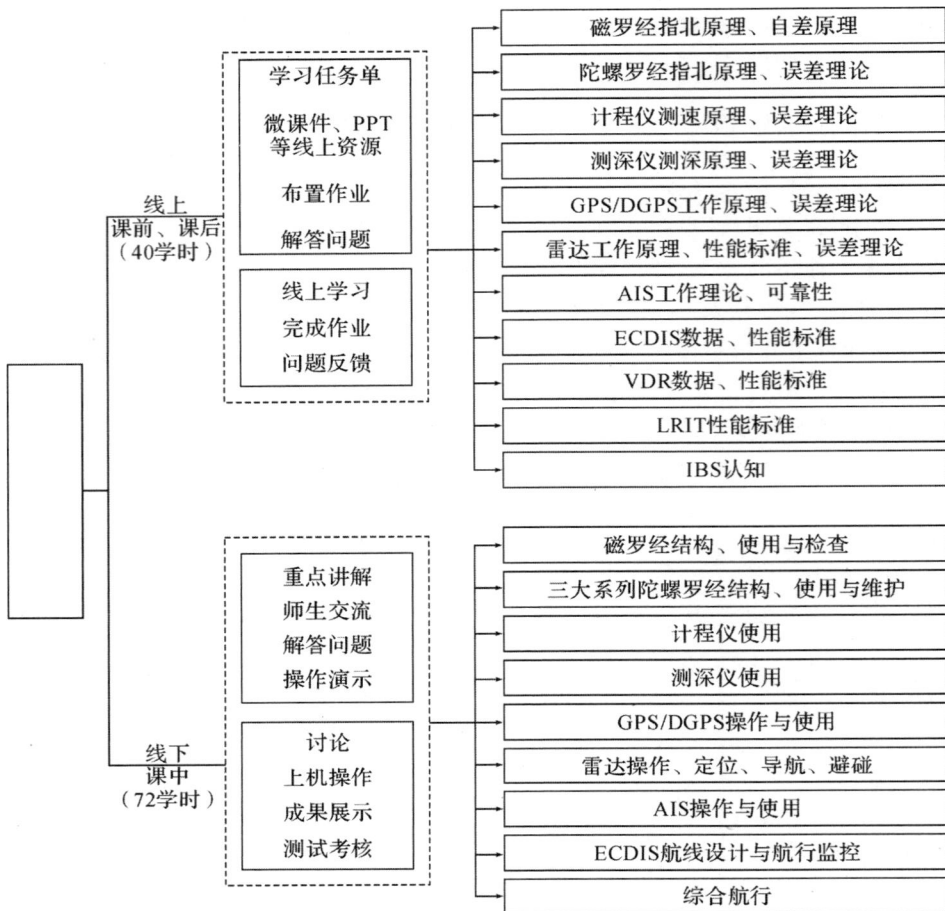

图2　线上线下教学整体设计

（二）单元任务设计

以 GPS 接收机操作为例，教师通过组织线上学习、课堂讲解与演示、项目导向、组间竞赛等方式引导学生正确操作 GPS 接收机。学生通过阅读 GPS 接收机操作说明书和观看教师演示，能正确利用 GPS 接收机读取船舶航向、航速、船位，设置转向点、航线、大地坐标系和必要的报警等内容，并能充分利用 GPS 接收机进行船舶导航。单元任务设计如表1所示。

为强化学生 GPS 接收机操作的学习效果，课程组根据需要设置了相应的任务单，通过多媒体等形式进行现场发布，或通过小组任务、问卷测试等形式线上发布。GPS 接收机操作任务单设计如表2所示。

表 1   GPS 接收机操作单元任务设计

教学环节	教学内容	教学手段	教师活动	学生活动	教学资源	时间分配
课前（线上）	GPS操作	线上学习	在线指导 在线解答	阅读GPS操作说明书 观看GPS操作微课件 GPS模拟器操作 在线交流	GPS模拟器 GPS操作说明书 GPS操作微课件	
课堂（线下）	问题汇总与解答	面授	多媒体 真机设备 云课堂	听讲 观察 提问	PPT课件 GPS真机 云课堂	15分钟
	GPS开机及设置	面授演示	真机演示 实物投影	观察、操作 拍照上传操作记录	云课堂 投影仪	20分钟
	GPS航线操作	面授演示 任务驱动	实物演示 现场解答	自主操作 现场提问	GPS真机 云课堂	30分钟
		组间竞赛	下发任务单 小组竞赛	分组操作	GPS真机 云课堂	20分钟
	GPS操作		点评 现场打分	听讲 记录	GPS真机 云课堂 投影仪	5分钟
		线上测试	发布测试	手机答题	云课堂	5分钟
课后（线上）	GPS操作	线上作业	发布作业	线上答题	云课堂	

表 2   GPS 接收机操作任务单

阶段	操作要求	操作结果
根据指导教师的演示和GPS操作说明书，完成下一任务		
1	航路点输入 WP001(29°58.630′N,121°45.535′E) WP002(29°59.167′N,121°48.560′E) WP003(29°57.711′N,121°50.061′E) WP004(29°57.547′N,121°54.219′E) WP005(29°57.675′N,121°56.799′E) WP006(29°58.399′N,121°59.293′E) WP007(29°58.496′N,122°03.116′E) WP008(29°57.801′N,122°03.408′E) WP009(30°00.430′N,122°06.007′E)	WP001至WP002 方位：距离： WP002至WP003 方位：距离： WP003至WP004 方位：距离： WP004至WP005 方位：距离： WP005至WP006 方位：距离： WP006至WP007 方位：距离： WP007至WP008 方位：距离： WP008至WP009 方位：距离：
2	把上述航路点按 WP001→WP002→WP003→WP004→WP005→WP006→WP007→WP008→WP009编成一条航线，航线名为RT1	总航程：
3	在RT1航线中删除航路点WP008	WP006至WP009 方位：距离： 总航程：
4	在RT1航线中的WP007和WP009间插入航路点 WP010、WP011、WP012 WP010(29°59.801′N,122°03.408′E) WP011(30°00.242′N,122°03.965′E) WP012(30°00.152′N,122°04.873′E)	WP006至WP010 方位：距离： WP010至WP011 方位：距离： WP011至WP012 方位：距离： 总航程：

续　表

阶段	操作要求	操作结果
5	设置XTE-0.2′，ARV-0.3′ 激活航线RT1进行模拟航行，本船初始位置改到WP001位置，初始航向为078°，航速15节	
6	记录开航2分钟后的数据	时间： 船位：φ： 　　　λ： 航向： 航速： XTE： DTN：
7	记录开航后的第1个报警	报警信息： 报警原因：
8	过WP002后，航向改为138°，3分钟后停止模拟航行	时间： 船位：φ： 　　　λ： 航向： 航速： XTE： DTN：

四、"翻转课堂"具体实施

(一)线上互动学习

课程组基于"职教云"平台设计课前任务，并通过"职教云"平台将任务发送给学生；学生可通过"职教云"平台或手机"云课堂"App 接收任务，在平台相应知识模块中查阅相关资料并根据任务单完成操作，以截屏或拍照的方式提交任务单（见图3）。

图3　学生线上自主学习环节

教师可通过"职教云"平台或手机"云课堂"App 查看学生线上完成情况和预习过程中

的疑难问题,并利用其中的讨论区进行一对一或一对多在线答疑,共同解决问题。

(二)线下互动课堂

线下互动课堂主要是解决学生线上自主学习过程中集中存在的问题以及教授线上自主学习不能完成的诸如真机实训等实践性较强的内容,能充分调动学生学习的积极性,切实解决学生在自主学习中无法解决的问题。

课程组根据学生线上自主学习情况和提问情况,归纳学生线上自主学习过程中的难点和疑点,有针对性地进行课堂教学的设计,确保线下互动课堂面授效果良好。首先,在线下互动课堂的过程中,课程组利用"职教云"App发起讨论、头脑风暴等启发型互动来解答学生线上学习中突出的疑难点,也可通过提问、抢答、投票等形式让学生对相关问题进行解读和回答,教师对学生回答情况现场打分,得分计入平时成绩,在提高学生学习积极性的同时也注重了他们的个性化发展。其次,课程组针对学生线上学习集中出现的问题,设置相应的投票活动、组间竞赛或随堂测验,并让学生实时完成,学生通过手机将完成情况直接上传到"云课堂"App,教师深入了解学生线上学习掌握情况。最后,根据学生自主学习的掌握情况,教师通过多媒体演示、电子白板、拍照上传、实物投影等多种方式对疑难点进行解答总结。

线下互动课堂如图4所示。

图4 线下互动课堂

(三)课后线上测评

在课后,课程组根据课堂讲授和学生训练内容设置相应的测验,来检查学生线上线下学习实际情况。学生可通过"职教云"平台或手机"云课堂"App完成相应的线上测验。在一个完整的任务过程中,学生线上自主学习、课堂讲授互动等各类活动的完成情况以及课后线上测试成绩均作为平时成绩计入考核分,这在一定程度上确保了学生学习过程的真实性和公平性。

五、取得成效分析与体会

在混合式教学环境中,对学生的线上线下全过程学习状态跟踪尤为重要,课程组通过对学生学习状态的全程动态跟踪,将形成性考核与终结性考试有机结合,充分发挥其既相对独立又互为补充、互相完善的功能作用。基于专业教学资源库的"职教云"平台全程自动记录并统计学生线上学习行为,过程形成性考核实现了学生边学边测,及时反馈,从而全面推进学生自主学习。

(一)形成多维评价体系

在基于专业教学资源库进行学生自主学习和教师课堂互动的同时,课程组通过"职教云"平台对学生学习情况进行全方位的状态跟踪,对课程的形成性考核与终结性考试的考查功能进行整体改革设计,结合"职教云"平台数据统计建立了"过程性评价＋结果性评价"混合式教学考核模式的多维评价体系结构,施行学、做、测、评一体化考核,从而全面、客观、公正地评价学生的学习态度以及学习效果,充分发挥了线上线下混合式教学模式的优势。具体考核方式如表3所示。

表3 "航海仪器操作与维护"混合式考核方式

线上(20%)	学习进度(3%)、学习时长(3%)、资源查看(3%)、评价(2%)、提问(3%)、笔记(3%)、纠错(3%)
线下(10%)	考勤(2%)、参与度(2%)、课堂表现(2%)、随堂测验(2%)、小组任务(2%)
作业(40%)	每一任务完成后的课后作业
考试(30%)	期末终结性考核成绩

(二)学生学习效果提升

"航海仪器操作与维护"课程通过施行线上线下混合教学和学、做、测、评一体化考核,受到了学生的广泛欢迎。

一是有效激发了学生的学习兴趣。在专业教学资源库大量资源的支撑下,学生能够拓宽自己的知识面,而不仅仅限于学习课堂上的知识。学生通过观看生动形象的视频、动画,操作虚拟实训设备,很容易解决课堂上遇到的难题。在讨论区,学生也能够发表一些自己的见解并与他人互动,增强了学生的认同感和自信心。二是大大提升了学生自主学习的能力。面授时教师允许学生通过手机终端进行实时的课堂教学互动、查找提出的问题并总结回答,提高了学生对知识点的理解能力。课前预习促使学生线上自主学习,学生的学习能力不断得到提高。三是提高了学生的学习成绩。考核模式中期末终结性考核仅占30%,促使学生在线上学习、课堂互动和平时作业中努力,从而提高成绩。就近两年2014级和2015级"航海仪器操作与维护"课程教学效果来说,该课程2014级全级平均分为73.02分,2015级为76.86分,相比往届提升了5.26%,具体如图5所示。

(三)心得与体会

线上线下互动的个性化教学改变了传统的"填鸭式"课堂教学方式,克服了传统课堂教学考核体系只注重期末考试成绩的弊端,注重了学生学习中的过程形成性考核,在一定程度上提高了学生成绩,激发了学生学习兴趣,但同时也存在一定的不足。

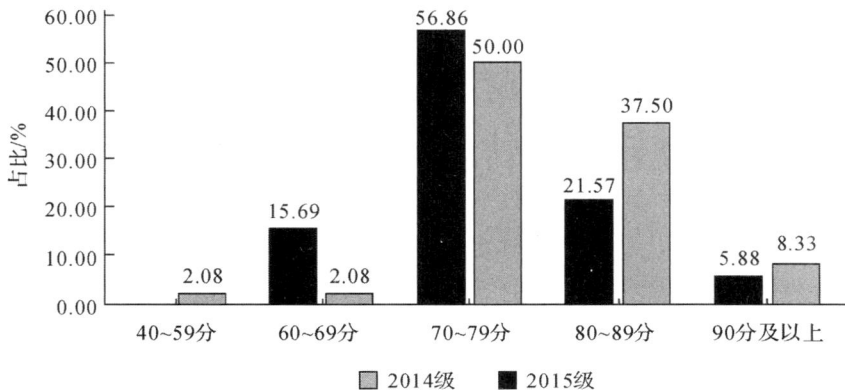

图 5　2014 级与 2015 级"航海仪器操作与维护"课程总评成绩对比

一是对教师提出了挑战。要达到学生线上自主学习的目标,教师就需要根据教学目标和学生情况来设计合适的任务单并构建相应的自主学习内容,课堂讲授也需要根据线上自主学习情况进行设计,这就需要教师付出更多的精力进行教学设计。

二是对学生提出了挑战。大多数学生已经习惯被动学习,如果学生自己主观上不愿意学习,教师也很难强迫他们,要让他们变成自主的学习者需要一个过程。

三是对教学管理提出了挑战。由于学生知识水平、学习能力参差不齐,线上线下互动的个性化教学中学生的讨论、提问会比传统课堂中多得多,这就需要做好分层教学和小班化教学,需要在师生比例或者班级结构上做出调整。

作者简介

任松涛,浙江慈溪人,1993 年 7 月毕业于浙江交通学校海洋船舶驾驶专业,同年留校任教,2000 年 7 月毕业于大连海运学院海洋船舶驾驶专业,讲师职称,主要研究方向为航海仪器的使用,出版了《航海仪器操作与维护》教材。多年来关注课堂教学改革,2013 年主持浙江省教育厅课堂教学改革项目"任务驱动模式的'航海仪器操作与维护'课堂教学改革研究与实践",2015 年作为主要参与人参与浙江省教育厅课堂教学改革项目"基于微信公众平台的'航海仪器操作与维护'课程课堂教学改革模式探究"。

"翻转课堂"
示范性
教学视频

李彦朝,甘肃庆阳人。2010 年 6 月毕业于宁波大学航海技术专业;2010 年 7 月至 2012 年 6 月于舟山海星轮船有限公司远洋船舶任职见习三副、三副等岗位;2012 年 10 月进入浙江交通职业技术学院任教,讲师职称,主要研究方向为航海仪器使用、教学信息化与教学管理,持续关注课堂教学改革,参与编写《航海仪器操作与维护》教材。2013 年主要参与浙江省教育厅课堂教学改革项目"任务驱动模式的'航海仪器操作与维护'课堂教学改革研究与实践";2015 年作为主要成员参与教育部职业教育航海技术专业教学资源库建设,同年主持航海技术专业教学资源库"船上医护"子项目建设并作为核心成员参与浙江省教育厅课堂教学改革项目"基于微信公众平台的'航海仪器操作与维护'课程课堂教学改革模式探究"。

基于微信公众平台的"汽车营销技术"课程"翻转课堂"教学探索

叶志斌

浙江交通职业技术学院汽车学院

一、课程基本情况

"汽车营销技术"是汽车营销与服务专业的专业必修课,主要面向本专业高年级学生开设,教学班平均每年有 4 个班,共 160 名学生,使用教材为叶志斌主编的"十二五"职业教育国家规划教材《汽车营销(第二版)》(人民交通出版社 2014 年出版)。目前该课程在 152201 班进行了第一轮近 32 课时的"翻转课堂"教学探索,主要依托微信公众号、搜狐快站和本课程的精品课程网站等平台开展。另外,"汽车营销技术"是汽车运用与维修技术专业的选修课程,每年面向大约 250 名学生开课。

二、教学改革背景与思路

(一)目前教学现状及存在的主要问题

通过多年的教学实践,该课程在教学的实施过程中主要存在以下问题。

(1)课程理论教学较死板,传统的教学过程中,学生学习积极性不高。

(2)现代信息技术在课程教学中缺乏有效的系统应用,教学信息传递与反馈方式单一。

(3)"汽车营销技术"是一门综合性、实践性很强的课程,所传授的能力以服务技能为主,理论课较抽象;实践课需要通过模拟来实现,一般需要模仿图片与视频配合教学,而这些内容用传统教学手段较难实现,需尝试采用新的信息技术手段来辅助教学。

(4)课程的考试模式总体来说较科学,但操作性不好,需运用信息技术手段加强过程考核。

(二)教学改革理念及思路

为解决以上问题,我们决定在教学中采用效果较好的"翻转课堂"模式,并运用微信技术来实现。

1. 理念

以人为本,尊重教师与学生之间教与学的规律,以培养学生符合企业岗位职业需要的能力为核心,提高课堂教学效率,提升课程教育质量。

2. 思路

本次课堂教学改革以教学模式和教学手段的改革为核心,具体如下。

首先,在岗位职业能力需求分析的基础上,对课程内容进行优选,对课程考核方法进行设计,改进完善课程标准和课程设计。

其次,在原来精品课程的基础上,制作部分微课视频,完善学材。

最后,在学材制作的基础上,创建课程微信公众号,设计教学微信平台,以此平台为辅助,对大部分适合采用"翻转课堂"模式的理论内容进行"翻转课堂"教学尝试。

三、"翻转课堂"教学设计

(一)总体设计

图 1 为课程总体结构,具体三级目标则运用表格进行设计。

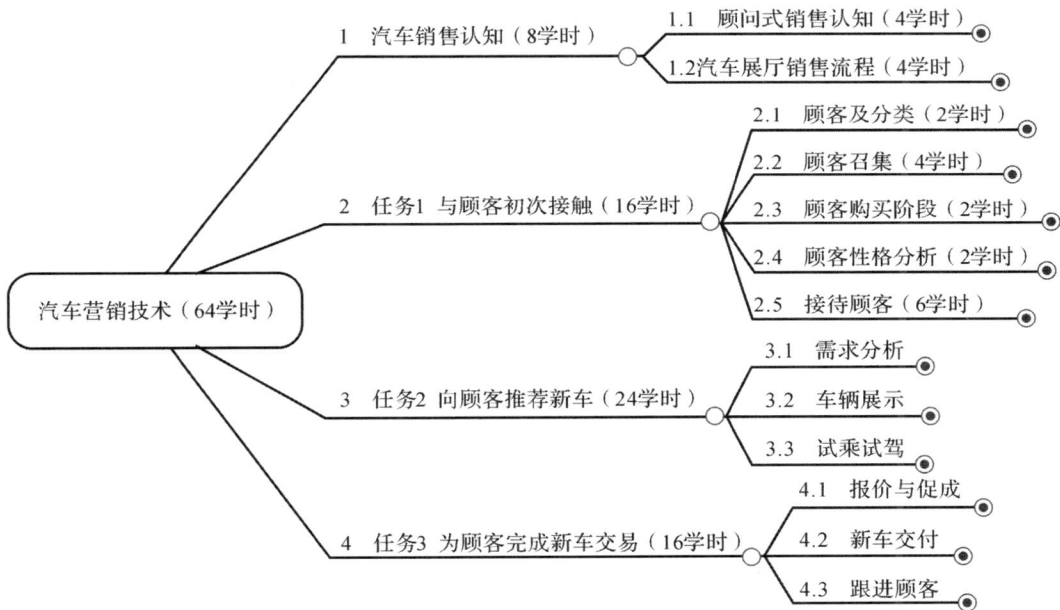

图 1　课程总体结构

(二)4 学时的具体设计

4 学时的具体设计如表 1 所示。

表 1　4 课时的具体设计

知识体系				课程教学				考核				课程元素		
一级标题	二级标题	三级标题	主要内容	时长	教学目标	教学方式	测验	测试	讨论	课程公告	考核标准	讨论区	wiki	进度
任务2 向顾客推荐新车	车辆展示	从需求分析到车辆展示的逻辑关系	1. 客户信息与客户需求的逻辑关系 2. 客户需求与提案的关系 3. 客户重点需求在车辆展示时的逻辑应用	2 课时	让学生了解需求与后续流程间的逻辑关系分析及应用	讲授式:讲解用录屏 PPT 案例分析;剪辑竞赛视频	随堂测验（1 题）	用考试的试题库进行测试(10 道题,包含判断题 2 道、单选题 5 道,多选题 3 道)	自主提问	通过微信平台发布课程内容文字版	视频观看率占 40%	当听到两位客户私下里说迈腾车的安全性很好时,如何在商品推荐时应用这一点?		
		车辆展示话术	1. FAB 话术 2. FAB 话术的拓展	2 课时	让学生掌握 FAB 话术的基本表达方式	讲授式:讲解用录屏 PPT 案例分析;剪辑竞赛视频	随堂测验（1 题）		自主提问	通过微信平台发布本单元作业	课程作业占 50% 参与讨论占 10% 贡献 wiki 占 5%(加分项)		请大家一起来编辑课程的 wiki 页面,丰富 FAB 话术案例	

四、"翻转课堂"具体实施

本轮"汽车营销技术"课程"翻转课堂"还处于尝试阶段,具体实施的步骤如下。

(一)课程平台搭建

首先是注册使用微信公众号,其次选择搜狐快站作为第三方平台。教学资源以原来本课程的省级精品课程为依据。

(二)制作部分微课视频

在原来精品课程的基础上,对教学资源中的视频资源进行制作,以短小、实战为主要特色,学生借助视频在课外自主学习,并在课堂上就视频内容、案例进行讨论。

(三)教学组织

1.课前准备阶段

该阶段由以下三个部分组成。

(1)构建学习环境。教师先申请一个微信公众号,创建一个信息交互式自主学习的网络化学习环境。学生利用微信公众号上教师推送的教学视频、课件和配套测试题等进行个性化的学习,遇到问题时可以和同学讨论,也可以向教师请教。教师根据微信平台的管理功能将班级学生分成几个学习小组,便于课堂学习时的分组讨论。

(2)教师根据教学目标要求准备每节"翻转课堂"需要的教学材料。教师根据教学目标和课程结构把相互渗透的教学内容组成系列知识模块,进行模块化组合,并制作成微视频,或精选国内外符合教学需要的在线视频内容,利用课程微信公众号的群发功能,以消息推送的形式将视频发布到微信平台,供同学观看。对其他的学习材料按内容分类,将其设置在课程微信公众号高级功能的关键词自动回复中,并绑定有特定数字代号和内容的关键词,便于学生获取。

(3)学生利用微信在线学习。班级学生在关注教师提供的微信公众号后,根据教师发布的学习内容,通过输入关键词等方式在平台上获取相应的学习资源进行学习,遇到困难可以在微信群里向教师请教或与同学互相讨论。教师还可以通过微信公众号的后台管理功能,了解学生学习情况,汇总共性问题,以便于在课堂上讨论交流。

2.课堂教学阶段

这一阶段是教师与学生面对面阶段,也是学生对知识的吸收转化阶段,学生是学习的主体,教师起引导作用。该阶段共分为以下三个步骤。

(1)教师主导课堂,开展协作学习。根据课前学习情况将学生分成几个小组,每个小组推举或指定一位学生担任组长,大家相邻而坐,方便讨论交流。将课堂内容分成两个方面:一是学生们在学习过程中的困惑及疑难点,二是教师根据教学目标、任务要求等确定的重点关注问题,或是学生学习过程中存在的共性问题。

（2）学习成果展示。小组推举的代表将协作学习结果展示出来，其他成员可以随时补充，小组间进行互评，加深对学习内容的理解，并在互评的过程中迸发出思维的火花。

（3）教师分析、总结。教师总结此次"翻转课堂"各小组学习情况并进行评价，表扬表现突出的学生，对表现差强人意的指出其不足并分析原因，给予鼓励，提出希望和要求。教师根据此次课堂情况，总结经验，分析问题，为下次教学提供借鉴。

3. 课后反馈阶段

课后反馈分为两个方面：（1）课后问卷调查。借助微信公众号的便捷性让学生反馈每次"翻转课堂"的优势和不足，从教师构建学习环境开始直至"翻转课堂"结束的每一个环节，不管是教师的引导还是同学的讨论发言，学生都可以进行评价，克服有些学生当面不好意思说问题的尴尬局面，便于师生敞开心扉，无障碍交流。（2）对课后"反刍学习"疑难的继续解答。教师的教学反刍行为能够感染和带动学生的反思性学习，从而推动学生的研究性学习活动有效进行。教师根据反馈结果，不断调整学习内容，把握课堂学习进程，完善整个教学过程，促进学生知识的内化。

（四）教学评价反馈

评价是检验教学效果的有效方法，对教学过程有监控和控制作用，而对教师和学生则是一种促进与强化。传统的课堂教学评价注重结果，而微信公众号提供的是群体参与的形成性评价，学生的意见能在一个公开的可视化的平台上呈现。相对于传统式教师主导的教学，"翻转课堂"教学更透明，也更能有效地敦促教师重视学生的感受。教师通过与学生交流及时了解教学效果，及时调整教学。

五、取得成效分析与体会

（一）取得成效分析

实践证明，利用微信公众平台进行"翻转课堂"教学能较好地完成课程教学目标，提高学生的学习兴趣，激发创新能力。其优势主要表现在：

（1）加强沟通，拓展师生交流空间。一般高校教师和学生之间的交流仅限于课程教学过程中，而且这种交流往往是单向的"教师讲，学生听"。微信公众平台不仅拓展了课堂的空间和时间，而且丰富了师生间交流的方式。学生在学习过程中可以随时给教师留言，方式也不局限于文本，还包括视频、语音，通过视频和语音交流，更能拉近师生之间的距离。

教师和学生的交流也不局限在每天一条的群发信息，教师可以在微信公众平台上或者绑定微信账号与学生实现点对点对话，了解学生的学习进度，探讨专业内容，为学生排忧解难。

（2）帮助学生遴选学习资源。网络上的学习资料数不胜数，为避免学生盲目地上网搜索相关的学习资料，教师根据学生已有的知识基础，围绕课程教学大纲遴选合适的知识点和资源，将其作为预习阶段和课后提升阶段的学习内容，可以为学生节约时间，提高学习效率,从而更好地为教学服务。教师也可以选择与课程相关的其他资源并将其单独发送给有能力的学生,帮助优秀学生实现个性化学习。

(3)提供移动学习资源,整合碎片时间。"汽车营销技术"微信公众号现在已有68位用户订阅,微信平台编辑模式中可以设置关键字自动回复,关键字与以前群发的图文消息对应。学生只要拥有移动设备并安装了微信,就可以抓住指尖流逝的时间,在车上、机场或者某一个特定的地点,实现随时随地学习。

(二)体会

在实践的过程中,我体会到以下问题是"翻转课堂"教学中需要重点关注并加以克服的。

(1)如何克服学生对"翻转课堂"教学的抵触情绪。职业院校的学生通常学习自主性不太好,较为内敛,更习惯于传统的授课模式,不善于课堂争论和自主探索。而"翻转课堂"教学模式要求学生自主学习并积极参与讨论,会增加学生的课外学习负担。因此,贸然急于开展"翻转课堂"教学,会引起部分学生的抵触情绪。

(2)如何监督学习者的自主学习情况。高职学生的学情不一,特别是每个班都有部分厌学的学生,自主学习几乎是不可能的事,如何监督学习者的自主学习情况就成了"翻转课堂"教学的一个大问题。

(3)在小组协作学习过程中,如何避免小组成员中的"搭便车"现象。在"翻转课堂"教学模式下,经常采用基于小组协作学习方式组织讨论、小组评价及实操。在小组协作学习的过程中,知识基础较弱的学生容易成为小组协作中的旁观者和"搭便车"者,导致教学中的两极分化现象。如何克服这种现象也是"翻转课堂"教学应重点关注的问题。

作者简介

叶志斌,副教授,交通运输管理工程专业毕业,获载运工具运用工程硕士学位,中共党员。高级营销师(国家职业资格一级),汽车维修技师(国家职业资格二级),具有职业考证员资格;交通运输部安全标准化考评员;浙江省高职专业带头人培养对象(汽车营销与服务专业),浙江省道路运输管理局专家库成员,省级、国家级汽车营销中高职组学生职业技能竞赛专家库成员,浙江省公路学会会员;浙江省科技协会会员;"全国职业培训与资格认证专家委员会浙江省专家团"专家;一汽丰田 F-SEP 项目校企合作项目负责人、培训讲师,丰田 TOYOTA WAY 培训讲师;一汽奥迪 ACC 校企合作项目骨干教师;浙江省汽车维修行业协会汽车后市场专家组成员。现为浙江交通职业技术学院汽车学院专任教师、专业主任。

"翻转课堂"
示范性
教学视频

主持"汽车营销技术"省级精品课程,参与汽车营销与服务专业国家资源库建设;参与省部级科研课题多项,主持校级教改与教研课题多项,参与多项横向课题的研究工作;主持骨干与特色课程建设 2 门,主持实训室建设项目多项,主持省级新苗人才培养项目 1 项;发表论文多篇,主编《汽车营销》"十二五"职业教育国家规划教材、主编浙江省重点教材《汽车营销技术》,参与编写浙江省重点教材《高职生职业生涯规划与就业指导》《汽车营销案例教

程》《汽车与配件营销》《汽车机械基础》等。曾获校优秀教师、优秀班主任、课堂教学创新奖,曾两度获学校教学成果二等奖等荣誉。

多次被聘为福建省中高职汽车营销技能竞赛裁判长,江苏省、安徽省省赛裁判,浙江省汽车维修行业汽车维修业务接待技能竞赛裁判长等职。连续多年指导学生参加浙江省和全国高职汽车营销竞赛,多次获省级一等奖。2016年指导学生获国赛一等奖,个人荣获全国高职组汽车营销技能竞赛优秀指导教师奖。

主要研究方向为汽车营销、汽车服务管理。

"生命不能重演，但急救教学可以"

——"翻转课堂"模式在"急危重症护理"课程中的教学实践

胡爱招

金华职业技术学院医学院

一、课程基本情况

"急危重症护理"是护理专业的核心课程，能培养学生的急救技能、急救思维和团队合作能力等。该课程共48课时，3学分，针对护理"3＋2"的学生，以人民卫生出版社的规划教材《急危重症护理》为基础，依托人卫慕课平台已实施"翻转课堂"的教学实践3轮。

二、教学改革背景与思路

（一）教学改革背景

护理"3＋2"的学生初中毕业后在中职护理院校完成3年的学业学习，成绩优秀者直接升入高职院校学习2年，最后可获得高职毕业文凭。首先，这些学生更多的是形象思维能力占优的群体，他们乐于通过"行动"来学习，通过真实情景中的"思辨"及"行动"去获得有意义的知识与技能。其次，通过中专3年的学习，这些学生对课程的知识点和技能点有一定的储备，但距目前临床护理岗位对护理人才临床整体性思维、知识技能综合应用能力的要求仍有较大差距。如按传统的理论讲解和操作示范等教学方法，会出现和中专大同小异的重复学习现象，导致学生厌学、教师难教等问题。

（二）教学改革思路

我们的教学改革思路是充分发挥学生的学习特长，以丰富的教学资源为基础，以情景模拟教学为策略，以培养学生的整体临床思维能力、急救能力和团队合作能力为目标，将学习过程和工作过程相结合，将专业知识和职业素养相融合，采用导入、内化、拓展三模块的翻转课程教学。

导入是指在课前通过信息化平台布置基于真实案例的工作任务单,学生以小组为单位根据任务单设计解决方案。这一阶段促使学生运用课程资源自主学习、互动交流。内化是指在课堂上通过情景模拟展示学生的解决方案,通过对方案的阐释、检测、研讨、释疑、强化等方法,重新梳理并学习知识和技能,以案例为载体将多学科的专业知识和无形的职业素养、人文关怀、团队合作等融合,学生在课堂中完成对知识的内化。拓展是指学生课后通过课程资源和案例平台自主学习临床上的其他典型案例,完成对知识的加深、巩固和拓展。

三、"翻转课程"教学设计

(一)课程的总体设计

"急危重症护理"课程共有 3 个学习项目和 15 项学习任务。"翻转课堂"的实施需要学生有较强的自主学习能力,能花较多的课外时间完成课前的自学,通过团队的研讨提出任务解决方案,课后还需要通过学习其他临床案例达到巩固、拓展的目的。课程全部实施"翻转课堂"显然条件不成熟,因此,我们通过一个临床典型案例,将本课程的重点内容(共 6 项学习任务)串联起来实施"翻转课堂"的教学实践。这 6 项学习任务分别是:

(1)花季少女的重生之路——心搏骤停患者的现场急救;

(2)花季少女的重生之路——多功能监护仪的使用;

(3)花季少女的重生之路——口咽通气管的使用;

(4)花季少女的重生之路——简易呼吸皮囊的使用;

(5)花季少女的重生之路——体外除颤仪的使用;

(6)花季少女的重生之路——脑功能的复苏和监测。

以花季少女的重生之路为案例载体,随着案例的病情演变和发展,每一个阶段都有不同的任务,以课前任务单的形式下发给学生导入教学主题,学生通过网络课程资源的学习,先提出自己的解决方案;课堂上通过情景模拟、角色扮演等方式展示方案,通过对方案的研讨和释疑,巩固重点,攻克难点,然后学生修正、完善并演练方案,最后通过考核,达到教学目标;课后提供案例平台让学生自学其他临床典型案例,拓展知识。

(二)"简易呼吸皮囊的使用"的教学设计

"简易呼吸皮囊的使用"的教学设计如表 1 所示。

表 1　具体教学设计

花季少女的重生之路——简易呼吸皮囊的使用

项目名称	呼吸支持——简易呼吸皮囊使用	时间	80 分钟	对象	"3＋2"护理学生第二学年第四学期
教材	《急危重症护理》	指导教师	胡爱招、于倩		
学生经验	在中专学过呼吸皮囊的相关知识和操作		教学场地		仿真医院 304 房间

学习目标	一、知识目标 1.能阐述呼吸支持的概念和分类 2.能阐述简易呼吸皮囊的构成和作用 3.能阐述简易呼吸皮囊的使用注意事项 二、技能目标 1.能正确检查,保持呼吸皮囊在备用状态 2.能正确使用简易呼吸皮囊 3.能与团队成员良好沟通,有效合作 三、态度目标 1.培养学生良好的急救心理素质 2.培养学生时间就是生命的急救意识 3.培养学生关爱生命的意识

教学准备	教师	1.制作 PPT,设计任务单,提供自主学习资源 2.收集临床典型案例并进行教学化改造,精心设计教学环节 3.准备简易呼吸皮囊、床单位、管道氧气、多功能监护仪、模拟急救现场
	学生	1.下载任务单,完成相关知识和技能的自主学习 2.以小组为单位研讨后提出案例的解决方案并进行角色分配,展示解决方案

教学步骤	教学活动设计	时间	效果评价
一、课前任务导入	朱某,女,25 岁,某银行职员,因心肌炎导致心跳、呼吸骤停,经现场心肺复苏后恢复心跳呼吸,被救护车送入急诊室,用多功能监护仪监测病情,面罩吸氧,目前意识不清,呼吸困难(6 次/分),口唇发绀,血氧饱和度为 82％,心率快(140～150 次/分),血压和体温在正常范围,呼吸道通畅。家属在旁一直问,这是怎么回事? 这次会不会死? 1.如果你是急诊室当班护士,请问患者目前最主要的护理问题是什么? 有哪些指征? 2.针对该护理问题,你可以采取哪些措施? 3.如何缓解患者家属的焦虑紧张情绪? 4.你能分析患者发生该护理问题的原因是什么吗? 临床上还有哪些疾病或原因也会引起同样的问题?	取决于每个小组的学习进度和安排	如何保证小组内每位成员的参与?

续　表

二、内化阶段——课堂教学设计	【活动一:我们来试一试】 1. 抽取一组通过情景模拟和角色扮演进行任务解决方案的展示 2. 其他组提出问题和建议 3. 教师进行点评和阐释	15 分钟	
	【活动二:我们应该这样做】 通过前面的学生展示,针对学生出现的问题有针对性地阐释相关知识,演示相关技能	15 分钟	
三、拓展巩固学习阶段	【活动三:让我们练一练】 重点急救技能经过教师演示后分组进行训练,教师巡视及时纠错	30 分钟	
	【活动四:如果再给我一次机会】 通过学习和训练后,小组对原来的方案进行修正和完善并训练。最后教师随机抽取一组进行考核	10 分钟	
	【活动五:总结反馈、布置任务】 根据学生的考核结果,教师总结教学重点和难点,让学生到案例平台拓展学习 1. 经过呼吸皮囊的使用,目前患者自主呼吸加强,呼吸频率、节律正常,血氧饱和度大于 90%,接下来你会怎么做? 2. 患者自主呼吸微弱,血氧饱和度在使用呼吸皮囊的时候能大于 90%,停用后马上下降,接下来你会怎么做?	10 分钟	

四、"翻转课堂"具体实施

(一)课前导入阶段

(1)教师:收集临床典型案例并进行教学化改造,精心设计教学环节,制作教学 PPT,设计任务单,提供自主学习资源;同时准备简易呼吸皮囊、床单位、管道氧气、多功能监护仪等设备模拟急救现场。

(2)学生:拿到任务单,完成相关知识和技能的自主学习,并以小组为单位研讨后提出案例的解决方案并进行角色分配,展示解决方案。具体任务单如表 2 所示。

表 2　任务单

"花季少女的重生之路——简易呼吸皮囊的使用"任务单					
班级		组名		成绩	

朱某,女,25 岁,某银行职员,因心肌炎导致心跳、呼吸骤停,经现场心肺复苏后恢复心跳、呼吸,被救护车送入急诊室,用多功能监护仪监测病情,面罩吸氧,目前意识不清,呼吸困难(6 次/分),口唇发绀,血氧饱和度为 82%,心率快(140~150 次/分),血压和体温在正常范围,呼吸道通畅。家属在旁一直问,这是怎么回事?这次会不会死?

任务	任务解决方案描述
1. 如果你是急诊室当班护士,请问患者目前最主要的护理问题是什么?有哪些指征?	
2. 针对该护理问题,你可以采取哪些措施?	
3. 如何缓解患者家属的焦虑紧张情绪?	
4. 你能分析患者发生该护理问题的原因是什么吗?临床上还有哪些疾病或原因也会引起同样的问题?	

(二)课堂教学——知识内化阶段

1. 活动一:我们来试一试

(1)抽取一组,通过情景模拟和角色扮演进行任务解决方案的展示。

(2)其他组提出问题和建议。

(3)教师进行点评和阐释。

2. 活动二:我们应该这样做

(1)通过前面的学生展示,针对学生出现的问题有针对性地阐释相关知识,演示相关技能。

(2)重点讲解呼吸支持的概念、简易呼吸皮囊的结构和工作原理。

(3)重点演示简易呼吸皮囊使用过程中的关键要点:潮气量的控制、呼吸频率的掌握、呼吸时比的调控、CE 手法的操作等。

3. 活动三:让我们练一练

将学生分成 4 组进行重点技能的训练,教师巡视并及时纠错。

4. 活动四:如果再给我一次机会

通过学习和训练后,小组对原来的方案进行修正和完善,并在小组内进行分工训练,最后教师随机抽取一组进行考核。

5. 活动五:总结反馈、布置任务

根据学生的考核结果,教师总结教学重点和难点,并给出案例发展的不同情境,让学生到案例平台拓展学习。

(三)课后拓展巩固阶段

首先针对课堂教学的重点和难点设计课程学习资源,满足学生个性化的学习需求;其次通过预约实训系统对重点技能进行强化训练;最后利用案例平台,让学生结合案例发展的不同情况自主学习其他案例。

五、取得成效分析与体会

从学生的角度看,这样的教学设计和中专阶段的学习不同,尽管是相同的教学内容,但每一次课都结合了很多其他课程的内容,将原来零散的知识通过案例整合在一起,同时以小组为单位进行学习和考核,真正培养了学生的临床思维能力和团队合作能力。近几年,该课程一直都是学生最喜欢的课程,该课程的任课教师在学生评价中都处于第一梯队。学生在各级技能比赛中,急救项目的比赛成绩尤为突出。更重要的是学生在工作岗位上深获用人单位的好评。从教师的角度看,这样的教学设计对教师教学能力和专业能力的要求更高,促使教师不断地自我成长,更紧密地结合临床,关注临床的发展。

但从近几年的教学实践看,这样的教学模式对部分自主学习能力不强、积极性不高的学生来说,信息化教学资源的使用在没有监控的情况下效果不佳。如何引导并提高这部分学生的学习主动性,加强信息化教学资源使用的有效监控是我们接下来的研究重点。

作者简介

胡爱招,女,教授,浙江省高职护理专业带头人,浙江省优秀中青年教师,国家精品课程、国家精品资源共享课程和人卫慕课"急危重症护理"主持人,浙江省高等学校精品在线开放课程"应急救护"主持人,金华职业技术学院"十佳教师""学生最喜欢的教师"。

"翻转课堂"
示范性
教学视频

基于 MOOC 的"五学—六位"混合式教学模式设计与实践
——以"计算机园林景观效果图制作"为例

黄 艾

宁波城市职业技术学院景观生态学院

一、课程基本情况

"计算机园林景观效果图制作"是我院城市园林专业二年级必选的专业模块课程,4 学分,85 学时。每学年有 2 个班级学生学习该课程,学生人数共 342 人(2013 级园林 95 人、2014 级园林 71 人、2015 级园林 99 人、2016 级园林 77 人)。使用的教材是课程团队编著的与慕课课程配套的全国首批"十二五"规划教材,2015 年 8 月由科学出版社出版。该课程在省级精品课程建设的基础上,搭建了全方位、立体化的在线课程学习平台(网址:http://ocw. nbcc. cn/solver/classView. do? classKey=878930),课程网站访问量达近 33 万人次,并且获得全国信息化大赛网络课程组一等奖,深受广大师生的欢迎。2015 年 9 月全新设计录制的慕课课程,分别在宁波市高校慕课联盟平台(网址:http://mooc1. chaoxing. com/course/80514168. html)、爱课程中国职教 MOOC(爱课程网址:http://www. icourse163. org/course/nbcc-439001♯/info)和浙江省高等学校精品在线开放课程共享平台(http://zjedu. moocollege. com/course-home/1025)上线开课。已开展翻转课堂教学实践 3 轮,约 34 学时。视频资源主要依托宁波市高校慕课联盟平台,其他辅助学习资源主要依托学校在线课程学习平台。

二、教学改革背景与思路

信息网络能随时随地把教育服务传递给学习者,打破了时空的界限,改变了传统的学习、思考和交流的方式,学习资源提供的自由性、开放性增强,学习需求的个性化、多元化凸显,教与学的关系都发生了深刻变革。线上学习能充分发挥网络资源的优势,强调以学生为中心,要求学生发挥学习主体的主观能动性,积极利用网络学习资源,并通过协作、交流、讨论、互助等形式实现对知识的构建。而传统的面对面的线下授课,能充分发挥教师的主导作用,教师与学生有最直接的接触,便于观察学生的学习动态及检验学生的学习效果,有着线上学习无法替代的功能。采用线上线下混合教学方式能很好地结合两者的优势,是实施高职院校课堂教学改革的重要手段。结合"计算机园林景观效果图制作"慕课课程建设,提出基于 MOOC 的"五学—六位"混合教学模式设计,是对线上学习和线下课堂教学两者的有机整合。基于 MOOC 的"五学—六位"混合教学模式是在线教授与面授的完美结合。

三、"翻转课堂"教学设计

(一)基本理念

1. 基于"翻转课堂"理念

"翻转课堂"就是学生在课前利用教师分发的数字材料(如视频、电子教材等)自主完成知识点学习,课堂上师生之间、学生之间互动,并完成学习任务的一种教学形态。"翻转课堂"巨大的灵活性让学生能自主安排课程学习,还可以帮助学习能力较差的学生,因为教学视频能暂停、重放,直到学生听懂、看懂为止。同时,"翻转课堂"增加了课堂互动,满足了学生个性化的学习需求,并能真正实现分层教学和以学生为中心,每位学生都可以按照自己的速度来自主学习,巧妙地将网络在线学习与课堂面对面教学有机结合起来。

2. 基于混合式学习理念

所谓混合式学习就是将在线学习和面对面学习两种学习模式结合起来的一种学习方式,特别适合我国高等职业教育。混合式学习模式既要发挥教师引导、启发、监督学习过程的作用,又要充分发挥学生作为学习过程主体的主动性、积极性和创造性,从而取得最优化的学习效果。它具有不受时间、地域的限制,学生有更强的自主性等优势。另外,混合式学习可以提供多种学习内容,使不同的学习内容形成互补,有利于培养学生的终身学习能力。

3. 基于分层教学理念

分层教学是指针对不同学生的不同接受能力与学习要求,通过不同的课堂教学,创设相应的学习任务,布置相应的作业,设计相应的测试,使每个学生在原有基础上有不同程度的提高。这种分层教学是有选择而无淘汰的教学,是教师创造适合每个学生学习与发展的教学方式,可充分体现"以生为本"的教育理念,实现"人尽其才"的愿景。

(二)解决问题的方法

1. 构建基于慕课的"五学—六位"线上线下混合教学模式

合理设计课堂教学与在线学习内容,充分运用在线学习平台优化课堂教学过程,针对重点和难点,创建基于"翻转课堂"需求的碎片化教学资源。有机融合网络学习平台与传统课堂教学的优势,提高课堂教学的质量和效率。

2. 搭建立体化在线课程学习资源平台

创建以学生自主学习为中心的在线课程学习平台,创新"导学—督学—自学—辅学—互学"的五学混合在线学习方式。通过"五学"突破时间和空间的限制,实现线上线下有机结合,解决了在线资源建设与课堂教学脱节的问题。

3. 改革基于学生个性的因材施教方式

根据学生的个体差异,实施以学生为中心的分层教学,通过创设不同的课堂教学目标,设置不同的学习任务,布置不同的作业,采取不同的评价方法,解决不同学习能力学生个性化培养问题。

4.创新基于分层教学的多元化考核评价方法

采用过程性评价和终结性评价相结合、教师评价与学生互评相结合、线上学习评价与线下学习评价相结合的多元化考核评价方法,对每个学习项目采用分层考核的方式,有效解决课程评价问题。

(三)"五学—六位"线上线下混合教学模式设计

"五学—六位"线上线下混合教学模式,即"导学—督学—自学—辅学—互学"的五学混合在线学习模式与"赏—教—学—做—创—评"六位一体的课堂教学方式,教师将"翻转课堂"和混合式学习理念融入传统教学,将在线学习平台作为课堂内容的主要传授方式,形成"翻转课堂"或者将其作为课堂教学的强化与补充,形成混合式课程。"五学—六位"线上线下混合教学模式如图1所示。

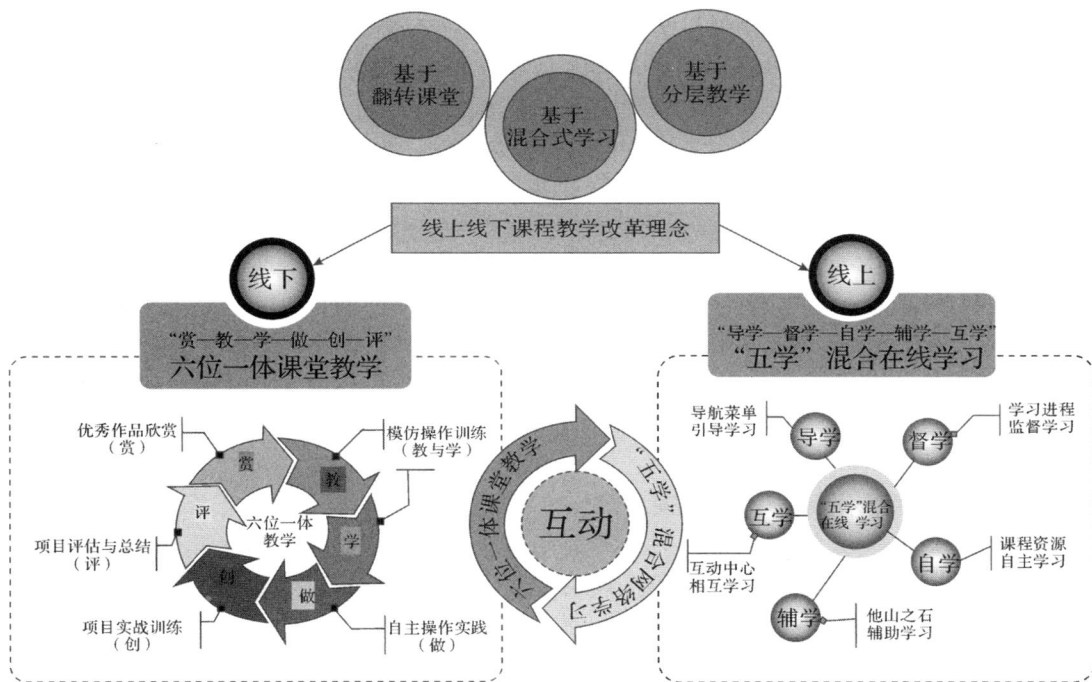

图1 "五学—六位"线上线下混合教学模式

1."五学"混合在线学习平台

系统化设计的在线学习平台不仅可以帮助学生在线自主学习,也可辅助课堂的教学,作为课堂学习的有效补充。在线学习平台建设强调以学生自主学习为中心,同时伴有教师监督学习,学习资源辅助学习,师生互动学习,学习平台引导学习,充分体现"导学—督学—自学—辅学—互学"五学混合网络学习方式的特点。

导学——学习平台引导学习。学习平台导航栏目清晰,导航栏目直接引导学生选择学习项目。

督学——教师监督学习。教师可以直接在学习平台上监督学生的学习进程,查看学生登录次数、在线时间、资源下载与浏览情况、发帖、回帖等,能有效监督学生学习。

自学——学生自主学习。课程资源应包括课程标准、教学设计、电子教材、多媒体课件、教学视频、作业测试等,学生能根据学习进度和学习能力自主学习。

辅学——学习资源辅助学习。辅助教学资源要充分体现为学生课程学习、专业学习和终身学习提供平台的特点。

互学——师生互动学习。应包括班级空间、在线提问、交流论坛、作业与考试、QQ、微信交流群等。这是师生互动、学生之间互动交流的场所,更是学生之间相互学习的平台。

2. 六位一体课堂教学模式

在教学的组织与安排上,按照"赏、教、学、做、创、评"一体化的教学模式,在教学中,采用"优秀作品赏析—模仿操作训练—自主操作实践—项目实战训练—项目评估与总结"的教学组织模式。

赏——优秀作品赏析。在项目学习开始时,师生共同欣赏优美效果图,分析探讨效果图的制作流程、软件类型、空间构图以及色彩搭配等,在优美效果图的熏陶中,学生学习效果图制作的兴趣得以激发。

教与学——模仿操作训练。采用"翻转课堂"教学法,案例教学与任务驱动相结合,课前学生自主学习课程网站提供的教学视频,模仿操作完成相关作业。课堂中教师讲解重点并进行疑难解答,与学生共同探讨完成相关效果图所运用的命令与操作技巧。学生采用小组合作学习方式同步完成类似的效果图制作,当场消化本次课学习的知识技能,教师现场进行辅导和答疑。

做——自主操作实践。教师给定素材,由学生根据所学知识和技能自由发挥,完成项目,提高学生独立操作能力。该训练模式主要在第二课堂完成,教师主要通过网络学习平台、QQ、微信群进行辅助教学。要求学生将作品上传到网络学习平台或微信群,师生共同点评、学生互评作品。

创——项目实战训练。教师直接承接公司项目,要求学生根据客户需求完成效果图的制作,一方面达到学以致用的目的,另一方面使学生积累实战经验,提高综合能力,以实现零距离上岗的目标。该训练模式主要在效果图制作实训室完成,采取模拟公司制,结合专业的卓越技师创新课程,强调优秀学生的培养。

评——项目评估与总结。采用学生自评、互评与教师评价相结合的形式,以提高学生的团队协作能力、人际交往能力、分析表达能力和审美水平等。同时采用过程性评价与终结性评价相结合的形式进行评价。

四、"翻转课堂"具体实施

根据"五学—六位"线上线下混合教学模式的构建过程,以"计算机园林景观效果图制作"课程中的学习项目二"园林景观立/剖/断面效果图制作"为例,此次教学设计时间单元为一次课,5学时。教学活动进行层次化设计,如图 2 所示。

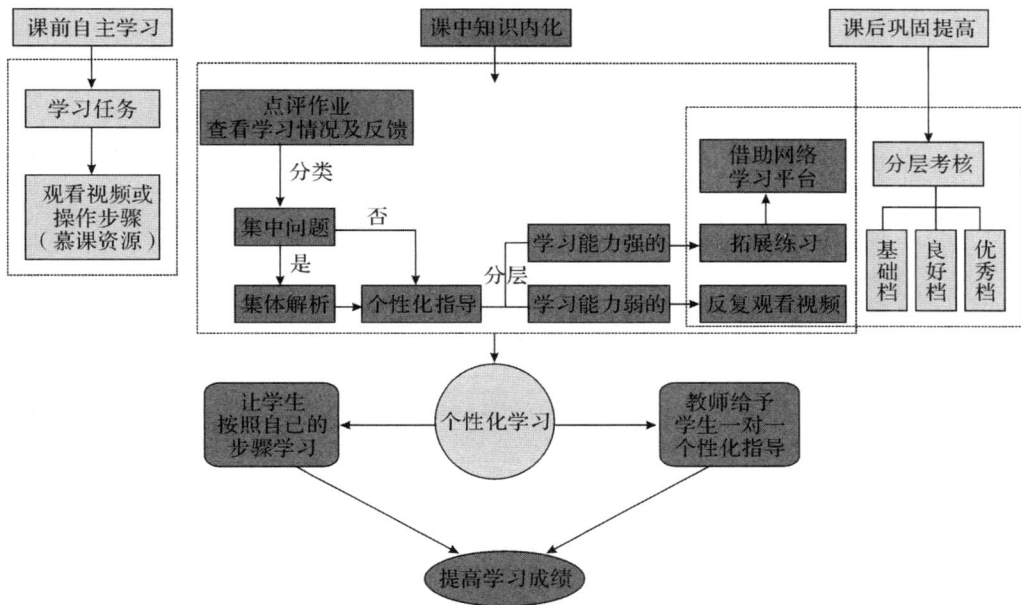

图 2　教学活动的层次化设计

该教学模式的实现大致可以分为以下三个阶段。

(一)准备阶段

教师根据课程标准和分层教学的需求制定课前自主学习任务单,录制教学视频、微课等教学资源,并收集与知识点相关的网络资源和素材图库,将资源发布于在线学习平台,供学生下载和在线学习。

(二)实施阶段

依据上述混合式教学模式的构建方法实施教学活动。整个教学实施过程充分呈现教师、学生在网络学习平台和课堂的活动,教学实施过程如图 3 所示。学生是整个学习过程的中心和主体,教师主要起到了指导作用。

(三)评价阶段

在以往的教学评价中,学生成绩的评定主要包括平时成绩和考试成绩两大部分,其中平时成绩以作业和出勤情况为主,平时作业采用"一刀切"的形式。在实际操作中,学生存在抄袭作业、应付等问题。在新的教学模式下,对平时作业图纸设置难、中、易三个不同的层次,学生可以根据自己对知识掌握的程度挑战不同层次的作业。同时在评价过程中加入了在线学习时长、交流答疑的活跃度、在线资源使用情况等评价标准,并且要求学生进行作业互评,提升学生的审图能力。

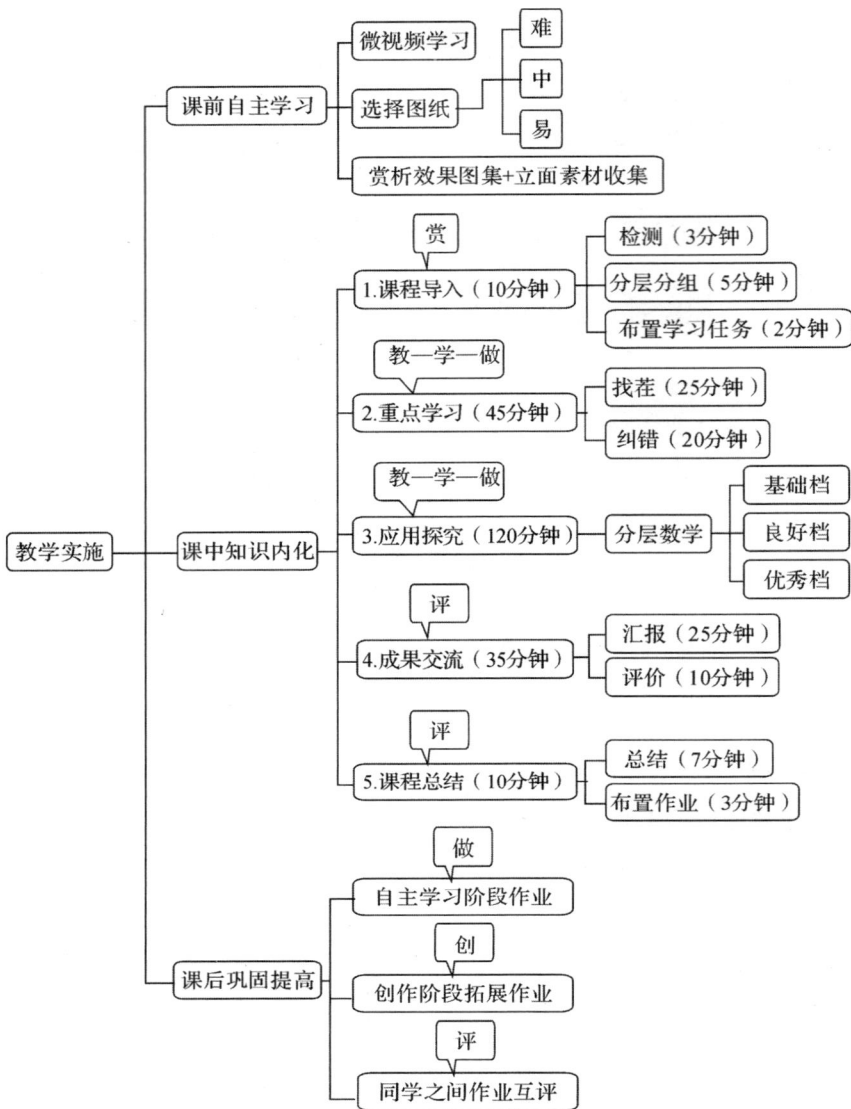

图3　教学实施过程

五、取得成效分析与体会

该教学模式经过3年多的教学实践,教学效果得到了较大的提升,学生自主学习能力、独立分析问题与解决问题的能力得到了进一步的提高。学生的软件操作水平、创新意识、创新能力也均得到了较大幅度的提高。通过对平台学生学习时长和登录次数进行分析,比较成绩在90分以上和70分以下的学生学习时间和登录次数,发现分数高的学生自主学习时间明显比较长,甚至是分数低的学生的几十倍。分数低的学生自主学习能力较弱,基本上依赖于传统的教学模式。这些数据说明,线上线下混合教学模式比较适合自我管理能力较强的学生。

该课程教学模式改革对教师提出了更高的要求：教师不仅要备好课堂教学内容，还要管理好学生的学习过程，也必须建设好一个动态的网络学习平台。教师不仅要设计好课堂教学，还要设计好网络教学。教师不仅要在课堂中答疑，还要在线答疑，通过微信平台等与学生开展更广泛的教学互动。因此要加强对教师的网络信息技术应用能力的培训。同时教师要充分调动学生的学习积极性，要让学生积极参与到网络教学中来，使学生掌握网络学习的方法，提高在线学习平台的学习效果。

作者简介

黄艾，副教授，硕士研究生，主讲的"计算机园林景观效果图制作"课程获得宁波市第九届教学成果奖一等奖，该课程网站建设获得全国信息化大赛网络课程组一等奖，课程设计获得全国信息化大赛三等奖。主持省教育规划课题、省课堂教学改革课题和高等教育学会课题多项。主持建设的"基于分层教学视角的'五学—六位'混合式教学模式设计与实践"荣获 2016 年度全国信息技术与教学深度融合案例优秀案例奖和 2016 年浙江省职业教育与成人教育优秀教科研成果评选二等奖。

"翻转课堂"
示范性
教学视频

水工隧洞施工现场平面布置

刘建飞　　任红侠

浙江同济科技职业学院水利系

一、课程基本情况

课程名称：水工隧洞。

课程学分：2。

课程性质：专业课。

面向专业、年级：水利工程、水利水电建筑工程，三年级。

教学班规模：20～30 人。

使用教材：《水工隧洞》校本教材。

依托在线教育平台或课程网站：http://zjtongji.fy.chaoxing.com/portal（SPOC 平台）。

"水工隧洞"从 2016 年 9 月起已开展"翻转课堂"教学实践 2 轮，共 48 学时，其中"翻转课堂"用 36 学时。

二、教学改革背景与思路

水工隧洞是水利工程常见的建筑物之一，其投标书的编制是水利工程技术人员应具备的基本职业技能。"水工隧洞"是浙江同济科技职业学院水利类专业的一门专业核心课程，是将原来分散在水工建筑物、水利工程施工技术、水利工程施工组织与管理、水利工程造价与招投标中讲授的相关内容，重新整合为一门课。本课堂涵盖水工隧洞设计、施工技术应用、施工组织与管理、造价文件编制等内容，以满足水工隧洞工程施工管理、造价文件编制、施工监理等岗位职业能力的要求。本课程实施项目化教学，要求学生通过学习，编制典型水工隧洞工程投标书。自 2011 年实施后，取得了较好的效果，但在教学过程中也发现了一些问题，主要表现在学生缺乏水工隧洞施工过程的感性认识，现场教学又受时间和施工安全等因素的限制，想看看不到，看到看不全；学时偏少，学生对理论知识掌握的效果不理想，导致学生在编制投标书时感到困难较大等，比如施工现场平面布置这部分内容，教师讲解施工现场平面布置的内容、原则、程序和要点后，让学生进行布置时，学生仍感到无从下手，甚至学生在顶岗实习或工作后仍然没有完全掌握这部分内容。为了解决这些问题，结合2015 年开始的本课程 SPOC 建设与实践，我们尝试开展"翻转课堂"教学实践，以满足学生线下多次重复学习、随时随地主动学习、学习不受时间和空间限制的需求，全面提高专业课教学效果。

　　教学改革的思路是实现线上教学与线下教学相结合、教学过程与工作过程相结合、教学内容与岗位考证相结合、职业素养与岗位能力培养相结合。

三、"翻转课堂"教学设计

（一）总体教学设计

1. 课程目标设计

　　根据课程面对的工作任务和职业能力要求，制定本课程的教学目标。

　　本课程要求学生通过编制钦村水库输水隧洞工程投标书，掌握水工隧洞施工管理和造价文件编制的基本知识，初步具备水工隧洞施工管理、造价文件编制、监理等岗位职业能力，具有较强的施工安全和质量意识，以及不怕吃苦、爱岗敬业的精神，详见"能力训练项目设计"部分内容。

2. 课程内容

　　课程内容如表1所示。

表 1　课程内容

项目	子项目	教学任务	知识内容（模块）	"翻转课堂"时数/线下总学时
1.编制钦村水库输水隧洞工程投标书	1.1　编制钦村水库输水隧洞工程技术标	1.1.1　标书编制说明	（1）标书编制依据 （2）标书编制原则 （3）项目实施目标	1/2
		1.1.2　工程概况及施工条件分析	（1）工程概况 （2）工程施工条件分析 （3）常见工程施工特点、难点分析 （4）主要施工对策	1/2
		1.1.3　施工方案	（1）水工隧洞开挖方案 （2）水工隧洞支护方式 （3）水工隧洞衬砌方式 （4）水工隧洞施工质量保证、安全管理与劳动保护措施	8/10
		1.1.4　施工进度安排及保证措施	（1）水工隧洞开挖循环作业 （2）开挖循环作业图的绘制方法 （3）施工进度计划的编制原则和方法 （4）进度保证措施	6/8

续　表

项目	子项目	教学任务	知识内容(模块)	"翻转课堂"时数/线下总学时
1.编制钦村水库输水隧洞工程投标书	1.1　编制钦村水库输水隧洞工程技术标	1.1.5　施工现场平面布置	(1)施工现场平面布置的内容、程序、原则、依据 (2)场地洪水和气象灾害防护措施 (3)环保措施	4/6
	1.2　编制钦村水库输水隧洞工程商务标	1.2.1　基础单价编制	水工隧洞基础单价的编制方法	3/4
		1.2.2　工程单价编制	水工隧洞工程单价的编制方法	12/14
		1.2.3　投标策略制定及投标文件编制	(1)水利工程招标、投标工作程序 (2)投标报价的组成及编制方法 (3)投标策略	1/2
合计				36/48

3. 能力训练项目设计

能力训练项目设计如表 2 所示。

表 2　能力训练项目设计

编号	能力训练项目	子项目	教学目标	教学方法和能力训练手段	需提交的成果
1	编制钦村水库输水隧洞工程投标书	编制钦村水库输水隧洞工程技术标	能力目标: (1)能正确识读水工隧洞设计图纸,领会设计意图 (2)会判断围岩的类别,能正确选择水工隧洞开挖方案 (3)能确定水工隧洞开挖支护形式 (4)能选择混凝土衬砌施工方案 (5)能正确编制水工隧洞循环作业图和施工进度计划 (6)能进行水工隧洞施工现场平面布置 知识目标: (1)掌握水工隧洞开挖方案的内容 (2)掌握水工隧洞支护方式的内容 (3)掌握水工隧洞衬砌方式的内容	"翻转课堂",任务驱动,项目导向,理念一体教学,学生边做边学	钦村水库输水隧洞工程技术标

编号	能力训练项目	子项目	教 学 目 标	教学方法和能力训练手段	需提交的成果
1	编制钦村水库输水隧洞工程投标书	编制钦村水库输水隧洞工程技术标	(4)掌握水工隧洞开挖循环作业的内容、循环作业图的编制方法、施工进度计划的编制方法 (5)掌握水工隧洞施工现场平面布置的内容、程序 素质目标： (1)具有较强的施工安全和质量意识，编制技术标时，能始终把施工安全和质量放在首位 (2)具有刻苦学习精神，能不断自我学习，学习能力强，勤学好问，能解决工作中遇到的问题 (3)具有爱岗敬业精神，不怕吃苦，积极要求上进	"翻转课堂"，任务驱动，项目导向，理实一体教学，学生边做边学	钦村水库输水隧洞工程技术标
		编制钦村水库输水隧洞工程商务标	能力目标： (1)会编制水工隧洞基础单价 (2)能编制水工隧洞工程单价 (3)会计算水工隧洞施工劳动量和主要材料用量 (4)会编制投标报价商务文件 知识目标： (1)熟悉水利工程招标、投标工作程序 (2)掌握水工隧洞基础单价的编制方法 (3)掌握水工隧洞工程单价的编制方法 (4)熟悉投标报价的组成及编制方法 素质目标： (1)具有团结协作精神，能与他人沟通协调，做好分工与合作 (2)具有成本意识，工作认真细致 (3)能按计划要求完成项目任务	"翻转课堂"，任务驱动，项目导向，理实一体教学，学生边做边学	钦村水库输水隧洞工程商务标

4. 教学单元进度

教学单元进度如表 3 所示。

表 3　教学单元进度

项目名称	序号	教学单元名称	教学目标	"翻转课堂"时数/线下总学时
编制钦村水库输水隧洞工程技术标	1	第一次课:标书编制说明	了解本课程教学目标、学习内容、学习方法和考核方式;会写标书编制说明	1/2
	2	工程概况及施工条件分析	能根据典型水工隧洞工程设计文件及招标文件,介绍工程概况,分析工程施工条件,进行工程施工特点、难点分析,制定主要施工对策,为制定施工方案打下基础	1/2
	3	施工方案	会判断围岩的类别;能正确选择开挖方案;掌握钻爆法施工的程序;理解水工隧洞开挖循环作业的内容;熟悉钻爆设计	3/4
	4	支护形式和出渣方案	能确定水工隧洞开挖支护形式和出渣方案	2/2
	5	施工期照明、通风以及质量、安全	能确定水工隧洞施工期照明及通风方式;能制定水工隧洞施工质量保证、安全管理与劳动保护措施	2/2
	6	洞身衬砌	掌握水工隧洞衬砌方式;能选择混凝土衬砌施工方案	1/2
	7	施工总进度目标及安排原则	能根据典型水工隧洞工程的具体情况,招标文件要求,投标人类似工程的经历、管理水平和技术力量确定施工总进度目标和施工进度安排原则	2/2
	8	施工进度安排及保证措施	掌握开挖循环作业图和施工进度计划的编制方法;能正确编制水工隧洞开挖循环作业图和施工进度计划;能制定进度保证措施	4/6
编制钦村水库输水隧洞工程商务标	9	施工现场平面布置	掌握施工现场平面布置的内容、程序;理解施工现场平面布置的原则;了解施工现场平面布置的依据;会进行施工现场平面布置	4/6
	10	基础单价的编制	掌握水工隧洞基础单价的编制方法,会确定人工预算单价,主要材料预算价格,主要施工机械台班费,施工用风、水、电单价,混凝土单价	3/4
	11	明挖土石方工程综合单价的编制	掌握水工隧洞工程单价的编制方法,能编制明挖土石方工程综合单价	1/2

项目名称	序号	教学单元名称	教学目标	翻转课堂时数/线下总学时
编制钦村水库输水隧洞工程商务标	12	洞挖石方工程综合单价的编制	能编制洞挖石方工程综合单价	1/2
	13	支护工程综合单价的编制	会编制支护工程综合单价	2/2
	14	衬砌、灌浆、交通工程综合单价的编制	能编制混凝土衬砌工程、灌浆工程、交通工程综合单价	6/6
	15	临时工程综合单价的编制	会编制临时工程综合单价	2/2
	16	最后一次课：投标文件编制	熟悉投标报价的组成及编制方法；掌握投标策略；能编制投标文件	1/2
合　计				36/48

（二）单元教学设计与单元教学进度

单元教学设计如表 4 所示，单元教学进度如表 5 所示。

表 4　单元教学设计

教学单元名称	施工现场平面布置		学时	2	单元序号	9
授课班级	水利工程 1601～1604 班					
授课日期			授课地点			
教学目标	能力目标		知识目标		素质目标	
	(1)会确定典型水工隧洞工程施工期交通运输方案，仓储系统及堆料场的位置，施工辅助企业的种类、位置、规模 (2)能进行生产管理、行政、办公、生活用房规划		(1)掌握施工现场平面布置的内容、程序 (2)理解施工现场平面布置的原则 (3)了解施工现场平面布置的依据		能通过线下学习及查找分析教学资料，与小组成员讨论完成单元教学任务	
教学重点	(1)施工现场平面布置的内容 (2)施工现场平面布置的程序 (3)施工现场平面布置的原则					
训练任务	(1)识读水工隧洞设计图 (2)进行典型水工隧洞施工现场平面布置					

续　表

教学资料	（1）校本教材《水工隧洞》 （2）钦村水库输水隧洞Ⅱ标段招标文件及图纸 （3）水工隧洞技术标编制实训任务书 （4）水工隧洞技术标编制实训指导书

表5　单元教学进度

教学环节	步骤	教学内容	教师活动	学生活动	时间/分钟
线上教学	告知	学习任务及教学目标、教学内容	告知学生学习任务及教学目标、教学内容	观看教学视频 完成自测题	自定
			根据学生观看教学视频及完成自测题的情况，了解线上教学效果，确定线下教学策略，回答学生问题	对学习任务及教学目标、教学内容中不清楚的部分，可以在课程讨论区进行交流提问	
线下教学	情境引入	导入教学内容；布置学习型任务	介绍钦村水库输水隧洞Ⅱ标段施工现场布置所需的基本资料	研究基本资料	10
			教师提出问题（确定施工现场平面布置方案）	分析问题	
			布置学习型任务	分析学习型任务	
	能力训练	确定钦村水库输水隧洞Ⅱ标段施工现场平面布置方案	检查各小组及其组员的完成情况，及时解答学生的疑问	研究基本资料、提问 分组讨论，任务分工 完成任务，解决问题	30
		汇报学习成果	分析各小组的施工现场平面布置方案	各学习小组派代表汇报学习成果	20
	评价和讲解	开展成果检查，小组内检查考核，小组间互评考核，教师点评考核，完成教学评价	教师对各组的施工现场平面布置方案进行点评，提出推荐方案	将自己确定的方案与推荐方案比较 小组内检查学习成果并完成考核 小组间互相评价学习成果并考核	20
线上教学	自主学习	布置课外练习，巩固所学内容			
		拓展学习类似工程案例，多看水工隧洞图集，强化识图能力			
后记	反思	学生线下学习要加强			

四、"翻转课堂"具体实施

(一)在线学习和讨论

教师根据授课进度计划在课程平台上布置每次课的学习任务与要求,让学生在线或将资源下载后自主学习相应的课程视频,掌握完成学习型任务所需的知识,完成在线测试,检验学习效果。

将学生分为 4～6 人的学习小组,组内成员有共同的学习型任务、作业。对于学习中遇到的问题,学生可以通过网站的课程讨论区与指导教师和其他同学进行讨论,或加入该课程的学习 QQ 群、微信群等讨论、学习。

(二)反馈与改进

课程平台会对每一个学生的所有学习行为以形式丰富多样的数据形式进行全程记录,这些大数据为教师分析学生学习行为特征与学习效果之间的关系、教学效果测评、提出改进措施等提供了有力的依据。比如哪一部分视频片段学生反复观看,哪些自测题容易出错,结合完成项目时的答疑情况,教师需对相关内容集中讲解或辅导,也可对个体提供更有针对性的指导。

(三)课堂讨论及讲解

线下课堂采用项目导向、任务驱动的教学方法开展"翻转课堂"。选取典型水工隧洞工程投标书编制项目,其具体可分为技术标和商务标两个子项目,每个子项目按投标书编制步骤又划分若干个学习型任务,学生在完成这些学习型任务的过程中,掌握水工隧洞工程相关知识和技能。教学的过程就是编制水工隧洞工程投标书的工作过程,学生模仿典型水工隧洞工程投标书编制案例,在教师的指导下完成这些学习型任务。为了营造投标的情境,假设每个小组都是独立的投标人,小组间为互相竞争的对手。编制技术标和确定投标报价时可小组讨论,编制商务标时各小组长要给每个组员分配确定工程单价的任务,每个组员确定的工程单价直接影响到本小组能否中标。

线下课堂教学过程可分为四个阶段。首先,明确要完成项目的内容和具体要求。学生先阅读水工隧洞工程投标书编制任务书,明确要完成的学习型项目的内容和具体要求,对于不清楚的地方,主讲教师再详细解释。其次,分组完成学习型项目。各组组长给每位组员布置任务。学生经过线上学习,初步具备了完成学习型项目所需的知识,根据水工隧洞工程投标书编制指导书,再经过小组讨论后确定完成学习型项目的方法、步骤、程序和方案,完成项目或学习型任务。遇到不会的地方,可反复观看视频或请教师讲解。学生选择的完成任务的方法、制订的工作计划和步骤等,都需要教师批改、批准。对于共性的问题或错误,教师可集中讲解,予以纠正。学生按照教师批准的工作方案,独立或分组按照实际工作过程完成学习型项目,教师进行检查、示范和指导,学生相互探讨。再次,选取小组代表汇报本组的成果。讨论结束,所有的学生都完成了任务后,每组选派一个代表,向全班同学汇报本组的成果,如果其他组成员有疑问,可以由小组其他成员进行解答、补充和完善。最后,教师对项目完成情况进行总结归纳。教师评价小组的成果和学生个人的表现,使学生认识到自己成果的优势和不足。通过学生自主学习—学生明确任务—学生完成任务、教师辅导—学生汇报成果—教师总结点评的学习过程,学生对知识的掌握会更加深入,同时增强了自主学习能力、解决问题的能力、沟通表达能力及团队合作意识。

课后学生通过在线课程平台共享学习资源及学习成果。可将学习成果包括编制的投标书等资源上传到课程平台,进行资源共享,教师和学生可对学习成果进行评价。通过自己和他人评价(小组长评价、小组间互评、教师评价)检验学生是否真正达到了教学目标。

五、取得成效分析与体会

近两年的教学实践表明:这种线上教学与线下教学相结合,采用"翻转课堂"的混合式教学模式,可以弥补以教师讲解为主的传统教学模式的不足,实现课程教学以教为主向以学为主转变,以课堂内教学为主向课堂内外教学结合转变。传统教学侧重于"先教后学",而 SPOC 时代强调的是"先学后教",翻转课堂教学提倡的是一种以讨论和交流为主体的学习者自主学习方式,真正体现了"以学生为中心",可调动学生学习的主动性、积极性,提高学生自主学习的能力。结合项目化教学,在强化技能训练的同时,也使学生掌握了相应的专业知识。通过两学年的教学改革与实践,学生对本课程的满意率由课改前的 78% 提高到89%,综合评定平均成绩由课改前的 76.5 分提高到 83.8 分。此外,这种课程具备学习资源智能推送功能,学生可以课前自主学习,教师可以通过信息技术实现对学生的学习行为记录、学习数据监测评价、学习效果分析等,可以有效把握学生的学习情况和学习效果,为课堂教学持续改进提供了可靠的依据,可有效提高教学质量。

作者简介

刘建飞,男,高级工程师,1989 年 7 月至 2006 年 1 月在陕西省宝鸡峡管理局工作,主要从事水利水电工程施工、工程管理工作,曾主持或参与完成水利工程规划、设计和施工项目 10 项。

"翻转课堂"示范性教学视频

2006 年 2 月至 2009 年 7 月在长江工程职业技术学院水利系从事教学工作,任施工教研室主任,施工专业带头人。2009 年 8 月至今为浙江同济科技职业学院专任教师,先后担任水工专业带头人、水利工程专业带头人,主讲水利工程施工组织与管理、水工隧洞等课程,现为全国水利职业技能鉴定高级考评员、陕西省评标专家。

任红侠,女,高级工程师,1990 年 7 月至 2006 年 1 月在陕西省咸阳市自来水公司工作。主要从事供水工程建设管理工作,曾主持或参与完成供水工程规划、设计和施工项目 8 项。2006 年 2 月至 2009 年 7 月在长江工程职业技术学院水利系从事教学工作。2009 年 8 月至今为浙江同济科技职业学院专任教师,主讲"乡镇供水工程""水工隧洞"等课程。

"翻转课堂"模式在"建设工程法规"课程中的教学实践

张晨辰

浙江同济科技职业学院水利系

一、课程基本概况

"建设工程法规"是土木工程类专业选修课,3 学分,共 36 学时,面向土木工程类专业大一第二学期的学生开设,教学班规模约为 40 人,使用教材为中国传媒大学出版社 2014 年出版的《工程建设法规与实务》(第 4 版),已开展"翻转课堂"教学实践 2 轮,每轮"翻转课堂"约18 学时,依托云课堂 App 和职教云(www.icve.com)实现学生自主学习和师生互动。

二、教学改革背景与思路

"建设工程法规"课程学时相对较少,学习内容较多且多数为法律法规文字描述,较为枯燥,采用传统的课堂面授教学方式,学生的学习效果不佳。因此,随着新型教学媒体和教学模式的兴起,采用"翻转课堂"方式,借助网络教学平台、微课教学资源对本课程进行教学改革实践,可以提高学生的学习兴趣与学习效果,强化其自学能力和表达能力的培养。

教育改革的具体思路如下。

(一)分组讨论

分组讨论是最传统的"翻转教学"模式。学习每个单元前,教师将讨论主题布置给学生,学生在课堂上通过讨论完成教学任务,进一步将所需掌握的知识内容内化。

(二)互考互评

每个单元学习结束,都会有一组学生充当"教师"角色,负责本单元的过程化考核出题、监考和阅卷。学生之间相互评定,可以大大提高效率,学生之间相互学习、相互帮助,能潜移默化地培养自我反思能力。

(三)情景模拟

法律法规的学习难免枯燥,因此教师针对每个重要法规都准备了现实案例,以帮助学生理解并将所学理论应用于实际。其中,建设工程合同法律法规和工程项目报建与施工许可证制度的教学中,引导学生将案例设计为情景剧并进行表演,培养学生的创新能力。

(四)"学""教"翻转

"学""教"翻转是本课程"翻转课堂"教学最重要也是学时最多的部分,选取 6 个重点教学单元,分别由 6 组学生充当"教师"的角色,通过提前学习云课堂中的资料并在教师的指导下,将某一知识点传授给其他学生。每次学生授课的时间为 20~30 分钟,随后教师充当"导演"的角色,对学生的教学进行点评,并总结和补充该知识点的相关内容。

三、"翻转课堂"教学设计

(一)"建设工程法规"课程"翻转课堂"教学总体设计

"建设工程法规"课程"翻转课堂"教学总体设计如表 1 所示。

表 1   "建设工程法规"课程"翻转课堂"教学总体设计

学时分配	计划学时	实际学时	授课周数	周课时数
	36	36	12	3

课程教学目标	知识目标: (1)掌握《建筑法》《建设工程安全生产管理条例》《建设工程质量管理条例》等相关法律法规的主要内容 (2)掌握工程建设招投标法规及其程序的相关工作,了解招投标文件的编制 (3)熟悉建设工程施工合同的内容及相关法律规定,掌握工程施工索赔流程 技能目标: (1)会解决工程建设中相关的法律问题,会工程建设相关的操作程序 (2)具有参与工程项目招投标工作的能力 (3)会进行有效的合同管理,能够提高项目管理水平 素质目标:提高工程建设法律意识,具有良好的职业道德和敬业精神;依法从业,从自身做起,促进建筑业健康发展;具备较强的自学、理解和表达能力
保障措施	(1)需要一定的建筑工程施工组织相关知识基础 (2)传统板书+多媒体辅助教学+云课堂在线课程学习 (3)通过"翻转课堂"模式提高学生学习兴趣与效果,培养学生自学和表达能力
参考资料	(1)全国一级建造师执业资格考试用书编写委员会,《建设工程法规及相关知识》全国二级建造师执业资格考试用书(第二版),北京:中国建筑工业出版社,2014 (2)中华人民共和国住房和城乡建设部,http://www.mohurd.gov.cn/

单元	授课内容	授课重点	课时	"翻转课堂"手段
1	工程建设法规概述	建设工程合同承包人的权利、义务;建筑企业晋升、降级、吊销资格证的条件;从业人员职业资格制度	3	1.分组讨论: 项目经理的任职条件和职责 2.互考互评: 教师对组长进行单元测试,组长对本组成员进行单元考核和评定。考题在教师准备的题库中抽取
2	工程前期准备阶段法规、城乡规划法规	项目建议书、可行性报告的基本格式和编制内容;选址意见书的概念	3	1."学""教"翻转: 第一组学生对项目建议书的概念、主要内容、编制和审批进行教学 2.互考互评: 在教师的指导下,第一组学生负责单元测验并阅卷

单元	授课内容	授课重点	课时	"翻转课堂"手段
3	城乡规划法	城乡规划的编制和审批权限；城乡规划法的具体内容；用地规划许可证、建设工程规划许可证办证程序	3	1."学""教"翻转： 第二组学生对建设用地规划许可证、建设工程规划许可证的办证和审批程序进行教学 2.互考互评： 在教师的指导下，第一组学生负责单元测验并阅卷
4	工程项目报建与施工许可证制度	工程项目报建的概念；建筑设计方案审批、施工图设计文件审查的办理程序；工程报建的基本程序和基本要求	6	1.情景模拟： 模拟某工程报建的基本过程，通过情景创建—角色扮演模拟—小组间相互讨论交流—教师指导—小组表演—教师点评、总结、评价，掌握各职能部门在工程项目报建中的相关职责 2.分组讨论： 如何提高建筑工程报建工作效率？
5	工程建设招投标法规	招标程序，投标的要求，招投标法中的禁止性规定，开标程序，中标要求	6	1."学""教"翻转： 第三组学生结合工程实例，对必须招标和可以不招标的范围、废除指标的情形进行教学 2.互考互评： 第三组学生收集涉及招投标法规的二级建造师考试真题并整理成单元测验，负责本单元测验 3.情景模拟： 模拟某工程施工招标项目的开标会，将开标、评标专家、评标委员会、评标、定标和签合同设计进情景剧，小组讨论—教师指导—小组表演—教师总结、点评
6	建设工程合同法律法规	《合同法》的基本原则，合同生效的构成要件，承诺、要约与撤回的定义与特征；违约责任的构成要件，不安抗辩权的定义、条件和启动程序	6	1."学""教"翻转： 第四组学生对违约责任、严格责任与过错责任的构成要件进行教学 2.互考互评： 第四组学生收集涉及合同法律法规的二级建造师考试真题并整理成单元测验，负责本单元测验
7	建设工程现场管理法律制度	监理的概念，监理各方的权利、义务；设计单位、施工单位的安全责任；建设工程保修制度	3	1."学""教"翻转： 第五组学生对建设单位、勘察设计单位、施工单位和工程监理单位的质量责任和义务进行教学 2.互考互评： 第五组学生收集涉及安全生产和工程质量的二级建造师考试真题并整理成单元测验，负责本单元测验

续 表

单元	授课内容	授课重点	课时	"翻转课堂"手段
8	建筑工程竣工验收法规	工程档案资料的主要内容;竣工验收的主要范围、具备的基本条件;竣工验收各方当事人的职责	3	1."学""教"翻转: 第六组学生对工程验收的基本程序进行教学 2.互考互评: 第六组学生收集涉及竣工验收的二级建造师考试真题并整理成单元测验,负责本单元测验的考核 3.分组讨论: 工程验收有什么条件?
9	复习 + 考核	重点梳理,进行期末考试	3	

(二)第一次课——工程建设法规概述的具体设计

(1)通过"雨课堂"连续点名功能,将学生分为 6 个学习小组,每组 6～7 人(5 分钟)。

(2)介绍课程的性质与地位、学习单元划分方案、学习的方法及考核评价要求(10 分钟)。

(3)播放国内重大工程事故造成人员、经济损失的短片(10 分钟)。

(4)导入本课程的研究对象与任务(5 分钟)。

(5)讲述第一、二、三节的基本内容:建设法规的定义、建设法律关系的概念和特征、建设法律关系的构成要素、工程发包与承包的含义、招投标的概念、连带责任的概念等(20 分钟)。

课间休息 5 分钟。

(6)头脑风暴:工程建设的相关法规有哪些(5 分钟)?

(7)案例分析:将新华日报社诉南京华夏实业有限公司相邻权纠纷案例的一审判决理由和判决结果导入建设工程法律制度教学模块,讲解教学目标(10 分钟)。

(8)根据(6)(7)分配"翻转课堂"每组应负责的章节,提出"学""教"翻转和互评互教时对 PPT、授课方式、单元测试的基本要求(10 分钟)。

(9)讲述第四节的基本内容:工程建设法律职责(15 分钟)。

课间休息 5 分钟。

(10)小组讨论:根据本章所学和云课堂中关于项目经理的相关资料,讨论整理项目经理的任职条件和职责,期间教师下组指导,听取各组结论(15 分钟)。

(11)小组汇报:教师选取完成较好的一组进行课堂汇报,其他组补充(10 分钟)。

(12)互考互评:运用云课堂的闯关功能进行单元测试,教师对组长进行考评,组长对组员进行考评(10 分钟)。

(13)单元总结(5 分钟)。

四、"翻转课堂"具体实施

（一）课前学习教学实施

1. 学生根据自身情况安排和控制自己的课前学习

学生观看云课堂中教师提前准备的教学视频、法规案例，同时对观看视频的收获和疑问进行记录；完成教师布置的针对性课前在线练习，自测学习效果。

2. 课前分组讨论和准备翻转教学

每个小组对本组负责的章节进行集体学习和讨论，制作翻转教学的 PPT，整理单元测试题。每组在上课前须与教师沟通授课重点和讲课方法，提前上交 PPT、教学设计、教学案例和单元测试题，经教师修改后才能在课堂上实施。

（二）课堂活动教学实施

1. 小组讨论和情景模拟，增加课堂互动

根据本课程涉及的主要内容，安排"如何提高建筑工程项目报建工作效率"等课堂分组讨论主题；将案例设计成情景剧进行表演，鼓励学生用多种表达方式进行课堂互动，争取每位学生都能动脑、动口、动手。

2. 翻转教学和互考互评，享受自主学习的快乐

每组根据各自主题在课堂上进行翻转教学，学生担任"教师"互相考评，培养独立学习能力，享受探究学习的欢乐。

五、取得成效分析与体会

"翻转课堂"教学模式在"工程建设法规"课程实践中取得了较好的效果。学生普遍反映能够主动地学习相关的法律法规知识，并具备了较强的自学能力。

个人体会如下：

（1）由于高职学生的学习基础薄弱，需要将翻转课堂教学的所有详细资料提前交给学生供其预习，并给予其充足的准备时间。

（2）在翻转措施中，最难的就是学生授课，由于学生把控课堂的能力不够，教师需要在授课过程中随时应对突发状况并做出决策。

（3）要多鼓励、多表扬学生。

作者简介

张晨辰，获得河海大学、法国里尔科技大学双硕士学位，水工结构工程专业博士在读，2013 年进入浙江同济科技职业学院以来，在水利系水利工程专业教学一线工作，主讲"围垦工程""建筑工程法规""工程水文与水资源"等课程，2014 年起参与现代学徒制综合改革试点班大禹班的教学工作,探索翻转课堂、云班课互动式课堂等教学模式,被聘为杭州市彩虹城小学、闻涛小学、东冠小学、长江实验小学青年讲坛成员,担任中国水利教育协会基层水利员在线培训课程主讲教师,曾获"学院微党课大赛"一等奖。

"翻转课堂"
示范性
教学视频

把握学习者特征，重构教学环节

徐 畅

浙江工商职业技术学院数字传媒学院

一、课程基本情况

课程基本情况如表 1 所示。

表 1 课程基本情况

课程名称	移动应用开发技术		
课程学分	4	课程性质	专业课
面向专业/年级	软件技术/二年级	班级规模	25 人
使用教材	自编教材，参考书《第一行代码 Android（第 2 版）》		
开展"翻转课堂"教学实践轮数/学时	1 轮/60 学时		
依托教学平台	http://zjbti.fanya.chaoxing.com/portal		

二、教学改革背景与思路

（一）教学改革背景

1. 课程基本情况

"移动应用开发技术"课程的实践性强，理论与实践教学结合紧密。在教学过程中，本课程具有以下特点。

（1）内容新颖，将计算机硬件、软件、网络等资源整合在移动智能终端应用开发教学中，使学生系统掌握计算机基础理论知识，并且掌握智能移动终端应用开发领域的新知识、新技术，有效地解决了学校教学内容相对滞后的问题。

（2）手机应用软件开发作为移动应用开发的切入点，贴近学生的日常生活，能够更好地调动学生学习的主动性与积极性。移动应用开发涵盖内容丰富，能够激发学生自主创新的意识，有利于培养学生的创新能力。

（3）注重培养学生的实践能力，理论教学与实践教学紧密结合，让学生及时将所学的知识应用于开发过程,巩固了学生的理论知识,增强了学生的实践动手能力,教学效果明显。

2. 课程教学现状

通过近年的教学实践,本门课程在教学上积累了一定的理论和实践基础,同时也暴露出了一些问题,主要集中在以下几个方面。

(1)学生学习基础差异大,对传统的课堂教学提出了严峻挑战。

"移动应用开发技术"对学生的编程能力和实践能力有较高的要求,通过相关前导课程的学习,学生具备了一定的编程和实践能力,但存在明显的个体差异。由于教师的教学难以满足不同水平学习者的需求,而学习者对教学的不满情绪又直接影响了教师的积极性,进而影响了教学目标的实施。

(2)新技术、新应用层出不穷,课程容量大。

移动应用开发正处于高速发展的时期,无论是移动设备、开发工具、系统版本还是应用模式,都在不断地更新和完善。因此,"移动应用开发技术"课程承载的内容越来越多,课程容量越来越大。但与此现状相悖的是,课程的课时是有限的,教学内容也不可能每学期或者每学年就进行大规模的改动。因此需要在设置适量教学内容的基础上,通过更为有效的教学设计来提高学生的自主学习能力。

(3)学生人数多,程序调试费时,难以开展高效的实践指导。

与以往软件技术类课程不同的是,"移动应用开发技术"课程的开发与调试需要使用手机模拟器或者真机。因此,其程序运行和调试相对费时,如果未能对学生的整体情况有较明确的了解,则整个实践教学环节的效率低下,教师难以有针对性地对不同层次的学生开展实践指导。

(二) 教学改革思路

着眼于整体学习效果的提高,从学生的个体特征出发,教师根据学生在课前学习阶段中的反馈情况,在课堂上对学生进行有针对性的指导。对于一些普遍性的问题,进行统一讲解和强调;而对于一些个别性的问题,则直接进行个别指导。改革主要从以下三个方面开展。

1. 基于学习者特征的课内外教学环节重构

建立基于学习者特征的"翻转课堂"教学环节,各教学环节的实施围绕学习者的学习特征来开展。教师参与学生实践能力培养的部分需要进一步放大。学生可以根据设定的学习任务,在课外先开展自主学习,然后再回到课堂上开展实践学习,并在教师的指导下进行有针对性的练习和提高。其整体教学环节如图 1 所示。

2. 基于自主学习的教学活动设计

紧紧围绕可操作性和实效性开展基于"翻转课堂"的教学改革,建立师生互动式课内外教学活动流程。一方面打破传统的教学模式,对教学的各个环节进行重构。另一方面,也规定清晰的活动流程,保障整个教学环节的可操作性。

3. 面向"翻转课堂"的教学资源建设

主要从以下两个方面进行建设和改革:第一,课前教学资源建设。主要包括教学视频、

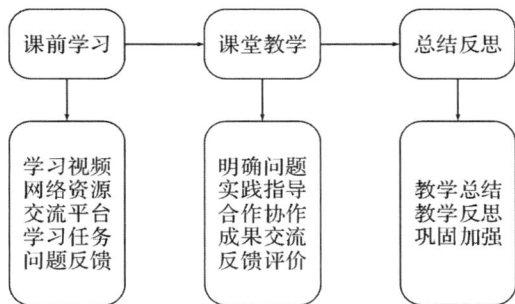

图 1 从课前学习发起教学

自主学习资源以及交流平台等用于课前学习的资源建设。第二,课前作业设置。课外自主学习是在一个相对宽松的学习环境中进行的,为了保证学生的课前学习效果,在课前学习中布置一定量的课前作业或设置某些形式的提问。

三、"翻转课堂"教学设计

(一) 总体设计

突出学生的主体地位以及教师的引导作用,同时兼顾"翻转课堂"在课程应用中的可操作性。本课程改革建立了师生互动式课内外教学活动流程。该流程主要由课前活动和课内活动两个阶段组成,每个阶段又分别由教师活动和学生活动两部分组成,强调利用信息技术环境支持的师生互动。总体设计如图 2 所示。

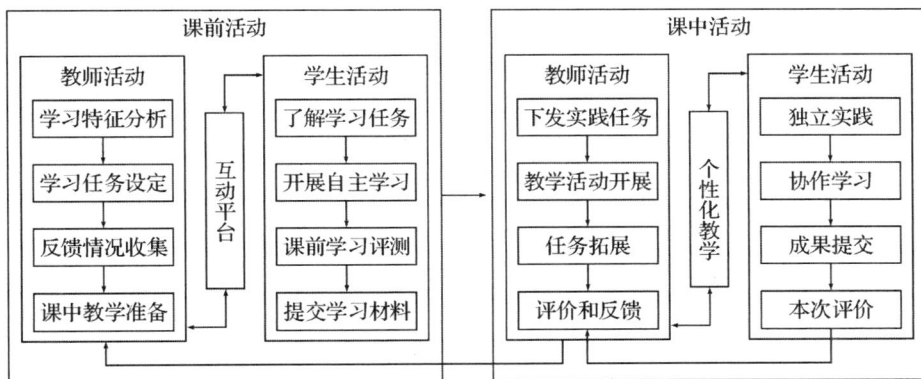

图 2 师生互动式课内外教学活动

(二)具体设计

以移动应用开发技术中的 SQLite 的使用为例,课程具体设计如下。

1.课前自主学习工单

课前自主学习工单如表 2 所示。

表 2　课前自主学习工单

SQLite 的使用

1. 学习目标

(1)了解 SQLite 的背景知识

(2)了解 SQLite 的工作原理

(3)掌握 SQLite 数据库和表的创建方法

(4)掌握 SQLite 数据的操作方法

2. 课前学习任务

自学及练习	(1)观看数据库和表的创建操作视频。完成内嵌的下列测试： 简答题：Android 手机是如何存储数据的？ 简答题：SQLite 是什么？有何特点？ 简答题：SDK 中的 adb 有什么作用？ 综合题：实现数据库和表的创建，提交代码文件和结果截图 (2)可选。SQLite Database 类详解 (3)可选。基本 SQL 语句的使用

3. 课前学习总结

问题思考	(1)SQLite 的数据类型有哪些？ (2)为什么第二次运行程序创建数据表时会报错？ (3)除了 SQLite 还有其他轻量数据库可供选择吗？ (4)日常使用的 App 是如何存储数据的？

2. 课堂教学活动

课堂教学活动如表 3 所示。

表 3　课堂教学活动安排

时间	内容
5 分钟	1. 反馈课前学习任务完成情况 2. 检查学生总结反馈的情况
10～15 分钟	1. 讲解课前学习中学生集中反映的重点问题 (1)为什么第二次运行 SQLite 数据库时会报错？ (2)SQLite 数据表中的主键该如何使用？ 2. 下达课堂任务，并强调关键技能 (1)课前根据学生的自学反馈情况对相关知识技能进行调整或补充，并总结重难点 (2)使用 SQLite 实现个人日志的管理，涉及的关键技能为 SQLite 数据的添加、修改以及删除 (3)给出例子演示 SQLite 数据操作的方法

时间	内容
40～50 分钟	1. 学生独立实践 (1)要求学生独立完成个人日志操作界面的设计,应有一定的差异性 (2)独立完成 SQLite 数据库和数据表的建立 2. 开展协作学习 (1)将数据的添加、查询、修改以及删除进行小组分工,各部分的操作程序由小组成员各自完成 (2)集成各 SQLite 操作部分的代码,每个学生形成一套完整的小系统 3. 教师指导、强化和补充
15～20 分钟	1. 检查学生完成情况 2. 学生作品演示(可选)
5 分钟	1. 本讲总结 2. 下讲内容说明

四、"翻转课堂"具体实施

(一)课前活动阶段

1. 教师活动部分

(1)学习特征分析。一方面,教师需要根据上次课的反馈情况来对学生的学习特征进行分析,以供学习任务设定参考。另一方面,教师需要对教学目标进行细化,即把一个综合性的目标细化成许多小的、分散性的目标。在描述目标时尽可能分层次,从而体现结构性特点,说明哪些是课前应达到的目标,哪些是课堂中应达到的目标。

(2)学习任务设定。教师对细化后的教学目标进行组合,并将组合的结果作为下次课的课前学习任务。这样,每次课的课前和课中的学习内容就实现了柔性衔接。教师可以根据学生的实际情况来对教学中的某些环节进行强化或弱化,以取得更好的教学效果。

(3)反馈情况收集。学生在完成课前学习后,其学习效果会被反馈到交互平台中。教师可以提取学生的反馈结果,并在此基础上准备下次课的课中教学内容。

(4)课中教学准备。在课前学习反馈的基础上,教师对下次课的课中教学进行准备。需要准备的内容包括集中强调的问题、任务书和拓展项目等,这些内容都可以根据课前学习的反馈情况进行调整。

2. 学生活动部分

(1)了解学习任务。了解课前学习的任务和课中学习的任务,对教师设定的课前学习任务进行自主学习,并根据学习任务和自身特点选择规定外的其他学习内容。

(2)开展自主学习。学生通过互动平台观看教师提供的教学视频或其他形式的学习材料,开展自主学习,回答交互式视频中提出的问题,并利用交流平台参与课前学习讨论等活动。

（3）课前学习评测。学生完成教师设计的课前练习，并根据完成情况发现学习中的问题，通过交流平台提出问题。

（4）提交学习材料。学生通过前面三个环节的活动，填写相关材料并反馈给教师。

（二）课堂活动阶段

1.教师活动部分

（1）下发实践任务。教师下发本次课的任务书，并根据任务的类型和规模对学生进行分组。如果涉及的内容比较基础、比较少，可以让学生个体自主开展实践，或采用帮带的协作学习形式。

（2）教学活动开展。教师根据教学任务开展教学活动，教学活动的主要内容应该是进行个性化的指导。但对于在课前学习时集中体现出来的问题，教师需要进行集中讲解和演示。

（3）任务拓展。任务拓展可以包含两个方面的内容。一方面，任务拓展是对教学任务的拓展和举一反三，是在学生掌握基本技能后的自主操练。另一方面，任务拓展可以是学生在之前实践中出现的新问题，如课堂时间充足，可以针对新问题组织、指导学生进行探究，或把其作为一些课外探究的主题融合到后续的教学内容中。

（4）评价和反馈。评价和反馈是对学生记忆理解阶段以及应用分析阶段成果的评价，从中也可以发现教学准备阶段的不足。对学生的综合评价要体现"翻转课堂"中强调的"评价形式多元化和评价目标发展性"的特点。本课程改革中，课堂中的评价和反馈可以采取随堂检查、作业提交、作品演示等形式。

2.学生活动部分

（1）独立实践。对于一些小的问题或者每个学生必须要掌握的问题，学生在教师的指导下自主独立探究，实现对知识内容的内化，并通过独立探究形成高效地自主学习的能力，构建出自己独立的知识体系。

（2）协作学习。针对本课程的教学目标和课程特点，在目前课程改革中主要采用帮带和极限编程两种协作学习方式。其中，帮带是让一名知识掌握程度较好的学生指导一名或多名知识掌握程度较差的学生；极限编程则是学生以两两合作的方式完成任务，共同发现和解决实践中的问题。

（3）成果提交。学生经过独立探索、协作学习之后，需要在课堂上进行交流，提交成果。目前，课程采用作品演示的方式进行交流，即按顺序安排一小部分学生进行演示。

（4）本次评价。教师对学生本次课完成情况评价，学生也可以通过交互式平台对本次课的掌握情况进行反馈。

五、取得成效分析与体会

通过课程改革实践，课程教学效果得到了提高，特别是学生的整体实践水平有了明显的提升。主要体现在以下两个方面。

(一)学习积极性得到提高

通过开展"翻转课堂"教学,学生在课堂上的学习积极性有了明显的提高。应该说,课前的学习为学生的课堂学习打下了基础,学生在进入课堂时的短板得到了弥补,翻转课堂能够在实践中顺利地往前推进。通过一轮教学改革实践,本门课程教学评价成绩也在相关专业中名列前茅。

(二)技能掌握覆盖面扩大

使更多的学生能够较好地掌握与课程相关的知识技能。近两年来本专业学生使用移动应用开发技术参加技能竞赛共获得省市级奖项 6 项,开展省市校级大学生创新创业项目 4 项,参与社会服务项目逾 10 项,涉及金额约 50 万元。这些活动本专业学生参与面达到 72%。

作者简介

徐畅,浙江工商职业技术学院教师,副教授。主要从事软件技术相关课程的教学工作。从教多年以来,能立足课堂教学和学生培养,通过自主学习和钻研,积极思考教学实施中各个环节的优化和创新方法。先后主持和参与各类省市级教学改革和研究项目 10 余项;指导学生参加技能竞赛荣获各级奖项 10 余项;同时还从事图像处理、系统集成等方面的研究工作,近年来先后主持和参与各类省市级科研项目 5 项,发表研究论文近 10 篇。

"翻转课堂"
示范性
教学视频

以微课为"支点",基于 ADDIE 模型的 "中药化学技术"课程"翻转课堂"教学设计

程 斌

浙江医药高等专科学校中药学院

一、课程基本情况

课程名称:中药化学技术。

课程学分:3。

课程性质:专业必修课。

面向专业:中药学、中药制药。

授课时间:第三学期。

教学班级规模:30～60 人。

使用教材:《中药化学技术》(第 3 版),李端、陈斌主编,人民卫生出版社 2014 年出版。

"翻转课堂"教学实践情况:已在实际教学中开展 2 轮。

课程学时:68(理论 34 学时,实践 34 学时)。

依托在线教育平台:超星尔雅。

二、教学改革背景与思路

(一)教学改革背景

目前以视频为载体的微课成为"翻转课堂"的典型标志,要使"翻转课堂"有效地开展,微课的制作是必不可少的"支点"已成为共识。事实上,微课程的设计和制作只是"翻转课堂"的第一步,是"翻转课堂"整体设计的一个环节。为了保证微课制作的质量,在教学设计过程中,需要系统的课程教学设计来支撑。如何对翻转后的课堂教学进行整体合理的规划,是"翻转课堂"的核心,也是激发教师创造力、体现教师教学实力的地方。我们以"高职＋翻转课堂＋教学设计"为关键词搜索 CNKI 数据库的期刊论文,结果发现,在高职教育中,对实践性较强课程的"翻转课堂"研究大多集中在对课程某一知识点的教学设计上,而对课程的整体设计的研究还较少,"翻转课堂"的整体教学设计仍缺乏优秀的案例示范,限制了"翻转课堂"的应用。因此,在以微课为"支点"的"翻转课堂"中,探讨其整体的教学设计的过程显得尤为重要。

ADDIE 模型是大多数教学工作者通用的教学设计模型，主要包括 analysis（分析）、design（设计）、development（开发）、implementation（实施）、evaluation（评价）五个阶段。该模型不仅仅是一种教学设计模式，更为重要的是，它提供了一种解决问题的思路。现在 ADDIE 模型已成为大多数教学设计工作者通用的模型，为解决各种问题提供了依据（见图 1）。

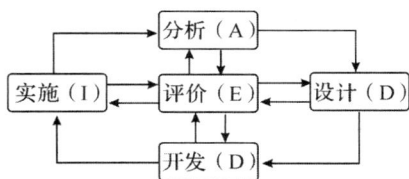

图 1 ADDIE 教学设计模型

本案例以 ADDIE 模型为指导，以操作性较强的"中药化学技术"课程为例，在微课开发的基础上，系统地构建了该课程的"翻转课堂"教学设计，以达到优化教学效果的目的，丰富"翻转课堂"在高职课程教学中的应用案例和理论研究，并为一线教师提供案例和理论参考。

（二）教学改革思路

本案例以 ADDIE 模型为基础，从分析（A）—设计（D）—开发（D）—实施（I）—评价（E）五个阶段对"中药化学技术"的"翻转课堂"教学设计进行研究。同时比较"翻转课堂"和传统课堂的教学效果，判断基于 ADDIE 模型设计的"翻转课堂"是否有助于提高学生的技能水平。通过结果反馈，对"翻转课堂"的教学设计进行反思，总结归纳此类课程"翻转课堂"教学设计的注意事项。教学改革思路如图 2 所示。

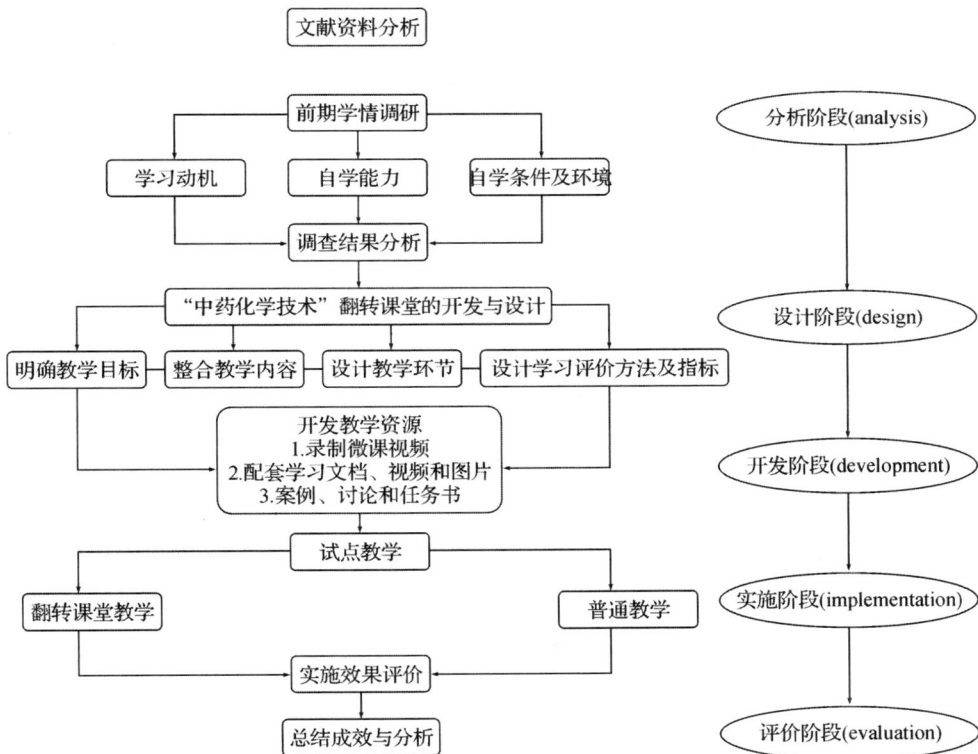

图 2 教学改革思路

三、"翻转课堂"教学设计

（一）教学大纲

超星尔雅慕课"中药化学技术"的教学大纲是依据我校现行的"中药化学技术"课程整体教学设计相关要求制定的，如表1所示。

表 1　教学大纲

章节	题目	理论知识点及学时	学时	实践内容	学时	总学时
第一章	绪论	课程定位、意义与学习方法	2			2
第二章	中药提取分离技术	中药经典提取技术	2	中药提取分离技术的基本操作	4	10
		中药经典分离技术	2			
		色谱分离技术	2			
第三章	苷类化合物	糖苷结构与理化性质	1			2
		糖苷的提取、分离与鉴别	1			
第四章	醌类化合物	醌的结构与分类	1	虎杖中蒽醌类成分的提取、分离和检识	10（2次实验）	13
		醌的理化性质	1			
		醌的提取、分离与检识	1			
第五章	黄酮类化合物	黄酮的结构与分类	1	槐米中芦丁和槲皮素的提取、分离和检识	10（2次实验）	14
		黄酮的理化性质	1			
		黄酮的提取、分离与检识	1			
第六章	生物碱类化合物	生物碱的结构与分类	1	一未知中药粉末中有效成分的预试及提取、分离流程的设计与实施（设计性实验）	10（2次实验）	15
		生物碱的理化性质	2			
		生物碱的提取、分离与检识	2			
第七章	苯丙素类化合物	简单苯丙素概述	1			4
		香豆素概述	2			
		木脂素概述	1			
第八章	萜类和挥发油	萜的结构分类	1			4
		萜的理化性质和提取、分离	2			
		挥发油概述	1			
第九章	皂苷类化合物	皂苷概述	2			4
		强心苷概述	2			
合计			34		34	68

（二）课程要求

（1）本课程服务于浙江省的中医药产业。通过本课程学习，学生能够胜任中药制药提取、分离和浓缩岗位的工作,具体完成生物碱、黄酮、蒽醌、香豆素、挥发油类成分的提取、分离任务,并在此过程中学生获得良好的职业素质、较强的职业能力和扎实的职业知识,从而为学习后续课程,完成后续具体工作任务,考取高级中药提取工、中药质检工、中成药试制工等工种的职业资格提供重要的支撑。

(2)结合超星尔雅慕课"中药化学技术"的课程内容,学生自己利用课前/在线学习资料完成课前/在线学习任务,在授课教师和教学助理的组织下进行"翻转课堂"教学,课后教学助理组织检查学生学习情况。

(3)对于课程中的重点、难点,授课教师需采用"课前在线学习+课堂讲授与讨论+课后活动"的形式引导学生学习和思考,拓展学生知识面,带领学生深入理解重点、难点。对于一般性知识点,采用课下在线学习形式,教师制定相关的在线学习任务并监督学生线上讨论,帮助学生实现学习目标。

(4)课后要求:本课程采用专题讲授形式,每位学生可凭自己兴趣对某些专题或者课后问题进行更进一步的分析,并与授课教师、教学助理或同学进行讨论。

(三)教学安排

本课程在线自学和"翻转课堂"教学所占比例约为1:1,理论教学周共17周,每周2学时,其中一般知识学生自主在线学习8周,计16学时,难点知识面授9周,计18学时,具体安排如表2所示。大班教学面授过程中配以任务驱动、问题解决、分组讨论等形式,由任课教师组织"翻转课堂"活动及在线学习。实践教学34学时另行开展。

表 2　教学安排

周次	讲授内容	授课方式	学时	教学流程及辅助学习材料
第1周	绪论 (难点知识)	学生课前学习	2	1. 课前学习资料 (1)超星尔雅慕课视频及教学PPT:第1章绪论 (2)推荐的相关视频资料:《对话》栏目2016-09-04期:寻找中药走出去的"硬实力",网址 https://v.qq.com/x/cover/nzifdrstzrh0n4k/w0021blb7k6.html (3)推荐的相关书籍:匡海学,《中药化学习题集》,中国中医药出版社 2. 课前学习任务 (1)认真学习本章节超星尔雅慕课,完成课后测试题 (2)观看推荐视频,在线讨论观看感受并思考"什么是中药现代化?" (3)准备课上讨论的议题:"中药药效物质基础研究方法进展"
		课堂讲授与讨论		1. 介绍课程目标、方法与教学安排,介绍超星尔雅通识课在线学习形式 2. 带领学生回顾总结本节慕课学习的重要知识点 3. 组织学生分小组以PPT形式汇报讨论"中药药效物质基础研究方法进展" 4. 点评总结小组汇报结果 5. 随堂测试,组内互改,针对性地讲解试题 6. 学生先总结本课收获,教师再总结知识点并分享拓展知识链接

续 表

周次	讲授内容	授课方式	学时	教学流程及辅助学习材料
第2周	中药经典提取技术（一般知识）	学生在线学习,参与在线讨论	2	1.在线学习资料 (1)超星尔雅慕课视频及教学 PPT:第2章第1节中药经典提取技术 (2)推荐的相关视频资料:上传至慕课中的中药经典提取方法的实验操作视频;药厂中药提取生产视频 (3)推荐的相关书籍:匡海学,《中药化学习题集》,中国中医药出版社;张东方,《中药现代分离技术》,辽宁大学出版社;卢艳花,《中药有效成分提取分离技术》,化学工业出版社 2.学生在线学习任务 (1)认真学习本章节超星尔雅慕课,完成课后测试题 (2)参阅推荐的相关书籍、视频资料 (3)参与在线讨论,讨论题目:"中药提取新技术与新方法" 3.教师任务 (1)组织指导学生在网上参加超星尔雅课程学习 (2)督促、监督学生在线学习并统计学习情况 (3)批改作业,在线或线下答疑解惑,讨论,点评
第3周	中药经典分离技术（难点知识）	学生课前学习	2	1.课前学习资料 (1)超星尔雅慕课视频及教学 PPT:第2章第2节中药经典分离技术 (2)推荐的相关视频资料:上传至慕课中的中药经典分离方法的实验操作视频 (3)推荐的相关书籍:匡海学,《中药化学习题集》,中国中医药出版社;张东方,《中药现代分离技术》,辽宁大学出版社;卢艳花,《中药有效成分提取分离技术》,化学工业出版社 (4)推荐相关 PPT 文档:中药复方提取分离工艺的设计原则与方法 2.课前学习任务 (1)认真学习本章节超星尔雅慕课,完成课后测试题 (2)观看推荐视频及学习相关文档 (3)准备课上讨论的议题:"如何正确地设计中药复方提取、分离的工艺?"
		课堂讲授与讨论		1.带领学生回顾总结本节慕课学习的重要知识点 2.组织学生分小组以 PPT 形式汇报讨论"如何正确地设计中药复方提取、分离的工艺" 3.点评总结小组汇报结果 4.随堂测试,组内互改,针对性地讲解试题 5.学生先总结本课收获,教师再总结知识点并分享拓展知识链接

周次	讲授内容	授课方式	学时	教学流程及辅助学习材料
第4周	色谱分离技术（难点知识）	课前学习	2	1.课前学习资料 (1)超星尔雅慕课视频及教学PPT:第2章第3节色谱分离技术 (2)推荐的相关视频资料:上传至慕课中的薄层色谱、柱色谱分离方法的实验操作视频 (3)推荐的相关书籍:匡海学,《中药化学习题集》,中国中医药出版社;张东方,《中药现代分离技术》,辽宁大学出版社;卢艳花,《中药有效成分提取分离技术》,化学工业出版社 (4)推荐的相关PDF、Word文档:中药化学实验操作技术 (5)章节设计的任务或问题 2.课前学习任务 (1)认真学习本章节超星尔雅慕课,完成课后测试题 (2)观看推荐视频及学习PPT文档 (3)查找资料,准备任务的解决方案及问题的回答
		课堂讲授与讨论		1.带领学生回顾总结本节慕课学习的重要知识点 2.探究问题:学生分组后,教师将学生在网络上提出的问题进行梳理并分类后,分配给各小组的学生,学生通过小组协作,讨论并完成分配到的问题,使学生在相互学习和借鉴的过程中深化对知识的理解,并提高其协作学习的意识和能力 3.解决问题:学生讨论结束后,教师收集每组讨论结果,并将学生回答正确的问题反馈给全体学生,同时,对学生没有讨论出正确结果的问题进行讲解 4.知识拓展 备注:"中药提取、分离技术的基本操作"的实践教学(4学时),在理实一体化教室采用基于任务驱动的教学方法另行开展。教师发放任务工单及任务要求,要求学生做好详细的实验记录,撰写实验报告,最后由学生互评和教师点评总结的方式判定各小组的成绩
第5周	苷的结构与理化性质（一般知识）	学生在线学习,参与在线讨论	1	1.在线学习资料 (1)超星尔雅慕课视频及教学PPT:第3章苷类化合物 (2)推荐的相关书籍:匡海学,《中药化学习题集》,中国中医药出版社;吴立军,《天然药物化学》,人民卫生出版社 (3)相关文档或视频资料:含苷类化合物的常见中药、苷的药理活性等 2.学生在线学习任务 (1)认真学习本章节超星尔雅慕课,完成课后测试题 (2)参阅推荐的相关书籍、视频资料 (3)参与在线回答问题,完成在线作业 3.教师任务 (1)组织指导学生在在网上参加超星尔雅课程学习 (2)督促、监督学生在线学习并统计学习情况 (3)批改作业,在线或线下答疑解惑,讨论,点评
	苷的提取、分离与鉴别（一般知识）		1	

续　表

周次	讲授内容	授课方式	学时	教学流程及辅助学习材料
第6周	醌的结构与分类（一般知识）	学生在线学习，参与在线讨论	1	1. 在线学习资料 (1) 超星尔雅慕课视频及教学 PPT：第4章醌类化合物的结构分类、醌的理化性质 (2) 推荐的相关书籍：匡海学，《中药化学习题集》，中国中医药出版社；吴立军，《天然药物化学》，人民卫生出版社 (3) 相关文档或视频资料：含醌类化合物的常见中药、醌的药理活性等 2. 学生在线学习任务 (1) 认真学习本章节超星尔雅慕课，完成课后测试题 (2) 参阅推荐的相关书籍、视频资料 (3) 参与在线回答问题，完成在线作业 3. 教师任务 (1) 组织指导学生在网上参加超星尔雅课程学习 (2) 督促、监督学生在线学习 (3) 批改作业，在线或线下答疑解惑，讨论，点评
	醌的理化性质（一般知识）		1	
第7周	醌的提取分离与检识（难点知识）	课前学习	2	1. 课前学习资料 (1) 超星尔雅慕课视频及教学 PPT：第4章醌的提取、分离与检识 (2) 推荐的相关书籍：匡海学，《中药化学习题集》，中国中医药出版社；吴立军，《天然药物化学》，人民卫生出版社 (3) 课堂任务："设计从虎杖中提取、分离游离蒽醌的工艺流程"相关资料 2. 课前学习任务 (1) 认真学习本章节超星尔雅慕课，完成课后测试题 (2) 观看推荐视频及学习 PPT 文档 (3) 查找资料，准备任务的解决方案及问题的回答
		课堂讲授与讨论		1. 带领学生回顾总结本节慕课学习的重要知识点 2. 醌类提取、分离经典案例分析 3. 组织学生分小组以 PPT 形式汇报讨论"从虎杖中提取、分离游离蒽醌的工艺流程"，点评总结小组的汇报结果 4. 随堂测试，组内互改，针对性地讲解试题和难点 5. 学生先总结本课收获，教师再总结知识点并分享拓展知识链接 备注："从虎杖中提取、分离游离蒽醌"的实践教学（10 学时），在理实一体化教室采用基于任务驱动的教学方法另行开展。教师发放任务工单及任务要求，要求学生做好详细的实验记录，撰写实验报告，最后由学生互评和教师点评总结的方式判定各小组的成绩

续　表

周次	讲授内容	授课方式	学时	教学流程及辅助学习材料
第8周	黄酮的结构与分类（一般知识）	学生在线学习，参与在线讨论	1	1.在线学习资料 (1)超星尔雅慕课视频及教学PPT：第5章黄酮类化合物的结构分类、黄酮的理化性质 (2)推荐的相关书籍：匡海学，《中药化学习题集》，中国中医药出版社；吴立军，《天然药物化学》，人民卫生出版社 (3)相关文档或视频资料：含黄酮类化合物的常见中药、黄酮的药理活性等 2.学生在线学习任务 (1)认真学习本章节超星尔雅慕课，完成课后测试题 (2)参阅推荐的相关书籍、视频资料 (3)参与在线回答问题，完成在线作业 3.教师任务 (1)组织指导学生在网上参加超星尔雅课程学习 (2)督促、监督学生在线学习并统计学习情况 (3)批改作业，在线或线下答疑解惑，讨论，点评
	黄酮的理化性质（一般知识）		1	
第9周	黄酮的提取分离与检识（难点知识）	课前学习	2	1.课前学习资料 (1)超星尔雅慕课视频及教学PPT：第5章黄酮的提取、分离与检识 (2)推荐的相关书籍：匡海学，《中药化学习题集》，中国中医药出版社；吴立军，《天然药物化学》，人民卫生出版社 (3)课堂任务："设计槐米中芦丁和槲皮素提取、分离的工艺流程"相关资料 2.课前学习任务 (1)认真学习本章节超星尔雅慕课，完成课后测试题 (2)观看推荐视频及学习PPT文档 (3)查找资料，准备任务的解决方案及问题的回答
		课堂讲授与讨论		1.带领学生回顾总结本节慕课学习的重要知识点 2.黄酮类提取、分离经典案例分析 3.组织学生分小组以PPT形式汇报讨论"槐米中芦丁和槲皮素提取、分离的工艺流程"，点评总结小组的汇报结果 4.随堂测试，组内互改，针对性地讲解试题和难点 5.学生先总结本课收获，教师再总结知识点并分享拓展知识链接 备注："槐米中芦丁和槲皮素的提取、分离"实践教学（10学时），在理实一体化教室采用基于任务驱动的教学方法另行开展。教师发放任务工单及任务要求，要求学生做好详细的实验记录，撰写实验报告，最后由学生互评和教师点评总结的方式判定各小组的成绩

续　表

周次	讲授内容	授课方式	学时	教学流程及辅助学习材料
第10周	生物碱的结构与分类（一般知识）	学生在线学习，参与在线讨论	1	1.在线学习资料 (1)超星尔雅慕课视频及教学 PPT:第6章生物碱类化合物的结构分类、生物碱的理化性质 (2)推荐的相关书籍:匡海学,《中药化学习题集》,中国中医药出版社;吴立军,《天然药物化学》,人民卫生出版社 (3)相关文档或视频资料:含生物碱类化合物的常见中药、生物碱的药理活性等 2.学生在线学习任务 (1)认真学习本章节超星尔雅慕课,完成课后测试题 (2)参阅推荐的相关书籍、视频资料 (3)参与在线回答问题,完成在线作业 3.教师任务 (1)组织指导学生在网上参加超星尔雅课程学习 (2)督促、监督学生在线学习并统计学习情况 (3)批改作业,在线或线下答疑解惑,讨论,点评 备注:此自学章节可采用基于问题解决的教学方法
	生物碱的理化性质（一般知识）		1	(1)探究问题:教师将学生在网络上提出的问题进行梳理并分类后,分配给各小组的学生,学生通过小组协作,讨论并完成分配到的问题,使学生在相互学习和借鉴的过程中深化对知识的理解,并提高其协作学习的意识和能力 (2)解决问题:学生讨论结束后,教师收集每组讨论结果,并将学生回答正确的问题在线上反馈给全体学生,同时,对学生没有讨论出正确结果的问题进行线上直播讲解
第11周	生物碱提取、分离与检识（难点知识）	课前学习	1	1.课前学习资料 (1)超星尔雅慕课视频及教学 PPT:第6章生物碱的提取、分离与检识 (2)推荐的相关书籍:匡海学,《中药化学习题集》,中国中医药出版社;吴立军,《天然药物化学》,人民卫生出版社 (3)课堂任务:"设计防己中防己甲素和乙素的提取、分离工艺流程"相关资料 2.课前学习任务 (1)认真学习本章节超星尔雅慕课,完成课后测试题 (2)观看推荐视频及学习 PPT 文档 (3)查找资料,准备任务的解决方案及问题的回答

续　表

周次	讲授内容	授课方式	学时	教学流程及辅助学习材料
第11周	生物碱提取、分离与检识（难点知识）	课堂讲授与讨论	1	1.带领学生回顾总结本节慕课学习的重要知识点 2.生物碱类提取、分离经典案例分析 3.组织学生分小组以PPT形式汇报讨论"防己中防己甲素和乙素的提取、分离的工艺流程"，点评总结小组的汇报结果 4.随堂测试，组内互改，针对性地讲解试题和难点 5.先学生总结本课收获，教师再总结知识点并分享拓展知识链接 备注："一未知中药粉末中有效成分的预试及提取、分离流程的设计与实施"实践教学（10学时），在理实一体化教室采用基于任务驱动的教学方法另行开展。教师发放任务工单及任务要求，要求学生做好详细的实验记录，撰写实验报告，最后由学生互评和教师点评总结的方式判定各小组的成绩
第12周	简单苯丙素的结构及理化性质（一般知识）	学生在线学习，参与在线讨论	1	1.在线学习资料 （1）超星尔雅慕课视频及教学PPT：第7章简单苯丙素结构分类及理化性质、木脂素类化合物的结构分类及理化性质 （2）推荐的相关书籍：匡海学，《中药化学习题集》，中国中医药出版社；吴立军，《天然药物化学》，人民卫生出版社 （3）相关文档或视频资料：含简单苯丙素、木脂素化合物的常见中药、苯丙素的药理活性等 2.学生在线学习任务 （1）认真学习本章节超星尔雅慕课，完成课后测试题 （2）参阅推荐的相关书籍、视频资料 （3）参与在线回答问题，完成在线作业 3.教师任务 （1）组织指导学生在网上参加超星尔雅课程学习 （2）督促、监督学生在线学习并统计学习情况 （3）批改作业，在线或线下答疑解惑，讨论，点评
	木脂素的结构及理化性质（一般知识）		1	
第13周	香豆素的结构、理化性质及提取、分离方法（难点知识）	课前学习	2	1.课前学习资料 （1）超星尔雅慕课视频及教学PPT：第7章香豆素的结构、理化性质及提取、分离方法 （2）推荐的相关书籍：匡海学，《中药化学习题集》，中国中医药出版社；吴立军，《天然药物化学》，人民卫生出版社 （3）课堂任务："设计秦皮中七叶内酯和七叶苷的提取、分离工艺流程" 2.课前学习任务 （1）认真学习本章节超星尔雅慕课，完成课后测试题 （2）观看推荐视频及学习PPT文档 （3）查找资料，准备任务的解决方案及问题的回答
		课堂讲授与讨论		1.带领学生回顾总结本节慕课学习的重要知识点 2.香豆素类提取、分离经典案例分析 3.组织学生分小组以PPT形式汇报讨论"秦皮中七叶内酯和七叶苷的提取、分离工艺流程"，点评总结小组的汇报结果 4.随堂测试，组内互改，针对性地讲解试题和难点 5.学生先总结本课收获，教师再总结知识点并分享拓展知识链接

续　表

周次	讲授内容	授课方式	学时	教学流程及辅助学习材料
第14周	萜的结构及理化性质（一般知识）	学生在线学习，参与在线讨论	1	1. 在线学习资料 （1）超星尔雅慕课视频及教学PPT：第8章萜的结构分类及理化性质、挥发油概述 （2）推荐的相关书籍：匡海学，《中药化学习题集》，中国中医药出版社；吴立军，《天然药物化学》，人民卫生出版社 （3）相关文档或视频资料：含萜类、挥发油化合物的常见中药及药理活性等 2. 学生在线学习任务 （1）认真学习本章节超星尔雅慕课，完成课后测试题 （2）参阅推荐的相关书籍、视频资料 （3）参与在线回答问题，完成在线作业 3. 教师任务 （1）组织指导学生在网上参加超星尔雅课程学习 （2）督促、监督学生在线学习并统计学习情况 （3）批改作业，在线或线下答疑解惑，讨论，点评
	挥发油概述（一般知识）		1	
第15周	萜和挥发油的提取分离（难点知识）	课前学习	2	1. 课前学习资料 （1）超星尔雅慕课视频及教学PPT：第8章萜和挥发油的提取、分离 （2）推荐的相关书籍：匡海学，《中药化学习题集》，中国中医药出版社；吴立军，《天然药物化学》，人民卫生出版社 （3）课堂任务："设计薄荷叶中薄荷挥发油的提取、分离工艺流程" 2. 课前学习任务 （1）认真学习本章节超星尔雅慕课，完成课后测试题 （2）观看推荐视频及学习PPT文档 （3）查找资料，准备任务的解决方案及问题的回答
		课堂讲授与讨论		1. 带领学生回顾总结本节慕课学习的重要知识点 2. 萜和挥发油类提取、分离经典案例分析 3. 组织学生分小组以PPT形式汇报讨论"薄荷叶中薄荷挥发油的提取、分离工艺流程"，点评总结小组的汇报结果 4. 随堂测试，组内互改，针对性地讲解试题和难点 5. 学生先总结本课收获，教师再总结知识点并分享拓展知识链接
第16周	皂苷的结构、理化性质及提取分离（一般知识）	学生在线学习，参与在线讨论	2	1. 在线学习资料 （1）超星尔雅慕课视频及教学PPT：第9章皂苷的结构、理化性质及提取、分离 （2）推荐的相关书籍：匡海学，《中药化学习题集》，中国中医药出版社；吴立军，《天然药物化学》，人民卫生出版社 （3）相关文档或视频资料：含皂苷化合物的常见中药及药理活性等 2. 学生在线学习任务 （1）认真学习本章节超星尔雅慕课，完成课后测试题 （2）参阅推荐的相关书籍、视频资料 （3）参与在线回答问题，完成在线作业 3. 教师任务 （1）组织指导学生在网上参加超星尔雅课程学习 （2）督促、监督学生在线学习并统计学习情况 （3）批改作业，在线或线下答疑解惑，讨论，点评

周次	讲授内容	授课方式	学时	教学流程及辅助学习材料
第17周	强心苷结构、理化性质及提取、分离（难点知识）	课前学习	2	1.课前学习资料 (1)超星尔雅慕课视频及教学PPT：第9章强心苷的结构、理化性质及提取、分离方法 (2)推荐的相关书籍：匡海学，《中药化学习题集》，中国中医药出版社；吴立军，《天然药物化学》，人民卫生出版社 (3)设计的章节讨论及问题 2.课前学习任务 (1)认真学习本章节超星尔雅慕课，完成课后测试题 (2)观看推荐视频及学习PPT文档 (3)查找资料，准备任务的解决方案及问题的回答
		课堂讲授与讨论		1.带领学生回顾总结本节慕课学习的重要知识点 2.探究问题：学生分组后，教师将学生在网络上提出的问题进行梳理并分类后，分配给各小组的学生，学生通过小组协作，讨论并完成分配到的问题，使学生在相互学习和借鉴的过程中深化对知识的理解，并提高其协作学习的意识和能力 3.解决问题：学生讨论结束后，教师收集每组讨论结果，并将学生回答正确的问题反馈给全体学生，同时，对学生没有讨论出正确结果的问题进行讲解 4.知识拓展
第18周	期末总结	线上直播讲授	机动	1.先由学生总结本课程的学习收获，教师再总结课程重点、难点 2.宣布期末考核形式等信息
理论总学时：34				在线自主学习16学时，"翻转课堂"教学18学时

（四）考核方法

考核方法采用"线上自主学习40％＋线下'翻转课堂'30％＋期末考核30％"，具体考核形式、内容及分值如表3所示。

（1）线上自主学习（40％）：主要包括在线课程学习（20％）、在线课程讨论（10％）、网络课程作业（10％）。

（2）线下"翻转课堂"（30％）：主要由考勤（5％）、"翻转课堂"作业与课堂讨论（25％）组成。

（3）期末考核（30％）：主要包括期末考试（30％）。

表3　考核方法

类别	考核形式	考核内容	考核方式	分值
线上自主学习	在线课程学习	线上学习进度与单元测评结果	线上平台考核	20
	在线课程讨论	在线课堂问题回答	根据在线平台回答问题质量评分	10
	网络课程作业	在线学习效果	在线随堂测试	10

续　表

类别	考核形式	考察内容	考察方式	分值
线下"翻转课堂"	考勤	到课情况	不定期点名,3 次不到扣 5 分	5
	"翻转课堂"作业与课堂讨论	课堂讲授内容	课堂讨论以及课下作业完成状况	25
期末考核	期末考试	期末考试	在线考试或者卷面考试	30

四、"翻转课堂"具体实施

按照 ADDIE 设计模型,我们设计了"中药化学技术"课程"翻转课堂"教学,由于篇幅的限制,有关前期学习情况的调查分析(A)不再详述,课程设计(D)参照上述内容。这里只针对课程内容开发(D)、课程实施(I)、课程学习评价(E)三个方面进行阐述。

(一)课程内容开发阶段(D)

针对"中药化学技术"课程学习要求,我们将课程内容按各个知识点重新分解组合,制作了全课程录课及课程微课视频,设计各知识点检测习题,并在已有资料的基础上持续开发新的教学材料,向学生传授更多相关的知识,拓宽学生知识面。相关微课、课程视频、题库、PPT、文档等资料均已上传至"超星尔雅"课程平台,并开通了本课程的"翻转课堂"及慕课教学。课程地址是 https://mooc1-2.chaoxing.com/course/100447507.html。

(二)课程实施阶段(I)

本项目以 ADDIE 模型进行课程的设计与开发,在上述基础上,我们以一个班级作为试点班,实施以微课为支点的"翻转课堂"教学。在课前完成知识传递,课上开展任务驱动教学,课后再次学习查漏补缺,实施过程如图 3 所示。

我们以"中药化学成分的薄层色谱分离、鉴别技术"教学章节为例,探索了超星尔雅平台上基于任务驱动的"翻转课堂"教学,教学步骤如下。

(1)设计任务:设计任务要根据高职学生比较依赖教师的学习特点,体现趣味性、适宜性和渐进性,让学生带着完成、解决"实际任务"的目标去再学习,让学生在"做"的过程中学习,在"做"中进一步理解知识,运用知识。

(2)引入及任务提出:教师依据教学的内容特点和展开趋势,以自然而新颖的方式引入本次教学活动的教学内容,然后在提出任务后提示和继续引导学生选用或马上习得新的学习方法去完成任务。

(3)提供资源:教师提供学生在完成任务中可能用到的资源,包括专题站点、网页、视频或教师制作的课件和上传的学习资料。

(4)课堂辅导:此时教师的角色转变为引导者和组织者,教师需要走下讲台,与学生交流,共同探讨。从完成某一"任务"或解决某一"问题"着手,引起学生的学习兴趣,再通过讨论、交流,辅以个别讲解或操作演示,使其完成"任务"或解决"问题",从而掌握操作技能。

(5)提交任务:在规定时间内,学生把自己完成的"任务"提交到平台。

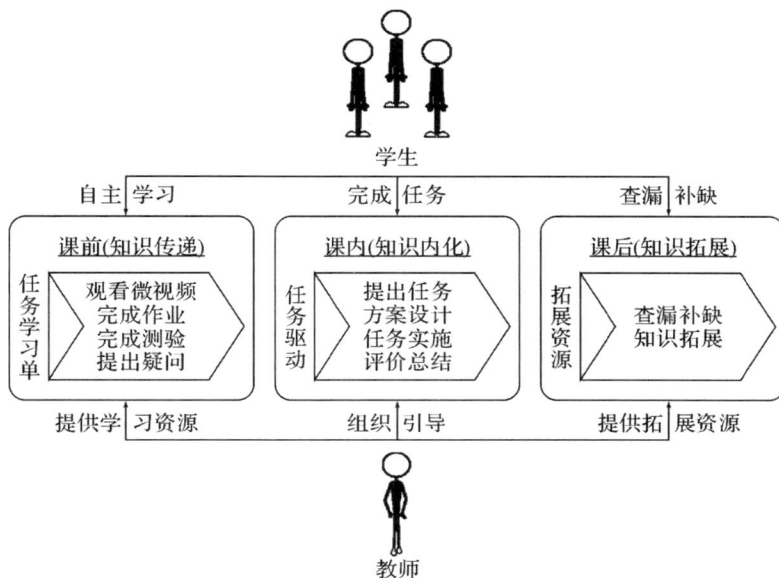

图 3　基于 ADDIE 模型设计、以微课为支点的"翻转课堂"教学实施过程

（6）评价反馈。学生提交"任务"后，教师要对每一个学习小组及个人进行客观公正的评价。

具体教学过程如表 4 所示。

表 4　基于任务驱动的"翻转课堂"教学案例

教学地点	教学步骤及时间	教师活动	学生活动	教学目的
课前	自主安排	下发任务工单 上传相关学习资料	下载任务工单 学习相关资料	促进学生自主学习、个性化学习，使学生对薄层色谱技术有大致的了解
课内 （第 1 学时）	导入课程 （5 分钟）	播放视频 提出问题	观看视频 思考问题	通过观看有关中药制假的视频，告诉学生应加强中药鉴别知识和操作技能，有哪些鉴别方法，进而引出本次课的内容
	课前学习情况考察 （10 分钟）	提出问题	思考并回答问题	考查学生课前学习相关资料后对薄层色谱基本知识的掌握程度
	资料阅读 （10 分钟）	下发资料二维码 提出问题	手机扫描下载资料 组内讨论，总结问题	利用手机二维码扫描快速发放阅读资料，学生分小组讨论总结，使学生了解薄层色谱鉴别所需仪器、材料及一般工作流程（基本任务）
	虚拟示范 （20 分钟）	播放虚拟动画 记录操作要点	观看虚拟动画，全体讨论、总结操作要点	通过虚拟仿真技术演示薄层色谱操作过程，让学生在观看的同时共同总结操作要点，使学生基本掌握操作过程（中等任务）

续　表

教学地点	教学步骤及时间	教师活动	学生活动	教学目的
理实一体化（第2学时）	游戏：火眼金睛（10分钟）	播放案例视频　说明游戏规则　记录各组得分	观看案例视频　指出错误操作	设计游戏环节，利用案例视频，考查学生对中药化学成分的薄层色谱鉴别技术的操作要点是否掌握（创新任务）
	任务实施及评价（30分钟）	（1）根据各组操作情况按任务评分表进行评分（2）讲授拓展知识，评价学生操作结果	（1）小组合作进行任务实际操作，讨论总结，并通过平台上传实验结果（2）学习拓展知识	采用任务驱动教学方法，通过任务实施，使学生能正确地使用薄层色谱法鉴别中药，并利用薄层色谱展开等待时间补充一些拓展知识，进一步强化学生的理论知识和实践操作能力（综合任务）
	学习小结（5分钟）	总结所学知识，提醒学生课后通过平台上传任务工单，查阅答疑情况，并及时查看最新学习通告	随教师总结快速记忆和复习，记录作业内容	帮助学生梳理所学知识
课后	自主安排	查看任务工单并评价，发布新的学习任务，上传新的资料	上传任务工单并互评，准备新内容的学习	将课堂资源整理上传至学习平台，便于学生日后查看、复习

通过教学实践，我们总结了在超星尔雅平台上开展基于任务驱动的"翻转课堂"教学需要抓好以下几点：

（1）任务要有明确的目标要求，即必须明确学生通过完成任务将会掌握何种知识和技能。

（2）课程设计时，教师要对资源进行搜集、组织和整理，根据教学目标对课程资源和活动做整体的规划，资源类型要广，以利于个性化学习；活动安排要恰到好处，要在适当的时间安排适当的资源和活动。

（3）在学生完成任务的阶段，教师要关注学生的进展，引导学生通过指定的资源和活动朝着预期的教学目标前进。

总之，教师要能够较好地分解任务，布置任务，保证绝大部分学生能完成基本任务和中等任务，而能力强的学生可以在创新任务中发挥自己的特长，达到不同层次的学生在任务完成的过程中都有所提高的目的。

（三）课程学习评价阶段（E）

本项目"翻转课堂"实施过程中采用形成性评价和总结性评价相结合的综合评价方法。形成性评价是为了使活动效果更好而不断进行的评价，以及时了解学生的学习情况，调整课堂方案。"翻转课堂"侧重于过程控制：课前通过作业、知识检测，课上通过任务完成情况来检查学生的学习效果，教师及时关注学生的表现及对知识点的掌握情况。总结性评价是对最终的效果进行的评价,主要通过闭卷考试对综合任务的完成情况进行评价,并及时总结反思。

以上整个学习评价注重过程化考核,评价贯穿课前、课内、课后三个阶段,实现学习评价由单一的总结性评价到多元的过程性评价的转变,由单一的教师评价方式转变为以教师评价为主、多种评价主体相结合的评价方式,如图4所示。

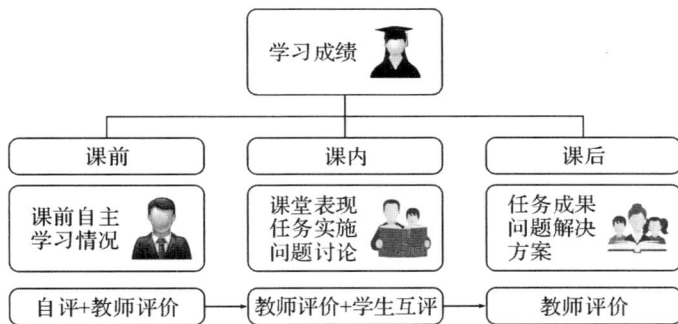

图 4　课程学习评价方法

五、取得成效分析与体会

(一)取得的成效

在教学实践中,课程组把本校一个班作为实验班,在 ADDIE 模型基础上设计了"中药化学技术"课程"翻转课堂"教学。以微课、微视频为支点,利用超星尔雅平台根据课程不同教学目标开展基于任务驱动或基于问题解决的"翻转课堂"教学,经过一个多学期的实验,取得了初步的成效,主要获得了以下成果。

对项目涉及的学生基本信息、自学态度、自学环境和条件、自学习惯及影响"翻转课堂"实施的因素、教学效果等内容进行了充分、深入的调研,取得了真实有效的一手调研数据,为后续的课堂教学设计和其他项目的研究提供了参考依据。

在 ADDIE 模型基础上设计了较为详细的"中药化学技术"课程"翻转课堂"整体教学方案。

在超星尔雅平台上开通了"中药化学技术"的慕课,在平台上完成了试题库建设工作(含 9 个章节,约 400 道题目),全课程内容的微课、录课制作(23 个知识点,约 800 分钟课程视频资源)已投入实际教学使用。

探索出两种"翻转课堂"的教学模式:基于任务驱动的"翻转课堂"能较好地体现差异性学习的需求,基于问题解决的"翻转课堂"注重培养学生的自主探究及合作的学习能力。

为了验证项目的教学效果,我们同时安排了实验班和对照班学生进行理论和实践考核,结果表明,通过"翻转课堂"的教学实践,实验班学生取得了较为显著的教学效果。与对照班学生相比,实验班学生无论是在课程的理论认识方面,还是在具体的实践操作能力方面都有较大的提升,实验班学生基本达到了课程的教学目标。实验班和对照班学生理论考核结果比较如图5所示。

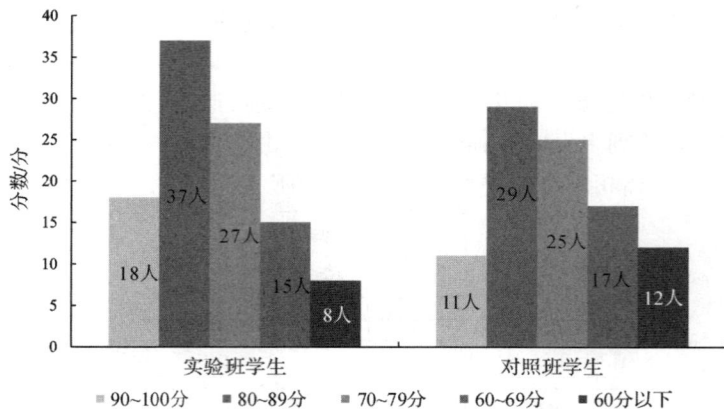

图 5　实验班和对照班学生理论考核结果比较

此外，为了进一步检验此次"翻转课堂"教学模式在实践中的效果，我们在教学结束后分别对平台使用情况及"翻转课堂"学习效果进行了问卷调查，深入了解学生对平台使用的态度、接受程度和建议以及学生学习态度的转变、学习兴趣的激发和学习能力的提升等情况，及时收集反馈意见。调查问卷设置的项目包括对学习者学习兴趣、学习时间的安排、课业负担、"翻转课堂"教学模式、讨论环节模式和主题、网络学习系统的看法以及建议和意见等内容。

平台使用情况调查数据表明，82％的学生觉得运用超星尔雅平台教学比传统教学方式好；64％的学生认为使用超星尔雅平台能使其更加明确学习目标；利用超星尔雅学习平台实时展示学生的作品，当堂反馈，68％的同学认为很有作用；61％的学生认为超星尔雅平台教学方式带来的最大收获是提高了自主学习和协作学习的能力。如图 6 所示。

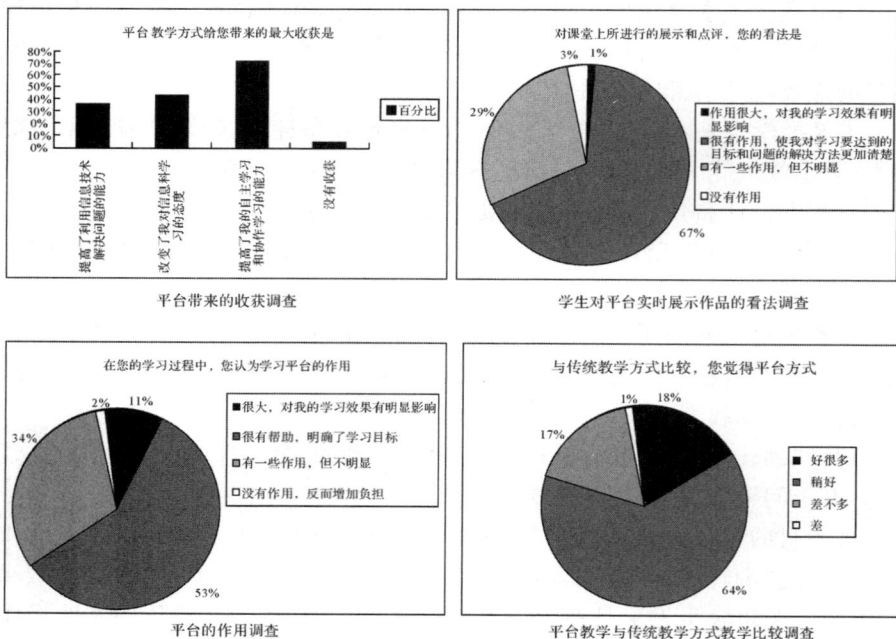

图 6　超星尔雅平台使用情况调查结果

　　"翻转课堂"教学效果调查数据表明,学习者对"翻转课堂"教学模式的实施普遍认同,对自身知识和能力的提升表示满意,同时学习者对教学模式的操作流程、实施环节以及运用效果也比较认可,如表5所示。

表5　"翻转课堂"学习效果调查结果(班级人数40人)

序号	问题	选项	样本数	占比/%
1	你是否喜欢上"中药化学技术"课	喜欢	27	67.5
		不喜欢	13	32.5
2	如果你感到学习课程有困难,原因在于	自身	18	45.0
		教师	10	25.0
		其他因素	12	30.0
3	课程教学中你乐于接受哪种教学方式	全由教师讲	2	5.0
		全部自己学	1	2.5
		教师先讲,学生再操作	14	35.0
		自己先学,不懂的由教师讲	23	57.5
4	你的课余时间多吗,学习负担重吗	课余时间多,负担不重	35	87.5
		课余时间较少,有一些负担	4	10.0
		负担重,没时间	1	2.5
5	你认为"翻转课堂"的学习效果怎么样	很好	26	65.0
		一般	12	30.0
		较差	2	5.0
6	你是否喜欢目前的"翻转课堂"教学模式	喜欢	34	85.0
		一般	6	15.0
		不喜欢	0	0
7	你是否能很好地完成课前的学习任务(包括观看微视频、完成测验、学习、总结等)	很好	14	35.0
		一般	26	65.0
		较差	0	0
8	你希望课堂教学中采用哪些教学方法	分组讨论模式	10	25.0
		小组协作探究模式	8	20.0
		任务驱动教学模式	16	40.0
		广播教学—学生参与模式	6	15.0

(二)体会

　　由于"翻转课堂"的概念引入我国的时间不长,在高职的课程教学中应用"翻转课堂"的实践和理论依据极少,加上本人实践经验不足,在利用此模式教学时仍有一些地方需要进一步提升和改进。

（1）学生自主学习的内驱力尚不足。在课前给学生发放教学视频或者学习资料后，可能会出现有一部分学生不提前观看视频的情况，因此这一部分学生有可能在该教学模式中迷失方向，这是实施翻转教学过程中遇到的最大障碍之一。为了使学生尽快适应这种新的教学模式，养成课前自主学习的习惯，促使教学顺利实施，今后须对学生进行有关"翻转课堂"的整体培训，同时采取一定的强制措施，并制定相应的奖惩制度。

（2）课前教学微课程的制作仍需改进。在"翻转课堂"的实施过程中，教师制作的微课程是实施整个教学的基础和前提。此次录制的教学微课没有很好地体现师生互动，只有教师的单向传授。今后应加强微课程单元教学设计，一要强调主题、重点与要点，二要注重视频的视觉效果，避免死板、单调的讲述，录制情感丰富、生动活泼的教学视频。

（3）课堂教学组织能力有待进一步提升。在上述实例中，主要通过多种教学活动开展教学，帮助学生进一步掌握薄层色谱的操作，实现学生对知识的吸收内化，但活动中学生的主体地位仍需进一步提高，这就要求教师在今后的课堂教学中进一步提高课堂组织能力。主要包括：①要加强教师与学生的交流互动，在课堂上不断捕捉学生的动态，并进行针对性的反馈，如一对一辅导、小组指导等；②将学生分组后，应选择合适的交互策略，以保证小组活动的有效开展；③对学生的学习作品及成果应及时给予反馈和评价，今后可通过多种形式（如举行展览会、报告会、辩论会、小型比赛等）让学生在课堂上进行汇报，交流学习体验，分享作品制作的成功和喜悦，教师还需从多个角度对学生的学习结果进行评价。

作者简介

"翻转课堂"
示范性
教学视频

程斌，男，博士，副教授。主要从事中药、中药制药专业的教学工作，先后主讲"中药化学""中药制剂分析""天然药物化学"等课程，研究方向为中药化学及分析、中药内分泌代谢药理。

作为项目负责人，先后主持了全国教育技术"十二五"规划青年课题、浙江省课堂教学改革项目、浙江省教育科学规划课题、浙江省中医药科技计划、宁波市自然基金项目等各级教学改革与科研项目14项，参编或主编《天然药物化学》《中药化学》《中药制剂分析技术》等多部教材，在各级核心期刊上发表学术论文11篇，其中中文核心期刊论文7篇。

基于"翻转课堂"模式构建完整知识链，
实现知识、技术技能深度学习
——"冲压工艺模具设计"课程中"翻转课堂"教学模式应用案例

孙佳楠

浙江机电职业技术学院机械技术系

一、课程基本情况

本课程名称为冲压工艺模具设计，为模具设计与制造专业的专业核心课，总学时为 80 学时，6 学分，面向普通三年制和"3＋2"五年一贯制高职学生开设，分别在这两个学制学生的第二、第四学年开始授课，每一级教学班规模为 5 个班，本课程之前，学生已学完机械类基础课程，完成 UG 软件学习与建模实训。

主教材为机械工业出版社 2013 年出版的《冲压工艺模具设计与实践》，由范建蓓主编；根据"翻转课堂"和信息化教学特点使用针对本课程编写的《冲压模具设计任务工单》《学习引导单》作为辅助教材。

本课程为国家级精品课程，并于 2013 年完成国家精品资源共享课程建设，全部资源在国家精品课程平台——爱课程网上开放，授课教师在 2014 年开始依托此平台进行"翻转课堂"授课模式构建与探索，并于 2017 年将课程资源进一步精细化，发布于超星信息化教学资源平台，利用 PC(电脑)端和移动端的超星学习通 App 进行信息化模式授课。2014 年至今已实施 3 轮以上，学生学习效果和对知识的掌握程度得到明显提升，为面向模具行业岗位培养技术技能型人才奠定了扎实基础。

二、教学改革背景与思路

(一)教学改革背景

作为模具设计与制造专业的核心课程，"冲压工艺模具设计"最典型的特征是以工作任务和岗位技术能力为基点，是集相关的理论知识与实际的技术技能为一体的"知识技术"课程，要求学生既要掌握有关成形的理论知识，又要将知识应用于模具设计及工艺规划、分析与编制之中，更要掌握冲压模具结构工程化设计等相关技术技能。

随着模具产业向信息化、智能制造方向的快速转型和发展，现有的教学内容和目标已不能满足行业对从业人员的要求。随着产业的转型升级，高精度、智能化的设计与生产手段使得模具的精密性、复杂性进一步提高,中低端模具产业逐渐被淘汰。传统冲模设计方法也逐渐向"一体化"设计技术转变,这就要求我们课程的教学目标必须满足行业的发展,必须在规定的课时内让学生在知识与技术技能方面深度提升,构建完整知识链体系,并在横向与纵向都进行深度学习,以适应行业发展要求。而"翻转课堂"教学模式和信息化教学的充分运用可很好地达成这一目标。

(二)教学改革思路

(1)改变传统块状知识结构,将课程知识根据"翻转课堂"授课模式的特点进行知识链构建。教学知识链一般被定义为形成一个知识组织创新周期的过程,包括知识获取、知识生成、知识内化、知识产出等几个环节。根据教学知识链将课程知识重构,建立符合"翻转课堂"模式的具体知识点,根据知识点创建"学习引导单",通过"学习引导单"引导学生在信息化平台或移动端学习。构建既符合"翻转课堂"模式又相互贯穿的知识链体系,让学生在"翻转课堂"的课前环节中的学习效率提高,同时有利于教师掌握学生学习状态,为课堂内知识内化提供评价与巩固的可靠依据。

(2)知识的深度内化和产出,学生知识、技术技能的深度学习。面向职业技术岗位的深度化学习是"翻转课堂"教学模式所要达到的必要效果。教学活动主体思路是在巩固课前所学知识的基础上,对纵向项目进行深度化的技术技能训练,同时,在某一具体知识层面上根据行业发展进行适当扩展,做到知识面横向扩展。

三、"翻转课堂"教学设计

(一)总体设计

1.总体教学内容设计

在"翻转课堂"模式中,将知识内容进行"拆分—整合",即将课程、项目单元中的知识点进行拆分,将各知识点按知识链体系串联。根据教学目标和学生课前学习特点,明确哪些知识点用视频、动画、自主解答、自主设计等方式让学生自行学习掌握,同时利用学习社区和客户端 App 对学生学习过程进行实时指导。收集普遍性问题,分析个性化问题,并在课堂评价与巩固环节一一解决。将探索性内容与需要教师指导的实践性内容做成训练项目,以这些项目的开展来组织课堂教学,学生在合作探索与教师指导中进行实践性学习,高效、深度地提高技术技能学习与训练水平。

2.学习目标设计

课前教学目标强调对知识的记忆与理解,课堂通过实践项目的进行和课题问题的解决实现对知识的应用与分析,以及技术技能的深度提升,如图 1 所示。

图 1　递进式的学习目标

3.学习资源设计

学习资源包括微课视频、辅助教学动画、图文说明、精品课程视频、学习引导单、课堂任务工单等。课前资源力求短小,微课视频控制在 5～10 分钟,方便学生利用碎片化时间学习。学习引导单突出自学时知识指引作用,题目和任务设置强调学生对知识的理解。精品课程视频保证质量,以课题讲座的形式录制,请最擅长某一方面的教师讲解。课堂任务工单强调知识内化,以项目实践设计、工程化设计为主,多为具体设计项目或基于项目的横向知识扩展。

(二)具体设计(2 学时)

本次课学习引导单与课前学习任务点如图 2 所示,本次课课前准备任务工单如图 3 所示。

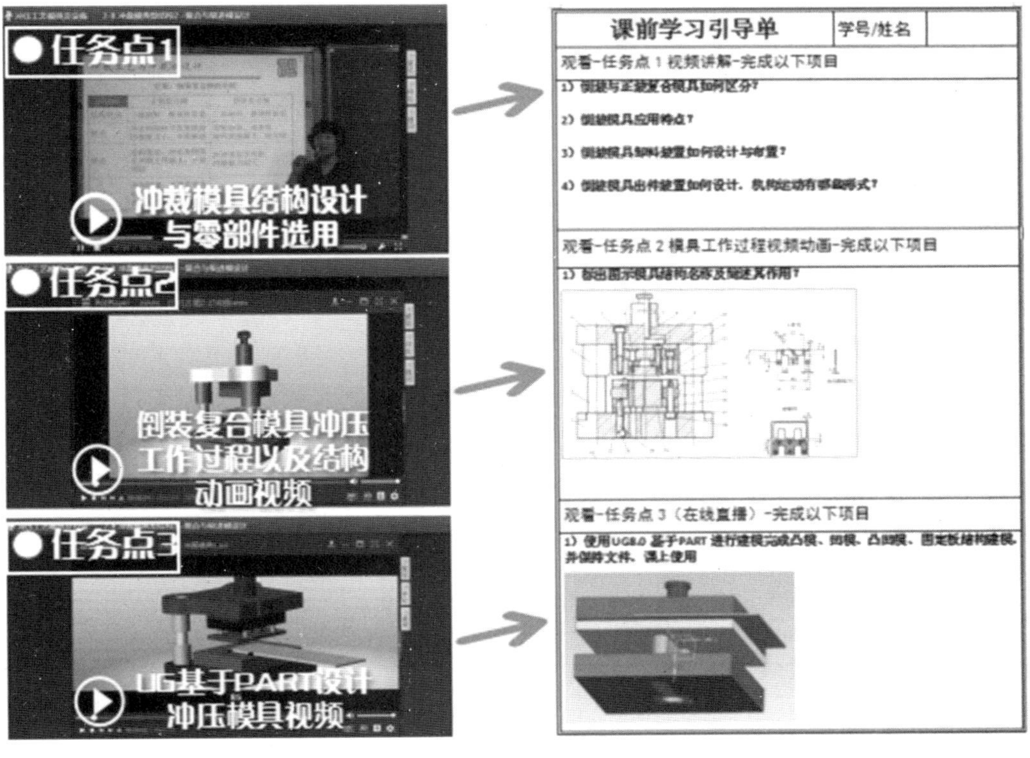

图 2　本次课学习引导单与课前学习任务点

图 3　本次课课前准备任务工单

倒装复合模总体结构设计与实践教学设计如表 1 所示。

表 1　倒装复合模总体结构设计与实践教学设计

倒装复合模总体结构设计与实践		学时	2
教学目标	知识目标： 1.学习倒装复合模应用特点 2.学习倒装复合模总体结构特点 3.学习倒装复合模各零部件装配形式 4.掌握冲模工作零件设计与相关标准件选用基本原则 技术技能目标： 1.掌握 UG 基于 PART"一体化"冲模设计技术 2.能使用 UG 进行倒装复合模设计 3.能使用 UG 进行工程化图样制图 4.能使用《冲压手册》进行相关零部件查选 情感目标： 1.通过第一个冲压模具设计，激发学生对冲模设计的求知欲望和学习兴趣 2.在分组合作中，培养学生团队精神 3.培养学生探索问题、勤于思考、敢于实践的精神 4.为下次课项目——汽车精密散热器主片冲裁工艺与模具设计奠定基础		

课前学习活动			
学习内容	学生活动	教师活动	学习地点
爱课程网精品课程视频——冲裁模具结构设计与零部件选用（2017年以后调整到超星信息化课程平台）（15分钟）	任务1：根据学习引导单观看视频学习通App签到完成学习引导单	学习社区提问与答疑实时指导通过超星学习通发起活动与提问：1.倒装与正装复合模如何区分？2.倒装模应用特点是什么？3.倒装模具卸料装置如何设计与布置？4.倒装模具出件装置如何设计？机构运动有哪些形式？5.其他个性化问题	学生宿舍/图书馆/自习室
电机转子倒装复合模具冲压工作过程以及结构动画视频（3分钟）	根据学习引导单对模具结构进行分解，标明各零部件名称并归类完成后拍照上传	实时指导教师统一批改；总结共性问题并将其作为课题评价与巩固内容	
设计前资料准备	1.整理前几次课预备设计内容：包括冲裁制件工艺性分析、刃口尺寸设计、工作零件结构设计、排样设计、压力中心计算、标准件初步选用等；完成任务工单模具结构设计草图2.为模具结构设计实践课时做好准备	实时指导	
UG基于PART设计冲压模具视频（10分钟）	根据视频讲解，学生自主练习在一个PART中完成凸模、凹模、凸凹模、固定板、卸料版初步建模装配，学会用"移除参数"方法构建装配体，完成后保存文件，上课使用	实时指导（2017年后利用学习通App可进行软件操作在线直播讲解）	学生宿舍/图书馆/自习室，用个人电脑/UG软件

续　表

课堂教学活动			
教学内容	学生活动	教师活动	学习地点
评价与巩固 （5分钟）	学生对照学习引导单听讲并改正错误之处	对课前学生学习过程中的问题进行分析，讲解共性问题与典型个性化问题	一体化教室
分组认识教具模具实物，进一步认识模具结构（15分钟）	学生分组认识教具模具，对照着自己的"任务工单"结构草图进行修正	教师巡视与指导，收集问题	
结构设计总结 （5分钟）	学生听讲，对照修改	教师对刚才认识模具结构过程中的问题进行讲解	
UG 基于 PART 冲模设计讲解 （5分钟）	学生上机拷贝课前建模好的文件，并听教师讲授软件操作技能	教师对建模流程做简要讲解	
上机设计建模（实现设计、建模、工程化出图一体化教学）（纵向深入技能） （55分钟）	学生根据任务工单上设计的电机转子冲片倒装复合模具完成上机建模，学生在模具设计中遇到问题及时与教师交流，完成后通过学习通上传工程图截图	教师巡视，并做个性化指导，对发现的问题及时进行讲解	
总结点评 （5分钟）	学生倾听，并接受下次课任务工单	教师对学生上传的工程图进行简要评价总结，布置下次课深化内容——汽车精密散热器主片冲裁工艺与模具设计	
课后 分析与总结	本次课体现了利用"翻转课堂"及信息化教学的优势，初步实现了"一体化教学"，克服了模具设计课重理论轻设计的弊端。学生自行上机进行模具设计，提高了学习兴趣，深化了设计技能		

四、"翻转课堂"具体实施

将大块的项目知识分散成相互关联、递进的小而精的知识点，并由这些知识点串联形成要完成某一项目的一系列知识链。将整个课程教学分成课前学习和课堂教学两个环节，根据各自特点，对每次课所需知识按知识链进行设计。利用超星信息化课程平台组织教学，知识传递过程在课前完成，课堂上学生可专注于项目式设计训练。学生按照学习指导单和任务工单的指引学习，同时这也是教师考核的依据，学生只有在按学习指导单学习后才能在课上继续设计项目。另外，信息化平台可实现在线签到、学习时间统计考核、作业测验上传并评分、统计成绩、分析易错点等功能，借助这些功能，教师可更好地了解学生学习状况。

本次"翻转课堂"的具体实施如图 4、图 5 所示。

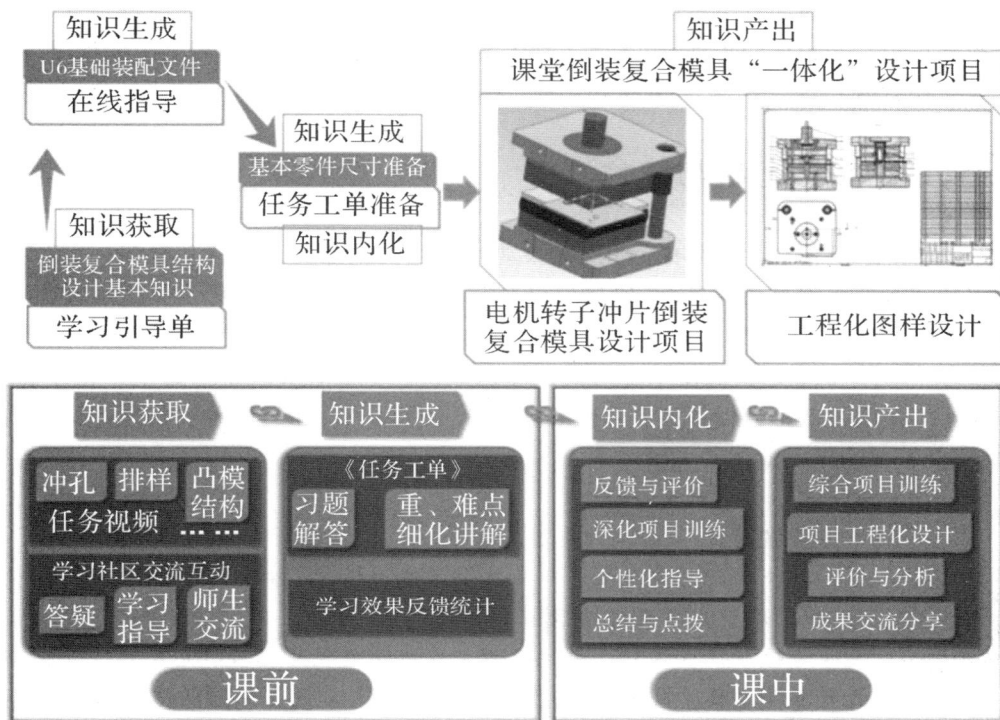

图 4　基于知识链模式的"翻转课堂"教学实施

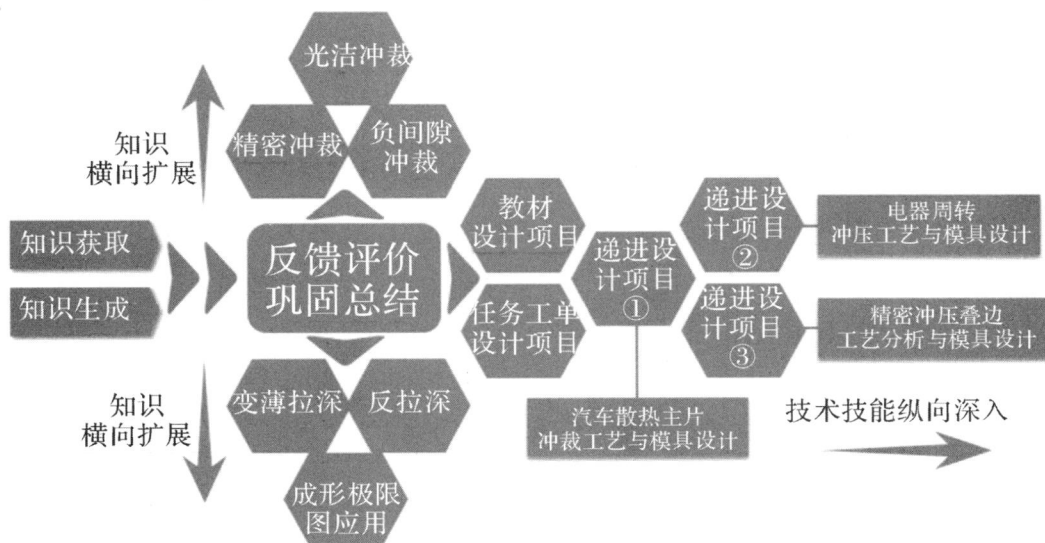

图 5　知识、技术技能纵向与横向深入案例

教师在课堂上以任务的形式开展一系列具体项目,项目的难度逐渐增加,使学生在知识与技术技能上的纵向学习得以深化。另外,针对某一具体知识点,在完成反馈评价后,课堂上教师也进行知识横向扩展,引入更多具体案例、工程化案例、企业案例组织课堂学习与分组合作探索研究,进一步扩展学生知识面,深化学生技术技能。

五、取得成效分析与体会

"翻转课堂"及信息化教学的运用,为课堂冲模项目设计实施预留了时间,教师由单一的知识传递者变成项目指导者,在项目中以"师父带徒弟"的方式深化了学生的技术技能。在本课程完成时,学生可完成10~12个冲压模具的设计,提高了学习效率,提升了学习纵向深度,同时,对知识点的扩展使学生的横向知识面得以扩展。安装学习链模式构建的学习过程使学生的学习效率得以提高。课前学习资源的建设和合理的任务安排是保证"翻转课堂"模式能够提高学习效率的关键因素。

作者简介

"翻转课堂"
示范性
教学视频

孙佳楠,男,浙江机电职业技术学院讲师,主要面向模具设计与制造三年制、四年制专业学生讲授"冲压工艺模具设计与实践""冲压模具CAD"等模具专业核心技术课程。先后主持完成浙江省教育技术研究规划课题、浙江省教育厅课堂教学改革课题、浙江省高职研究会重点课题等多项教研课题,获得2016年浙江省高等教育教学成果一等奖(第三完成人),参与完成国家级精品共享课程1门,公开发表论文10余篇。

识全识美

徐利丽

浙江建设职业技术学院建工系

一、课程基本情况

课程名称:施工图识读。

课程学分:3。

课程性质:专业课。

面向年级:大三。

面向专业:建筑工程技术专业、工程监理专业、建筑钢结构工程技术专业等。

课程学时:48。

教材:《施工图识读实务模拟》,中国建筑工业出版社 2008 年出版;《综合实务模拟系列教材配套图集》,中国建筑工业出版社 2009 年出版;蓝墨数字云教材《施工图识读——从基础到综合》,西安交通大学出版社 2016 年 10 月出版。

在线平台:浙江省高等学校精品在线开放课程共享平台、蓝墨云班课和蓝墨数字云教材。

"施工图识读"是实践性很强的综合实务能力训练课程,作为建筑工程技术等专业综合实践训练阶段的第一个重要课程,其以真实的工程项目为载体,综合运用建筑力学、建筑结构、建筑构造、施工验收规范等知识,进行施工图的识读,使学生的工程识读、工程计算分析、施工技术应用能力进一步得到综合提升,为学生就业、顶岗提供实务操作技术。

浙江建设职业技术学院组建了"浙江·识全识美"课程团队,自 2016 年起开展翻转式课堂教学实践,已应用于 15 个班级的全过程教学,成效显著。

二、教学改革背景与思路

"图纸是工程师的语言",看懂图纸并把图纸信息准确、有效地传递给操作层人员,是工程技术人员必须掌握的基本技能。识图能力反映了对设计意图和施工要求的理解及实施的水平,直接关系到学生顶岗能力和就业竞争力。因此,识图能力已成为高职土建类专业的核心能力之一,学习和掌握工程图纸的识读能力具有很强的实用性、必要性、重要性。

综观全国各建设类高职院校,现阶段在识图能力教学中主要存在以下四大问题。

(1)综合能力培养缺失:只注重各专业图纸单项识读能力的培养,缺乏图纸综合识读校审和分析解决问题能力的培养。

（2）教学路径无法闭合：只注重教学目标的制订，考核评价忽视企业需求，忽视过程评价，教学过程有始无终，无法检验教学真实效果，人才培养无法满足企业要求。

（3）教学手段、方式单一：教学资源欠缺，教学技术落后，没有充分利用现代信息化技术，教师照本宣科，教学手段单一，教学方式枯燥。

（4）学生自主学习动力不足：只注重教师的课堂教学，课程目的性不突出，缺乏学生自主学习能力的培养。

针对现阶段存在的问题，我们整合教学内容，创新教学手段，改进能力评价体系，遵循现代教育技术理念，开发信息化资源，自主开发数字云教材、数字化纸质教材、数字化教学资源、数字化实训考评系统，运用数字化云班课实现"翻转课堂"教学。

三、"翻转课堂"教学设计

（一）总体设计

设置课前、课堂、课后三个环节，其中课堂环节采用四段式，如图1所示。

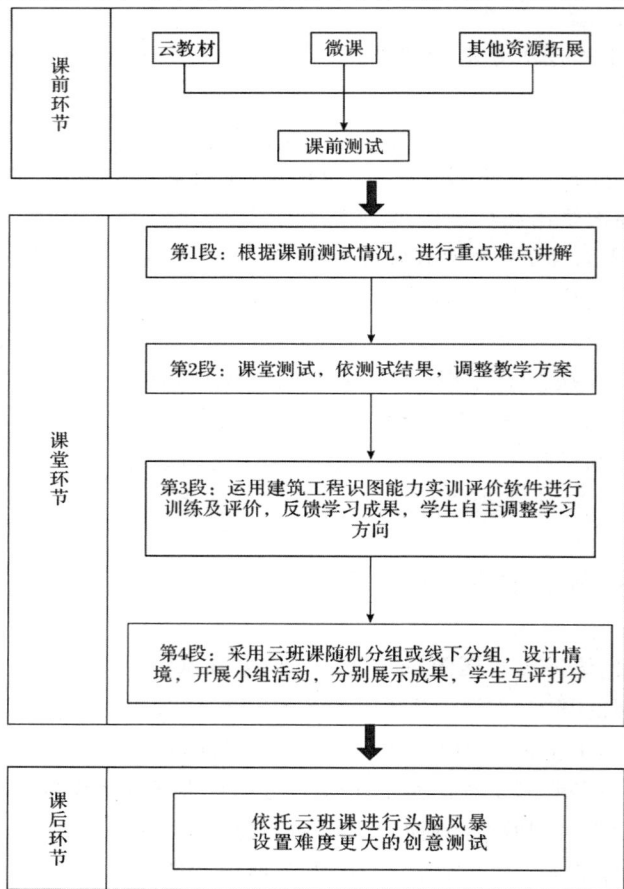

图 1 总体设计

（二）具体设计

"翻转课堂"具体设计如表 1 所示。

表 1　具体设计

课　程	施工图识读	教学内容	梁平法制图规则	授课班级	建工 15-5 班
总学时	2	翻转学时	2	学生生源	普高

1.学习内容

梁平法制图规则的学习重点为集中标注及原位标注的具体含义,难点为集中标注和原位标注冲突时,原位标注优先原则

2.学习目标

(1)掌握梁集中标注内容

(2)掌握梁原位标注内容及其与集中标注的关系

(3)能正确识读梁平法施工图

3.学情分析

授课班级建工 15-5 为普高生源,学生专业课基础薄弱,前置课程"建筑材料""建筑构造与识图""建筑结构"学习效果一般。通过了解,该班级课堂氛围较好,学生不愿主动提问,易给教师造成"所教授的知识点都已掌握"的错觉,期末考试成果比平行班略差

4.任务设计

课前环节	1.学生自主学习数字云教材和集中标注、原位标注两个微课及教学拓展资源 数字云教材:学习数字云教材 2.1.3 梁平法制图规则 集中标注微课:明确了教学目标及教学难点,主要介绍梁平法最常用的注写方式、集中标注的 4 个必注项和 2 个选注项 原位标注微课:明确了教学目标及教学难点,主要介绍原位标注的主要内容、附加箍筋或吊筋、原位标注优先于集中标注 * 微课中间设置了交互测试题,测试通关后方可继续微课的学习 教学拓展资源:自主开发的三维构造节点,有助于学生理解通长筋与支座筋的连接以及梁平法的含义 2.完成课前测试 ①KL2(3A)表示该框架梁为(　　　　)。 A.2 跨,一端有悬挑　　　　　B.2 跨,两端有悬挑 C.3 跨,一端有悬挑　　　　　D.3 跨,两端有悬挑 ②某框架梁如下图所示,1、2 轴间,梁截面尺寸为(　　　　),下部纵筋为(　　　　),2 轴支座处的上部纵筋为(　　　　)。 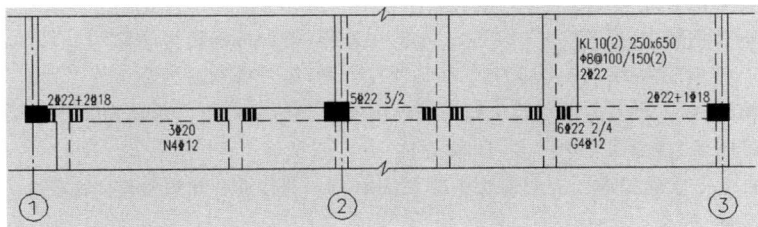 ③框架梁支座钢筋原位标注 6C20 4/2(通长角筋为 2C20),表示(　　　　)。

续　表

课前环节	A. 支座钢筋总数量为 8C20;分两排布置,上排 6 根,下排 2 根 B. 支座钢筋总数量为 8C20;分两排布置,上排 4 根,下排 4 根 C. 支座钢筋总数量为 6C20;分两排布置,上排 4 根,下排 2 根 D. 支座钢筋总数量为 6C20;分两排布置,上排 2 根,下排 4 根 ④主次梁相交处,应设置附加横向钢筋,当图中标注为 6A6@50(2)时,表示(　　)。 A. 主梁设附加箍筋,次梁每侧附加 3 个 A6@50 双肢箍(含基本箍筋) B. 主梁设附加箍筋,次梁每侧附加 6 个 A6@50 双肢箍(含基本箍筋) C. 主梁设附加箍筋,次梁每侧附加 3 个 A6@50 双肢箍(不含基本箍筋) D. 主梁设附加箍筋,次梁每侧附加 6 个 A6@50 双肢箍(不含基本箍筋)
课堂环节	课堂环节(第 1 段):根据课前测试情况,进行重点难点讲解(20 分钟) 根据云班课课前测试的统计结果,分析错误率较高的题目,找出知识薄弱点,对该知识点做重点讲解 课堂环节(第 2 段):随后发布课堂测试任务(5 分钟);根据测试结果,了解课堂教学效果,实时调整教学方案(10 分钟) 测试任务: ①梁平法施工图中,集中标注(0.100)表示(　　)。 A. 梁面绝对标高为 0.100m B. 梁顶面标高高于所在楼层结构层标高 0.100m C. 梁底面标高高于所在楼层结构层标高 0.100m D. 梁顶面标高高于所在楼层建筑标高 0.100m ②某框架梁平法表示如下图所示,则下列说法正确的是(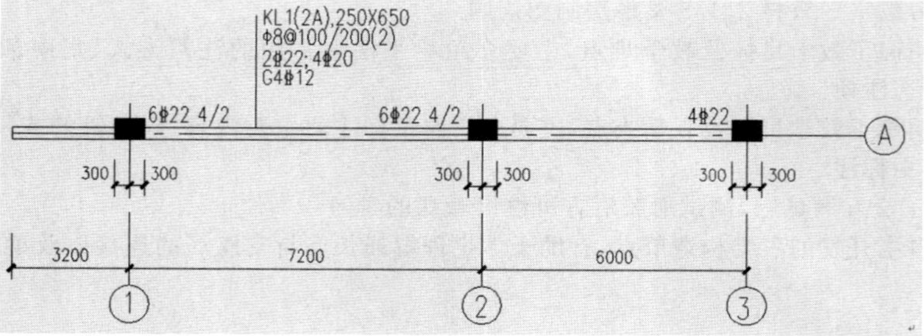　　)。 A. 梁下部纵筋为 4C20　　　　B. 跨数为 3 跨 C. 加密区采用四肢箍　　　　D. 抗扭钢筋为 4C12 ③梁支座原位标注 2C20+4C22　4/2(通长角筋为 2C20),此时钢筋布置应(　　)。 A. 第一排钢筋为 4C22,第二排钢筋为 2C20 B. 第一排钢筋为 2C20,第二排钢筋为 4C22 C. 第一排钢筋为 2C20+2C22,2C22 布置在外侧,第二排钢筋为 2C22 D. 第一排钢筋为 2C20+2C22,2C20 布置在外侧,第二排钢筋为 2C22 课堂环节(第 3 段):运用建筑工程识图能力实训评价软件进行单项识图能力训练及评价,实时反馈学习成果,自主调整学习方向(25 分钟) 学生自主完成单项识图能力训练中梁法的 11 个题,查看知识链接,完成知识点查漏补缺;教师辅导答疑、汇总

续　表

课堂环节	课堂环节(第4段)：采用云班课随机分组或线下分组,设计情境,开展小组活动,展示成果,学生互评打分(20分钟) "大家来找茬"：每一小组7人,分成6组；请找出指定梁平法表示错误的地方(不止一处) 第1、2组：C轴 KL3(2A) 第3、4组：B轴 KL2(4) 第5、6组：A轴 KL1(3) 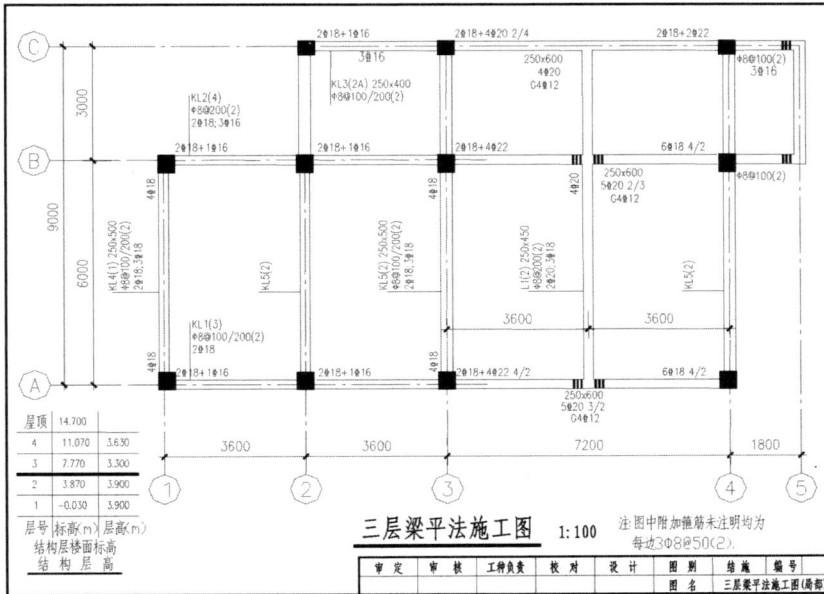 三层梁平法施工图　1:100
课后环节	云班课发布头脑风暴： 框架结构抗震等级为三级,混凝土强度等级为C30。绘制梁"1－1"截面图,包括截面尺寸和截面配筋,出图比例为1：25。拍照上传 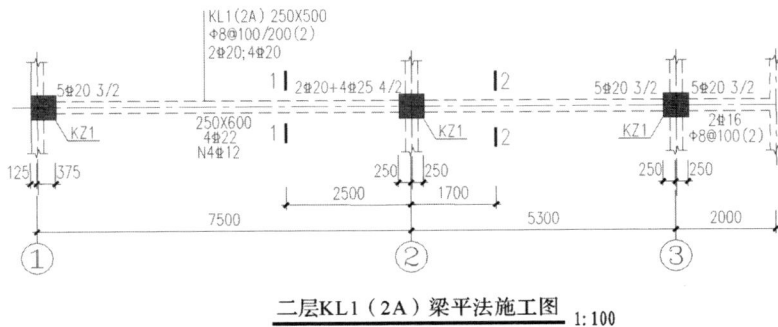 二层KL1(2A)梁平法施工图　1:100

四、"翻转课堂"具体实施

(一)课前环节

数字云教材设计了画廊、动画、视频及 3D(三维)模型等,学生随时标注重要内容,添加笔记;对于教材中不明白的知识点,学生在数字云教材中标注提问,分享学习心得。利用云班课数据统计,教师可对学生数字云教材、微课及其他资源的学习进度进行跟踪及评价,有效避免学生"滥竽充数"。课前学习的质量得到保证,课前测试结果符合学生实际学习情况。

团队自主开发 80 余个建筑和结构的三维节点,学生兴趣浓厚,学习效果明显。比如三维节点"上部纵筋连接构造"展示了上部纵筋的截断连接,学生对于梁平法标注的端支座及跨中钢筋表示有更深刻的理解。

(二)课堂环节

1. 课堂环节(第 1 段)

课前测试结果分析:通过云班课统计发现第②、③题准确率低,说明对原位标注及集中标注,存在问题;对于原位标注的具体含义存在疑问。

重点讲解:集中标注和原位标注冲突时,原位标注优先原则。

难点讲解:集中标注中梁上部通长筋或架立筋、梁面标高高差的含义;原位标注的具体含义。

2. 课堂环节(第 2 段)

课堂测试结果分析:通过云班课统计发现第①题错误率较高。说明学生对于梁面标高的具体含义理解有误。针对这个知识点,教师重点讲解。第②题准确率较课前测试有所提高,说明课堂学习效果明显。

3. 课堂环节(第 3 段)

运用建筑工程识图能力实训评价软件进行单项识图能力训练及评价,测试之后学生可查看错题集,自主调整学习方向;教师进行辅导答疑,并统计测试情况,如表 2 所示。

表 2　单项能力测试情况统计

题号	错误率
1	11%
2	45%
3	20%
4	32%

题号	错误率
5	75%
6	18%
7	22%
8	66%
9	20%
10	34%
11	15%

4. 课堂环节(第 4 段)

利用云班课开展小组活动"大家来找茬",共 6 个小组,每 2 个小组的测试题一样,存在一定的竞争,同学参与度较高,讨论及展示的过程也是知识内化的过程,课堂气氛活跃轻松。

(三)课后环节

云班课发布头脑风暴,学生上传分享成果,教师即时点评,同学之间也可互相点赞,学生积极性较高,效果较好。

五、取得成效分析与体会

"翻转课堂"的实施一改传统课堂的枯燥及安静,学生参与度大大提高,课堂气氛活跃,调动了学生学习主动性,激发了学生学习兴趣;培养了学生阅读教材的习惯和能力,提高了学生的问题意识和创新意识;教师的角色发生转变,教师更多地成为指导者而非内容的传递者,备课方式也发生了重大的变化,需根据学生的课前学习效果实时调整教学方案,这对教师来说无疑是一个巨大的挑战。

"翻转课堂"的实施,学生识图测试成绩与之前的传统课堂相比有明显提高,实现了学生识读能力的层次提升,成效明显。

浙江建设职业技术学院一直致力于识图教学改革,成果丰硕:2016 年浙江省高职院校"中望杯"建筑工程识图技能竞赛,学院荣获团队总分第一;2016 年全国第三届"鲁班杯"识图技能大赛,学院荣获团队总分第一;2017 年浙江省高职院校"中望杯"建筑工程识图技能竞赛,学院荣获团队总分第一;2017 年全国职业院校技能大赛建筑工程识图(高职组),学院荣获一等奖,识图能力居全国领先地位。

作者简介

"翻转课堂"
示范性
教学视频

徐利丽,硕士毕业,现任浙江建设职业技术学院建筑工程系专任教师,国家二级结构工程师。主授课程"建筑构造与识图""施工图识读""建筑CAD"等。参编云教材《施工图识读——从基础到综合》《建筑CAD》《建筑结构》等。主持院级教研教改课题1项;参与教育厅教学改革课题2项。2016年浙江省高职院校"中望杯"建筑工程识图技能竞赛中,指导学生获个人二等奖,2017年浙江省高职院校"中望杯"建筑工程识图技能竞赛中,指导学生获个人一等奖。

"翻转课堂"案例之混凝土梁工程量的确定

朱　琳

浙江建设职业技术学院经济管理系

一、课程基本情况

"混凝土梁工程量的确定"选自工程造价专业的专业必修核心课程"建筑工程计价",6学分,教授对象为高职二年级学生,班级规模为 50 人左右。

本课程依托蓝墨云班课的教学平台,为学生推送教学课件、视频、法规、政策等相关资源,并利用该平台进行课上的签到、互动、测验以及作业布置等,共 96 学时,已经进行了 3 轮"翻转课堂"教学实践。

二、教学改革背景与思路

几乎所有的高职教师都曾抱怨过学生不爱学习、只爱玩游戏、没有学习自主性等,确实也实实在在地存在着这样的状况。

高职学生相对于本科学生来说,学习基础较弱,学习能力不强,缺乏正确的学习方法,学习上独立性、自主性、探究性均不如普通本科生;他们对文字的接受能力较差,不爱看书,不喜欢长时间坐在教室里听教师讲课。静不下心来是高职学生的显著特点。

我国的大学课堂的主流教学范式以传统的教学模式(即"以教师为中心")为主,教师口授、板书,学生耳听、记笔记。这种形式显然非常不适合高职学生。

其实,不仅仅是高职学生,现在这个年龄段的学生都是网络的"原住民",他们似乎天生就会玩电脑、手机、iPad 等电子设备,完全不用师父教,自己摸索两下就会了。于是,我决定根据他们自身的这个特点,采用信息化课堂,利用已有的信息化条件——全校覆盖的免费网络、学生人手一两部的智能手机、形式多样的教学平台等信息化手段,来进行一次"翻转课堂"的教学改革。

我将教学过程设置为教师预备课、学生课前准备、教师再备课、课中过程、课后扩展这五个阶段。

1. 教师预备课:布置学生课前任务

分析教材重点、难点,提出学生应完成的目标;设计学生学习任务单,选择合适的视频或课件放在教学平台中并推荐给学生学习;为了检查学生的课前学习效果,设置有针对性的习题。

2. 学生课前准备：学生自学知识点

学生在课前，通过学习教学平台中教师推荐的视频、课件等学习资源，在规定时间内完成相应内容的自学，达成基础目标，完成针对性的习题；同时记录下学习中遇到的问题并及时反馈给教师。

3. 教师再备课：根据学生的课前学习反馈设计课中活动

教师通过教学平台查看学生对视频、课件等的观看进度、习题的解答结果，并收集学生反馈的问题，对它们进行分析并进行针对性的备课；设计课堂开展的活动，确定需要删减或者补充、拓展的内容；确定一般学生目标、优生目标。

4. 课中过程：主要进行互动释疑、合作讨论

学生就看视频遇到的问题在小组内讨论解决；组内没解决的问题由教师解决，互动释疑；通过任务形式进一步解决课程内容的重、难点，学生以小组为单位，进行组内讨论及组间交叉点评，最后教师给予点评、总结或补充。

5. 课后扩展：强化课上知识点的同时进行扩展

课后扩展主要包括：作业练习、在线测验、在线投票、问卷调查或扩展任务。作业练习可分必做题目和选做题目；在线测验可由题库生成，系统随机选题；在线投票和问卷调查可以是针对学生自己的，也可以是对其他同学的成果或表现进行评价；扩展任务是课堂内容的深化或延伸，可以实际案例引发学生发散性的思考，可以没有唯一答案。

三、"翻转课堂"教学设计

（一）总体设计

由于实际工程图纸篇幅大、数据多、工程量的计算对空间想象能力要求高等，而初学者总觉得这部分内容学起来难度较大。根据对学生的学习情况以及学生们前置教学内容的分析，制定了这样的教学策略：以多个实际工程图纸为任务载体，通过预设场景，任务层层推进，依托网络教学平台，采用 BIM 建模软件和闯关式教学软件，在每一个教学环节中制定教学效果评价方案，实时追踪学生对知识技能目标达成度的评价和反馈，来解决本次课的教学重点、难点。

（二）以"混凝土梁工程量的确定"为例的具体教学设计（2 学时）

课前：布置闯关式教学软件中的梁的识图闯关游戏、某工程混凝土梁的 BIM 建模以及完成网络教学平台中的填空题这三个小作业，使学生对本次课程所需的基础知识进行复习和巩固，并为本次课的授课做预热。

课中：通过对多个实际工程图纸预设场景，使任务层层推进，并结合 BIM 建模及网络教学平台，使本课内容的教学重点和难点得以突破。

课后：通过网络教学平台投票，让学生对本次课中他们的表现以及对本知识点的兴趣等进行评分以实现自我总结；同时布置了过梁及斜梁的内容让学生深入学习从而使知识得以延伸。

四、"翻转课堂"具体实施

"翻转课堂"的具体实施过程如表 1 所示。

表 1 "翻转课堂"的具体实施过程

教学环节	内容	活动	
		教师	学生
课前准备	要求学生完成两项任务： 1. 在闯关式教学软件中完成梁部分的识图闯关游戏，并将分数上传至网络教学平台 2. 完成某工程标准层的混凝土梁的 BIM 建模，建模完成后，同样将文件上传至网络教学平台，学生根据绘制的正确性、完整性，进行自评和互评 3. 让学生自行阅读混凝土梁的工程量计算规则，并完成教师在网络教学平台中布置的填空题	1. 布置三个课前任务 2. 上传某工程图纸 3. 发布相关填空题 4. 在网络教学平台中查看学生课前学习的情况	1. 完成游戏，上传成绩 2. 下载图纸，完成建模，上传建模文件 3. 完成网络教学平台中的题目
环节一：初级任务（10 分钟）	1. 将国标清单计算规范上传至网络教学平台，请学生根据国标规范完成办公大厦工程某指定轴线部分的梁工程量的计算，该梁的布置相对单一，空间位置容易理解 2. 教师公布正确答案，学生和教师分别根据结果的正确性、列式的规范性等维度进行评价	1. 上传国标清单计算规范 2. 巡视课堂 3. 将正确答案上传至网络教学平台 4. 查看学生成果并评分	1. 完成指定工程量的计算 2. 自行核对正确答案，并根据评分标准进行评分
环节二：高级任务（25 分钟）	1. 指定办公大厦 6～7/D～E 轴范围，让学生计算该范围内的梁的工程量；该部分中梁的布置相对复杂，有主梁与次梁相交、次梁与次梁相交的情况，空间关系不容易理解，同样要求学生计算其梁的工程量，并将成果上传至网络教学平台 2. 学生们通过比对各自的算式，参与讨论，看看区别到底在哪里，谁的算式有道理，每位学生都将自己的观点发布到网络教学平台中 3. 建议学生结合 3D BIM 模型，比对计算规则，再次进行计算，并将成果上传至网络教学平台	1. 指定计算范围 2. 引导学生使用 BIM 建模、查看 3D 模型，思考构件间的扣减关系 3. 巡视课堂 4. 查看学生成果并评分	1. 计算指定部分工程量 2. 在讨论区发布自己的观点 3. 针对该部分进行 BIM 建模 4. 仔细观察 3D 模型，对应计算规则，思考构件的扣减关系，然后第二次提交成果 5. 根据评分标准进行打分

续　表

教学环节	内容	活动	
		教师	学生
环节三：综合任务（35分钟）	1.将1♯楼公寓和8♯楼公寓结构施工图上传至网络教学平台 2.将学生分为两组，要求第一组每位学生独立完成3♯楼公寓中标准层梁工程量的计算；要求第二组每位学生独立完成8♯楼公寓中标准层梁工程量的计算 3.成员间进行对账，形成一份小组公认稿，上传至网络教学平台 4.在讨论区将对账中发现的错误列举出来 5.两组学生互换工程进行审核工作 6.最后由另一组学生和教师一起给出小组评分	1.将1♯楼公寓和8♯楼公寓结构施工图上传至网络教学平台 2.布置工程量计算的任务及要求学生将错误在讨论区中列举 3.巡视课堂 4.查看学生成果并评分	1.下载图纸，分别完成各自小组的计算任务 2.小组成员之间进行对账 3.将错误在讨论区中列举 4.核查另一组同学的任务成果，并根据评分标准进行评分
环节四：评价总结（10分钟）	1.根据学生们课前的两项任务、课中三次任务的完成情况以及讨论的表现情况进行评分 2.总结混凝土梁的计算要点，指出学生们容易犯错误的地方，叮嘱他们一定要注意养成严谨、谨慎的职业素质	1.进行总评 2.总结计算要点，叮嘱学生注意养成严谨、谨慎的职业素质	听取评分及计算要点等
课后练习	1.课后，在学生中发起投票，让学生在对自己在课堂中的表现以及对本知识点的兴趣等问题进行评分（分值为1～10分） 2.在网络教学平台中上传3♯楼结构图，要求学生们在规定时间内完成屋面层斜梁工程量的计算，以及整幢房屋的过梁工程量的计算 3.让学生们对全班同学的任务成果进行评价，同时票选出他们认为优秀的计算书。公选出的优秀计算书将被保留，作为以后的计算范本		

五、取得成效分析与体会

本次课，教师根据课前任务反映出的个体及群体问题对课堂内容做出了适当的调整，通过多次同组对账、组间审核，培养了学生的团队协作素质以及审核工程量的能力，彻底解决了本次课的教学重点；通过一系列的情景设置和活动开展，很好地完成了本课的教学目标。

这样的结合信息化教学手段的"翻转课堂"教学设计，使宝贵的课上时间用在了进行"知识内化"上，而将"知识传授"过程放在了课前进行。教师在课前即可掌握学生的学习效果，并及时调整教学内容，教学评价贯穿了教学始终。

从成绩统计及投票结果分析来看，这样结合信息化教学手段的"翻转课堂"教学设计使学生的学习兴趣以及做题的正确率等都较之前有了很大程度的提高。与此同时也反映出，学生举一反三的能力比较欠缺，应进一步强调学生的主动思考，列举同一知识点的不同工程实例，来加强学生的举一反三能力的训练。

在对蓝墨云班课的使用过程中发现，它在资源推送、课堂互动等方面都做得不错，但对教学设计的过程没有比较清楚的划分。本门课程现在正在进行浙江省精品在线课程的建设，通过这个平台学生可以预览整个课程，大致了解其组成，在学习的时候可以始终有一条清晰的思路。

作者简介

朱琳，浙江建设职业技术学院经济管理系教师，现任工程造价教研室主任。全国注册造价工程师，高级工程师，曾在企业工作多年，有着丰富的一线工作经验；也有多年的教学经验，曾获 2016 年浙江省高校微课教学比赛二等奖、2017 年浙江省高等职业院校信息化教学大赛二等奖，主要教授课程有：建筑工程计价、建筑工程定额计价、建筑工程清单计价、施工合同与索赔。

"翻转课堂"
示范性
教学视频

基于微课程的"电子商务网页设计与制作"课程"翻转课堂"案例

曹春益

浙江经贸职业技术学院信息技术系

一、课程基本情况

课程基本情况如表 1 所示。

表 1　课程基本情况

课程名称	电子商务网页设计与制作	课程学分	6
课程性质	专业核心课	授课对象专业、年级	电子商务专业大一年级
班级规模	50 人左右	使用教材	课程团队自编教材:《电子商务网页设计与制作》,中国人民大学出版社 2014 年出版(入选浙江省重点教材及"十二五"职业教育国家规划立项教材)
实践时长	1 轮	翻转学时	108
依托平台	浙江省高等学校精品在线开放课程共享平台 http://zjedu.moocollege.com/		

二、教学改革背景与思路

(一)教学改革背景

教育信息化的发展要求变革传统教学模式。近几年掀起的"翻转课堂"将传统课堂中的知识传授和知识内化方式进行了变革,极大地促进了学生自主学习、协作沟通和创新能力的提升,并得到了越来越多的关注。

"电子商务网页设计与制作"课程是一门实践性很强的课程,对应电子商务网店美工岗位群而设置,是我院电子商务专业的核心课程,2011 年就已经被评为浙江省省级精品课程。其主要培养学生图片处理、网店美化及 Web 前端设计的素质及能力。传统的项目化教学中主要存在以下三个方面的问题:(1)课堂模式单一,不利于实施分层教学;(2)学生课堂主动提问率低，讨论流于肤浅，不利于知识的内化吸收；（3）学生的拓展作品优秀率低，不利于知识的深化提升。"翻转课堂"的出现，为解决网页设计与制作课程实施中存在的这些问题提供了一种新的教学模式和思路。

（二）教学改革思路

以先学习后授课为主线，以学生学习效果为教学模式调整依据，对传统的课堂教学模式进行重构，将课堂分为课前、课内和课后三个阶段。课前学生可以借助信息化教学手段及教师提供的在线教学视频、针对性的课前练习进行知识技能的自主学习，从而激发学生建立好奇心，启发学生思考。课堂上教师可以针对课前作品中反映出来的问题和学生一起进行探究式的学习和讨论，从而达到内化知识技能的目的；课后通过一些提升性的案例让学生进行拓展实践，进一步巩固学生所学的技能。具体的改革思路如图1所示。

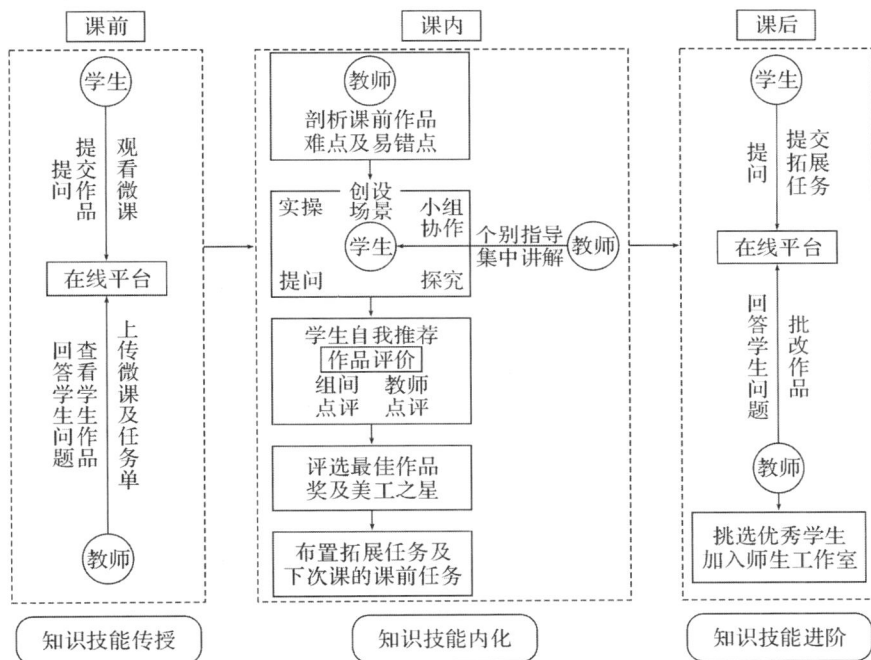

图 1　教改思路

三、"翻转课堂"教学设计

"电子商务网页设计与制作"课程采用的是基于微课程的"翻转课堂"教学模式，即以微课为载体，利用各种学习支持服务如测试练习题、学生反馈、教师点评等，将视频、课件、任务单、试题等资源与讨论、交流、分享、评价等过程进行有机结合，更好地支持了学生自主学习与课堂活动的开展。

对于"电子商务网页设计与制作"这种实践性很强的课程，教学设计可以分为两部分：一部分为基础理论知识技能学习，主要让学生通过微课对相关知识点和资源进行学习，并辅以任务单及练习题,实现学生自学及自我检验学习成果;第二部分为作品设计实践,属于进阶性的任务,以项目驱动形式发布任务,且任务设计要充分考虑教学目标及学生的学习能力。

下面以"商品图片的后期处理"任务为例,设计"翻转课堂"教学。具体信息如表2所示。

表2 授课信息

上课时间	教学环境	地点
2学时(45分钟/学时)	电脑 电子白板 极域软件 Adobe Photoshop CC	理实一体化教室

具体的教学设计如表3所示。

表3 单元教学设计

步骤	教学内容	时间(分钟)
(一)课前	1.教师制作"利用色阶命令调整图片的亮度"以及"钢笔工具的抠图"的微课;学生扫二维码自学 微课1 利用色阶命令调整图片的亮度　微课2 钢笔工具的抠图 2.学生完成练习题:要求对所提供油头膏商品完成去背及图像明暗度的调整  　　　原图 　　　　　　　　　　　效果图 3.师生在线交流:教师基于学生提交的作品及提出的问题挖掘学生的学习难点及共性问题,并挑选出学习效果较好的同学作为美工之星	不限

步骤	教学内容	时间(分钟)
(二)作品点评及难点讲解	1.教师公布本次任务的美工之星,任命课堂助教并将其分配到每个小组中,助教帮助其他学生完成后续的课堂进阶任务 2.点出学生作品中存在的共性问题: (1)商品边缘锯齿明显 (2)商品边缘有多余的背景 3.分析问题背后的原因: (1)钢笔工具使用时添加锚点过多 (2)在抠图时没有针对局部区域做放大处理 (3)抠图时没有往商品轮廓内收缩1～2个像素 4.针对共性问题:通过在线平台播放一个简短的动画视频 动画视频 5.教师现场演示正确的操作方法	25
(三)布置进阶性任务	创设任务场景:由于近期阿里巴巴规则调整,诚信通平台所有的商品图片必须白底展现,合作企业杭州念诚信息技术有限公司的客户提供了一组商品图片,需要对其进行后期处理,公司委托我们来完成 处理前　　　　　　　　处理后 具体要求如下: 　1.每组图片4张,要求处理成正方形750mm×750mm尺寸	5

续　表

步骤	教学内容	时间（分钟）
（三）布置进阶性任务	 处理要求 2.请以"原图＋处理后"的形式命名 命名规则 3.教师发放任务单,强调操作注意事项	5
（四）学生小组协作完成探究式学习	1.学生 4 人为一组进行分组协作操作,并在 15 分钟以内处理完成一张图片并提交至在线平台 2.制作过程中教师巡视并进行一对一的指导 3.15 分钟结束后教师针对大家提交的图片进行点评并指出存在的问题,比如对器械圆柱体部分的抠图的操作要点进行集体讲解 4.学生继续完成任务的实施	30
（五）作品评价及课堂小结	1.学生展示小组作品 2.组间互评 3.教师最后进行点评 4.通过问卷星让大家选出最佳作品,教师在最佳作品完成成员间选出 2 名美工之星 5.教师总结本次课程	20

步骤	教学内容	时间(分钟)
(六)布置拓展任务及引出下次课课前任务	1.布置拓展任务:完成蘑菇灯图片的精修,处理前后的对比如下图所示  处理前后对比图 2.引出下次课的课前任务:学生自学"利用通道进行抠图"的微视频并完成练习作品	5
(七)课后	1.学生将完成的拓展作品提交至在线平台并在线和教师进行交流 2.教师对拓展作品进行评价,针对典型问题,采用文字或视频形式进行讲解,并将讲解文字或视频发布到在线精品课程平台供学生复习查阅 3.获得美工之星5次以上的学生可以优先进入师生工作室,在课后参与校企合作项目的建设	

四、"翻转课堂"具体实施

"翻转课堂"的具体实施主要分成以下三大方面。

(一)学习资源建设

学习资源建设中最核心的是微课视频的设计。我们将每一项目的知识细化成具体子知识点,知识点是学习的重点、难点或易错点,每个知识点对应一个微课视频,每个微课对应配套的测试练习,同时提供电子教材供学生标注,具体的微课资源列表如表4所示。

表 4　微课资源列表

课程名称	电子商务网页设计与制作	
视频数量	45 个	预计总时长 675 分钟

	序号	知识点名称	预计时长/分钟
视频情况	1	企业网站色彩分析	15
	2	网店首页模块分解	15
	3	网店促销海报色彩分析	15
	4	网店促销海报版式分析	15
	5	网站结构分析	15
	6	动手安装摄影灯	15
	7	动手制作简易拍摄棚	15
	8	商品信息采集时数码相机的选择和基本操作	15
	9	小件商品的拍摄要点	15
	10	透明酒瓶的拍摄要点	15
	11	使用色阶命令调整图片的亮度	15
	12	使用色相/饱和度命令调整图片的色彩	15
	13	使用仿制图章工具修复商品图片的瑕疵	15
	14	使用钢笔工具抠图	15
	15	网店优惠券的制作	15
	16	网店促销海报的版式设计	15
	17	网店促销海报的合成	15
	18	手机端页面尺寸解析	15
	19	详情页关联图的制作	15
	19	商品基础信息图的制作	15
	20	商品细节图的制作	15
	21	商品品牌介绍版块制作	15
	22	购物须知的制作	15
	23	手机端商品详情页制作	15
	24	模特的调色	15
	25	倒影的制作	15
	26	使用魔棒工具抠图	15
	27	毛发的抠图	15
	28	蒙版的原理和应用	15

课程名称		电子商务网页设计与制作	
视频数量		45 个	预计总时长 675 分钟
视频情况	序号	知识点名称	预计时长/分钟
	29	轮播专展图的制作	15
	30	促销海报文字动画的制作	15
	31	网站文件目录的设计	15
	32	利用 html 编写个人简历	15
	33	html5 的应用案例	15
	34	首页切片的要点	15
	35	利用表格完成首页新闻版块制作	15
	36	移动端的页面设计原则	15
	37	盒子模型的原理	15
	38	绝对定位的应用	15
	39	利用定义列表及样式制作首页新闻版块	15
	40	利用无序列表及样式制作首页导航	15
	41	超级链接多样性的应用	15
	42	背景 css 样式的应用	15
	43	浮动样式的应用	15
	44	利用浮动框架实现子页面画中画	15
	45	新浪新闻选项卡效果的实现	15

除了微课以外,每个知识点还有配套的练习题、课件、任务单、动画、案例库、学生优秀作品等资源。

(二)平台搭建

本课程依托浙江省高等学校精品课程在线开放课程共享平台,目前已经在平台上完成开课。平台首页及微课页面如图 2 和图 3 所示。

该平台可以详细地记录用户学习过程的各种数据,如已观看视频总时长、提交作业数、笔记数、发帖回帖数及综合成绩等。当学生操作一段视频、回答一道测试题、修改作业或在论坛上写下评论时,这些行为数据都将被后台数据库捕捉,从而使教师及时掌握学生的学习情况并提供针对性的辅导成为可能。

(三) 实施教学

依托以上平台,按照"翻转课堂"的教学设计过程完成课程的教学。

图 2　平台首页

图 3　微课页面

五、取得成效分析与体会

通过"翻转课堂"的实施,学生在学习积极性、自学能力、思辨能力、网店美化的熟练度以及作品的专业性方面都有很大的提升。

(一)有利于学生个性化学习的开展

在"翻转课堂"教学过程中,课前学习者通过微视频自主学习,这在一定程度上实现了个性化学习。学生普遍反映这种灵活的自主学习方式更有利于发挥其主观能动性,激发其学习兴趣。此外,这种个性化学习方式也兼顾了不同学习能力的学习者,使得每个学生在课前对于某一知识点的掌握处于同一起跑线,这让学生在课中表现出更强的兴趣,课堂讨论气氛活跃。

(二)增强了课堂多向多维互动

课堂中的问题交流讨论、个性化辅导及小组协作学习都充分体现了生生之间、师生之间的多向多维互动。学生认为这种互动交流活跃课堂学习氛围,使得课堂学习不再是一件枯燥的事情。

（三）提升了课程的满意度

通过 2016—2017 学年第二学期"翻转课堂"的实施,学生对教师的评价分数相比改革前提升了一个百分点,具体如图 4 所示。

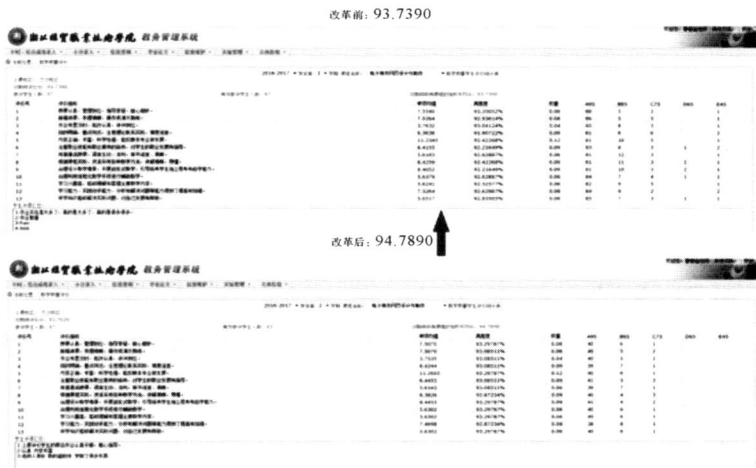

图 4　教学评价对比

在这一轮"翻转课堂"的实施过程中,也遇到了不少问题,比如部分学习能力较弱的学生较难适应"翻转课堂"这种教学模式;少数难度系数较高的知识点还不太适合采用这种模式教授;课后对学生个性化的跟踪学习还不够充分,等等。正是因为存在这些问题,所以在下一轮的改革实践中会以学生为中心更加灵活地运用"翻转课堂"。不论是教师还是学生都需要一个磨合的过程,相信在未来会有更多教师、学生从更多角度、以更多方式对教学实施效果进行评价,进一步完善教学过程,为高校实践类"翻转课堂"教学模式的创新与改革提供有益借鉴。

作者简介

曹春益,女,讲师,主讲"电子商务网页设计与制作"课程。毕业于北京邮电大学,工程硕士,国家一级电子商务师。研究方向为网页美工及网站前端设计。主持并参与浙江省高等教育课堂教学改革等多项省级课题,作为主要成员参与国家级教学资源库项目及省级精品课程项目建设,参与多本浙江省"十二五"规划教材的编写。主讲课程被评为学院优质课,荣获浙江省第九届青年教师技能大赛二等奖,指导学生参加国家及省级电子商务竞赛获一、二等奖。

"翻转课堂"
示范性
教学视频

"翻转课堂"在项目化课程教学中的应用
——以高职"数据库应用技术"课程为例

何燕飞

浙江育英职业技术学院

一、课程基本情况

课程名称:数据库应用技术。

课程学分:4。

课程性质:专业基础课。

面向专业:计算机应用技术。

班级规模:2014 计算机应用技术 A(48 人),2015 计算机应用技术 A(48 人)。

使用教材:《SQL Server 2008 数据库及应用(第四版)》,徐人凤主编,高等教育出版社 2014 年出版。

已开展"翻转课堂"教学实践情况:从该课程 2015 年被确立为杭州市精品课程时开始实践,目前已经实施 2 轮,每轮 28 学时,课程总课时为 64 学时。

二、教学改革背景与思路

(一)教学改革背景

数据库技术是一项应用十分广泛的技术,是计算机相关专业学生必备的专业技能之一。"数据库应用技术"课程是计算机应用技术专业的专业基础课程,是一门实践性很强的课程。而传统的"讲解—接受"教学方式主要强调教师向学生传授知识,教师处于整个教学的主导位置,整个教学活动都围绕着教师展开,学生被动接受知识,形成知识结构。教师讲完知识之后,学生再进行实验和实践,这样导致整个教学内容以点为中心,学生对知识的掌握不能形成线和面,整个知识体系都是零散的,学生学完之后很容易忘记,出现边学边忘的情况,更不懂得如何在实际中加以运用。此外,教师的讲解、演示等教学环节占用课堂大量时间,学生失去很多答疑解惑的实践时间。

如何采用更有效合理的教学方法提高教学效果,全面提升学生职业综合能力,成为大家的研究重点。

(二)教学改革思路

高等职业教育课程项目化教学的理论研究表明,基于"工作任务"的项目化课程教学已成为符合目前高职教育培养目标的课程模式。在"数据库应用技术"项目化课程教学改革中,我们遵循以下原则,尤其将"翻转课堂"等多种教学方法灵活使用,以增加师生互动时间,提高学生实践能力,从而提升教学效果。

(1)以"提高学生职业能力和职业素养"为目标。本着培养"高素质技能型人才"的原则,我们在整体课程设计中以"提高学生职业能力和职业素养"为目标,积极与行业专家深入合作开发课程,将技能培养落到实处。

(2)邀请企业专家和教育专家参与课程体系论证。与专家多次研讨,从职业岗位、典型工作任务分析出发,确定职业能力及学习领域,进而确定课程的能力目标。根据课程的能力目标,结合企业的实际需求,科学设计课程教学情境,让教学内容更实用。

(3)模拟真实工作环境,用一个完整的项目贯穿课程始终,学生分组完成,每个项目组中设项目经理、开发人员等。团结协作,让学生感受到企业的氛围,了解高职学生在软件开发团队中的角色和作用,培养学生的综合职业素养。

(4)采用多维度课程评价体系。根据学生的学习态度和表现,采用集中考核和过程考核相结合、理论考核和实践考核相结合的方式进行考核。

三、"翻转课堂"教学设计

(一)总体设计

1. 基于"工作过程"的项目化课程教学

我们提倡基于"工作过程"的高职教学理念。基于"工作过程"的教学就是由工作实际来确定典型的工作任务,并为实现任务目标而按完整的工作程序进行的教学活动。数据库应用系统按生命周期法开发,其工作过程可分为六个阶段:需求分析、概念结构设计、逻辑结构设计、物理设计、数据库实施、数据库运行和维护。胜任前四个阶段的工作需具备数据库分析和设计的能力,胜任后两个阶段的工作需具备数据库的编程能力(T-SQL语言)、数据库维护和管理能力(包括数据库的日常权限管理、备份、恢复)以及数据库应用系统开发的初步能力。这六个阶段就是本课程所涉及的工作过程。

2. "翻转课堂"教学法在本课程中的应用

"翻转课堂"的核心理念就是翻转了传统的教学模式,在基于"工作过程"的项目化教学中引入"翻转课堂"是一种新的教学尝试。我们在课程教学中,适当应用"翻转课堂"教学法,将授课分为课前知识传播、课堂知识内化两部分,具体如图1所示。

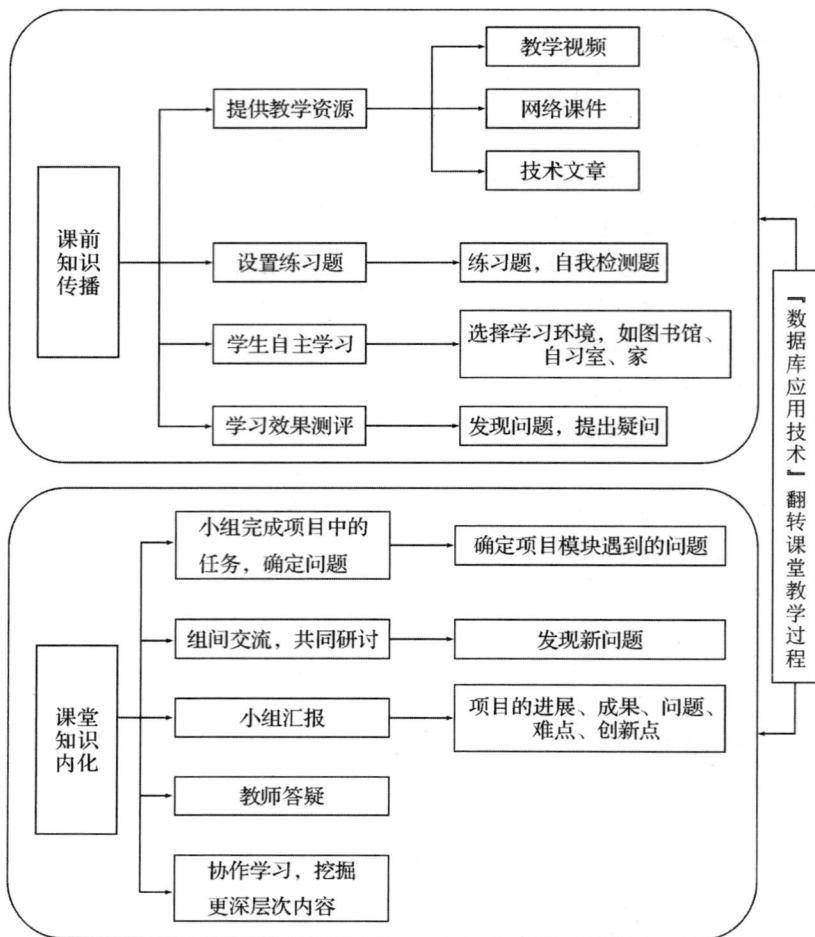

图 1 "数据库应用技术"课程"翻转课堂"教学过程

(二)具体设计

在本次教学活动设计中主要采用的策略是分组讨论、同伴学习。教师根据学生课前任务完成情况,布置难度大、知识点覆盖范围广、有应用性价值的课堂练习,学生现场完成,教师通过巡视发现学生的易错点。教师不直接公布练习的答案,而是学生以组为单位,通过组内展示、讨论,找到最优解决方法后在全班展示。教师从旁补充或引导。

通过教师点评、学生互评等方式对学生的学习成绩予以考核,这也是激发学生学习兴趣的方式之一。

1. 课前任务设计

(1)学习任务分析。数据查询是"数据库应用技术"课程中非常重要的学习内容之一。数据查询有单表查询、多表连接查询、子查询等内容,内容较多,难度较大,初学者很难熟练掌握。本次课程学习基本查询语句,包括 SELECT 语句的基本格式,WHERE 子句的使用,结果集的格式设置,聚合函数,GROUP BY、HAVING 子句的使用等内容。课程重点是能熟练编写 SQL 语句,从指定的表中查询出所需要的数据,难点是 GROUP BY 子句、HAVING 子句。

(2)课前任务设计思想。课前任务视频中布置了多个课前练习题和思考题,学生需要在观看完相关视频后完成练习题和思考题。练习题是与视频内容紧密联系的,学生只要按照视频讲述的方法写出 SELECT 语句即可。为巩固视频学习效果,熟悉 SELECT 语句的语法,激发学生的学习兴趣,特别设置了思考题以帮助学生提升能力,重在考查学生综合运用 SELECT 语句进行查询的能力、举一反三的能力。

(3)课前学习资料:①数据查询的相关视频,该课程学习平台配套的移动端微信、微网和 PC 端均可访问;②课程配套教材;③"学生选课管理系统数据库"数据文件、日志文件;④课程平台上的相关自测题。

(4)课前任务单:①认真观看《附加数据库》视频,为查询准备环境;②认真观看《使用 SELECT 语句查询数据》视频,完成第一组测试题,截图上传(2分);③认真观看《WHERE 子句的使用》视频,完成第二组测试题,截图上传(2分);④认真观看《结果集的格式设置》视频,完成第三组测试题,截图上传(2分);⑤认真观看《聚合函数的使用》视频,完成第四组测试题,截图上传(2分);⑥认真观看《GROUP BY 子句》和《HAVING 子句》视频,完成第五组测试题,截图上传(2分);⑦附加题——思考各子句的作用,完成附加的综合查询题。

所有课前任务所要上交的作业要在规定的时间内上传到课程平台上,教师要在课前查看所有学生的完成情况并评定分数。

2. 课堂活动设计

(1)课程活动时间分配,如表 1 所示。

表 1　课程活动时间分配

活动环节	具体步骤	组织形式	时间分配 (分钟)
课前任务、结果展示	列出所有课前任务题目,列表显示课前任务的完成情况。完成情况包括每个问题的对、错、部分正确比例	教师介绍	5
疑难解决、分组讨论	在学生错误率较高的课前题目中选择三题,将48位学生分成8组,进行小组讨论,每小组需提交简短的讨论结论文档,根据该文档教师给出每组的表现分	分组讨论	15
加强练习	教师给出比课前任务难度更高的题目,学生分组讨论、完成所有查询任务并通过平台提交电子文档;提交后在班级内进行集体分享	分组讨论、教师巡视辅导	45
学生互评	将各组提交的讨论报告分组传阅,小组相互评分,并对疑问较多的地方展开班级讨论,各抒己见	全班讨论	20
总结	教师总结,布置下次课的课前任务及要求	教师讲解	5

(2)学习环境设计,包括以下几个方面。

①发布教学视频与汇总课前任务完成情况的精品课程学习平台;

②机房一个,预装"SQL Server 2008";

③课前准备好数据库(XK),教师课前将查询所需的数据库、表及表中数据创建完成并分发给所有学生;

④根据课前任务的难度,精心设计课堂任务。

(3)学习活动评价设计,在课堂上有以下三种评价方式。

①教师提问,根据学生对问题的回答情况进行评价;

②以小组为单位进行评价,教师查看小组提交的讨论结论文档,根据文档的深度、广度、准确度进行评分;

③学生互评,学生交换练习答案,互相进行评价,教师统计汇总评价结果。教师在巡视的过程中对不认真做题、不参加小组讨论的学生适当扣分,并对其进行督促。

四、"翻转课堂"具体实施

(一)录制教学视频,制作 PPT,提供多种辅助学习资料

鉴于学生是通过分组完成一个项目来掌握该门课程的,故教师在录制视频的过程中以一个具体的项目来进行理论知识讲解,并动手操作演示整个项目。根据课程的教学大纲和教学目标,把项目分成了多个模块和子模块,录制了相应的微视频,每段视频的时间控制在15 分钟之内;在视频中,对难点、重点知识和项目关键环节进行详细讲解。将这些视频全部放在本校的精品课程网站上,供学生自主下载观看学习。

(二)根据学习资料,设置练习题

为了使学生对课程理论部分有更深刻的理解,设置相应的问题供学生解答,以巩固知识;针对项目完成过程中可能出现的问题和实际应用当中可能存在的问题,预设了一些练习题,帮助学生更好地理解视频内容。

(三)课前学习

学生在宿舍或图书馆等自己喜欢的地点,根据教学视频和资料进行课前的学习。如此,不受课堂时间限制和教师约束。对于因其他原因无法在课堂上学习的学生,也可以进行自学。学生可以"组"为单位,通过学习资料,完成对应的练习题,然后再针对性地完成项目中的不同模块。在这个过程中,随时记录下有疑问的地方,通过反复观看视频解惑或者带着疑问到课堂向教师请教。

(四)课堂学习,知识内化

在课外学生通过视频和其他学习资料进行学习,在完成项目的过程中,每个小组成员在项目中扮演不同的角色。对于疑难问题,在课堂上由教师和学生一起讨论研究;对于典型问题,由教师重点讲解,同时解决学生在课外没有完成的其他问题。对于各小组完成情况的汇报,由教师点评,指出存在的问题,并肯定取得的成绩。

(五)效果评价和总结

在学期最后一节课,各个小组演示和讲解已完成的项目,各小组成员分享在整个过程中的收获和感受,这样的方式更容易使学生积极学习、理解知识,教学效果明显改善。组内和组间的相互交流,使整个学习过程不再枯燥,增加了学生的学习乐趣与成就感。

五、取得成效分析与体会

经过一年的实践,我们在学生中进行了教学效果的问卷调查。调查结果如图2所示。

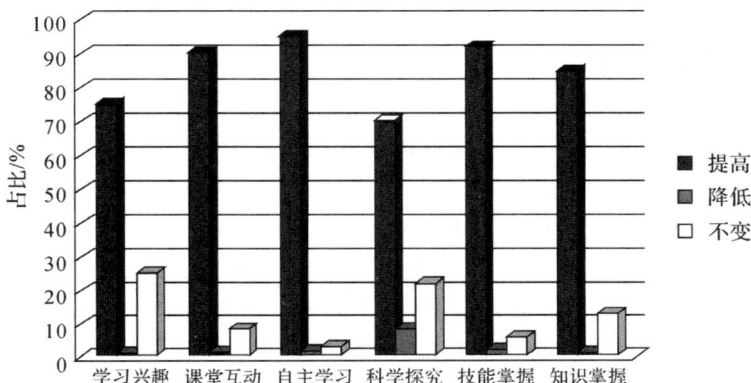

图 2 教学效果问卷调查结果

从图2我们可以看出,以实际工作过程为基点的项目化教学,打破了以知识传授为主要特征的学科课程模式,创建了一种以工作任务为中心组织课程内容和教学过程的课程教学模式,让学生通过完成具体项目实现职业技能的提高和相关知识的构建;将"翻转课堂"教学法应用于基于"工作过程"的项目化课程改革中,解决了项目化课程容量大、内容多、实践课时少的问题。学生在课前利用媒体和网络,共同协作和学习,完成知识的学习,在课堂上完成项目中的不同任务,解决在课外学习中遇到的问题,教学效果比传统课堂要好很多。当然,采用这种教学方法,需要学生和教师投入更多的时间和精力。

作者简介

何燕飞,讲师,主持杭州市市级精品课程"数据库应用技术"。省高校访问工程师,院优秀青年教师培养对象。该课程课件多次获全国多媒体课件大赛二、三等奖,杭州市市属高校课件比赛一等奖,课程建设期间获国家新型实用专利 2 项。

"翻转课堂"
示范性
教学视频

"轨道交通客运组织"课程"翻转课堂"教学设计

韩　丽

浙江育英职业技术学院民航交通分院

一、课程基本情况

"轨道交通客运组织"是城市轨道交通运营管理专业的核心课程,课程在第 3 学期开设,3 学分,每周 3 学时,共 18 周、54 学时,是一门集理论与实践为一体的综合性专业课。该课程在我院轨道专业建立以来已开设 5 年,共 11 个班、550 位学生参与到课程的学习当中。目前,该课程面向 2016 级轨道 A、B、C 三个班开设,共 150 人。

本课程使用的教材为由刘莉娜主编的《城市轨道交通客运组织》(人民交通出版社 2010 年出版),教材在各章节开篇明确教学目标,内容包括知识拓展、案例分析和复习思考等部分,能够有效辅助"翻转课堂"的实施。

本课程自 2015 年起面向 2014 级轨道班进行教学改革,采取"翻转课堂"的教学模式,并依托我院"轨道交通客运组织"精品课程网站辅助"翻转课堂"的实施。目前为止,本课程已开展"翻转课堂"教学实践 2 轮,每轮 32 学时,共 64 学时。

二、教学改革背景与思路

(一)教学改革背景

1. "翻转课堂"成为研究热点

"翻转课堂"理念来源于乔纳森·伯尔曼(Jonathan Bergmann)和亚伦·萨姆斯(Aaron Sams),在 2011 年成为研究热点,并成为全球教育界关注的新型教学模式。我国重庆聚奎中学是最早将"翻转课堂"引入课堂教学的学校,近几年来,"翻转课堂"也在我国得到了推广,为课堂教学提供了新的思路和方向。

2. 课堂教学面临难题

在本课程开设 2 轮后,根据 2 年来的教学实践及轨道专业学生的学情分析,发现本课程在学习过程中存在以下几个问题:第一,学生存在明显分层,大部分学生能较好地掌握知识点,部分学生则无法仅用课堂时间达成教学目标;第二,极个别学生请假导致无法跟上后续课程内容;第三,课程的理论部分由教师在课堂中讲授,学生无法真正意义上"反客为主",

学生主导的教学模式成为空话。因此急需对课堂教学模式进行调整，以实现更好的教学效果。

3. 精品课程为"翻转课堂"提供支撑

2015年，"轨道交通客运组织"被确定为我院轨道专业首门精品课程，并配套研发了课程网站，为翻转课堂提供支撑。同年，我院开始积极推进教学改革和创新，翻转课堂成为众多教师研究并采纳的新型教学模式。

鉴于以上背景，本课程在2015年首次尝试性地面向2014级轨道A、B两个班共100人采用"翻转课堂"的教学模式。

（二）教学改革思路

本课程坚持以学生为主导的教学理念，根据重要知识点及职业岗位要求进行分模块教学。学生通过课前分小组自主学习，共同完成学习任务，在课堂上进行讨论和总结，实现"课下知识获取"和"课上知识内化"的紧密衔接，并通过小组间比赛激发学生的学习兴趣，在掌握知识点和职业技能的基础上培养学生自主思考、团队合作、突破创新的能力。

三、"翻转课堂"教学设计

（一）总体设计

本课程按照"轨道交通客运组织"课程所需掌握的重点知识和客运工作的实际工作任务，设计6个教学模块，每个教学模块安排1～3个学习任务，共9项学习任务。6个教学模块根据其重要性及操作的难易程度由浅至深安排教学。课程以"翻转课堂"为主要教学模式，共涉及32学时。具体学习内容安排见表1。

表1　本课程学习内容安排

序号	学习模块	学习内容	学习任务	学时	是否采用"翻转课堂"
1	学前指导	本课程的教学内容、教学方法（"翻转课堂"）、教学目标介绍		2	否
2	轨道交通基本知识	（1）城市公共交通系统	（1）考察杭州地铁无障碍设施，并探讨其优缺点，提出改进方案	2	否
		（2）地铁车站设计		4	是
		（3）地铁车站设备	（2）考察杭州地铁站各设施设备，并思考车站设施布局对客运组织的影响	2	是

续　表

序号	学习模块	学习内容	学习任务	学时	是否采用"翻转课堂"
3	城市轨道交通车站运作管理	(1)轨道交通运营模式	(3)安排学生在杭州地铁各站点跟站,安排已在车站工作或者实习的学长、学姐带领学生了解地铁值站、值班员、站务员一天的工作	2	否
		(2)国内外轨道交通组织架构		2	否
		(3)杭州地铁的组织架构及各岗位职责		4	是
4	城市轨道交通客流预测	(1)城市轨道交通客流概述	(4)自选站点考察杭州地铁客流特征,根据考察结果分析客流规律	2	否
		(2)城市轨道交通客流预测		2	否
		(3)城市轨道交通客流调查		2	是
		(4)城市轨道交通客流分析		4	是
5	城市轨道交通客流组织	(1)地铁日常客流组织	(5)考察杭州地铁换乘的方法,并与上海、北京等城市进行对比	2	否
		(2)地铁换乘客流组织		4	是
		(3)地铁大客流组织	(6)安排学生在节假日进地铁站担任志愿者,观察大客流情况下杭州地铁的应对措施,并提出改进方案	4	是
		(4)重大活动地铁客流组织	(7)与杭州地铁合作参与地铁活动,并观察活动举办期客流情况	2	是
6	城市轨道交通突发事件应急处理办法	(1)车站突发事件应急处理办法	(8)安排学生参与杭州地铁突发事件演练,如踩踏事件、火灾、公交接驳等	2	是
		(2)自然灾害车站应急处理办法		2	
		(3)车站站台事故应急处理办法		2	
7	城市轨道交通市场营销	(1)城市轨道交通市场营销组合	(9)为杭州地铁设计营销方案	2	否
		(2)常用的市场营销方法		2	
8	总复习	本学期知识点复习与讨论		4	否

（二）2 学时具体设计举例

在此，以"地铁无障碍设施"为例对课堂设计进行说明。该知识点教学课时为 2 学时，共 90 分钟。教学过程分为课前准备、课堂分享与探讨、拓展进阶、师生互评四阶段，具体设计如下。

1. 课前准备

（1）教学视频设计。教学视频时长为 10 分钟，内容包括无障碍设施的概念、种类及其对于地铁客运工作的重要性。

（2）完成学习任务。学生以小组为单位，对杭州地铁 1、2、4 号线某个站点进行实地考察，寻找杭州地铁站的无障碍设施，并对设施的使用和设置情况进行评价，提出问题及其解决方案。考察成果以 PPT 的形式呈现。

（3）课前知识点考核。学生通过"轨道交通客运组织"精品课程网站的考试板块对该知识点的掌握情况进行自我考核，由组长记录考核情况。

2. 课堂教学过程

（1）课堂检测（5 分钟），各小组抽一名学生进行"地铁站无障碍设施"相关知识点提问，回答情况计入小组总分。

（2）学习任务分享与探讨（40 分钟），各小组以 PPT 的形式对杭州地铁站无障碍设施的设置情况进行介绍和评价，并分享由小组讨论得出的改进措施。每组展示时间为 3～5 分钟。展示结束后，由其他组学生和教师共同对该组学习任务的完成情况进行评价，教师有针对性地答疑解惑，每组评价时间为 3～5 分钟。

（3）拓展进阶（30 分钟），如以下几方面。

请学生讨论：你们有没有在别的城市见到过非常特别或者先进的无障碍设施？（5 分钟）

脑洞时间：你觉得无障碍设施还可以如何创新？（10 分钟）

案例分享与讨论：日本地铁无障碍设施体验。（10 分钟）

主题升华：地铁的无障碍设计并非仅仅靠设施、设备，更重要的是每一位站务员都有为乘客提供无障碍帮助的热情，让杭州地铁能够"有爱无碍"。从课程思政的角度强化无障碍设计的真正意义。（5 分钟）

（4）师生互评（10 分钟）。首先，教师对学生的学习效果进行评价。其次，各学习小组请一位学生评价自己和本小组的学习效果，并提出学习建议。最后，请学生对教师的教学方法提出建议和意见。

（5）教师布置下节课的学习任务（5 分钟）。

四、"翻转课堂"具体实施

（一）校企合作进行课堂教学

本课程由我院轨道专业教师及杭州地铁企业专家共同承担教学任务，以实现专、兼职教师的优势互补,并进一步深化校企合作。两位教师根据企业需求和岗位特点共同开发课程、确定学习任务、设计教学过程,在"翻转课堂"中的讨论和评价环节,专、兼职教师从不同的角度对学生进行指导,以丰富教学内容。

(二)课程建设团队录制教学视频

课程建设团队根据课程知识点录制教学视频,每个知识点的视频时长为 10～15 分钟,本课程共涉及 19 个知识点。教学视频放置在"轨道交通客运组织"精品课程网站上,在课前请学生以小组为单位自主学习。

(三)分模块设计教学任务

"自主学习任务书"是"翻转课堂"的关键。本课程依据课程重难点及杭州地铁站务员工作职责,以轨道交通大客流组织及突发事件应急处置为主要学习内容,设计地铁无障碍设施设置、节假日客流组织、重大活动客流组织、突发事件应急处理等学习任务,在课前发布任务书,从简到繁、由浅至深逐级开展教学。

(四)组成学习小组互助学习

由教师为学生组成 8～10 人的学习小组,每次教学任务由学习小组共同完成,并以小组为单位对课前知识点的掌握、学习任务的完成情况和课堂讨论的表现进行积分,最终评出"最'学霸'小组""最创意小组""最团结小组"等三个奖项,激发学生对课程的兴趣,促进学生间的互相指导和探讨,缓解分层问题,并强化团队合作能力。上课时以小组为单位就座,方便交流讨论。

(五)建立多主体参与、多方位的考核评价方式

本课程的考核方式为学习态度、过程、方法、合作等的过程性考核,考核内容由课前知识点考查、学习任务完成情况、课堂探讨参与程度及课后再考查等组成,考核评价主体包括专任教师、企业专家及学生,形成更全面、更公平的考核评价体系。

(六)完善精品课程网站

精品课程网站是"翻转课堂"的支撑。网站中有教学视频、教案、课件等内容供学生自学和复习,配合相关新闻和案例丰富学习内容,同时实现在线答题以便于学生进行自我检测。

五、取得成效分析与体会

本课程实施了 2 轮"翻转课堂",取得了一定的成果。

首先,成功激发了学生的学习兴趣。"翻转课堂"中,我们鼓励学生思考和创新,每节课的"脑洞大开"时间学生天马行空的想法让大家觉得很有意思。另外,各小组间存在激烈的竞争,让学生有学习的动力和激情。

其次,缓解学生分层。学习小组中包括成绩优异的学生和成绩相对落后的学生,为了小组荣誉,学习能力较强的学生会主动帮助其他学生,对于相对较难的知识点,大家也会一起研究,学生分层现象和层差都得到了缓解。

最后,学风得到改善。"翻转课堂"实施以来,学生上课玩手机、聊天等违纪现象明显减少。课堂中的大部分时间需要学生参与和探讨,甚至部分环节需要学生借助手机完成教学,有效控制了学生的手机娱乐行为。

"翻转课堂"虽然是一种行之有效的教学模式,但同时也给教师提出了更高的要求,要求教师有更深的知识积淀、更广的知识面和更丰富的实践经验,同时课程网站也需要不断更新和完善。目前本课程的"翻转课堂"仍处于探索阶段,还需要不断借鉴国内外优秀教学案例,进一步研究符合我院专业学生学情的课堂创新,希望在今后能够越办越好,真正实现"以信息技术带动教学结构变革和学生个性化全面发展"的目标。

作者简介

韩丽,女,浙江工商大学管理学硕士,浙江工商大学在读博士。讲师,目前就职于浙江育英职业技术学院民航交通分院轨道教研室,教授"轨道交通客运组织"等轨道专业课程,具有 5 年从教经验。共主持院级精品课程 1 项,公开发表论文 3 篇,参与出版教材 1 部,支持院级课题 3 项、省教育厅课题 1 项。曾获院青年教师教学技能竞赛三等奖、优秀社团指导教师等奖项。

"翻转课堂"
示范性
教学视频

"翻转课堂"模式在高职"安防设备安装与系统调试"实训教学中的设计与应用

汪海燕

浙江警官职业学院安全防范系

一、课程基本情况

课程名称:安防设备安装与系统调试。

课程学分:4。

课程性质:专业课。

面向专业、年级:安全防范技术专业,二年级。

教学班规模:40～45 人。

使用教材:《安防设备安装与系统调试》,汪海燕主编,华中科技大学出版社 2012 年出版。

已开展"翻转课堂"教学实践情况:2 轮,约 36 学时。

依托:微信或 QQ 等工具。

二、教学改革背景与思路

"安防设备安装与系统调试"课程是高职安全防范技术专业的专业核心课程,主要围绕学生核心专业技能培养展开教学,是一门实践性很强的课程。该课程不但要讲授安全防范系统涉及的基础理论知识,更重要的是还要提高学生的动手能力和实际问题解决能力,要求学生掌握小型安防系统的组建、设备的安装与连线、系统的调试以及安装调试说明书制作等实践能力。

传统的课堂教学模式一般采用教师讲授及布置实训任务、学生实训的模式,整个教学过程以教师为教学主体而展开,学生只是被动地接受,教师在课堂上讲授居多,留给学生实训、消化吸收、动脑思考的时间较少。这样造成了学生主动参与性差,普遍感到学习很枯燥,甚至会形成"教师点一下,学生动一下"的局面。另外,由于学生本身学习能力、学习兴趣有差异,保持同一种教学进度,课堂教学很难兼顾到每一个学生,学习效果差异较大。

"翻转课堂"是一种借助现代信息化平台,以教学视频为主要学习资源,学生课前带着问题观看学习视频,课堂以学生为中心,通过师生讨论互动、教师点评学习任务来共同完成教学活动的新型教学模式。与传统教学模式相比,它主要在教学过程中改变了学生和教师的主体关系,充分利用了学生对知识主动探究的好奇心,实现教师为主导、学生为主体主动学习。

"翻转课堂"模式与"安防设备安装与系统调试"实训教学结合,教师以实际安防工程施工中安装和调试各环节的工作过程为导向,选取教学内容,以典型工作任务为载体,制作涉及理论知识点的教学视频,下达实训任务与要求;学生根据任务课前观看视频,不受时间和空间的限制,可以在任何空闲时间选择学习,还可以根据自身学习能力自主调节学习节奏,难理解的内容可以反复学习,已经掌握的知识点可以跳过,学习方式灵活,避免了传统课堂的"一刀切"问题。课堂上首先教师和学生进行实训前的交流,主要针对视频教学或实训任务里不理解的内容,强调实训注意事项等,然后学生开始实训环节,最后师生之间互动交流解答问题。这种模式以培养学生职业能力为中心,发挥了学生的主观能动性,提升了学生的职业技能与就业竞争能力。

三、"翻转课堂"教学设计

"安防设备安装与系统调试"课程围绕安防三大系统,设置了21个实训任务,教师与行业专家一起细化出100多个知识点,从而制作出相应的学习视频。视频时长一般为5～10分钟,必要时,针对每一个知识点做一段视频。视频制作以简单、易懂、直观为主要原则,图文结合,从而让学生在课前对设备有初步的认知。

(一)总体设计

"安防设备安装与系统调试"课程的"翻转课堂"模式遵循实际的工作过程,将实践与理论融为一体,"教、学、做"一体化,注重学生学习的主体性,并注重独立完成与团队协作相统一。学生完成教学的所有实训任务,相当于经历了一次安全防范系统设备的安装与调试工作过程。具体的设计流程如图1所示。

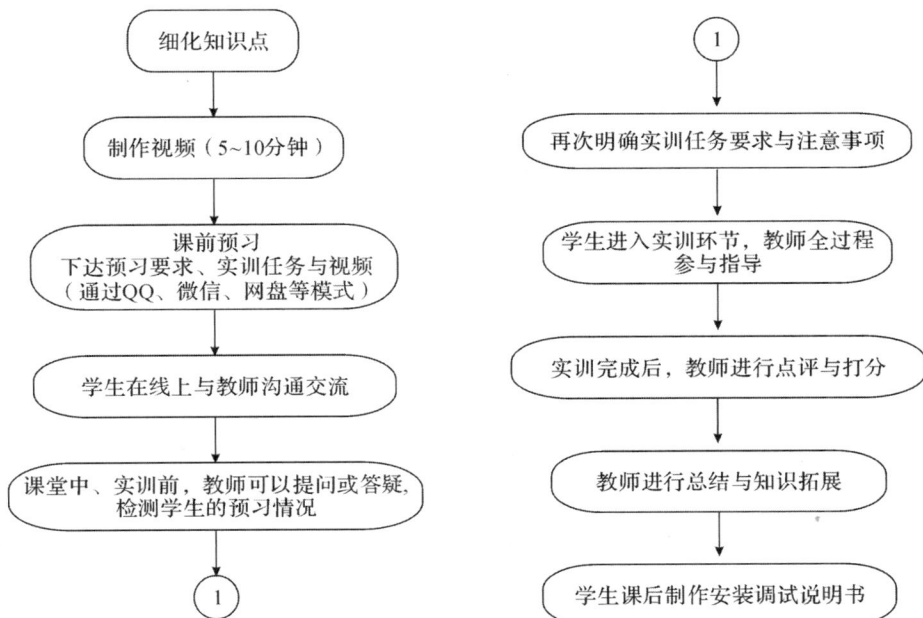

图1　总体设计流程

(二)设计实例(2学时)

本文以"对射型主动红外探测器"的安装与调试为例,说明"翻转课堂"模式实施的具体情况。对射型主动红外探测器因其性价比高,通常用于周界防护,作为入侵报警系统的第一道防线。本次课的学习主要让学生掌握其工作原理,同时具备安装与调试技能。该教学内容是"安防设备安装与系统调试"课程的一个重要教学环节,其主要教学目标与教学要点如表1所示。

表1 对射型主动红外探测器的安装与调试的教学目标与要点

课程名称	对射型主动红外探测器的安装与调试	授课专业	安全防范技术
所属大类专业	公安与司法	课程类型	专业核心课程
授课方式	理论、实践相结合	适用对象	安防专业学生或安防从业人员
教学背景	本课程讲述的是工程上常用的、性价比较高的对射型主动红外探测器,其常用于周界防止非法入侵,比如小偷经围墙爬入室内,一旦被探测器探测到,则发出报警信号,从而达到预防犯罪发生的目的,将损失降低到最小。因此,只有熟悉其工作原理与安装调试使用方法,才能更好地使用该探测器,发挥其最佳防护效果,这也是安防技术专业学生必须掌握的核心技能之一		
教学目标	知识目标:掌握对射型主动红外探测器工作原理;掌握对射型主动红外探测器安装前准备工作,会区别发射端与接收端,会正确使用开光电源为探测器供电;掌握对射型主动红外探测器在圆形立柱上的安装方法		
	技能目标:掌握对射型主动红外探测器的防范布局;掌握对射型主动红外探测器的使用注意事项;掌握对射型主动红外探测器发射端与接收端的区别方法;掌握开关电源的电源输入与输出的接法;掌握对射型主动红外探测器12VDC的连接方法;掌握对射型主动红外探测器在圆形立柱上的穿线方法;掌握对射型主动红外探测器的抱箍和底板的安装方法;掌握对射型主动红外探测器发射端与接收端的调试方法		
	素质目标:熟悉安防产品功能特性,通电前检查线路,养成良好的职业习惯;熟悉使用螺丝刀、万用表等工具,树立正确的施工理念		
教学要点	教学重点:对射型主动红外探测器工作原理、对射型主动红外探测器发射端与接收端的区别、探测器正确供电连接、安装前的准备与调试		
	教学难点:该探测器的防范布局设置与使用注意事项,其中交叉干扰是重点中的难点;探测器正确供电连接;探测器的安装;如何使用抱箍和底板;发射端与接收端保持在同一水平线上的调试方法		
教学方法	使用"翻转课堂"教学模式,综合运用视频、动画、实物演示、陈述、PPT放映、图片等多种形式,将知识更生动形象并带有趣味性地传递给学习者		

针对该教学环节,以2学时为例说明"翻转课堂"教学设计过程,教师以线上指导、实地指导、线下讲授等形式全程参与教学过程,如图2所示。

预习部分　课前发下预习任务，学生自主观看微课视频，通过视频回顾或学习相关知识点

1. 对射型主动红外线探测器工作原理
2. 对射型主动红外线探测器防范布局
3. 对射型主动红外线探测器使用注意事项

列出所需工具、设备清单

课中实训前　课中实训前，教师有针对性地检查预习情况，以提问形式获悉学生掌握知识点的情况　10分钟

课中实训前，教师确认学生根据任务要求列出工具、设备清单无误后发放相应工具、设备　15分钟

课中实训中　检查设备，区分发射端与接收端　5分钟

为探测器供电做准备，完成开关电源的连接　15分钟

完成探测器发射端与接收端在圆形立柱上的安装　15分钟

使用开关电源为探测器供电　5分钟

分别使用瞄准镜法、看指示灯法、测电压法调试探测器，使其发射端与接受端在同一水平线上　15分钟

课中实训后　教师总结，强调实训过程中的问题，进行知识拓展，布置下次课的实训内容（探测器的警报电路连接）　10分钟

课后　课后学生制作安装调试说明书

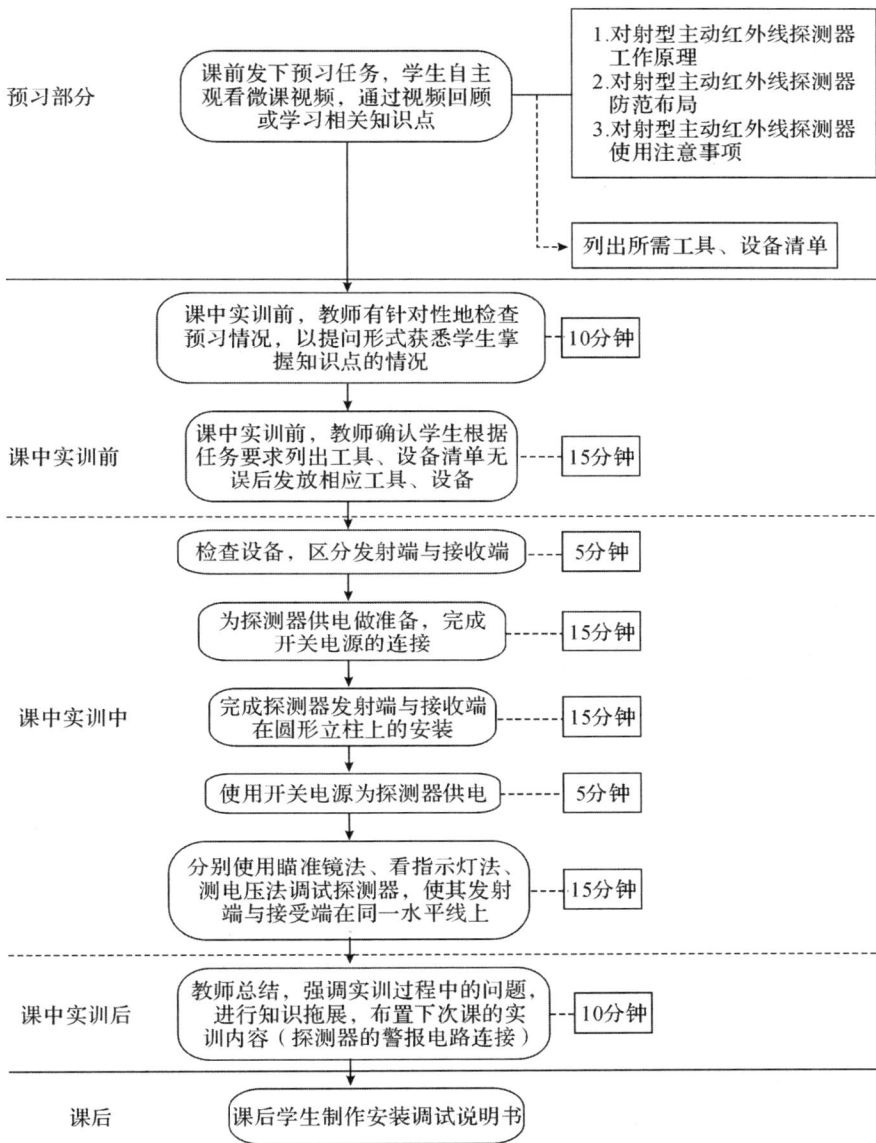

图 2　2 学时教学设计

四、"翻转课堂"具体实施

"安防设备安装与系统调试"课程目前设置了 21 个实训任务，在教学过程中，尝试使用"翻转课堂"模式的主要有入侵报警系统探测器的安装与调试、网络摄像机的安装与调试、门禁控制系统软件的组成和设计等。在具体实施过程中，主要按照以下流程实施。

（1）教师以实际工作任务为案例，按照实际工作流程进行知识点的分解与细化，制作视频。每段视频以不超过 10 分钟为宜，一段视频对应一个或一个系列的知识点。

（2）在开始课堂教学前,教师首先通过短信或网络等给学生下达实训任务以及要求掌握的知识点;学生以预先下达的任务要求为目标,进行课前学习,学生可以在线上及时与教师沟通问题。课堂实训前,以学生为主体,对自主学习过的知识点采用教师提问、PPT 展示、操作演示等方式进行互动交流,教师明确实训的注意事项后,开始进入实训。实训过程中学生接受教师全过程指导,完成实训后,实训成功者由教师进行点评、打分,最后教师进行总结与知识拓展,从而实现"教、学、做"于一体的教学模式。

（3）课堂教学开展期间,结合不同的工作任务采用诸如任务导向教学法、分组讨论鼓励法、现场示范教学法、引导教学法等教学方法。

（4）实训过程中涉及系统调试环节的可以通过交换调试方案(即甲同学通过任务分析形成的方案要求,由乙同学来实施)、分小组对某工作任务的调试方案进行讨论,充分发挥学生的学习主观能动性,培养学生的协调能力、交流能力和合作精神,实现教学与"安防设备安装与系统调试"核心能力培养的统一。

（5）与行业保持联系,企业专家全面参与指导课程内容的教学。通过选用企业实际项目作为教学和实训案例、聘请企业资深人员为课程主讲教师和实训指导教师、将企业因素引入课程等多种方式,实现课程教学与实际工作的紧密结合。

五、取得成效分析与体会

"翻转课堂"模式在实训课堂中的应用,能充分利用现代信息技术与网络环境下的优势资源,学生在课前做好充分的预习和自主学习准备,为课堂中全身心的投入打下良好的基础。同时,该模式充分发挥了教师的促进与指导作用,教师通过对每节课课前、课中、课后环节的有效设计与开发,提升了学生的自主学习能力,加强了师生之间的沟通。这种模式的应用,让学生有效转为学习主体,通过自身的课前学习获取相关知识点,提高其学习成就感,更有利于学生在实训过程中掌握相关知识点,并且记忆深刻,有效激发学生的学习兴趣,避免了传统教学方法理论与实践脱节的现象,能较好地锻炼与提升学生的自学能力与独立工作能力。

但是,目前"翻转课堂"模式仍然处于探索阶段,在本课程教学中采用这种模式,还面临一些问题,比如:教师要花费大量精力和时间细化各个知识点与制作录像资源,并且制作专业视频的费用昂贵;在学生课外自主学习活动中,教师还要对学生的自主学习情况实施个性化指导和答疑,在课堂上要充分调动学生的学习兴趣和动力,还要通过各种方式对学生各个学习阶段的表现评价打分;学生的自主学习阶段如何保证学习质量,等等。因此,"翻转课堂"模式的实施需要学校、教师、学生三方共同努力,继续在实践中探索深化。

六、课程视频网址

本课程已有的微课视频如表 2 所示。

表 2　已有的微课视频清单

序号	微课视频
1	主动红外探测器工作原理
2	主动红外探测器安装前准备
3	主动红外探测器在圆形立柱上的安装与调试
4	振动探测器工作原理
5	振动探测器工作原理接线端子
6	电源、振动探测器与警灯构成报警电路
7	双鉴探测器工作原理
8	双鉴探测器工作原理接线端子
9	电源、双鉴探测器与警灯构成报警电路
10	紧急报警按钮的安装与调试
11	玻璃破碎探测器工作原理
12	玻璃破碎探测器工作原理接线端子
13	电源、玻璃破碎探测器与警灯构成报警电路
14	CC408 键盘的认识
15	CC408 常用编程指令
16	CC408 编程设置
17	CC408 硬件连接
18	大华网络摄像机的连接与调试
19	海康网络摄像机的连接与调试
20	门禁控制系统的受控区
21	门禁控制系统的组成
22	门禁控制系统的执行机构
23	门禁控制系统的构成模式
24	门禁控制系统的功能
25	门禁控制系统的设计

作者简介

汪海燕，女，浙江江山人，硕士研究生，现任浙江警官职业学院安全防范系教师，副教授。数年来一直从事安全防范技术专业的教学与科研工作，曾执教过多门专业课程，主要讲授课程有"安防设备安装与系统调试""安防工程设计""安全防范技术"等。

"翻转课堂"
示范性
教学视频

"纯种短毛猫的认识与辨析"的"翻转课堂"教学法案例

贾 艳

嘉兴职业技术学院农业与环境分院

一、课程基本情况

课程名称:宠物文化。

课程学分:3 学分,48 学时(专业课);

2 学分,30 学时(公共选修课);

3 学分,在线开放课程。

宠物文化在线开放课程网址:

(1)智慧职教平台在线开放课程:宠物文化,学习人数 900 多人次,http://www.icve.com.cn/portal/newcourseinfo/courseinfo.html? courseid=8rovaj-msi5hudgjwfxkxa。

(2)职教云 1.0 平台在线开放课程:宠物文化,学习人数 17 人次,http://xdcwjszy.iclassx.com/course/wccmatanqrvcnm3jjd1gqq.xhtml。

(3)职教云 2.0 平台在线开放课程:宠物文化(需用户名密码才可登录),学习人数 126 人次,http://zjy2.icve.com.cn/portal/login.html。

(4)浙江省高等学校精品在线开放课程平台上宠物文化在线课程,149 人已学,http://zjedu2.moocollege.com/course/detail/5000881。

课程性质:专业基础课。

面向专业、人员:畜牧兽医专业、其他专业(公选课大一及大二)学生及社会人员。

教学班规模:专业班 80 人次/年,公选课 30 人次/年,在线课程 280 人次/年。

使用教材:自编教材(已获浙江省普通高校"十三五"首批新形态教材项目立项及嘉兴职业技术学院校级精品教材立项,正式教材预计 2018 年 8 月出版)。

开展"翻转课堂"教学实践:已实践 2 轮,每轮 16 学时,目前正实践第三轮。

第一轮:2016 年 10 月到 2017 年 1 月,16 学时。实践班级:畜牧 2015 级。

第二轮:2017 年 3 月到 2017 年 6 月,16 学时。实践班级:公选课。

第三轮:2017 年 9 月至今,2 学时。实践班级:畜牧 2016 级。

依托在线教育平台或课程网站：智慧职教、职教云 2.0（网页端及手机端）、浙江高等学校精品在线开放课程平台（网页端及手机端）。

二、教学改革背景与思路

"宠物文化"课程资源库是教育部立项的国家级教学资源库"现代宠物技术"教学资源库子项目，作为畜牧兽医专业、宠物养护与疫病防治专业、动物医学专业的职业素养课程。本课程主要培养具有较强职业能力、专业知识和良好职业素养的畜牧兽医、宠物养护与疫病防治、动物医学专业人才。

本课程进行了"翻转课堂"的研究与实施，并获浙江省 2016 年高等教育课堂改革项目"云环境下'宠物文化'的'翻转课堂'研究与实施"的立项。在实际教学过程中，教师不断实践"翻转课堂"教学法。

"现代宠物技术"教学资源库子项目已于 2017 年 4 月 25 日顺利结项，目前"宠物文化"课程已建成 1800 个素材的资源库，包括文本、图片、PPT 课件、视频、动画、音频、题库等形式多样的素材。这为"翻转课堂"教学打下了坚实的信息化教学基础。

通过本课程学习，学生须掌握宠物的历史文化、宠物的功能、宠物心理健康、宠物血统文化、宠物赛事文化、宠物文学与影视文化。本课程根据高职高专人才培育目标和培育规格的要求，在认真总结以往教育教学实践经验的基础上，紧密结合高职院校畜牧兽医专业、宠物养护与疫病防治专业、动物医学专业学生成长成才要求，对接职业标准和岗位要求，围绕学生全面素质培养和就业创业能力提升这一目标，突出通识教育，实现通用性与专业性的有机结合，提高学生的宠物文化职业素养。

三、"翻转课堂"教学设计

（一）总体设计

宠物文化课程共四个实训：宠物的娱乐功能、犬的品种识别、纯种短毛猫的品种识别、猫的选择。这四个实训均采用"翻转课堂"教学法进行。

（二）"纯种短毛猫的辨析"教学设计（2 学时）

"纯种短毛猫的辨析"的"翻转课堂"教学具体设计如表 1 所示。

表 1 "纯种短毛猫的辨析"翻转课堂教学设计

所属学科	畜牧兽医		所属专业	畜牧兽医
课程名称	宠物文化		教学对象	大二学生
选用教材	《宠物文化》,自编教材		授课地点	5-306
工作任务	识别短毛猫品种及品质		授课时长	2 学时
教学内容	异国短毛猫、英国短毛猫、美国短毛猫的血统来源及品种特征			
教学目标	知识目标	1.掌握异国短毛猫血统来源和品种标准		
		2.掌握英国短毛猫血统来源和品种标准		
		3.掌握美国短毛猫血统来源和品种标准		
	技能目标	1.能识别不同品种的短毛纯种猫		
		2.能判定短毛纯种猫的品质		
	素质目标	1.通过团队分组合作,锻炼学生的团队协作能力		
		2.锻炼学生的表达能力		
		3.煅炼学生分析问题及解决问题的能力		
教学重难点	教学重点:能识别不同品种的短毛纯种猫			
	教学难点:能判定短毛纯种猫的品质			
学情分析	知识技能:学生学习宠物文化前,没有学习过宠物的专业知识			
	学习特点:善于动手操作,不喜欢枯燥的理论知识			
	学生反馈:从往届学生反馈情况得出,纯理论照本宣科,学生无法现学现用,学习积极性受挫;传统知识点讲授,让学生失去学习基本知识点的兴趣;学生在校期间实践机会太少,课程内容与社会实际脱轨			
一、教学策略				
教学方法	1.任务驱动法			
	2.小组讨论法			
	3.实地采访法			
	4.依据在线开放课程的信息化教学法			
	5.基于以上方法的"翻转课堂"教学法			
信息化教学资源	【在线课程资源】			
	智慧职教官网"宠物文化"在线开放课程教学平台,云课堂手机 App、微信公众号——现代宠物技术资源库			
	【教师准备】			
	基于"宠物文化"课程资源库素材,建立"宠物文化"在线开放课程体系,下载与课程相关的云课堂 App,关注微信公众号,通知与下达短毛猫任务书			

教学过程	教学过程组织,遵循基于任务导向的教学模式。教学过程分为课前准备、课中学做、课后拓展三个阶段 一、课前准备 1.下达任务书:通知学生登录智慧职教官网上的"宠物文化"在线开放课程,或打开职教云2.0上的"宠物文化"云课堂手机App,或查阅"现代宠物技术资源库"微信公众号进行课前知识的学习 2.课前测试,了解学生学习的短板所在 3.课前分组,全班分6组,每组7人 二、课中学做 (一)学生自学成果汇报 1.随机抽取三组学生进行PPT演示 2.测试,了解学生课堂再次学习后的成果 (二)开展三个讨论 1.学生讨论异国短毛猫品种标准,教师总结 2.学生讨论英国短毛猫品种标准,教师总结 3.学生讨论美国短毛猫品种标准,教师总结 (三)进行一个观摩 1.观看师生提前拍摄的2017年嘉兴国际名猫展,加深对相关猫血统来源及品种特征的理解 2.测试,了解学生对观摩的猫展中猫的品种辩识度 三、课后拓展 学生深入到学院动物医院,本地各宠物医院、宠物美容院、宠物生活馆等有短毛猫的专业单位,近距离观察、对比、区分短毛猫

二、教学实施

教学环节		课前教学具体实施情况及设计意图	信息化资源
课前准备	学	自主学习:让学生从智慧职教官网"宠物文化"在线开放课程数字教学平台下载并学习本次课程的微课,自主学习与异国短毛猫、英国短毛猫、美国短毛猫的血统来源及品种特征相关的知识点 【设计意图】 教学平台上提供包括动画、微课、图片等内容,提高学生学习积极性	"宠物文化"在线开放课程、"宠物文化"云课堂
	练	在线测试:学习完毕,学生在数字教学平台测试模块进行练习,系统自动评分 【设计意图】 1.模拟测试可督促学生自主学习 2.学生可查看错题解析,巩固薄弱环节 3.教师通过查看学生答题情况,如发现大部分学生对某些知识的理解存在困难,上课时将重点突破	教学平台中"模拟测试"功能模块

续　表

教学环节		课中教学具体实施情况及设计意图	信息化资源
课前准备	分组	提前将学生分为6组,每组7人,每两组选择一个猫的品种进行PPT课件准备	
课中学做2学时	资讯10分钟	任务导入:如何鉴别异国短毛猫、英国短毛猫和美国短毛猫? 如何鉴定短毛猫品质? 【设计意图】 1.问题导入,引起学生学习兴趣 2.提醒学生授课内容与市场接轨,实用有趣	云课堂平台
	学生PPT展示30分钟	任务导入:随机挑选三组进行不同猫品种的PPT介绍演示 【设计意图】 学生自己将学习研究成果向大家汇报,提高学习兴趣,再次加深对不同品种猫的认识	云课堂平台、微信公众号
	课程中间测试10分钟	在线测试:学生课中进行在线测试 【设计意图】 课程中间测试,可让学生检查对所学知识的掌握程度,了解知识是否内化	
	分组讨论20分钟	布置任务:教师利用云课堂、QQ、微信发布本次课程讨论任务,小组间讨论任务,在讨论中相互学习 【设计意图】 1.通过讨论,学生可以辨别不同品种的猫,纠正在上一步测试过程中易错的知识点 2.学生之间讨论更容易激发好胜心,提高学习主动性 3.云课堂、微信、QQ让学生接触到最新的课程学习方式,符合现代学生爱用通信软件交流的潮流	
	资讯15分钟	采访视频:观看师生提前拍摄的异国短毛猫、英国短毛猫、美国短毛猫在国际猫展中品质鉴定的过程及结果 【设计意图】 采访新闻对抽象的短毛猫品质鉴定做了具体形象的诠释,使学生将理论的知识形象化	采访视频
	课程结束测试5分钟	在线测试:学生再次进行在线测试 【设计意图】 课程开始前在线测试,课程结束再测试,可让学生检查自己的薄弱环节是否已被攻克,同时也能反映出教师的教学能力	教学平台中"测试"功能模块
课后拓展		实物猫只观察区分:学生深入学院动物医院、本地各宠物医院、宠物美容院、宠物生活馆等有短毛猫的专业单位,近距离观察、对比、区分短毛猫 【设计意图】 让学生学以致用,知行合一,知识技能对接市场,积累实践经验	学院动物医院,本地各宠物医院、宠物美容院、宠物生活馆等

四、"翻转课堂"具体实施

（一）课前

（1）课前在线发布任务单，网址为 http://zjy2. icve. com. cn/common/directory/directory. html? courseOpenId＝cockaeynjztb1ipdatrlla＆cellId＝1aekaeynlkhewup7tl8c-a，告知学生下载并学习相关知识点。

（2）进行课前测试，测试结果显示，所有试题有 55％的正确率。

（3）全班分为 6 组，每组 7 人。每组制作一个品种的猫的 PPT 进行介绍。

（二）课中

（1）学生 PPT 汇报：童仁杰同学对美国短毛猫进行了汇报，彭智智同学对英国短毛猫进行了汇报，蔡镇洋同学对异国短毛猫进行了汇报。汇报后测试所有试题，有 80％的正确率。

（2）学生分 6 组进行讨论——如何区别不同品种的猫。

（3）学生进行国际猫展观摩，课堂结束前第三次测试，测试结果显示，有 100％的正确率。

（三）课后拓展

同学们到安泰宠物医院观看了英国短毛猫，到宠物生活馆观摩了美国短毛猫及异国短毛猫。

五、取得成效分析与体会

（一）学生认可度高

教师上课操作平台选用智慧职教、职教云等信息化教学平台，使用平板电脑进行全屏幕投屏示教法。学生课前用电脑、手机、iPad 等工具学习知识点，课堂上使用平板电脑进行讨论及互动，同学们学习后反映：

（1）知识与实际接轨度高；

（2）知识点由抽象变得容易理解；

（3）因为有趣，想获得更多实践机会。

（二）探索信息化教学设计，攻克教学重难点

学生利用智慧职教官网上"宠物文化"信息化教学平台、云课堂手机 App、微信公众号、现代宠物技术资源库，对课程知识可以全面学习，反复学习，结合课堂讨论、实地采访等，有助于学生突破区分不同短德阳猫技能的重点，并突破鉴定短毛猫品质难点。

（三）运用"翻转课堂"实现个性化与探究式学习

学生可以自由选择个人喜欢的学习方式、学习软件，或者用台式机在线课程进行学习，或者用手机云课堂 App 进行学习；宠物猫的可爱也极大地激发了学生的学习兴趣。"翻转课堂"增强了学生对学习、讨论活动的参与度，教学平台降低了学生的学习难度，降低了教师的教学成本。

作者简介

"翻转课堂"
示范性
教学视频

贾艳，副教授，嘉兴市第六批新世纪专业技术带头人，华东师范大学生物学博士后，主持国家级专业教学资源库"现代宠物技术"专业教学资源库子项目"宠物文化"课程资源库建设，已结项；主持浙江省 2016 年高等教育课堂改革项目——云环境下"宠物文化"的"翻转课堂"研究与实施。2017 年 9 月获浙江省信息化教学设计大赛一等奖（作品名称：合格药品与假劣药品的辨识），并参加全国信息化教学设计大赛。2016 年获全国农业技能大赛"鸡新城疫抗体水平测定"优秀指导教师奖。

"服装店铺陈列技艺"线上线下混合式教学法

郑　宁

浙江纺织服装职业技术学院时装学院

一、课程基本情况

课程名称:服装店铺陈列技艺。

课程学分:3。

课程性质:专业课。

面向专业、年级:服装陈列与展示设计专业,二年级。

教学班规模:40 人左右。

使用教材名称:《服装陈列技艺》,郑宁主编,中国纺织出版版社 2013 年出版;《品牌服装视觉陈列实训》,汪郑连主编,东华大学出版社 2014 年出版。

已开展"翻转课堂"教学实践轮数:2。

课程学时:64。

依托在线教育平台:

(1)浙江省高等学校精品在线开放课程共享平台,http://zjedu. moocollege. com/course/detail/5000575。

(2)浙江纺织服装职业技术学院超星慕课平台,http://mooc1. chaoxing. com/course/90983552. html。

二、教学改革背景与思路

(一)教学改革背景

课程的教学对象是服装陈列与展示设计专业二年级的高职学生。高职学生具有比较明显的学习特点,如动手能力强、在学习中容易情绪化,对感兴趣的东西学习积极性较高,而对于内容枯燥的部分,则学习效率较低,并且自制能力较差。教师在教学过程中必须充分考虑到学生的学习特点,通过多层次的手段,强化学生学习的主动性。

(二)教学改革思路

改革的思路是,依托网络在线开放平台,将知识点的学习多层次化,充分调动学生自主学习的积极性。在开放的网络课程中,学生可以根据自己对知识点的掌握程度自主预习及反复学习。

服装品牌店铺陈列模拟实训软件的功能模块设计是按照课程实训任务要求设置的,其实训项目的设置,按照由浅到深、由单一训练过渡到综合性训练的顺序,逐渐引导学生进入虚拟实训环境,增强了项目操作的趣味性。

课堂教学从传统的讲解式教学解放出来,通过课堂研讨、校内实训场所实训、校外实训店铺整体陈列实操等多种形式的师生互动模式,提高课堂教学效率。

三、"翻转课堂"教学设计

课程的内容根据品牌服装公司对陈列人员基础技能的要求,设计相应的教学环节和教学情境。课程内容的安排采用混合式教学模式,依托浙江省在线精品开放课程平台的"服装店铺陈列技艺"慕课、网络实训平台"虚拟服装店铺陈列实训教学软件"以及企业订单培训项目等方式开展教学。

通过本课程的学习,学生能够了解视觉营销的相关知识,掌握陈列的基本原则和方法,能够灵活运用所学的知识和技能对终端产品进行组合搭配。

(一)总体设计

1. 基本情况介绍

(1)课程内容:"服装店铺陈列技艺"课程是服装陈列与展示设计专业的核心专业课程,课时为 64 学时左右,教学内容分为四大模块,分别为卖场陈列空间规划、服装陈列构成与基本原则、服装陈列道具设计与选配、服装陈列造型技法。

(2)配套浙江省在线精品开放课程"服装店铺陈列技艺"慕课,在线视频总时长 380 分钟左右,共计 28 个独立视频,并配合有客观性试题 260 道、主观性试题 55 道、综合性大作业 4 项、图片资源 500 余张。

(3)配套"服装品牌店铺陈列模拟实训软件",其功能模块设计按照任务要求进行,并导入企业真实任务模块。软件平台实训项目的素材均以品牌店铺的真实服装款式、货架、道具等为原型开发设计,目前已经上传男女装款式、道具、配饰等素材 200 款左右,均为本教学团队自主开发设计绘制。

2. 教学环节设计

(1)采用线上教学与线下教学相结合的混合式教学方案。28 个知识点的学习分为三个层次。

①利用开放慕课平台,学生独立完成线上部分学习任务,主要针对理论性较强、比较容易理解和掌握的知识点。

②学生通过课堂研讨环节完成知识点的学习,主要针对有一定学习难度、网络平台相关拓展知识较多、较易通过查询资料完成学习的知识点。

③教师课堂讲解学习知识点,主要针对部分重难点,学生自学无法很好掌握的知识,以教师现场授课方式为主,辅助慕课平台的视频学习。

通过以上三个层次的学习,学生能够较好掌握所学知识点,并且解放了部分课堂理论教学时间,可增加实操训练项目的布置。

(2)配合知识点的学习,设置多途径的实践教学环节,包括服装品牌虚拟陈列实训软件操作、课堂实训任务布置、市场调研、品牌服装公司整体陈列实操等内容。

(3)建设配套完善的课程资源库,拓展学习内容。

① 利用独立开发的教学软件"虚拟服装店铺陈列实训平台"(已申请了软件著作专利)进行模拟实训操作,巩固教学效果。

② 开发对应课程体系的电子教材,方便学生自主学习时使用。目前已有《品牌服装视觉陈列实训》和《服装陈列技巧》两本电子教材。

③ 完善网络教学资源的配套,包括网络精品课程、自建教学资源库、浙江纺织服装职业技术学院图书馆数据库等。

④ 建立标准化题库:慕课平台的每个知识点均有标准化试题与之对应。

(二)2 学时具体设计(服装卖场陈列面组合构成手法)

1. 教学目标

(1)知识目标:掌握服装卖场陈列面组合构成的基本手法。

(2)能力目标:具备对服装陈列组合的能力,具备利用平面绘图软件进行陈列方案设计的能力。

(3)素质目标:具有良好的创新意识,具有良好的团队协调与沟通交流能力。

2. 教学重点、难点

(1)教学重点:①陈列面组合构成手法中对称法的特征;②陈列面组合构成对称手法的实施要素。

(2)教学难点:陈列效果能否满足服装款式多样、色彩协调、种类有序、拿取方便的要求。

(3)解决策略:通过课堂微电影播放→小组讨论、复习已经学过的知识点→课堂研讨→陈列软件模拟实训→小组互评→教师现场总结评价的步骤,举一反三,帮助学生掌握教学重点、难点的问题。

3. 教学环节安排(90 分钟)

教学环节的具体安排如表 1 所示。

表 1　教学环节安排

教学项目	教学内容	教师活动	学生活动	时间安排（分钟）
课前学习效果总结和检测	上个知识点的复习,采用提问的方式	提问、总结、评价	回答问题、讨论	10
任务一	观看微电影《陈列师的世界》,讨论、总结微电影中货架展示的陈列技巧	引导学生讨论的方向	分组讨论、总结,并在课堂上陈述结果	10

续　表

教学项目	教学内容	教师活动	学生活动	时间安排（分钟）
必备知识点讲解、课堂总结	学生课堂研讨：服装卖场陈列面组合构成手法	点评、分析、总结、补充讲解	授课准备，组织课堂研讨，自评、互评打分	15
任务二	1.学生独立完成陈列面组合陈列设计； 2.保存作品并生成图片，上传到软件平台中	指导学生完成虚拟软件的操作，针对学生操作中出现的明显问题或者具有共性的问题进行指导	自行设计、完成陈列面的组合构成设计中对称手法的作品，以图片形式保存、上传	40
学生总结、评选	1.进入投票平台，选出最具人气作品； 2.学生陈述作品设计思路及优缺点分析	组织、协调评选环节	投票，获奖同学介绍自己的作品构思	10
教师现场评价、总结	教师对该次实训进行总结，评价学生作品的优缺点，并提出进一步的修改意见	针对学生的作品进行点评	学生	5

四、"翻转课堂"具体实施

以浙江纺织服装职业技术学院服装陈列与展示设计专业 2016 级（二年级学生）为例。

（一）采用线上线下相结合的混合式教学方案

采用线上教学与线下教学相结合的混合式教学方案。知识点的学习分为三个层次：

（1）利用开放慕课平台，学生独立完成线上学习任务，主要针对理论性较强、比较容易理解和掌握的知识点。

课前教师布置视频学习任务，学生学习相关知识，完成课后作业。课堂教学中利用 5～10 分钟对包括以下 14 个知识点的内容进行总结和检测：①卖场陈列空间构成（按营销管理功能划分）；②服装卖场商品配置规划；③陈列色彩——服装色彩概念；④陈列色彩——色彩组合形式及搭配；⑤陈列道具与装置形态；⑥陈列道具材料多样化（一）；⑦陈列道具材料多样化（二）；⑧T 恤毛衫常规折叠造型；⑨T 恤毛衫变化折叠造型；⑩裤子叠装常规造型；⑪裤子叠装变化造型；⑫正挂陈列造型；⑬全身仿真模特造型；⑭木手模特造型。

（2）学生通过课堂研讨环节完成知识点的学习，主要针对有一定学习难度、网络平台相关拓展知识较多、较易通过查询资料完成学习的知识点。

全体同学分成 7 个小组，准备 7 个知识点的内容，要求通过慕课视频观看、网上查询、图书查阅等手段收集相关资料，制作课堂讲解 PPT，完成授课任务。7 个知识点包括：①卖场陈列概念空间规划——卖场 VP、PP、IP 规划；②陈列色彩——服装卖场色彩陈列设计；③服装卖场陈列面组合构成手法；④陈列道具设计原则；⑤陈列灯光的目的与选择；⑥侧挂及变化挂装造型;⑦领带基本造型及变化造型。任务要求如下:①每组选主讲一名,其他同学补充讲解;②授课时间为 15 分钟,包括必需知识点的讲解、拓展知识、案例分析、课堂提问或讨论等内容;③评分标准:授课内容设置的合理性、完整度、条理性;拓展知识的广度和深度;课堂气氛控制及表达力、有趣性;④分数构成:五级制(A+、A、B+、B、C),其中教师评分占 50%,其他小组评分占 40%,自评占 10%。

授课结束后,教师进行点评并进行补充讲解。这种授课方式,学生大量查阅资料,知识面得到了拓展,现场总结表达能力也得到了锻炼。

(3)教师课堂讲解学习知识点,主要针对部分重难点的知识,辅助慕课平台的视频学习,通过反复学习,牢固掌握 6 个知识点。6 个知识点包括:①卖场陈列空间构成(按销售功能划分);②卖场通道及动线设计;③卖场货架陈列规划;④陈列构成与基本原则;⑤陈列道具概念及分类;⑥灯光的视觉陈列与表现。

(二)配合 28 个知识点的学习,设置多途径的实践教学环节

(1)利用校内实训基地完成课堂实训任务:①杰佳雯店铺模拟空间规划实践;②卖场陈列标准练习;③VP 组合训练;④服装单品组合创意练习。

(2)利用服装品牌虚拟陈列实训软件完成模拟陈列实训任务:①陈列形态构成训练;②单品陈列训练;③组合陈列训练。

(3)进入企业品牌店铺完成市场调研任务:①陈列构成及基本原则调研;②灯光道具认识实践;③整体店铺市场调研。

(4)校企合作,完成品牌服装公司整体陈列实操:安排 1~2 天完成品牌服装公司陈列间整体店铺的陈列实施,产品为该企业一季的货品,任务包括货品选择、区域规划、色彩方案设计、陈列形态组合、整体效果评估等内容,企业陈列专家现场点评、反馈,学生通过反复修改、小组方案互评等实训活动安排,对该课程的整体陈列学习效果进行检验。目前,我们的合作企业主要为宁波唐狮服饰有限集团公司和太平鸟服饰集团有限公司。

(三)考核标准

(1)慕课视频观看——5 分;

(2)对应 28 个视频的标准化试题——10 分;

(3)网络讨论发帖——10 分;

(4)线下实训任务——35 分;

(5)品牌服装企业陈列操作及反馈——20 分;

(6)陈列实训汇报及整体店铺市场调研成果汇报评价——20 分。

五、取得成效分析与体会

(1)课堂教学、在线学习各有侧重和分工。教师通过知识点的分层次教学,强调了课程重点,课堂上则解释特别难懂的概念。课堂教学重点突出,教师在有限的课堂时间里,通过分析并且估计学生的学习能力,只把他们很难通过课下学习理解的难点放在课堂上进行讲

解。这样可以充分调动学生的学习积极性,自主学习效果显著。

(2)教学手段多样化,学习效果得到明显提升。在传统的教学模式下,教师上课讲的多,学生听进去的少,学生的学习兴趣、潜力没有得到有效激发,教学效率不理想。混合式教学方法的实施,教学手段多样化,符合现代学生的学习习惯,学生的学习积极性明显得到提升。

(3)"开放性的全方位评价体系"。评价体系通过在线教学平台小测试、课堂教学中学生互评与教师现场讲评、网络平台投票、综合汇报企业专家评价等多种形式相结合,让学生产生积极情感。学生可以全面了解所学知识的掌握程度,对自己存在的问题有更清晰的认识。

(4)在线学习平台还为学生提供个性化的学习资源和学习手段,拓展课程学习的深度和广度。在线学习具有时间空间自由、学习过程可重复、教学资源内容和形式丰富等特点。学生可以根据自身特点和兴趣,选择适合自己的学习方式,更好地学习。

(5)在线学习数据,为我们提供了研究学习行为的基础。教师可以通过在线学习数据分析学生的学习行为、学习习惯、认知规律,通过研究学习数据来改进教学。

作者简介

"翻转课堂"
示范性
教学视频

郑宁,浙江纺织服装职业技术学院服装陈列与展示设计专业教师,西北纺织工学院服装专业硕士研究生毕业,曾赴日本杉野服饰大学进修,双师资格。自2007年至今从事服装陈列专业教学,培养行业能手遍布省内各大服装企业。

(1)主编"十二五"部委级规划教材《服装陈列技艺》。

(2)参编《品牌服装视觉陈列实训》教材。

(3)微课"服装陈列基础与CAD"于2013年获浙江省高校微课教学比赛三等奖。

(4)"服装卖场陈列面组合构成手法"获2014年全国职业院校信息化教学大赛教学设计三等奖。

(5)"高职教育信息化实践探索——虚拟服装店铺陈列实训平台"获得2016年度宁波市教育科学规划课题优秀成果三等奖。

基于"翻转课堂"理念的高职"模具CAD/CAM"课程"三段式"教学模式的构建与实践

陈晓勇　　张学良　　王金莲

杭州科技职业技术学院机电工程学院

一、课程基本情况

课程基本情况如表1所示。

表1　课程基本情况

课程名称	模具CAD/CAM	课程学时及学分	64学时,4学分
课程性质	专业核心课	教学班规模	45人
授课对象	模具设计与制造专业二年级学生		
"翻转课堂"教学实践情况	始于2014年9月,至今已开展3轮		
依托资源	"模具CAD/CAM"课程网络平台、"模具CAD/CAM"QQ群		
参考教材	《UG NX 6.0注塑模具设计情境教程》(於星编著,大连理工大学出版社2011年出版) 《UG NX 6.0数控加工入门与范例精通》(常百编著,科学出版社2009年出版)		

二、教学改革背景与思路

(一)教学改革背景

目前,"翻转课堂"已成为国内高职教育课程改革的热点,为高职院校课堂教学改革的进一步深化提供了新思路。

2014年9月前,我院"模具CAD/CAM"课程的教学仍沿用传统的"课上授课+课后作业"的教学模式。这种以教师为中心的教学模式,抹杀了学生的探索精神,弱化了师生的情感交流,加重了学生的厌学情绪。因此,课程教学效果非常不好。

"模具CAD/CAM"课程是模具专业的一门核心课程,要求学生在掌握模具CAD/CAM基础知识及UG NX 6.0软件应用技能的基础上,具备应用模具CAD/CAM技术解决生产实际问题的能力。该课程既有系统理论,又有较强的实践性,比较适合"翻转课堂"教学模式。可见,将"翻转课堂"教学模式引入该课程的教学中并进行有效实践是完全有可能且很有必要的。

(二)教学改革思路

课程教学改革的开展遵循教学模式构建、教学模式实施、教学效果分析、教学模式完善这一基本思路。首先,在梳理相关理论知识并分析"模具 CAD/CAM"课程教学特点的基础上,构建"三段式"的"翻转课堂"教学模式。其次,基于"翻转课堂"理念,重新设计"模具CAD/CAM"课程教学过程,开发"翻转课堂"学习资源,构建课程网络教学平台并制定有关教学文件,为课堂教学改革的实施创造条件。然后,自 2014 年 9 月起,在"模具 CAD/CAM"课程中实施"三段式"的"翻转课堂"教学模式。实施中注意及时反馈师生意见,不断完善实施方案。随后,采用问卷调查、课堂观察、个别访谈等方法调研所授课班级的教学效果,分析影响教学效果的关键因素并探讨应对策略。最后,完善"三段式"的"翻转课堂"教学模式并归纳总结其在高职专业课教学中的应用途径,为该模式在高职院校的进一步实施提供参考案例。

三、"翻转课堂"教学设计

(一)总体设计

本课程为基于工作任务的项目化课程。课程的设计充分体现"以课程内容知识为中心,以职业技能提升为核心"的基本原则,以真实的工作任务或产品为驱动设计教学内容与教学过程。

1.教学目标

(1)技能目标:①能使用 UG NX_6.0 软件完成产品的三维建模工作;②能使用 UG NX_6.0 软件完成产品注塑模具的设计工作;③能使用 UG NX_6.0 软件完成零件的数控加工编程工作。

(2)知识目标:①掌握使用 UG NX_6.0 软件进行产品三维建模的相关知识;②掌握使用 UG NX_6.0 软件进行注塑模具设计的相关知识;③掌握使用 UG NX_6.0 软件进行零件数控加工编程的相关知识。

(3)素质目标:具备健康的思想情操、正确的政治方向、远大的理想抱负和高尚的职业道德。

2.学习资源的设计与开发

本课程的教学内容由 4 个项目、16 个模块和 62 个工作任务组成,如表 2 所示。针对每个模块制作一个多媒体课件,针对每个工作任务则开发一个 15 分钟左右的教学微视频。此外,还制定了 16 个学习任务单以及课程标准、授课计划等必要的教学文件。

表 2 "模具 CAD/CAM"课程项目设计方案

课程项目	课程模块	工作任务 （微视频数）	课时
项目一　UG Mold Wizard 设计准备	模块 1　注塑模向导介绍	4	4
	模块 2　分型线的设计	4	4
	模块 3　分型面的设计	4	4
	模块 4　注塑模工具	4	4
项目二　典型零件的分模设计	模块 1　简单零件的分模设计	4	4
	模块 2　复杂零件的分模设计	4	4
	模块 3　典型零件的手动分模	4	4
	模块 4　模具工程图的创建	4	4
项目三　模具标准零件的添加	模块 1　标准模架的添加	4	4
	模块 2　标准零件的添加	4	4
	模块 3　镶件的设计	4	4
	模块 4　侧抽芯机构的设计	2	4
项目四　模具零件的数控加工	模块 1　UG 6.0 数控加工基础	4	4
	模块 2　常用数控加工功能	4	4
	模块 3　数控加工的其他功能	4	4
	模块 4　典型零件的数控加工	4	4
合计		62	64

3. 教学过程设计

本课程采用"三段式"的"翻转课堂"教学模式进行教学。该教学模式以技能的培养过程为主线，将整个教学过程划分为三段，即课前、课中和课后（见图 1）。课前完成知识与技能的初步掌握，课中完成技能的深化与提高，课后完成技能的巩固与迁移。三段内容循序渐进，螺旋上升。

（1）课前——初步掌握。课前，学生通过自学初步掌握所学的知识与技能。通过 QQ 群或课程网络平台，学生依据学习任务单，自学相关微视频、课件等资料，初步掌握理论知识及技能的操作要点，完成技能的初步练习并反馈学习情况。教师则适时了解学生的学习情况，并整理学生反馈的信息。

（2）课中——交流提升。课堂教学中，师生协作探究进一步提升技能。围绕所学内容，教师通过讨论、示范、操作、指导、评价、归纳等方式灵活地组织课堂活动，师生间充分交流，有效地提高技能水平。

（3）课后——巩固拓展。课后，学生通过练习来巩固所学技能并实现技能的迁移与转化。教师则综合采用线上和线下评价的方法，对学生课后学习状况进行长期跟踪，确保学

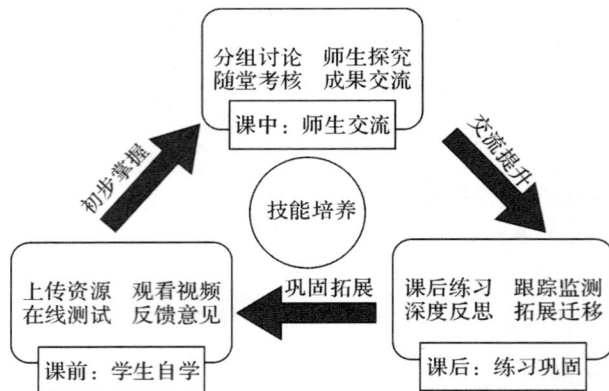

图1 "三段式"的"翻转课堂"教学模式

生课后学习质量。

4. 考核方案设计

课程成绩由成果评定（30%）、学生自我评价（10%）、教师评价（20%）及期末考试成绩（40%）等四个部分综合组成。成果评定是教师对工作任务完成情况的客观评价。期末考试则采用闭卷上机操作的方式进行，重点考核学生的独立操作能力。前三方面的评价在每一模块完成时进行，即阶段成绩评价。最后，所有阶段成绩和期末考试成绩统一折算为课程的总成绩。

（二）2 学时具体设计

1. 基本信息

基本信息如表3所示。

表3 基本信息

授课时间	略	授课班级	略	授课地点	略
项目名称	项目二 典型零件的分模设计		项目学时		16
模块名称	模块1 简单零件的分模设计		模块学时		4
任务名称	阀盖零件的分模设计		任务学时		2
教学目标	1.技能目标:能运用注塑模向导(UG MoldWizard)完成阀盖零件的分模设计。具体包括:(1)能正确分析阀盖的结构特点;(2)能合理选择阀盖的分型面设计方案;(3)能熟练地使用注塑模向导(UG MoldWizard);(4)能准确地完成阀盖零件的分型面设计 2.知识目标:(1)掌握确定塑件分型面的总体原则和方法;(2)掌握注塑模向导(UG MoldWizard)的应用流程及注意事项				
工作任务	运用注塑模向导(UG MoldWizard)完成阀盖零件的分型面设计				
教学组织形式	大班上课、小组讨论				
教学环境	模具 CAD/CAM 机房、多媒体				

2.教学过程(共80分钟)

具体教学过程如表4所示。

表4 教学过程

步骤	主要内容	教学方法与手段	教师活动	学生活动	时间分配(分钟)
引入	(1)介绍教学目标; (2)总结课前学习情况	讲授法、启发引导法、多媒体	讲解、演示	个别回答	5
讨论	师生共同探究: (1)UG MoldWizard 的运用流程; (2)自动分模的适用场合	小组讨论法、多媒体	巡视、个别交流	独立思考、分组讨论	10
归纳	(1)UG MoldWizard 的运用技巧; (2)自动分模的适用场合	汇报法、演示法、多媒体	总结、归纳	个别汇报	10
训练	上机操作:阀盖零件的分模设计	行动引导教学法、讲练结合法、多媒体	巡视、指导	操作	30
考核	抽查学生完成情况,评分并点评	讲授法、多媒体	考核、点评、讲解	成果展示	20
总结	总结学习情况,提炼技能操作技巧	讲授法、案例分析法、多媒体	讲解、演示	记录	4
课后安排	布置课后任务及检查方法	讲授法	讲解	记录	1

四、"翻转课堂"具体实施

(一)实施情况介绍

自 2014 年 9 月起,结合 2014 年校课堂教学改革研究重点项目"'模具 CAD/CAM'翻转课堂教学模式的探索与实践"和 2015 年浙江省高等教育课堂教学改革项目"'翻转课堂'教学模式在'模具 CAD/CAM'课程教学中的应用研究"的研究工作,我们分别在模具 1311 班、模具 1423 班、模具 1424 班、模具 1523 班和模具 1524 班等五个班级中开展了"三段式"的"翻转课堂"教学模式改革,至今已完成 3 轮,如表 5 所示。

表5 "三段式"的"翻转课堂"教学模式的实施

时间	对象	教学环境
2014.09—2015.01	模具 1311 班,43 人	"模具 CAD/CAM"教室、多媒体、QQ 群、"模具 CAD/CAM"课程网络平台
2015.09—2016.01	模具 1423 班、模具 1424 班,92 人	
2016.09—2017.01	模具 1523 班、模具 1524 班,73 人	

实施时,教师严格按照"三段式"的"翻转课堂"教学模式进行教学。考虑到软件课程的教学特点,本课程安排 4 节课连上(半天),每周 2 次。4 节课完成一个课程模块,对应于 4 个微视频。其中,2 个微视频用于课前学习,2 个微视频用于课堂训练。

(二)实施效果总结

每轮课改时,我们均对课程教学效果进行了调研。调研结果显示,将"翻转课堂"教学模式引入本课程的教学实践中是完全可行的。"翻转课堂"的实施明显地改善了"模具 CAD/CAM"课程的教学效果,基本达到了预期改革目标。

当然,在实施过程中也遇到了一些问题,诸如个别学生学习主动性差、学生课外学习状况监控困难、课堂交流时部分学生不够活跃、教师工作量过大等。这些问题均有待我们进一步地去分析与解决。

五、取得成效分析与体会

(一)成效分析

1. 构建了"三段式"的"翻转课堂"教学模式并付诸实施

"三段式"的"翻转课堂"教学模式紧扣"技能培养"这个核心,通过三个阶段的持续学习,使学生切实掌握实践技能及相关的理论知识。实践证明,该教学模式切实可行,可为兄弟院校"翻转课堂"教学模式的开展提供借鉴。

2. 切实改善了"模具 CAD/CAM"课程的教学效果

调研结果显示,"三段式"的"翻转课堂"教学模式的实施,转变了学生的学习观念,增强了学生学习的主观能动性,促进了师生间的多元互动,优化了课堂教学结构,提高了学生的学习成绩,切实改善了"模具 CAD/CAM"课程的教学效果。

3. 探讨了提高"翻转课堂"实施效率的有关措施

我们分析了影响课堂实施效率的关键因素并提出了以下应对策略:一是从促进学生学习的角度重新构建课程评价方案以加强学习效果评价,进而促进学生认真学习;二是完善"模具 CAD/CAM"课程网络教学平台,通过在线答题、在线评价等措施切实提高课外学习效率;三是完善小班化教学,减轻教师工作量,以有效提高课程教学效率。

(二)体会——教师是保证"翻转课堂"实施效果的第一要素

尽管"翻转课堂"的实施充分地调动了学生的学习主动性,有力地改善了课程的教学效果,但学习资源的制作、课堂活动的组织、教学效果的评价等一系列关键活动均需要由任课教师去精心设计和完成。因此,任课教师才是保证"翻转课堂"实施效果的第一要素。只有教师彻底转变教学理念,不断地充实完善自己,全身心地投入到课程教学改革中,才能确保"翻转课堂"的实施效果。

作者简介

陈晓勇,男,副教授,硕士。已主持完成省部级课题 2 项、厅局级课题 5 项、校级课题 5 项。独著或作为第一作者在省级以上刊物上公开发表论文 26 篇。其中,EI 收录论文 2 篇、核心期刊论文 10 篇。主编教材 5 部,其中《模具 CAD/CAM 应用基础》为"十二五"职业教育国家规划教材。

"翻转课堂"
示范性
教学视频

基于微信公众平台的"翻转课堂"教学改革与实践
——以"ASP.NET 程序设计"课程为例

袁 芬

浙江长征职业技术学院计算机与信息技术系

一、课程基本情况

课程名称:ASP.NET 程序设计。

面向专业、人员:软件技术专业、计算机信息管理专业、计算机应用技术专业的大三学生。

课程学分:4。

教学班规模:65 人左右。

使用教材:专业教师袁芬主编的《ASP.NET 项目化教程》,由北京师范大学出版社2012 年出版。该教材是学院重点教材,2017 年立项为浙江省普通高校"十三五"新形态教材建设项目。该教材配套课件获得浙江省高校优秀课件二等奖。

ASP.NET 程序设计课程是学院重点课程、学院精品在线开放课程。该课程是一门实践性极强、知识综合度极强的课程。鉴于在以往课堂教学中存在的学生知识接受度差距大、很难协调学习进度等问题,该课程组提出了基于微信公众平台的"翻转课堂"教学改革实践。目前已开展的基于微信公众平台的"翻转课堂"教学实践有 5 轮,约 360 学时。

该课程的"翻转课堂"教学实践依托平台分别有:

(1)课程微信公众号:ASPNET 程序设计课程。

(2)课程微博:yfasp.net。

(3)学院重点课程网站:http://asp.ec.zjczxy.cn/。

二、教学改革背景与思路

(一)"ASP.NET 程序设计"课程现状

"ASP.NET 程序设计"课程是一门实践动手能力很强的课程,同时知识综合性非常强,是对 C♯程序设计、SQL Server 数据库原理、网页设计等课程知识的综合。以往在本课程上,能力强的学生"吃不饱";能力欠佳的学生"吃不消",普遍感到力不从心,因此迫切需要改变现有的教学方式解决课程现状,同时达到发展优等生、提高中等生、帮助学困生的目的。

（二）传统教学方式存在不足

在传统的教学理念下，运用各种数字化的教学媒体，教学已经取得了较多成果，比如多媒体教室、投影仪在教学中的使用等。但是，在这种教学理念下仍然是学生围绕着教师，学生的学习缺乏主动性，教师过分关注知识的传授。学习方式还是"教师在讲，学生在听"，学生课后完成教师布置的作业。这极大地忽略了学生的认知感受，使学生失去以主人翁的身份参加教学的机会，而只是课堂中的配角或者接受知识的工具。这种学习方式很难培养学生自主学习、发现问题和解决问题的能力。

（三）"翻转课堂"教学模式优势

"翻转课堂"是相对于"传统课堂"来讲的，它的"翻转"实际上是对传统课堂教育理念的翻转。其最明显的特点是课堂教学时空和教学形式的"颠倒"——将课堂学习内容和课后学习的内容相互颠倒，极大地提高了学生在学习中的主动性。因为在传统的教学过程中知识获取过程是通过教师在课堂中的讲授来完成的。教师是知识的主要传播者，学生是知识的被动接受者；教师给什么，学生就得到什么。传统教学中知识内化的过程是学生在课后通过作业、操作及实践来完成的，而在这个最需要支持的阶段得到教师的帮助却很少。

（四）微信为"翻转课堂"提供技术支持

微信公众平台为移动学习提供了一种基于图文信息推送的新型信息获取方式。微信是腾讯公司在 2011 年 1 月推出的一个应用于智能手机等移动终端的免费应用程序，2012年 8 月 23 日，微信公众平台正式上线。它在微信基础上新增的功能模块，使任何个人或组织均可免费申请微信公众账号，并实现和特定群体的文字、图片、语音、视频信息的全方位沟通互动。它采用一对多的传播方式，直接将信息推送到用户手机，其信息内容的到达率和被观看率几近百分之百。

同时，在调研的教学班级中，绝大部分学生都安装了微信软件，而且把它作为主要的交流工具。当调查询问是否接受"利用微信公众平台为大家推送教学相关信息来辅助课堂教学"时，学生均表示愿意尝试新方式，均积极订阅推荐的公众号。这说明将微信公众平台用于辅助教学是能够得到学生的积极响应和认可的。

三、"翻转课堂"教学设计

（一）"翻转课堂"教学总体设计

根据软件行业 Web 程序员职业岗位的要求，Web 程序员应具备使用服务器端编程语言进行动态网站开发的能力。本课程的"翻转课堂"教学设计以一个真实的项目（教务信息管理系统）设计和开发过程为载体。课程提出"以项目立模块，以模块构知识"的设计思路，采用"大案例、一案到底"的项目化教学方法，打破传统的学科知识体系，重构课程内容，形成了模块化的课程结构。同时，把互联网优势引入课堂，利用微信公众平台，大力改革课堂教学模式,实现"互联网＋课堂"双微课程教学模式,进行翻转教学。

(二)"注册功能"模块 2 学时"翻转课堂"教学具体设计

"注册功能"模块 2 学时"翻转课堂"教学具体设计如表 1 所示。

表 1 "翻转课堂"教学具体设计

步骤	教师活动	学生活动	师生交互
课前活动	步骤 1:教师自行创建"注册功能"相关教学视频;视频中涵盖的主要知识点有:Connection 对象、Command 对象 步骤 2:教师针对视频制定课前练习要求(实现前台信息注册到后台特定的表中) 步骤 3:教师通过课程微信公众号推送相关学习资源	步骤 1:学生自主观看教学视频,并进行教材相关理论知识的预习 步骤 2:学生进行课前针对性练习,根据视频知识点进行注册功能的自行开发实现。学生还可在此过程中发现自己遇到的问题	师生利用课程微信公众号进行交流
课堂活动	步骤 1:教师根据课程微信公众号学生反馈的信息进行重难点提问,及时了解学生课前掌握程度。例如,Connection 对象的创建和基本属性;Command 对象的创建和基本属性以及执行方法的基本使用等 步骤 2:根据学生掌握程度选取上课形式。如果学生通过前期视频学习基本没多大问题,教师直接进行知识点的简短总结;如果学生存在比较大问题的,则教师进行重点知识点的讲解与操作演示 步骤 3:教学评价与反馈	步骤 1:学生根据自己课前观看的教学视频和课前针对性练习中的疑问进行提问 步骤 2:学生进行成果展示与交流	教师进行个别指导 学生独立解决问题,或者开展小组的协作活动
课后活动	教师通过课程微信公众号进行学生疑难解答和交流; 教师通过课程微信公众号进行学生学习掌握程度调查,并准备下一期视频内容	学生检查自己存在的问题,并进行知识梳理与沉淀; 学生接受课程微信公众号的掌握程度调查	师生利用课程微信公众号进行交流

四、"翻转课堂"具体实施

本次课堂改革实践优秀案例以 2013 级软件技术专业班为例。该专业班共 63 人,进行了为期一个学期的 ASP.NET 程序设计课程教学模式改革与实践探索。学期时长 18 周,整个课程知识点的组织以"大案例、一案到底"方式进行组织,选取学生比较熟悉的教务信息管理系统的开发作为课程教学示范项目,并把该项目开发分成 6 个模块,同时共安排了 6 个教学单元贯穿整个课程教学。

(一)申请 ASP. NET 程序设计课程微信公众平台

所有课前学生自学的资料,包括教学 PPT、教学微视频等资源都需要借助于 ASP. NET 程序设计课程微信公众平台进行推送,因此教师通过 weixin. qq. com 网站注册了一个微信公众号。同时,教师对该平台下的功能进行研究并转化为"翻转课堂"教学所用,为"翻转课堂"教学做好准备。通过该公众号的信息推送功能,教师可以实现和 2013 级软件技术班学生的文字、图片、语音、视频的全方位沟通、互动,形成一种线上线下微信互动的教学方式;通过微信公众平台的智能应答响应功能,学生可以随时查询往期学习资源,进行复习、补习。

(二)教师课前教学准备

课前阶段主要是学生的自主学习。为了更好地引导学生进行自主学习,改变传统的教学观念,把以教师为中心的教学模式转变为以学生为中心的教学模式,教师在课前阶段对"翻转课堂"的教学内容进行深入研究和分析,明确教学知识目标和能力目标,理清教学重难点,编制项目化教学任务,录制教学微视频等资源形成课前自主学习包。在正式"翻转课堂"教学之前,教师把该课前自主学习包上传到微信公众平台的素材库,并利用信息推送功能将它推送到学生的微信端,以便学生进行课前自学。

在本次"翻转课堂"教学改革中,教师共录制教学微视频 19 个,设计制作教学课件 16 个,编制教学单元学习指南 6 份,这些资源全部存储在微信公众平台,供学生反复查询,进行知识复习和巩固之用。

(三)学生课前预习

在"翻转课堂"正式上课前,教师将本堂课的课前自主学习包推送到学生的微信端。学生在接收到 ASP. NET 程序设计课程微信公众号推送的消息后,可根据自己的实际情况合理地安排时间进行课前自主学习,了解本次学习的目的和任务,熟悉相应的教学知识点,并通过对微视频中理论知识点的学习,自行进行相应项目模块的开发。

此阶段,学生可以通过自己的实战项目模块开发巩固知识,同时在应用知识进行项目开发的时候发现问题,为课堂项目交流做好准备。当然,学生也可以在课前通过微信公众平台与教师进行沟通交流,完成疑问的解答和知识的传授;学生还可以整理好自己的问题,带着疑问、带着目的进入课堂交流与互动。

(四)课中项目开发交流、展示

经过课前的预学习,学生已通过自主学习初步完成知识的构建。同时,教师通过学生在预学习阶段反馈到微信公众平台的问题,可以及时地掌握学生学习的困惑,分析学生产生困惑的原因,了解学生对该部分模块开发存在的问题,适时调整自己的教学方案。

在 ASP. NET 程序设计课堂上不再采用传统的教师"满堂灌"的教学方式,而是通过学生演示模块功能开发、小组讨论等教学互动来完成知识的内化;教师不再是课堂的主角,而是课堂的组织者,对学生进行引导,完成教学活动并进行总结评价。在课堂上,学生的注意力很集中,也更容易消化和吸收教学内容,因此,教学效果非常明显。

(五)课后反馈阶段

经过课前预学习和课堂学习,学生对知识已基本完成从知识本身到知识应用层面的迁移,知识的内化初步完成,同时通过运用所学知识进行项目模块功能的开发更能巩固知识内化。

五、取得成效分析与体会

(一)"翻转课堂"效果分析

为了了解学生对 ASP.NET 程序设计课程基于微信公众平台的"翻转课堂"教学模式的认可度和实际使用感受,我们根据实际授课情况设计了调查问卷,并利用微信公众平台的投票管理功能进行调查。全班 63 人,共发出 63 份问卷,回收问卷 60 份,其中有效问卷 60 份。

对于该模式在教学实施中的有效性,93.2%的学生认为此教学模式在对知识的学习和深化方面较传统教学模式更有效。对于该教学模式的优势,75.0%的学生认为此教学模式可以让自己随时随地学习,有利于更好地进行移动学习、个性化学习和碎片学习。关于该教学模式在实施中的作用,调查结果显示:82.5% 的学生认为在此教学模式下师生、同学之间的交流变多了,关系更加融洽,这对形成良好的班风、学风以及为教学活动的开展奠定了扎实的情感基础;90.5%的学生认为此教学模式大大节省了课堂中教师的授课时间,提高了课堂效率,学生有更多的上机项目开发时间,对知识的理解更深刻;56.0%的学生认为此教学模式提高了自主学习的能力,培养了自身的软件开发素养。基于微信公众平台的"翻转课堂"在教学实施中的作用,其分析数据如图 1 所示。

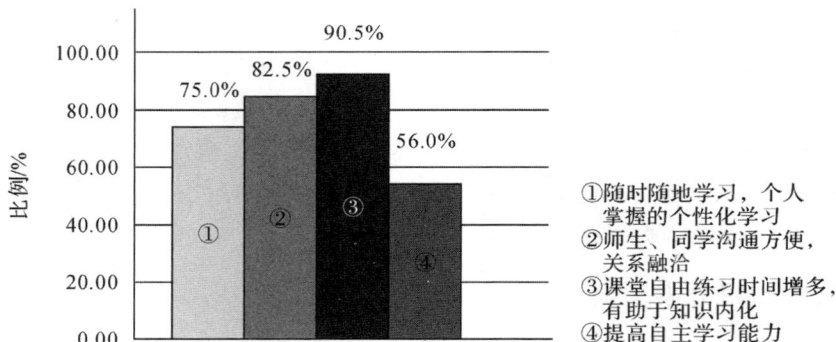

图 1　基于微信公众平台的"翻转课堂"在教学实施中的作用分析

(二)学习测评成绩分析

ASP.NET 程序设计课程采用"N+1"的考核测评方式,即该学期共有 6 个教学单元,每个教学单元结束后都对该阶段的项目模块开发功能实现与否进行检验,再加上期末考试测验,共 7 组数据。整理分析后的数据如图 2 所示。

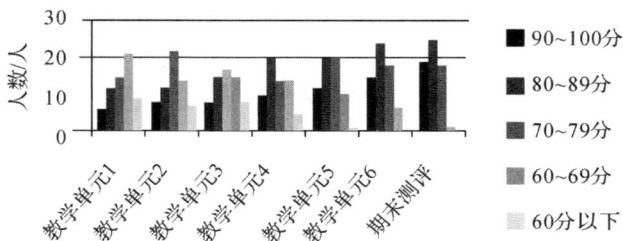

图 2 "N＋1"考核测评成绩分析

从图 2 所示的数据显示,在 6 个教学单元和期末测评成绩统计中,随着每个阶段教学的推进,90～100 分以及 80～89 分成绩段的学生越来越多,说明学生的学习积极性不断地被激发,同时项目实践开发能力不断地增强;中等以下和不及格学生的人数越来越少,充分证明了在该"翻转课堂"教学模式下,学生能够合理安排自己的时间进行自主学习,教师在课堂上有更多的时间和精力去照顾到各个层面的学生,能够帮助学生更好地进行知识的内化。同时,在授课的过程中,我们也能体会到 2013 级软件专业技术班的班风越来越好,学习氛围越来越浓;也能感觉到学生对基于微信公众平台的"翻转课堂"教学模式从不习惯到接受、从接受到适应、从适应到喜爱的一个过程。从某种程度上说,这种教学模式的实施是成功的。

作者简介

袁芬,女,副教授,浙江长征职业技术学院计算机与信息技术系副主任;浙江省省级优秀教师;浙江省民办学校优秀教师;浙江省"十三五"高职高专专业带头人。致力于课堂教学创新改革,多次在学院范围内开展课堂教学观摩课,主持省厅级课题 9 项,发表论文 12 篇,其中发表于核心期刊的 5 篇,发表于科技核心期刊的 2 篇。

"翻转课堂"
示范性
教学视频

课堂翻转实现因材施教

蔡荣文

杭州万向职业技术学院通识教育系

一、课程基本情况

课程名称:计算机应用基础。

课程学分:3。

课程性质:公共基础课,面向全校所有专业普高类高职学生。

班级规模:40～50人。

已经开展"翻转课堂"教学实践:3轮,50学时。

依托在线教育平台:文华在线杭州万向职业技术学院通识教育平台。

二、教学改革背景与思路

(一)教学改革背景

要做好"计算机应用基础"课程改革首先要掌握改革过程中各要素的现状研究,并进行科学的分析。下面对学生、教学改革和课程考核评价等要素的现状进行分析。

1. 高职学生现状分析

(1)生源地多样性。由于学生来自全国的各不同地区和不同的家庭环境,所以造成学生计算机水平千差万别,有个别学生可以说是零基础的。

(2)招生类别多样性。现阶段由于全国高考学生人数的连续下降,高职的招生也发生了许多变化,比如"三校生"的招生比率逐年扩大,教师在教学过程中要将其区别于其他普高生。

(3)自主学习能力有限。由于高职学生长期接受传统的应试教育,对高职的教学方式和教学模式不适应,大量的课余时间不知道怎么用,导致许多学生沉迷于网络游戏而影响学习。

2. 分层教学法弊大于利

有些专家及学院为了解决高职学生掌握计算机基础的水平差异大的问题,提出采用分层教学法。分层教学法是因材施教的一种方法,教师可以在每个分层班级中按照该班学生的程度来授课,也解决学生"吃不饱"和"吃不消"的问题。

(二)教学改革思路

教学改革思路分三步走,第一步是利用信息技术手段完成教学资源的建设,第二步是选择一个免费、功能完善的教学平台搭建"计算机应用基础"的在线教学课程,第三步是基于课程的在线教学平台进行教学过程改革。

1.教学资源建设

实施"翻转课堂"需要提供给学生课前学习的视频资源、自测题等。教学微视频使用专业的录屏、编辑软件,以工作任务为单位进行操作和讲解的录制,用来满足课前学生自主学习的需要。

2.在线教学平台

在线教学平台选用文华在线的教学平台,通过平台运营商专门为杭州万向职业技术学院开通的通识教育平台,搭建"计算机应用基础"的在线教学课程。由于课程性质的关系,操作类暂时无法在线完成,所以目前教学平台只提供教学视频的学习,而课前和课后的练习和实践题通过电子邮件的方式提交,日常的沟通与交流通过班级的 QQ 群来完成。

3.教学过程改革

按照"翻转课堂"的学习流程要求,学生在课前通过看视频掌握知识点,自主完成自测,评价学习效果;在课堂上,教师基于对学生自测结果的统计,有针对性地对重点、难点和学生没有掌握好的知识点进行突破,通过讨论、实践等方式,帮助学生解决知识应用的问题;在课后,使用电子邮件的方式完成课后实践。由于课堂不再需要按照传统模式赶进度讲课,教师可以结合教学目标,对相关的知识点进行拓展,所采用的教学手段也更加灵活,使课堂真正变得更有趣,更有效。

"翻转课堂"的教学实施可以让"吃不消"的同学在课前提前在线学习任务单所提供的知识点,也可以让"吃不饱"的同学通过在线学习平台学习拓展知识,学习更高阶的知识点。"翻转课堂"可以利用教学平台实现"软分层",达成高职"计算机应用基础"课程因材施教的目标。

三、"翻转课堂"教学设计

(一)"翻转课堂"总体设计

运用"翻转课堂"的教学模式,我们对"计算机应用基础"课程的教学流程进行了设计,用课前视频学习、课内训练内化、课后巩固三个过程组成完整的教学过程(见图1)。在线教学平台和 QQ、微信即时通信工具、电子邮件系统构成了师生互动、生生互动的平台,将学生课前的预习与课后的巩固练习紧密结合起来,形成一个牢固的知识技能学习系统。

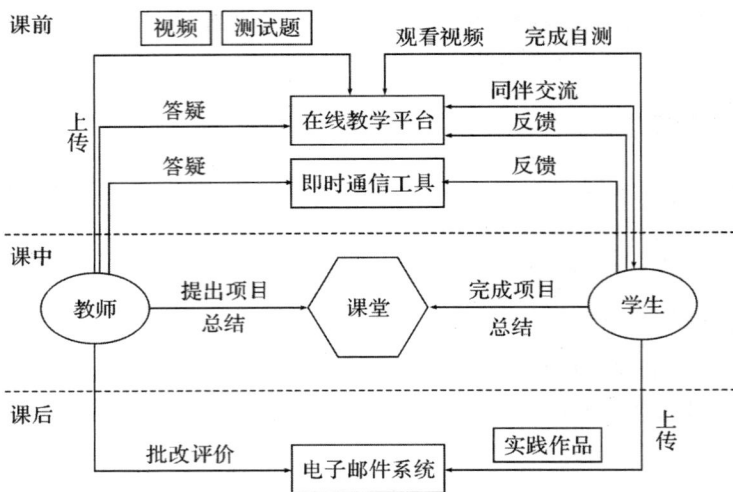

图1 "翻转课堂"设计

1. 课前视频学习

利用通识课教学平台建设的"计算机应用基础"在线课程,我们将课程中最主要的三个模块 Word 2010、Excel 2010、Power Point 2010 中的知识点进行梳理,将各模块中比较基础的3~5个知识点组成一个小的项目,比较重要和有一定难度的知识点可以在不同的项目间重复安排,加强学生对相关知识点的练习和掌握(见图2)。我们将每个项目的解决过程录成一个10分钟以内的微视频。

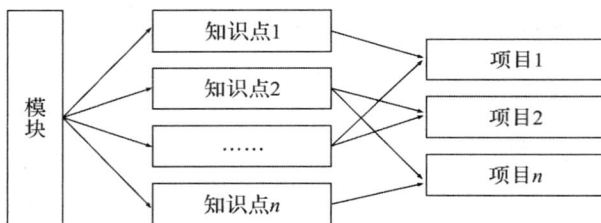

图2 知识点的分解与项目的组成

学生通过课前学习教学视频,并完成相应的项目任务,或者完成在线教学平台的自测题。学生学习和实践中如果有疑问可以通过在线平台的讨论区与同学、教师讨论和请教,同时也可以直接通过即时通信工具 QQ 或微信向教师请教。

2. 课内训练内化

课堂教学是决定整个"翻转课堂"教学模式的实施效果的主要环节。"翻转课堂"将基础知识的传授移到了课前学生视频学习中,因此在课堂教学中教师主要是使用项目化实际训练,让学生完成对知识技能的巩固(见图3)。

(1)教师提出项目及具体任务。首先教师要根据学生课前学习反馈的疑问,有针对性地进行讲解和操作的示范;然后提出课堂实践项目,项目的提出要有针对性,要融合课前视频学习的知识技能,并且在原有的基础上要有知识点拓展应用,或增加个别新的知识点,诱

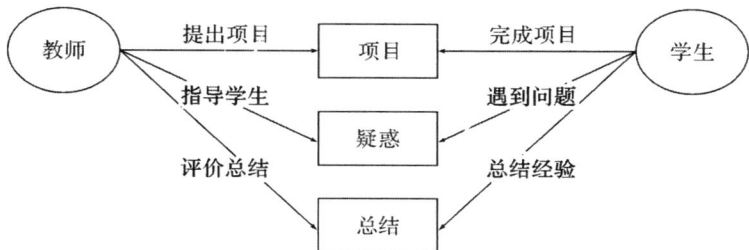

图 3　课堂教学过程

导学生的探究式学习；最后要对项目的要求、目标、重点和难点向学生做详细的说明。

（2）学生操作完成项目。学生课堂完成项目要注重培养学生的独立学习、独立解决问题的能力，适时也可以采用 2～3 人团队协作的方式完成项目。学生在完成过程中会遇到教师预设好的一些难度较高的问题，须通过自己的努力来解决问题。如果有小部分学生未能解决相关的问题，教师可以请已经解决问题的学生给其他未解决问题的学生进行讲解和操作示范；如果遇到大部分学生未能解决相关问题的情况，教师可以统一指导和讲解。

（3）总结和评价。课堂的总结和评价是"翻转课堂"实施过程中的重要的环节，是以学生为中心的教学模式的体现。学生通过总结评价获取成功或失败的经验，在观摩思考后进行评价，这同时也是知识技能再次精练的过程。总结评价有多种方式，可以根据实际情况选用适当的总结评价方式。总结评价方式可以是学生总结、学生自评、师生共同评价，也可以是教师总结、师生共评。评价的内容包括项目完成的成功经验、不足之处等。

3. 课后巩固

教师在课后通过布置一些针对课堂知识点的相关项目任务，让学生对知识技能做一次巩固，重温课堂训练过程中出现的错误与创新，或对完成的知识技能点进行补充。学生将完成的课后作业通过电子邮件或教学平台发送给教师，教师进行总结性评价，从而完成一个"翻转课堂"的过程（见图 4）。

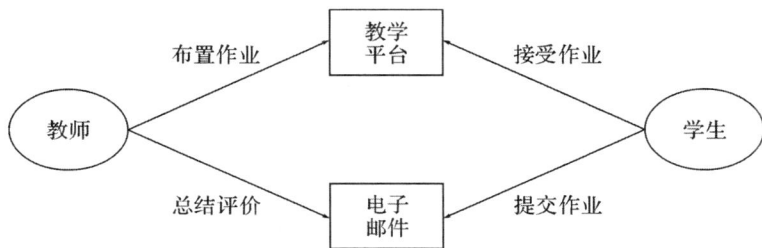

图 4　课后巩固过程

（二）"翻转课堂"具体设计（2 学时）

Word 2010 教学模块"邮件合并"单元教学内容的"翻转课堂"教学设计如下所述。

1. 课前视频学习

课前要求学生根据课前学习任务单完成视频的学习和项目的操作练习（见表 1）。

表 1　课前学习任务单

课前学习任务单			
课程名称	计算机应用基础	教学内容	邮件合并
该内容总学时	2	翻转学时	1

一、学习内容

在通识课教学平台(http://wxpoly.ulearning.cn)上学习"邮件合并"教学视频。

1. 主控文档的制作

制作一张如图所示的成绩单。要求如下：

(1) 纸张方向设置为"横向"，分成 2 栏

(2) 输入"学生成绩单"，宋体、一号、居中

(3) 输入"( )年度上学期"，宋体、二号、居中

(4) 空一行，输入班级、姓名、学号，宋体、一号

(5) 绘制表格：绘制 10 行 4 列的表格，对表格进行设置

(6) 第一行合并单元格，最后两行合并后三列单元格

(7) 输入文字内容

学生成绩单样式

2. 邮件合并

使用邮件合并功能将学生成绩表中的数据合并到学生成绩单主控文档中，生成每位学生的单独的成绩单。要求如下：

(1) 转到邮件面板

(2) 开始邮件合并：选择收件人，使用现有列表，从"成绩单.xls"中导入数据

(3) 编写插入域，根据成绩单要求，插入学年、班级、姓名、学号、各科成绩

(4) 利用表格公式计算总分和平均分

(5) 利用规则，对平均分高于等于 85 分的同学总评为优秀，否则为合格

(6) 预览结果

(7) 完成并合并，导出为多份成绩单，并保存

二、学习目标

能识别哪些工作可以使用邮件合并功能来解决问题；
能熟练制作 Word 主控文档；
能熟练使用邮件合并功能完成数据的合并

三、重点、难点

重点：要掌握邮件合并的几个基本步骤
难点：邮件合并中要根据不同的项目需求，每个合并步骤需要选择恰当的选项和操作

四、课前练习

通过对教学平台的教学视频的学习，从教学平台下载案例素材，独自完成成绩单邮件合并的项目，并在讨论区发布实践过程中遇到的问题和想法

2. 课内训练

课内训练安排见表 2。

表 2　课内训练安排

教学安排	教学活动内容	使用时间
1. 教师提出项目及具体任务	讲解学生课前学习过程提出的疑问和重点、难点问题。比如对于不同类型的文档合并选择相应的合并选项 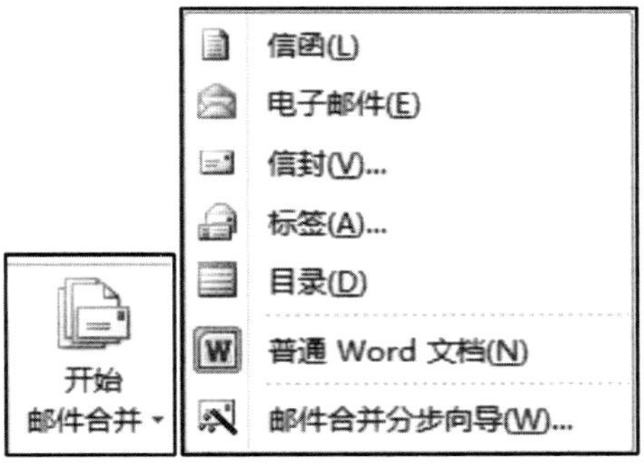 信函(L) 电子邮件(E) 信封(V)… 标签(A)… 目录(D) 普通 Word 文档(N) 邮件合并分步向导(W)… 开始邮件合并 开始邮件合并功能项	10 分钟

续　表

教学安排	教学活动内容	使用时间
1.教师提出项目及具体任务	邮件合并工作中"规则"和"域"的使用是重难点问题,需要进行详细的讲解和演示	10 分钟
	再提出课堂训练项目"胸牌制作"。向学生介绍已有的制作胸牌所需的员工信息表、照片素材,展示如图所示的胸牌样式  **2015 首届"科技论坛"大会** 照片 姓名：　赵明 地区：　杭州 职务：　总经理 编号：　151016 杭州万通科技公司 www.wtkj.com 胸牌样式	5 分钟
2.课堂学生训练	学生拿到员工信息表和照片素材后,开始按要求样式制作主控文档,教师在教室巡视每位学生独立完成主控文档的情况,主控文档的制作过程应该没有困难	15 分钟
	教师向同学解决并演示如何快速、合理地制作胸牌主控文档	5 分钟
	学生开始进行邮件合并操作,学生在操作过程中肯定会遇到教师预先考虑到的问题,此项目中的照片合并是学生之前没有学习过的知识点。 教师希望通过让学生探究式地学习来解决这个问题,学生可以通过网络、讨论等方式来解决这个问题。如果有部分同学已经解决这个难题,可以请掌握这个知识技能的同学给大家介绍他的解决方法。如果还是有大部分同学没有能解决这个问题,教师就这个知识技能要给全体学生做相关的讲解和操作的演示	20 分钟
	学生独立解决其他邮件合并工作程序,批量生成员工胸牌	10 分钟
3.总结和评价	教师邀请完成项目最快的和最慢的两位同学进行此项目工作总结。 每个人将自己完成的胸牌照片发送到"蓝默云班课"App 的"头脑风暴"区中,学生之间进行作品的赏析评价。 最后教师根据本次课堂的各教学活动情况,特别是学生最后完成项目的情况,做出总结和评价	15 分钟

3. 课后巩固

课后向学生布置邮件合并项目"群发电子邮件"。此项目中,学生除了 Word 的邮件合并功能之外,还要学习 OutLook 邮件收发管理软件的基本使用,通过此项目可以将图 4 所示的员工工资单批量、精准地发送给对应的员工,提高工作效率也加强了隐私保护。

工号	姓名	基本工资	岗位工资	奖金	电费	水费	住房公积金	养老金	失业保险金	应税金额	个人所得税	实发金额	邮箱地址
0001	陈菲	1500	800	800	66.5	35.2	215	30	21	0	0	2732.3	hzfwy@163.com
0002	陈玲	1500	800	800	69.5	22.8	215	30	21	0	0	2741.7	20716332340qq.com
0003	程韬	1500	800	800	179	26.4	215	30	21	0	0	2628.6	hzlzb@163.com
0004	程晓	3500	2500	1000	137	39.2	235	70	49	3469.8	395.47	6074.33	0004@wxpoly.cn
0005	戴宁	1500	800	800	98	34	215	30	21	0	0	2702	0005@wxpoly.cn
0006	戴渊	1500	800	800	158	34.8	215	30	21	0	0	2641.2	0006@wxpoly.cn
0007	丁桂萍	1500	800	800	123.5	21.6	215	30	21	0	0	2688.9	0007@wxpoly.cn
0008	杜中强	1500	800	800	192.5	38	215	30	21	0	0	2303.5	0008@wxpoly.cn
0009	奂斌	1500	800	800	185	24.2	215	30	21	0	0	2324.8	0009@wxpoly.cn
0010	付钦强	1500	800	800	113	22	215	30	21	0	0	2399	0010@wxpoly.cn
0011	高腾林	1500	800	800	171.5	34.2	215	30	21	0	0	2328.3	0011@wxpoly.cn
0012	高树芳	2500	1500	800	185	38.2	225	50	35	1266.8	101.68	4165.12	0012@wxpoly.cn
0013	顾宁	3500	2500	1000	51.5	31.2	235	70	49	3563.3	409.495	6153.805	0013@wxpoly.cn
0014	顾照月	1500	800	800	126.5	32.2	215	30	21	0	0	2375.3	0014@wxpoly.cn
0015	闵建震	2500	1500	800	173	28.4	225	50	35	1288.6	103.86	4184.74	0015@wxpoly.cn
0016	郭万平	1500	800	500	74	34.2	215	30	21	0	0	2425.8	0016@wxpoly.cn
0017	黄春会	1500	800	500	179	27.4	215	30	21	0	0	2327.6	0017@wxpoly.cn
0018	黄俊高	3500	2500	1000	189.5	34.6	235	70	49	3421.9	388.285	6033.615	0018@wxpoly.cn
0019	姜小妹	1500	800	800	104	33.2	215	30	21	0	0	2396.8	0019@wxpoly.cn
0020	冷志鹏	2500	1500	800	176	26.4	225	50	35	1287.6	103.76	4183.84	0020@wxpoly.cn
0021	李建宁	4500	3000	2500	143	20.4	245	90	63	6438.6	912.72	8525.88	0021@wxpoly.cn
0022	李洁	4500	3000	3000	78.5	26.4	245	90	63	6997.1	1024.42	8972.68	0022@wxpoly.cn
0023	李梅	4500	3000	4000	150.5	24.6	245	90	63	7926.9	1210.38	9716.52	0023@wxpoly.cn
0024	李潇	3500	2500	1000	146	21	235	70	49	3479	396.85	6082.15	0024@wxpoly.cn
0025	李庆	1500	800	500	98	23.8	215	30	21	0	0	2412.2	0025@wxpoly.cn

图 4　员工工资单

学生可以通过运用网络等渠道的学习,完成"群发电子邮件"项目,并将完成的项目通过电子邮件系统发给教师,教师对学生的作品进行评价和反馈。员工的邮箱地址中有三个是教师注册的电子邮箱,只要此三个电子邮箱同时收到学生发的邮件,就说明学生已完成项目。

四、"翻转课堂"具体实施

"计算机应用基础"课程一共包括 14 个项目,除 3 个项目须学生自学以外,其余 11 个项目总学时为 48 学时。具体实施"翻转课堂"的项目和学时见表 3。

表 3　"翻转课堂"规划

项目名称	学时	翻转
认识计算机硬件系统	自学	
Windows 7 系统设置	自学	
Windows 7 资源管理	自学	
网络应用	2 学时	
财务分析报告	4 学时	
纸币验钞机	4 学时	翻转 2 学时
论文排版	8 学时	翻转 4 学时

续 表

项目名称	学时	翻转
邮件合并	2 学时	翻转 1 学时
学生成绩表统计与处理	8 学时	翻转 4 学时
工资表分析与统计	4 学时	翻转 2 学时
综合案例分析处理	4 学时	翻转 1 学时
企业财务分析报告	4 学时	
财务工作汇报	4 学时	翻转 2 学时
用友预警管理	4 学时	翻转 2 学时

五、取得成效分析与体会

"计算机应用基础"课程实施"翻转课堂"的教学模式后,对学生课前预习的习惯养成非常有帮助。学生通过线上学习,寻求帮忙的能力也同时得到了提升,其探究性学习、自主学习的能力也得到了培养。学生对"翻转课堂"的欢迎程度和接受度也很高。学生参加浙江省高校计算机等级考试的通过率较改革之前有所提升,考试通过率几乎达到100%。

"翻转课程"的改革对我们教师来说,要付出几倍的时间和精力,包括视频制作、网络课程构建、翻转设计、翻转实施、方案修正等很多方面都增加了大量的工作。但是当我们看到学生的进步,会觉得我们的付出都是值得的。

作者简介

"翻转课堂"
示范性
教学视频

蔡荣文,男,副教授,本科学历,硕士学位,中共党员,杭州万向职业技术学院通识教育系信息技术团队负责人,从事计算机基础教学 14 年;2016 年获得浙江省精品在线开放课程建设立项,2017 年获得浙江省新形态教材建设立项;2015 年获得浙江省微课教学比赛一等奖,2016 年获得全国微课教学比赛二等奖;2016 年荣获万向教育基金"杰出教师奖—优秀奖",2017 年获得杭州市优秀教师荣誉。

点燃火焰 助力学习

——网络学习空间支持的"翻转课堂"实践

王海庆

浙江邮电职业技术学院管理与信息学院

一、课程基本情况

"前端开发"是软件技术专业的专业核心课程,6 学分,大一下学期开课,每周 6 课时。本课程以培养前端开发工程师为愿景,旨在提高学生的 Web 前端开发能力。前端开发行业日新月异、发展迅速,因此要求学生在学习基础知识的同时,不断开阔视野,学会学习。为达此目的,课程组利用 Github 开源此课程。

Github 是知名的开源技术社区,开源、开放、协作是其主要特征。基于 Github 构建的网络学习空间能够保证学习空间的个性化、开放性、联通性、交互性和生成性,学生、教师、行业从业者、领域专家既是资源的消费者,也是资源的制作者、生产者与发布者。当然作为开源技术社区,Github 在学习支持方面略有不足,因此课题组通过二次开发增加了课程网络学习空间的学习支持部分。

基于网络学习空间的"翻转课堂"教学实践自 2015 年开始实施,已经在 2014 级、2015 级、2016 级学生的"前端开发"课程实施三轮,初见成效。学生的学习效率有所提升,尤其是专业素养、学习能力提升显著。

二、教学改革背景与思路

苏格拉底说"教育不是灌输,而是点燃火焰",旨在强调学习兴趣对于教育的重要性。在"翻转课堂"教育时代,学习主动性变得尤为重要。多数高职学生的学习主动性不够、学习投入不足、自主学习能力偏弱,是影响"翻转课堂"效果的关键因素。

只有变被动学习为主动学习,从关注知识到聚焦能力,才能真正实现"翻转课堂"。"翻转课堂"不仅要改革教学流程,更要从学习理念、学习环境、学习资源、学习支持、教学设计等方面进行全方位的改革。尤其是课前的自主学习阶段,对学习环境、学习资源、学习支持等要求更高。"重资源轻教学""重技术轻理念""重研究轻实践"类的"翻转课堂"不是有效的"翻转课堂","一刀切"式的"翻转课堂"也不是真正的"翻转课堂"。

切实有效地融合资源建设与学习支持、技术支持与学习理念、理论研究与教学实践,是"翻转课堂"教学研究与实践的当务之急。我们应利用"互联网＋"时代的技术发展成果、网络学习空间的学习支持优势,促进"翻转课堂"的教学实践。

网络学习空间是一种基于互联网的虚拟学习环境,以促进学习者学习为目的,支持自主学习、协作学习的开展,提供个性化和包容性的环境,并能够满足有灵活性的需求。网络学习空间的发展给"翻转课堂"提供了技术支撑。网络学习空间的线上线下融合的实现,支持了学校、社区、家庭、社会场馆等多环境学习,提供了个性化的学习诊断、学习设计,支持了学生的按需学习、个性学习。

网络学习空间能助力学习动机培养。为了激发一个人的学习动机,首先要引起他对学习任务的注意和兴趣;其次要使他理解完成这项任务与他密切相关;再次要使他觉得自己有能力做好此事,从而产生信心;最后完成学习任务获得成就感,感到满意。网络学习空间在学习目标确立、学习任务相关性理解、学习信心树立、学习成就动机激发方面都能发挥作用。

三、"翻转课堂"教学设计

"翻转课堂"的实质是提升课堂学习质量,促进课堂中深度学习的发生。有研究发现,学习动机、活动设计、学习空间是影响深度学习发生的因素,深度学习取向的"翻转课堂"需要在这三个方面着力,以保证"翻转课堂"深度学习质量。图1为基于网络学习空间的"翻转课堂"模型。

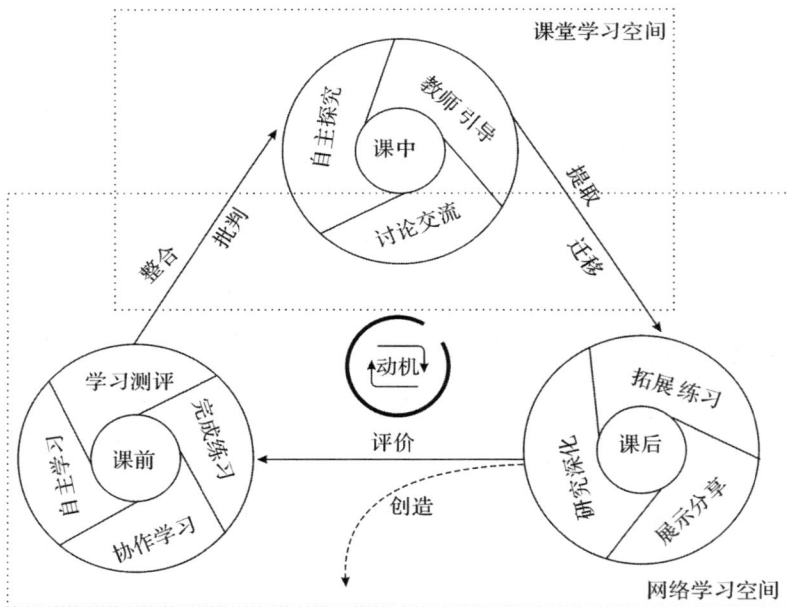

图1 基于网络学习空间的"翻转课堂"模型

基于网络学习空间的"翻转课堂"模型以深度学习一般过程为主线,以学习动机为动力。活动设计分为课前、课中、课后三个环节,分别实现知识的获取与整合、知识的内化与迁移、知识的评价与创造等。网络学习空间和课堂学习空间的交叉融合为深度学习提供支持，保证"翻转课堂"中深度学习的发生。

以深度学习一般过程为主线。深度学习是"翻转课堂"教学的主要目的，为此"翻转课堂"教学设计需要遵从深度学习的一般过程展开。"注意与预期""激活原有知识""选择性知觉""整合知识信息"在课前阶段完成，同时通过测评和反思进行"批判性分析"。课中学习阶段完成"知识建构""知识转化"，以"提取应用""迁移应用"为目的转入课后学习阶段。课后学习阶段实现巩固、分享和深化，最终到达"创造"阶段。"评价"贯穿整个"翻转课堂"，为深度学习各环节提供监控和反馈。

以学习动机为动力。学习动机可以为深度学习取向的"翻转课堂"提供动力源泉，保证"翻转课堂"和深度学习的顺利进行。学习动机的激发与维护也成为"翻转课堂"实践中的重要环节，我们可以依据动机设计模型（ARCS），从注意、相关性、信心和满意四个方面进行学习动机管理。

活动设计分为课前、课中和课后三个环节。课前包括自主学习、协作学习、完成练习、学习测评四个活动，主要实现知识获取、知识整合和批判性分析。课前学习阶段以"整合"和"批判"引入课中学习阶段，从而使得课中学习阶段的学习有的放矢。课中学习阶段包括自主探究、讨论交流和教师引导三个活动，通过课堂活动的设计与实施完成知识内化。教师需要根据课前学习情况进行有针对性的设计，让学生在活动中亲历问题解决的过程。课后阶段的目标是知识的深化，通过"提取"和"迁移"引入课后阶段的学习，通过拓展练习、展示分享、研究深化三个环节实现知识的深化，甚至引发创造。

网络学习空间和课堂学习空间的融合交叉为深度学习提供支持。网络学习空间的一体化特征、个性化特征，支持自主学习、协作学习和探究学习，保证深度学习的发生。

四、"翻转课堂"具体实施

（一）网络学习空间的开放性和生成性

Github 是知名的开源技术社区，提供了功能强大的版本管理、协作开发功能，同时也是全球最大的开发人员集散地和代码仓库。我们依托 Github 创建课程网站，目的是保证课程资源的开放性和生成性，让更多的人参与到课程建设中来，在校教师和学生、校外兼职教师、已毕业的学生、甚至素未谋面的技术人员都可以通过 Github 共享课程资源，让课程实现真正的开源。

在高职的"翻转课堂"中，最为重要的是如何保证课前知识传递阶段的质量，保证课前自主学习的顺利完成。我们从学习动机激发与维护、活动设计两个方面进行尝试。

（二）网络学习空间助力学习动机激发与维护

Github 提供了 Web 项目的部署功能，因此，我们可以对课程网站进行二次开发增加学习支持特性，如讲义的网络化、作品提交、作品展示、成绩统计、在线练习等。我们在课程网站中设置了多种类型的帖子，如分享贴、资源帖、导学帖、作业贴、免考帖、讨论帖等。

通过个性化或情绪化的教学材料可以唤起学生的感知；巧妙地设置问题、适度地提出反问可以激发学生的探究欲;多元的学习材料、多变的课堂组织方式可以更好地维持学生的注意力。选择学生熟悉领域的教学案例、真实情境下的问题作为教学材料引发学生的熟悉感;通过清晰的学习要求、评价体系帮助学生建立良好的成功期望;采用足够的学习支持,提高学生学习的成功率。真实问题、真实情境、知识迁移应用提高学生内在的满意程度;提供多元的反馈、激励机制保证足够的外部奖励。内部强化和外部奖励并举提升学生满意程度。

(三)网络学习空间助力活动设计

在"翻转课堂"的教学实践中,我们发现"一刀切式的翻转"未必适合高职学生。很多时候可以尝试"半翻转课堂"的方式,例如可以在导学案中指定某些小组成为"学长",在本次课前学习中起到督促、引导的作用,通过自主学习、协作学习、知识分享讨论等方式保证同学们的学习质量;在课堂教学中,由"学长"进行知识分享,把课前学习成果汇报给师生,通过知识点讲解、讨论交流、教师点评等方式组织课堂教学;课后,作业也由"学长"配合教师进行作品批改和反馈。

导学贴中明确本次课前学习的目的、要求,分享相关的资源。这些资源不仅仅局限于视频,还有课程讲义、文字教程、视频教程等多种类型的资源,不同学习偏好的学生都能得到满足。课程提供了在线练习模块,可以对自主学习成果进行评测。导学帖如图2所示。积累部分则主要为了适应工作的需要,通过收集网页组件效果,学习、交流、积累,厚积薄发。组件效果的采集过程可以提高学生的资源搜索和问题解决能力;同时积累的网页组件效果,也可以用在未来的项目开发中,提升项目开发效率;资源收集帖列表如图3所示,资源帖如图4所示。

同时在导学帖里选定"学长",布置相关的任务和要求。"学长"也可以在课程网站里进行知识分享,交流本次学习的心得体会,例如本次鄢滟麟同学的任务是准备模拟时钟的案例。案例需要用到计时器课程前面没有涉及过的知识点,然后鄢滟麟同学就分享出来了(见图5),对其他同学也起到了一定的帮助作用(见图6)。

课堂上,让"学长"进行知识分享,大家集体交流讨论,然后由教师进行点评和总结。由学生来"讲解"关键知识点的方式,一方面是对课前学习的总结和评价,另一方面也可以提升"学长"的积极性和成就感,在某些环节实现师生角色的翻转,从而活跃课堂气氛,为课堂教学增添活力。后续如果可能,则以案例练习和问题解决为主,学生在练习和问题解决中内化知识,促进深度学习的发生。

课后巩固深化以作业帖的形式进行提交,学生在自己的账号里提交作业,然后自己的项目就可以在互联网里浏览,由此构建学生的个人网站和个人学习轨迹记录。

【导学帖】 Date对象 #328

⊙ Open zptcsoft opened this issue 42 minutes ago · 0 comments

---

zptcsoft commented 42 minutes ago · edited   [Owner] + 😊 ✏

目的

下次课我们将学习Javascript里的Date对象，它提供了日期和时间的相关操作。希望大家可以在下次课前，自主学习Date对象的相关知识点。

要求

1. 了解Date对象的用途
2. 掌握Date对象的常见的属性和方法
3. 掌握时间日期的常见操作（时间格式化、时间差操作等）

资源

0. 课程讲义
1. 阮一峰教程
2. w3school教程
3. 极客学院视频

练习

1. 课程网站在线练习

积累

1. 参见网页时钟效果收集资源帖#326

请潘承彬同学和鄢滟麟同学做好*Date对象知识点*和*时钟案例*的分享交流工作。

图 2　导学帖示例

☐ ⊙ **【资源帖】网页时钟效果收集**   💬 1
　　#326 opened 4 days ago by zptcsoft

☐ ⊙ **【资源帖】抽奖程序收集**   💬 1
　　#324 opened 12 days ago by zptcsoft

☐ ⊙ **【资源帖】猜数字游戏收集**   💬 1
　　#321 opened 14 days ago by zptcsoft

☐ ⊙ **【资源帖】表单效果收集**   💬 1
　　#305 opened on 8 Sep by zptcsoft

☐ ⊙ **【悬赏帖】 单页面网站收集**   💬 17
　　#277 opened on 6 Jun by zptcsoft

☐ ⊙ **【悬赏帖】 tab选项卡效果收集**   💬 16
　　#271 opened on 12 May by zptcsoft

图 3　资源收集帖列表

【资源帖】网页时钟效果收集 #326

⊙ Open zptcsoft opened this issue 4 days ago · 1 comment

zptcsoft commented 4 days ago · edited   Owner +☺ ✏

1. 说明

网页时钟是JS日期和时间效果的重要应用，我们这里列举一些时钟效果，希望可以给大家一些灵感。

2. 收集

1. 仿apple效果的时钟
2. 倒计时效果
3. 旋转表盘效果
4. 清爽时钟效果
5. 数字时钟
6. 舞蹈数字时钟
7. 长阴影数字时钟
8. 漂亮亮光时钟
9. canvas圆环旋转时钟
10. 精美翻转数字时钟
11. 粒子时钟
12. 精美倒计时效果
13. 炫酷创意十足电子数字实时时钟
14. 更多

图 4　资源帖

【分享帖】关于定时器的使用 #327

⊙ Open Kylin6 opened this issue 2 days ago · 3 comments

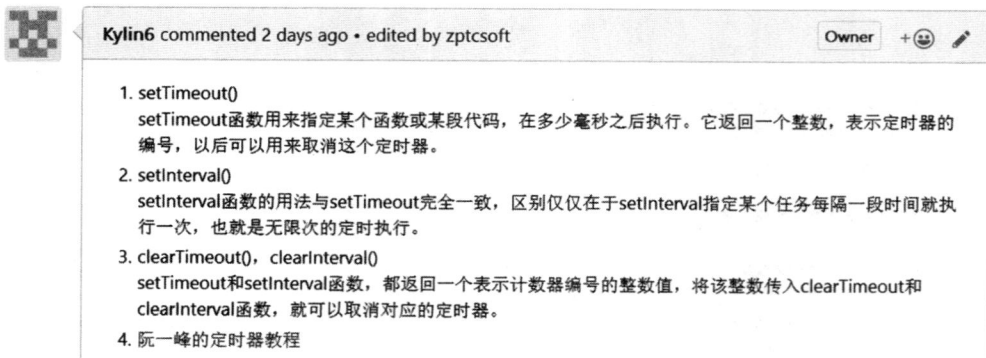

Kylin6 commented 2 days ago · edited by zptcsoft   Owner +☺ ✏

1. setTimeout()
   setTimeout函数用来指定某个函数或某段代码，在多少毫秒之后执行。它返回一个整数，表示定时器的编号，以后可以用来取消这个定时器。
2. setInterval()
   setInterval函数的用法与setTimeout完全一致，区别仅仅在于setInterval指定某个任务每隔一段时间就执行一次，也就是无限次的定时执行。
3. clearTimeout(), clearInterval()
   setTimeout和setInterval函数，都返回一个表示计数器编号的整数值，将该整数传入clearTimeout和clearInterval函数，就可以取消对应的定时器。
4. 阮一峰的定时器教程

图 5　分享帖

图 6　知识分享效果

五、取得成效分析及体会

基于网络学习空间的"翻转课堂"教学研究与实践旨在利用网络学习空间助力"翻转课堂"深度学习的发生;通过点燃学生心中火焰,提升学生学习动机;基于 Github 构建开放性、生成性网络学习空间,为课程"翻转课堂"实践提供支持。

目前"翻转课堂"教学改革已进行三轮,在提升学习质量方面有一定成绩,也发现了一些问题。其主要问题体现在学生学习动机不足、"翻转课堂"课前学习质量堪忧方面。为此,课题组进行了一些探索和尝试,如上面提到的"半翻转课堂"利用"学长"实现课前学习导学、助学,课堂上翻转师生角色,从而改善"翻转课堂"质量。实践表明,此种"翻转课堂"适用于高职课堂。

另外,网络学习空间的个性化、开放性和智慧性对于促进"翻转课堂"教学实践效果明显。但是如何更好地融合网络学习空间与传统课堂学习空间为深度学习提供支持,造就"混合式学习空间",也是后续实践中需要解决的问题。

作者简介

王海庆,浙江邮电职业技术学院软件技术专业负责人,CSDN 博客专家,CSDN 学院讲师,极客学院兼职布道师。目前专注于前端开发方面的研发与教学,主张利用技术社区点燃学生激情,利用开放教育资源促进"翻转课堂",通过分层教学的方式促进每一位学生的成长。

"翻转课堂"
示范性
教学视频

在翻转中领悟　在探索中成长

——"翻转课堂"在"计算机文化"课程中的应用

单好民

浙江邮电职业技术学院图文信息中心

一、课程基本情况

课程基本情况如表 1 所示。

表 1　课程基本情况

课程名称	计算机文化
课程学分	4
课程性质	公共基础课
面向专业及年级	全校所有专业大学一年级学生
教学班规模	45 人
使用教材	《计算机基础与应用案例教程》,郭艳华、胡维华编著,科学出版社 2013 年出版
教学实践	4 轮
课程学时	60
课程平台	玩课网(http://www.wanke001.com)

二、教学改革背景与思路

随着信息技术在社会各个领域的应用,人们的生活和生产方式都发生了很大的变化。特别是信息技术在教育领域的应用,促使教育正在发生着深刻变革。

大数据、云计算、云存储等技术的不断成熟以及各种智能终端设备(如智能手机、iPad)的普及,教学的时空概念得到了极大外延,逐步从定时定点走向随时随地,从平面、单维、静态走向立体、多维、动态。慕课、云课堂、微视频、电子书包等学习平台和工具的出现,为教学形式的变革提供了坚实的保障。

"翻转课堂"通过翻转传统课堂的教学结构,让学生借助微视频进行课前自主学习,在课堂上则完成知识的吸收和内化。这样学生可以掌握学习进度,充分满足了其个性化学习的需要。

目前,传统课堂面临很大的困境。"一刀切"的教学内容和教学形式越来越不能满足学生日益个性化的学习需求,单一的教学资源、灌输式的教育方式严重影响了学生的主动性。"翻转课堂"则有效地解决了传统课堂面临的困境,满足了学生个性化的学习需求。"翻转课堂"过程中的主动探索,能够有效促进学生的成长。

总之,基于学习工具的普及、个性化学习的需要和解决传统课堂现实困境的需要,"翻转课堂"应运而生。

三、"翻转课堂"教学设计

(一)总体设计

在"翻转课堂"教学模式中,学习过程前移,学生在课前自主学习知识,课内巩固消化知识;学生在课后的总结改进不足。

课前自学阶段:教师录制微视频,并发布学习任务;学生借助微视频及相关学习素材,自主学习,吸收知识。

课内教学阶段:教师组织引导,检验学习的效果;学生消化知识,并内化为自身知识。课内形式丰富多样,可采用讨论、演示、测验等方式,整个过程以问题学习的形式推进。

课后总结阶段:通过在线交流,收集学生反馈的问题,改进课堂教学的不足。

(二)具体设计

1.教学课题

"邮件合并"功能的使用。

2.教学思想

因材施教,能力优先,服务专业。

3.教学目标

(1)了解邮件合并功能使用的对象。

(2)掌握邮件合并功能使用的方法。

(3)培养学生自主学习能力。

4.教学模式

翻转课堂教学模式。

5.教学方法

案例教学法、演示法、讲解法、视频教学法、练习法。

6.教学素材

(1)自学案例①②(课前自学用)。

(2)教学案例③④⑤(课堂演示用)。

（3）自学案例操作视频（案例①②）。

（4）教学 PPT。

7. 教学环境

计算机基础实训室，极域网络控制系统，多媒体教学系统。

8. 教学过程

课前自学阶段分为以下两部分。

（1）发布学习素材（借助玩课网发布）：①自学案例材料；②自学案例操作视频；③教学 PPT。

（2）发布学习任务书（借助玩课网发布如表 2 所示）。

表 2 "邮件合并"课前学习任务书

任务事项	借助资源	课堂教学形式	备注
观看章节 8 视频 65	课程视频	检查观看的时间	系统自动评分
了解"邮件合并"功能使用的对象	教学 PPT 及网络资源	课堂提问	当场评分（教师为主，参考其他学生意见）
完成自学案例①②	自学案例操作视频	（1）检查作业完成情况 （2）现场演示相似案例	当场评分（教师为主，参考其他学生意见）

课内教学阶段分为以下几方面。

（1）点评课前学习情况（讲解法、展示法，10 分钟）。教师登录课程教学平台，展示学生课前学习情况。以某一学生课前案例的完成情况为例，说明评分的依据。同时，提醒学生保质保量完成课前学习任务。

（2）课前学习情况检验（演示法、讲解法、提问法，25 分钟）。

①学生现场演示基础知识测验（物业管理费）的操作过程（20 分钟）

a. 两位同学演示。

b. 当场点评打分（教师为主，参考其他学生意见）。

②检测对"邮件合并"功能的理解（5 分钟）

a. "邮件合并"功能的应用对象及应用领域。

b. 采用提问形式及教师归纳总结方式。

c. 当场点评打分（教师为主，参考其他学生意见）。

（3）教学引申（讲解法、演示法，50 分钟）。

①提问形式——课前做练习题的过程中，遇到什么问题或者有什么想法？

②教师引导——校园一卡通如何制作？（带照片）

③学生根据操作视频提示，完成课堂练习，教师巡回指导并收集难点、易错点。

④教师对难点、易错点统一做解释说明，并演示部分操作。

⑤选取两位学生展演。

⑥教师点评。

（4）课堂总结阶段（5 分钟）。

①总结"邮件合并"功能使用的对象。

②总结"邮件合并"功能的操作步骤。

③提醒同学关注玩课网即将发布新的学习任务。

课后总结阶段：通过在线交流形式，收集学生学习过程中存在的问题，总结课堂成功经验，改进课堂教学存在的不足。

四、"翻转课堂"具体实施

在大量的理论研究和实践基础上，构建了"翻转课堂"在"计算机文化"课程中的应用模式，其具体实施过程分为课前、课内、课后三个环节。

（一）课前

1. 教师制作学习资源

在课前的环节中，对教师而言，主要是制作形式多样、能满足学生学习需求的教学资源，这些教学资源主要包括微视频、小测验案例和学习任务书。

微视频是学生主要借助的学习资源。因此，微视频的制作要力求简洁清晰、重点突出，能够吸引学生自主学习。微视频的长度一般不超过 15 分钟，以知识点的讲解为呈现方式。

小测验案例主要是检测学生对微视频中所讲知识点的掌握情况，要求能够在线及时评测，给出明确的结果。

学习任务书是明确学生课前学习应该掌握的知识点以及课堂上对知识点检测的方式，使学生的学习过程做到有的放矢。学习任务书设计的优劣对学生学习新知识影响也比较大，因此，任务书设计应该简洁明了，清楚告诉学生课前学习应该掌握什么。这些学习资源要通过合适的方式提供给学生。

2. 学生吸收新知识

在课前的环节中，对学生而言，主要是借助教师发布的学习资源完成新知识的吸收。学生观看微视频和教学课件，了解基本的概念和操作方法，同时参考测验案例视频完成测验小案例。课程教学平台——玩课网可以完整记录学生观看视频的时间、次数。这种方式可督促学生的课前学习。

（二）课内

课内环节是知识的内化阶段，主要是检验课前学习的效果，使学生真正掌握课前所学知识，并内化为自身知识和技能。这个环节，教师可以采取形式多样的教学组织形式，比如小组讨论、演示汇报、随堂检测、指导讲解等。这个环节对教师而言也是最难掌控的，因为会有各种突发状况，因此教师要做好各种预案以应对各种情况，保证教学过程的顺利推进。

1. 小组讨论

小组讨论的组织形式能够培养学生团队协作的能力，并能活跃课堂氛围。比如，在"演示文稿制作"一节中，我们课前给学生布置的任务是制作一部新款手机发布会的演示文稿。

课堂分小组进行讨论,内容涉及演示文稿制作的思路、插入的多媒体素材、使用的动画效果、表现的形式等。在小组的讨论中,学生能够理解演示文稿的制作思路和使用功能。

2. 演示汇报

小组讨论的成果要进行交流。成果交流的形式多种多样,可以是汇报会、辩论会、展览会、小型比赛等。比如,在"演示文稿制作"一节中,小组讨论并分工制作完成后,由团队小组成员在课堂上演示汇报自己制作的思路、用到的技巧和功能,最后由教师和同学评委一起打分。这样,学生既掌握了演示文稿制作的方法,又锻炼了交流与沟通能力。

3. 随堂测验

随堂测验可以清楚地检测学生对课前知识点的掌握情况。比如,在"计算机硬件认识"一节中,我们在课程教学平台的测验系统中设计了测验试题,主要是计算机硬件的组成、性能指标等知识,要求学生在规定时间内完成测试题目,并及时在线评分。测试结果基本体现了学生对计算机硬件知识掌握的情况。

(三)课后

课后教学效果的反馈及教学过程的反思也是课程教学的重要一环。一方面,学生可以通过多种途径将课堂学习中存在的问题及时反馈给教师。另一方面,教师反思教学过程的不足,并在以后的教学中改进。我们在课程教学过程中,开通了 QQ 群、微信群以及教学平台上的聊天室,通过多种途径与学生交流和沟通,有效延伸了课堂教学的范畴,对提高课堂教学效果起到了积极的推动作用。

五、取得成效分析与体会

(一)取得成效分析

经过两年的实践,"翻转课堂"教学在课程教学中的应用取得了明显成效。

首先,学生学习的积极性明显提高,自学能力和操作技能都有明显进步。学生参加浙江省计算机等级考试通过率明显提高,高出全省平均通过率近 20%。学生参加近两年各级各类计算机操作技能竞赛,成绩比前几届大幅提高。其中,学生在绍兴市大学生计算机技能竞赛中获一等奖 6 项,二等奖 11 项,三等奖多项和团体一等奖;教师指导学生参加中国通信服务职业教育联盟学生职业技能竞赛计算机操作项目,获团体一等奖,个人一、二、三等奖各 1 项,成绩在参赛学校中从之前的中下游跃居首位。

其次,教师的教学理论水平不断提高,促使教学质量不断提升。近几年,课程组成员主持完成各级各类科研课题 10 余项,公开发表课程教学研究论文 10 余篇,对课程教学改革起到了很好的指导作用。

(二)实践的体会

1. 课堂组织形式要多样化

课堂主要是检验学生的学习效果,深化学生对知识的理解。由于大部分学生已经对所讲内容有初步的了解,课堂容易出现懈怠情形。因此,教师要采用更加多样的课堂组织形式,吸引学生的注意力,提高课堂效果。

2. 加强教师教学技能培养

课前学习的效果有时难以明确衡量,导致课堂常常出现难以预计的状况,因而对教师提出了更高的要求,需要教师拥有较强的课堂把控能力。教师要做好多种预案,随时应对可能出现的意外状况。因此,要加强对教师教学技能的培养,特别是应对突发状况的处理技巧。

3. 课前准备要充分

课前准备过程的充分是"翻转课堂"能够顺利进行的保证。对教师而言,学习材料的制作要细致美观、简洁明了,形式要丰富多样,以尽量引发学生的学习兴趣。学习任务的布置要明确,让学生的课前学习做到有的放矢,还要注意教学资源须与翻转课堂的教学内容相匹配。对学生而言,要认真学习课前学习材料,真正领会新知识。

4. "翻转课堂"有其适用的局限性

"翻转课堂"并不是对所有知识点都有明显效果,如需较强逻辑思维的知识。因此,在课程教学过程中,教师要根据具体的情况灵活处理。比如,可以采用"半翻转"的形式,教师当面讲授部分难度较大的知识,学生自学其他内容。

作者简介

单好民,男,河南鹤壁人,浙江邮电职业技术学院讲师,硕士,主要研究方向为数据存储与优化、算法设计、教育信息化。主讲"计算机文化""计算机网络技术""数据库技术与应用"等课程。公开发表学术论文近20篇,多篇论文获得"全国职业教育优秀论文"称号、浙江省职业技术教育学会一等奖、浙江省高职教育研究会二等奖。主持省市校等各级各类课题10余项,部分成果获浙江邮电职业技术学院教学成果二等奖和绍兴市教科规划课题优秀成果一等奖。

"翻转课堂"
示范性
教学视频

网络安全设计

娄淑敏

台州科技职业学院汽车与信息工程学院

一、课程基本情况

课程名称：中小型网络组建技术。

课程学分：62。

课程性质：专业选修课。

面向专业：计算机应用技术、信息安全与管理。

面向年级：二年级。

教学班规模：40～50 人。

使用教材：中小型网络构建与维护（H3C）。

已开展"翻转课堂"教学实践：5 轮，约 420 学时。

依托在线教育平台：超星 SPOC 学习平台、微信公众号网络组建微课堂。

二、教学改革背景与思路

（一）教学改革背景

根据教育部教高〔2006〕16 号文件，明确高职教育人才培养目标定位是培养第一线需要的高素质技能型专门人才。高职教育在层次上应该高于中职教育，在类型上应该区别于普通本科教育，既要培养高素质技能型人才，也要培养高技能的领班人才。

在当今网络快速发展，"互联网＋"的信息化时代，高职教育改革迫在眉睫。依据高职教育的人才培养目标，我校于 2012 年开展专业领班岗位调研，经过调研得知网络方向的岗位有产品销售、网络管理员、售前工程师、网络工程师、项目经理等，而网络工程师和项目经理就是网络就业岗位中的领班岗位，也是我们的培养目标。本课程为实现这一目标而进行"1＋N"课程包开发，进行多方面的教学改革。

（二）教学改革思路

模拟企业上班环境，改革基于 STS（科学—技术—社会）教育理念下的高职中小型企业网络组建技术"1＋N"课程包开发；确立多元化教学模式，采用项目实战沙盘教学模式（先做后学），基于超星 SPOC 学习平台和微信公众号的"翻转课堂"教学模式(先学后教);以学生为中心,采用多样教学方法和多元化评价模式,全面提高课堂教学质量,培养高素质的复合型技能人才。

主要解决的教学问题如下。

1. 从工作岗位出发,构建了"基于 STS 教育理念的'1+N'课程包"课程体系

STS 理念是英、美等国提出的一种新型的教育理念。STS 要求教育不仅要跟随科学技术发展,也要使其与社会生活相联系。STS 教育理念强调课程目标具有多元性,课程内容具有综合性,课程结构具有开放性,教育方式具有实践性,强调培养学生的社会适应性。STS 教育理念解决了传统教材内容落后、脱离社会的问题,这与高职课程的特点是十分符合的。

2. 创新了"以高素质的复合型技能人才"为培养目标的教学方法

采用以提高学生职业素质和专业能力为核心的多样教学方法,既强调技能,又强调培养学生的综合素养学习能力;解决了传统教学单一的灌输式的教学方式,建立了能发挥学生主体性和智能多样性的教学方式。

3. 确立了"实战沙盘、角色扮演、理实结合"三位一体的"翻转课堂"教学模式

组建项目团队,实施真实网络工程项目,先做后学,先学后教。课堂中学生合作探究,体验真实工作岗位,学生参与积极性高;理实结合,解决了传统高职课堂学生学习理论知识积极性不高的问题。

近三年来笔者针对"中小型网络组建技术"课程的课堂教学进行了基于微信公众号平台和超星 SPOC 学习平台的"翻转课堂"教学设计和研究,取得了一定成效。

"翻转课堂"整个过程分为课前、课中和课后三部分。主要模式如表 1 所示。

表 1　基于超星 SPOC 学习平台和微信公众号平台的"翻转课堂"教学模式

	课前		课中		课后
阶段	阶段一		阶段二	阶段三	阶段四
阶段名称	体验学习阶段	概念探究阶段	意义构建阶段	展示应用阶段	巩固提高阶段
学生活动	观看超星 SPOC 学习平台和微信公众号平台中的视频或电子资料		协作学习,自主探究		制作展示 PPT、绘制拓扑图、项目设计文档或学习检测
教学方法	问题学习教学法		Seminar 教学法、角色扮演教学法、拼图式教学法、合作学习扩展小组教学法		角色扮演教学法、合作学习扩展小组教学法
教师活动	开发、设计、发布超星 SPOC 学习平台和微信公众号平台上的学习资源		评价、指导、解惑		答疑、反思

三、"翻转课堂"教学设计

"翻转课堂"的教学设计包括总体设计和其中 2 学时的具体设计。

（一）课前准备（保证学生课前预习的高质量和主动性）

微课程的特点是时间在 10 分钟以内，有明确的教学目标，内容少，集中说明一个问题，教师对每个知识点进行分解。教师通过 iSpring Suite 或 Camtasia Studio 录制教学视频并上传到 SPOC 平台和微信公众号。

（二）教学设计（有效组织个性化教学）

"翻转课堂"要以学生为中心，课堂的主要时间留给学生研讨和练习，教师进行点拨辅导，重点解决学生的疑难问题。以网络安全设备的合理应用为例，基于超星 SPOC 学习平台和微信公众号的"翻转课堂"教学模式设计应用如表 2 所示。

表 2　基于超星 SPOC 学习平台和微信公众号的"翻转课堂"教学模式设计

学习情境	情境 2　企业网络升级建设	学习任务	任务 5　网络安全设计	学时	2
教学目标	知识目标： 体会售前工程师和网络规划师的角色，学会网络安全设计，合理选择网络安全设备，编写逻辑网络设计文档，熟悉网络安全设计的基本内容				
	能力目标：培养团队合作精神、创新自学能力、合作探究能力、交流沟通能力				
教学重点	培养学生网络安全设计的能力				
教学难点	根据实际项目进行网络安全设计				
教学方法	采用项目沙盘教学法、"翻转课堂"教学法、Seminar 教学法等方法，在教学过程中以学生为中心，注重师生交流探讨				
课前准备	2 人为一组制作一份公司网络层面安全设计文档				
设计意图	本次课程由学生在课外通过观看超星 SPOC 学习平台和网络组建微课堂相关视频和知识介绍，事先预习网络安全知识，2 人合作完成企业网络安全的设计文档，6 人合作制作 PPT 并汇报。让学生在探究中学习，通过搜索网络资源，培养学生自学能力、独立解决问题的能力				

教学过程（先学后教）

课　前		课中前部分		课中后（或课后）部分	
学生活动	教师活动	学生活动	教师活动	学生活动	教师活动
观看 SPOC 平台和网络组建微课堂相关视频和知识介绍，制作企业网络安全设计文档（两人合作）	教师发放学习单，发布网络安全微视频和相关资料	小组讨论制作企业网络层安全设计 PPT，分组派代表汇报； 小组讨论	综合性总结评价、重点问题的研讨与深化	每人在 Visio 软件上绘制本校校园网络层安全设计拓扑图、完成 SPOC 平台上的安全设备合理选择练习	答疑、指导
体验学习、概念探究		意义构建、展示应用		巩固练习、拓展提高	

（三）评价设计（公正评价小组协作学习）

采取激励措施，对教学进行形成性评价；鼓励学生积极学习超星 SPOC 平台的内容，及时将学生在 SPOC 学习平台上观看的视频和在微信公众平台上的关键字查询，消息提问的情况及课堂表现的加分登记，以加权形式计入最终期末成绩；根据工作任务帮助学生分工，平衡工作量，并且每次都做登记，避免有些学生在小组学习时浑水摸鱼。

四、"翻转课堂"具体实施

课前准备（体验学习、概念探究）：教师发放学习单，布置任务，学生通过网络平台观看视频和资料，2 人为一组制作一份公司网络层面安全设计文档，具体内容如表 3 所示。

表 3　网络安全设计网络平台资料清单

菜单标题	视频	资源
超星 SPOC 学习平台	网络安全设备的合理应用（自己录制）	网络安全设计要点
微信公众号	谁冤枉了防火墙？（网络资源） 测试负载均衡的效果（网络资源）	网络安全设计案例

学习单如表 4 所示。

表 4　学习单

一、学习指南
1. 课题名称 教学情境 2　企业网络升级；任务 5　网络安全设计
2. 达成目标 体会售前工程师和网络规划师的角色，学会网络安全设计，熟悉网络安全设计的基本内容；培养团队合作精神、创新自学能力、合作探究能力、交流沟通能力
3. 学习方法建议 "翻转课堂"、角色扮演、合作学习扩展小组教学法
4. 课堂学习形式预告

体验学习、概念探究

网络安全设计、意义构建

展示应用、总结评价

续　表

二、学习任务

通过查看超星 SPOC 学习平台以及微信公众号网络组建的微课堂中的学习资源,完成下列学习任务:

1. 公司网络层面安全设计要点(两人合作)

2. 网络安全设计案例——政府机构网络建设案例

阅读以下说明,根据要求回答问题 1 至问题 4。

......

三、资源链接

超星 SPOC 学习平台,微信公众号网络组建微课堂

四、疑惑与建议

课堂实施过程如表 5 所示。

表 5　网络安全设计课堂实施过程

教学过程组织	教学内容
1.课前(体验学习、概念探究)	教师发放学习单:网络安全设计案例分析 学生课前查看超星 SPOC 学习平台和微信公众平台的网络资料完成学习单,进行网络安全设计案例练习(两人合作,事先分工好)
2.课中(意义构建) 15 分钟	公司网络层面安全解决方案设计 PPT(小组合作) 全班分成 8 组,代表 8 个公司,将课前两人一组准备的公司网络层面安全设计文档按组合并,每组制作一份 PPT(合作学习扩展小组教学法)
3.课中(展示应用) 30 分钟	学生展示公司网络层面安全解决方案,小组派代表讲解 PPT,师生共同讨论方案的优缺点(角色扮演教学法)
4.课中(总结评价) 15 分钟	教师总结:企业网络层面安全设备的合理应用(网络安全设计主题的 PPT)
5.课中(巩固练习) 5 分钟	学生完成超星 SPOC 学习平台上的测试题:网络安全设备选择
6.课中(拓展提高) 25 分钟	学生对我校校园网网络升级进行网络安全设计选择(并在 Visio 软件上绘制拓扑图)
7.课后(巩固练习)	课后完成相关学习单内容:网络安全设计案例——政府机构网络建设案例

五、取得成效分析与体会

(一)基于超星 SPOC 学习平台和微信公众平台的"翻转课堂"教学模式教学成效

1. 建立了全新的学习方式,提高了学生网络项目解决方案设计的能力

以学生为主体,利用手机,自主探究,创新设计;网络平台使学生完整系统地学习专业知识,促进他们更好地理解和掌握知识,弥补了教材的不足。

2. 形成了新型的师生关系,增进了师生感情,教师可及时掌握学生学习情况

(1)一本子——学习单。人手一本学习单,包含一学期的所有学习任务。学生根据学习单进行"翻转课堂"学习,教师定期检查学习单,及时了解学生掌握情况。

(2)两平台——微信公众号和超星 SPOC 学习平台。教师通过微信公众号平台发布课外的学习资料,通过超星 SPOC 学习平台发布课内的学习资料,通过 SPOC 平台的作业、测验、讨论等与学生互动,促进学生理论知识内化。

(3)勤点评——教师点评学生作品,发扬优点,改掉缺点,促进师生交流。在分组的基础上教师进行个性化指导,促进与学生的互动。一周轮换一次小组的位置,使学生在学习的环境中有一定的新鲜感,拉近师生之间的交流距离。

3. 信息化教学提高课堂教学效果,培养了学生的综合能力

利用手机学习效率更高。"翻转课堂"的学习不仅培养学生网络规划能力的专业素养,同时也培养了他们的团队合作能力、思辨能力和语言表达能力,有助于实现复合型高技能人才的培养目标。

(二)基于超星 SPOC 学习平台和微信公众平台的"翻转课堂"教学模式教学启示

课堂的教学改革不是一朝一夕的事情,需要不断地探索和创新,不断地努力和改进。笔者尝试后发现微信公众号平台和超星 SPOC 平台支持的"翻转课堂"教学模式虽然取得了一定的成功,但也存在一些问题,如教师个性化指导方式还不够丰富,微信公众号平台和SPOC 平台的功能不够强大等。笔者觉得需要继续做好以下几个方面。

1. 做精微课程

录制的教学视频宜控制在 3~10 分钟,学习材料和视频内容结构明确,语言引导到位,视频画面流畅,字幕清晰,声音清晰,教学设计具有创新性。

2. 丰富课程资源库的内容

多与企业联系,教师能够不断拓展专业技能,从社会中吸取新的营养,不断更新课程内容,使学生能够及时了解、掌握专业发展的新技术,适应国际竞争和社会发展的需要。

3. 精心设计教学环节,控制时间,做好考核,保证学习的有效性

为保证个性化教学和小组协作学习的有效性,教师在课前根据学生的网络基础水平进行分组;将学习资料设计成各种任务学习单,学生通过现场绘图、制作 PPT、制作文档等不

同的形式上交作业或展示汇报;增加课后反思和总结阶段,注意教学资源的精选和分类,合理安排教学过程,控制各个环节的时间,做好考核。教师应该全面评价所有学生,更合理地利用微信公众平台和 SPOC 平台,或寻找更好更合适的多媒体技术平台。

4. 确定教学方法的最佳适用时机,真正做到有效教学

教学中采用了较多的教学方法,但是在课堂中哪种方法最适合,笔者还在不断地摸索中。每次每种方法使用时,笔者都会做记录,记录其优点和缺点,以备进一步改进。"翻转课堂"中的教学设计方案也在不断地调整中。

作者简介

"翻转课堂"
示范性
教学视频

娄淑敏,女,汉族,浙江仙居人,计算机工程专业硕士研究生,双师型高校讲师,台州科技职业学院计算机专业教师,研究方向为计算机网络技术,网站设计。

基金项目:2013 年浙江省课堂教学改革课题——以培养学生能力为主线的"中小型网络组建技术"课堂教学改革,项目编号 kg2013950。

研究成果:基于 STS 理念的"实战沙盘、角色扮演、理实结合"的"翻转课堂"教学改革,获得 2016 年浙江省高等教育教学成果奖二等奖。

图书在版编目（CIP）数据

开放、融合、互动、内化：浙江省高校首批"翻转课堂"
优秀案例 / 陆国栋，楼程富主编. —杭州：浙江大学出版
社，2018.6(2018.10 重印)
　ISBN 978-7-308-18136-5

　Ⅰ.①开… Ⅱ.①陆… ②楼… Ⅲ.①高等学校—课
堂教学—教学研究 Ⅳ.①G642.421

　中国版本图书馆 CIP 数据核字（2018）第 072014 号

开放、融合、互动、内化

——浙江省高校首批"翻转课堂"优秀案例

主编　陆国栋　楼程富

策划编辑	金更达
责任编辑	李　晨
责任校对	董凌芳　刘序雯
封面设计	春天书装
出版发行	浙江大学出版社
	（杭州市天目山路 148 号　邮政编码 310007）
	（网址：http://www.zjupress.com）
排　　版	杭州中大图文设计有限公司
印　　刷	绍兴市越生彩印有限公司
开　　本	787mm×1092mm　1/16
印　　张	50.75
字　　数	1204 千
版印次	2018 年 6 月第 1 版　2018 年 10 月第 2 次印刷
书　　号	ISBN 978-7-308-18136-5
定　　价	118.00 元